HISTOIRE
DE FRANCE

VIII

Cet ouvrage
a obtenu de l'Académie des Inscriptions
et Belles-Lettres
en 1844
et de l'Académie Française
en 1856
LE GRAND PRIX GOBERT

PARIS. — IMPRIMERIE DE J. CLAYE, RUE SAINT-BENOIT, 7.

HISTOIRE DE FRANCE

DEPUIS LES TEMPS LES PLUS RECULÉS JUSQU'EN 1789

PAR

HENRI MARTIN

Pulvis veterum renovabitur.

TOME VIII

QUATRIÈME ÉDITION

PARIS

FURNE, LIBRAIRE-ÉDITEUR

Se réserve le droit de traduction et de reproduction
à l'Étranger.

M DCCC LVII

HISTOIRE DE FRANCE

QUATRIÈME PARTIE

FRANCE DE LA RENAISSANCE

(SUITE)

LIVRE XLVII

GUERRES D'ITALIE (SUITE).

FRANÇOIS Ier ET CHARLES-QUINT, suite. — Commencements de la grande guerre entre la France et la maison d'Autriche. — Les *communeros*. — Les *conquistadores*. Les Espagnols au Mexique et au Pérou. — Bayart à Mézières. — Perte de Tournai. — Mort de Léon X. Adrien VI. — Vénalité des charges. Rentes sur l'État. — Perte de Milan et de Gênes. Perfidie de la mère du roi. Louise de Savoie, Lautrec et Semblançai. — L'Angleterre s'allie à l'empereur. — Prise de Rhodes par Soliman. — Progrès du luthéranisme en Allemagne. — Mécontentement public en France. — Conjuration du CONNÉTABLE DE BOURBON. Il passe à l'ennemi. Procès de ses complices. Saint-Vallier. — Attaque des Espagnols, des Anglais et des Allemands contre la France. Elle est repoussée. Les Français rentrent en Lombardie. — Clément VII. — Mort de Bayart. Bourbon chasse les Français de Lombardie. Bourbon envahit la Provence. Siége de Marseille. L'ennemi repoussé. François Ier rentre en Italie. Siége de Pavie. Bataille de Pavie. Captivité de François Ier. — Régence de Madame Louise. Conseil de régence. Ferme attitude de la France. — Appel au Turc. — Guerre des Paysans. — Paix avec l'Angleterre. — Négociations avec Charles-Quint. François Ier en Espagne. — Marguerite d'Angoulême. Traité de Madrid. François Ier promet de céder la Bourgogne et donne ses fils en otages. — Protestation de la Bourgogne. Le traité n'est pas ratifié. Rupture avec Charles-Quint. Ligue de la France avec les états italiens et l'Angleterre. — Négociations avec le sultan Soliman et avec les Hongrois. Les Turcs en Hongrie. — Fautes de François Ier et des Italiens. Charles-Quint regagne les luthériens. L'Allemagne secourt l'empereur. Bourbon tué devant Rome. Sac de Rome. Le pape prisonnier des Impériaux. — Assemblée des notables à Paris. — Défi réciproque de François Ier et de Charles-Quint. — Gênes et une partie du Milanais recouvrés. Invasion de Naples. François Ier s'aliène les Génois et André Doria. L'armée de Naples perdue. Revers dans le nord de l'Italie. Le pape traite avec l'empereur. — Les Turcs marchent sur Vienne. — Traité de Cambrai. François Ier sacrifie l'Italie et la suzeraineté sur la Flandre pour ravoir ses enfants. — Chute de Florence.

1521 — 1530.

Pendant cette diète de Worms où la Réforme germanique est venue s'affirmer hardiment en face du Saint-Empire romain et de la papauté, l'autre grande lutte s'est ouverte, la lutte des armes à côté de la lutte des idées; la lutte de François Ier et de Charles-Quint, ou plutôt la lutte de la nationalité française contre la monstrueuse puissance, issue des combinaisons artificielles de l'hérédité féodale, qui tend à l'asservissement des nationalités européennes.

La guerre civile d'Espagne a précédé et provoqué la guerre générale. Les principales villes des provinces castillanes, comme nous l'avons vu [1], s'étaient soulevées contre les favoris étrangers, avant même que Charles-Quint eût quitté la terre d'Espagne pour aller recevoir la couronne de roi des Romains. Charles avait pris, en partant, une résolution équitable et habile, afin d'assurer l'union de la maison d'Autriche et d'ôter à la révolte un levier formidable; c'était de se réconcilier avec son frère Ferdinand, deux fois sacrifié aux intérêts de sa grandeur [2], et de lui faire une part qui calmât les ressentiments et satisfît l'ambition de ce jeune prince. Il lui céda tout l'héritage originel d'Autriche [3], resté indivis entre eux à la mort de Maximilien, et s'acquit de la sorte, au lieu d'un rival spolié et irrité, un lieutenant qui l'aida fidèlement à supporter le fardeau de l'Empire. A défaut de Ferdinand, les insurgés tirèrent de la retraite où elle était confinée la malheureuse reine Jeanne la Folle, pour autoriser de son nom les entreprises de la *Sainte-Junte* (la sainte union), titre adopté par les communes confédérées. Les députés qui avaient trahi les libertés publiques aux dernières cortès furent mis à mort ou

---

1. *V.* notre tome VII, p. 499.
2. Par le vieux Ferdinand en Espagne, et par Maximilien dans l'Empire.
3. Autriche proprement dite, Styrie, Carniole, Carinthie, Tyrol, partie de la Souabe et de l'Alsace, avec les prétentions éventuelles sur la Hongrie et la Bohême.

bannis, et les premiers efforts des troupes royales contre les Cités liguées furent repoussés avec perte.

La couronne était hors d'état d'abattre cette grande rébellion par ses propres forces : Charles fit un appel à la noblesse contre les *communeros* (gens des communes), et associa deux grands de Castille à la régence dont il avait investi, lors de son départ, son ancien précepteur Adrien Florisson d'Utrecht, cardinal-évêque de Tortosa; en même temps, il déclara renoncer au subside octroyé par les cortès. Burgos fut la seule cité que cette concession détacha de la ligue : la Sainte-Junte répondit au mandement royal par la rédaction d'une remontrance qu'on peut regarder comme le testament de l'antique liberté castillane; elle demanda que les étrangers fussent écartés des emplois; que les députés aux cortès, salariés par leurs mandants, eussent défense, sous peine de mort, d'accepter aucun office ou pension de la couronne; que les énormes abus des justices ecclésiastiques et laïques fussent réformés; que les nobles n'eussent plus le gouvernement des villes, et que leurs terres fussent assujetties aux taxes communes. La remontrance n'arriva même pas jusqu'à Charles-Quint; presque toute la noblesse, d'abord indécise, prit les armes contre les *communeros*, qui attaquaient l'aristocratie féodale aussi bien que la royauté, et se réunit aux troupes régulières. La lutte fut mal engagée par le parti populaire : deux grands seigneurs, don Juan de Padilla et don Pedro Giron, s'étaient ralliés à ses étendards; le commandement fut confié au moins capable des deux, à Pedro Giron; celui-ci commit fautes sur fautes, et l'on n'en revint à Padilla qu'après que son rival eut compromis la cause par des échecs difficiles à réparer. Les rivalités provinciales et municipales entravaient l'unité de la défense : Padilla et sa femme, l'héroïque Maria Pacheco, l'âme du parti de la liberté, étaient adorés du peuple, mais contrecarrés par la haute bourgeoisie et par le clergé, mécontents des sacrifices nécessaires qu'on leur imposait.

La lutte se prolongeait néanmoins sans événements décisifs, lorsque, vers le printemps de 1521, une diversion importante sembla devoir servir puissamment la cause des communes liguées : les Français entrèrent en Navarre. Ils en avaient le droit, aux termes du traité de Noyon : Charles-Quint n'ayant point « contenté » la maison d'Albret-Foix [1], et toutes les négociations étant demeurées sans issue, François Ier était en droit de porter secours à l'héritier légitime de la Navarre, Henri d'Albret [2], sans rompre la paix générale. Les populations attendaient les Français comme des libérateurs : la domination espagnole était détestée en Navarre; les Navarrois, en 1516, ayant voulu profiter de la mort de Ferdinand le Catholique pour secouer le joug, Ximenez avait fait raser les forteresses, démanteler les villes et brûler les villages, afin d'ôter toute ressource à la révolte et à ses auxiliaires étrangers. Les Navarrois ne respiraient que vengeance. André de Foix, sire de L'Esparre ou d'Asparro, le plus jeune des trois frères de la maîtresse de François Ier, fut chargé de rétablir son cousin Henri d'Albret sur le trône de Navarre : à la tête de trois cents lances et de cinq ou six mille volontaires gascons, il reprit Saint-Jean-Pied-de-Port, passa les Pyrénées, et recouvra presque toute la Navarre sans coup férir : la plupart des troupes espagnoles avaient été rappelées en Castille par la guerre civile. La citadelle de Pampelune, que Ximenez avait conservée par exception et renforcée, arrêta seule quelques jours les Français, grâce au courage d'un jeune gentilhomme du Guipuzcoa, appelé Ignace ou Inigo de Loyola, qui animait la faible garnison à la résistance; la citadelle se rendit, après que Loyola eut été mis hors de combat par un coup de feu et un coup de pierre, qui lui fracassèrent les deux jambes. Cet accident changea la carrière et décida de la destinée d'Ignace de Loyola. Ce jeune homme, dont les débuts avaient semblé annoncer un grand guerrier de plus, devait reparaître un jour dans le monde sous des auspices bien différents et sous un aspect plus extraordinaire : il ne fut point le rival des Gonsalve et des Pedro Navarro, mais des Dominique et des François d'Assise.

La nouvelle de l'invasion de la Navarre décida les régents de Castille à tout risquer pour terminer la querelle intestine; le comte de Haro, général de l'armée royale, reçut ordre de combattre à tout prix les rebelles; il parvint à empêcher la jonction des *com-*

---

1. V. notre tome VII, p. 456.
2. Jean d'Albret et Catherine de Foix, père et mère de Henri, étaient morts en 1516. — Henri d'Albret fut l'aïeul maternel de Henri IV.

muneros de Castille avec les milices du royaume de Léon ; les insurgés castillans, aux ordres de Padilla, surpris près de Villalar, dans un terrain désavantageux, et foudroyés par une artillerie supérieure, furent mis en pleine déroute; Padilla, blessé et pris, eut la tête tranchée le lendemain (24 avril 1521). On a conservé de lui une sublime lettre d'adieux, écrite au moment de monter à l'échafaud, et adressée à sa ville natale, la « libre et glorieuse » cité de Tolède [1]. Le désastre de Villalar amena la dissolution de la Sainte-Junte : la plupart des villes confédérées traitèrent avec les régents, trop pressés d'en finir pour ne pas se montrer cléments; Tolède seule, excitée par l'intrépide veuve de Padilla, se défendit longtemps encore. Doña Maria Pacheco écrivit au sire de L'Esparre pour l'inviter à s'avancer en Castille : L'Esparre, jeune homme courageux, mais imprudent et inexpérimenté, tenta l'entreprise sans forces suffisantes, traversa l'Èbre, et assiégea Logroño. Les vainqueurs de Villalar se retournèrent contre lui, et, renforcés par la noblesse et même par les communes de la Vieille-Castille et des provinces basques, l'obligèrent à lever le siége de Logroño, rentrèrent après lui en Navarre, et l'atteignirent à quelque distance de Pampelune. L'Esparre accepta la bataille, sans attendre six mille Navarrois que rassemblait le roi Henri d'Albret : les Français succombèrent après une vaillante résistance; L'Esparre, accablé par le nombre, aveuglé par des coups de masse d'armes qui brisèrent son heaume, tomba mourant au pouvoir des ennemis (30 juin); la Navarre, mise hors de défense par l'impitoyable politique qui avait détruit ses places fortes, fut reconquise aussi rapidement qu'elle avait été délivrée, et les avant-postes espagnols reparurent à Saint-Jean-Pied-de-Port.

Pendant ce temps, l'assistance des régents de Castille aidait le vice-roi de Valence à mettre fin à la guerre civile qui se prolongeait dans ce pays entre la noblesse et la grande *germanada* ou confrérie populaire, et qui, bien plus furieuse et plus atroce qu'en Castille, n'avait pas eu d'abord le même caractère d'hostilité contre la couronne. Les Baléares, qui s'étaient soulevées, furent également pacifiées; l'Aragon et la Catalogne, tranquillisés par

---

1. Robertson, *Hist. de Charles-Quint*, l. III.

quelques concessions de Charles-Quint, ne s'étaient point associés aux mouvements des provinces castillanes. Tolède cependant tenait toujours; la ville se soumit enfin le 26 octobre; doña Maria se retira dans l'Alcazar (la citadelle), et s'y défendit jusqu'au 3 février 1522; elle ne consentit à s'échapper avec son enfant que lorsqu'elle vit sa retraite forcée par les troupes royales; elle se réfugia en Portugal, et survécut peu à ses héroïques infortunes.

Charles-Quint vint en personne, quelques mois après, consolider la victoire de ses lieutenants et en tirer les conséquences; il travailla à asservir tout ensemble les communes qui l'avaient combattu et les grands qui l'avaient servi; il fut impitoyable envers les chefs de l'insurrection et poursuivait encore ses vengeances plusieurs années après; mais il ménagea les masses, et, tout en asseyant son autorité sur les ruines des libertés nationales, tout en s'efforçant de réduire les cortès au rôle d'une machine à impôts, il répara quelques-uns des griefs qui avaient le plus irrité les populations; quoiqu'un Italien, le Piémontais Mercurino de Gattinara, eût succédé au Wallon Chièvres dans la principale direction de ses affaires, il ne s'entoura plus exclusivement de conseillers étrangers; il affecta de se montrer bon Espagnol de langue, de mœurs et d'idées : il respecta, du moins dans les formes, cet antique esprit municipal et provincial qui est la vie même de l'Espagne, et qui a survécu à toutes les dynasties et à toutes les révolutions; il respecta surtout cette dignité individuelle que l'Espagnol a conservée même aux jours de la plus profonde décadence nationale, comme une promesse de régénération future. Il sut tourner au profit de son ambition les grandes qualités de ce peuple, et offrit à l'orgueil espagnol la conquête du monde en échange des libertés publiques.

Des événements prodigieux, conséquences de l'impulsion donnée par Isabelle la Catholique à la navigation espagnole, aidèrent Charles à jeter l'Espagne hors d'elle-même. Depuis les premiers voyages de Colomb, une ardeur inouïe de découvertes et de conquêtes maritimes avait saisi la jeunesse espagnole : une multitude de hardis navigateurs sillonnaient en tous sens les mers, et exploraient les terres immenses qui s'étendent au delà des Antilles, tandis que les colons déjà établis dans ce vaste archipel en poursuivaient l'assujettissement avec une violence et une cruauté qui souillèrent à jamais la gloire des découvertes espagnoles. En 1513, Nuñez de Balboa, saluant du haut des montagnes de Panama un océan inconnu, acquiert la certitude que les « Nouvelles Indes » sont séparées des anciennes par les abîmes de la mer, et que le Nouveau-Monde est formé d'un double continent réuni par un grand isthme. Sept ans après (1520), Magellan (Magalhaëns), Portugais au service de l'Espagne, longe tout le continent méridional, en tourne l'extrémité sud, et, réalisant la pensée première de Colomb, gagne les mers indo-chinoises à travers cet Océan Pacifique qu'avait aperçu Balboa, et qui couvre sans interruption la moitié du globe [1]. Il pousse jusqu'aux îles qui ont reçu plus tard le nom de Philippines : il y périt ; mais ses compagnons continuent son voyage, rencontrent aux Moluques les Portugais, auxquels le pape avait concédé la moitié orientale du globe, et reviennent en Espagne par la route du cap de Bonne-Espérance : pour la première fois, le tour du monde était accompli.

À la suite des explorateurs s'avancent les conquérants (*conquistadores*) : en 1518, Grijalva reconnaît, sur le continent septentrional d'Amérique, l'existence d'un empire civilisé ; en 1519, Fernand Cortès tente, avec quelques centaines d'hommes, l'invasion de cet empire, habité par des peuples guerriers, bien différents des faibles et timides tribus d'Haïti et de Cuba. La supériorité de la race blanche sur la race rouge, la supériorité accablante des armes et de la discipline européennes [2], le génie politique et militaire de Cortès, les dissensions intestines du Mexique, sorte de monarchie féodale élective, la défection de plusieurs peuplades belliqueuses qui s'associent aux Espagnols, la terreur superstitieuse qu'inspirent ces étrangers, décident le succès d'une entreprise sans exemple dans l'histoire. En vain Mexico est animée à

---

1. En 1502, le Portugais Cortereal, suivant les traces de Cabot, avait péri dans le détroit d'Anian, dit plus tard détroit d'Hudson, en cherchant au nord de l'Amérique le passage que Magellan trouva plus tard au midi.

2. La cavalerie n'effrayait pas moins les Américains que l'artillerie : le cheval était inconnu dans le Nouveau Monde, et la domestication des grands animaux y était à peu près ignorée : le lama était la seule exception. Les Américains ne connaissaient pas non plus le fer, le plus puissant des agents matériels de l'homme.

une résistance désespérée par sa religion farouche, la plus effrayante aberration du sentiment religieux qui ait paru sur la terre, espèce de sivaïsme qui voue son culte aux puissances destructrices, et qui a pour principal mystère une horrible communion de la chair et du sang des victimes humaines immolées aux dieux; Mexico succombe, et, en moins de trois ans, le Mexique devient la *Nouvelle-Espagne* (1522) [1]. La conquête du Mexique est bientôt suivie d'une conquête plus riche encore : un second état civilisé a été signalé dans l'Amérique méridionale, si opulent, dit-on, que l'or y est aussi commun que le fer en Europe. Pizarre et Almagro s'embarquent à Panama, descendent sur les côtes du Pérou, et le Pérou a le sort du Mexique (1531-1533). Comme les Mexicains, les Péruviens sont livrés aux Espagnols par leurs discordes : la trahison s'unit à la force pour leur perte; leurs mœurs douces et paisibles, tout opposées à celles des Mexicains, abrègent la résistance, et les pacifiques adorateurs du soleil, dignes d'un meilleur destin, sont traités plus barbarement encore par le vainqueur que les sectateurs des dieux sanglants de Mexico. Le butin des compagnons de Pizarre dépassa tout point de comparaison et toute espérance : dans une seule occasion, les simples fantassins reçurent chacun 4,000 *pesos* (environ 20,000 francs), et les cavaliers, 8,000 (40,000 francs); les principaux aventuriers s'attribuèrent des richesses énormes en or, en argent, en terres, en esclaves, en mines exploitables. Des hidalgos, qui n'avaient que la cape et l'épée, acquirent soudainement des fortunes comparables à celles que possèdent de nos jours les plus opulents des lords anglais et des princes russes; un bâtard, qui avait été

---

1. Un corsaire français enleva le navire qui portait les premières dépouilles du Mexique, envoyées par Cortès à Charles-Quint. Cortès, *Relat.* ap. Ramusio, t. III, 294, F. — Les vastes ruines découvertes depuis la fin du siècle dernier dans les solitudes de l'Yucatan, et les débris de fortifications immenses retrouvés sur le territoire des États-Unis, attestent qu'il a existé dans l'Amérique septentrionale une civilisation antérieure à celle des Mexicains. Les premiers habitants du Mexique, mentionnés par les traditions, auraient été, dit-on, les Olmèques; puis les Toltèques vinrent du Nord au VIIe siècle, et, au XIe, se portèrent du Mexique dans l'Yucatan et l'Amérique centrale, où ils bâtirent de vastes cités, déjà ruinées à l'époque de la venue des Espagnols. Les Aztèques ou Mexicains proprement dits ne seraient arrivés du Nord-Ouest, avec d'autres tribus de la même race, qu'à la fin du XIIe siècle : ils élevèrent Tenochtitlan (Mexico) et Cholulakia à l'imitation des cités d'Ytzalane et de Palenqué, ouvrage des Toltèques.

gardeur de troupeaux et qui ne savait pas lire (Francesco Pizarro), se fit gouverneur et presque roi d'un grand royaume. Ces merveilleux récits redoublèrent la fièvre d'entreprises qui agitait les premières colonies et la mère patrie : les colons, qui avaient dévasté et dépeuplé les Antilles, abandonnèrent en foule ces belles îles pour se jeter sur le continent, suivis de nombreux émigrants d'outre-mer : la Terre-Ferme, le Chili, la Plata, furent envahis et colonisés à leur tour, tandis que les Portugais s'établissaient sur la côte orientale de l'Amérique du Sud, que le hasard leur avait révélée dès l'année 1500, et y fondaient la colonie du Brésil, destinée à rivaliser un jour avec les possessions espagnoles.

Les premiers résultats des exploits des *conquistadores* parurent magnifiques pour l'Espagne [1] : les revenus de la couronne reçurent un accroissement que l'ouverture des mines du Mexique, du Pérou et du Potose, infiniment plus abondantes que toutes celles de l'ancien monde, sembla devoir rendre indéfini; la marine espagnole dominait sur toutes les mers d'Occident; le système que Charles-Quint et son successeur adoptèrent pour affermir leur autorité sur les colonies et les enchaîner à la mère-patrie, semblait très-favorable à l'industrie et au commerce espagnols, exclusivement assurés du vaste marché colonial [2]. Le gouvernement espagnol interdit absolument l'accès de ses colonies aux navires étrangers, se fit une règle de ne confier les offices publics en Amérique qu'à des hommes nés en Espagne, à l'exclusion des créoles, et alla jusqu'à défendre aux colons d'établir des manufactures et de cultiver la vigne et l'olivier, pour les mettre hors d'état de se passer de l'Espagne. Les créoles, déjà trop portés à dédaigner les travaux qui ne mènent que lentement à la fortune, ne songèrent qu'à la recherche et à l'exploitation des mines; les Espagnols, à leur tour, ne visèrent plus qu'aux emplois lucratifs

---

1. Le cinquième de tout le produit des pays conquis appartenait à la couronne d'Espagne; le reste se partageait entre les conquérants, suivant les grades et les services.

2. Ce n'était que rendre au commerce d'une main ce qu'on lui avait ôté de l'autre : en 1517, les ministres de Charles-Quint avaient ruiné, en le chargeant de droits exorbitants, le grand trafic de soies, de laines et de grains, que faisait l'Espagne avec les facteurs de la Méditerranée, les Vénitiens. — Paolo Paruta, *Hist. Venet.*, l. IV, p. 257.

des colonies. Une fatale déviation économique s'opéra chez toute la nation : l'Espagne, accomplissant le *grand œuvre* tant poursuivi des alchimistes, avait trouvé le secret de faire de l'or, moyennant un pacte avec le démon des richesses, ce Mammon impitoyable auquel elle sacrifia des peuples entiers [1]; on put reconnaître alors, par un éclatant exemple, la folie de cette poursuite de l'or, où l'on avait pris l'ombre pour le corps, la valeur de convention pour la valeur réelle. La mise en circulation d'une masse immense de numéraire, en abaissant la valeur conventionnelle des métaux précieux, et en exhaussant corrélativement le prix des objets directement utiles à l'homme, ne changea pas essentiellement la condition économique du genre humain [2]; mais, pour l'Espagne

1. L'exploitation des mines, et en général le régime de travail imposé aux Américains par leurs maîtres, fut bien plus destructif que les massacres de la conquête pour cette race infortunée. Au Pérou et au Mexique, des populations entières étaient arrachées à leurs vallées natales, et traînées dans de froides et stériles régions des montagnes, pour y subir, sous le bâton de maîtres sans pitié, des travaux étrangers à leurs habitudes et hors de proportion avec leurs forces : les deux principales nations des deux continents américains ne furent pourtant pas anéanties, comme on l'a dit par hyperbole; leurs débris formèrent avec le temps la couche inférieure de la population hispano-américaine; mais les tribus des Antilles disparurent véritablement de la terre. Haïti, qui avait, dit-on, un million d'habitants, fut dépeuplée en quinze ans. Ces peuples, de complexion faible et de mœurs oisives, mouraient en foule, de fatigue et de désespoir; des milliers de malheureux échappaient à leurs tyrans par le suicide. Les Espagnols ne s'étaient pas contentés de la bulle du pape, qui leur accordait un droit absolu sur la vie et la liberté des « infidèles » dans les « Nouvelles-Indes »; ils avaient réduit en esclavage les Indiens après les avoir forcés de recevoir le baptême. Une partie du clergé voulut s'opposer à ce monstrueux abus d'un monstrueux principe, et combattit, au nom de l'unité de la race d'Adam, l'opinion intéressée des conquérants sur l'infériorité native des Indiens, qu'ils disaient nés pour la servitude : les dominicains, promoteurs et agents de l'inquisition, plaidèrent en Amérique la cause de l'humanité, qu'ils outrageaient en Espagne. Un prêtre séculier, le célèbre Bartolomeo de Las-Casas, à force d'éloquence, de persévérance et d'activité, amena le gouvernement espagnol à se prononcer en faveur de la liberté des Indiens; mais l'autorité royale, comme l'autorité religieuse, ploya devant la rapacité obstinée des colons : les règlements royaux ne furent point observés; il fallut transiger, et ce fut alors que l'on conçut la pensée de substituer des esclaves noirs aux esclaves indiens dans les travaux des colonies. Cependant l'importation des noirs en Amérique ne fut pas de longtemps assez considérable pour soulager sensiblement les Indiens, et les blancs commirent ainsi deux iniquités au lieu d'une. — La petite vérole, que l'Europe envoya à l'Amérique, fut aussi une cause très-active de dépopulation.

2. Il n'y eut pas un changement radical; toutefois, on ne peut nier que la multiplication des signes de la richesse, en rendant la circulation plus facile et plus rapide, n'ait poussé énergiquement à la production. Il y eut, de plus, des effets indirects très-considérables sur la situation respective des classes de la société. Ces phénomènes, dont les générations contemporaines n'eurent pas conscience, parce qu'ils s'opérèrent

en particulier, les conséquences furent désastreuses; l'accroissement immodéré, soudain et accidentel de la richesse publique, ou plutôt des signes fictifs de la richesse, jeta le gouvernement et les particuliers dans la voie la plus fausse et dans les plus dangereuses illusions. L'absence de toute concurrence étrangère sur le marché des colonies, les monopoles publics et privés, la domination de l'esprit monacal, et d'autres causes politiques et religieuses engourdirent l'industrie espagnole, et la firent déchoir de génération en génération[1]. L'agriculture eut son tour; le mépris du travail devint un vice national : l'Espagne, qui avait espéré conquérir le sceptre du monde avec son or autant qu'avec ses armes, vit cet or fatal et criminel passer peu à peu de ses mains superbement oisives dans les mains laborieuses des autres nations; après avoir dépeuplé l'Amérique, elle commença de se dépeupler et de se ruiner elle-même avant la fin du xvɪe siècle.

L'Espagne de 1521 était loin de prévoir ces conséquences lointaines de ses merveilleux succès : pleine de jeunesse et d'audace, elle ne rêvait que gloire et que prospérités. Tandis que Cortès entrait vainqueur à Mexico, et que les Espagnols recouvraient la Navarre un moment perdue, Charles-Quint s'apprêtait à prendre l'offensive contre François Iᵉʳ tout à la fois en Milanais et sur la frontière des Pays-Bas. Aux Pays-Bas, comme en Navarre, avait éclaté d'abord une guerre indirecte : le duc de Bouillon (La Mark), mécontent de l'empereur, était revenu au parti de France : il défia audacieusement en son propre nom l'empereur, « pour

---

sourdement, insensiblement, furent tout à l'avantage des classes laborieuses. Les bourgeois et les paysans, qui tenaient à cens perpétuel des terres ou des maisons, finirent par ne plus payer aux propriétaires nobles ou ecclésiastiques que la moitié, le tiers, le quart de ce qu'avaient payé leurs pères, la même valeur absolue en métaux précieux ne représentant plus que moitié, tiers ou quart en valeur relative. La masse des métaux précieux en circulation fut quadruplée en deux siècles. On évalue la quantité d'or importée d'Amérique en Europe, de 1492 à 1823, à environ 30 milliards 575 millions de francs, sans compter l'argent. *Revue de Numismatique,* novembre 1836. L'effet de la multiplication des métaux précieux ne commença à se faire sentir dans toute l'Europe que durant la seconde moitié du xvɪe siècle.

1. S'il fallait en croire l'écrivain espagnol Campomanès, Séville et ses environs, où s'était concentré le commerce avec l'Amérique, auraient compté, à la fin du règne de Charles-Quint, seize mille métiers d'étoffes de soie et de laine, occupant cent trente mille ouvriers. Soixante et dix ans après, il ne restait plus quatre cents métiers à Séville. *V.* Robertson, *Hist. d'Amérique,* l. vIII et notes.

déni de justice », et assiégea Virton, dans le Luxembourg, à la tête de troupes françaises que lui amena son fils Fleuranges. Henri VIII se hâta d'interposer son arbitrage; François Ier désavoua les La Mark, et les obligea de licencier leurs soldats (mars 1521); mais, aussitôt après, un grand corps d'armée, commandé par le comte de Nassau et par Sickingen, lieutenants de l'empereur, se jeta sur le duché de Bouillon et sur la seigneurie de Sedan, et les mit à feu et à sang. Les La Mark défendirent vigoureusement leurs forteresses; bien que le roi ne les aidât point. C'eût été se faire agresseur que de secourir le duc de Bouillon, vassal rebelle de l'Empire, et François hésitait encore à fournir ce prétexte au mauvais vouloir de l'Angleterre. Le duc fut forcé de demander une trêve, et plusieurs semaines se passèrent à s'observer et à se harceler de part et d'autre; continuelles hostilités qu'on désavouait pour recommencer le lendemain.

Les Impériaux se décidèrent enfin à une attaque sérieuse, quoiqu'on fût convenu d'ouvrir des conférences à Calais, sous la présidence de Wolsey : d'Egmont, sire de Fiennes, gouverneur de Flandre, entama tout à coup le blocus de Tournai, tandis que le comte de Nassau et Sickingen s'emparaient de Mouzon et marchaient sur Mézières avec trente-cinq mille combattants. Le roi ne s'était pas attendu à cette irruption; son armée n'était pas prête, et Mézières, la clef de la Champagne, par une imprévoyance que rien ne saurait justifier, se trouvait dans le plus mauvais état de défense; mais François Ier se hâta d'y envoyer Bayart; le « bon chevalier » valait à lui seul une armée. Bayart, « plus réjoui de l'ordre du roi qu'il n'eût été d'un cadeau de cent mille écus », se jeta dans Mézières avec deux compagnies d'ordonnance, quelque jeune noblesse, et deux mille hommes de pied seulement; encore la plupart de ces fantassins, gens de nouvelles levées, s'enfuirent-ils par-dessus les murailles à l'approche de l'ennemi. Bayart fit entendre au reste de la garnison « qu'il étoit bien aise que la ville fût d'autant vidée de gens de lâche cœur », et fit de tous les soldats restés fidèles autant de héros par sa parole et son exemple. Nassau et Sickingen, campés, le premier au delà, le second en deçà de la Meuse, foudroyaient Mézières chacun de son côté; Sickingen surtout écrasait la place sous le feu de ses batteries, qui, du haut d'une colline, plongeaient dans l'intérieur de Mézières ; Bayart recourut à une excellente ruse de guerre pour se débarrasser du plus redoutable de ses deux ennemis. Il écrivit au duc de Bouillon, à Sedan, que le comte de Nassau se préparait à abandonner l'empereur, et que douze mille Suisses et huit cents lances arrivaient à Mézières, pour assaillir Sickingen à l'improviste le lendemain. Le messager se laissa prendre par les gens de Sickingen : celui-ci, qui était en mauvaise intelligence avec le comte de Nassau, lut la lettre, ne douta point de la trahison du comte, repassa la Meuse avec sa division, et peu s'en fallut qu'il ne livrât bataille à Nassau sous les murs de Mézières. Nassau se justifia, non sans peine ; mais ce désordre avait facilité l'introduction d'un renfort dans la place : plus d'un mois s'était écoulé depuis le commencement du siége ; l'armée royale avait eu le temps de se rassembler, et s'avançait des bords de l'Aisne vers Mézières. Les généraux de l'empereur délogèrent dans les premiers jours d'octobre, et rentrèrent en Hainaut, après avoir, sur leur passage, ravagé la Thierrache avec une barbarie qui amena de sanglantes représailles ; ils reculèrent jusqu'à Valenciennes, où Charles-Quint lui-même accourut les joindre.

L'armée française, conduite par le roi en personne, pénétra dans le Hainaut sur les pas de l'ennemi. François Ier descendit la rive droite de l'Escaut jusqu'au-dessus de Bouchain, et fit jeter un pont sur ce fleuve, afin de marcher sur Valenciennes, « espérant combattre l'empereur ou lui faire cette honte de l'obliger à se retirer. » L'empereur, averti de la construction du pont, dépêcha de Valenciennes le comte de Nassau avec douze mille lansquenets et quatre mille cavaliers, pour défendre la rive gauche de l'Escaut. L'avant-garde du roi avait déjà franchi l'Escaut ; non-seulement Nassau ne put arrêter les Français, mais il n'aurait pas même eu le temps d'opérer sa retraite, si on l'avait chargé à l'instant, suivant l'avis de La Palisse, de La Trémoille et du connétable de Bourbon. L'empereur, dit Martin du Bellai, « eût ce jour-là perdu honneur et chevance ; » la déroute de Nassau eût entraîné la dispersion de tout le reste des troupes impériales. Chose étrange ! ce fut le bouillant François Ier qui se montra plus timide que ses vieux et sages capitaines ; il préféra à leur conseil celui du maréchal de Châtillon [1], général de cour, créature de la mère du roi, qui l'avait chargé d'empêcher François de trop s'exposer. Châtillon prétexta, pour ajourner le combat, un épais brouillard qui ne permettait pas de reconnaître la force réelle de l'ennemi ; le roi défendit d'attaquer, refusant ainsi « la bonne fortune que Dieu lui présentoit, et qui par après ne devoit plus revenir. » L'empereur, ne prévoyant pas que Nassau pût échapper et croyant avoir quarante mille combattants à sa poursuite, était « en tel désespoir, que, la nuit, il se retira en Flandre avec cent chevaux, laissant tout le reste de son armée » (22 octobre). [2]

La conduite du roi était d'un triste présage : François Ier avait été déçu moins par une erreur de jugement que par d'aveugles passions, et n'avait écouté Châtillon que parce que Bourbon avait ouvert l'avis contraire. L'humeur taciturne, « roide » et « mal endurante » de Charles de Bourbon était antipathique au naturel franc, ouvert et mobile du roi. On a prétendu que leur animadversion réciproque avait éclaté d'abord à propos de madame de Châteaubriant, dans les bonnes grâces de qui Bourbon aurait devancé François Ier. Quoi qu'il en fût, Bourbon avait inspiré à la mère du roi une passion plus sérieuse, et l'appui de Louise lui avait valu l'épée de connétable et d'énormes pensions. Louise de Savoie et Charles de Bourbon avaient été jusqu'à échanger secrètement leurs anneaux, comme une promesse de mariage éventuelle, la duchesse de Bourbon, infirme et maladive, ne paraissant pas devoir prolonger beaucoup sa carrière. La bonne intelligence de Charles et de Louise ne fut pas de longue durée ; à la fin de 1516, Louise, ne pouvant supporter l'absence du duc, que François Ier avait nommé gouverneur du Milanais, s'unit à la comtesse de Châteaubriant, sa rivale de crédit, pour faire rappeler Bourbon en France et envoyer à sa place Lautrec, frère de la comtesse. Bourbon ne sut point cacher son dépit ni son dégoût ; il laissa pénétrer à Louise qu'il était amoureux, non pas d'elle, mais de sa fille, l'aimable Marguerite. L'amour dédaigné se changea en haine : Louise n'épargna rien pour redoubler l'antipathie de son fils contre le duc Charles, en attendant qu'elle pût pousser plus

---

1. Gaspard de Coligni, père de l'amiral de Coligni.
2. Martin du Bellai ; — *Belcarius*.

loin sa vengeance, et François se laissa entraîner à des torts graves : dans sa marche en Hainaut, il venait de confier à son beau-frère, le duc d'Alençon, le commandement de l'avant-garde, qui appartenait au connétable dans une armée royale. Il fit beaucoup d'autres passe-droits au connétable. Ces misérables tracasseries de cour eurent de bien funestes suites !

Malgré la faute énorme commise par le roi, les Français restaient maîtres de la campagne : Mouzon avait été recouvré; Bapaume et Landrecies avaient été pris et démantelés; Bouchain fut enlevé aussi, et le roi s'apprêtait à débloquer Tournai; la partiale médiation de Henri VIII, ou plutôt de Wolsey, arrêta la marche de l'armée française. Des conférences étaient ouvertes à Calais, depuis près de trois mois, sous la présidence de Wolsey, entièrement gagné aux intérêts de l'empereur. Après bien des pourparlers, le roi s'obstinant à exiger la restitution des royaumes de Naples et de Navarre, et l'empereur, celle du duché de Bourgogne et la suppression de l'hommage du comté de Flandre, Wolsey proposa une longue trêve : les Français refusèrent la trêve générale, et consentirent seulement à une trêve particulière pour les bâtiments occupés à la pêche du hareng, ce qui était tout à l'avantage des sujets de Charles-Quint (2 octobre)[1]. Au bruit de l'entrée des Français en Hainaut, Wolsey expédia au camp du roi deux ambassadeurs chargés de nouvelles propositions : c'était que l'empereur retirât ses troupes du Tournaisis et du duché de Milan, où avait recommencé une rude guerre; que le roi retirât les siennes des Pays-Bas et des frontières d'Espagne, chacun gardant provisoirement ce qu'il tenait, et que le fond de la querelle fût remis à l'arbitrage de Henri VIII, sans fixer de terme pour la décision arbitrale. Ce n'était, au fond, qu'une trêve indéfinie; cependant les deux partis avaient accepté ces conditions, lorsque des nouvelles avantageuses à la France arrivèrent des frontières

---

1. La pêche du hareng commençait à prendre, chez les Flamands et surtout chez les Hollandais et les Zélandais, une extension immense, depuis que Benkels de Biervliet avait découvert l'art d'encaquer et de conserver le hareng, vers la fin du XV° siècle. Le commerce du hareng fut, pour les provinces *neerlandaises*, la source de richesses mieux acquises et plus durables que les trésors que l'Espagne arrachait aux Nouvelles-Indes. La puissance hollandaise est née de ce commerce. « Amsterdam », suivant un dicton hollandais, « est fondée sur des arêtes de harengs ».

d'Espagne. Bonnivet et le comte de Guise, envoyés avec un corps d'armée pour venger le désastre de l'Esparre, avaient recouvré les cantons navarrois au nord des Pyrénées (Basse Navarre), que la maison d'Albret ne reperdit plus; puis, entrant dans la Haute-Navarre par Roncevaux, et trouvant Pampelune trop bien remparée, ils avaient tourné vers les provinces basques et emporté Fontarabie. Charles-Quint, appuyé par Henri VIII, demanda l'évacuation immédiate de cette place, qui ouvrait la Biscaye aux Français : le roi s'y refusa et tout fut rompu. François était dans son droit; mais il eût beaucoup mieux fait cependant de rendre Fontarabie pour sauver Tournai; car les grandes pluies et le débordement des rivières ne lui permirent pas de secourir cette importante ville, qui fut obligée de se rendre, faute de vivres, après six mois de blocus (fin décembre). La prise de Hesdin ne compensa point cet échec. Le 24 novembre, avait été signée secrètement l'alliance du pape et de l'empereur avec le roi d'Angleterre contre la France : Wolsey avait décidé Henri VIII à ce pacte impolitique, par le fol espoir de recouvrer « son héritage du continent », chimère qui détourna si longtemps l'Angleterre de ses vraies destinées. Quant à Léon X, son traité avec Charles-Quint, déjà public depuis plusieurs mois, avait été le prix de la déclaration de l'empereur contre Luther.

La chute de Tournai fut le dernier acte de la campagne du côté des Pays-Bas. Pendant ce temps, des événements considérables se passaient en Italie. L'homme auquel François Ier avait confié le Milanais était peu propre à déjouer les complots des ennemis de la France : Lautrec, personnage d'humeur âpre, dure et avide, « bon à combattre en guerre et frapper comme un sourd, mais non à gouverner un état », s'était rendu fort impopulaire dans le Milanais; il accablait d'exactions ce pays, habitué sous Louis XII à un traitement modéré; il réprimait la moindre résistance comme haute trahison; il s'était brouillé mortellement avec le vieux Trivulce, le plus puissant et le plus fidèle, mais non pas le plus soumis des partisans de la France en Italie, et lui avait fait un crime, auprès du roi, de ses liaisons avec les Vénitiens et les Suisses. Trivulce, malgré ses quatre-vingts ans, franchit les Alpes au cœur de l'hiver, pour se justifier devant François Ier; madame de Châteaubriant lui ferma l'oreille du maître; il fut mal reçu du roi, et, s'étant placé sur le passage de François Ier, pour forcer ce prince à l'écouter, il eut la douleur de voir l'ingrat monarque s'éloigner en détournant la tête. Le vieux guerrier tomba malade de chagrin et de colère, et ne quitta plus Châtres (Arpajon), où il avait été si indignement traité : il y mourut après avoir reçu du roi quelques tardives marques d'intérêt et de repentir. On grava sur sa tombe l'inscription suivante : *J.-J. Trivultius, qui nunquam quievit, quiescit : tace*[1]*!* (1518.) La triste fin de Trivulce laissa de fâcheux souvenirs dans l'esprit des populations lombardes, où il comptait de nombreux amis, et aida au succès des intrigues du pape et de l'empereur.

Léon X agit peu loyalement avec François Ier; il s'était avancé jusqu'à promettre d'attaquer le royaume de Naples, de concert avec les Français, lorsqu'il signa un pacte secret avec l'empereur, pour chasser les Français de Milan et de Gênes, et rétablir à Milan Francesco Sforza, frère du dernier duc Maximilien : Parme et Plaisance devaient être rendues à l'Église, et Charles-Quint devait aider le pape à conquérir Ferrare. Léon, dès lors, favorisa presque ouvertement les complots ourdis par les nombreux bannis génois et milanais qui avaient fui l'administration tyrannique de Lautrec et de son frère Lescun; ce dernier, qu'on appelait autrement le maréchal de Foix, gouvernait le Milanais durant l'absence de Lautrec; une excursion qu'il fit sur le territoire de l'Église afin d'exiger l'extradition de bannis établis à Reggio, et qui fut repoussée par l'historien Guicciardini, alors gouverneur du Modénais pour Léon X, fournit au pape l'occasion d'éclater et de publier son traité avec l'empereur (fin juin). On s'apprêta donc à la guerre, après que diverses conspirations eurent échoué en Lombardie et à Gênes : les Français semblaient pouvoir compter sur des auxiliaires habitués à décider la victoire dans les campagnes d'Italie; la majorité de la diète helvétique avait repoussé les offres du pape et de l'empereur pour resserrer son alliance

---

1. « J.-J. Trivulce, qui ne goûta jamais de repos, repose en ce lieu : silence ! » — Son sarcophage, surmonté de sa statue couchée, est élevé à 20 pieds du sol, dans une niche creusée dans la paroi du vestibule de l'église de San-Lazaro, à Milan. La simplicité sévère du monument et sa situation sont d'un effet singulier et profond.

avec François Ier; mais Zurich, Lucerne et les Waldstætten n'obéirent point à la décision de la diète : entraînés par la vieille influence du cardinal de Sion, ils levèrent, pour les ennemis de la France, presque autant de soldats que les sept autres cantons en faveur de la France; ce fut toutefois sous la condition que ces troupes seraient employées seulement à la « défense de l'État de l'Église, » condition de laquelle le cardinal de Sion espérait bien s'affranchir.

Lautrec était revenu prendre le commandement du Milanais, non sans beaucoup d'hésitations : il craignait d'avoir à soutenir une lutte acharnée, sans les moyens de la mener à bonne fin. Se défiant à la fois de la négligence du roi et de la malveillance de sa mère, il ne voulait pas quitter la cour avant d'avoir reçu la solde de ses gens d'armes et de ses Suisses : il ne se décida que sur la promesse formelle du roi et de sa mère et du général des finances Semblançai [1], qu'on lui ferait tenir 400,000 écus à son retour à Milan. Les 400,000 écus n'arrivèrent pas : les banquiers florentins qui devaient avancer l'argent manquèrent à leur promesse, sous la pression du pape, et prêtèrent à l'empereur la somme promise au roi [2]. Lautrec avait eu parole qu'à défaut de Florence, le Languedoc fournirait l'argent; rien ne vint du Languedoc plus que de Florence. Lautrec se fit de misérables ressources à coups d'exactions et de confiscations, et acheva d'exaspérer les Lombards. Les hostilités cependant ne s'étaient pas mal engagées pour les Français : l'armée des confédérés, forte d'environ douze cents lances et dix-huit mille fantassins espagnols, italiens, allemands, suisses et grisons, sous les ordres du vieux Prosper Colonna, du marquis de Mantoue, de Fernand d'Avalos, marquis de Pescaire (Pescara), et de l'historien Guicciardini [3],

---

1. Jacques de Beaune, seigneur de Semblançai, un des quatre généraux des finances, paraît avoir eu une certaine suprématie sur les trois autres, et Martin du Bellai le qualifie de « super-intendant des finances. » Le ministère des finances avait été fondé de fait par le secrétaire d'État Florimond Robertet, sous Charles VIII et Louis XII. Auparavant, l'administration financière était fractionnée entre les généraux des finances et l'argentier du roi.

2. Les maisons des banquiers, à Paris, furent saisies, avec leurs personnes, de par le roi, le 17 juillet 1521. *Journal d'un bourgeois de Paris*, p. 103.

3. Léon X avait entraîné avec lui Florence, qu'il gouvernait aussi directement que Rome elle-même.

s'était trouvée sur pied plus tôt que l'armée de France. Au lieu de marcher droit à Milan, elle s'arrêta au siége de Parme, défendue par le maréchal de Foix ; la résistance vigoureuse de ce général donna le temps à Lautrec de recevoir un renfort de sept mille Suisses et de six ou sept mille Vénitiens ; les confédérés, mal d'accord entre eux, levèrent le siége en désordre. Lautrec fit la même faute que François Ier au passage de l'Escaut : il laissa l'ennemi se replier tranquillement sur Reggio, s'y renforcer, puis franchir le Pô à Casal-Maggiore, et envahir le Crémonais ; manœuvre hardie et habile qui déplaça le théâtre de la guerre, et qui rapprocha les confédérés de Milan et des lacs par où devaient descendre les Suisses de leur parti.

La conduite de Lautrec était inconcevable : fortifié par de nouvelles bandes suisses, il avait franchi le Pô le même jour que les ennemis ; il les atteignit à Rebec (Rebecco) sur l'Oglio, mauvaise position où il aurait pu les écraser ; mais il ne les inquiéta même pas, et ne mit aucun obstacle à leur réunion avec leurs Suisses, que leur amena le cardinal de Sion. Lautrec, peut-être pour éviter le défaut national de précipitation et d'impétuosité, de *furia francese*, comme disaient les Italiens, se jetait dans l'excès contraire, et affectait une lenteur et une circonspection outrées. L'occasion de vaincre, deux fois perdue, ne se représenta plus, et un incident étranger aux opérations militaires donna bientôt tout l'avantage à la ligue. La diète helvétique, voyant des milliers de ses citoyens sur le point de s'entr'égorger pour une cause étrangère, envoya l'ordre à tous les Suisses de quitter les deux armées ; les Suisses de Lautrec, ennuyés de servir sous un général aussi timide, et surtout irrités de n'avoir pas touché leur solde, partirent pour la plupart ; ceux des confédérés restèrent, l'ordre qui leur était adressé ayant été audacieusement supprimé par le cardinal de Sion ; l'adroit et intrigant prélat parvint même à attirer sous les enseignes des confédérés une grande partie des Suisses sortis de l'armée française. Lautrec, devenu le plus faible, recula jusqu'à Milan, serré de près par l'ennemi. La saison avançait : les chemins étaient rompus par les pluies : Lautrec ne croyait pas que l'ennemi pût se présenter devant Milan de quelques jours ; l'activité de l'ennemi, poussé par l'audacieux Pescaire, trompa ses prévisions : dans la nuit du 19 novembre, les faubourgs de Milan furent assaillis et emportés à l'improviste par les coalisés, qui pénétrèrent dans l'intérieur de la ville, favorisés par le soulèvement des habitants. Lautrec et Lescun, en s'appuyant sur le château, eussent pu encore disputer le terrain avec avantage; mais ils perdirent la tête; ils se hâtèrent d'évacuer la ville après avoir muni le château d'une forte garnison; ils se replièrent sur Como, passèrent l'Adda, puis, traversant le Bergamasque et le Bressan, ils parvinrent à gagner Crémone, où ils s'établirent, tandis que Parme, Plaisance, Lodi, Pavie, secouaient le joug, et recevaient avec acclamation les confédérés.

Le triomphe de la ligue semblait devoir être bientôt complet en Italie : un fort parti s'agitait à Gênes contre les Frégose, qui commandaient pour le roi de France; les deux tiers du Milanais étaient occupés au nom de Francesco Sforza; Parme et Plaisance avaient reconnu l'autorité du pape, lorsque tout à coup Léon X expira, comme Jules II, au milieu de ses succès contre la France (1er décembre 1521). L'abus des plaisirs avait ruiné sa faible constitution, et l'entraînait jeune encore au tombeau. Il mourut à temps pour ne pas voir les désastres de cette belle Italie qu'il avait ornée de tant de merveilles. La mort de Léon X arrêta les progrès des troupes confédérées, qui vivaient aux dépens du trésor pontifical : les cardinaux s'occupèrent beaucoup plus de leurs intrigues que de la guerre; les mercenaires allemands et suisses, n'étant plus payés, se débandèrent : les petits princes dépouillés par Léon X, le duc d'Urbin, les seigneurs de Pérouse, rentrèrent à main armée dans leurs seigneuries; Florence et Sienne fermentaient; malheureusement Lautrec n'avait pas les moyens de mettre à profit ces chances favorables; il ne réussit pas même à reprendre Parme, défendue par Guicciardini, et les deux partis demeurèrent quelque temps dans une égale impuissance.

A la nouvelle de la mort de Léon X, Wolsey s'était hâté de rappeler à Charles-Quint ses promesses; mais le ministre anglais ne fut pas plus heureux que ne l'avait été autrefois Georges d'Amboise en pareille occasion. Charles-Quint ne lui manqua point de parole, comme on l'a prétendu [1], et le recommanda au sacré-collége, sans peut-être désirer bien vivement son succès; quoi qu'il en soit, Wolsey n'eut pas même la consolation d'avoir partagé les suffrages des cardinaux : deux Florentins, Jules de Médicis (depuis Clément VII) et Soderini, appuyés, le premier, par les créatures de Léon X, le second, par les amis de la France, se disputèrent les voix, sans pouvoir arriver à une majorité : Jules de Médicis, alors, de concert avec quelques affidés de l'empereur, reporta les suffrages dont il disposait sur un cardinal auquel personne n'avait songé d'abord; c'était l'ancien précepteur de Charles-Quint, Adrien d'Utrecht, professeur de théologie devenu ministre d'État. Tout le sacré-collége suivit cette impulsion sans hésiter et sans réfléchir (9 janvier 1522). Non-seulement Adrien n'assistait point au conclave, mais il n'était jamais venu à Rome, et n'était connu personnellement d'aucun de ses confrères. Les cardinaux italiens, une fois l'élection consommée, furent si étonnés d'avoir choisi cet étranger, ce *barbare*, qu'ils prirent le parti, comme dit Guicciardini, d'en rejeter la cause sur une inspiration soudaine du Saint-Esprit. On ne pouvait faire un choix plus opposé à tout ce qu'avait vu Rome de temps immémorial : Adrien, qui garda son nom, contre l'usage, et se fit appeler Adrien VI, était un homme d'une piété sincère et rigide, d'une vie simple et austère, très-charitable aux pauvres, très-attaché au devoir et à la règle; du reste, absolument étranger et même hostile aux mœurs, aux idées, aux arts de l'Italie : il pensait comme Luther sur ces « pompes païennes. » Il eût voulu pacifier l'Église et la « république chrétienne, » ramener les luthériens et réunir les souverains chrétiens contre le Turc, qui avait pris Belgrade et qui pressait vivement Rhodes. Le plus puissant génie eût succombé sous une pareille tâche, et l'honnête Adrien n'était point un homme de génie. Il le sentait bien lui-même : il avait appris son élévation avec une sorte de terreur, et il différa plusieurs mois de quitter l'Espagne pour venir prendre possession du saint-siége. Pendant ce temps, les événements se précipitèrent.

---

1. *V.* les lettres citées par M. Pichot; *Charles-Quint*, p. 47-48.

François Ier avait fait de grands efforts pour rétablir ses affaires en Italie; ce prince, ou plutôt son chancelier Duprat, qui dirigeait entièrement l'administration intérieure, mit en jeu tous les expédients pour trouver de l'argent : au bout de quelques mois de guerre, le trésor était déjà vide, grâce au régime de profusions établi avec François et sa mère; il ne restait pas trace du bel ordre des finances au temps de Louis XII; le produit des tailles, des aides, des gabelles, confondu avec les revenus du domaine, était à peu près absorbé par la cour, et l'on ne payait pas l'armée, qui reprenait la vieille habitude de vivre sur le pays. On rehaussa les tailles, arbitrairement dans la plupart des provinces, dans les autres avec le consentement des États Provinciaux, assemblées dont le rôle était de plus en plus restreint et plus obscur. A Paris et à Rouen, le roi en personne alla réclamer une aide aux assemblées de ville [1]. On demanda des emprunts et de la vaisselle d'argent aux particuliers et aux églises. On annula toutes les aliénations de portions du domaine royal, faites par faveur et à titre gratuit, pour les aliéner de nouveau à prix d'argent [2]; on enleva la grille d'argent dont Louis XI avait entouré le fameux tombeau de saint Martin de Tours, et qui pesait 6,776 marcs; on recourut à une ressource pire que l'augmentation directe des impôts : on créa une foule d'offices de toute espèce à

---

1. Le roi demanda aux Parisiens de soudoyer 500 hommes de pied tant que la guerre durerait, puis alla faire pareille demande aux Rouennais. Ceux-ci, avec un zèle que le chroniqueur parisien qualifie d'*outrecuidance*, offrirent mille hommes. Le roi fit dire aux Parisiens qu'ils ne pouvaient pas moins faire que les Rouennais, et Paris paya, d'assez mauvaise grâce, les 90,000 livres par an nécessaires afin d'entretenir 1,000 fantassins. *V. Journal d'un Bourgeois de Paris sous François Ier*, publié par L. Lalanne, pour la Société de l'histoire de France; Paris, 1854; p. 120. François Ier n'était pas populaire à Paris. Les Parisiens regrettaient fort le bon roi Louis XII, détestaient la mère de François Ier, et ne pardonnaient au roi ni le Concordat ni la suppression violente des *sotties et moralités*, de la comédie aristophanesque à laquelle ils avaient pris goût. Un prêtre appelé Cruche, grand *fatiste* (faiseur, compositeur de *jeux et novalités*), avait été rudement battu et menacé d'être jeté à l'eau par les gentilshommes de l'hôtel (1515). *Ibid.* p. 13-14. Des basochiens et autres furent mis en prison pour avoir joué des *farces* sur *mère-sotte*, « qui gouvernoit en cour, tailloit, pilloit et déroboit tout (1516). » *Ibid.* p. 44.

2. Les aliénations faites à titre onéreux et pour « deniers baillés » furent respectées : le reproche de mauvaise foi que fait M. de Sismondi au gouvernement de François Ier n'est pas fondé dans cette occasion. *V.* l'édit d'Argilli dans Isambert, *Anc. lois franç.* t. XII, p. 191.

prix d'argent, et, de la vénalité des charges civiles et financières, trop usitée sous Louis XII, on passa au trafic des charges de judicature. Duprat avait commencé ce commerce dès l'avénement de François Ier; les tribunaux du Languedoc surtout avaient été encombrés de magistrats de nouvelle création; les États Provinciaux réclamèrent en vain [1].

Le parlement de Paris et les tribunaux qui lui étaient subordonnés eurent leur tour [2] : un édit du 31 janvier 1522 institua une nouvelle chambre composée de deux présidents et de dix-huit conseillers. Le parlement, assuré que chaque nouveau conseiller avait payé sa place 2,000 écus d'or, par un achat déguisé sous couleur de prêt pour les nécessités de l'État, fit des remontrances énergiques, et n'enregistra l'édit que « du très-exprès commandement du roi », et avec des restrictions humiliantes pour les intrus, et tendant à amener la suppression de leurs charges. Le roi montra quelque regret d'avoir employé un tel expédient; mais, malgré ses promesses, la vénalité des charges ne cessa plus d'être comptée parmi les ressources de la couronne; on créa désormais des offices, non plus selon les besoins de la justice, mais selon les besoins du fisc, et des transactions jusqu'alors exceptionnelles et ensevelies dans l'ombre devinrent patentes, journalières et presque officielles. Ce fut un coup terrible porté à la considération et à la moralité de l'ordre judiciaire. Tous les historiens et les écrivains attachés à la magistrature ont maudit, d'une voix unanime, Duprat et son œuvre : cinquante ans après, le plus vertueux des chanceliers de France, Michel de L'Hôpital, qui voulut et ne put réparer le mal fait par son prédécesseur, flétrissait encore avec amertume cette pernicieuse innovation, dans des vers qui révèlent sa pensée intime [3]. Il y eut d'effroyables

---

1. *Hist. de Languedoc*, t. VI, l. xxxvii, p. 115; — D. Gervaise, *Vie de saint Martin*, p. 330.

2. Le roi ôta au prévôt de Paris et au lieutenant civil les causes des privilégiés de l'université et les attribua à un bailli créé *ad hoc*. *Journal d'un Bourgeois*, etc., p. 125.

3. Egregius quondam, nunc turpis et infimus ordo,
    Temporibus postquam cœpit promiscuus esse
    Omnibus, et pueris passim probroque notatis,
    Qui vix prima tenent elementa...

(Ordre jadis illustre, aujourd'hui avili et déshonoré, depuis qu'il a commencé d'être

abus et de nombreux scandales; cependant le corps de la magistrature ne fut pas aussi fondamentalement corrompu et dégradé qu'on l'eût pu craindre; il y eut pendant quelque temps un bizarre mélange de vénalité, d'élection et d'hérédité; la vénalité entraîna peu à peu la transmissibilité des charges, moyennant des droits annuels; il se fonda ainsi, à la place de l'ancienne aristocratie judiciaire, élective et se recrutant par elle-même, une aristocratie héréditaire, inférieure sans doute à la première en principe et en fait, mais qui cependant ne fut pas non plus un instrument servile de la royauté : les traditions de famille et l'esprit de corps lui rendirent une certaine dignité morale. L'opinion publique néanmoins ne se réconcilia jamais en France avec le principe d'une judicature héréditaire [1].

Toutes les inventions financières de Duprat ne furent pas également immorales et nuisibles. C'est à lui qu'appartient la fondation de la dette publique. Jusqu'alors la couronne avait fait de fréquents emprunts, volontaires ou forcés, mais toujours accidentels et temporaires. Duprat, le premier, créa des rentes perpétuelles, payables annuellement sur le produit de la taxe du bétail vendu à Paris. La première émission de ces rentes, dites « rentes de l'hôtel de ville », parce qu'on les payait à l'hôtel de ville de Paris, date du 27 septembre 1522; elle n'était que de 200,000 livres [2], à un peu plus de huit pour cent d'intérêt. Le gouvernement royal sentit combien il lui importait de servir régulièrement la rente; l'exactitude du paiement fonda le crédit

---

prostitué à tous venants, à des hommes notés d'infamie, à des enfants qui possèdent à peine les premiers éléments de la science.....) *Hospital. lib.* I, *Epist.* 3.

La magistrature maintint longtemps, comme une protestation incessante, le vieil usage d'imposer aux récipiendaires le serment qu'ils n'avaient rien payé pour leurs charges; on finit par comprendre que ce parjure n'était qu'un scandale de plus. V. Garnier, *Hist. de France*, t. XII, p. 219-225. — *Belcarius*, p. 437. — Pasquier, *Recherches de la France*. — Gaillard, *Hist. de François Ier*, t. I, p. 213-217, et t. VII, p. 407-410.

1. Montesquieu juge la vénalité et l'hérédité des charges préférables à la nomination par le souverain, parce que, dit-il, « dans une monarchie, où, quand les charges ne se vendraient pas par un règlement public, l'indigence et l'avidité des courtisans les vendraient tout de même, le hasard donnera de meilleurs sujets que le choix du prince. » *Esprit des Lois*. La question était moins entre l'hérédité et la nomination royale, qu'entre l'hérédité et l'élection.

2. Environ 800,000 francs; peut-être 4 millions de valeur relative.

public, et les nouvelles émissions qui se succédèrent à plusieurs reprises sous François Ier furent accueillies avec faveur par la bourgeoisie parisienne [1].

Le pouvoir avait mis une certaine impartialité dans ses exigences pécuniaires : il avait demandé à qui pouvait donner. Un concile gallican avait été convoqué, en janvier 1522, sous prétexte de réformer l'Église : la réforme proposée fut un don gratuit de la *moitié* des revenus ecclésiastiques. On décida, non sans peine, le roi à se contenter du tiers. L'effroi de Luther rendit le clergé docile [2].

La meilleure partie de l'argent qu'on avait pu se procurer dans l'hiver de 1521 à 1522 fut employée à lever des Suisses, malgré les griefs qu'on avait contre eux. La majorité de la diète helvétique avait paru fort irritée de la conduite tenue l'année précédente par le cardinal de Sion : elle avait refusé de recevoir les ambassadeurs des confédérés, et, resserrant ses liens avec le roi de France, lui avait accordé une levée de seize mille hommes. En même temps que ces auxiliaires étrangers, on leva à l'intérieur vingt-quatre mille francs-archers. Le roi et son conseil se décidaient, avec quelque hésitation, à recourir à une milice nationale dans des proportions limitées [3].

Lautrec, après avoir opéré sa jonction avec les Suisses et les Vénitiens, marcha de Crémone sur Milan dans les premiers jours de mars 1522; les généraux de l'empereur, Prosper Colonna et Pescaire, s'étaient enfermés dans Milan avec toute une armée, et les habitants, redoutant la vengeance de Lautrec, se montraient disposés à seconder avec énergie la résistance des Impériaux. Le général français ne crut pas devoir tenter l'assaut, et se contenta de ruiner le pays environnant, afin de réduire Milan par famine. Lautrec reçut, peu de temps après, un nouveau renfort que lui amenaient de France son frère Lescun, Bayart et Pedro Navarro; mais Milan, de son côté, fut ravitaillé par le jeune duc Francesco Sforza, qui amena un gros corps de lansquenets du Tyrol. Le

---

1. D. Félibien, *Hist. de Paris*, l. XVIII, p. 942, et *Preuves*, t. I, p. 578. La rente fut créée sous forme d'emprunt perpétuel consenti par une assemblée de ville et réparti entre les habitants aisés. *Journal*, p. 121.
2. *Journal d'un Bourgeois de Paris*, p. 110; 165.
3. *Ibid.* p. 110.

jeune duc et Prosper Colonna s'estimèrent alors assez forts pour tenir la campagne, et, vers la semaine de Pâques, les deux armées se trouvèrent en présence à quelques milles de Milan. Sforza et Colonna s'étaient établis à la Bicoque (*Bicocca*), grande *villa* dont les vastes jardins, entourés de fossés profonds, et les alentours, « coupés d'une infinité de ruisseaux », formaient un camp tout tracé et facile à défendre. Lautrec voulait les obliger à quitter ce poste en leur coupant les vivres : les Suisses ne le permirent pas; leur solde recommençait à s'arriérer; ils étaient fatigués du mauvais temps, ennuyés de la lente stratégie de Lautrec : ils demandèrent impérieusement « argent, congé ou bataille ». Toutes les représentations furent inutiles : les Suisses faisaient la principale force de l'armée; il fallut leur céder et donner le signal de l'attaque.

Deux assauts furent donc livrés au camp ennemi, le premier par une avant-garde de huit mille Suisses, auxquels s'étaient joints beaucoup de gentilshommes français, le second, par l'élite de la gendarmerie, aux ordres du maréchal de Foix-Lescun. Les Suisses s'étaient rués en avant comme des taureaux furieux, sans même attendre le signal : arrêtés par un fossé à pic et par une haute levée de terre garnie d'une artillerie formidable, ils firent en vain des efforts inouïs, et furent repoussés à grande perte. L'attaque de Lescun fut plus heureuse : il s'empara d'un petit pont qui menait dans l'intérieur des jardins, et pénétra au milieu des ennemis. Si les Suisses du corps de bataille eussent chargé à leur tour et que les troupes vénitiennes se fussent engagées, la victoire se fût peut-être encore déclarée pour l'armée de France; mais les Suisses étaient tellement découragés par le mauvais succès de leur première tentative, qu'on ne put les ramener au combat, et Lescun, n'étant pas soutenu, fut contraint de se replier sur le corps de réserve (29 avril 1522). Lautrec ordonna la retraite, et, deux jours après, les Suisses l'abandonnèrent pour retourner dans leur pays.

Ce malheureux combat fut suivi de la prise de Lodi par Pescaire : Lautrec chargea Lescun de défendre ce qui restait au roi en Lombardie, et repassa en France pour aller demander des secours et récriminer contre les reproches qu'il prévoyait. A peine Lautrec était-il au delà des monts, que Lescun, pressé par des forces trop supérieures, s'engagea, par un traité avec Prosper Colonna, d'évacuer toutes les places occupées par les Français en Milanais, excepté les châteaux de Milan, de Novarre et de Crémone, si une armée ne venait le « recourre » avant quarante jours. Les généraux ennemis profitèrent de cette trêve en Milanais pour se porter avec toutes leurs forces sur Gênes; les Génois croyaient en être quittes pour changer de maîtres encore une fois; ils ne s'armèrent ni pour aider ni pour repousser les ennemis de la France, et leur ville, mal gardée par une poignée de soldats, fut surprise sans résistance par les Espagnols et les Allemands. Cette grande et magnifique cité fut livrée au pillage par les hordes étrangères (30 mai). Pedro Navarro, qui s'était retiré à Gênes, tomba au pouvoir de l'ennemi. A la nouvelle de la perte de Gênes, un petit corps d'armée français, qui avait passé les Alpes pour joindre Lescun, s'arrêta en Piémont, et Lescun, n'ayant plus l'espoir d'être secouru, exécuta ses conventions avec Colonna.

Ce fut ainsi que la France perdit de nouveau ses possessions ultramontaines. Le roi accueillit fort mal Lautrec à son retour en France, et l'accusa de « lui avoir perdu son héritage de Milan ».

— C'est Votre Majesté qui l'a perdu, et non pas moi, » répliqua fièrement Lautrec, fort de l'appui du connétable de Bourbon. « La gendarmerie a servi dix-huit mois sans toucher deniers, et pareillement les Suisses, lesquels ne m'eussent contraint de combattre à mon désavantage, s'ils avoient eu paiement. — J'ai envoyé quatre cent mille écus, l'an passé, sur votre demande, » reprit le roi. — Je n'ai jamais vu la somme, mais seulement les lettres d'envoi de Votre Majesté. »

François Ier, stupéfait, manda le surintendant des finances Jacques de Beaune, seigneur de Semblançai, « lequel avoua avoir eu le commandement du roi, mais qu'étant la somme prête à envoyer, madame d'Angoulême, mère de Sa Majesté, avoit pris ladite somme, et qu'il en feroit foi sur-le-champ. » Madame Louise, violemment interpellée par le roi, démentit le surintendant, et déclara que l'argent dont Semblançai montrait la quittance « étoit deniers que ledit Semblançai lui avoit longtemps gardés, procédant de son épargne à elle », mais qu'elle n'avait point touché à l'argent du roi [1]. Cette allégation ne soutenait pas le moindre examen, et il est impossible que François Ier s'y soit laissé prendre. Il y eut là sans doute de tristes et orageuses scènes d'intérieur. François venait d'apprendre que, chez Louise, d'autres passions pouvaient prévaloir sur l'amour maternel. Sans doute, la fille, Marguerite, s'entremit pour réconcilier la mère et le fils, mauvais service rendu à la France! Ce qui est certain, c'est que l'habitude et l'artifice ramenèrent bientôt François sous le joug de Louise et de son Duprat. Semblançai, qui avait paru d'abord triompher, et qui avait encore eu le crédit, peu après, de transmettre sa place à son fils, fut sommé de rendre ses comptes, deux ans plus tard, devant une commission nommée par le roi (1524). La commission compensa en quelque sorte les dépens entre le roi et le ministre, qui appelèrent tous deux au parlement (1525). Les catastrophes de l'année 1525 firent négliger momentanément l'affaire; mais l'implacable Louise n'oubliait rien, et finit par atteindre son but; c'est-à-dire par inventer de nouvelles machinations qui poussèrent à l'échafaud, pour le punir d'avoir osé dire la vérité, un vieillard respecté qui avait dirigé les finances sous trois règnes et que François Ier naguère appelait « son père » (1527) [2].

C'était moins encore par avarice que par perfidie que Louise de Savoie avait détourné les fonds destinés à l'armée d'Italie [3] : elle avait voulu ruiner à tout prix le crédit des frères de Foix et de leur sœur, madame de Châteaubriant; elle haïssait, disait-on, mortellement Lautrec, qui aurait « parlé trop librement de son impudicité [4] ».

Les passions de cette femme devaient bientôt coûter plus cher encore à la France.

---

1. Martin du Bellai; *Mémoires*. — Gaillard, *Histoire de François Ier*, t. II et IV. — Nous avons suivi le contemporain Martin du Bellai; mais il reste de grandes obscurités dans cette affaire; on a peine à comprendre comment près d'un an s'était écoulé sans explication sur les 400,000 écus, même en admettant que les affidés de Louise aient supprimé quelques-unes des lettres de Lautrec.

2. V. *Journal d'un bourgeois de Paris*, p. 195-196; 303-315.

3. Il est probable que tout n'était pas détournement proprement dit; mais que Louise, comme le dit M. Michelet, se fit payer, « avec une âpre exactitude, ses énormes pensions au détriment du service de la guerre ».

4. *Belcarius*. Cet historien, il faut l'observer, écrivait quarante ans après.

La guerre continua sur les frontières des Pays-Bas et d'Espagne après qu'elle eut cessé en Italie. François Ier avait tâché de regagner Wolsey, qui n'était pas très-satisfait de l'empereur depuis l'élection d'Adrien VI; mais le ministre anglais, considérant l'âge et les infirmités d'Adrien, ne voulut pas se brouiller avec Charles, et compta être plus heureux dans un autre conclave. Les armements de l'Angleterre apprirent à François Ier qu'il n'avait plus rien à espérer de Henri VIII : il cessa les paiements annuels qu'il faisait au roi anglais, renvoya en Écosse le duc d'Albanie pour décider les Écossais à une diversion contre le nord de l'Angleterre, traita avec le comte de Desmond, chef des mécontents d'Irlande, et mit l'embargo sur les navires anglais dans les ports de France : Henri VIII adressa au roi de France une déclaration de guerre par un héraut (29 mai 1522). L'empereur était en ce moment même à la cour de Henri VIII : parti des Pays-Bas pour l'Espagne, il s'était arrêté en Angleterre afin de resserrer ses liens avec le roi anglais et son ministre : par un nouveau traité du mois de juin, Charles s'obligea de dédommager Henri de la pension que ne lui payait plus François Ier, et les deux monarques s'engagèrent à envahir la France sous deux ans, chacun à la tête de cinquante mille hommes. En attendant, le comte de Surrey, amiral d'Angleterre, après avoir convoyé l'empereur jusque dans les mers d'Espagne, revint ravager les côtes de Bretagne et de Normandie, surprit et pilla Morlaix, ville riche et commerçante, où les négociants anglais avaient des capitaux et des marchandises qui ne furent pas plus épargnés que le reste (4 juillet), puis alla débarquer à Calais un corps d'armée dont il prit le commandement.

Le comte de Buren, lieutenant général de l'empereur aux Pays-Bas, rejoignit les Anglais, et les coalisés se jetèrent sur la Picardie. Le duc de Vendôme, gouverneur de cette province, quoique renforcé par une partie des troupes revenues d'Italie, n'était pas en état de « tenir les champs »; mais il avait mis toutes les villes picardes en bon état de défense, et fit harceler incessamment les ennemis par des détachements d'élite. Surrey et Buren perdirent six semaines au siége de Hesdin, qu'ils ne purent reprendre, et, après avoir vu leurs partis taillés en pièces, leur armée décimée par les maladies et les fatigues, ils furent contraints de se retirer, l'un sur la Flandre, l'autre sur Calais, sans autre succès que d'avoir désolé le plat pays.

La campagne fut encore plus glorieuse pour les armes françaises du côté de l'Espagne : pendant tout l'hiver de 1521 à 1522 et le printemps et l'été suivants, Daillon du Lude, gouverneur de Fontarabie, avait tenu l'armée espagnole en échec autour de cette ville ; ce capitaine et sa garnison supportèrent avec une constance héroïque les plus effroyables misères ; déjà « plusieurs étoient morts de faim », et du Lude ne songeait point à se rendre. Du Lude fut enfin délivré par le maréchal de La Palisse, qui passa la Bidassoa sous le feu de l'ennemi, et qui força les Espagnols à lever le siége (août 1522).

Tels furent les premiers résultats de la grande lutte internationale du XVIe siècle. A la fin de la seconde campagne, la France était vaincue au delà des Alpes, et se soutenait avec avantage sur ses frontières des Pays-Bas et des Pyrénées : sa frontière de l'est était couverte par un pacte de neutralité que la médiation des Suisses venait de ménager entre les deux Bourgognes, convention singulière, qui, conclue d'abord entre François Ier et Marguerite d'Autriche, souveraine de la Franche-Comté, puis incessamment renouvelée entre leurs héritiers et garantie par les Suisses, épargna aux deux provinces bourguignonnes les maux de la guerre pendant presque toute la durée de la lutte entre les maisons de France et d'Autriche (8 juillet 1522). Les États de Lorraine et de Savoie eussent bien voulu imiter cette neutralité.

La crise religieuse avait marché parallèlement à la crise politique : l'arrêt impuissant de Worms, la Réforme grandissant sous le coup d'une proscription légale que la moitié de l'Allemagne se refusait à exécuter, Luther rompant son ban et se réinstallant dans sa chaire de Wittemberg, devenue la rivale du saint-siége de Rome, telle était la situation lors de l'avénement d'Adrien VI. Partout où le successeur de Léon X promenait ses regards, il ne voyait qu'un horizon chargé de tempêtes. Un nouveau malheur, qu'on pouvait attribuer à la querelle de Charles-Quint et de François Ier, la prise de Rhodes par les Othomans (décembre 1522), redoubla les chagrins d'Adrien. Le conquérant de Constantinople, Mahomet II, avait échoué, en 1480, contre Rhodes, défendue par un grand-maître français, le brave d'Aubusson. Soliman le Magnifique, fils et successeur de ce Sélim qui avait conquis l'Égypte et la Syrie, eut meilleure fortune que Mahomet II : le grand-maître Villiers de l'Isle-Adam ne résista pas moins vaillamment que son prédécesseur et compatriote d'Aubusson; mais, ne recevant aucun secours des souverains chrétiens, absorbés par leurs discordes, il fut enfin réduit à capituler et à évacuer l'île de Rhodes, ce poste avancé de la chrétienté en Orient, événement qui produisit dans toute la chrétienté, et surtout en France, une douloureuse et profonde impression. Le chef-lieu de l'ordre de Saint-Jean fut transféré momentanément à Viterbe, jusqu'à ce que Charles-Quint, pour réparer son abandon et surtout pour opposer les chevaliers aux corsaires barbaresques, concéda à l'ordre l'importante position maritime de Malte, qui avait été enlevée par les Espagnols aux Maures de Tunis (1530).

La chute de Rhodes, qui semblait présager d'autres catastrophes, fortifia le désir qu'avait Adrien de ramener la paix en Occident. Il avait écrit au roi de France, afin de l'assurer de ses sentiments paternels, et quitté l'Espagne au retour de l'empereur, pour éviter de se laisser entraîner à prendre des engagements avec son ancien élève : arrivé à Rome, il tâcha de nouer des négociations entre les princes belligérants, en même temps qu'il s'occupait activement des troubles religieux de l'Allemagne. Il entama une lutte impossible contre la force des choses : il ne voulait ni ne pouvait bouleverser la théologie pour satisfaire Luther, mais il voulait et ne pouvait changer la discipline et renverser les abus : les abus s'étaient identifiés avec l'existence même de la cour de Rome; non-seulement la cour de Rome, mais les lettrés, mais les artistes, mais l'Italie, qui vivaient de ces abus, accueillirent par des murmures d'étonnement et de colère les premières tentatives de réforme, qui portaient à la fois et sur le bien et sur le mal, inextricablement mêlés. Quant à l'Allemagne, Adrien avait fondé de grandes espérances sur une diète convoquée à Nuremberg par l'archiduc Ferdinand, lieutenant de l'empereur. Il reconnut franchement, dans ses instructions au nonce envoyé près de la diète, « les abominables excès » commis autour du saint-siége : « la corruption s'est répandue de la tête aux membres, du pape aux prélats; nous avons tous dévié; il n'en est aucun qui ait fait le bien, pas même un seul[1] » Il alla bien plus loin : il reconnaissait que le pontife romain peut errer en matière de foi[2]. La papauté, dans sa personne, rendait les armes aux conciles et au gallicanisme. Il promit de travailler à réformer radicalement « le chef et les membres », et requit les puissances germaniques d'exécuter, de leur côté, l'édit de Worms, et d'aider l'autorité ecclésiastique à punir les prêtres mariés et les moines « apostats ». Adrien ne renonçait pas au principe de persécution comme à l'infaillibilité, et le nonce du pape réclama le supplice de Luther.

La réponse de la diète au nonce (janvier 1523) montra bien quels progrès la Réforme avait faits depuis deux ans : la diète prit acte des aveux du pape, et repoussa ses demandes; elle assura que les voies de rigueur étaient dangereuses et même impraticables, qu'on ne pouvait châtier les « apostats » que par la privation de leurs bénéfices, et réclama la réunion d'un concile œcuménique en Allemagne, comme le seul remède aux maux de l'Église. Cette réponse fut suivie des fameuses remontrances au pape, dites les *cent griefs* (*centum gravamina*), et qui différaient peu des griefs présentés à l'empereur à Worms : la diète y exposait tous les sujets de plainte et les demandes de l'Allemagne : la suppression des annates, des indulgences[3], de l'abstinence des viandes, des prohibitions touchant le mariage entre cousins ou alliés[4], la diminution du nombre des fêtes, la répression des exactions et des usurpations d'autorité commises par les prélats.

Les princes allemands du parti romain se dédommagèrent de l'échec de Nuremberg en sévissant dans leurs domaines contre les novateurs, et l'empereur, comme seigneur des Pays-Bas, eut la

---

1. *Raynaldi Ann. ecclesiast.*, t. XI, p. 363.
2. Contin. de Fleuri, *Hist. ecclésiastiq.* t. XXXI, p. 207.
3. « Adrien eût volontiers rétabli les rigoureuses pénitences de l'Église primitive à la place des indulgences, mais on lui fit observer qu'il courait le risque de perdre l'Italie en cherchant à regagner l'Allemagne. » L. Ranke, *Hist. de la Papauté*, etc.
4. La diète observait que, le pape dispensant à prix d'argent de ces prohibitions et de l'abstinence, ces choses n'étaient donc pas essentielles à la religion, et qu'on pouvait bien les supprimer tout à fait.

triste gloire de commencer « l'œuvre du bourreau », suivant l'expression d'Érasme [1]. Les augustins d'Anvers avaient embrassé la doctrine de leur confrère Luther. Leur couvent fut démoli, et trois d'entre eux furent envoyés au bûcher par l'inquisition (1er-5 juillet 1523). Ce furent les premiers martyrs du protestantisme. Leurs cendres répandirent dans tous les Pays-Bas les semences de la Réformation. Sur ces entrefaites, Luther enlevait au pape toute chance de reconquérir l'Allemagne septentrionale, en donnant au culte réformé, dans la Saxe électorale, une organisation qui fut imitée successivement sur les terres des princes et des villes libres qui embrassèrent la Réforme. Le choix des pasteurs par les paroisses, l'abolition des rites qui plaçaient le prêtre dans une position isolée et dominatrice, la mise en pratique du principe que le prêtre reçoit ses pouvoirs médiatement de Dieu par les fidèles, et non point immédiatement de Dieu, telles furent les bases adoptées par le luthéranisme : les messes basses ou « privées » furent abolies, et, dans la messe publique, on retrancha tout ce qui se rapporte à l'idée de sacrifice, en appuyant sur le caractère de cène ou de communion [2]. Luther témoignait d'ailleurs beaucoup de modération touchant les cérémonies, les images, la confession, la communion sous les deux espèces, et conseillait de laisser toute liberté aux fidèles sur ces matières. Il eût

1. *Cœpia est carnificina.* Erasm. *Epist.* p. 1429.
2. Luther avait fortement compris ce qu'on pourrait appeler le sens humain du dogme eucharistique, la communion fraternelle des chrétiens, le banquet des égaux. Le Christ a dit : « Quand vous serez plusieurs réunis en mon nom, je serai au milieu de vous. » De là, pour Luther, la condamnation des messes privées, motivée sur ce que la messe n'était à ses yeux qu'une *communion*, et qu'on ne saurait *communier* seul. Pour les catholiques, la messe est en outre un *sacrifice* offert par le prêtre pour les fidèles ou pour tel fidèle : l'incarnation et le sacrifice du Christ se renouvellent incessamment dans le mystère de la messe. La doctrine de l'incarnation incessante du Verbe divin, et celle de la révélation incessante dans l'Église, semblent liées d'un certain lien logique. Ainsi en est-il de la doctrine du sacrifice une fois fait sur le Calvaire et de la révélation une fois faite dans la Bible. — Luther nia le *sacrifice* et la *transsubstantiation* matérielle du pain et du vin dans le corps et le sang de Jésus-Christ; mais il ne nia jamais la présence réelle et corporelle du Christ dans l'eucharistie à l'instant de la consécration, et parut la croire en quelque sorte liée à la croyance à la divinité du Christ. D'autres allèrent plus loin: Carlstadt, que suivirent Zwingli à Zurich et Bucer à Strasbourg, sans parler des anabaptistes, prêchait déjà contre la présence réelle, et ne voyait plus, dans la communion, qu'une commémoration de la Cène avec présence spirituelle du Christ. Nous avons indiqué ailleurs (t. III, p. 90) les origines de ces diverses opinions.

voulu conserver au culte sa poésie ; il tâcha de remplacer par ses propres chants les hymnes supprimées ; il eût souhaité qu'on maintînt les dîmes pour les employer à des usages d'intérêt public : il proposa de transformer en un « fisc commun » les revenus de tous les biens d'église, et de les diviser en huit parts : 1º pour les pasteurs, prédicateurs, théologiens, etc.; 2º pour l'entretien des écoles qui seraient établies dans les anciens couvents de moines mendiants [1] ; 3º pour les vieillards, les infirmes et les malades ; 4º pour les orphelins ; 5º pour les autres pauvres ; 6º pour les étrangers nécessiteux ; 7º pour l'entretien des édifices consacrés au culte ; 8º pour des magasins de blé destinés à prévenir les disettes. Les villes libres écoutèrent jusqu'à un certain point les avis de Luther ; mais il n'en fut pas de même des princes et des barons : sauf quelques âmes vraiment religieuses et magnanimes, la plupart virent surtout dans la Réforme un prétexte de se jeter sur les biens d'église : les bonnes intentions du réformateur échouèrent plus ou moins complétement devant leurs passions cupides [2].

Le pape, de son côté, parvint si peu à pacifier l'Église et la chrétienté, qu'il fut entraîné à s'engager lui-même dans la guerre générale au lieu d'en retirer les autres. Les conditions de paix qu'il voulait imposer aux deux partis n'étaient point acceptables pour la France ; François Iᵉʳ ne pouvait renoncer au Milanais en faveur d'un fantôme ducal, derrière lequel se cachaient les lieutenants de l'empereur : c'eût été abandonner entièrement l'Italie à Charles-Quint. Tandis qu'on négociait, la découverte de quelques intrigues nouées par des agents français en Sicile, afin de

---

[1]. Un des plus beaux titres de Luther est sa lettre aux conseillers de toutes les villes d'Allemagne pour les conjurer de fonder des écoles chrétiennes. Il y montre, non-seulement pour l'enseignement religieux, mais pour l'enseignement des langues et de toutes les connaissances littéraires, le zèle le plus éclairé. C'est là le point de départ de ce grand mouvement d'instruction publique qui est l'honneur de la civilisation protestante, et qui a tant élevé moralement et intellectuellement le niveau des classes populaires.

[2]. *V.* les plaintes que fait Luther de la pauvreté et de la dépendance où les princes, gorgés de biens d'église, réduisent les ministres du nouveau culte. Le grand réformateur lui-même avait à peine de quoi subsister avec sa famille. *Mémoires de Luther, passim.* — Les princes catholiques d'Allemagne ne se firent pas faute de suivre l'exemple des réformés, et pillèrent non moins vaillamment l'Église sous prétexte de la défendre.

soulever cette contrée, irrita le pape, et lui persuada que le roi
de France se jouait de sa médiation. Cédant aux obsessions des
Impériaux et à ses vieilles affections, il signa un pacte de coalition générale, « pour la garantie de l'Italie contre la France »
(3 août 1523). Venise, la seule alliée que la France eût conservée
jusqu'alors en Italie, avait longtemps résisté aux instances et aux
menaces des coalisés; mais les rapports de ses agents diplomatiques la décidèrent à abandonner un allié qui semblait s'abandonner lui-même. Les châteaux de Milan et de Gênes avaient
capitulé; il ne restait plus aux Français que la citadelle de Crémone, défendue par une poignée de braves gens qu'on laissait
sans secours, et l'ambassadeur de la Seigneurie écrivait au sénat
que le roi, uniquement adonné aux femmes et à la chasse, prodiguait en folles dépenses les revenus de la couronne et le produit
des impôts, ne songeait à autre chose qu'à ses voluptés, et ne
s'occupait ni ne parlait de la guerre, hormis à table; il ajoutait
qu'un grand prince de la famille royale, le duc Charles de Bourbon, était soupçonné d'intelligences secrètes avec l'empereur [1].
Venise souscrivit donc au traité du 3 août avec le pape, l'empereur, le roi d'Angleterre, l'archiduc d'Autriche, le duc de Milan
et tous les autres gouvernements d'Italie, moins le duc de Savoie,
le marquis de Saluces et le marquis de Montferrat. La France
n'avait plus d'amis en Europe que les Suisses, amis bien douteux,
et les Écossais, annulés par l'incapacité du duc d'Albanie.

Les informations de l'ambassadeur de Venise n'étaient vraies
qu'à demi : à l'instant même où Venise quittait à regret l'alliance
française, le roi, réveillé par les menaces de la coalition, était
résolu de ressaisir hardiment l'offensive, et de prendre lui-même
la conduite de cette guerre d'Italie, que sa négligence avait rendue
si malheureuse sous ses lieutenants. Quelques semaines avant de
partir pour Lyon, rendez-vous de l'armée d'Italie, il eut encore
le temps de commettre une nouvelle faute, et de faire échouer,
par son ardeur inconsidérée, un plan habilement combiné par
ses généraux de la frontière du Nord. Le duc d'Aerschot, lieutenant général de l'empereur aux Pays-Bas, ayant cherché à cor-

---

1. *Belcarius*, p. 525.

rompre le gouverneur de Guise, cet officier, d'accord avec le duc de Vendôme et Fleuranges, avait feint d'agréer les offres du général brabançon, et s'était engagé à lui livrer Guise. Vendôme et Fleuranges devaient s'avancer rapidement, chacun à la tête d'une forte division, et enfermer Aerschot entre eux et la garnison de Guise : la petite armée des Pays-Bas eût été écrasée ; mais François Ier déclara qu'il voulait gagner la bataille en personne, et prit la poste pour courir sur le théâtre de l'action. Aerschot, averti de l'approche subite du roi, soupçonna le piége, et y échappa par une retraite précipitée (avril 1523).

Les préparatifs de la guerre d'Italie étaient poussés avec vigueur : déjà douze mille Suisses et six mille Français étaient descendus en Piémont. Le duc de Savoie, comme à l'ordinaire, subit sans réclamation l'occupation de ses états[1]. Beaucoup d'autres troupes se dirigeaient sur Lyon et le Dauphiné, et François Ier s'était enfin mis en route, lorsque la révélation d'une secrète « pratique de grande importance, qui se démenoit contre le roi », vint mettre la cour en alarmes et rompre le voyage d'Italie (août 1523).

Nous avons indiqué la liaison et la brouille du connétable de Bourbon avec la mère du roi, et les mauvais procédés de François Ier envers le connétable. Depuis cette mésintelligence, Charles de Bourbon était resté dans une situation dangereuse pour lui et pour tous. Il demeurait en possession d'une puissance faite pour donner de redoutables tentations. Il était le dernier des grands vassaux. On pouvait ne pas lui payer ses pensions : il gardait les revenus de ses vastes domaines, le Bourbonnais, la moitié de l'Auvergne, La Marche, le Beaujolais, le Forez, la Dombe, Clermont en Beauvoisis, d'autres fiefs encore. Sa maison était de cinq cents gentilshommes ! son influence dépassait encore de beaucoup sa fortune, par les amis qu'il s'était faits dans l'armée et dans le parlement. A l'étranger comme à l'intérieur, tout le monde avait les yeux sur lui. Au camp du *drap d'or*, Henri VIII avait fort regardé ce visage hautain, qui lui semblait exprimer les passions

---

1. Le roi, pour s'attacher davantage son « cher et amé oncle » Charles, duc de Savoie, avait dernièrement renoncé aux droits que les rois de France avaient hérités des comtes de Provence sur le comté de Nice, enlevé jadis à la Provence par les ducs de Savoie. — Dumont, *Corps diplomat.*, t. IV, p. 391.

et présager les destins des York et des Lancastre, et il avait dit à François Ier : « Si j'avois un pareil sujet, je ne lui laisserois pas longtemps la tête sur les épaules. »

Cette puissance si périlleuse pour l'État, c'était une main autrefois protectrice de l'État qui l'avait fondée. La fille de Louis XI, Anne de France, une fois hors du pouvoir, avait tourné son âpre personnalité à refaire ce qu'elle avait défait, une force princière en dehors de la couronne. Oubliant ce qui est la gloire de son nom dans l'histoire, Anne de France n'avait plus été que la duchesse de Bourbon. A l'avénement de Louis XII, ayant une fille et n'espérant plus avoir de fils, elle avait obtenu de Louis l'annulation du pacte qui assurait à la couronne l'héritage de Bourbon, si le duc Pierre II, son mari, mourait sans enfant mâle (1498). A la mort du duc Pierre, le jeune Charles de Bourbon, chef de la branche de Montpensier, revendiqua l'héritage comme fiefs masculins, en vertu des pactes de famille passés entre les Bourbons et de la tradition salique établie chez toutes les branches de la maison royale. Suzanne de Bourbon, la fille d'Anne de France et du duc Pierre, avait pour elle la coutume spéciale des domaines bourbonnais, incontestablement fiefs féminins avant qu'ils eussent été transmis aux Bourbons de race capétienne par les femmes. Les droits des deux parties furent confondus par un mariage (1504).

Suzanne mourut le 28 avril 1521, après avoir renouvelé, avec l'aveu de sa mère, une donation universelle au profit de son époux. Des écrivains de la génération suivante veulent qu'alors Louise de Savoie ait essayé de se rapprocher du connétable; qu'elle lui ait fait proposer sa main, et qu'il ait refusé. Ce qui est certain, c'est qu'il songea à une autre alliance, à celle de la fille de Louis XII, Renée de France, mariage qui l'eût rendu beaucoup plus dangereux encore en lui ralliant les souvenirs du « père du peuple. »

Les choses allèrent s'envenimant. Aux passe-droits que lui fit François Ier durant la campagne de 1521, Bourbon répondit par un commencement d'intrigues sourdes avec les Croï, les ministres wallons de Charles-Quint. En mai 1522, Bourbon s'entendit avec Lautrec pour tâcher d'abattre le crédit de la mère du roi. Louise, convaincue de vol et de trahison, n'en resta pas moins la maîtresse, et riposta, en juin, par une terrible machine contre Bourbon. Elle réclama devant le parlement l'héritage bourbonnais, comme fiefs féminins dont elle était la plus proche héritière. C'était vrai : elle était cousine germaine de la feue duchesse Suzanne[1]; Charles n'était que parent éloigné. L'avocat général intervint pour réserver les droits de la couronne, tant sur les domaines confisqués aux Armagnacs et donnés par Louis XI à sa fille (la Marche et divers fiefs d'Auvergne) que sur le patrimoine même des Bourbons : il réclamait contre l'annulation, faite par Louis XII, des conventions de mariage dictées par Louis XI à sa fille et à son gendre. Il s'agissait pour le connétable d'une ruine complète.

Le procès se poursuivit d'abord entre Louise et le duc Charles. Le 12 août, le parlement ordonna que deux présidents et deux conseillers se transporteraient au pays de Bourbonnais, pour prendre connaissance des titres. La cause fut ajournée au lendemain de la Saint-Martin (12 novembre). Le 14 novembre, mourut la vieille Anne de France, qui avait dépensé les restes d'une vie défaillante à défendre son gendre avec acharnement. Elle avait en vain confirmé le testament de sa fille et légué tout son bien au duc Charles. Le roi se remit en possession des domaines qui avaient été détachés de la couronne au profit d'Anne par Louis XI, le comté de La Marche, Gien sur Loire, Carlat et Murat dans la Haute-Auvergne. François les donna à sa mère. Le duc fit opposition à l'homologation du don du roi au parlement (26 janvier 1523). Le parlement reçut l'opposition, et mit délai sur délai à juger au fond[2]. Pour la première fois, le parlement ne montrait aucun zèle à soutenir la couronne contre un grand vassal. Le Concordat, les créations fiscales de Duprat, les violences et les dédains d'un roi qui méprisait tout ce qui est forme et règle, avaient profondément blessé la magistrature et suscité un esprit de parti inconnu jusque-là dans ce grand corps. Au retour

1. Louise, par sa mère Marguerite de Bourbon, duchesse de Savoie, était nièce du feu duc de Bourbon, Pierre II.

2. V. *Journal d'un Bourgeois de Paris*, p. 150-152; et les extraits des plaidoiries dans les *Desseins des professions nobles et publiques*, par Antoine de Laval; Paris, 1612, fos 283-294.

du voyage de Bourbonnais, où les commissaires du parlement avaient été fort bien reçus par le prince qu'on les chargeait de dépouiller, des remontrances avaient été présentées par le parlement au chancelier sur les affaires publiques; le chancelier avait mis les députés en prison. Ce n'était pas le moyen de regagner leur corps!

Le connétable ne s'en tenait plus aux moyens légitimes de défense. Il se plaisait, dit-on, à répéter le mot d'un chevalier gascon à Charles VII, qui lui demandait si quelque chose pourrait le décider à manquer de foi à son roi. « Non pas l'offre de votre couronne, mais un affront de votre part [1]. » L'affront était venu, et Bourbon, s'estimant dégagé du devoir féodal, ne parut pas même soupçonner qu'il existât un autre devoir, celui du citoyen envers la patrie. L'exemple de son magnanime prédécesseur, Richemont, n'était pas à la portée de cette âme perdue d'égoïsme et d'orgueil [2]. Dès la fin de décembre 1422, il avait dépêché à Madrid et demandé à Charles-Quint sa sœur Éléonore, veuve du roi de Portugal, en offrant son épée pour l'invasion de la France. Le 14 janvier 1523, l'ambassadeur d'Angleterre à Madrid, Thomas Boleyn (père de la célèbre Anna Boleyn), en écrit à Londres, de la part de l'empereur. Wolsey répond en louant fort le « vertueux prince (Bourbon), » qui, « voyant la mauvaise conduite du roi et l'énormité des abus, veut réformer le royaume et soulager le pauvre peuple [3]. » C'étaient là les pieux motifs que l'homme qui allait livrer sa patrie alléguait à ses futurs complices, et peut-être à lui-même, dans ces heures où le crime s'enveloppe du sophisme.

Bourbon, en attendant, s'était rendu à Paris, afin de « solliciter ses procès » et de fortifier son parti. Ses projets transpiraient. Un jour qu'il était chez la reine, le roi survient. — « Eh bien! » dit François; « il est donc vrai! vous vous mariez? — — Non, sire. — Je le sais : j'en suis sûr. Je sais vos trafics avec l'empereur... Qu'il vous souvienne bien de ce que je dis là... —

---

1. Arnold. Ferron. l. VII, p. 136.
2. On dit que la vieille Anne de France, aveuglée par ses ressentiments, exhorta elle-même, en mourant, son gendre à traiter avec l'empereur. — Interrogatoire de l'évêque d'Autun; procès manuscrit du connétable de Bourbon.
3. Michelet; Réforme, p. 197.

Sire, vous me menacez! je n'ai pas mérité d'être traité ainsi[1]. »

Le duc sortit. Toute la noblesse qui était chez la reine le suivit. Le duc quitta Paris, pour s'en aller, disait-il, faire son office de connétable en purgeant le pays d'une bande de sept ou huit cents « mauvais garçons aventuriers », qui ravageaient la Champagne et la Brie (27 mars 1523). Le roi avait hésité à le retenir : on ne savait jusqu'où s'étendaient ses intelligences dans la cour même, et Paris était très-mal sûr[2].

L'aspect de la France était fort sombre. Les soldats, qu'on ne payait pas, se répandaient dans les provinces, par bandes que grossissaient tous les malfaiteurs, et commettaient des violences qui rappelaient le temps des *grandes compagnies*. La bande de la Brie avait mis en déroute, « à grand carnage », les bourgeois de Meaux, sortis imprudemment contre elle avec des canons sans boulets. Le connétable la dispersa, fit pendre un grand nombre de ces pillards, chose fort agréable aux Parisiens, puis s'en retourna en Bourbonnais. Mais, dans le Bourbonnais même et dans tout le centre et l'ouest, d'autres compagnies plus nombreuses couraient, désolaient les campagnes, faisaient contribuer les villes. Le peuple s'en prenait au roi. L'impopularité croissait. Paris s'agitait tumultueusement comme à la veille des révolutions. Des rixes continuelles, des meurtres ensanglantaient la ville. Le bailli du Palais ayant planté des potences aux portes de l'hôtel des Tournelles, où logeait le roi, les mutins rendirent bravade pour menace, et ces sinistres insignes de la justice royale furent abattus, la nuit, par des gens armés[3].

Le parlement, qui avait la haute main sur la police, laissait voir beaucoup de mollesse dans la répression des désordres. Le roi, irrité et alarmé, alla tenir, le 30 juin, un lit de justice où il parla fort durement et déclara que, lui vivant, la capitale ne

---

1. Michelet, *Réforme*, p. 201; d'après la correspondance de Thomas Boleyn.

2. « Le roi », dit Charles-Quint à Thomas Boleyn, « n'auroit pu l'empêcher de partir : tous les grands personnages sont pour lui. » Corresp. de Th. Boleyn, ap. Michelet, p. 202. — « Il n'y a jamais eu », écrivaient d'autres agents anglais à Wolsey, « de roi si haï que celui-ci. Il est dans la dernière pauvreté et la plus grande alarme. Il ne peut emprunter. Et il a tant tiré d'argent, que, s'il en lève encore, il met tout contre lui. » *Ibid.* p. 208.

3. *Journal d'un Bourgeois de Paris*, p. 152; 166-168. — Arnold, Ferron. p. 96. — Paradin, *Hist. de notre temps*, p. 15; éd. de 1550.

retomberait pas dans l'anarchie de Charles VI et de Charles VII. Il fit marcher contre les bandes le maréchal de Lescun. La compagnie qui saccageait la Guyenne, les *mille diables*, avait été taillée en pièces par les populations du Périgord. En Poitou et en Anjou, au contraire, quinze cents brigands avaient repoussé à grande perte « les nobles, la commune, les écoliers, qui s'étoient mis sus contre eux. » Lescun et d'autres capitaines taillèrent en pièces ou dissipèrent cette horde dans l'ouest, et, dans le centre, une autre de deux ou trois mille hommes conduite par un chef qui se faisait appeler « le roi Guillot. » C'était un seigneur de Montelon, gentilhomme d'Auvergne, capitaine de cinq cents hommes de pied dans l'armée du roi. Il fut écartelé à Paris (fin juillet). Un pareil *voleur* eût bien pu devenir un général au service d'un prince rebelle [1].

Le parlement devait juger, le 1er août, le grand procès de la succession bourbonienne. Il se déclara incompétent et renvoya la cause au conseil du roi. C'était faire entendre clairement qu'il n'était pas libre et ne voulait pas être responsable.

Pendant ce temps, le connétable était chez le duc de Savoie, consommant, sur cette terre étrangère et moins amie de la France en réalité qu'en apparence, les négociations qu'il lui eût été difficile de mener à fin sous le regard des gens du roi. Un des Croï, le sire de Beaurain, vint le trouver à Bourg en Bresse (31 juillet), et, là, fut arrêté le projet de traité négocié par les agents de Charles de Bourbon à Madrid. Bourbon jura de servir l'empereur envers et contre tous, et s'en remit à l'empereur de ce qui regardait le roi d'Angleterre, à condition que Charles-Quint lui donnât une de ses sœurs, Éléonore ou Catherine [2], avec 100,000 écus de dot. Bourbon demandait que l'empereur conduisît ou envoyât une grosse armée droit à Narbonne en dedans le 31 août, et fît tenir prêts, d'autre part, dans l'est, dix mille piétons allemands, avec 100,000 écus pour entretenir lesdits Allemands et « les autres

---

1. *Journal d'un Bourgeois de Paris*, p. 166-168. — Félibien, *Hist. de Paris*, l. XVIII, p. 917.

2. « Et la livrerez ou ferez livrer en dedans le dernier de ce mois (août), en la ville de Perpignan, pour illec célébrer la consommation dudit mariage. » *Négociat. entre la France et l'Autriche*, t. II, p. 589. La forme est digne du fond, dans ce traité.

gens »(rebelles français), à la tête desquels « ledit de Bourbon marchera incontinent après l'entrée de l'armée de l'empereur en France. » Le roi d'Angleterre, de son côté, à la fin d'août, ferait descendre une bonne armée en Normandie, « laquelle sera assistée de par aucuns gentilshommes serviteurs dudit de Bourbon » ; il fournirait aussi 100,000 écus pour l'armée franco-allemande de Bourbon. Il ne se fera « aucun appointement sans y comprendre ledit de Bourbon. »

Beaurain ne pouvait engager Henri VIII; mais le roi d'Angleterre, en ce moment même, offrait à un agent expédié par Bourbon à Londres des conditions signées de sa main (4 août). Bourbon devait s'obliger, avec tous ses adhérents, amis et alliés, d'assister le roi d'Angleterre à recouvrer tous les droits, possessions et seigneuries à lui détenus par le roi François. Henri VIII s'engageait à faire marcher, en dedans la fin d'août, une puissante armée, non par la Normandie, mais par la Picardie. Au cas où le roi François voudra donner bataille au roi Henri, le duc de Bourbon mènera son armée franco-allemande joindre le roi Henri. Quant à ce que le roi d'Angleterre demande que le duc de Bourbon le reconnaisse pour son naturel et souverain seigneur, ce point sera remis à ce que l'empereur en ordonnera[1]. »

La part que chacun des deux monarques alliés devait prendre à la proie, la part à faire à leur complice, ne pouvaient être réglées si vite. Jusqu'où allaient les espérances de Bourbon? c'est chose difficile à dire; mais il éluda soigneusement et le serment qu'eût voulu obtenir Henri VIII, comme roi d'Angleterre et de *France*, et l'engagement d'aider Henri à recouvrer ses droits et possessions du continent. D'une autre part, il s'excusa d'accepter la Toison-d'Or, qui l'eût obligé au serment envers Charles-Quint.

Mal d'accord sur le partage, on était bien d'accord sur l'attaque, chacun espérant tirer à lui la grosse part. Les préparatifs furent poussés avec une extrême activité. Les lettres de change de Henri VIII étaient déjà à Bâle pour payer les lansquenets. Les dix mille lansquenets passèrent le Rhin dès le 26 août, traversèrent la Franche-Comté, en dépit de sa neutralité, et se por-

---

1. *Négociations entre la France et l'Autriche*, t. II, p. 589-592.

tèrent par la Lorraine vers la Champagne. Du 23 au 30 août, les Anglais débarquèrent à Calais, puis se mirent en rapport avec les Flamands pour agir ensemble. Le 6 septembre, les Espagnols entrèrent en campagne vers les Pyrénées [1].

Tout s'exécutait ponctuellement à la circonférence; mais le centre ne bougeait pas. François Ier, tandis que la France allait être entamée de toutes parts, ne songeait qu'à reporter la guerre au dehors. Il comptait retenir ou rappeler chez eux les Anglais par une diversion écossaise appuyée d'une flotte française, et frapper les grands coups en Lombardie. Il était parti de Paris le 24 juillet, puis s'était arrêté à Fontainebleau pour donner le temps à la gendarmerie de prendre l'avance et aux mercenaires suisses d'arriver : le 12 août, il était sur la Loire, à Gien, d'où il expédia à sa mère le brevet de régente du royaume en son absence. Les troupes filaient par les provinces du centre vers l'Italie. Bourbon se trouvait pris entre les colonnes en marche et obligé d'attendre, pour éclater, que ce flot se fût écoulé [2].

Le roi, plein de soupçons et d'incertitudes, en revenait, un peu tard, à ménager le connétable. Il le nommait lieutenant général du royaume sous sa mère, mais, en même temps, il voulait l'emmener outre les monts pour s'assurer de lui. Il allait le prendre en passant à Moulins. Tout à coup, à Saint-Pierre-le-Moutier, entre Gien et Moulins, François reçoit du grand sénéchal de Normandie, le sire de Brezé, l'avis que deux gentilshommes normands avaient confié à un prêtre, sous le sceau de la confession, qu'un « gros personnage du sang royal » a voulu les engager à introduire les Anglais dans leur province. Le roi expédia l'ordre de rechercher ces gentilshommes et de les envoyer à sa mère, suspendit sa marche, deux jours durant, pour attendre un corps de lansquenets arrivant de Picardie, puis alla, bien accompagné, droit à Moulins. Son premier mouvement fut généreux. Il sentait qu'il avait poussé à bout le connétable. Au lieu de l'écraser, il tâcha de le regagner; il lui déclara franchement « les avertissements qu'il avoit des pratiques que faisoit l'empereur pour l'attirer à son service », lui parla « fort honnêtement » et amicalement,

---

1. Michelet; *Réforme*, p. 237.
2. M. Michelet a exposé tout ceci très-clairement.

l'exhorta à ne pas craindre « de perdre son état », et promit de lui restituer tous ses biens, dans le cas où le parlement les adjugerait à la couronne ou à madame Louise [1]. Il était trop tard : les hommes de ce caractère ne reviennent jamais sur leurs pas; Bourbon d'ailleurs connaissait trop bien le roi et la cour pour croire à l'exécution de telles promesses, quoique François fût très-sincère en les faisant : Bourbon savait que, ce moment d'effusion passé, Louise et Duprat ressaisiraient promptement leurs avantages, et que c'est « chose irrémissible que d'offenser son roi (Brantôme). » Charles remercia François de ses bonnes paroles, et confessa qu'il avait été recherché de la part de l'empereur, mais prétendit avoir repoussé ces avances, et avoir attendu le roi pour l'en avertir de vive voix. Il se fit malade, pour ne pas suivre le roi, qu'il promit de rejoindre à Lyon dès qu'il serait rétabli. Le roi se contenta de laisser près de lui un gentilhomme pour surveiller ses démarches et presser son départ.

Le connétable partit en effet quelques jours après; il chemina lentement jusqu'à La Palisse; puis, rebroussant chemin tout à coup, il repassa l'Allier et s'alla jeter dans son château de Chantelle, sur les confins du Bourbonnais et de l'Auvergne : de là il dépêcha à Lyon Hurault, évêque d'Autun, son affidé, avec une lettre où il s'engageait à « servir le roi bien et loyalement jusques au bout de sa vie, pourvu qu'il plût audit roi de lui rendre les biens du feu duc Pierre de Bourbon », et de faire cesser le grand procès (7 septembre 1523).

L'ordre de l'arrestation du connétable avait été lancé au premier bruit de sa retraite à Chantelle, et plusieurs compagnies d'hommes d'armes marchaient déjà sur le Bourbonnais; l'évêque d'Autun ne parvint pas jusqu'au roi, et fut pris en chemin. Pendant les délais du connétable, tout le complot avait été révélé au chancelier Duprat par les deux gentilshommes normands, Matignon et d'Argouges, appelés à Blois devant la régente, et le parlement, saisi de la dénonciation, avait dû ordonner la saisie des fiefs de Bourbon. Le connétable se jugea perdu s'il se laissait assiéger dans Chantelle : il congédia les gentilshommes de son

---

1. Martin du Bellai.

hôtel, leur donna rendez-vous en Franche-Comté, se travestit en valet, et s'enfonça dans les montagnes de l'Auvergne et du Forez, avec un seul compagnon de route, le seigneur de Pompérant, déguisé en archer (10 septembre) : il passa le Rhône près de Vienne, traversa le Dauphiné et la Savoie, non sans courir vingt fois le risque d'être découvert, et gagna enfin la Comté de Bourgogne. Il y retrouva plusieurs de ses amis, qui avaient réussi, comme lui, à s'échapper ; mais d'autres n'avaient pas été aussi heureux, et les arrestations furent nombreuses : l'évêque d'Autun, l'évêque du Pui, frère de La Palisse, le seigneur de Saint-Vallier, descendant d'une branche de la maison de Poitiers [1] et capitaine des deux cents gentilshommes de la maison du roi, plusieurs capitaines de compagnies d'ordonnance, d'autres personnes de tous états furent accusées de complicité : le duc de Vendôme et les autres Bourbons se lavèrent de toute participation aux menées du chef de leur famille. Le roi, qui avait d'abord pensé remettre l'affaire à une commission extraordinaire, se décida à suivre les voies légales et à laisser le procès au parlement (20 septembre). Le parlement persista dans ses mauvaises dispositions pour la cour, et tâcha de trouver le moins de coupables qu'il put. Il ne vit lieu à suivre que contre une dizaine des personnes détenues, et on ne put lui arracher qu'une seule condamnation à mort, les contumaces à part [2]. Cette condamnation atteignit Jean de Poitiers, seigneur de Saint-Vallier, le plus coupable de tous à cause du poste de confiance qu'il occupait auprès de la personne du roi. François Ier, indigné d'apprendre que le commandant de sa garde eût conspiré contre sa couronne, avait failli le tuer de sa propre main. Saint-Vallier, cependant, ne fut point exécuté. Son gendre, Brezé, avait été le révélateur du complot ; sa fille, la dame de Brezé, la belle, la brillante et habile Diane de Poitiers, sut bien faire valoir ce service auprès du roi, et user sans doute d'autres armes plus efficaces encore : la correspondance de Diane avec François Ier atteste une liaison qui n'éclata point, qui ne fit pas scandale, mais qui assura le crédit de la fille

---

1. Branche cadette de l'antique maison ducale d'Aquitaine, établie en Dauphiné.
2. Il y eut dix-neuf contumaces condamnés à mort.

de Saint-Vallier après avoir sauvé le père. Saint-Vallier reçut sa grâce sur l'échafaud même (17 février 1524) [1].

Le parlement avait déclaré ne pas trouver cause de mort dans les autres accusés. Il avait paru très-froid aux étranges assertions de Chabot de Brion, qui, envoyé par le roi pour mettre Paris en défense, avait raconté au parlement que les conjurés voulaient « faire des pâtés » avec les enfants de France! Le roi, très-irrité, manda à Paris des commissions prises dans les parlements de Rouen, de Dijon, de Toulouse et de Bordeaux, et leur fit réviser le procès. Les parlements provinciaux jugèrent comme le parlement de Paris (mai 1524) [2].

Quant à la procédure entamée contre la personne du principal coupable, elle traîna en longueur, fut plusieurs fois suspendue et reprise, suivant le cours des événements, et l'arrêt ne fut pas rendu tant que vécut le duc Charles [3].

Ce fait si grave d'une lutte sourde de la magistrature contre la royauté, dont elle avait été si longtemps le plus ferme appui, ne coïncida pourtant avec aucune tentative de soulèvement. La découverte de la conspiration et la fuite du connétable avaient fait avorter le mouvement préparé, et, devant l'invasion étrangère, la France entière avait paru décidée à se défendre. La masse des mécontents n'entendaient pas devenir des traîtres [4]. Au moment où Bourbon passait la frontière en fugitif, trois corps d'armée, formant ensemble au moins soixante-dix mille combattants, s'étaient jetés sur la France; à l'est, dix ou douze

---

1. On racontait à Paris que Saint-Vallier avait voulu tuer le roi, parce que le roi avait fait violence à sa fille. C'était une fable; mais cette fable attestait la mauvaise opinion qu'on avait du roi. *Journal d'un Bourgeois de Paris*, p. 188-192.
2. *Journal d'un Bourgeois de Paris*, p. 193. — Félibien, *Hist. de Paris*, p. 547.
3. Sur les procès du connétable et de ses complices, V. le *Recueil de Dupui, Traités concernant l'Histoire de France*, etc.; Paris, 1654.
4. Le gouvernement royal fit quelques efforts pour regagner les diverses classes de la société. Aux seigneurs, il rendit la haute justice sur les pillards et aventuriers pris sur leurs terres : les prévôts des maréchaux devaient remettre les délinquants aux juges des seigneurs (25 septembre 1523), au lieu de les condamner eux-mêmes. C'était une très-grande concession. *Journal d'un Bourgeois de Paris*, p. 185. — Au clergé, il accorda d'envoyer douze religieux mendiants prêcher par les provinces contre les « erreurs de Luther » (novembre); — au peuple de Paris, la liberté du commerce de la boulangerie, qui avait déjà existé sous Philippe le Bel, avec des mesures sévères pour assurer le poids du pain (février 1524) : *ibid.* p. 192.

mille lansquenets, commandés par le comte de Furstemberg, entrèrent en Champagne par le diocèse de Langres; au midi, vingt-cinq mille Espagnols, sous les ordres du connétable de Castille, s'étaient portés sur Bayonne; au nord, trente ou trente-cinq mille Anglo-Néerlandais[1] avaient envahi la Picardie. Le général des lansquenets, Furstemberg, avait compté être rallié par le duc Charles avec la noblesse des provinces bourboniennes, et joindre ensuite les Anglais : il n'avait point de cavalerie; il fut harcelé, traqué, affamé par le comte Claude de Guise et le seigneur d'Orval (de la maison d'Albret), gouverneurs de Champagne et de Bourgogne, à la tête de cinq ou six cents lances d'ordonnance et des arrière-bans de leurs provinces : il regagna les Vosges à grand'peine, après avoir eu son arrière-garde détruite en repassant la Meuse; les dames de la cour de Lorraine battirent des mains à ce fait d'armes du haut des murs de Neufchâtel. Les Espagnols échouèrent de même à Bayonne, devant l'énergique résistance de la garnison et des habitants, dirigés par Lautrec, gouverneur de Guyenne. Ils se dédommagèrent, à la vérité, par la reprise de Fontarabie, que leur rendit lâchement le commandant Frauget, indigne successeur de l'héroïque Daillon du Lude : Frauget fut dégradé de noblesse sur un échafaud à Lyon. L'attaque la plus sérieuse fut celle de Picardie : l'armée anglo-néerlandaise, sous le duc de Suffolk[2] et le comte de Buren, traversant le pays au nord de la Somme sans attaquer les places de ces cantons, qui toutes faisaient mine de se bien défendre, força le passage de la Somme à Brai, brûla Roie, prit Montdidier, et s'avança jusque sur l'Oise, à onze lieues de Paris (fin octobre). La terreur fut grande dans la capitale : le roi était encore à Lyon, et il n'y avait point de garnison à Paris. Les ennemis cependant ne poussèrent pas plus loin leur pointe : informés que leurs alliés avaient été chassés de la Champagne et que le duc de Vendôme était expédié par le roi au secours de Paris, ils craignirent de se trouver pris en face par ce prince et en queue par le vieux sire de La Trémoille, gouverneur de Picardie, qui n'avait qu'une poi-

---

1. Neerland; Netherland; Niederland; Pays-Bas.
2. Charles Brandon, beau-frère de Henri VIII. Il avait épousé Marie d'Angleterre, veuve de Louis XII, qu'il avait aimée avant son mariage.

gnée de soldats, mais qui semblait les multiplier à force d'audace et d'activité ; malgré leur énorme supériorité, les Anglo-Neerlandais reculèrent jusqu'à la source de la Somme, et rentrèrent en Artois par le Vermandois, sans avoir retiré aucun fruit de leur expédition (novembre). La Trémoille se couvrit de gloire par ses belles et savantes manœuvres.

L'avortement complet de la tentative des coalisés montrait combien la France était forte chez elle. Pour repousser cette agression redoutable, la France n'avait pas même rappelé la belle armée assemblée au pied des Alpes : tandis que le sol français était envahi sur trois de ses frontières, l'armée française envahissait le Milanais. Le roi s'était seulement résigné à rester cette année-là en France, et à confier la recouvrance de l'Italie à son cher Bonnivet, qui se mit en campagne au commencement de l'automne, à la tête de quarante mille combattants. Le vieux Prosper Colonna, général des confédérés en Lombardie, ne put défendre le pays à l'ouest du Tésin, ni empêcher le passage de cette rivière (14 septembre) : si Bonnivet eût marché droit à Milan, il s'en fût infailliblement emparé, comme les confédérés eux-mêmes l'avaient fait deux ans auparavant ; mais, désirant éviter à Milan les horreurs d'une prise d'assaut, il se laissa amuser quelques jours par des pourparlers sur l'évacuation de cette ville, et laissa le temps à son habile adversaire de concentrer des troupes nombreuses dans Milan, de rassurer le peuple, et de réparer à force de diligence les remparts ébréchés des faubourgs. Quand Bonnivet se présenta enfin devant Milan, il reconnut l'impossibilité d'emporter d'assaut une place aussi vaste, défendue par vingt mille soldats et par une nombreuse population. Il essaya de bloquer et d'affamer Milan. Il fit occuper Lodi par Bayart, et ravitailler le château de Crémone[1] ; mais la ville de Crémone et Pavie demeurèrent à l'ennemi. L'hiver fut précoce et rigoureux : les neiges, le froid, la disette, tourmentèrent l'armée de France, au point d'obliger Bonnivet à se retirer sur le Tésin, à 14 milles de Milan. Le vieux Prosper Colonna mourut le 30 décembre, peu

1. La petite garnison de cette forteresse s'était défendue depuis dix-huit mois avec une opiniâtreté sublime : elle était réduite à huit soldats quand on la secourut. Brantôme, *Hommes illustres.*

après cette retraite des Français, qui couronnait son système de temporisation : les Italiens l'appelaient le *Fabius* de son siècle.

Le pape Adrien VI avait précédé Colonna ; il était mort le 14 septembre, le jour du passage du Tésin par les Français, avec l'amer regret d'avoir vu échouer toutes ses bonnes intentions : il n'avait inspiré que de l'aversion aux Romains, et, le lendemain de sa mort, on trouva, sur la porte de son médecin, des couronnes de fleurs avec cette inscription : *Le sénat et le peuple romain au libérateur de la patrie*. Wolsey se hâta de se remettre sur les rangs ; l'empereur l'appuya encore, mais mollement, et Henri VIII lui-même, ne se faisant point illusion sur les dispositions du sacré collége, munit d'instructions doubles son ambassadeur à Rome, résigné à accepter le cardinal de Médicis à défaut de Wolsey [1]. Le peuple de Rome se montrait si violemment hostile à toute candidature étrangère, que les cardinaux, quand ils n'eussent pas pensé comme le peuple, n'eussent jamais osé choisir Wolsey. Cette fois, néanmoins, Wolsey ne pardonna plus à l'empereur de ne l'avoir pas mieux soutenu, et son ressentiment eut plus tard de grandes conséquences. Adrien eut pour successeur ce cardinal Jules de Médicis qu'il avait écarté du saint-siége (19 novembre 1523). Jules de Médicis se fit appeler Clément VII, en signe de ses vues pacifiques : esprit fin et délié, instruit, éclairé, aimant et entendant les affaires, il était depuis longtemps habitué à prendre grande part au gouvernement de l'Église et à diriger avec une autorité presque absolue la république de Florence : son élection fut bien accueillie de l'Italie, quoique peu canonique ; car il était bâtard, motif d'incapacité pour les dignités ecclésiastiques, et Léon X n'avait pu l'élever au cardinalat que par fraude [2]. Suivant Guicciardini, il passait pour un assez méchant homme, mais de haute capacité : il ne réalisa pas ce qu'on attendait de lui ; son caractère n'était pas au niveau de son esprit, et il manquait de décision et de courage. Il avait été jusqu'alors hostile à la

---

1. Bradford ; *Correspondance de Charles-Quint*, extraite des archives de Vienne ; ap. Pichot, *Charles-Quint*, p. 49-50.

2. On avait aposté des témoins qui prétendirent faussement que son père avait épousé sa mère. Il ne restait plus des descendants du grand Côme que trois bâtards : le nouveau pape, son cousin Hippolyte et son neveu Alexandre. Clément VII donna provisoirement le gouvernement de Florence à Hippolyte.

France; il ne se sépara point de la ligue formée « pour la garantie de l'Italie », mais il était trop intelligent pour se livrer tout entier au parti impérial et pour désirer de pousser à bout la France.

La campagne recommença dans le Milanais dès les premiers jours de mars 1524. Charles de Bourbon [1], brûlant d'effacer par une éclatante vengeance le souvenir de sa fuite et de sa déconvenue, venait d'arriver à Milan à la tête de six mille lansquenets, et, sous le titre de lieutenant général de l'empereur, il partageait le commandement de l'armée coalisée avec Francesco Sforza, duc de Milan, Charles de Lannoi [2], vice-roi de Naples, et le marquis de Pescaire. Cette armée s'était accrue par des renforts allemands et vénitiens, tandis que les troupes françaises étaient fort affaiblies par les fatigues de l'hiver et par le licenciement d'une grande partie de l'infanterie, faute d'argent. Bonnivet ne s'était point attendu que la campagne se rouvrirait si vite; mais la tactique des ennemis avait changé avec leur général. Bourbon et Pescaire, aussi rapides dans leurs mouvements que Prosper Colonna avait été lent et circonspect, franchirent le Tésin le 2 mars, au-dessous de Pavie, afin de tourner l'armée française et de l'enfermer entre eux et Milan. Cette manœuvre habile et hardie réussit complètement : les chefs impériaux, enlevant plusieurs postes sur leur passage, poussèrent jusqu'à Verceil et prirent à revers Bonnivet, qui, obligé d'évacuer son camp de Biagrassa, s'était retiré sur Vigevano, puis sur Novarre. Bonnivet essaya en vain d'obliger les ennemis à combattre : ceux-ci, voyant ses troupes décimées par la misère et les maladies, espéraient le contraindre à se rendre à discrétion, en lui coupant les vivres et en lui fermant toute communication avec le Piémont.

Bonnivet cependant n'était point tout à fait abandonné du roi comme son devancier Lautrec : le duc de Longueville amenait quatre cents lances de renfort par Suse; huit ou dix mille Suisses, que Longueville devait rejoindre, descendaient du Saint-

---

1. Il avait montré d'abord beaucoup d'incertitudes : il était resté longtemps inactif en Franche-Comté, et avait envoyé au roi, pour négocier, sa sœur la duchesse de Lorraine. François lui avait offert un accommodement. Bourbon avait hésité, puis rompu, ne pouvant se décider à s'y fier. Martin du Bellai.
2. D'une famille wallonne des environs de Lille.

Bernard par le val d'Aoste; cinq mille Grisons entraient dans le Bergamasque. Mais la marche de ces divers corps avait été mal combinée; leur jonction ne put s'opérer; les Grisons furent repoussés par un détachement de l'armée impériale et vénitienne : le duc de Longueville n'arriva pas à temps pour se réunir aux Suisses, qui étaient déjà sur la Sésia, à Gattinara. Ils ne voulurent point avancer davantage. Bonnivet fut obligé de les aller joindre; il se porta vers la Sésia par une marche de nuit, jeta un pont sur cette rivière, près de Romagnano, et entra en communication avec les Suisses. On eût pu alors reprendre l'offensive avec avantage contre les Impériaux; mais les Suisses, au lieu de franchir la rivière et de se réunir aux Français, déclarèrent qu'ils entendaient retirer de l'armée ceux de leurs compatriotes qui s'y trouvaient et les reconduire dans leur pays, le roi les ayant dégagés de leur parole en manquant à la sienne (François Ier leur avait garanti la jonction de quatre cents lances à leur descente en Piémont). La plupart des Suisses du camp français coururent retrouver les nouveaux venus. Bonnivet, que cette défection mettait hors d'état de résister aux Impériaux, donna l'ordre à l'armée de passer la Sésia, et prit poste à l'arrière-garde pour contenir les arquebusiers et les chevau-légers des ennemis, qui passaient à gué et donnaient déjà sur « la queue » des Français. A la première charge, il fut blessé d'une arquebusade au bras; contraint de quitter le champ de bataille, il confia la charge de l'armée au comte de Saint-Pol et à Bayart, et se fit porter au delà de la rivière.

Bayart sauva l'armée, mais au prix de ses jours : après avoir soutenu longtemps tout l'effort de l'avant-garde ennemie, après avoir vu mourir à ses côtés son bon camarade Vandenesse (frère de La Palisse) et bien d'autres braves gens, il fut enfin frappé, au travers des reins, d'une « pierre d'arquebuse » qui lui brisa l'échine. « Quand il sentit le coup, il se prit à crier : — Jésus! et puis dit : — Hélas! mon Dieu, je suis mort! — Il prit son épée par la poignée, baisa la croix (la garde en croix), et se fit descendre de cheval et coucher au pied d'un arbre, le visage tourné vers l'ennemi, auquel il n'avoit jamais tourné le dos. » Il ordonna aux siens de le laisser et de songer à leur salut. Un moment après, le connétable de Bourbon, qui poursuivait « âprement » les Français, dans l'espoir de prendre son mortel ennemi Bonnivet, vint à passer auprès de l'arbre sous lequel agonisait le bon chevalier. « Ah ! monsieur de Bayart, » dit-il, « que j'ai grand pitié de vous voir en cet état, vous qui fûtes si vertueux chevalier ! — Monsieur, » répliqua le mourant, « il n'y a point de pitié en moi, car je meurs en homme de bien ; mais j'ai pitié de vous, de vous voir servir contre votre prince, et votre patrie, et votre serment ! » (Martin du Bellai.)

Bourbon s'éloigna sans répliquer : le marquis de Pescaire, qui arriva ensuite, s'écria, en apercevant le guerrier expirant, qu'il eût voulu donner la moitié de son sang pour tenir Bayart en sûreté son prisonnier : tous les ennemis venaient voir Bayart les uns après les autres « à grand deuil et lamentations » ; ils l'aimaient et le révéraient presque autant que les Français eux-mêmes, tant Bayart avait fait la guerre avec humanité et courtoisie. Le bon chevalier rendit son âme à Dieu, parmi les larmes et les regrets de ceux-là mêmes qui avaient frappé en sa personne « la fleur de toute chevalerie » (30 avril 1524). Ils lui firent un solennel service pendant deux jours, et renvoyèrent son corps en France. Le duc de Savoie, quand le cortége traversa ses domaines, rendit aux restes du bon chevalier autant « d'honneur que si c'eût été son frère ». Arrivé en Dauphiné, le corps fut escorté depuis le haut des Alpes jusqu'à Grenoble par les populations entières. « Toutes fêtes, danses, banquets et passe-temps » cessèrent pendant un mois dans la province. Le roi, l'armée et le reste de la France ne montrèrent pas une moindre douleur [1]. Plusieurs livres furent écrits pour offrir le bon chevalier en exemple à la postérité comme le modèle du guerrier sans vice : un de ces panégyriques, dédié par l'auteur, comme une œuvre nationale, « aux Trois États de France », est resté entre les meilleurs monuments de notre littérature historique. Ce charmant ouvrage, dont l'auteur est inconnu [2], a toute la grâce et le mouvement de Froissart

---

1. « Ah ! messire de Bayart, que vous me faites grand faute ! » s'écriait François Ier, parmi les revers qui suivirent la mort du bon chevalier.

2. Il avait été attaché à la personne de Bayart, et prend le titre de *Loyal Serviteur*.

avec une moralité plus haute. La postérité a confirmé le jugement des panégyristes : elle a nommé Bayart le chevalier par excellence. Bayart est le type du chevalier au XVIe siècle, comme Du Guesclin au XIVe; et, sans offenser la mémoire du grand connétable, il est permis de dire que la comparaison est tout à l'avantage du XVIe siècle : le niveau de la moralité, de l'humanité, de la courtoisie, s'est relevé; il y a bien plus de générosité dans la guerre, de délicatesse et de dignité dans l'amour. Cette magnanime génération des Bayart, des La Trémoille, des La Palisse, des Louis d'Ars, finit la chevalerie; mais la chevalerie ne pouvait plus noblement finir. L'antique idéal des romans n'avait jamais été approché de si près par la réalité qu'au moment de s'éteindre. Le patriotisme et la discipline avaient régularisé, sans l'étouffer, l'esprit chevaleresque; l'organisation de la gendarmerie nationale avait eu l'influence la plus salutaire sur le caractère de la noblesse française; les pillards féodaux, les champions effrénés des guerres civiles, s'étaient changés en loyaux soldats dévoués au drapeau de la patrie. La première période du XVIe siècle est l'époque de notre histoire la plus honorable pour la noblesse française : on y peut chercher une glorieuse épitaphe à graver sur sa tombe. L'idéal que la chevalerie s'était efforcée d'atteindre, déjà fort altéré par la licence des cours de François Ier et de Henri II, s'effaça parmi les passions furieuses des Guerres de Religion, après lesquelles commença d'apparaître une société nouvelle [1].

L'abandon entier du Milanais avait suivi la mort de Bayart : le comte de Saint-Pol était parvenu à conduire l'armée à Ivrée avec peu de perte; il rentra en Dauphiné par le pas de Suse, tandis que les Suisses retournaient chez eux par le val d'Aoste, abandonnant l'artillerie qui leur avait été confiée. Les dernières garnisons françaises de la Lombardie, celles de Lodi, d'Alexandrie et du château de Crémone, capitulèrent et repassèrent en France, suivies d'une multitude de bannis toscans, milanais et génois, qui formaient une petite armée.

1. V. le *Loyal Serviteur*. — Symphorien Champier, *Vie de Bayart*. — V. aussi, dans le *Panégyrique de La Trémoille*, l'histoire de ses amours, et les mémoires de Fleuranges. Il existe, dans une église de Grenoble, un buste contemporain de Bayart, d'un art très naïf et d'un caractère de vérité saisissant.

Les Français une fois hors de l'Italie, on ne tarda point à reconnaître que les coalisés n'entendaient pas de la même manière les conséquences de la victoire : le pape et les états italiens voulaient être indépendants de l'étranger et faire la paix avec François Ier; l'empereur voulait rester maître de l'Italie et poursuivre ses avantages contre la France. Les Espagnols et les Allemands vivaient à discrétion chez les Italiens, les écrasaient de contributions, et faisaient peser sur les provinces qu'ils avaient « délivrées » une domination plus insolente et plus dure que celle des anciens oppresseurs : les délais par lesquels Charles-Quint reculait indéfiniment l'investiture impériale du duc de Milan trahissaient les arrière-pensées de l'empereur sur le Milanais. Une paix générale, qui rétablît quelque peu l'équilibre, pouvait seule affranchir l'Italie. Clément VII s'adressa au roi d'Angleterre, si évidemment intéressé à cet équilibre; mais l'égoïste Wolsey fit échouer la négociation, uniquement parce que les ouvertures venaient du compétiteur qui lui avait enlevé la tiare, et qu'il voulait se réserver l'honneur de régler le destin de l'Europe. Le pacte offensif contre la France fut donc renouvelé entre l'empereur, l'archiduc son frère, le roi d'Angleterre et le duc de Bourbon, tandis que le pape, Venise et les républiques toscanes rentraient dans la neutralité. On convint qu'une armée impériale, conduite par Bourbon, attaquerait la France du côté des Alpes, que l'empereur dirigerait une seconde attaque vers les Pyrénées, et que Henri VIII enverrait 100,000 ducats à Bourbon pour l'ouverture de la campagne, et pourrait, à son choix, continuer ce subside mensuellement, ou faire une descente en Picardie avec l'assistance de l'armée des Pays-Bas. Wolsey signifia à Bourbon qu'il n'aurait pas un ducat, s'il ne prêtait serment au roi « de France et d'Angleterre. » Bourbon se résigna enfin à jurer, à l'insu de l'empereur[1]. On lui promit le comté de Provence[2], qui, réuni à ses anciens domaines, avec Lyon et le Dauphiné, devait, dit-on, lui former un royaume.

Quoiqu'il en fût, Bourbon s'avança rapidement le long de la

---

1. Michelet, *Réforme*, d'après S. Turner, p. 219-220.
2. Il en prend le titre sur des saufs-conduits. Note de M. L. Lalanne, ap. *Journal d'un Bourgeois de Paris*, p. 211; note 2.

route de *la Corniche*, et passa le Var, le 7 juillet, avec près de dix-huit mille combattants, que six ou sept mille autres devaient joindre sous peu : il savait que le roi ne s'attendait point à cette brusque irruption, que l'infanterie avait été licenciée, que la gendarmerie était disséminée et mal rétablie des suites de la campagne de Lombardie; il avait conçu le plan audacieux de marcher, par la Provence et le Dauphiné, droit à Lyon et aux seigneuries bourboniennes, comptant que, s'il pénétrait au cœur du royaume, « la plupart de la noblesse », surtout celle de ses anciens domaines, « se retireroit à lui »; mais l'empereur avait d'autres vues, et se défiait probablement de ces illusions d'émigré : Charles-Quint n'avait point laissé à Bourbon la pleine disposition de l'armée, et lui avait associé le marquis de Pescaire. Le marquis et les autres capitaines espagnols refusèrent leur adhésion au projet de Bourbon, et l'obligèrent à entreprendre la conquête de la Provence. Le maréchal de La Palisse, qui commandait sur cette frontière, n'était point en état de disputer le terrain : les villes provençales, qui n'avaient pour défense que leurs vieilles murailles du moyen âge, parurent d'abord disposées à changer de maître sans beaucoup de résistance : Antibes, Grasse, Fréjus, Draguignan, Hières, Toulon, qui n'était encore qu'une place maritime de peu d'importance, Brignolles, Saint-Maximin, Aix enfin, la capitale, capitulèrent en moins de cinq semaines. Bourbon renouvela sa proposition de passer le Rhône; Pescaire, d'après les instructions de l'empereur, insista pour qu'on assiégeât Marseille, « port très-commode », dit Guicciardini, « pour infester les côtes de France et passer d'Espagne en Italie. » Charles-Quint voulait avoir aussi son Calais en France, sur une plus grande échelle.

Le siége de Marseille fut donc entrepris le 19 août : la place n'avait qu'une simple enceinte, très-solide, mais non flanquée ni bastionnée [1]; les Impériaux pensèrent qu'il en serait de Marseille

---

1. La substitution des lignes obliques ou *flancs* aux lignes droites, dans la construction des remparts, a été le point de départ de toute la science des modernes ingénieurs militaires, et le premier effort fait pour rétablir l'équilibre entre l'attaque et la défense entièrement rompu par la découverte de l'artillerie. Cette révolution commença en Italie dans la seconde moitié du XVe siècle.

comme des autres villes provençales, et le duc de Bourbon prétendit « que trois coups de canon étonneroient si fort les bons bourgeois, qu'ils viendroient, la hart au cou, lui apporter les clefs de leur cité ».

Les « bons bourgeois » de Marseille ne se montrèrent pas si timides : ce peuple de marins, animé par sa vieille rivalité contre les Catalans, et peu disposé à devenir sujet de l'Espagne, mit sur pied neuf mille hommes de milice. Le roi avait envoyé en toute hâte deux cents lances, conduites par un de ses favoris, Chabot de Brion, et trois mille réfugiés italiens, sous les ordres du Romain Renzo de Ceri, homme héroïque que le soldat français aimait mieux qu'aucun de ses généraux depuis la mort de Bayart [1]. L'ennemi commença de battre en brèche le 7 septembre. Derrière les murs qu'entr'ouvrait son canon, fut élevée, avec une rapidité incroyable, une seconde enceinte en terre. On l'appela *le rempart des dames;* toutes les femmes de Marseille y avaient travaillé. « Le duc de Bourbon et le marquis de Pescaire furent si bien recueillis (accueillis), tant par escarmouches qu'à coups de canon, qu'ils connurent que la ville n'étoit dépourvue de gens de bien » (Martin du Bellai). Un boulet traversa la tente de Pescaire, et tua près de lui son aumônier et deux de ses gentilshommes. Pescaire envoya le boulet à Bourbon; « ce sont là », lui manda-t-il, « les clefs que vous apportent les bourgeois de Marseille ». La contenance des assiégés annonçait combien l'attaque à force ouverte serait hasardeuse; le blocus cependant était impossible, les assiégeants n'étant pas maîtres de la mer. Le 7 juillet, le jour même du passage du Var, les galères de France, commandées par le vice-amiral La Fayette et par le réfugié génois André Doria, un des plus illustres capitaines de mer et un des plus grands hommes du xvie siècle, avaient battu, près de l'embouchure du Var, l'amiral espagnol Hugues de Moncade, chargé de seconder les opérations de l'armée d'invasion : quatre galères espagnoles avaient été prises ou brûlées; les autres, repoussées dans le port de Monaco. La ville assiégée fut ravitaillée par mer le 17 septembre, et, le lendemain, une lettre du roi annonça

---

1. *V.* la chanson militaire sur le capitaine *Rance;* ap. Leroux de Lincy; *Chants historiques français;* xvie siècle, p. 96.

sa prochaine arrivée, à la tête d'une puissante armée, pour délivrer sa « bonne ville » de Marseille.

François Ier, en effet, avait imposé au royaume les plus grands sacrifices pour refaire son armée[1]. Des masses imposantes de troupes s'assemblaient aux bords du Rhône, et le maréchal de La Palisse avait occupé Avignon avec l'avant-garde du roi. Les Marseillais étaient pleins d'espérance : les généraux ennemis ne recevaient, au contraire, que de mauvaises nouvelles. Henri VIII n'avait payé que le premier mois du subside promis, et prétextait la crainte d'une irruption des Écossais pour s'excuser de descendre en Picardie : les cortès de Castille, retrouvant quelques velléités d'indépendance, avaient refusé à Charles-Quint un subside extraordinaire, et rendu par là impossible la diversion projetée contre le Languedoc ou la Guyenne. Les six mille hommes de renfort attendus par Bourbon n'étaient point arrivés. Bourbon s'acharnait avec une sorte de désespoir à ce siége entrepris malgré lui : après dix-sept jours de batterie, il tenta enfin l'assaut le 24 septembre au soir; l'assaut fut repoussé; Bourbon voulait qu'on recommençât le lendemain; Pescaire fit reconnaître la principale brèche, et s'assura qu'entre la muraille écroulée et le boulevard intérieur, avait été creusé un fossé contre-miné, garni de fusées et d'artifices, et défendu par un gros corps d'arquebusiers. « Messieurs », dit Pescaire aux capitaines assemblés, « si vous avez envie d'aller souper en paradis, courez à l'assaut; pour moi, je n'ai pas envie de faire si tôt le voyage ».

Et il ouvrit l'avis de décamper au plus vite et d'évacuer la Provence : Bourbon fut contraint de céder, tout en frémissant de colère d'être réduit à fuir devant François Ier. Il était temps : le

---

[1]. Il y eut, dans l'année 1524, jusqu'à trois tailles, montant ensemble à 5,360,000 livres : c'était le chiffre le plus élevé que la taille eût encore atteint. *Hist. de Languedoc*, t. xxxi, p. 121-122. — François avait enfin senti la nécessité de rétablir un peu d'ordre dans ses finances : le 28 décembre 1523, avait été publié un édit qui concentrait tous les revenus publics, recettes et dépenses, entre les mains du trésorier de l'épargne, à Blois. Un état annuel des finances devait être dressé triple, pour le roi, le chancelier et le trésorier de l'épargne. D'autres articles réglaient les rapports du trésorier et des receveurs avec la chambre des comptes. Le roi, pour mettre un frein à ses propres dissipations, ordonna que le paiement des dons qu'il accordait au delà de 1,000 écus serait renvoyé à la fin du dernier quartier de l'année, après toutes les dépenses nécessaires. — Isambert, *Anc. lois françaises*, t. XII, p. 222-226.

28 septembre, jour de la levée du siége, le roi partait d'Avignon, et son avant-garde arrivait à Salon de Crau, à huit ou neuf lieues de Marseille. Les Impériaux furent vivement harcelés jusqu'au delà de Toulon par l'avant-garde française, qui leur enleva leur artillerie, leur bagage et beaucoup de traînards. Le gros de l'armée impériale fut heureux de pouvoir regagner la Ligurie.

La tête de l'armée française, pendant ce temps, tournait rapidement vers les Alpes dauphinoises : le roi était décidé d'aller venger en personne les revers de Lautrec et de Bonnivet, et la mort du bon chevalier Bayart. On était déjà au mois d'octobre : les vieux capitaines, les La Trémoille, les La Palisse, les Louis d'Ars, craignaient d'entreprendre une campagne d'hiver avec une armée composée en grande partie de mercenaires suisses et allemands; ils craignaient sans doute aussi les fautes trop probables du roi. François n'écouta rien[1] : il confia la régence à sa mère, la lieutenance générale des provinces frontières au duc de Vendôme, au comte Claude de Guise, au sire de Brézé, au maréchal de Lautrec, au comte de Laval, et franchit les Alpes avec quarante mille hommes, emmenant à sa suite presque tout ce que la France avait d'éminent par la naissance ou la renommée militaire.

Le plan de François Ier était bien conçu : au lieu de poursuivre les ennemis dans les rochers de la Ligurie, il tâcha de les devancer en Lombardie; il y arriva du moins en même temps qu'eux, et entra dans Verceil le jour où les Impériaux descendaient des

1. La reine Claude était morte le 25 juillet, laissant au roi trois fils et deux filles. Brantôme assure que les jours de cette princesse furent avancés par une maladie honteuse que lui communiqua son mari. La reine Claude, simple, modeste et pieuse, avait eu autant à souffrir de la méchanceté de sa belle-mère que du dédain et des infidélités de son mari, infidélités dont elle fut peut-être enfin la victime. Elle fut regrettée du peuple, qui aimait en elle la fille de Louis XII; mais François Ier se montra peu sensible à sa perte. En ce moment, l'imagination du roi était tout occupée d'une belle Milanaise, la signora Clarisse, dont Bonnivet et d'autres lui avaient vanté les charmes, célèbres dans toute l'Italie. On a prétendu que le désir de voir la signora Clarisse avait beaucoup contribué à attirer le roi au delà des Alpes. — La pensée de la belle Clarisse n'empêchait pas François de continuer partout ses banales galanteries. En passant à Manosque, il parut extrêmement frappé de la beauté d'une jeune personne de cette ville, la demoiselle de Voland : cette jeune fille, d'un cœur chaste et d'une tête exaltée, fut si effrayée de la passion du roi, qu'à l'exemple de quelques saintes de la légende, elle imagina de détruire elle-même ces attraits qui excitaient des désirs coupables ; elle se défigura en s'imprégnant le visage de la vapeur du soufre brûlant, action incompréhensible, si l'on n'eût cru le roi capable d'indignes violences.

Alpes liguriennes dans le Montferrat. Pescaire et Bourbon, par une marche forcée, gagnèrent Pavie, et s'y réunirent à un corps de réserve rassemblé par le vice-roi de Naples Lannoi et le duc Sforza. Les Français, de leur côté, poussèrent droit à Milan : cette ville venait d'être désolée par une effroyable épidémie qui avait emporté trente à quarante mille des habitants, et ôté toute énergie aux survivants. Milan n'avait ni le pouvoir ni le désir de se défendre ; le duc Francesco Sforza et les généraux de l'empereur laissèrent sept cents soldats dans le château de Milan, deux mille dans Alexandrie, sept mille dans Pavie, et se retirèrent sur Lodi, Crémone et l'Oglio, avec le reste de leurs troupes épuisées et découragées. Les Français entrèrent à Milan par les portes du Tésin et de Verceil, tandis que les Espagnols en sortaient par la porte de Rome (26 octobre).

Si le roi eût continué comme il avait commencé, et poursuivi l'épée dans les reins les généraux ennemis, les Impériaux eussent été réduits à se réfugier sur le territoire neutre de Venise, pour regagner le Tyrol. Le roi aurait eu tout le temps de revenir ensuite contre Pavie, qui séparée de tous secours, n'eût pu opposer une bien longue résistance. Par malheur, François Ier, tout vif et ouvert que fût son esprit, comprenait peu la grande guerre : il repoussa l'avis des meilleurs capitaines, et, s'arrêtant à des maximes de stratégie vulgaire, que mettaient en avant Bonnivet et d'autres gens de cour, il ne voulut pas laisser derrière lui des garnisons ennemies, fit assiéger le château de Milan par La Trémoille, et entama le siége de Pavie, que défendait le fameux capitaine espagnol Antoine de Leyve (Leyva) (27 ou 28 octobre). Les généraux de l'empereur, sauvés par ce délai, eurent le loisir de se retrancher sur l'Adda et d'y réorganiser leur armée. Les travaux exécutés à Pavie par les assiégés et le courage de la garnison rendirent les assauts inutiles [1], et le roi, après avoir tenté en vain de détourner un bras du Tésin pour attaquer la ville du côté que protégeait cette rivière, convertit le siége en

---

1. Le maréchal de Montmorency avait débuté par un acte de cruauté qui ne fit qu'irriter les assiégés : ayant emporté une tour qui défendait un pont du Tésin, il fit pendre les défenseurs de la tour, pour avoir osé « défendre un tel poullier (poulailler) à l'encontre d'une armée françoise ». Martin du Bellai.

blocus; mais rien ne lassa la farouche constance d'Antoine de Leyve, homme de la trempe des Cortès et des Pizarre, et qui portait peut-être plus loin que ces impitoyables conquérants eux-mêmes le mépris de l'humanité. Ses soldats, presque tous allemands et fort peu dévoués à l'empereur, menacèrent plusieurs fois de livrer la ville si on ne les payait pas. De Leyde se débarrassa, par le poison, du commandant des lansquenets, et contint les soldats avec quelque argent et force promesses.

Les états italiens, Rome, Florence, Venise, regardaient avec une douloureuse anxiété cette lutte où l'on débattait le sort de l'Italie chez elle et sans elle, et ne tentaient rien pour se mettre en mesure de repousser le despotisme du vainqueur, quel qu'il fût : jugeant la victoire de la France probable, ils se rapprochèrent du roi, et le pape Clément VII, après avoir essayé inutilement de ménager une trêve entre Charles-Quint et François Iᵉʳ, renonça, pour lui, pour Venise et pour les républiques toscanes, au pacte de garantie conclu avec l'empereur, comme roi de Naples, et le duc de Milan contre la France : les états italiens rentrèrent dans la neutralité, en droit, et, en fait, commencèrent à fournir quelques subsides aux Français (décembre 1524).

Les semaines, les mois s'écoulaient, et Pavie tenait toujours : les généraux de l'empereur, cantonnés à Lodi, étaient, cependant, à peu près sans ressources; Charles-Quint ne leur envoyait pas un écu, et le Milanais ne leur fournissait plus rien; Naples, déjà menacée à son tour, avait besoin de ses revenus pour sa propre défense; Charles-Quint n'osait violenter les cortès ni pressurer les Pays-Bas, et les premiers envois d'Amérique étaient épuisés; les mines ne rendaient point encore de produit régulier, et le Pérou n'était pas encore conquis à cette époque. L'activité du duc de Bourbon, animée par la haine et par la vengeance, suppléa à l'impuissance de l'empereur : Charles de Bourbon, aidé par la duchesse de Savoie, Béatrix de Portugal, dont la sœur était sur le point d'épouser l'empereur, parvint à détacher secrètement le duc de Savoie des intérêts du roi son neveu : l'alliance française était fort onéreuse aux états de Savoie, sans cesse traversés, foulés, occupés par nos armées. On dit que le duc prêta quelque argent à Bourbon, et donna jusqu'à ses bagues et joyaux pour les mettre en gage ; Bourbon courut en Allemagne, et, avec l'assistance de l'archiduc Ferdinand, rassembla douze mille lansquenets et cinq cents cavaliers francs-comtois. Le bruit que le pape tournait pour la France rendit populaires les levées impériales. Le vieux Freundsberg, l'ami de Luther, se mit à la tête des lansquenets. Bourbon rejoignit Pescaire et Lannoi à Lodi. L'argent de Savoie était déjà dépensé ; mais Pescaire, chéri de l'infanterie espagnole, obtint qu'elle servirait un mois encore sans solde : les Allemands, qui avaient quatre mille de leurs compatriotes enfermés dans Pavie avec le fils de Freundsberg, se piquèrent d'honneur, et consentirent à marcher pour les aller délivrer. L'armée impériale quitta Lodi le 25 janvier, enleva quelques postes occupés par les troupes italiennes au service de France, et vint s'établir en vue du camp français.

Tandis que les Impériaux réparaient leurs forces afin de secourir Pavie, le roi, au contraire, avait affaibli son armée par de grandes diversions : il avait détaché sur Gênes le marquis de Saluces, qui avait battu et pris don Hugues de Moncade et occupé la rivière du Ponent, mais sans être en état d'attaquer Gênes ; puis il avait expédié vers Naples, à travers l'État de l'Église, le duc d'Albanie et Renzo de Céri, avec un corps considérable : Pescaire, sentant bien que tout se déciderait en Lombardie, avait retenu à Lodi le vice-roi Lannoi, et pas un soldat de l'empereur n'avait été détaché au secours de Naples. A la nouvelle de l'approche des Impériaux, François Ier s'efforça tardivement de concentrer son armée. Bourbon, Pescaire et Lannoi avaient sept cents lances « fournies », autant de chevau-légers, et dix-sept ou dix-huit mille fantassins, les deux tiers Allemands, le reste Espagnols, Basques et Italiens, outre la garnison de Pavie, qui comptait encore cinq mille excellents soldats. Le roi, malgré ses détachements, se croyait plus fort que l'ennemi, car il payait son armée sur le pied de treize cents lances et de vingt-six mille fantassins ; mais ce chiffre n'existait que sur les contrôles, « grâce à l'avarice des officiers et à la négligence des commissaires » : les compagnies d'ordonnance et celles des aventuriers (fantassins) n'étaient rien moins qu'au complet ; il n'y avait guère que huit cents lances effectives (six mille quatre cents chevaux) et plusieurs corps d'infanterie attendus n'arrivaient pas.

Les capitaines expérimentés qui entouraient le roi ne se dissimulaient pas le péril : La Trémoille, La Palisse, Lescun, le grand maître de l'artillerie Galiot, conseillèrent tous à François Ier de ne pas se laisser enfermer entre l'armée impériale et la garnison de Pavie[1] ; les hardis, le vieux La Trémoille en tête, avaient pressé le roi d'aller au-devant de l'ennemi ; il n'était plus temps ; les prudents voulaient qu'on levât momentanément le siége, qu'on se retirât à Milan ou qu'on occupât aux environs une forte position défensive : on savait que les généraux ennemis n'avaient pas un denier, qu'ils n'avaient décidé qu'à grand'peine leurs soldats à marcher, et l'on pensait qu'une prompte bataille était leur unique ressource. En leur refusant cette bataille, on espérait voir avant peu de jours se fondre leur redoutable armée sans effusion de sang. Les favoris du roi, les Montmorenci, les Chabot de Brion, les Saint-Marsault, réfutèrent avec emportement l'avis des vieux généraux : Bonnivet surtout fit grand bruit de la honte qu'il y aurait à reculer devant le traître Bourbon ; François était tout persuadé d'avance ; il avait juré vingt fois qu'il mourrait plutôt que de lever le siége de Pavie, « imprudence la plus haute que puisse commettre un capitaine », dit l'avisé Guicciardin. On resta donc devant Pavie : une fois ce dangereux parti adopté, Bonnivet, sur qui le roi se reposait de toutes choses, prit de bonnes dispositions : les quartiers furent resserrés sur la gauche du Tésin, barrant le passage à l'ennemi vers la ville : le front du camp, du côté de Lodi, fut défendu par un boulevard fossoyé ; la droite s'appuyait au Tésin, la gauche aux murs du parc de Mirabello, la *villa* favorite des ducs de Milan, beaux lieux où s'étaient tant de fois inspirés les poëtes et les artistes de l'Italie, et auxquels allaient s'attacher des souvenirs plus sombres[2].

Les Impériaux demeurèrent trois semaines en vue du camp royal sans rien tenter de décisif : leur attitude semblait justifier Bonnivet. Ce délai, cependant, par un concours de circonstances

---

1. J. Bouchet, *Panégyriq. de La Trémoille*.

2. » De tant de bois de haute futaie, de champs fleuris, de prés verdoyants, de courants ruisseaux, de claires fontaines, de maisons et jardins de plaisance, étoit celui parc paré et embelli, que mieux sembloit un Éden paradisiaque qu'un domaine terrestre. » Jean d'Auton, t. I, p. 51.

fatales, tourna contre les Français : deux corps d'infanterie italienne, qui se rendaient auprès du roi, furent interceptés par l'ennemi, et, du 18 au 20 février, huit mille fantassins grisons et italiens abandonnèrent l'armée : les Grisons, sans vouloir rien écouter, partirent pour aller défendre leurs vallées envahies par un *condottiere* italien au service de l'empereur ; les mercenaires italiens se débandèrent à la suite d'une escarmouche où leur chef, Jean de Médicis, dit le *Grand-Diable*, le protecteur et l'ami du trop fameux Arétin, avait été mis hors de combat. Enfin, le 22 février, les généraux de l'empereur reçurent d'Espagne un à-compte de 150,000 ducats sur l'arriéré dû à leurs soldats. Bourbon, Pescaire et Lannoi, encouragés par le succès de divers engagements, se décidèrent à s'ouvrir un chemin vers Pavie, par le parc de Mirabello : la *villa* était occupée par l'arrière-garde française, aux ordres du duc d'Alençon et de Chabot de Brion, mais le vaste parc était mal gardé. Le roi ne pouvait empêcher l'exécution de ce plan qu'en sortant de ses lignes pour livrer bataille dans l'enceinte même du parc ; c'était tout ce que désirait l'ennemi.

Dans la nuit du 23 au 24 février, les généraux de l'empereur harcelèrent le camp royal par de fausses attaques et par une vive canonnade, tandis que le gros de leurs forces s'approchait en silence des murs du parc. Des maçons abattirent avec le bélier et la sape trente ou quarante toises des murailles : l'avant-garde impériale, commandée par le jeune marquis du Guât (del Guasto), cousin de Pescaire, se jeta dans le parc à travers cette brèche ; les autres corps suivirent. Le jour naissant montra aux Français les colonnes des Impériaux défilant avec précipitation le long des quartiers du roi, qu'elles laissaient sur leur gauche, et se dirigeant vers Pavie. Elles étaient forcées de traverser une grande clairière sous le feu de l'artillerie qui garnissait les retranchements du roi : les batteries françaises, que le vieux Galiot de Genouillac dirigeait avec habileté, « faisoient coup sur coup des brèches dedans les bataillons ennemis, de sorte que n'eussiez vu que bras et têtes voler » (Martin du Bellai). Les Impériaux, décimés par cette effroyable canonnade, se mirent à courir à la file pour gagner un vallon où ils fussent à l'abri de l'artillerie.

En voyant ce mouvement, François Ier crut l'ennemi en fuite et la victoire assurée : on venait de lui rapporter que la division d'Alençon et de Chabot avait rompu dans le parc un bataillon espagnol et enlevé quelques canons. Il s'élança hors du camp avec sa gendarmerie pour charger, masqua sa propre artillerie et la réduisit au silence, au moment même où elle faisait le plus de mal à l'ennemi : tout le reste de l'armée suivit le roi.

Bourbon et Pescaire, transportés de joie, formèrent à la hâte leurs lignes de bataille, tandis que du Guât raccourait avec son avant-garde, renforcée par Antoine de Leyve et par l'élite de la garnison de Pavie, que les troupes laissées à la garde du camp ne surent pas arrêter. La division du duc d'Alençon formait l'aile gauche de l'armée française : un gros corps de Suisses la séparait du roi, qui menait le corps de bataille et la fleur de la gendarmerie; entre le roi et l'aile droite, commandée par La Palisse, étaient placés quatre ou cinq mille lansquenets, débris des vieilles bandes de la Gueldre et de la Westphalie, habitués à combattre la maison d'Autriche sous les bannières de France, et mis au ban de l'Empire par Charles-Quint.

Ce fut un terrible choc que celui de ces deux armées peu nombreuses, mais composées des plus vaillants soldats de l'Europe. Les lansquenets du roi, assaillis avec rage par les lansquenets de Charles de Bourbon, qui les réputaient traîtres à l'Empire, et n'étant pas secourus par les Suisses, furent accablés par le nombre, et écrasés entre deux gros bataillons ennemis; la plupart de ces braves gens périrent, ainsi que leurs deux chefs, le duc de Suffolk *Rose-Blanche*[1] et François « Monsieur de Lorraine », frère du duc de Lorraine et du comte Claude de Guise. Bourbon et son infanterie victorieuse se tournèrent contre l'aile droite française, qui était aux mains avec un corps de cavalerie hispano-napolitaine. L'aile droite, après de grands et inutiles exploits, eut le sort des lansquenets français : ce fut là que le vieux Chabannes de La Palisse, « le grand maréchal de France », comme l'appelaient les Espagnols, termina sa glorieuse carrière; son cheval ayant été tué sous lui, il fut forcé de rendre son épée au capitaine napolitain Castaldo; mais un Espagnol, jaloux de la

---

1. Dernier rejeton de la branche royale d'York. Proscrit par la maison régnante de Tudor, il faisait le métier de chef d'aventuriers au service de France.

bonne fortune de Castaldo; assassina l'illustre prisonnier d'un coup d'arquebuse.

Le combat n'était pas moins furieux au centre qu'à l'aile droite; le roi, à la tête de sa gendarmerie, avait culbuté un escadron italien aux ordres du marquis de Saint-Ange, descendant du grand Skender-Beg; François Ier tua, dit-on, de sa propre main, ce marquis et plusieurs autres cavaliers; l'escadron des Franc-Comtois fut renversé à son tour; la cavalerie espagnole n'eût pas soutenu davantage le choc, si Pescaire n'eût imaginé une manœuvre qui eut des résultats terribles; ce fut d'entremêler à ses cavaliers quinze cents ou deux mille arquebusiers basques, d'une adresse et d'une légèreté à toute épreuve. Le feu meurtrier de ces tirailleurs, qui se glissaient jusque dans les rangs français pour choisir leurs victimes, arrêta l'effort de la gendarmerie, et jeta le désordre parmi ses escadrons. Les plus riches cottes d'armes, les heaumes les mieux empanachés, attiraient de préférence les coups des Basques; on voyait tomber les uns après les autres tous ces fameux capitaines qui faisaient, depuis trente ans, la gloire des armées françaises : Louis de La Trémoille, Louis d'Ars, le maître et l'ami de Bayart, le grand écuyer San-Séverino, le bâtard de Savoie, le maréchal de Foix-Lescun, étaient déjà morts ou blessés mortellement. Le roi et tout ce qui l'entourait continuaient pourtant de combattre avec fureur : une charge impétueuse venait d'abattre Pescaire blessé et terrassé, et de repousser au loin Lannoi. La victoire eût pu être encore disputée, si le duc d'Alençon et les Suisses eussent fait leur devoir; mais ce duc perdit la tête en apprenant la défaite de l'aile droite et s'enfuit lâchement, entraînant presque toute la gendarmerie de l'aile gauche : les Suisses, découverts par la fuite d'Alençon et menacés en flanc par les cavaliers impériaux, au lieu de repousser ces cavaliers et de secourir le roi ou les lansquenets, tournèrent le dos à leur tour, et prirent en désordre le chemin de Milan. Ce fut là une dernière et cruelle leçon pour les rois de France, qui achetaient si cher les services de ces mercenaires, de peur d'armer leurs sujets.

Tout le faix de la bataille retomba dès lors sur le roi et sur la vaillante noblesse qui se serrait autour de lui : Bourbon, Castaldo, du Guât, de Leyve, le vice-roi Lannoi, avaient joint successivement Pescaire; la gendarmerie française ne pouvait plus que vendre chèrement sa vie. Diesbach, de Berne, général des Suisses, et l'amiral Bonnivet ne voulurent pas survivre, le premier, à la retraite ignominieuse qui allait ternir la renommée des Ligues, le second, à la grande « désaventure » dont sa présomption était la première cause. Ils se ruèrent tous deux, tête baissée, sur les piques des lansquenets de Bourbon et y trouvèrent la mort. Bonnivet, favori de madame d'Angoulême autant que du roi, avait pris la part la plus active aux persécutions dirigées contre le connétable; Bourbon le cherchait avec acharnement par tout le champ de bataille : à l'aspect du cadavre sanglant de son ennemi, le connétable s'écria, dit-on, avec tristesse : « Ah! malheureux! tu es cause de la ruine de la France et de la mienne! »

La gendarmerie française succomba enfin sous la multitude de ses ennemis : elle fut rompue, dispersée, taillée en pièces; François Ier, blessé à la jambe et au visage, se défendit longtemps encore avec vigueur; son cheval, frappé à mort, s'abattit sur lui; entouré de soldats qui se disputaient sa prise, il eût peut-être eu le sort de La Palisse, si Pompérant, le compagnon de la fuite du connétable, n'eût reconnu le roi et ne fût accouru à son aide. Pompérant proposa au roi de « bailler sa foi » à Bourbon; François refusa avec colère; Pompérant envoya chercher le vice-roi de Naples, Charles de Lannoi, qui reçut, en fléchissant le genou, l'épée sanglante du roi vaincu et lui offrit la sienne en échange.

Huit mille Français et auxiliaires étaient morts : tous ceux des capitaines qui n'étaient pas étendus sur le champ de bataille, le roi de Navarre (Henri d'Albret), le comte de Saint-Pol[1], Fleuranges, Montmorenci[2], Brion, partageaient la captivité de François I[er][3]. Le roi avait prié les vainqueurs de « ne pas le mener

---

1. Frère du duc de Vendôme.
2. Le maréchal Anne de Montmorenci, camarade d'enfance de François Ier et destiné à une si longue carrière politique et militaire.
3. Clément Marot, « poëte valet de chambre du roi », fut blessé et pris en combattant bravement à ses côtés. Le roi de Navarre parvint à s'échapper après dix mois de captivité. V. sur la bataille, Guicciardini, Martin du Bellai, le *Panégyrique* de La Trémoille, Sébast. Moreau, ap. *Captivité de François Ier*, p. 70; *Belcarius, Ferronus,*

dedans Pavie, pour ne servir de spectacle ni de risée à ceux auxquels il avoit donné auparavant peur, mal et fatigue : » il fut conduit à la tente du marquis du Guât, où l'on pansa ses blessures. Le soir, Charles de Bourbon se présenta, avec de grandes marques de respect, au monarque dont il venait de tirer une si cruelle vengeance. Tous deux, suivant les récits les plus dignes de foi, montrèrent beaucoup d'empire sur eux-mêmes et surent contenir, l'un, la joie de son triomphe, l'autre, sa douleur et son humiliation; seulement le roi affecta de faire à Pescaire un accueil affectueux qui contrastait avec sa réserve envers Bourbon. François Ier goûta du moins, dans son malheur, une consolation trèsdouce pour un caractère tel que le sien : les soldats ennemis, grands admirateurs de ses beaux coups d'épée, se partageaient ses dépouilles comme des reliques [1] et témoignaient pour le voir un empressement qui allait jusqu'à l'enthousiasme [2], à tel point que le vice-roi de Naples en conçut quelque inquiétude. Les mercenaires allemands réclamaient plus impérieusement qu'avant la bataille leur solde arriérée, sans tenir compte de leur immense butin; Lannoi craignit qu'ils ne cherchassent à se saisir du roi, pour sûreté de leur paiement, et peut-être qu'ils ne se laissassent gagner par l'illustre prisonnier. Il éloigna ce péril, en envoyant soudainement François Ier au château de Pizzighitone, sous la garde d'un capitaine espagnol dont il était sûr, et en extorquant de fortes contributions du pape et des petits états italiens, pour faire prendre patience aux soldats.

Ce fut du camp impérial près de Pavie, que François Ier, avant de partir pour Pizzighitone, écrivit à sa mère une lettre devenue célèbre, grâce à la tradition qui l'a fort altérée en lui donnant cette forme d'un laconisme sublime : — *Madame, tout est perdu, fors l'honneur!* Voici le texte véritable : — « Madame, pour vous

---

G. Paradin, Alfonse d'Ulloa (*Vita di Carlo V*), Brantôme (*Hommes illustres*), Georges de Freundsberg (*Mémoires*), Pauli Jovii vita Davali (Vie de Pescaire); enfin, François Ier lui-même, *Épître* en vers écrite dans sa prison, ap. *Captivité*, etc., p. 114.

1. Son armure toutefois fut envoyée à l'empereur. C'est celle qui est au Louvre. Les Français l'ont reprise à Inspruck, en 1806; il paraît que Charles-Quint l'avait donnée à son frère, en gardant seulement l'épée, que les Français ont reprise également à Madrid, en 1808. A. Champollion; *Captivité de François Ier, Introduction*, p. xix-xx.

2. Un arquebusier espagnol vint lui dire : « Sire, voici une balle d'or que j'avais faite pour vous tuer : prenez-la pour votre rançon. » François Ier l'accepta.

faire savoir comme se porte le reste de mon infortune, *de toutes choses ne m'est demeuré que l'honneur et la vie qui est sauve.* Et, pour ce que, en votre adversité, cette nouvelle vous fera un peu de reconfort, j'ai prié qu'on me laissât vous écrire cette lettre, ce que l'on m'a aisément accordé; vous suppliant ne vouloir prendre l'extrémité de vous-même, en usant de votre accoutumée prudence; car j'ai l'espérance à la fin que Dieu ne m'abandonnera point, vous recommandant vos petits-enfants et les miens, et vous suppliant faire donner le passage à ce porteur pour aller et retourner en Espagne, car il va devers l'empereur, pour savoir comme il voudra que je sois traité[1]. »

L'impression produite sur la France par les nouvelles de Pavie fut profonde et terrible : quand on sut le roi captif, l'armée détruite, presque tous les grands et les chefs de guerre morts ou prisonniers, chaque ville crut voir l'ennemi à ses portes. La France ne montra point de lâche frayeur; elle n'eut qu'une pensée, qu'un instinct : la défense du territoire et le salut public. La nationalité menacée éclata en un cri universel : « Aux armes! » Mais, unanime quant au but, la nation ne l'était pas quant aux moyens. Là était le péril, et ce péril était extrême. Les alarmes générales divisaient au lieu de réunir. On n'entendait que récriminations et que griefs exprimés avec violence. La régente et la cour rejetaient le malheur public sur la lâcheté du duc d'Alençon, le fuyard de Pavie, que les reproches de sa femme et de sa belle-mère firent mourir de chagrin deux mois après. Le peuple accusait le chancelier Duprat, la régente, le roi lui-même. Les parlements, encouragés par l'absence de la régente, qui était à Lyon, et par l'animadversion publique contre elle, commencèrent d'envahir le gouvernement, de s'adjoindre, à Paris et à Rouen, des assemblées de notables, de saisir les deniers publics pour assurer les services et pourvoir à la fortification des places. Les Normands gardèrent

---

1. Nous reproduisons le texte donné par M. A. Champollion, dans le recueil intitulé : *Captivité du roi François Ier*, p. 129 (*Documents inédits*), comme préférable à celui des *Papiers d'État* de Granvelle.—L'importante collection du cardinal de Granvelle, publiée par le savant M. Weiss, dans le recueil des *Documents historiques inédits*, comprend, avec les papiers du cardinal-ministre, ceux de son père Perrenot de Granvelle, chancelier de Charles-Quint. Ces documents, du plus haut intérêt, appartiennent à la bibliothèque de Besançon, patrie des Granvelle.

tous les impôts de leur province et levèrent cinq cents lances et huit mille fantassins pour défendre la Normandie [1].

Noble énergie, mais dangereux fractionnement. Il était indispensable de centraliser la défense. Le grand parlement, le parlement de Paris, le sentait bien : les plus hardis de ses membres songeaient à convoquer les États-Généraux, à mettre le chancelier en jugement et à transférer le gouvernement des mains de la duchesse d'Angoulême dans celles du duc de Vendôme, premier prince du sang par la proscription du chef de sa branche et par l'absence, bientôt par la mort du duc d'Alençon [2]. Vendôme, gouverneur de Picardie, mandé par le parlement à la première nouvelle du désastre, reçut à cet égard les ouvertures de l'évêque de Paris [3] et de plusieurs des membres de la cour suprême. Vendôme était un honnête homme sans ambition. Il recula devant une telle responsabilité, représenta, avec beaucoup de sens, que diviser l'État dans de pareils moments, c'était tout perdre ; et, loin de s'installer à Paris, il obéit à l'appel de la régente, qui le mandait à Lyon. La conduite de Louise justifia Vendôme. Cette femme, aussi intelligente, aussi énergique qu'elle était corrompue, déploya beaucoup d'activité et de sagacité pour conjurer les fléaux qu'elle avait attirés sur son fils et sur la France. Elle tâcha de réunir tous les esprits et toutes les forces : elle fit Vendôme chef du conseil ; elle manda avec lui les deux autres principaux gouverneurs de provinces, le comte Claude de Guise, qui commandait en Champagne et en Bourgogne [4], et le maréchal de Lautrec, gouverneur de Guyenne, quoique son ennemi personnel ; elle appela le premier président et les délégués du parlement et de la ville de Paris ; répondit par de belles paroles aux longues remontrances du parlement [5], et constitua, par l'accession des

---

1. *Journal d'un Bourgeois de Paris*, p. 233. — *Captivité de François Ier*, p. 137.
2. *Mém.* de Martin du Bellai.
3. François Poncher, neveu de l'ancien ministre Etienne Poncher.
4. L'aïeul de Henri IV et le père des grands Guise se trouvent ainsi côte à côte dans le gouvernement.
5. Le parlement réclamait le rétablissement de la Pragmatique, la suppression des charges achetées à prix d'argent, la répression des exactions et usures des financiers, l'abolition des commissions extraordinaires qui intervertissaient le cours de la justice et ôtaient toute garantie aux accusés, enfin le châtiment rigoureux des *luthéristes*, faisant entendre que la tolérance du roi envers l'hérésie, qui se propageait dans le

hommes les plus considérables du pays, un conseil de gouvernement qui la domina parfois elle-même, mais qui la soutint et qui étouffa toute discorde, du moins quant à la conduite des armements et des négociations. Dès le premier jour, la décision inébranlable du conseil fut de ne pas céder à l'empereur « un seul pied de terre », dût-on « laisser le roi en prison et n'en plus parler[1] », dit une relation qui explique la pensée sinon les termes. La régente dut s'incliner, plus ou moins sincèrement, devant cette résolution.

A l'intérieur et à l'extérieur, on fit tout ce qu'on pouvait faire. Tandis que la mère du roi captif écrivait, pour son compte personnel, à l'empereur une lettre affectueuse et suppliante pour le disposer à bien traiter son prisonnier, la régente et le conseil envoyaient les galères françaises chercher dans les ports de l'état romain le petit corps d'armée du duc d'Albanie, resté intact, payaient et remontaient les gentilshommes et les soldats échappés de la funeste bataille, rachetaient le plus grand nombre possible de prisonniers, faisaient de nouvelles levées, sollicitaient une diversion du duc de Gueldre, le constant allié de la France, contre les Pays-Bas.

La diplomatie fut mise en mouvement avec une habileté rare et une hardiesse désespérée. On chercha partout des amis, « même en enfer ». Une nouveauté étrange, inouïe, au niveau de la situation, fut tentée. Au nom de l'héritier de saint Louis, du Roi Très-Chrétien, on envoya demander secours au Grand Turc! Ce fut là le signe le plus décisif que les barrières du moyen âge s'étaient écroulées et que des âges nouveaux commençaient!

Ce ne fut pas le conseil, pas même, probablement, la régente, ce fut, à ce qu'il semble, François Ier en personne, qui fit ce coup de désespoir, et qui, de sa prison, envoya son anneau pour qu'on l'expédiât au sultan[2]. Le message n'arriva point jusqu'à Soliman :

royaume, avait attiré le courroux céleste. On voit que le gallicanisme du parlement n'était pas plus libéral que celui de la Sorbonne. La régente répondit évasivement touchant les réformes sollicitées, et donna quelque satisfaction sur l'article de la persécution religieuse : la Réforme commença de compter des martyrs en France. Nous reviendrons sur les origines du protestantisme français.

1. *Relation d'agents anglais à Henri VIII*, ap. *Captivité de François Ier*, p. 372.
2. *V.* sur cet incident obscur, les *Négociations avec le Levant*, publiées par M. Char-

le messager fut tué et dévalisé par les pillards turcs de Bosnie; mais la cour de France renouvela sa secrète ambassade, et les rapports s'établirent vers la fin de cette année avec la Porte-Othomane, rapports qui devaient avoir de grandes conséquences et ne devaient plus s'interrompre.

Des négociations moins extraordinaires et moins lointaines étaient vivement entamées. Le pape et Venise, qui se sentaient anéantis si l'empereur poussait à fond sa victoire, s'étaient empressés d'encourager la régente à la résistance, de lui promettre en secret l'armement de l'Italie, et d'écrire au roi d'Angleterre pour le conjurer de ne pas souffrir l'asservissement de l'Europe (mars 1525). Le nœud de la question était en Angleterre. Venise avait trop de circonspection, le pape, qui disposait de Florence aussi bien que de Rome, avait trop peu de courage pour prendre une vigoureuse initiative en faveur de la France[1], et ce n'étaient pas là des alliés qui pussent compenser l'hostilité de l'Angleterre, si l'Angleterre restait ennemie. Si Henri VIII demeurait uni à Charles-Quint, si, comme l'en pressaient les agents impériaux et le transfuge Bourbon, il concertait une descente anglaise avec l'attaque de l'empereur, le danger pouvait devenir immense.

Tous les efforts de la diplomatie française se dirigèrent donc de ce côté. Avant la catastrophe de Pavie, Henri VIII et son ministre étaient plus que refroidis envers l'empereur, et, si le roi anglais avait fait un moment le rêve de démembrer la France et de reconquérir l'héritage des Plantagenets avec l'aide de Bourbon transformé en un nouveau duc de Bourgogne, ce rêve s'était promptement évanoui; Henri avait bien accueilli les ouvertures de la régente, durant l'hiver de 1524 à 1525, et les pourparlers étaient fort avancés lorsqu'arriva la nouvelle de Pavie. Cette nou-

---

rière, t. I, p. 114-115, note, ap. *Documents inédits*. La collection donnée par M. Charrière est très-importante et remplie de révélations d'un haut intérêt. L'*introduction* est un morceau historique et politique considérable. Dès l'année précédente, François Ier avait eu des relations, non pas directement avec les Turcs, mais avec le comte Frangipani, chef du parti anti-autrichien en Hongrie, qui avait promis d'engager les Turcs de Bosnie dans une diversion contre les états de l'archiduc Ferdinand.

1. Il suffit au vice-roi de Naples, Lannoi, d'intimider le pape, pour l'obliger à signer un nouveau traité avec l'empereur (1er avril). Il est vrai que, les Impériaux n'en ayant pas observé les conditions, Clément VII renoua presque aussitôt avec la France et Venise.

velle allait-elle rendre corps aux idées de conquête et de partage dissipées en fumée, ou bien, au contraire, déterminer une vive réaction chez le roi d'Angleterre contre la prépondérance formidable de l'empereur? Henri sauverait-il l'équilibre de l'Europe, ou aiderait-il à la formation d'une exorbitante monarchie qui reprendrait bien vite à l'Angleterre sa part des dépouilles de la France et qui engloutirait tout le continent?

La raison l'emporta. Dès les premiers moments, on put prévoir que Henri, pressé de besoins pécuniaires et aux prises avec les résistances de ses sujets contre l'introduction des impôts arbitraires[1], ne donnerait pas la paix gratuitement à la France, mais qu'il ne lui ferait pas la guerre. De petits motifs concoururent avec les grands. Depuis la double élection d'Adrien VI et de Clément VII, Wolsey gardait à l'empereur une rancune plus ou moins fondée. Charles-Quint, qui avait trop mollement servi ses intérêts, eut l'imprudence de blesser sa vanité. Avant Pavie, Charles écrivait fréquemment de sa main au cardinal, et signait : « Votre fils et cousin »; depuis Pavie, plus enivré de sa victoire qu'on ne l'eût pu penser d'un esprit si politique, il fit écrire le corps de ses lettres par une main étrangère, et signa simplement « Charles[2] ». Wolsey poussa à la paix avec la France.

Quoi qu'il en soit, la France et l'Europe doivent tenir compte à la mémoire de Henri VIII d'une décision de si grand sens et de si grande conséquence. Le conseil de France eut bientôt la certitude qu'on s'en tirerait, du côté de l'Angleterre, avec des sacrifices d'argent, et qu'on n'aurait à faire face qu'à l'empereur. Charles-Quint était encore, à lui seul, un adversaire bien redoutable, s'il pouvait disposer librement de toutes ses forces. Il avait eu un moment de véritable enivrement et s'était cru le maître de l'Europe; enivrement intérieur, toutefois, et qu'il ne laissa voir qu'à ses intimes. Au dehors, il avait témoigné une modération toute chrétienne : il avait défendu de sonner les

---

1. Henri VIII commençait à emprunter à la monarchie française le système des impôts non votés par le parlement. Il y eut des soulèvements considérables au printemps de 1525, parmi les ouvriers en laine et dans les comtés. Henri dut se montrer *clément*, pour calmer le peuple.

2. Guicciardini.

cloches et d'allumer des feux de joie, rapportant sa victoire toute à Dieu et déclarant qu'il la regardait uniquement comme une occasion de prouver son affection à ses amis et sa clémence à ses ennemis. Mais, pendant ce temps, il éclatait, dans une lettre au vice-roi de Naples, Lannoi, l'homme de sa confiance. « Puisque vous m'avez pris le roi de France, lequel je vous prie de me bien garder, je vois que je ne me saurois où employer si ce n'est contre les infidèles¹!.... » C'est là le cri de son cœur. Mettre la chrétienté toute dans sa main, puis la jeter sur les Turcs. Renouveler Alexandre subjuguant les états de la Grèce pour les unir contre les Perses.

La réalité est loin de cet idéal. Rien n'est prêt pour mettre à profit une victoire imprévue et comme de hasard. Dans le premier moment, il n'y aurait qu'une seule chose possible ; lancer Bourbon avec sa horde d'aventuriers, comme il le demande à grands cris, avant que la France se soit reconnue, et tenter de susciter chez elle une révolution ou une guerre civile. Les bandes victorieuses, gorgées de butin, n'obéissent plus à personne, et refusent tout service jusqu'à l'entier paiement de leur solde arriérée. Elles marcheraient toutefois, sans doute, si Bourbon leur promettait le pillage de la France ; mais, si l'on met la France au pillage, elle ne se révoltera pas contre son gouvernement ; elle se défendra, elle repoussera l'invasion, comme naguère a fait Marseille.

Charles-Quint n'autorise pas cette pointe audacieuse. Il veut marcher en personne, et concerter une attaque générale par la Somme, par les Alpes, par les Pyrénées. Le temps s'écoule, cependant ; la France s'organise : l'occasion se perd. Aux invitations pressantes de l'empereur pour l'invasion en commun de la France, Henri VIII répond par la requête à Charles de l'aider à recouvrer « son royaume de France », sauf cession de quelques provinces à l'Espagne, et de remettre entre ses mains « l'usurpateur de son dit royaume », pour le garder en Angleterre. Cette intimation dérisoire indique assez que Henri ne cherche qu'un prétexte de rompre. Charles-Quint voit son allié l'abandonner et ses propres forces paralysées dans sa main. Les

---

1. *Papiers d'État* de Granvelle ; t. I, p. 266.

deux principales puissances italiennes, le pape et Venise, sans oser encore se déclarer, sont évidemment hostiles; la Lombardie, foulée, dévorée, accablée d'exactions et d'outrages par ses prétendus libérateurs, frémit sous le joug : le duc de Milan même, à qui Charles fait toujours attendre l'investiture ducale, prétexte à d'immenses extorsions, n'est pas sûr pour l'empereur; si l'armée de Pavie passait les Alpes, tout se soulèverait derrière elle. Les Pays-Bas offrent à Charles encore moins de moyens d'action. Les lettres de la gouvernante Marguerite d'Autriche sont des plus alarmantes. Les bûchers d'Anvers, loin de consumer l'hérésie, en ont partout propagé et activé la flamme. Le luthéranisme ravive le vieil esprit d'indépendance des Pays-Bas. Les couvents sont attaqués de vive force, l'extension de l'hérésie à peu près ouvertement favorisée par les magistrats dans maintes villes de Hollande et de Brabant. La Flandre et la Hollande ne veulent plus participer aux frais de la guerre contre la France et refusent même une contribution demandée pour faire face au duc de Gueldre, qui s'est jeté, avec quelques milliers de lansquenets, sur l'est des Pays-Bas (mai 1525). Il n'y a pas à songer à autre chose, dans ces provinces, qu'à étouffer, par douceur ou par force, l'incendie intérieur.

Ainsi, les cortès de Castille, par leur refus de subsides, ont fait manquer, l'an passé, l'entreprise de Provence. Les Pays-Bas, cette année, font perdre les fruits de la victoire de Pavie. L'insuffisance de l'autorité de Charles-Quint, les résistances des divers états accouplés sous son joug sauveront l'Europe.

Ce n'était pas l'Allemagne qui pouvait suppléer aux Pays-Bas. Elle n'avait pas coutume de donner de l'argent, et, quant aux hommes, elle ne se trouvait guère plus en mesure d'en fournir à cette heure, bouleversée qu'elle était par la guerre civile et sociale. Princes et villes libres employaient leurs forces à leur propre défense. La Guerre des Paysans avait éclaté, vaste insurrection qui fut, à la fois, une conséquence indirecte du mouvement réformateur et une terrible diversion à la Réforme. Les paysans allemands, soulevés contre les exactions des seigneurs et alliés à une secte nouvelle qui s'était séparée de Luther, les *anabaptistes,* avaient renouvelé la *jacquerie* française. Seigneurs et villes impériales, luthériens et catholiques, s'étaient réunis contre l'anabaptisme et la révolte campagnarde. Les paysans avaient déjà essuyé de sanglants échecs sur divers points, mais ils tenaient encore dans de grandes provinces, et la France ressentait, en ce moment, sur ses frontières, le contre-coup de ces effrayantes commotions¹. Vers le mois d'avril, les campagnards

1. La Guerre des Paysans a été un événement trop considérable pour qu'on ne s'y arrête pas un moment. Les origines en étaient fort antérieures à Luther. La féodalité avait toujours été s'aggravant en Allemagne. Les seigneurs avaient fait disparaître peu à peu dans la plus grande partie de l'Empire les derniers débris des libertés du *gau*, du vieux droit commun de la Teutonie. Paysans et bourgeois des villes non impériales étaient presque également opprimés. Maximilien, dans ses réformes, avait complétement oublié les campagnes. Plusieurs révoltes campagnardes avaient eu lieu cependant de 1460 à 1515, et certaines avaient eu déjà un esprit de nivellement religieux autant que politique. Lorsque la grande parole de Luther éclata, les classes opprimées n'entendirent point en vain retentir à leurs oreilles le nom de la « liberté chrétienne » : elles conclurent de l'égalité devant Dieu à l'égalité devant les hommes, et l'insurrection sociale éclata soudain au travers de la réforme religieuse. Luther n'avait provoqué que bien indirectement et bien involontairement la rébellion politique : il n'avait d'autre liberté en vue que la liberté religieuse, et nul n'était plus attaché au sens littéral des paroles du Christ : « Mon royaume n'est pas de ce monde ». Il séparait absolument les choses de la grâce des choses de la loi, et prêchait l'indifférence absolue pour la loi, pour la politique, pour le monde présent. Il penchait même à croire que le chrétien ne devait défendre ni sa personne par la force, ni son bien par la voie de justice. « L'Evangile », répétait-il, « n'a rien à faire avec ces choses ». De là ces conseils de ne point s'armer contre le *Turc*, qui ont semblé si étranges aux historiens, et que Luther rétracta, du reste, quand les Turcs entrèrent en Autriche. De là, aussi, la négation du droit de la société à changer ses institutions, ou, tout au moins, de grands doutes sur ce droit, et même sur le droit de résistance à l'oppression illégale, que le suprême théoricien du moyen âge, Thomas d'Aquin, n'avait point hésité à reconnaître. On doit souffrir les tyrans, disait Luther, au moins comme chrétien; comme citoyen, la question lui semblait plus douteuse; mais il se souciait peu de la résoudre. Les paysans n'acceptèrent pas ces doctrines de renoncement, peu logiques chez un réformateur qui avait réhabilité la nature et proscrit l'ascétisme. De 1524 à 1525, ils se levèrent par masses immenses dans presque tous les cercles de l'Allemagne : le mouvement eut des caractères très-divers; ici religieux; là purement politique comme l'attestent les manifestes des diverses contrées insurgées. Les paysans de la Haute Souabe invoquèrent la médiation de l'archiduc Ferdinand, de l'électeur de Saxe et de Luther entre eux et leurs maîtres, et publièrent leurs réclamations en douze articles : ils demandaient le droit d'élire et de déposer leurs pasteurs, la diminution des dîmes et leur emploi à des usages d'utilité publique, la restitution des biens communaux usurpés par les riches et les nobles, la liberté de la chasse, de la pêche et de l'usage des bois, la suppression des corvées et de toutes les charges arbitraires. Les campagnes et les petites villes de l'Alsace, de la Hesse, du Palatinat, de Spire, adhérèrent aux douze articles. Luther répondit par une « exhortation à la paix », où il réprimandait énergiquement les seigneurs de leur tyrannie, les paysans de leur révolte à main armée, proclamait la justice d'une grande partie des articles proposés par les paysans, et suppliait les deux partis de transiger par de mu-

alsaciens, levés en masse et mêlés de Souabes, s'étaient avancés droit en Lorraine, pillant les châteaux sur leur passage et massacrant les familles nobles. Ils voulaient, dit-on, marcher de là en France. Ayant « opinion que toute la noblesse de France étoit

tuelles concessions. Quoi qu'il en fût de ses théories, ses conseils en fait étaient fort sages : on ne les écouta point ; les princes et les nobles ne voulurent point de transactions. Les paysans, de leur côté, dépassèrent les douze articles. Les uns rêvaient un grand nivellement où ne subsisteraient que le peuple et l'empereur, *César* ayant été reconnu par l'Évangile ; princes, nobles et clergé possessionné disparaîtraient à la fois. Les autres voulaient supprimer l'empereur même et faire une grande Suisse.

Le fanatisme religieux vint compliquer la rébellion politique. Une secte enthousiaste, éclose à Wittemberg durant la retraite de Luther à la Wartbourg, en avait été chassée par lui à son retour ; c'étaient les *anabaptistes*, ainsi appelés parce qu'ils rebaptisaient les adultes, ne croyant pas le baptême valable avant l'âge de raison. Ils croyaient au libre arbitre et au mérite de l'homme ; ils arrivèrent à conclure, de la prescience de Dieu, que les peines des démons et des damnés finiraient ; mais ils mêlaient à des aspirations très-élevées et très-larges sur certains points les plus dangereuses aberrations. Ils se jetèrent dans le mouvement des paysans, s'en emparèrent, au moins dans la Thuringe et la Basse Saxe, et le poussèrent aux dernières violences. Les anabaptistes annonçaient le retour prochain du Christ et son règne sur la terre pendant mille ans, précédé par l'extermination des méchants et la rénovation du monde. A quoi servent, disaient-ils, toutes ces interprétations spirituelles du *royaume des cieux*, si rien ne doit se réaliser un jour (Luther croyait aussi à la transformation de la terre, au paradis sur la terre ; mais il voulait qu'on l'attendît les bras croisés) ? Ce jour est venu : le temps des souffrances est passé ; le temps de gloire arrive ! Et ils prêchaient, avec la souveraineté du peuple, la communauté des biens, l'abolition de tout culte, de toute loi, de toute science humaine, le règne des prophètes et des *voyants* inspirés de l'Esprit-Saint, ce qui se résolvait, chez eux, dans la souveraineté du délire individuel. S'ils rappelaient, à quelques égards, cette mystérieuse religion du Saint-Esprit qui avait si souvent agité les masses populaires et même les ordres religieux dans la France du moyen âge, ils y joignaient des tendances farouches et destructives, inspirées par les traditions sanglantes du judaïsme, qui, depuis que la Bible était dans toutes les mains, étouffaient le sentiment évangélique chez beaucoup d'esprits grossiers.

Les paysans suivirent les « prophètes de meurtre », comme les appelait Luther : les hostilités s'étaient engagées avec furie ; un grand nombre de châteaux et de couvents furent saccagés et réduits en cendres dans la Souabe, la Thuringe, la Franconie, l'Alsace. Luther, alors, irrité du mépris qu'on avait fait de sa parole, et emporté par la violence de son humeur, se déchaîna contre « ces rebelles et ces meurtriers », et excita les princes à les exterminer, dans des termes qui lui ont été sévèrement et justement reprochés par ses contemporains et par la postérité. La *jacquerie* allemande eut le même sort que la jacquerie française : luthériens et *papistes*, princes et villes libres, se réunirent contre les paysans ; l'insurrection anabaptiste de la Thuringe, conduite par des visionnaires qui promettaient, au nom de Dieu, de recevoir les boulets dans le pan de leurs robes, fut culbutée et mise en pièces ; l'insurrection politique de la Haute Allemagne, beaucoup mieux organisée, se défendit avec intrépidité. Partout, néanmoins, les paysans furent écrasés par la force et par la trahison ; la révolution *rustique* fut noyée dans des flots de sang ; mais l'anabaptisme survécut à sa première défaite, et ne tarda pas à essayer de prendre sa revanche.

morte à la bataille », ils espéraient que les paysans français se joindraient à eux : les chefs des anabaptistes prêchaient l'union des Gaulois, des *Welches*, comme ils disaient, et des Teutons [1]. Le duc de Lorraine appela à son aide son frère le comte Claude de Guise et son oncle le duc de Gueldre. Le duc de Gueldre envoya quelques lansquenets ; le comte de Guise vint en personne avec toutes les garnisons de Champagne et de Bourgogne : les paysans reculèrent ; Guise les poursuivit et les assaillit au débouché des Vosges en Alsace, près de Saverne. Six mille soldats bien équipés défirent quinze mille *rustauds*. L'historien contemporain de la Réformation, Sleidan, accuse Guise d'avoir violé une capitulation accordée aux paysans et de les avoir fait ou laissé massacrer par la gendarmerie après qu'ils eurent posé les armes (20 mai). Un autre corps d'insurgés qui venaient les renforcer, et parmi lesquels se trouvaient des lansquenets et des Suisses, fut détruit à son tour, et la Guerre des Paysans fut éteinte des deux côtés du Rhin par une série de batailles meurtrières [2]..

Bien que le succès eût donné raison au comte de Guise, la régente et le conseil lui surent mauvais gré de ne s'être pas borné à repousser les « rustauds » de nos frontières, et d'avoir hasardé contre leur désespoir des troupes qui étaient quasi notre dernière ressource. Tandis que l'aïeul de Henri IV, Vendôme, ne songeait qu'à sauver la France en réunissant toutes ses forces, le père des Guise hasardait la France pour les intérêts de la maison de Lorraine. Il y avait là le présage d'une double destinée !

Par l'Italie, par l'Angleterre, par les Pays-Bas, par l'Allemagne, Charles-Quint se voyait donc dans l'impuissance d'attaquer. Une attaque par l'Espagne seule était évidemment insuffisante. Charles renonça de fait à l'invasion de la France, et se replia sur un parti moins héroïque, exploiter la captivité du roi. Il n'avait plus que cette prise sur la France ; mais elle n'était que trop forte encore ;

---

1. *V.* l'appel de Munzer, ap. Pfister, *Hist. d'Allemagne*, l. III, 2ᵉ période, 1ʳᵉ division, ch. 1ᵉʳ.
2. *Sleidan*. Comment. l. v. — Martin du Bellai, ap. Collect. Michaud, 1ʳᵉ série, t. V, p. 200. — *Journal d'un Bourgeois de Paris*, p. 244.

c'est la fatalité des monarchies, que cette importance exorbitante attachée à une personne !

On a généralement reproché à Charles-Quint d'avoir manqué de générosité en cherchant à réduire le vaincu par l'ennui de la prison et à lui extorquer de douloureux sacrifices. Il ne manqua pas seulement de générosité : il manqua de génie. Il ne vit pas que, puisqu'il ne pouvait détruire ni mutiler la France, il devait à tout prix gagner le roi de France, et se faire de son rival un allié, un lieutenant. Il le pouvait, pour un temps, et ce temps eût suffi à assurer, non la chimérique monarchie universelle, mais, du moins, l'éclatante prépondérance de la maison d'Autriche.

François Ier avait témoigné d'abord beaucoup d'abattement : il avait écrit à son vainqueur une lettre bien humble ! « Je n'ai autre reconfort en mon infortune que l'estime de votre bonté..... J'ai ferme espérance que votre vertu ne voudra me contraindre de chose qui ne fût honnête; vous suppliant juger à votre propre cœur ce qu'il vous plaira faire de moi..... Pourquoi, s'il vous plaît avoir cette honnête pitié de moyenner la sûreté que mérite la prison d'un roi de France, lequel on veut rendre ami et non désespéré, vous pourrez être sûr de faire un acquêt, au lieu d'un prisonnier inutile, de rendre un roi à jamais votre esclave [1] ».

Pris d'un accès de dévotion, il s'était mis à jeûner, à faire abstinence, au point d'alarmer sa mère et sa sœur. La pieuse Marguerite lui recommanda, au lieu du jeûne, la lecture des Épîtres de saint Paul, choix significatif; c'était le pain quotidien des réformés. Mais le mobile prisonnier en était déjà à mêler les souvenirs galants aux velléités religieuses; il rimait nombre de vers pour une maîtresse inconnue, qui n'est plus madame de Châteaubriant [2]. Le sensuel et volage monarque tient, dans ses poésies, le langage d'un chevalier modèle à sa dame uniquement aimée. C'est ce qu'on pourrait appeler une convenance du genre, un style classique de la chevalerie. Parmi les épîtres et les rondeaux à sa maîtresse, à sa sœur, à sa mère, une églogue, en beaux vers

---

1. *Captivité de François Ier*, p. 130. — *Papiers d'État* de Granvelle, t. I, p. 266.
2. C'est une personne non mariée. Serait-ce déjà mademoiselle d'Heilli, comme le veut l'éditeur de la *Captivité*.

blancs ou non rimés, se distingue, comme on l'a dit justement [1], par un vif sentiment de la France, par un élan touchant vers « le pays gracieux où court la belle Loire [2] ».

Le cœur revenait à François. Il adressa, de sa prison de Pizzighitone, aux grands et aux parlements de France une très-noble lettre. « Soyez sûrs que, comme, pour mon honneur et celui de ma nation, j'ai plutôt élu honnête prison que honteuse fuite, ne sera jamais dit que, si je n'ai été si heureux de faire bien à mon royaume, pour envie d'être délivré, j'y fasse mal, m'estimant bien heureux, pour la liberté de mon pays, toute ma vie demeurer en prison [3]. »

En même temps, il déclara aux généraux espagnols, à Lannoi, à Pescaire, de Leyve et autres, que, si on lui faisait céder par contrainte la Bourgogne ou « autres droits de sa couronne », il ne manquerait pas de travailler à les recouvrer, dès qu'il aurait liberté de sa personne [4].

Sa lettre aux grands et aux parlements, répandue dans le public, et les récits qui couraient sur sa bravoure dans la bataille, commencèrent d'exciter en sa faveur parmi le peuple une vive réaction attestée par les correspondances diplomatiques [5].

Charles-Quint fit une étrange réponse à l'appel que le vaincu avait adressé à sa magnanimité. Il désigna pour ses plénipotentiaires Bourbon, Lannoi et Reux [6], et expédia Reux de Madrid auprès de François Ier, en passant par la France. Reux communiqua ses instructions à la régente et au conseil, à Lyon. Charles-Quint y établissait qu'il pourrait licitement prétendre tout le royaume de France, attendu que le pape Boniface VIII en avait privé Philippe le Bel et investi Albert d'Autriche ! Pour le bien de la chrétienté, il se contentait néanmoins des conditions sui-

---

1. M. Michelet.
2. *Captivité*, p. 227.
3. *Captivité*, p. 158-160.
4. *Captivité*, p. 203.
5. On passa d'un extrême à l'autre. « Le roi est si merveilleusement aimé », écrivait un envoyé de Charles-Quint, « que, si sa rançon fût convertie en argent comptant, on ne la sauroit faire si excessive que tôt elle ne fût prête ». *Captivité*, p. 385. Ce feu toutefois se ralentit bientôt.
6. Adrien de Croï, seigneur de Reux et de Beaurain ; le même qui avait été l'agent secret de l'empereur auprès de Bourbon en 1523.

vantes : 1° Alliance contre le Turc, l'empereur et le roi fournissant chacun vingt mille combattants, et l'empereur étant chef de l'entreprise; mariage du dauphin et de l'infante de Portugal, nièce de l'empereur; 3° restitution de la duché de Bourgogne et de toutes autres comtés, villes et seigneuries que possédait le duc Charles de Bourgogne au temps de son trépas (Picardie), le tout exempt dorénavant de tous droits de fiefs, ressort et souveraineté; 4° cession de la Provence au duc de Bourbon, futur beau-frère de l'empereur, et restitution de tous ses anciens domaines, lesquels, avec la Provence, seront érigés en royaume exempt de toute sujétion envers la couronne de France; 5° restitution au roi d'Angleterre de tout ce qui justement lui appartient[1], ou appointement avec lui, le roi de France se chargeant de l'indemnité promise au roi d'Angleterre par l'empereur[2]; 6° cassation des procédures contre Bourbon et ses amis[3].

Le conseil accueillit ces monstrueuses prétentions par un cri d'indignation. « Je ne vois moyen de faire paix avec ceux de deçà », écrivait Reux au sortir de l'audience de la régente; « ils sont plus *braves* que jamais[4]! »....

Le premier mouvement de François Ier fut aussi de se montrer *brave* : « Plutôt mourir en prison »! s'écria-t-il[5]. Le premier élan retomba vite, et le roi rédigea des contre-propositions pleines de concessions immenses, et qui soutenaient mal la belle lettre aux grands et aux cours souveraines. Il demandait à l'empereur en mariage cette sœur que Charles avait promise à Bourbon, la reine douairière de Portugal, Éléonore d'Autriche. Il consentait que la Bourgogne fût constituée en dot à Éléonore, et que, si Éléonore mourait sans enfant mâle, le second fils de l'empereur succédât au duché. Il renonçait à tous ses droits sur Gênes et sur Naples, et ne réservait les droits sur Milan que pour un des fils qu'il aurait d'Éléonore. Il abandonnait la suzeraineté sur Flandre et

---

1. Normandie, Guyenne et Gascogne, dit une note des *Papiers* de Granvelle, I, 264.
2. Charles-Quint ignorait encore l'abandon de Henri VIII.
3. *Captivité*, p. 149-159.
4. Lettre de Reux, du 10 avril, ap. *Négoc. entre la France et l'Autriche*, t. II, p. 599. Ses instructions sont du 28 mars.
5. *Papiers d'État* de Granvelle, t. I, p. 265.

Artois, et consentait de racheter la Picardie. Il promettait de fournir la moitié de l'armée que l'empereur voudrait employer en Italie ou en Allemagne, soit pour aller prendre sa couronne impériale à Rome, soit pour quelque autre entreprise que ce fût, sans exception, et s'engageait à joindre l'empereur en personne ou à lui envoyer un de ses fils. Pour l'entreprise d'Italie, il lui offrait en outre sa flotte entière. Il offrait également de coopérer pour moitié à l'expédition que l'empereur voudrait entreprendre contre les infidèles, et à y aller de sa personne, quand même l'empereur n'irait pas. Le duc de Bourbon recouvrerait son état, avec la main d'une fille de France, et commanderait, en l'absence du roi, l'armée française pour le service de l'empereur[1].

C'est-à-dire que François Ier offrait d'être le lieutenant de Charles-Quint contre le Turc, contre Venise, contre les luthériens d'Allemagne, qu'il consentait d'employer les armes de la France à élever l'édifice de la suprématie autrichienne sur l'Europe!...

La politique de Charles-Quint étant donnée, telle que nous la connaissons, il n'avait qu'une chose à faire; accepter et agir au plus vite. Le chef-d'œuvre de la politique eût été de lier sans retour François Ier par un acte de générosité habile, en renonçant complétement à la Bourgogne.

Charles-Quint ne fit rien de semblable. Il ne se hâta point de répondre, et François Ier apprit, sur ces entrefaites, qu'on allait le transférer par mer à Naples. Il en fit parvenir l'avis à sa mère, et la pria de tâcher de le faire enlever en route par les galères de France, que commandaient le vice-amiral La Fayette et le fameux réfugié génois André Doria (14 mai). Un retard de quinze jours dans l'embarquement du roi déjoua l'entreprise. Les trois principaux chefs impériaux avaient des vues fort opposées. Bourbon ne rêvait que guerre à outrance contre sa patrie et s'exaspérait des délais de l'invasion. Pescaire, qui avait trouvé l'empereur peu reconnaissant de ses services, nourrissait de vastes et secrètes

---

1. *Captivité*, p. 170-173. Pendant ce temps, la régente donnait à l'archevêque d'Embrun, Tournon, ambassadeur expédié en Espagne, des instructions plus réservées (le conseil n'en eût pas toléré de semblables!), mais où cependant on se montrait tout disposé à sacrifier l'Italie. *Ibid.* p. 174 (du 28 avril 1525).

ambitions, et ménageait les princes et les peuples d'Italie dans des vues toutes personnelles. Lannoi, sans éclat, sans talent pour la guerre, mais non pas pour la diplomatie, souhaitait la paix et briguait l'honneur de servir d'intermédiaire entre son maître et le roi. Il se fiait peu à ses deux collègues, qui considéraient François Ier comme leur prisonnier beaucoup plus que comme celui de Charles-Quint, et il craignait que quelque coup d'audace ne délivrât le roi ou ne le mît dans d'autres mains que celles de l'empereur. Il trancha lui-même, par un coup de maître, le nœud de la situation. François Ier se consumait d'impatience. Lannoi sut lui persuader que les propositions rigoureuses de Charles-Quint étaient le fait de ses ministres, et que la paix serait bien plus aisément réglée tête-à-tête entre les deux monarques qu'entre leurs fondés de pouvoir. François consentit d'être conduit en Espagne, et non-seulement il défendit à Doria et à La Fayette d'attaquer les galères impériales durant le trajet, défense sans laquelle Lannoi n'eût osé risquer le passage, mais, rivant ses fers de sa propre main, il manda six galères françaises de Marseille pour aider au transport des troupes espagnoles qui devaient lui servir d'escorte.

Au grand désappointement de Bourbon et de Pescaire, la flotte tourna de Gênes vers l'Espagne au lieu de faire route pour Naples, et François Ier débarqua à Valence dans la seconde quinzaine de juin. Des environs de Valence, il expédia le maréchal de Montmorenci à Charles-Quint (2 juillet), et le chargea de dire qu'il avait désiré s'approcher de l'empereur, « non-seulement pour parvenir à la paix et délivrance de sa personne, mais aussi pour établir et confirmer l'état et fait d'Italie en la dévotion de l'empereur, avant que les potentats et seigneurs d'Italie n'aient loisir de soi rallier au contraire [1] ».

La malheureuse Italie était la victime expiatoire par laquelle le vaincu de Pavie comptait se racheter. Sa mère, qui n'avait pas d'autre pensée que lui sur ce point, venait cependant de signer, le 24 juin, un pacte secret d'alliance avec le pape, Venise, Florence et Ferrare contre l'empereur, triste alliance, molle-

---

1. *Captivité*, p. 239.

ment entreprise d'un côté, trahie et violée d'avance de l'autre¹!

François Iᵉʳ tira peu de fruits d'avances si compromettantes pour son honneur. Il s'était imaginé que l'empereur l'appellerait auprès de lui en toute hâte. Charles-Quint, bien que très-satisfait de ce qu'avait fait Lannoi, ne se départit pas de sa froide réserve. Il laissa François se dévorer d'impatience tout un mois encore : il consentit à une trêve générale pour le reste de l'année ² : il promit un sauf-conduit à Marguerite d'Angoulême, que sa mère, avec fort peu de discrétion et de dignité, avait offerte en mariage à l'empereur, comme gage de paix, aussitôt après la mort de son mari, le duc d'Alençon ³! Charles, qui se préparait à épouser une infante de Portugal, n'avait pas même répondu à la proposition. La dévouée Marguerite, habituée à se sacrifier à son frère, n'en acceptait pas moins la mission imposée par François et par Louise de venir négocier avec le monarque qui l'avait dédaignée : tout lui était doux pour revoir ce frère tant aimé ⁴. Mais le cabinet impérial montra si peu de bon vouloir, que Margue-

---

1. Tandis que le roi offrait l'Italie en proie, les ambassadeurs de la régente offraient l'épée de la France contre « les Allemagnes, toutes élevées et en armes pour la secte luthérienne et de ceux qui veulent vivre en liberté et licence de mal faire »; allusion à la Guerre des Paysans (mi-juillet). *Captivité*, p. 256.

2. Elle ne fut signée que le 11 août. Il y avait eu, dès le 18 juin, une trêve particulière pour les Pays-Bas.

3. *Captivité*, p. 194.

4. Il est impossible de ne pas dire un mot ici d'un triste mystère qui a jeté de grandes ombres sur la mémoire de Marguerite. Élevée dans un milieu où tout surexcitait le cœur et l'imagination sans régler l'âme, Marguerite n'avait reçu de sa mère que les exemples de la passion sans frein. Elle s'était laissé envahir, de très-bonne heure et à son insu, par un sentiment étrange et funeste. Elle avait aimé son jeune frère avec une tendresse si exclusive, si ardente, qu'elle avait cessé de l'aimer comme un frère; fatale passion qui fut le secret de son indifférence non-seulement pour un mari peu digne d'amour ou même d'estime, mais pour les hommages des plus brillants cavaliers de la cour, et qui, dans cette âme naturellement honnête autant que tendre, resta un malheur et ne devint pas un crime. Il ne tint pas à François Iᵉʳ, à un certain moment de leur vie. Du moins c'est ce qui semble résulter d'une étrange correspondance de l'hiver de 1521 à 1522. La version de M. Michelet (*Réforme*, p. 175), tout en chargeant peut-être un peu les couleurs, est beaucoup plus vraisemblable que celle du regrettable éditeur des *Lettres de Marguerite*, M. Génin (*Nouvelles Lettres de Marguerite*, notice, p. 6). S'il y eut, du frère ou de la sœur, un coupable d'intention, ce ne fut certainement pas Marguerite.

Ce fut vers l'époque indiquée par M. Michelet, que Marguerite se jeta dans une dévotion exaltée, comme pour s'arracher à elle-même. Elle n'en resta pas moins dévouée jusqu'à la mort à ce frère qui se montra toujours bien peu capable de lui rendre dévouement pour dévouement.

rite, qui languissait à la frontière, ne reçut pas son sauf-conduit en règle avant le 1er septembre.

Charles-Quint avait mandé son prisonnier à Madrid au commencement de la première quinzaine d'août. François Ier, accueilli avec une sympathie enthousiaste sur son passage par la chevaleresque Espagne, par la grandesse, par le peuple, par les beautés de Valence et de Castille, qui le saluaient en héros de roman, avait repris toutes ses illusions. Il croyait toucher enfin à cette entrevue si décisive et tant désirée. Charles-Quint ne parut pas. Charles était resté à Tolède et y attira les négociations entre ses ministres et les représentants du roi et de la régente. François ne trouva à Madrid que l'hospitalité d'une prison, une tour lugubre du rempart, étroitement grillée, étroitement gardée, à cent pieds au-dessus du lit desséché du Mançanarez[1].

Il était évident que l'empereur spéculait, avec un sang-froid impitoyable, sur les souffrances physiques et morales de cette impétueuse et sensuelle nature, murée toute vive dans un cercueil de pierre : il comptait réduire son captif par l'asphyxie. Il ne se relâcha en rien de ses prétentions. François, désespéré, protesta secrètement, dans les mains d'un des ambassadeurs de sa mère, l'archevêque d'Embrun, François de Tournon, que, si l'empereur le contraignait, « par détention et longueur de prison », à la cession de la Bourgogne, cette cession « seroit et demeureroit de nul effet et valeur[2] » (16 août).

Le prisonnier prévoyait la possibilité de succomber; mais il luttait contre cette prévision. Son corps défaillit avant sa volonté. « De grande mélancolie, le roi tomba en une fièvre fort véhémente ». Madrid s'émut en apprenant le péril du royal captif : les églises, dit un écrivain espagnol, étaient pleines de fidèles qui allaient prier pour le roi de France, comme ils eussent pu faire pour l'empereur. Charles-Quint fut moins touché de l'émotion commune[3] que de la peur de perdre, avec la personne du vaincu,

---

1. Il fut transféré plus tard dans une tour du château ou Alcazar de Madrid.
2. *Captivité*, p. 301-303.
3. Les lettrés n'étaient point ingrats envers l'ami des lettres, et s'associèrent vivement aux marques de la sympathie publique : le grand Érasme écrivit, sur ces entrefaites, à Charles-Quint une lettre éloquente en faveur du roi prisonnier.

le fruit de la victoire. Les médecins lui déclarèrent que lui seul pouvait rendre la vie à François Ier en lui rendant l'espérance. Il se décida enfin à le visiter dans sa prison et à lui porter des paroles consolantes (18 septembre) [1].

Marguerite d'Angoulême arriva le lendemain, après avoir précipité son voyage à travers la brûlante Castille. Des lettres et des vers touchants [2] attestent l'impatience douloureuse qui la hâtait vers son frère mourant. Elle employa tout pour le ranimer, tendresse de famille, souvenirs de la patrie, exaltation religieuse; un jour qu'il était au plus mal et qu'il était demeuré quelque temps « sans parler, sans ouïr et sans voir », elle fit dire la messe dans sa chambre et communia avec lui (25 septembre). Une crise salutaire se déclara enfin; dès le 2 octobre, il était suffisamment hors de danger pour que Marguerite pût le quitter et se rendre au siége des négociations, à Tolède.

Avant que Marguerite fût entrée en Espagne, il s'était produit en Angleterre un événement non pas imprévu, mais très-considérable, et de nature à modifier la situation. Un traité de paix et d'alliance défensive avait été signé entre Henri VIII et les ambassadeurs de la régente (30 août). Henri s'était engagé à faire tous ses efforts pour procurer la liberté à François Ier sous conditions « honnêtes et raisonnables ». Il avait, dit Guicciardini, exigé de la régente le serment que ces conditions ne seraient, dans aucun cas, le démembrement de la France, singulière combinaison qui rendait l'Angleterre garante de l'intégrité du territoire français. Henri VIII ne voulait pas que Charles-Quint obtînt un agrandissement territorial auquel lui-même avait renoncé [3]. L'Angleterre, il est vrai, vendit chèrement son appui à la France : il fallut que

---

1. *Itinéraire de Charles Quint*, ap. *Captivité*, p. 330. Son chancelier Gattinara lui avait représenté, au dire de Guicciardini, que sa gloire ne lui permettait pas de voir le roi, s'il n'était décidé à le remettre en liberté sans condition. Charles n'en tint aucun compte.

2. « Croyez », écrivait-elle à son frère, « que, pour vous faire service, en quoi que ce puisse être, rien ne me sera étrange; tout me sera repos, honneur, consolation.... jusqu'à y mettre au vent la cendre de mes os ». *Lettres de Marguerite*.

3. Charles-Quint, de son côté, lorsque Henri lui avait proposé, peu sérieusement, le partage de la France, avait répondu qu'il ne croyait pas que la nation française consentît à se laisser partager. Pichot, *Charles-Quint*, p. 60. Ce sentiment de l'unité et de la *nécessité* de la France a été exprimé plus d'une fois par ses plus grands ennemis.

la régente, et, avec elle, les princes et les grands du royaume, les États de Languedoc et de Normandie, les parlements, la ville de Paris et les autres principales cités reconnussent, au nom de François Ier, une dette de deux millions de couronnes d'or (trois millions et demi de livres), payables par termes annuels de 100,000 couronnes [1]. Wolsey en avait 100,000 pour sa part. La dette éteinte, Henri VIII devait continuer de toucher une pension de 100,000 couronnes le reste de ses jours [2]. Cette somme immense était déjà une première rançon royale.

Ce n'était du moins qu'une rançon d'argent; la régente payait malheureusement, en ce moment même, à Charles-Quint une rançon bien pire, une rançon d'honneur : du moins le fait n'est que trop probable. Nous avons vu que Louise, et le roi lui-même, n'avaient songé, depuis Pavie, qu'à se tirer de peine aux dépens de l'Italie. Les Italiens, au contraire, avaient de plus en plus espéré de s'affranchir en se liant à la France. La coalition secrète avait été grandissant; les Lombards s'exaspéraient toujours davantage sous la tyrannie de quelques milliers de brigands espagnols; un homme d'intrigue et d'audace, qui aspirait à devenir le Procida de *Vêpres lombardes* contre les Espagnols, Jérôme Morone, chancelier du duc de Milan et de Gênes, avait entraîné son maître Francesco Sforza dans la ligue de l'indépendance, puis exploité habilement les ressentiments du plus illustre lieutenant de l'empereur, de Pescaire, indigné de se voir préférer le médiocre Lannoi. Morone, au nom du pape, de la France et de la ligue italienne, avait offert à Pescaire la couronne de Naples, et Pescaire avait promis son épée.

Sur ces entrefaites, l'empereur fut instruit : par qui, si ce n'est par ceux qui voulaient acquérir un titre à sa reconnaissance et qui étaient décidés d'avance à lui sacrifier l'Italie? Douter de la trahison de la régente est presque impossible. On voudrait au moins sauver de complicité la mémoire de Marguerite, et il est

---

1. On voulut obliger les notables bourgeois de Paris et des principales villes à s'engager nominativement : ils s'y refusèrent, et, après le retour du roi, il y eut des poursuites contre quelques-uns de ceux qui s'étaient signalés par leur opposition. *V. Journal d'un Bourgeois de Paris.*

2. Rymer, t. XIV, p. 37-48, etc.

certain que Charles-Quint fut averti avant l'arrivée de la sœur du roi [1].

Quoi qu'il en soit, Pescaire, qui s'était ménagé les moyens de jouer jeu double [2], se retourna à temps, livra ses complices, arrêta Morone (14 octobre), et s'empara de presque toutes les places du Milanais, sous prétexte de la félonie du duc Francesco envers l'empereur. Sforza s'enferma dans la citadelle de Milan, où il fut bientôt assiégé par les Espagnols, maîtres de la ville.

Le déplorable calcul de la régente fut déçu. Charles-Quint, rassuré sur l'Italie et sur la vie de François Ier, garda toute son inflexibilité quant à la Bourgogne, et ne se relâcha que sur la Picardie. Le roi adressa à l'empereur un billet très-ferme [3], et, après plusieurs semaines d'inutiles débats, à la suite de vains projets d'évasion [4], il fit repartir sa sœur vers la fin de novembre, et signa secrètement un acte qui équivalait, pour la ruine des espérances de Charles-Quint, à la mort de son prisonnier. Ce n'était rien moins que l'abdication de François Ier. « Nous avons voulu et consenti, par édit perpétuel et irrévocable, que notre très-cher et âmé fils François, dauphin de Viennois, soit dès à présent déclaré roi très-chrétien de France, et, comme roi, couronné, oint et sacré ». Madame Louise, et, à son défaut, madame Marguerite, devait avoir la régence. François se réservait seulement de reprendre son royaume, en vertu du droit de *post-liminium* [5], s'il venait à recouvrer la liberté.

1. Michelet, *Réforme,* p. 260.
2. Il avait prévenu l'empereur qu'il tenait les fils d'un grand complot et qu'il lui révèlerait tout dès qu'il connaîtrait tous les coupables. Le pape, de son côté, pour se mettre à couvert, avait averti vaguement Charles-Quint qu'il y avait du mécontentement et des intrigues parmi ses officiers. Sismondi, *Hist. des Français,* t. XVI, p. 270. Ils s'entre-trahissaient tous!
3. » Monsieur mon frère... connoissant que plus honnêtement vous ne me pouvez dire que vous me voulez toujours tenir prisonnier, que de me demander chose impossible, de ma part je me suis résolu prendre la prison en gré, étant sûr que Dieu... me donnera la force de la porter patiemment. Et n'ai regret sinon que le fait de vos honnêtes paroles qu'il vous plut me tenir en ma maladie n'aient sorti leur effet ». *Captivité,* p. 384.
4. Un complot tramé pour l'évasion du roi fut déjoué par la trahison d'un valet de chambre. *Négociat. avec l'Autriche,* t. II, p. 644; 649.
5. Le droit suivant lequel, dans les lois romaines, le captif délivré reprenait possession de son bien. Ceci est bien du roi de la Renaissance. V. l'acte dans le *Recueil* d'Isambert, t. XII, p. 237, et *Captivité,* p. 406.

Cette résolution héroïque semblait tout trancher : Charles-Quint n'avait plus entre les mains qu'un particulier au lieu d'un monarque, et la France recommençait la guerre en toute liberté. L'Angleterre la soutenait. La mort de Pescaire, brusquement enlevé par le chagrin et le remords peut-être autant que par la maladie (30 novembre), désorganisait les Espagnols et ranimait l'Italie; et, en ce moment même, un Hongrois, agent de la France (un Frangipani), était chaleureusement accueilli à Constantinople par le sultan Soliman (décembre 1525)[1].

Tout annonçait le renouvellement de la grande lutte. Le duc de Bourbon, furieux de l'inaction à laquelle on l'avait condamné depuis Pavie, venait d'arriver à Tolède presque à l'instant où Marguerite d'Angoulême en sortait[2]. Il haletait après la guerre, mais il avait maintenant plus de passion que de moyens de nuire, et la France l'attendait sans peur.

Une nouvelle péripétie changea le dénoûment de cette longue crise. François Ier était capable de concevoir, d'annoncer un grand sacrifice, non de le soutenir jusqu'au bout; tandis qu'il signait l'acte d'abdication à Madrid, la régente écrivait aux ambassadeurs de France en Espagne de consentir à remettre la question de la Bourgogne à des arbitres, et même, si l'on ne pouvait l'éviter, à saisir provisoirement l'empereur de ce duché, en démolissant les forteresses (fin de novembre). La régente prenait beaucoup sur elle : elle avait oublié de consulter la France, et même, sans doute, le conseil. François Ier fit pire, en apparence, que sa mère; le 19 décembre, au moment où le maréchal de Montmorenci, son compagnon de captivité, récemment mis à rançon, allait repartir pour la France en emportant l'acte d'abdication[3], le roi enjoignit

---

1. *Négociat. avec le Levant*, t. I, p. 119.
2. A son passage sur la côte de Provence avec une escadre, il avait fait demander des vivres aux Marseillais. Le parlement d'Aix voulait qu'on les lui accordât : le peuple de Marseille se souleva et défendit qu'on donnât rien à ce traître (*traidor*) de Bourbon. *Captivité*, p. 340. Les Espagnols ne le traitèrent pas beaucoup mieux que les Provençaux. Si l'empereur lui rendit officiellement de grands honneurs, la nation s'honora par le mépris qu'elle témoigna à l'homme qui portait les armes contre sa patrie. Un grand d'Espagne, à qui Charles-Quint demandait son hôtel pour y loger le duc de Bourbon, répondit qu'il ne pouvait rien refuser à son roi, mais qu'une fois Bourbon sorti de l'hôtel, il y mettrait le feu. Guicciardini.
3. *Captivité; Introduction*, par M. A. Champollion, p. LIII. Le passe-port accordé

aux ambassadeurs français d'accorder la cession de la Bourgogne en toute souveraineté[1].

Charles-Quint paraissait avoir atteint le but de son implacable obstination. Il reprenait l'héritage de ses ancêtres maternels. Satisfait sur ses intérêts, il céda sur ceux de son allié Bourbon, et la conclusion définitive du traité fut fixée au 14 janvier 1526. La veille, François Ier protesta secrètement, devant les plénipotentiaires français, contre la signature qu'il allait donner « par force et contrainte », déclarant le traité « nul et de nul effet », sauf, après sa délivrance, à payer une rançon raisonnable[2].

Dès les premiers jours de sa captivité, il avait eu la pensée de s'affranchir par cet expédient peu chevaleresque ; mais l'honneur avait longtemps combattu cette pensée dans son âme. Charles-Quint devait éprouver à ses dépens la justesse de l'avis d'un de ses agents diplomatiques : « Mettez le roi de France si bas qu'il ne vous puisse jamais mal faire, ou traitez-le si bien que jamais il ne vous veuille mal faire, ou gardez-le prisonnier : le pire est de le laisser aller à demi content[3] ». Le chancelier de l'empereur, Gattinara, refusa de signer et de sceller ce pacte extorqué d'une part et violé d'avance de l'autre. On passa outre : par ce trop fameux traité de Madrid, François Ier s'engagea donc à *restituer* à l'empereur le duché de Bourgogne, abjura toutes prétentions sur le Milanais, Gênes, Asti et Naples, abandonna entièrement l'Italie à l'empereur, et s'obligea de l'aider d'une flotte et d'une armée lorsqu'il irait se faire couronner à Rome ou marcherait contre les infidèles ou contre les hérétiques ; il renonça à tous ses droits de suzeraineté sur la Bourgogne, la Flandre et l'Artois, céda Tournai, retira sa protection au roi de Navarre, au duc de Gueldre, aux La Mark, s'obligea de rendre les domaines saisis sur le connétable, sur le prince d'Orange[4] et les autres complices de Bourbon,

---

par Charles-Quint à Montmorenci est du 18 décembre ; *ibid.* p. 440. M. Champollion établit que Martin du Bellai s'est trompé en disant que ce fut Marguerite qui emporta l'acte d'abdication. Sans doute, le roi avait eu la pensée de remettre l'acte à sa sœur; mais il ne s'y décida point, et cet acte fameux resta une simple velléité.

1. *Captivité*, p. 441.
2. *Captivité*, p. 466.
3. *Négociat. avec l'Autriche*, t. II, p. 633. Let. de M. de Praët; 13 novembre 1525.
4. Philibert de Chalon : ce seigneur, ayant suivi Bourbon dans le parti de l'empe-

et se chargea d'éteindre une grosse dette contractée par Charles-Quint envers le roi d'Angleterre dans la guerre contre la France; François enfin devait épouser la reine douairière de Portugal, Éléonore d'Autriche, sœur de l'empereur. Charles-Quint promettait à Bourbon le duché de Milan en compensation du royaume qu'il avait espéré et de la main d'Éléonore.

François jura de ratifier le traité à son arrivée dans sa première ville frontière, et de le présenter sans délai à la ratification des États Généraux et des États de Bourgogne, et à l'enregistrement des parlements; les deux fils aînés du roi devaient être livrés en otages jusqu'à la parfaite exécution des articles convenus, et François s'obligea de revenir « tenir prison », si, dans quatre mois, les ratifications n'étaient échangées, la Bourgogne remise à l'empereur et toutes les autres clauses réalisées [1].

François Ier ne fut rendu à la liberté que deux mois plus tard, le 18 mars : le vice-roi de Naples, Lannoi, l'avait conduit à Fontarabie, tandis que la régente et les deux princes « otagers » arrivaient à Bayonne. Une grande barque vide fut mise à l'ancre au milieu de la Bidassoa, limite des deux royaumes, entre Irun et Andaye : Lannoi y amena le roi, et reçut en échange, des mains de Lautrec, les petits princes François et Henri : le roi bénit ses enfants les larmes aux yeux, et, tandis qu'on les emmenait sur la rive espagnole, il gagna la rive française avec Lautrec.

— « Me voici roi derechef » ! s'écria François Ier, en mettant le pied sur la terre de France et en s'élançant sur un fougueux cheval turc, qui l'emporta comme le vent jusqu'à Bayonne, où l'attendaient sa mère et sa cour. Un messager de Lannoi le somma aussitôt de ratifier le traité, comme il s'était engagé de le faire dans la première ville de France où il s'arrêterait; François répondit qu'il lui fallait « savoir premièrement l'intention de ses sujets de Bourgogne, parce qu'il ne les pouvoit aliéner sans leur consentement ». A cette réponse, Lannoi et son maître purent prévoir ce qui adviendrait du traité de Madrid. François agit tout

---

reur, avait été dépouillé de sa principauté d'Orange en Provence et de ses grands fiefs de Bourgogne.

1. Dumont, *Corps diplomat.*, t. IV, p. 44; Fr. Léonard, *Recueil de traités*, t. II, p. 220.

différemment avec Henri VIII, et se hâta de lui écrire pour lui exprimer chaleureusement sa reconnaissance, et pour ratifier tout ce qui avait été convenu entre le monarque anglais et la régente. Il écrivit aussi un peu plus tard au sultan Soliman, dont il reçut la réponse sur ces entrefaites, et le remercia de l'intérêt qu'il avait pris à son malheur et de l'offre qu'il lui faisait « de ses grands trésors et de ses puissantes armées », mais il s'excusa d'accepter ce redoutable concours, étant, dit-il, « de retour dans son royaume qu'il avoit retrouvé tranquille et hors de péril ». François hésitait encore devant l'étrange alliance qu'il avait invoquée et à laquelle il devait revenir[1].

Le roi et la cour s'étaient rendus à Bordeaux, et de là en Saintonge, pays natal de François Ier, où ils séjournèrent quelque temps. Bientôt arrivèrent à Cognac Lannoi et d'autres ambassadeurs de l'empereur, chargés de presser le roi d'exécuter ses engagements : le roi « festoya magnifiquement » Lannoi, qui avait eu de bons procédés à son égard, mais s'en référa de nouveau à la réponse qu'il attendait des États de Bourgogne, et, tout en amusant de la sorte les envoyés de Charles, il reprit les négociations de sa mère avec les ambassadeurs du pape et de Venise pour l'expulsion des Impériaux d'Italie ; il devait recouvrer la suzeraineté sur Gênes et le comté d'Asti, et renoncer à ses droits sur le Milanais au profit de Sforza, moyennant un tribut de 50,000 écus par an. Les puissances italiennes, de leur côté, promettaient d'aider François à obtenir la liberté de ses enfants. On laissait Naples à l'empereur, s'il consentait à rendre les enfants de France et à évacuer amiablement le Milanais ; dans le cas contraire, le pape disposerait de Naples (mai 1526).

Les députés des États de Bourgogne parurent enfin, et signifièrent au roi un refus absolu de se séparer de la couronne de

---

1. Soliman avait très-bien reçu et congédié de la façon la plus honorable l'agent hongrois de François Ier, Frangipani (décembre 1525-février 1526). Dans sa réponse à la dépêche du roi, il ne fait cependant pas les offres dont parle François Ier, et se contente de l'exhorter à avoir bon courage. « Ce n'est pas chose inouïe », lui dit-il, « que de grands monarques soient défaits et faits prisonniers » ; allusion noble et généreuse aux malheurs de la maison othomane elle-même sous Bajazet Ilderim. Sans doute, il en dit davantage à l'envoyé, et cette mission n'eut que trop de suites, comme nous le verrons tout à l'heure. *V.* les pièces, ap. *Négociat. du Levant*, t. I, p. 116-121.

France. Une assemblée de grands et de prélats français avait déjà déclaré, en présence des ambassadeurs de Charles-Quint, que le roi n'était pas maître d'aliéner les provinces de France, qu'il avait juré à son sacre de ne jamais le faire, et que ce serment était plus inviolable que celui de Madrid. François, cependant, ne refusa pas purement et simplement la remise de la Bourgogne : il proposa aux envoyés de l'empereur deux millions d'écus pour le rachat de ce duché, et offrit d'exécuter fidèlement le reste du traité, y compris l'abandon de l'Italie, et d'épouser Éléonore. Charles, honteux et irrité d'avoir été dupe d'un rival auquel il s'estimait si supérieur en génie politique, rejeta les offres du roi avec emportement, et le somma de revenir « tenir prison » et dégager sa parole, puisqu'il ne voulait ou ne pouvait accomplir les articles de Madrid : François répondit par la publication de la « Sainte Ligue » pour la délivrance de l'Italie (8 juillet), ligue à laquelle adhéra le roi d'Angleterre (4 septembre).

Ce fut une crise décisive dans les annales des guerres d'Italie; après de longues et sanglantes erreurs, la France reprenait une attitude normale vis-à-vis de l'Italie, une attitude de protection, non de possession et de conquête. L'occasion était belle de venger Pavie et de rétablir l'équilibre de l'Europe; mais il eût fallu que l'Italie s'aidât elle-même par un vigoureux effort, et que François Ier se dévouât tout entier au rôle de chef de la Sainte Ligue. François, au contraire, dégoûté de la guerre, qui lui avait si mal réussi, affamé de jouissances et de liberté, et plus ennemi des affaires que jamais, se replongeait avidement dans ces plaisirs dont la privation avait été le tourment de sa captivité. Une révolution de cour avait signalé son retour : Louise de Savoie s'était débarrassée de madame de Châteaubriant par un expédient bien digne d'elle : elle avait attiré dans sa maison une très-jeune personne de la plus rare beauté, Anne de Pisseleu, dite mademoiselle d'Heilli, et l'avait en quelque sorte donnée de sa propre main pour maîtresse à son fils. François la créa depuis duchesse d'Étampes, en la mariant nominalement à Jean de Brosse, descendant des Penthièvre, qui avait été compromis dans la conspiration de Bourbon, et qui acheta sa rentrée en grâce au prix de son honneur. Madame de Châteaubriant, ne pouvant se résoudre à voir triompher une rivale dans cette cour où elle avait si longtemps régné, se retira dans les terres de son mari, en Bretagne, et, s'il faut en croire une tradition plus accréditée que vraisemblable, elle y périt victime de la tardive vengeance du comte de Châteaubriant [1]. La chasse et le jeu, les lettres et les arts, disputaient François Ier à mademoiselle d'Heilli et aux rivales passagères qu'il lui donnait sans cesse; il trouvait du loisir pour toutes ses passions et pour tous ses goûts; il n'en trouvait pas pour ses devoirs [2]. Les affaires retombèrent plus complétement que par le passé aux mains de Louise et de Duprat [3], et Louise,

---

1. Suivant cette tradition, le comte de Châteaubriant, après avoir retenu longtemps sa femme prisonnière, l'aurait fait mourir en la saignant des quatre membres. *V.* sur ce sujet, une intéressante dissertation du bibliophile Jacob (P. Lacroix); Paris, Techener, 1838. Madame de Châteaubriant ne mourut qu'en 1537, plus de onze ans après la cessation de sa liaison avec le roi, et il est certain qu'elle ne fut pas retenue prisonnière durant ce long intervalle; elle reparut quelquefois à la cour, et le roi, qui lui conserva toujours de l'estime et de l'amitié, la visita deux fois dans la ville de Châteaubriant, en 1531 et 1532. Le mari de la comtesse continua de recevoir des marques considérables de la faveur royale. A la mort de Françoise de Foix (octobre 1537), Clément Marot et tous les poëtes de cour lui rimèrent à l'envi des épitaphes, et le roi lui-même en écrivit une assez touchante. Il reste toutefois, sur la fin de la belle comtesse, quelques obscurités qui ne permettent pas de rejeter la tradition avec une certitude absolue, quelques indices de soupçons vagues qu'auraient conçus le roi et les contemporains. S'il était vrai que la comtesse eût été assassinée par son mari, ce ne serait pas du moins par suite d'un plan longuement calculé et avec les circonstances traditionnelles.

2. « Alexandre », dit Saulx-Tavannes, « voyoit les femmes quand il n'avoit plus d'affaires; François voit les affaires quand il n'a plus de femmes ». *Mémoires* de Tavannes.

3. Duprat eut enfin raison des résistances du parlement, qui lui avait fait une guerre très-vive durant la captivité du roi. Dans les premiers mois de 1525, la régente avait conféré à Duprat, qui, devenu veuf, s'était fait homme d'église, l'archevêché de Sens et l'abbaye de Fleuri ou Saint-Benoît-sur-Loire; les chanoines de Sens et les moines de Saint-Benoît avaient, pendant ce temps, malgré les défenses de la régente, élu d'autres candidats que Duprat. La régente fit saisir leur temporel. Moines et chanoines appelèrent au parlement, qui reçut les appels, donna main-levée des saisies, envoya un conseiller, avec des gens de guerre, chasser des garnisaires qui violentaient les moines de Saint-Benoît, et alla jusqu'à faire saisir et vendre les biens du gouverneur d'Orléans, qui avait présidé à ces violences. Le grand conseil évoqua les deux affaires de Sens et de Saint-Benoît, et cassa les arrêts du parlement. Le parlement fit arrêter l'huissier du grand conseil qui venait lui signifier l'évocation. La régente appela à elle le débat, et signifia qu'elle le ferait juger par une commission extraordinaire, qui ne serait ni le parlement ni le grand conseil. Le parlement protesta (22 mai 1525), puis défendit à tous d'obéir à la nouvelle évocation, à peine d'amende arbitraire (5 juillet), ordonna la recherche des « évocations et autres lettres extraordinaires » scellées et expédiées par le chancelier, et invita le chancelier à venir conférer avec la cour (27 juillet). Duprat n'obtempérant pas à l'invitation, ordre fut

pourvu qu'on lui rendît ses petits-fils et que la Bourgogne restât française, était toute disposée à sacrifier l'Italie.

Les pourparlers continuèrent donc avec l'empereur, et les secours d'hommes et d'argent promis à l'Italie traînèrent de délai en délai jusqu'au commencement de l'automne. Les puissances italiennes, cependant, avaient mis sur pied des forces très-suffisantes pour affranchir la Lombardie sans avoir besoin des Français ni des Suisses; mais le duc d'Urbin, général en chef de la Sainte Ligue, avait si peu de confiance dans ses troupes et si grand' peur des Espagnols, qu'il n'osa jamais attaquer, dans la ville de Milan, les forces impériales qui bloquaient le château. Antoine de Leyve et le marquis du Guât, neveu de Pescaire, ne comptaient pourtant sous leurs étendards que dix ou onze mille vieux soldats, qui,

donné par le parlement au parquet de dresser des articles contre le chancelier, qui fut ajourné en personne au 12 novembre, et les pairs de France furent invités à venir prendre leurs siéges ce même jour.

Le parlement ne soutint pas, cependant, ce violent début. La régente, de son côté, n'envoya pas de troupes, comme elle en avait menacé, pour arrêter les magistrats les plus hostiles. Elle se contenta de récriminer contre les entreprises qu'on faisait sur son autorité. Le parlement se justifia, s'adoucit, laissa tomber l'ajournement de Duprat; mais le fond de la question resta en débat jusqu'au lit de justice que vit tenir le roi au Palais le 25 juillet 1527. Dans cette séance royale, le président Gaillard exposa au roi les griefs du parlement en termes qui précisent les prétentions de ce corps et la théorie historique sur laquelle il les fondait : » Au commencement, en France », dit-il, « le parlement étoit une république assemblée comme convention d'États, qui se faisoit deux ou trois fois l'année, en certain temps et lieu que le roi assignoit, et, pour ce que cette assemblée de toutes les parties du royaume étoit de grand labeur et dépense, fut avisé que, des plus grandes cités et provinces, s'éliroient gens clercs et expérimentés dans les coutumes, qui jugeroient des causes d'appel... et fut, du temps de Philippe le Bel, par délibération des États, statué par pragmatique sanction que la cour de parlement de France seroit à Paris, et y résideroient les juges ainsi ordonnés perpétuels *diffiniteurs* des appels... » Il impute ensuite à Louis XI d'avoir le premier attenté à cet ordre légal par les évocations au grand conseil, dit que l'ordre fut rétabli sous Charles VIII, à la suite des États Généraux de 1483, et se plaint qu'on l'ait de nouveau troublé. « Vous ne voulez permettre », dit-il au roi, « qu'en première instance ni appel vos sujets aillent plaider à Rome, pour obvier à la dépense et soulager vosdits sujets..... Et néanmoins vous faites le contraire en évoquant des causes de justice ordinaire au grand conseil, et est inique de prescrire loi à autrui dont vous ne voulez user..... Nous ne voulons révoquer en doute ou disputer de votre puissance; ce seroit espèce de sacrilége, et savons bien que vous êtes par-dessus les lois, et que les lois et ordonnances ne vous peuvent contraindre par puissance coactive, mais entendons dire que vous ne devez pas vouloir tout ce que vous pouvez; *ains* (mais) seulement ce qui est en raison bon et équitable ».

L'appel du roi au roi est le fond de cette singulière doctrine.

Le roi répondit par une défense au parlement de s'entremettre de l'État ni d'autre chose que de la justice, et particulièrement des matières épiscopales et d'abbayes,

malgré leur farouche valeur, n'eussent pu tout à la fois contenir le peuple milanais, exaspéré de leur tyrannie, et repousser le choc de vingt-cinq mille combattants, appuyés par la garnison du château. La couardise du duc d'Urbin ranima les Impériaux, et leur inspira un profond mépris pour leurs ennemis : le joug des Milanais fut encore appesanti par leurs impuissantes tentatives pour le secouer; de Leyve et du Guât, ne recevant pas de l'empereur la solde de leurs gens, les autorisaient à s'indemniser aux dépens des citoyens, et toléraient, avec une brutale insouciance, les excès de tout genre auxquels se livrait la soldatesque espagnole; Milan subit incessamment, durant plusieurs mois, les horreurs d'une prise d'assaut; rien ne saurait donner une idée de la situation de cette malheureuse ville, sous la domination d'une horde de brigands, maîtres de satisfaire sans obstacles toutes leurs passions cupides, lubriques et féroces.

qu'il attribua définitivement au grand conseil. (Isambert, t. XII, p. 275-280); — *Captivité de François Ier* (Extraits des registres du parlement); *Journal d'un Bourgeois de Paris*, p. 251-257.

Les prétentions du parlement à contrôler l'autorité royale irritaient au plus haut point l'orgueil despotique de François Ier : il s'en vengeait quelquefois par des boutades plus compromettantes encore pour sa propre dignité que pour celle des magistrats. Un jour, le parlement lui ayant envoyé des députés à l'armée pour lui faire des remontrances, il força ces commissaires de porter la hotte durant deux heures à la tranchée (Gaillard).

Madame Louise et Duprat ne réussirent que trop bien dans une plus atroce vengeance. Le roi n'avait fait droit aux plaintes du parlement qu'à l'encontre des financiers; il y eut une véritable terreur parmi les officiers de finances, poursuivis, traqués de toutes parts, emprisonnés, mis à rançon. Madame Louise et Duprat profitèrent de cette réaction pour perdre l'ex-surintendant Semblançai, qui leur avait échappé une première fois (*V.* ci-dessus, p. 28) : Semblançai fut arrêté le 13 janvier 1527, et traduit, non devant le parlement, mais devant une commission composée du premier président de Selve, des premiers présidents de Toulouse et de Dijon et du lieutenant civil. Les commissaires le condamnèrent à mort pour « larcins et malversations ». Le 12 août, ce vieillard, ministre de trois rois, fut pendu au gibet de Montfaucon! Les parents de Semblançai enlevèrent son corps pendant la nuit, et sa veuve appela de la sentence au parlement et prit à partie personnellement le chancelier. On arrêta la veuve et tous les gens de loi qui la conseillaient; mais le cri public fut tel, que la cour crut devoir donner une apparence de satisfaction à l'opinion en faisant reviser le procès par une nouvelle commission prise dans le conseil du roi et parmi les présidents des parlements. La commission déclara la sentence valable. Cependant, deux ans après, le roi rappela le fils de la victime, qui avait été condamné par contumace au même supplice que son père, et lui rendit ses biens et offices.

Il y eut encore un général des finances pendu quelques années après (en 1535), Jean Poncher, neveu de l'ex-ministre de Louis XII. *V. Journal d'un Bourgeois de Paris*, p. 303-315; 462.

Le duc Charles de Bourbon arriva d'Espagne à Milan sur ces entrefaites (juillet), avec quelque argent et quelques troupes, pour prendre le commandement de l'armée et conquérir la souveraineté qui lui était promise : Bourbon roulait de grands desseins dans sa tête, et comptait bien n'être plus longtemps à la discrétion de l'empereur. Les Milanais espérèrent devoir la fin de leurs maux à un prince qu'ils savaient destiné à régner sur eux : ils coururent en foule se jeter à ses pieds, et le supplièrent de délivrer le peuple milanais, ou de l'exterminer d'un seul coup, plutôt que de le laisser languir dans une existence pire que la mort. Bourbon parut sensible aux larmes de ces pauvres gens, leur demanda trente mille écus pour donner satisfaction aux soldats, et leur jura d'emmener ensuite l'armée hors de la ville. « Si j'y manque », dit-il, « au premier lieu où je me trouverai, fût-ce en bataille ou assaut, puissé-je mourir du premier coup d'arquebuse[1] » !

Bourbon reçut les trente mille écus, et viola son serment, moins peut-être par perfidie que par impuissance; il était contrecarré par de Leyve et du Guât, et les soldats espagnols étaient encouragés à tous les crimes par leurs généraux, qui prenaient la plus grosse part au butin. On vit alors se renouveler les effroyables scènes de l'Amérique ; un grand nombre de Milanais, trompés dans leur dernière espérance, se pendirent ou se précipitèrent du haut de leurs toits. La famine força enfin le duc Francesco Sforza de rendre le château de Milan, et de se retirer à Lodi, auprès de cette armée confédérée qui l'avait laissé honteusement sans secours (24 juillet). Deux mois après (20 septembre), le pape faillit être fait prisonnier au milieu de sa capitale par quelques milliers d'aventuriers à la solde de l'empereur et des Colonna. Ces puissants barons de la Campagne de Rome, ennemis acharnés de Clément VII et des Médicis, avaient feint de se réconcilier avec le saint-père pour le surprendre en trahison. Clément VII n'eut que le temps de se jeter dans le château Saint-Ange : le Vatican et la basilique de Saint-Pierre furent pillés, et le pape, contraint de capituler, signa, tant en son nom qu'au nom de la Sainte

---

1. Martin du Bellai. — Guicciardini.

Ligue, une trêve de quatre mois avec l'empereur. Cette trêve ne fut pas ratifiée par la France ni par Venise, mais fut très-nuisible aux coalisés, qui virent les troupes du pape et des Florentins quitter le camp, au moment où dix ou douze mille Français et Suisses, commandés par le marquis de Saluces, venaient enfin joindre l'armée italienne. Malgré la retraite des milices papales et toscanes, les coalisés eussent été encore en état d'attaquer Milan ou Gênes, que resserrait une flotte franco-vénitienne; mais le duc d'Urbin s'y refusa, et l'on se contenta de prendre Crémone.

Les plus belles chances s'évanouirent ainsi, et le temps perdu fut irréparable. Bourbon sut profiter des fautes de ses adversaires : il tourna de nouveau les yeux vers l'Allemagne, qui lui avait déjà fourni les moyens de vaincre à Pavie. La situation était favorable : l'empereur et son frère, brouillés avec le pape et alarmés d'une formidable invasion des Turcs en Hongrie, s'étaient relâchés de leur rigueur contre le luthéranisme [1], et, dans une diète tenue à Spire, il avait été convenu qu'en attendant un concile ou germanique ou universel, qu'on demandait sous un an, chaque prince, seigneur immédiat ou ville libre se comporterait, quant à la religion, « de manière à rendre bon compte de son gouvernement à Dieu et à l'empereur » (27 août 1526), c'est-à-dire ferait ce que bon lui semblerait. C'était révoquer implicitement l'édit de Worms. L'empereur adressa au pape, le 17 septembre, un manifeste violent où il l'accusait de verser le sang chrétien pour les intérêts de son arrogance et de son ambition, et le sommait de convoquer un concile [2]. Les réformés, pleins d'ardeur et d'allégresse [3], se

---

1. En 1524, Clément VII, ne pouvant rien obtenir de la diète, avait fait un accord particulier avec l'archiduc d'Autriche, les princes de Bavière et quelques princes-évêques, relativement aux *cent griefs* et à l'observation de l'édit de Worms contre le luthéranisme.

2. Goldast. *Constit. imper.* I, p. 499 et suiv.

3. La Réforme, qu'on avait pu croire un moment près de périr dans les calamités de la Guerre des Paysans, s'était au contraire immensément fortifiée. Le nouvel électeur de Saxe, Jean *le Persévérant*, était bien plus hardi et plus actif que n'avait été son frère Frédéric *le Sage*. Un jeune héros, le landgrave Philippe de Hesse, propageait la Réforme avec un zèle ardent. D'autres princes suivaient. Beaucoup de villes impériales, à la tête desquelles Francfort, Nuremberg, Strasbourg, Augsbourg, s'étaient déclarées. Enfin, le grand maître de l'ordre teutonique, Albert de Brandebourg, cédant aux instigations de Luther, avait rompu ses vœux, s'était marié, avait traité avec la Pologne, qui prétendait à la souveraineté de la Prusse, domaine de l'ordre teutonique, et, cédant à la république polonaise la partie occidentale de la Prusse, s'était

montrèrent tout disposés à aider l'empereur en Italie, et le vieux capitaine Georges de Freundsberg enrôla quatorze mille lansquenets, avec un écu par tête pour toute avance. L'espoir de piller l'Italie et la joie de faire la guerre au pape leur tinrent lieu de solde. Brantôme rapporte que Freundsberg, luthérien furieux, « avoit fait faire une belle chaîne d'or, exprès, disoit-il, pour pendre et étrangler le pape de sa propre main, parce qu'à tout seigneur, tout honneur » !

Le duc d'Urbin ne tenta que faiblement d'arrêter les bandes germaniques, qui descendirent du Tyrol en Lombardie au mois de novembre, et se cantonnèrent aux bords du Pô. Bourbon ne parvint à arracher les Espagnols de Milan que dans le courant de janvier 1527, après leur avoir payé cinq mois de solde, extorqués de la sueur et du sang des Milanais : laissant à Antoine de Leyve la garde de Milan ruiné et dépeuplé, il opéra, le 30 janvier, sa jonction avec Freundsberg à Plaisance; là, il déclara aux Allemands qu'il était « un pauvre cavalier n'ayant pas un denier de plus qu'eux autres »; mais que, si « ces vaillants hommes » voulaient prendre un peu de patience, « il les feroit tous riches à jamais, ou mourroit à la peine » : en même temps, il leur distribua tout ce qui lui restait de vaisselle d'argent, de bagues et de joyaux, ne se réservant que ses habits et une casaque de toile d'argent pour mettre par-dessus ses armes. Les soldats jurèrent de suivre Bourbon partout, « fût-ce à tous les diables » : l'armée passa le Pô et pénétra dans le Bolonais, menaçant à la fois la Toscane et les états romains. La pluie, la neige, les rivières débordées, les chemins rompus, l'esprit hostile des populations, le voisinage d'ennemis supérieurs en nombre, rien ne décourageait Bourbon ni ses intrépides aventuriers. Le pape, tremblant pour Rome et pour Florence, se hâta de conclure une nouvelle trêve

fait investir de la partie orientale par le roi de Pologne à titre de duché héréditaire (1525). L'empereur eut beau mettre au ban de l'Empire l'ex-grand-maître et lui donner un successeur dans la grande-maîtrise, il n'eut pas d'armée à envoyer contre lui, et la révolution de laquelle devait sortir le royaume de Prusse subsista. — D'autres révolutions, pendant ce temps, précipitaient des trônes de Suède, puis de Danemark, le sanguinaire Christiern II, beau-frère de l'empereur, et aboutissaient à une éclatante rupture entre les états scandinaves et l'église romaine, qui les avait exploités aussi durement que l'Allemagne. L'hostilité du monde teutonique contre Rome se prononçait de plus en plus.

de huit mois avec le vice-roi de Naples, Charles de Lannoi, bien que les troupes papales eussent envahi le royaume de Naples et remporté d'assez grands avantages sur le vice-roi, grâce au concours de la flotte franco-vénitienne et au soulèvement des Abruzzes (mars 1527). Lannoi s'étant rendu à Rome après la trêve signée, Clément VII se jugea hors de péril et congédia presque tous ses soldats. Son imprudente avarice lui coûta cher. Bourbon poursuivit sa route sans tenir compte de la trêve, traversa la Romagne, passa les Apennins, et descendit en Toscane par le Val di Bagno. Lannoi requit en vain Bourbon d'observer la trêve : il ne put pas même obtenir de lui une entrevue; Bourbon assigna au vice-roi divers rendez-vous, et ne s'y trouva pas. On croyait que Bourbon allait se diriger contre Florence, et les troupes combinées du duc d'Urbin et du marquis de Saluces se concentrèrent autour de cette ville; mais Bourbon, des environs d'Arezzo où il était parvenu, au lieu de tourner au nord-ouest vers Florence, marcha brusquement au sud-est, et annonça enfin à ses compagnons d'armes le but de son audacieuse expédition : c'était à Rome qu'il les conduisait [1]. L'armée de Bourbon, partie d'Arezzo le 20 avril, arriva le 5 mai aux portes de Rome, presque avant que le pape fût informé de sa marche, et, le lendemain, à la pointe du jour, les hordes espagnoles et allemandes, grossies par une nuée de bandits italiens, s'avancèrent à l'assaut en chantant un chant de guerre composé par les soldats à la louange de leur général, et dont le refrain était :

Silence à vous, César, Annibal et Scipion!
Vive la gloire de Bourbon!

Le connétable planta lui-même la première échelle au pied des murs de Rome; mais, comme il gravissait sur les échelons, une arquebusade « lui donna droit au côté gauche », et le jeta dans le fossé, blessé mortellement [2]. Ainsi s'accomplit la malé-

1. On dit que c'était Morone qui lui en avait donné le conseil. Bourbon avait sauvé la vie à ce profond *machiavéliste* et le consultait fort. Michelet, *Réforme*, p. 286.
2. Le célèbre sculpteur et ciseleur florentin Benvenuto Cellini revendique, dans ses Mémoires, l'honneur d'avoir donné le coup mortel à Bourbon; mais la forfanterie habituelle de ce singulier personnage ne permet guère de prendre ses prétentions au sérieux.

diction que Bourbon avait proférée contre lui-même, s'il manquait de parole aux malheureux Milanais. Il emporta dans la tombe le secret de ses desseins. On prétend qu'il aspirait à se faire roi de Rome et de Naples; qu'ulcéré depuis longtemps contre l'empereur, il pensait à se rapprocher de la France et à la dédommager du mal qu'il lui avait fait; ce qui est certain, c'est que son armée victorieuse l'eût suivi contre tout le monde, même contre l'empereur, et qu'il eût pu à peu près tout ce qu'il eût voulu en Italie.

La chute du connétable ne sauva pas Rome : les soldats, furieux de la mort de leur chef, continuèrent l'assaut aux cris de *Carnage! carnage! sang! sang! Bourbon! Bourbon!* et, quoique dépourvus d'artillerie, ils culbutèrent les milices inaguerries de Rome et forcèrent les murs ébréchés du Borgo, que Clément VII, dans son inconcevable incurie, n'avait pas même pris soin de réparer. Le pape se réfugia au château Saint-Ange, tandis que le massacre, le viol et le pillage se déchaînaient sur la capitale du catholicisme; Rome eut le sort de Milan. Les temps d'Alarik et de Genserik étaient revenus, et la civilisation italienne semblait prête à périr une seconde fois sous les coups des barbares. La « Babylône » papale expia cruellement sa longue domination : la vengeance des hommes du Nord [1] frappa tout à la fois dans Rome la mère des scandales et la reine des arts, la mémoire de Léon X avec celle d'Alexandre VI [2]. Les églises étaient pillées et profanées; les prélats se débattaient dans les tortures; beaucoup d'entre eux succombaient aux supplices par lesquels on leur extorquait leurs avares trésors; le pontife romain, du haut de sa citadelle assiégée, voyait ses cardinaux promenés sur des ânes, accablés de coups et d'outrages par des soldats coiffés de mitres et de chapeaux rouges [3]; il entendait une horde de lansquenets ivres, étrange conclave, proclamer pape Martin Luther au pied du château Saint-Ange, tandis que les orthodoxes Espagnols, forcenés de sang, d'or et de luxure, et

---

1. Freundsberg n'y eut point de part : il avait été frappé, quelque temps auparavant, d'une apoplexie causée par la colère, au milieu d'une émeute de ses lansquenets.
2. Les magnifiques vitraux du Vatican, œuvres de nos peintres verriers Claude et Guillaume de Marseille, périrent, avec beaucoup d'autres monuments d'art, dans le sac de Rome.
3. Les prélats impérialistes ne furent pas plus épargnés que les autres.

tout occupés à torturer la malheureuse population romaine, laissaient pleine liberté aux fureurs profanatrices de leurs compagnons hérétiques [1].

Le duc d'Urbin, général des confédérés, ne secourut pas plus Rome qu'il n'avait secouru Milan : il s'approcha si près, que, des Sept Collines, on put reconnaître ses étendards; mais rien ne put le décider à tenter d'arracher Rome à ses bourreaux. Ce n'était plus lâcheté cette fois, mais trahison : ce duc, dépouillé de ses domaines par Léon X et rétabli par Adrien VI, avait voué aux Médicis une haine implacable, et sacrifiait l'Italie à sa vengeance particulière. Quant au marquis de Saluces, commandant des troupes françaises, plus propre, dit Guicciardini, à briller dans les tournois que sur les champs de bataille, il se laissa jouer par son perfide collègue et ne sut pas lui forcer la main. Clément VII, après avoir soutenu un siége d'un mois dans le château Saint-Ange, fut forcé de capituler, de promettre une rançon de 400,000 ducats et de se remettre provisoirement entre les mains des vainqueurs, qui traitaient avec le dernier mépris Lannoi et les autres lieutenants de Charles-Quint, et avaient élu pour général le prince d'Orange, proscrit français comme Bourbon. Le contre-coup de la prise du pape renversa le gouvernement des Médicis à Florence : les Florentins obligèrent les deux neveux de Clément VII à quitter la ville, par une transaction qui conserva aux Médicis leurs biens,

---

1. Comme le remarque M. Michelet, l'armée espagnole coopérait au sac de la capitale du catholicisme et à l'humiliation du pape, au moment même où la fanatique Espagne recommençait une cruelle persécution contre les Maures. Il n'y avait plus de musulmans avoués dans les états de Castille, mais il en restait dans les états d'Aragon. Durant la guerre civile de Valence, les communes confédérées contre les nobles avaient enjoint aux musulmans valenciens, sujets des nobles, de se faire baptiser ou de quitter le royaume. Charles-Quint confirma, en 1525, au nom de la couronne, les décrets du peuple insurgé, satisfaisant par là au vœu de son ancien précepteur et ministre, le feu pape Adrien VI. Les musulmans de tous les états de la couronne d'Aragon furent compris dans l'ordonnance. Ceux qui préféraient l'exil au baptême devaient être embarqués, non pas dans les ports de la Méditerranée, mais à la Corogne, en Galice, après avoir traversé toute l'Espagne, enchaînés, parmi les insultes d'un peuple sans pitié. Les malheureux s'insurgèrent, se défendirent quelque temps dans les montagnes, puis furent enfin réduits à se remettre à la merci de leurs oppresseurs. L'islamisme fut ainsi complétement éteint en apparence dans les Espagnes en 1526. Restaient les Morisques ou « nouveaux chrétiens » d'Andalousie, chrétiens faits par force sous Ferdinand et Isabelle, et qui restaient musulmans de cœur. Ceux-là devaient avoir leur tour plus tard. V. Viardot, *Hist. des Arabes et des Mores d'Espagne*, 2e édit. t. I, p. 369-370.

rétablirent la république et resserrèrent, au nom du peuple, la vieille alliance de Florence avec les Français. Tous les ennemis du saint-siège et des Médicis, et même leurs alliés, se disputèrent leurs dépouilles; le duc de Ferrare recouvra Modène; les Vénitiens se saisirent de Ravenne et de Cervia; Rimini, Imola et d'autres places furent encore enlevées à l'état de l'Église par les anciens seigneurs.

L'effroyable sac de Rome excita une horreur générale parmi les nations catholiques, en Espagne comme ailleurs : l'empereur exprima un grand chagrin du malheur advenu au saint-père, fit cesser les fêtes qui se célébraient pour la naissance de son fils Philippe (depuis Philippe II)[1], écrivit aux rois chrétiens, afin de se disculper de toute participation à cette catastrophe, et ordonna même des prières et des processions publiques pour la délivrance du pape. Ces démonstrations n'étaient sans doute pas fort sincères; toutefois, les historiens ont prétendu à tort que Charles eût pu rendre la liberté au pape avant le paiement de sa rançon : l'armée de bandits cantonnée dans Rome n'aurait eu aucun égard aux ordres de l'empereur. Ce qui est certain, c'est que Charles n'en traita pas plus mal les généraux qui avaient pris le saint-père et profita sans scrupule de leur sacrilége victoire.

Les ennemis de Charles rejetèrent sur lui tout l'odieux de la détention du chef de l'Église, et François Ier et Henri VIII, qui avaient conclu, le 30 avril, un nouveau pacte d'alliance[2], annoncèrent hautement l'intention de délivrer Clément VII : Henri VIII s'engagea de contribuer pour une forte somme à la solde d'une armée française dont Lautrec fut nommé capitaine général, et qui entra en campagne au mois d'août. Charles-Quint, à la nou-

---

1. Charles avait épousé, l'année précédente, Isabelle de Portugal.
2. Henri VIII renonça, pour lui et ses héritiers, aux vieilles prétentions des rois anglais sur la couronne de France : François Ier promit aux rois anglais, pour cette renonciation, une pension perpétuelle de 50,000 couronnes d'or par an (la couronne d'or valant 38 sous tournois), plus la valeur de 15,000 couronnes en gros sel noir livrable annuellement à Brouage en Saintonge. Malgré ce traité, les rois d'Angleterre continuèrent de s'attribuer ridiculement, dans leurs actes, le titre de roi de France. Par un autre traité du 18 août, il fut convenu que les marchands anglais, tant que durerait la guerre contre l'empereur, seraient dédommagés de la perte de leurs priviléges dans les Pays-Bas par des priviléges semblables en France. — Dumont, *Corps diplomat.*, t. IV, p. 472.

velle des grands préparatifs qui se faisaient contre lui, se relâcha de son opiniâtreté sur l'exécution du traité de Madrid, et offrit d'en revenir aux propositions que lui avait adressées François Ier l'année précédente; mais François n'y consentit pas et refusa d'abandonner l'Italie (septembre-octobre). François, malgré son adhésion à la Sainte Ligue, n'avait pas cessé de négocier avec l'empereur, et n'avait semblé se considérer que comme l'auxiliaire des Italiens : il résolut de renoncer à ces ménagements, et d'en appeler à l'opinion publique, sans toutefois convoquer les États Généraux, incompatibles avec ses maximes de gouvernement absolu : après avoir fait condamner par le parlement la mémoire du connétable de Bourbon [1], il vint tenir au Palais, le 12 décembre, un lit de justice en présence d'une assemblée de notables où avaient été appelés sept princes ou pairs de France, six grands officiers de la couronne, les chevaliers de l'ordre du roi et beaucoup d'autres seigneurs, trois cardinaux, trois archevêques, dix-sept évêques, le corps du parlement de Paris, au nombre de soixante-dix-huit membres, deux députés de chacun des autres parlements et le corps-de-ville de Paris. Le roi exposa aux assistants, de sa propre bouche, l'histoire de son règne, la situation du royaume et sa position personnelle vis-à-vis de l'empereur, les injustices et injures qu'il avait endurées durant sa captivité, et demanda des subsides, soit pour la rançon de ses enfants, soit pour la guerre, proposant toutefois de retourner lui-même « tenir prison » comme Charles-Quint l'en avait sommé, si ses bons conseillers et féaux sujets pensaient que l'honneur l'y obligeât. François ne courait aucun risque en se remettant à la discrétion d'une assemblée dont la réponse n'était pas douteuse. Le clergé,

---

1. A la nouvelle de la mort du connétable, on avait barbouillé en jaune, « couleur des traîtres », la porte du Petit-Bourbon, hôtel du connétable, situé vis-à-vis du Louvre, près de Saint-Germain-l'Auxerrois. Le 10 juillet, le procureur général présenta requête au parlement pour que la mémoire du duc Charles fût condamnée, ses biens féodaux déclarés dévolus à la couronne et ses autres biens confisqués. Les 26 et 27 juillet, le roi vint tenir son lit de justice dans le parlement « garni de pairs », et l'arrêt rendu par le parlement fut lu à *huis* ouverts (portes ouvertes) par le chancelier au parquet et par le greffier criminel à l'entrée du parquet. L'arrêt ordonnait que les armes, devises et enseignes personnelles au connétable fussent partout effacées, le déclarait privé du nom de Bourbon, comme ayant dégénéré de la fidélité de ses « antécesseurs, damnait » sa mémoire et faisait droit, quant à ses biens, à la requête du procureur général. Isambert, t. XII.

les seigneurs, l'ordre judiciaire et le corps municipal de Paris délibérèrent séparément; puis, le 16 décembre, le cardinal de Bourbon (frère du duc de Vendôme et du comte de Saint-Pol) offrit, au nom du clergé, 1,300,000 livres au roi, en priant François Ier de travailler de tout son pouvoir à la liberté du saint-père et à l'extermination du luthéranisme, et de conserver les droits de l'église gallicane. Le duc de Vendôme déclara que les seigneurs présents étaient prêts à employer corps et biens au service du roi, mais qu'ils ne pouvaient répondre pour les absents, et qu'ils invitaient le roi à faire assembler la noblesse dans chaque bailliage pour requérir une aide qu'elle accorderait sans doute avec empressement [1]. Le premier président de Selve, au nom des parlements, proclama le traité de Madrid radicalement nul, le roi ne l'ayant pas contracté librement, et déclara que les membres de l'ordre judiciaire offraient, ainsi que les seigneurs, leurs corps et leurs biens au roi : le prévôt des marchands et les échevins de Paris tinrent le même langage [2].

Au commencement de l'année suivante, on réunit le clergé par conciles provinciaux, la noblesse par provinces ou par bailliages, pour obtenir la réalisation des promesses faites par les notables sans pouvoirs légaux : quant au Tiers-État, sans doute il eut aussi des réunions provinciales dans les pays d'États; dans les autres pays, chaque ville traita avec les gens du roi. Les instructions adressées par le roi au comte de Laval, gouverneur de Bretagne, ont été conservées : on l'invite à obtenir de la noblesse, « par tous les moyens », au moins le cinquième de son revenu. On parle de la paix, dans ces instructions, comme devant être assurée par le paiement de deux millions d'écus à l'empereur [3]. La situation n'était pourtant rien moins que pacifique, et, sur ces entrefaites, Charles-Quint avait fait arrêter en Espagne les ambassadeurs des puissances coalisées, et François Ier et Henri VIII avaient envoyé deux hérauts d'armes défier l'empereur. Le 22 janvier 1528, Charles-Quint donna une audience publique, dans sa

---

[1]. On sait que la mise à rançon du suzerain pris en guerre était un des cas où le vassal noble était tenu à payer une aide.
[2]. Isambert, t. XII, p. 285-301.
[3]. *Revue rétrospective*, IIe série, t. V, p. 452.

ville de Burgos, à « Guyenne », héraut du roi de France, et à « Clarence », héraut du roi d'Angleterre : il répliqua très-modérément au héraut anglais, mais très-aigrement à l'envoyé de François Iᵉʳ, et dit qu'il « s'ébahissoit fort de se voir dénoncer par le roi de France une guerre qui n'avait point cessé depuis sept ans ; que d'ailleurs François, son prisonnier, n'avait pas qualité pour lui adresser cette déclaration : il était étonné, ajouta-t-il, que François n'eût pas relevé ce qu'il avait dit à l'ambassadeur de France aussitôt après le refus d'exécuter le traité de Madrid. Guyenne reporta ces paroles au roi ; François n'en comprit pas le sens et demanda des explications à son ambassadeur ; celui-ci feignit de ne pas se rappeler la commission de Charles-Quint, qui la lui renouvela en ces termes : « Le roi, votre maître, a fait lâchement et méchamment de ne m'avoir gardé la foi que j'ai de lui selon le traité de Madrid, et, s'il veut dire le contraire, je le lui maintiendrai de ma personne à la sienne. Voilà les propres paroles substantielles que je vous ai dites. »

François Iᵉʳ répondit à cette provocation en faisant lire un cartel d'une extrême violence par un secrétaire d'État devant toute sa cour et devant l'ambassadeur de Charles-Quint, Perrenot de Granvelle, qu'il avait retenu prisonnier par représailles. « François, par la grâce de Dieu, roi de France, seigneur de Gênes, etc., à vous Charles, par la même grâce élu empereur de Rome et roi des Espagnes... ; vous faisons entendre que, si vous nous avez voulu ou voulez charger de chose qu'un gentilhomme aimant son honneur ne doive faire, nous disons que vous avez menti par la gorge, et qu'autant de fois que vous le direz, vous mentirez... ; parquoi désormais ne nous écrivez aucune chose, mais nous assurez le champ, et nous vous porterons les armes, protestant que la honte de tout délai du combat sera vôtre, vu que, venant au combat, c'est la fin de toutes écritures (28 mars). » Puis François, congédiant l'ambassadeur impérial, renvoya le héraut Guyenne porter ce cartel à Charles-Quint.

L'annonce d'un duel entre les deux plus grands monarques de l'Europe remuait toutes les imaginations ; cette affaire, entamée avec tant d'éclat, eut, après de longs délais, un dénoûment mesquin et ridicule. Charles-Quint ne reçut le défi du roi que le 8 juin : il ne voulut point remettre « l'assurance du champ » au héraut français, comme le demandait François Ier; il congédia Guyenne et le fit suivre par son héraut Bourgogne, chargé d'une réplique au roi et d'un cartel où Charles désignait pour le champ du combat « la rivière qui passe entre Fontarabie et Andaye (la Bidassoa), en tel endroit que de commun consentement sera avisé plus sûr et plus convenable par gentilshommes choisis d'un chacun côté ». Charles somma François de l'informer de son intention dans les quarante jours après la présentation de cette lettre, datée du 24 juin, « faute de quoi », dit-il, « le délai du combat sera vôtre ».

Bourgogne, roi d'armes de l'empereur, arrivé à la frontière, demanda un sauf-conduit : on le lui fit attendre sept semaines à l'insu du roi (du 30 juin au 19 août); les officiers et les conseillers des deux monarques voyaient avec un égal déplaisir cette prouesse de héros de romans; Bourgogne arriva enfin à Paris le 9 septembre, et fut conduit au Palais, où le roi siégeait entouré des princes, des grands et des prélats du royaume. Avant que Bourgogne eût ouvert la bouche, François Ier commanda brusquement à ce héraut de lui remettre « l'assurance du champ », s'il la tenait de l'empereur. Le héraut ne voulut point remettre « l'assurance » avant d'avoir lu à haute voix au roi la lettre et le cartel de Charles-Quint. François, qui ne se souciait point d'entendre devant sa cour la lecture de ces pièces offensantes, s'emporta, criant toujours : « l'assurance ! l'assurance ! » et ne permit point à Bourgogne de remplir son office dans la forme qui lui avait été prescrite : l'empereur cependant avait prévu ce cas, et ordonné à Bourgogne, si on l'empêchait de lire le cartel, de « le bailler ès mains propres du roi », ou même de le jeter à ses pieds, « s'il ne le vouloit prendre »! Bourgogne ne suivit pas ses instructions, garda le cartel et demanda la permission de se retirer. Le roi le laissa partir, ne reçut pas la réponse de l'empereur, et le duel n'eut pas lieu [1].

---

1. *V.* les pièces publiées dans le t. I des *Papiers d'État* de Granvelle, entre autres les instructions de Bourgogne, p. 409. — Gaillard, *Hist. de François Ier*, t. II, p. 583-624. — Martin du Bellai, etc.

Pendant cette querelle, qui fit peu d'honneur aux deux rivaux, l'Italie avait été le théâtre de nouvelles vicissitudes : Lautrec était entré en Milanais, au commencement d'août 1527, avec neuf cents lances et plus de vingt mille fantassins suisses, allemands, français et italiens. Antoine de Leyve, qui commandait à Milan pour l'empereur, était hors d'état de tenir la campagne contre de telles forces. Lautrec s'empara d'Alexandrie et de tout le pays à l'ouest du Tésin, tandis que Gênes, bloquée du côté de la mer par André Doria, du côté de la terre par César Fregoso, les deux chefs des bannis génois du parti français, capitulait, chassait son doge Antoniotto Adorni, et recevait dans ses murs le maréchal Théodore Trivulce (neveu du fameux Jean-Jacques Trivulce), nommé par François Ier gouverneur de l'état de Gênes. Lautrec poursuivit ses succès et emporta d'assaut Pavie, qui fut cruellement saccagée : le souvenir du grand désastre de 1525 rendit l'armée impitoyable (octobre 1527).

Les places conquises furent remises fidèlement au duc de Milan : ce prince et Venise pressaient Lautrec de les aider à reprendre Milan avant de marcher à la délivrance du pape; c'était le meilleur plan de campagne, mais Lautrec allégua les ordres contraires de François Ier et de Henri VIII. Cependant, au lieu de se diriger rapidement sur Rome, Lautrec perdit beaucoup de temps aux environs de Plaisance : François Ier lui liait les mains par ses négociations avec l'empereur, négociations qui, comme on l'a vu plus haut, ne furent rompues avec éclat qu'au mois de janvier 1528. Clément VII, sur ces entrefaites, avait accepté les propositions de l'empereur, qui craignait de voir le pontife remis en liberté de vive force, et qui voulait employer les vainqueurs de Rome à défendre Naples plutôt qu'à soutenir la guerre dans les états du saint-siége. Il fut convenu que Clément recouvrerait sa liberté après avoir payé 250,000 ducats aux troupes impériales, et qu'il livrerait quelques places et ses deux neveux en otages aux lieutenants impériaux, jusqu'au paiement intégral de sa rançon, élevée de 400,000 à 500,000 ducats : Clément s'engagea d'accorder une décime ecclésiastique en Espagne à l'empereur, « et de ne rien faire contre les intérêts de l'empereur touchant le Milanais et le royaume de Naples ». Le saint-père était si ennuyé de sa prison et appréhendait tellement quelque nouveau retard, qu'il s'évada du château Saint-Ange, déguisé en marchand, la nuit même qui précédait le jour fixé pour sa libération (9 décembre) : sa captivité avait duré six mois. Il se retira à Orvieto.

Lautrec, sachant le pape libre, se dirigea, par Bologne, la Romagne et la Marche d'Ancône, sur le royaume de Naples : il pénétra dans les Abruzzes au mois de février 1528, et descendit en Pouille presque sans obstacles ; les populations se déclaraient partout en faveur des Français. Ce fut seulement aux environs de Lucera et de Foggia que Lautrec rencontra l'armée ennemie. Le prince d'Orange, ce général élu par les soldats et non par l'empereur, n'avait décidé qu'à grand'peine ses hordes dévastatrices à quitter la Campagne de Rome pour aller défendre le royaume de Naples ; la peste avait commencé de venger les Romains sur cette armée de brigands ; elle se trouva trop faible pour accepter la bataille et se replia sur Naples. Lautrec eût probablement anéanti d'un seul coup les forces ennemies, s'il eût suivi le prince d'Orange l'épée dans les reins. Il préféra, de l'avis de Pedro Navarro, « prendre le reste du royaume » afin d'avoir ensuite Naples « la corde au cou ». Les généraux auraient dû penser que, sous un prince aussi négligent que François Ier, les convois d'argent et les renforts manquant toujours pour peu que la guerre se prolongeât, une tactique rapide et impétueuse avait seule chance de succès. Déjà les 130,000 écus d'or qui avaient été promis mensuellement pour la solde de l'armée étaient réduits à 60,000 qu'on payait fort mal.

Lautrec, renforcé par les Florentins, ne parut devant Naples que le 29 avril 1528, avec vingt-cinq ou trente mille soldats qui traînaient après eux une nuée de vivandiers, de valets et de pillards, bons seulement à affamer le pays et l'armée [1]. Le prince d'Orange et le vice-roi don Hugues de Moncade, successeur de Lannoi (mort en septembre 1527), étaient enfermés dans Naples avec dix mille soldats espagnols et allemands. Lautrec, au lieu de battre la ville en brèche, entreprit de l'affamer avec le con-

---

1. Guicciardini dit qu'il y avait dans l'armée deux fois autant de cette canaille que de soldats.

cours des flottes génoise et vénitienne. Dix galères et nefs génoises, commandées par Philippino Doria, neveu du célèbre André, croisaient déjà devant Naples. Le vice-roi Moncade, espérant détruire cette escadre avant qu'elle eût été jointe par la flotte vénitienne, qui s'emparait en ce moment des ports de la Pouille, fit armer six galères et tous les petits bâtiments pêcheurs que renfermait le port de Naples, s'embarqua en personne avec le marquis du Guât, beaucoup de noblesse et un millier d'arquebusiers espagnols, et attaqua Philippino Doria à l'entrée du golfe de Salerne. Philippino était sur ses gardes ; il soutint si bien le choc, qu'après un furieux combat, le vice-roi Moncade fut tué, le marquis du Guât fait prisonnier, et presque tous les bâtiments espagnols pris ou coulés à fond (28 mai). Quelques jours après, vingt-trois galères vénitiennes vinrent compléter le blocus de Naples.

Ce brillant succès devait assurer la conquête de Naples : une faute irréparable de François Ier lui enleva la victoire des mains et changea encore une fois le sort de l'Italie. Gênes, en retournant au parti français, avait prié le roi de lui permettre de se gouverner elle-même sans gouverneur étranger ni garnison française, et offert deux cent mille ducats pour obtenir cette grâce ; François, non-seulement refusa la liberté aux Génois, mais démembra de leur seigneurie la ville de Savone ; « délibérant » d'y faire un grand port et d'y transporter, outre la gabelle du sel, « le commerce de la marchandise, ce qui, à la longue, eût été la ruine de Gênes ». Il voulait par là obvier aux « mutations » et révoltes continuelles des Génois ; « mais ce fut bien le contraire », dit Martin du Bellai. Les Génois invoquèrent l'assistance du « grand capitaine de mer » André Doria, leur compatriote, qui servait depuis longtemps la France avec une escadre formée et équipée par lui seul, et dont le neveu venait de gagner une si belle victoire pour le roi. André, patriote sincère, et déjà mécontent pour son compte de quelques mauvais procédés, prit vivement part aux griefs des Génois ; il retint à Gênes le marquis du Guât et les autres prisonniers de son neveu Philippino, en garantie de sommes considérables qui lui étaient dues par le roi, et commença de négocier avec l'empereur. Lautrec fut averti des dispositions de Doria : il en comprit toutes les conséquences, et dépêcha au roi un de ses meilleurs officiers, Guillaume du Bellai, pour tâcher de parer ce coup fatal. Du Bellai visita Doria en passant à Gênes, et s'efforça de le retenir dans les intérêts de la France. Doria ne demandait pas mieux : il détestait les Espagnols ; il fit assurer François Ier de sa foi, de celle de ses marins et de la république de Gênes, et offrit de remettre au roi douze galères entretenues aux dépens des Génois, pourvu que François s'acquittât envers lui et rendît à Gênes le « trafic de la gabelle du sel » et les anciennes libertés. Les courtisans se récrièrent contre l'insolence de l'amiral génois : le chancelier Duprat et le favori Montmorenci, aussi arrogants l'un que l'autre [1], entraînèrent le roi et le conseil, et, quoi que pût dire du Bellai, firent décider que le seigneur de Barbezieux serait nommé « amiral sur la mer du Levant » à la place d'André Doria, et chargé d'aller en Italie se saisir des galères et de la personne de Doria.

On ne put saisir ni les navires génois ni leur capitaine. André Doria, passant au service de l'empereur avec ses douze galères, porta aux Espagnols la supériorité maritime : les galères provençales, envoyées de Marseille, arrivèrent trop tard pour remplacer les Génois devant Naples ; les Vénitiens ayant quitté momentanément le blocus pour ravitailler leurs navires, Naples reçut des renforts et des vivres qui sauvèrent la garnison réduite à l'extrémité. Les grandes chaleurs étaient venues, et, avec elles, une fièvre pestilentielle [2] qui faisait d'affreux ravages dans l'armée française. Le blocus n'était plus possible, et il était trop tard pour revenir à la force ouverte : l'armée se fondait de semaine en semaine, de jour en jour. Lautrec lui-même, atteint de la peste, succomba autant au chagrin qu'à la maladie, en maudissant l'imprudence et l'oubli du roi (15 août). Le marquis de Saluces prit le commandement des débris de l'armée, et tenta une retraite trop tardive ; le prince d'Orange, nommé vice-roi en remplacement de Moncade, s'était renforcé à mesure que les troupes françaises dépérissaient : il poursuivit Saluces, détruisit son arrière-

---

1. Montmorenci avait de plus un intérêt personnel dans la question : le roi lui avait donné la gabelle de Savone.
2. Toute l'Italie était alors ravagée par une horrible épidémie, suite des misères publiques : le quart de la population fut emporté en Toscane.

garde et fit prisonnier Pedro Navarro. Déjà pris une première fois par les Espagnols, Navarro avait été traité en prisonnier de guerre; cette fois, Charles-Quint envoya l'ordre de le traiter en traître et en rebelle, et de lui trancher la tête; le gouverneur du château de l'OEuf épargna l'échafaud à ce vieux et illustre capitaine, et le fit étrangler dans sa prison.

Le marquis de Saluces s'était jeté dans Aversa et essaya de s'y défendre; il eut le genou fracassé d'un éclat de pierre à la première attaque : les ennemis avaient pris Capoue et fermaient toute communication aux Français avec la Pouille et les Abruzzes; Saluces capitula et se rendit prisonnier de guerre avec les autres capitaines : les officiers inférieurs et les soldats eurent licence de se retirer où ils voudraient, mais sans emporter leurs armes ni leurs drapeaux. La plupart périrent des suites des misères qu'ils avaient endurées. Le marquis de Saluces mourut de sa blessure à Naples. C'était la quatrième armée française que l'Italie engloutissait depuis l'avénement de François Ier. La lutte ne fut pas néanmoins terminée par le désastre du marquis de Saluces : une partie des populations de la Pouille et des Abruzzes, qui avaient accueilli les Français comme des libérateurs, continuèrent de soutenir les garnisons françaises et italiennes restées maîtresses de plusieurs places fortes et de quelques ports.

La catastrophe de Naples fut suivie d'un autre malheur facile à prévoir : André Doria, revenant de Naples avec sa flotte, entra dans le port de Gênes, et mit cette ville en insurrection : les Français furent expulsés et la république fut rétablie; sous la protection de l'empereur. Des mesures efficaces furent prises pour l'extinction des factions plébéienne et nobiliaire, guelfe et gibeline, adornienne et frégosienne, dont les divisions avaient ruiné l'état génois : les deux aristocraties féodale et bourgeoise furent fondues en un seul corps de noblesse, dont tous les membres durent entrer à tour de rôle au grand conseil de la république, composé de quatre cents membres siégeant pour un an. L'éclat que la gloire de Doria rendit pour quelque temps à Gênes dissimula d'abord les inconvénients de cette aristocratie héréditaire : la discorde était étouffée; mais la masse du peuple était écartée de toute participation au gouvernement; avec la démocratie disparurent peu à peu le mouvement et la vie : la république génoise, toutefois, ne fut plus renversée ; elle vécut ou languit, comme Venise, jusqu'à la Révolution française. L'événement prouva qu'André Doria n'avait point agi par ambition personnelle : il refusa le titre de doge et le maniement des deniers publics pour rester à la tête de sa flotte, et se contenta d'une autorité morale bien due au libérateur de la patrie.

Malgré la perte de Gênes, le duc de Milan, les Vénitiens et le comte de Saint-Pol, que François Ier avait envoyé en Milanais à la tête de quelques milliers d'hommes, tinrent tête pendant le reste de l'année à Antoine de Leyve. Les hostilités s'étaient ralenties durant l'hiver : au printemps de 1529, les confédérés essayèrent inutilement de bloquer Milan avec des troupes affamées et ruinées par la désertion : ils se séparèrent pour faire subsister leurs soldats, et Saint-Pol se dirigea sur Landriano, à douze milles de Milan ; il y fut surpris, défait et fait prisonnier, le 21 juin, par Antoine de Leyve.

Le combat de Landriano fut la dernière action mémorable de cette guerre. Le pape traitait sur ces entrefaites avec l'empereur : il n'avait pris aucune part aux hostilités depuis sa délivrance, et s'était décidé à oublier des outrages qu'on avait crus ineffaçables, à changer encore une fois de parti et à sacrifier l'Italie aux intérêts de sa famille et à ceux de la tiare.

Le 29 juin, les plénipotentiaires de Clément VII signèrent à Barcelone un pacte de paix et d'alliance perpétuelle avec Charles-Quint. Le pape promettait l'investiture de Naples à l'empereur, sans autre tribut qu'une haquenée blanche, et avec le droit de nommer aux évêchés et canonicats dans ce royaume ; Charles s'engageait à procurer au saint-siége la recouvrance de Ravenne, Cervia, Modène et Reggio, et à rétablir sur Florence l'autorité du neveu du pape, Alexandre de Médicis, qui épouserait une fille naturelle de l'empereur, encore enfant[1]. Le sort de Francesco Sforza et du duché de Milan devait être réglé à l'amiable entre le pape et Charles : les Vénitiens pourraient accéder au traité en rendant les ports de la Pouille à l'empereur, Ravenne et Cervia

---

1. Charles-Quint avait eu cette enfant d'une maîtresse flamande, Marguerite Van-Gest.

au pape, et en payant une indemnité à Charles-Quint. Charles enfin et son frère Ferdinand s'obligeaient à employer la force pour détruire l'hérésie. Le pape promit, par des articles secrets, d'excommunier « quiconque attirerait le Turc dans le royaume de Naples [1] », accorda aux deux princes autrichiens le quart des revenus du clergé dans tous leurs domaines, pour repousser les infidèles, et octroya l'absolution à tous les soldats qui avaient coopéré « aux excès commis à Rome [2] », afin qu'on pût les employer à la « guerre sainte » contre le Turc. C'était là le prétexte : Clément destinait ces soldats à une guerre moins « sainte ».

L'échec de Landriano et la défection du pape achevèrent de décourager François Ier et de lui faire souhaiter la paix presque à tout prix : la vraie supériorité de Charles-Quint sur son rival était bien moins dans la capacité politique que dans le caractère; François était aussi prompt à entreprendre qu'à se dégoûter de ses entreprises; Charles poursuivait tout ce qu'il avait entrepris avec une persévérance inébranlable. L'état des choses n'était pas tel cependant que la France fût réduite à acheter la paix : le territoire national ne courait pas le moindre péril, et, si la France était fatiguée de ses pertes et de ses sacrifices, l'empereur avait, de son côté, d'immenses embarras qui lui faisaient de la paix une nécessité. Le Turc et l'hérésie, que menaçait son traité avec le pape, étaient en état de lui rendre menace pour menace. Une guerre de religion paraissait imminente en Allemagne. Les réformés, depuis trois ans, avaient mis à profit, pour s'organiser et s'étendre, l'espèce de trêve accordée par la diète de Spire. Des princes et des villes importantes avaient encore embrassé leur foi

---

1. Ceci faisait allusion aux relations secrètes qu'on soupçonnait exister entre la cour de France et la Porte Othomane. D'après une lettre que François Ier lui-même écrivait à la diète de Spire, en mars 1529, pour protester de ses bonnes intentions envers l'Allemagne, Soliman avait refusé de faire la paix avec Ferdinand d'Autriche, à moins que le roi de France ne fût compris dans le traité. — *Papiers d'État* de Granvelle, t. I, p. 454. — *V.* le traité du pape et de l'empereur, dans Dumont, t. IV, IIe part., p. 1.

2. Il n'y eut peut-être pas de plus grand scandale, dans cette époque si fertile en immoralités éclatantes, que cette absolution papale couvrant tous les forfaits qu'avait pu rêver l'enfer même en fait de barbarie et de lubricité. Que durent penser les malheureuses victimes de cette horde de démons!

dans cet intervalle, et les persécutions sanglantes, exercées dans les états catholiques d'Allemagne, n'avaient servi qu'à exalter la Réforme. Lorsque Charles-Quint, encouragé par ses succès de Naples et de Gênes et par quelques avantages de son frère en Hongrie, fit signifier à une nouvelle diète de Spire, en mars 1529, l'annulation du *statu quo* de 1526, qui autorisait chaque prince ou ville libre à se gouverner provisoirement comme il l'entendrait, il fut évident que les réformés n'obéiraient pas; que Luther lui-même, avec ses maximes de passivité chrétienne, serait impuissant à les empêcher de défendre leur foi par les armes. La majorité de la diète essaya d'adoucir un peu l'arrêt de l'empereur : elle décida que l'édit de Worms continuerait d'être observé, jusqu'au prochain concile, chez les princes et les villes qui l'avaient exécuté jusqu'alors; que « ceux qui avoient reçu autre doctrine » (les réformés) se garderaient d'innovations ultérieures jusqu'au concile, ne traiteraient d'aucun point de controverse, n'empêcheraient pas leurs sujets ou citoyens d'aller à la messe et ne permettraient à personne d'embrasser dorénavant le luthéranisme; qu'on interdirait partout la doctrine des *sacramentaires*, qui niaient la présence réelle de Jésus-Christ dans l'eucharistie [1], et que la profession de la doctrine anabaptiste serait punie de mort (7 avril). L'électeur Jean de Saxe, frère et successeur de Frédéric le Sage,

---

1. Les sacramentaires, ainsi appelés parce qu'ils ne donnaient à l'eucharistie qu'un sens *sacramentel*, c'est-à-dire figuré, étaient devenus très-puissants et partageaient la Réforme : tous les efforts de Luther pour les empêcher de dépasser sa doctrine avaient été vains : leurs principaux chefs étaient Zwingli, Bucer et Œcolampade : ils dominaient à Zurich, Bâle, Berne, Strasbourg, Constance, etc. *V.* dans Merle d'Aubigné, t. IV, p. 104-154, le récit très-intéressant de la conférence de Luther et de Zwingli à Marpurg en Hesse (1529) : les honneurs du débat, et pour la logique et pour la modération et la charité fraternelle, ne restèrent pas à Luther. — Nous saisissons cette occasion de rendre à l'historien de la *Réformation* un témoignage qui eût dû être placé à la fin de notre précédent volume. Il n'est plus permis maintenant d'écrire sur le XVIe siècle sans avoir étudié ce livre qui ressuscite véritablement le premier âge du protestantisme avec toute l'ardeur de ses convictions et toute sa vigueur originelle. L'extrême différence de nos points de vue et de ceux de l'auteur assure d'autant mieux notre impartialité lorsque nous exprimons la forte impression que nous avons reçue de son œuvre. Nous ne nous étonnons pas de l'immense succès qu'elle a obtenu chez les nations protestantes. On ne saurait remonter avec plus de décision le courant de l'esprit moderne ni défier plus hardiment la philosophie, et, pourtant, le philosophe religieux ne peut refuser sa sympathie à tant de ferveur et de sincérité. *V.* sur ce livre, un bel article de M. de Rémusat : *De la Réforme et du Protestantisme,* ap. *Revue des Deux-Mondes* du 15 juin 1854.

le margrave Georges de Brandebourg-Bayreuth [1], le landgrave Philippe de Hesse, les ducs de Brunswick-Lunebourg, le prince d'Anhalt et quatorze villes impériales *protestèrent* solennellement contre ce décret (19 avril) : ce fut là l'origine du nom de *protestants*, sous lequel on n'a pas cessé de réunir toutes les sectes chrétiennes enfantées par la Réforme du XVIe siècle. Les princes et les députés des villes *protestantes* quittèrent la diète après ce grand acte.

Tandis que les protestants s'apprêtaient à défendre la Réforme contre l'empereur et les catholiques allemands, l'Autriche était exposée d'un autre côté à l'attaque la plus formidable. Le sultan Soliman, vainqueur de Rhodes, avait tourné, dès 1526, ses efforts contre la Hongrie, et, s'il en faut croire les historiens turcs, la lettre portée au sultan par l'agent secret de François Ier avait provoqué cette attaque contre le roi de Hongrie, allié de l'Autriche [2]. Le 29 août 1526, le jeune roi de Hongrie et de Bohême, Louis Jagellon, beau-frère de Charles-Quint, avait été vaincu et tué à Mohacz, fatale journée où périt l'indépendance hongroise! Une partie de la Hongrie était tombée aux mains des Turcs, et une révolte dans la Turquie d'Asie avait seule empêché Soliman d'achever sa conquête. François Ier et Charles-Quint s'étaient renvoyé, devant l'Allemagne, la responsabilité de cette catastrophe, et François avait demandé au pape une décime sur le clergé français afin de concourir à la recouvrance de la Hongrie (fin 1526). Vaines démonstrations! la France et l'Autriche ne pouvaient unir leurs drapeaux sur le Danube!

Le cas de réversibilité préparé par la diplomatie autrichienne étant arrivé, l'archiduc Ferdinand avait réclamé, en vertu des pactes de famille, les couronnes de Hongrie et de Bohême. Les Hongrois et les Bohémiens avaient refusé de reconnaître ces pactes attentatoires au droit de leurs monarchies électives. Ferdinand transigea, et se présenta à l'élection : il fut élu roi de Bohême, vaste accroissement de puissance pour cette Autriche à laquelle

---

1. D'une branche des Brandebourg établie en Franconie.
2. *Négociations avec le Levant*, t. I, p. 115. L'agent de François Ier était un Hongrois, Frangipani : la Hongrie était déjà divisée contre elle-même! Elle avait été récemment déchirée par une guerre sociale, paysans contre nobles.

tout profitait, même les calamités de la chrétienté[1]; puis il disputa la Hongrie au Transylvain Jean Zapoly, comte de Scepus, élu roi par le parti national hongrois. François Ier offrit au roi Jean son alliance, lui promit celle du pape, de l'Angleterre et de Venise (février 1527), et tâcha de lui ménager l'appui de la Pologne. Néanmoins, la majorité d'une diète, convoquée à Presbourg sous la pression des armes autrichiennes et voyant l'indépendance perdue et qu'il fallait être Turc ou Autrichien, se décida pour Ferdinand. Jean, abandonné d'une partie de ses adhérents, vaincu et pourchassé, envoya tout à la fois à Paris et à Constantinople, offrant sa succession royale au second fils de François Ier et sa vassalité au sultan. François et Soliman acceptèrent (octobre 1528-février 1529)[2]. Ferdinand essaya de détourner l'orage et de traiter avec le sultan. Les ambassadeurs autrichiens furent jetés en prison, et, le 29 mai 1529, Soliman vint recevoir l'hommage de son vassal Jean Zapoly dans cette même plaine de Mohacz qui avait vu tomber le dernier roi indépendant de la Hongrie. Les Autrichiens furent chassés de tout le royaume, sauf Presbourg et quelques places frontières, et Soliman s'apprêta à marcher sur Vienne à la tête d'une immense armée où figuraient les tributaires chrétiens de Hongrie et de Roumanie. Il y avait au camp de Soliman un agent secret de la France.

Telle était la périlleuse situation de Charles-Quint, lorsque sa tante Marguerite s'aboucha, dans la ville impériale de Cambrai, avec la mère de François Ier (7 juillet 1529), pour terminer, par la révision du traité de Madrid, une querelle dont tant d'outrages réciproques semblaient rendre l'apaisement si difficile. Les deux princesses, depuis quelques mois, avaient travaillé à préparer cette conférence. Après un mois de pourparlers, la « Paix des Dames », comme on la nomma, fut signée le 5 août. Charles-Quint ne céda que sur un point, le seul sans lequel tout traité eût été impossible. François Ier céda sur tout le reste.

1. Le royaume de Bohême comprenait la Moravie, la Silésie et la Lusace.
2. La politique de Soliman était dirigée par un renégat épirote, le vizir Ibrahim, esprit supérieur, qui aimait les arts de la civilisation et qui entendait fort bien les affaires de l'Occident, et par un agent vénitien, fils naturel du doge André Gritti. V. les *Négociations avec le Levant*, t. I, *passim.*; et Michelet, *Réforme*, ch. XV.

L'empereur abandonna l'article du traité de Madrid relatif à la Bourgogne, tout en réservant ses prétentions sur ce duché : il accepta les deux millions d'écus (à 71 1/2 au marc) offerts pour la rançon des enfants de France[1], et promit de rendre les deux jeunes princes contre un premier paiement de 1,200,000 écus. Les conventions de mariage entre François Ier et Éléonore d'Autriche furent renouvelées[2]. Dans les deux millions d'écus fut comprise la dette de Charles-Quint envers Henri VIII, évaluée à 290,000 écus. François jura de rendre Hesdin, céda Tournai et le Tournaisis, cet antique berceau de l'empire des Franks, abdiqua tous droits de souveraineté sur la Flandre et l'Artois, « pays de toute ancienneté soumis à la couronne de France », dit du Bellai, et que le roi n'avait pas plus droit d'aliéner que la Bourgogne elle-même. Il s'interdit d'aider le seigneur de Sedan (Robert de La Mark) à recouvrer le duché de Bouillon, que l'empereur lui avait enlevé et avait donné à l'évêque de Liége : il reconnut le traité que l'empereur avait récemment imposé à Charles d'Egmont, duc de Gueldre (en octobre 1528), et par lequel ce vieil allié de la France était entré dans l'alliance impériale et avait garanti à Charles-Quint la réversion de Gueldre et de Zutphen[3] : François s'engagea à retirer ses troupes d'Italie au plus tôt[4], céda tous ses droits sur le Milanais, l'Astesan, Gênes et Naples, s'obligea d'aider l'empereur à chasser les Vénitiens des ports de la Pouille, s'ils refusaient de les évacuer, et de fournir à ses frais à Charles-Quint une flotte de vingt navires et galères et un subside de 200,000 écus pour l'assister durant « son voyage d'Italie ». François enfin jura de ne s'entremettre dorénavant d'aucunes pratiques en Italie ni en Allemagne contrairement aux intérêts de l'empereur, et ne fit pas la moindre réserve au sujet des Napolitains qui s'étaient révoltés en faveur de la France, tandis que l'empereur, au contraire, exigeait l'annulation de la sen-

---

1. Deux millions effectifs et trois millions nominalement, comme on va le voir.
2. Éléonore était censée apporter en dot un million d'écus, qu'on déduisait de trois millions offerts par François Ier pour la rançon de ses enfants.
3. Charles-Quint avait aussi récemment acquis de l'évêque et du chapitre d'Utrecht la souveraineté de ce diocèse, avec le consentement du pape : il ne lui manquait plus que l'évêché de Liége pour posséder les Pays-Bas entiers en domaine direct.
4. Il y tenait encore Alexandrie et Asti.

tence qui avait flétri la mémoire du connétable de Bourbon, la grâce entière de ses complices et la restitution de ses biens à ses héritiers. Le roi se réserva de procurer « l'appointement » des Florentins avec l'empereur en dedans quatre mois : il y aurait eu plus de pudeur à se taire qu'à pallier par de vaines paroles l'abandon de cette malheureuse république, qui s'était dévouée sans réserve à la cause française et à laquelle le roi s'était lié par les promesses les plus sacrées [1].

Le traité de Cambrai termina dignement la carrière politique de Louise de Savoie : cette femme si funeste à la France ne survécut que deux ans à son œuvre [2]. Ce traité, qui termine les grandes guerres d'Italie, triste issue de trente-six ans de combats, a été la honte du règne de François Ier. Le « roi chevalier », le « père des lettres », était destiné à prouver maintes fois, par son exemple, l'insuffisance des plus éminentes qualités, là où manquent la puissance sur soi-même, la persévérance et le sentiment du devoir.

La seule excuse de François Ier était dans les affections de famille. Son rival avait exploité sans merci ses sentiments de père, comme naguère ses souffrances de captif. Il savait ses enfants malheureux, étroitement et durement resserrés, séparés de leurs serviteurs français, qu'on traitait avec la cruauté que les Espagnols ont toujours témoignée à leurs prisonniers de guerre [3]. On lui avait fait entendre que « l'air de l'Espagne ne valoit rien à Monsieur le Dauphin et qu'il feroit bien de traiter ».

Il traita avec la pensée de ne pas exécuter le traité en entier : il fit de secrètes promesses aux Italiens; il protesta, devant le parlement, le 29 novembre, contre les exigences de l'empereur, qui lui avait extorqué, en sus de sa rançon en argent,

---

1. Dumont, *Corps diplomat.* t. IV, IIe part. p. 7-17.
2. Louise de Savoie mourut le 22 septembre 1531. On trouva dans ses coffres la somme immense de 1,500,000 écus d'or : là s'étaient engloutis les fonds destinés à la subsistance de nos armées, mortes de misère; là figuraient les 400,000 écus qui avaient causé la perte du Milanais et le supplice de Semblançai.
3. Ces pauvres gens furent envoyés ramer sur les galères d'Espagne. Les bâtiments où on les avait jetés furent enlevés par des corsaires musulmans et on les retrouva plus tard esclaves à Tunis, lorsque Charles-Quint prit cette ville. Il les renvoya en France, acte qui ne vaut pas les éloges un peu hyperboliques qu'en fait le panégyriste de Charles-Quint, M. Pichot (*Charles-Quint* p. 58).

une partie du patrimoine de ses enfants[1]. La clause relative aux héritiers et aux complices de Bourbon ne fut pas complétement observée : le prince d'Orange mourut sans avoir recouvré ses biens; les arrêts rendus contre Bourbon et les siens furent à la vérité abrogés (mai 1530); mais le roi ne rendit à Louis de Bourbon, prince de La Roche-sur-Yon, neveu et héritier du connétable, qu'une faible portion des possessions de son oncle[2].

L'échange des enfants de France contre le premier terme de la rançon n'eut lieu que le 1er juillet 1530, au lieu du 1er mars, époque fixée. Les défiances réciproques, et surtout la difficulté de réunir une si grande somme, occasionnèrent ce retard. Éléonore d'Autriche accompagna les jeunes princes, et François Ier, qui s'était avancé au-devant de sa fiancée et de ses deux fils, épousa la sœur de Charles-Quint au couvent de Verrières, en Gascogne. Le roi d'Angleterre, se piquant de générosité, remit à François Ier la dette que ce prince s'était chargé de lui solder. Henri VIII, qui poursuivait déjà son fameux divorce avec Catherine d'Aragon, tante de l'empereur, voulait s'assurer l'appui du roi de France auprès des grands corps ecclésiastiques et de la cour de Rome.

L'Italie, abandonnée par le roi de France, après avoir fait, il faut l'avouer, trop peu d'efforts pour sa propre cause, courba la tête sous le joug espagnol et allemand. Charles-Quint était débarqué à Gênes, dès le 12 août 1529, à la tête de douze mille Espagnols, et avait appelé d'Allemagne huit mille lansquenets : Francesco Sforza se remit à sa clémence; le duc de Ferrare invoqua sa protection contre l'ambition papale : les Vénitiens se hâtèrent aussi de traiter. Charles avait reçu d'Allemagne des nouvelles qui ne lui permettaient pas de pousser au désespoir ses

---

1. Isambert, *Anciennes lois françaises*, t. XII, p. 337.
2. Le roi rendit d'abord Châtellerant, le Forez, Beaujeu et Dombes; puis il cassa cette restitution « extorquée par l'empereur » (février 1532), et réunit à la couronne le Bourbonnais, l'Auvergne, Châtelleraut, le Forez, la Marche, Montpensier, Beaujeu, Dombes, etc. Le 3 avril 1537, le conseil du roi prononça que le prince de La Roche-sur-Yon n'avait aucun droit sur l'héritage. En août 1538, le roi lui céda le comté de Montpensier, le Dauphiné d'Auvergne et quelques terres moins importantes. La Roche-sur-Yon renonça au reste. Il renouvela ses prétentions après la mort de François Ier, et l'affaire ne fut terminée définitivement que sous Charles IX, en 1560, par une transaction qui rendit Beaujeu et Dombes au prince de La Roche-sur-Yon, devenu duc de Montpensier.

ennemis humiliés ; Soliman avait mis le siége devant Vienne le 13 septembre : la trahison d'un vizir, la belle résistance des assiégés et la perte de la grosse artillerie turque, enlevée en route par la garnison autrichienne de Presbourg, contraignirent le sultan de se replier sur Bude (16 octobre); mais il restait maître de la Hongrie et menaçait de revenir bientôt plus puissamment contre l'Autriche. Charles crut donc devoir montrer quelque modération envers les états italiens : il laissa Modène et Reggio au duc de Ferrare, malgré les réclamations du pape, et renouvela l'investiture du duché de Milan à Sforza, qui était valétudinaire et sans enfants, mais en conservant des garnisons au château de Milan et à Como, et en exigeant du duc des sommes énormes qui empêchèrent son malheureux pays de respirer de longtemps encore. Les Vénitiens obtinrent la paix aux conditions du traité de Barcelone. Florence seule trouva l'empereur inflexible : l'empereur, qui avait transgressé le traité de Barcelone au profit du duc de Ferrare, n'y fut que trop fidèle à l'égard de Florence : il voulut frapper à la fois son esprit républicain et sa vieille amitié pour la France, hélas! trop mal récompensée! Il refusa toutes conditions de paix aux Florentins, à moins que Florence ne rentrât sous le despotisme des Médicis, bâtards de cœur comme de naissance [1], qui revendiquaient l'héritage de Côme le Grand et de Laurent le Magnifique.

Florence retrouva, dans ce moment suprême, une énergie que sa longue décadence politique n'avait pas laissé pressentir : elle sembla vouloir tomber digne d'elle-même et de son antique gloire ; elle releva la constitution de 1494, les lois de Savonarole, et proclama de nouveau le Christ roi de Florence; elle soutint, pendant près d'un an, une lutte héroïque contre les hordes du pape et de l'empereur : Clément VII avait absous et béni ce qui restait des bourreaux de Milan et de Rome pour les lancer sur Florence, sa ville natale. Une grande partie de l'aristocratie trahit la cause de la république; mais le peuple et le bas clergé furent

[1]. Alexandre de Médicis, à qui Clément VII destinait la principauté de Florence, était le fils d'une courtisane; quant à son père, on ne savait trop si c'était feu Laurent de Médicis, frère de Clément VII, ou Clément VII lui-même : quelques-uns le disaient fils d'un muletier. — Sismondi, *Républiques italiennes*. — Cet Alexandre était un jeune homme d'une dépravation et d'une méchanceté infâmes.

admirables : les prêtres et les moines, surtout les dominicains de San-Marco, ressuscitèrent les exemples, comme on avait ressuscité les lois de Savonarole, et bravèrent généreusement les vengeances du pape : l'art fut représenté avec plus d'éclat encore dans ce dernier effort de sa cité sainte, et Michel-Ange, comme le génie même de Florence, présida à la défense de la ville[1] : vingt combats acharnés tinrent la fortune en suspens; le prince d'Orange, général des assiégeants, y perdit la vie. François Ier encourageait secrètement les Florentins, en leur promettant de les secourir aussitôt que Charles-Quint lui aurait rendu ses enfants. Eût-il été sincère, ses secours fussent arrivés trop tard; Florence, accablée moins par la force que par la trahison, ne céda toutefois qu'au prix d'une capitulation honorable (août 1530). La foi jurée fut indignement violée : l'historien Guicciardini souilla sa renommée d'une tache ineffaçable par sa participation

1. Il fut chargé de la direction générale des fortifications et remparts. Ayant prévu la trahison de Malatesta Baglioné, général des troupes de la république, et n'ayant pu faire partager ses soupçons trop bien fondés au gonfalonier (premier magistrat), il quitta Florence et se retira à Venise. Les Florentins le rappelèrent à grands cris : il revint, quoique pressentant l'issue fatale de la lutte ; il rentra dans la ville à travers mille dangers et reprit la direction de la défense jusqu'à la fin du siège. Clément VII, qui avait besoin de lui pour les grands travaux de la chapelle Sixtine, lui pardonna, et Michel-Ange s'absorba de nouveau dans ses gigantesques créations (le *Jugement dernier*) ; mais les poésies dans lesquelles il épanchait ses plus secrètes pensées attestent qu'il ne cessa jamais de porter dans son âme le deuil de sa patrie. On connaît sa réponse au quatrain qu'avait fait Giambattista Strozzi sur la sublime et mélancolique statue de la Nuit :

> La Notte, che tu vedi in sì dolci atti
> Dormire, fu da un angelo scolpita
> In questo sasso; e perchè dorme, ha vita;
> Destala, se no 'l credi, et parleratti.

(La Nuit, que tu vois dormir en si douce attitude, fut sculptée par un *ange* dans cette pierre, et, quoiqu'elle dorme, elle est vivante; éveille-la, si tu en doutes : elle parlera.)

Michel-Ange répondit, au nom de la Nuit :

> Grato mi è il sonno, e più l' esser di sasso,
> Mentre che il danno e la vergogna dura,
> Non veder, non sentir m' è gran ventura;
> Però non mi destar; deh! parla basso.

(Heureuse suis-je de dormir, et plus encore d'être de pierre! tant que dureront ces jours de deuil et de honte, ne pas voir, ne pas sentir, m'est grand bonheur : c'est pourquoi ne m'éveille pas; de grâce, parle bas!)

Vasari, *Vie de Michel-Ange*; — Benedetto Varchi, *Istor. Fiorent.*, l. VIII, p. 194; l. X, p. 293.

à l'asservissement de son pays. A l'exception de Michel-Ange, dont Clément VII amnistia le génie, les meilleurs citoyens furent traînés à l'échafaud ou contraints à se réfugier en foule sur la terre étrangère [1], et Florence subit le joug d'un duc héréditaire. Ainsi finit la plus glorieuse des républiques italiennes.

Le roi de la Renaissance, l'homme qui représente la France du XVIe siècle, a laissé périr l'Italie, c'est-à-dire la Renaissance, qu'il aime : tout à l'heure, nous le verrons laisser frapper la Réforme, ou plutôt la raison et l'humanité, au nom d'un fanatisme qu'il ne partage pas, manquant ainsi partout et dans tous les sens aux destinées de la France.

Charles-Quint n'avait pas eu le triste honneur de remporter en personne l'injuste victoire qui lui livrait François Ier : il était parti pour l'Allemagne, au mois d'avril 1530, après avoir reçu à Bologne la couronne impériale et la couronne de Lombardie des mains du pape. Il semble que Charles ait eu honte de paraître dans cette Rome si barbarement traitée par ses soldats [2]. C'est le dernier couronnement impérial qu'ait vu l'Italie. Depuis la chute de l'empire romain, aucun empereur n'avait eu sur toute la péninsule italique une puissance comparable à celle qu'exerçait en ce moment le petit-fils de Maximilien et de Ferdinand : Charles avait réalisé les espérances ambitieuses de ses deux aïeux et les prétentions si longtemps impuissantes des empereurs teutons. Tous les états italiens reconnaissaient en quelque sorte n'exister que par sa tolérance, et les derniers alliés de la France, le duc de Savoie et le marquis de Montferrat, vinrent à Bologne prendre place dans le cortége de princes qui entourait l'empereur. Charles donna au duc de Savoie le comté d'Asti, dépouille du roi de France, pour l'engager dans la cause impériale.

---

1. Le prédicateur Foiano fut enfermé, par ordre de Clément VII, dans les cachots du château Saint-Ange, où on le laissa mourir de faim. — Bened. Varchi. — Benvenuto Cellini.

2. Pendant la messe du sacre, Charles-Quint s'agenouilla devant le pape et déclara que c'était sans son ordre et contre sa volonté que l'armée du duc de Bourbon avait marché contre Rome ; que, néanmoins, il était prêt à accorder toute réparation qui lui serait demandée, fût-ce de remettre son épée entre les mains du saint père. Clément répondit par des paroles de paix et d'oubli, et lui passa au doigt l'anneau royal. On espéra ainsi, de part et d'autre, avoir effacé le terrible effet de cette catastrophe. V. *Couronnement des empereurs par les papes*, par M. l'abbé Héry ; p. 206.

Après avoir imposé au roi de France une paix déshonorante et subjugué l'Italie, il restait à l'heureux Charles à dompter l'Allemagne; mais, là, il devait rencontrer devant lui d'autres adversaires que de petits états en décadence et qu'un monarque inconséquent et versatile. Il allait se trouver en face d'une révolution religieuse dans toute la ferveur du premier enthousiasme, et, pour briser un tel obstacle, ce n'était plus assez de sa volonté ni de sa fortune.

LIVRE XLVIII

RENAISSANCE ET RÉFORME.

François Ier et la France du xvie siècle. — État de la France. — Commerce, industrie, navigation. Découverte du Canada. — Beaux-arts. Chambord. Fontainebleau. Les artistes italiens en France. Jean Goujon. — Sciences. Droit. Alciat. Dumoulin. — Médecine. — Sciences exactes. — Philologie. Le collége de France. — La Réforme en France. Lefèvre d'Etaples et Farel. Marguerite d'Angoulême et Briçonnet. Cénacle de Meaux. Premiers martyrs. Persécution de 1525. Commission parlementaire remplaçant l'inquisition. — François Ier arrête la persécution. Ses variations. Sacrilége de la rue des Rosiers. Supplice de Berquin. — Confession d'Augsbourg. La transaction et les menaces échouent en Allemagne. Charles-Quint, inquiété par les Turcs et par François Ier, conclut un traité provisoire avec les luthériens. — Guerre de religion en Suisse. Mort de Zwingli. — Le grand schisme d'Angleterre. Henri VIII se sépare du pape. — Entrevue de François Ier et de Clément VII. — Marguerite et Beda. La Réforme gagne du terrain. La France mise en demeure. — Réforme, Ultramontanisme et Renaissance. Calvin. Loyola. Rabelais. — Que devait faire la France ?

1521 — 1535.

La triste paix de Cambrai ne sera pas de longue durée : les guerres d'Italie ne sont pas entièrement terminées; François Ier n'a pas renoncé sincèrement à « son héritage » d'au delà des monts, au théâtre de son ancienne gloire; toujours il rêvera, et, plus d'une fois, il essaiera, avec quelques succès partiels, d'ébranler la domination de son rival sur l'Italie. Toutefois, on ne verra plus, sous son règne, de grandes expéditions ni de grands événements au cœur de la péninsule. L'intérêt essentiel de l'histoire de France n'est plus là : il rentre à l'intérieur; il est dans l'état moral, intellectuel, social de cette nation refoulée sur elle-même après avoir échoué dans l'action conquérante, et à laquelle on pose, à la fois du dehors et du dedans, la question chaque jour plus redoutable d'une révolution ou d'une réaction religieuse qui engagera sa destinée pour des siècles. Il ne s'agit plus de savoir si la France enlèvera l'Italie à la domination politique de l'Espagne unie à l'Empire, mais si la France trouvera, dans les éléments nouveaux que lui a apportés la Renaissance, la force et la lumière nécessaires pour maintenir ou dégager son indépendance politique et religieuse entre ces deux génies du Nord et du Midi, du protestantisme teutonique et du *papisme*[1] hispano-romain, qui vont, en se heurtant, s'efforcer de l'entraîner chacun dans leur tourbillon.

Nous n'aborderons point immédiatement l'histoire religieuse, dont la crise n'apparaît dans toute son intensité que quelques années après le traité de Cambrai. Nous jetterons auparavant un coup d'œil sur la situation économique de la France, sur les arts industriels et surtout les beaux-arts, sur les lettres et les sciences, sur ce mouvement de la Renaissance qui continuait à se développer sous le patronage de François Ier. Le goût d'une civilisation élégante et docte, pittoresque et variée, fut la seule affection à laquelle François demeura toujours fidèle : il mérita plus sérieusement le titre de *Père des lettres* que celui de *Roi chevalier*. Il fit servir au progrès des arts parmi nous, progrès dont la bonne direction reste, d'ailleurs, chose contestable, jusqu'à ses fautes et aux malheurs des alliés qu'il avait abandonnés. La chute de Florence, les persécutions contre les partisans de la France à Naples et en Lombardie firent refluer de ce côté des Alpes une multitude d'émigrés, la fleur des populations italiennes, et la France, comme elle devait le faire tant de fois, ouvrit du moins un asile aux amis qu'elle n'avait pas su défendre. Le roi tâcha de pallier, par ses faveurs aux Italiens, ses torts envers l'Italie, et les exilés goûtèrent quelque consolation en retrouvant, aux bords de la Seine et de la Loire, les goûts, les modes, les habitudes d'esprit et presque le langage de leur patrie [2].

Beaucoup de réfugiés furent pensionnés ou investis d'emplois notables dans l'armée et dans la diplomatie. Le Florentin Strozzi

1. Nous employons à dessein ce terme protestant comme exprimant une forme particulière du catholicisme.
2. Tout le monde savait l'italien à la cour de François Ier, et la prononciation française, à la cour, commençait à se modifier par cette influence, qui finit par faire disparaître, dans une foule de mots, l'*oi* (oué) français devant l'*ai* ou l'*ei*; l'italien aida ainsi la vieille prononciation normande à détrôner la prononciation française proprement dite, qui se retrouve encore chez les paysans de la Loire.

et le Napolitain Caraccioli, prince de Melfi, devinrent maréchaux de France. Nous verrons bientôt la grande figure que firent les artistes. L'Italie ne nous envoya pas seulement des artistes et des hommes politiques, mais des négociants et des manufacturiers habiles, qui apportèrent dans nos cités leur industrie et les restes de leur fortune échappés aux mains des tyrans. L'essor de la fabrique lyonnaise date de la chute de Florence : Louis XI avait fait de Lyon une place de grand commerce, un entrepôt international, en y instituant des foires trimestrielles qui firent tomber celles de Genève, et avait essayé de développer simultanément à Lyon et à Tours, à l'aide d'ouvriers italiens, la fabrication des étoffes de soie [1] : Lyon, où diverses manufactures s'étaient rapidement développées, ne commença toutefois de rivaliser pour les soieries avec Tours que vers 1525; les réfugiés florentins lui donnèrent bientôt la supériorité; on cite aussi deux Génois parmi les principaux fondateurs des fabriques lyonnaises.

Une banque fut instituée à Lyon. Un droit d'importation de deux écus d'or par pièce de velours ou de drap de soie protégea nos fabriques de soieries contre la concurrence étrangère; quant aux draps et lainages d'Espagne et de Perpignan, ils étaient absolument prohibés au profit des draps de Languedoc [2]. Dans le Nord, les fabriques de draps communs de Darnetal, près de Rouen, étaient très-considérables : l'édit de mai 1542, qui réglementa la fabrication à Darnetal, la qualifie de « quasi-inestimable ». Un édit du 18 juillet 1540 avait établi que les étoffes étrangères d'or, d'argent et de soie entreraient en France par Suse, si elles venaient d'Italie, par Narbonne ou par Bayonne, si elles venaient d'Espagne : elles seraient conduites directement à Lyon, et, là seulement, déballées et mises en vente. Ce privilége dut accroître singulièrement la prospérité de Lyon. Cependant, en 1543, un de ces édits somptuaires que l'esprit rigide du parlement arrachait de temps en temps aux rois,

---

1. Des lettres-patentes retrouvées dans les archives du département du Rhône par M. Grognier attestent même que Lyon eut une certaine priorité. Ces lettres sont de 1466, et il y est dit qu'il y avait déjà quelque commencement de fabrication. Dès le XIIIe siècle, le *Livre des Métiers* d'Étienne Boileau mentionne à Paris des « filaresses » de soie et ouvrières de tissus de soie. V. *Siècle* du 8 juillet 1856; art. de M. E. Dauriac.
2. Isambert, t. XII, p. 552.

défendit de porter des étoffes d'or et d'argent. Les marchandises françaises étaient soumises à un droit uniforme d'exportation, le sou pour livre. En 1540, une ordonnance royale tenta d'établir l'unité de mesure, déjà projetée par Louis XI : il fut prescrit d'employer dans tout le royaume une aune de trois pieds sept pouces huit lignes. Mais les relations commerciales n'étaient point encore assez actives pour qu'on sentît généralement l'avantage d'une telle amélioration : les routines locales réclamèrent et prévalurent : l'édit fut révoqué en 1543.

Avec la grande industrie manufacturière, la France commença de connaître ces troubles d'une nature toute particulière qui semblent comme inhérents à l'existence des populeuses cités industrielles et qui avaient tant agité les communes de Flandre. Dès les premières années du xvie siècle, les hommes d'arts « mécaniques », à Lyon, entrèrent en querelle avec la grosse bourgeoisie, les négociants, les marchands de soies et de draps, probablement sur les conditions de la fabrication, et réclamèrent leur part, à ce qu'il semblerait, dans l'élection des douze conseillers biennaux qui régissaient la ville : ils s'organisèrent en un grand corps qu'un auteur contemporain appelle « la secte des artisans ». Les débats et procès durèrent de 1505 à 1520 : le roi contraignit les artisans « à venir à raison » et à dissoudre leur association; mais il resta dans l'esprit du peuple un mécontentement qui éclata, en 1529, par une violente émeute, à l'occasion de la cherté du blé [1]. Un article de la grande ordonnance de Villers-Cotteretz (1539) généralisa la proscription qui avait frappé « la secte des artisans » à Lyon et abolit toutes les confréries de gens de métiers et artisans (ce qui ne touchait en rien aux statuts

---

1. *De la Rebaine* (rébellion) *du populaire de Lyon*, etc., par Symphorien Champier (un des biographes de Bayart); brochure réimprimée dans les *Archives curieuses de l'Histoire de France*, t. II. Il y a des détails curieux. « Le peuple », dit Champier, « ne veut être corrigé ni de maître, ni de seigneur, ni de prince, si ce n'est par force, et les serviteurs veulent être aussi bien traités que les maîtres..... Les vignerons se contentoient du breuvage qui est aux vendanges fait avec de l'eau mise dedans le marc après que le vin est tiré de dessus ce marc, mais de présent veulent boire du meilleur vin, comme les maîtres, sans eau ni mixtion aucune..... » L'émeute fut provoquée et par la cherté du blé et par l'établissement d'un droit d'entrée sur le vin : Champier attribue le renchérissement du blé à Lyon à l'extension immodérée des vignobles et à l'imprévoyance du conseil de ville, qui n'avait pas de greniers d'abondance : il propose l'exemple de Metz, qui était toujours approvisionné pour trois ans.

des corporations); les coalitions d'ouvriers (« associations et intelligences de gens de métier ») furent défendues sous peine de confiscation de corps et de biens. Par compensation, l'on tâcha d'empêcher les « maîtres de métier » de fermer les corporations aux apprentis, et on leur enjoignit de recevoir quiconque présenterait suffisant chef-d'œuvre, sans prendre salaire ni faire dépense. En 1541, un édit fut rendu contre les ouvriers imprimeurs de Paris et de Lyon, qui se coalisaient, « par monopole », à la fois contre les maîtres et contre les nouveaux apprentis. Malgré les édits royaux, les confréries se maintinrent ou reparurent bientôt : elles étaient trop fortement enracinées dans les mœurs pour céder si facilement; elles jouèrent plus tard un grand et funeste rôle dans les luttes religieuses.

Un édit de 1543 nous apprend le large développement qu'avaient les forges françaises : François Ier voulait en arrêter l'accroissement à cause de la grande consommation de bois qu'elles nécessitaient; mais on lui représenta « l'avantage qu'il y avoit pour le royaume à faire grand trafic de fer avec les étrangers et attirer l'argent en France » : on établit un droit de 20 sous par millier de fer forgé. La destruction des forêts inquiétait déjà le gouvernement : un édit du 7 juin 1527 avait défendu aux prélats de couper les hautes futaies dans leurs bénéfices; un édit de 1539 défendit d'employer le chêne pour échalas, « parce que les bois se vident et enchérissent », et encouragea les plantations.

La confusion des monnaies de toute espèce, nationales et étrangères, qui avaient cours en France, nuisait aux transactions : l'édit de Nantouillet (5 mars 1533) désigna les monnaies qui continueraient à circuler et détermina leur valeur en sous et deniers tournois [1]. Une autre mesure plus favorable encore au commerce fut la suppression de tous les péages et subsides imposés depuis

---

1. Le noble à la rose, le noble de Henry et l'angelot, monnaies d'or anglaises, furent évalués à 100 sous, 92 sous et 66 sous; l'écu au soleil, à 45 sous; l'écu à la couronne, 40 sous 6 deniers; l'écu vieux, 51 sous 6 deniers; le franc à pied et le franc à cheval, 48 sous 6 deniers; le royal, 47 sous 3 deniers; le salut et les ducats de Venise, Gênes, Florence, Portugal, Hongrie, Sicile et Castille, 45 sous 6 deniers; le double ducat, 91 sous, le riddes (*ridder;* cavalier), 40 sous; le lyon, 53 sous; le florin et le philippus, 27 sous; le carolus de Flandre, 22 sous 6 deniers; l'impérial de Flandre, 69 sous; écus d'Angleterre, 44 et 41 sous; obole de Lorraine, 32 sous; le teston de France, monnaie d'argent, 10 sous 6 deniers, etc.

cent ans par les seigneurs sur leurs terres sans l'autorisation royale (24 août 1532). Le pouvoir sentait la nécessité d'empêcher les classes privilégiées d'exagérer leurs priviléges déjà si onéreux à l'État : les privilégiés, conformément à l'ancienne coutume réclamée par les États de Languedoc, furent imposés à la taille pour leurs héritages « ruraux » (non féodaux) (1535) et il fut statué, par une mesure applicable à toute la France, que tout noble ou clerc qui prenait à ferme la terre d'autrui devait payer la taille pour cette terre (1540).

Le pouvoir eut aussi à réprimer les violences que commettait la noblesse dans les provinces de l'ouest : le vieux levain de l'indépendance féodale se réveillait parfois; durant la captivité du roi, les nobles poitevins et angevins s'étaient mis, les uns à s'entrebattre par des guerres privées, les autres à envahir les bénéfices ecclésiastiques; ils assommaient les sergents royaux et interrompaient le cours de la justice. Ces désordres continuèrent jusqu'à ce que le roi, en 1531, eût envoyé une commission du parlement de Paris, avec bonne escorte, tenir les « Grands Jours » à Poitiers; plusieurs gentilshommes furent décapités [1]. La législation prenait, envers les crimes qui entravent le mouvement des relations sociales, un caractère de sévérité poussé jusqu'à la barbarie : la peine de mort fut établie contre les faussaires; l'horrible supplice de la roue fut inventé contre les meurtriers et les voleurs à main armée (1535) [2].

Dans la législation des céréales, matière de si haute importance, on reconnaît, sinon une économie rationnelle et régulière, au moins quelques efforts pour y atteindre. En 1531, la France fut tourmentée d'une cruelle disette qui engendra une épidémie connue sous le nom de *Trousse-Galant :* un édit royal défendit de vendre du blé ailleurs qu'au marché public; durant les deux

---

1. J. Bouchet, *Annales d'Aquitaine*, part. IV, f° 263. Les *Grands Jours* furent tenus neuf fois en diverses villes, de 1531 à 1547.

2. On ne saurait trouver la même excuse d'intérêt social aux odieuses ordonnances qui aggravèrent encore l'édit de 1516 sur la chasse : en 1533, la chasse fut absolument interdite à tout roturier, même en cas de conventions contraires avec les seigneurs. En 1538, le jugement des délits de chasse fut retiré aux juges ordinaires et attribué au prévôt des maréchaux et à ses lieutenants. Sur toute la législation de François Ier, V. le t. XII du *Recueil* d'Isambert, *passim*.

premières heures du marché, on devait vendre exclusivement en détail au « populaire, qui achète pour vivre au jour la journée »; ensuite, à « ceux qui veulent faire provision pour garder ou revendre ». Des poursuites furent ordonnées contre « les monopoleurs » qui achetaient les blés en masse dans les granges ou même sur pied dans les champs. En 1535, la liberté de commerce et d'exportation des blés fut accordée à cause de l'abondance. En 1539, la grande ordonnance de Villers-Cotteretz prescrivit de dresser, en chaque siége de juridiction, un état hebdomadaire (mercuriale) de la valeur moyenne des blés, vins, fourrages, d'après le rapport des marchands [1].

La marine française prenait un essor remarquable : Dieppe s'était relevée, depuis l'expulsion des Anglais, et avait ressaisi sa vieille prépondérance entre nos ports de l'Océan; nos navigateurs normands et bretons glanaient, pour ainsi dire, sur les traces des Espagnols et des Portugais et tâchaient de renouer leurs anciennes relations commerciales avec l'Afrique et d'en ouvrir de nouvelles avec les deux Indes : expéditions pleines de périls! car les orgueilleux dominateurs des mers d'Occident et d'Orient traitaient en pirates les concurrents qui se hasardaient dans leurs domaines. Le capitaine Denis, de Honfleur, avait touché au Brésil dès 1504, avant que les Portugais, qui l'avaient découvert en 1500, y eussent fondé aucun établissement; les navigateurs français continuèrent de trafiquer avec les tribus sauvages qui leur vendaient ces bois précieux dont le Brésil a tiré son nom et qui « faisoient meilleur accueil aux François qu'aux Portugois et qu'aux autres peuples européens ». En 1529, deux navires dieppois, conduits par Jean Parmentier, firent un voyage à Madagascar et à Sumatra. Pendant ce temps, des tentatives qui eurent des résultats plus durables se dirigeaient au nord de l'Amérique, vers les contrées où les Espagnols n'avaient point porté leurs pas. Dès 1506, Denis de Honfleur avait visité l'île de Terre-Neuve, qu'on prenait alors pour une portion du continent; le Dieppois Aubert l'y suivit en 1508, avec un navire armé par Jean Ango, père de l'illustre armateur du même nom; les Bretons, de leur côté, découvrirent et nommèrent l'île du Cap-Breton, et la pêche

---

1. Isambert, t. XII, *passim*.

annuelle de la morue fut fondée sur ces côtes. Le gouvernement français se décida enfin à seconder les particuliers et à réclamer sa part du Nouveau Monde. En 1524, le Florentin Verazzano entreprit un voyage de découverte par ordre de François Ier, reconnut toutes les côtes depuis le Cap-Breton et l'Acadie jusqu'à la Floride, et en prit possession au nom de François Ier. Dix ans après (1534), le Breton Jacques Cartier, de Saint-Malo, commissionné par le roi sur la proposition de l'amiral Chabot de Brion, s'assura que Terre-Neuve était une île, pénétra dans le vaste golfe que barre cette grande île et reconnut l'embouchure du Saint-Laurent : il remonta ce fleuve immense l'année suivante jusqu'au lieu où plus tard fut bâti Quebec et découvrit le Canada. Le nom de Nouvelle-France fut imposé à tout le nord de l'Amérique. En 1540, Roberval, gentilhomme picard, fut nommé par François Ier vice-roi du Canada et partit avec une escadre de cinq navires que Cartier commandait sous ses ordres : la colonie fut installée au Cap-Breton; la rigueur du climat, si différent des magnifiques régions conquises par les Espagnols, l'insuffisance des ressources, l'imprévoyance et la négligence du gouvernement royal firent échouer, au bout de quelques années, ce premier essai de colonisation, qu'on ne renouvela plus jusqu'au règne de Henri IV; mais les marins normands, bretons et rochelois continuèrent la pêche de la morue et le commerce des pelleteries avec les peuples du Canada. Un riche armateur dieppois, Jean Ango, que les actes du temps qualifient de « marchand de Rouen et vicomte de Dieppe »[1], s'est élevé au rang de nos gloires nationales par ses grandes entreprises, par son goût pour les arts et l'énergie avec laquelle il soutint l'honneur du pavillon français contre les dominateurs des mers, et particulièrement contre les Portugais[2]. Son gracieux manoir de Warengeville, plutôt ferme

---

1. C'est-à-dire qu'il exerçait la juridiction royale de la vicomté; il y avait aussi un vicomte royal à Rouen. — *V.* sur les expéditions françaises du XVIe siècle, le recueil italien contemporain de Ramusio, l'ouvrage de M. Estancelin, *Recherches sur les voyages et découvertes des navigateurs normands*, etc., Paris, 1832, et le Père Charlevoix, *Histoire de la Nouvelle-France*. M. Pierre Margry prépare une importante publication sur les colonies françaises de l'Amérique du Nord.

2. Les Portugais ayant pris un de ses vaisseaux aux Indes, il arma jusqu'à dix-sept navires, qu'il envoya bloquer l'embouchure du Tage et insulter le port de Lisbonne

que château, charme encore le voyageur parmi les vertes feuillées de la côte dieppoise. Cette famille des Ango était probablement la même d'où était sorti l'architecte Roger Ango, qui construisit le Palais de Justice de Rouen.

Pendant ces progrès de l'industrie et de la navigation, les arts entouraient François Ier d'une splendeur avec laquelle prétendaient en vain rivaliser Charles-Quint et Henri VIII : le roi et tous les grands, à son exemple, bâtissaient à l'envi, et l'on voyait sortir de terre tous ces châteaux de la Renaissance qui venaient remplacer sur notre sol les forteresses féodales et qui ont malheureusement disparu en grande partie comme elles : c'était Madrid, l'élégante retraite du bois de Boulogne, ainsi nommé parce que François aimait à s'y rappeler les ennuis de la prison au sein des plaisirs et de la liberté ; c'était la Meute [1], et Saint-Germain, et Villers-Cotteretz, et Chantilli, et Follembrai, et Nantouillet, la fastueuse résidence de Duprat [2]. L'architecture nationale, menacée par l'envahissement croissant du goût italien, sembla résumer toutes ses forces afin de protester par une dernière création d'une éclatante originalité (1526). Qui n'a pas vu Chambord ne soupçonne pas tout ce qu'il y eut de fantastique poésie dans notre art du XVIe siècle : c'est quelque chose d'indescriptible que l'aspect de ce palais de fées surgissant tout à coup aux yeux du voyageur, du fond des tristes bois de la Sologne, avec sa forêt de tourelles, de flèches, de campanilles aériennes, qui détachent sur l'ardoise sombre des grands toits les belles teintes de leurs pierres gris de perle marquetées de mosaïques noires. Cette impression ne saurait être surpassée que par le spectacle dont on jouit sur les terrasses du donjon, au pied de la charmante coupole qui termine le grand escalier, centre et pivot

en l'absence de la flotte des Indes. Le roi de Portugal ayant dépêché un ambassadeur à François Ier à cette occasion, on rapporte que François renvoya l'ambassadeur à l'armateur dieppois pour traiter avec lui (1531). Ce fait ne se trouve que dans une chronique dieppoise ; mais il y a des allusions dans les *Papiers* de Granvelle, t. II, p. 510, et dans les *Lettres de Marguerite d'Angoulême*, p. 252.

1. Par corruption appelée la *Muette*.
2. Les châteaux les plus renommés du temps de Louis XII. après Gaillon, avaient été Chaumont-sur-Loire et Meillan, en Berri, appartenant aussi aux d'Amboise, et le Vergier, près de Nantes, au maréchal de Gié. — Le château de Bonnivet fut célèbre par sa somptuosité dans les premières années de François Ier.

de tout cet ensemble si vaste et si varié, et qui jaillit radieuse au-dessus des terrasses comme une fleur de cent pieds de haut. Partout, entre les lacs d'amour et les F couronnées, les mystérieuses salamandres vomissant des flammes rampent sur les frontons, se roulent dans les médaillons, se suspendent aux corniches et aux caissons des voûtes, pareilles aux dragons qui veillaient sur les châteaux enchantés de nos vieilles légendes, attendant le retour du maître qui ne reviendra plus [1].

Le nom de l'artiste de génie qui créa le plus beau monument du règne de François Ier avait péri étouffé sous les gloires bruyantes de l'école italienne et sous cette coupable insouciance qui nous a si longtemps fait négliger l'histoire de nos arts; il était perdu, comme le nom de l'architecte de la maison de Jacques Cœur, comme tant d'autres; des recherches heureuses l'ont révélé récemment à Blois, sa ville natale : il se nommait Pierre Nepveu : il avait débuté, dit-on, par coopérer aux travaux d'Amboise, sous Charles VIII, et de Blois, sous Louis XII et François Ier.

Une autre victime de notre inconcevable oubli de nous-mêmes est ce sculpteur Jacques d'Angoulême, qui florissait aussi sous François Ier et qui, un peu plus tard, en 1550, suivant le témoignage d'un contemporain (Blaise de Vigenère), osa concourir à Rome, pour l'exécution d'un Christ, avec Michel-Ange vieilli et obtint un succès égal à son audace [2].

La sculpture française changeait peu à peu de caractère. Tandis

---

1. La devise de François Ier était une salamandre, avec cette légende : *Nutrio et exstinguo*. Elle lui avait été donnée dans son enfance par son gouverneur Boisi. Le sens en est expliqué par la légende d'une médaille italienne frappée dans la jeunesse de François Ier : *Nudrisco il buono e spengo il reo* (je nourris le bon et j'éteins le méchant). La salamandre est le cachet apposé par François Ier sur tous les monuments de son règne. — La devise de Charles-Quint était : *Plus ultrà* (plus outre, au delà), allusion aux colonnes d'Hercule (*Nec plus ultrà*), bornes de l'Ancien Monde qu'avait franchies la puissance espagnole. — La construction de Chambord, commencée en 1526, coûta environ 444,000 liv. C'est sur un des vitraux de Chambord que François Ier écrivit, avec la pointe d'un diamant, ces vers fameux :

> Souvent femme varie;
> Bien fol est qui s'y fie.

Reproche qui convenait assez mal au volage monarque. On prétend que Louis XIV sacrifia ce vitrail messéant à madame de La Vallière. V. sur Chambord, la notice de M. de La Saussaye; Blois, 1841. — C'est à M. Cartier, d'Amboise, qu'on doit la découverte du nom de l'architecte.

2. *Notice sur Jacques d'Angoulême*, par Éméric David, ap. *Revue des arts*, avril 1856.

que Jean Cousin joignait une finesse exquise d'exécution à la force calme des maîtres antérieurs et conservait quelque chose de leur sévérité, Jean Juste avait inauguré une manière plus gracieuse et plus élégante, inspirée peut-être par l'étude de Raphaël; Jean Juste mourut vers 1535; mais il eut un héritier plus grand que lui : Jean Goujon parut. La peinture gardait son infériorité relative; il s'était formé néanmoins, à la double école de Léonard et de Holbein, des portraitistes habiles : c'étaient Guéti et Corneille de Lyon, dont les ouvrages ne sont point parvenus jusqu'à nous et auxquels succéda le célèbre Janet; c'étaient Foulon, le pastelliste Dumoustier, etc. L'architecture et la sculpture n'avaient plus besoin de l'assistance étrangère; la peinture au contraire avait beaucoup à demander à l'Italie, mais avec mesure et discrétion. C'étaient des auxiliaires et des guides, non des maîtres et des conquérants qu'il fallait appeler, et le choix de ces guides était chose grave. Presque en même temps que Léonard, venu trop vieux et enlevé trop vite à la France, la cour de François Ier avait possédé un maître essentiellement propre à diriger une école naissante par la pureté, l'élévation, la majestueuse et touchante simplicité de son style, André del Sarto, « le peintre sans défaut » (vers 1516 à 1520); malheureusement, André del Sarto, que son caractère irrésolu rendit coupable de torts graves envers François Ier, ne se fixa point en France, et d'ailleurs sa mort prématurée (1530) ne lui eût pas permis de rien fonder [1]. Ceux qui lui succédèrent furent bien moins aptes à ce rôle : l'art italien commençait à chanceler sur le faîte sublime où l'avaient porté les efforts de tant de générations; la manière perçait sous la grâce, l'exagération sous la grandeur. Cependant François Ier, absorbé dans le culte de la Renaissance et méconnaissant l'ancien art français qui eût dû servir au moins de contre-poids à la pression ultramontaine, appela d'Italie en masse architectes, peintres, sculpteurs, ciseleurs, comme si tout eût été à créer en France. L'invasion italienne choisit pour quartier-général un vieux manoir de saint Louis, Fontainebleau, château de chasse perdu, ainsi que Chambord, au fond d'une agreste solitude, mais dans un site bien

---

1. Il nous a laissé un admirable souvenir : la *Charité*, au musée du Louvre.

autrement pittoresque, entre des rochers sauvages et de superbes forêts pleines de traditions merveilleuses. Ce fut là que le Florentin Sébastien Serlio commença, en 1528, l'édifice qui devait abriter, au détriment de Chambord, la bibliothèque royale enlevée au château de Blois, les trésors d'art anciens et modernes achetés en Italie et les œuvres dont les nouveaux hôtes de la France allaient payer son hospitalité. Il est difficile de juger le plan primitif de l'architecte parmi cet énorme et incohérent entassement de constructions d'époques diverses qui composent aujourd'hui le palais de Fontainebleau; mais on peut citer ce monument comme un triste spécimen de la décadence de l'architecture depuis François Ier jusqu'à Louis XV; ce qui reste de François Ier est très-supérieur aux parties plus modernes, mais très-inférieur à Chambord et à Blois : les hautes lucarnes, les grands combles, ont perdu leur riche ornementation; plus de ces sveltes tourelles, de ces somptueuses cages d'escalier à jour, dont les corps saillants jetaient une heureuse variété dans les lignes générales de l'édifice; on ne voit plus guère que pavillons froidement réguliers, uniformément décorés de pilastres. Il semble qu'on n'ait voulu qu'un toit au plus vite achevé pour couvrir les magnificences projetées à l'intérieur.

En 1532, toute une colonie d'artistes italiens s'installa dans Fontainebleau; elle était conduite par le Florentin Rosso, que nos historiens appellent *maître Roux*, imagination hardie et bizarre, talent vigoureux et tourmenté, espèce de Michel-Ange avorté : c'était un génie de décadence, un de ces hommes d'autant plus dangereux pour les écoles naissantes, qu'ils sont vraiment grands encore et qu'ils exercent un attrait singulier par l'énergie même de leurs erreurs. Il entendait admirablement l'art de la décoration, comme l'atteste sa *galerie de François Ier*, où il fondit ensemble, pour ainsi dire, et fit concourir à des effets si riches et si divers la peinture, la statuaire et la sculpture ornementale[1]. C'était précisément ce qu'avait souhaité le roi et ce qu'il appré-

---

1. Quelques-uns des tableaux de cette galerie, tellement altérés qu'on n'en peut plus distinguer que l'ordonnance et le dessin, représentent, sous des emblèmes allégoriques et mythologiques, les combats de François Ier contre l'ignorance et les ténèbres et ses bienfaits envers les lettres et les arts.

ciait le mieux. Le Rosso, comblé d'honneurs et de présents, nommé surintendant des bâtiments de Fontainebleau, « valet de chambre du roi et chanoine de la Sainte-Chapelle », régna près de dix ans sur nos arts (1532-1541); il mourut tragiquement assez jeune encore[1] : François Ier alors donna la direction de Fontainebleau au Bolonais Primatice (Primaticcio), qui fut le successeur du Rosso après avoir été son second. Le Primatice, très-opposé au Rosso par ses tendances naturelles et par son éducation d'artiste, était un des plus brillants élèves de l'école de Raphaël, quoiqu'il n'eût reçu la tradition du Sanzio qu'à Mantoue, par l'intermédiaire de Jules Romain, qui lui avait appris la grande ordonnance et les larges machines de l'école romaine; sa poétique imagination et son élégance tout à la fois forte et voluptueuse donnaient à ses vastes compositions un charme, une vie, dont nos peintres décorateurs du xviie siècle, les Lebrun, les Jouvenet, n'ont pas su plus tard lui dérober le secret. Primatice, pas plus que son maître Jules Romain, pas plus que ses émules, n'avait pourtant gardé la tradition de Raphaël tout entière : l'idéalisme était remonté au ciel avec le divin Sanzio : le sensualisme païen restait seul en possession de ces belles formes qu'altérait peu à peu la manière. Le principal auxiliaire du Primatice fut Niccolo del Abbate, Modénais, qui peignit la plupart des grandes machines composées et dessinées par le maître bolonais. Paul Ponce Trebati se fixa aussi en France avec le Primatice. A la fin du Rosso et au commencement du Primatice se rapporte le séjour en France de deux artistes italiens, fameux à des titres fort divers : l'architecte Vignole, qui fut, avec Palladio, le régulateur d'une noble, sévère et froide architecture classique et dont l'esprit rigide et exclusif ne put guère avoir chez nous qu'une influence nuisible (1540-1542); et le sculpteur, orfévre et ciseleur Benvenuto Cellini, un des artistes les plus ingénieux qui aient existé, mais d'une imagination sans frein comme sa vie; ses mémoires montrent d'une manière bien caractéristique ce que devenaient alors en Italie

---

1. Il avait accusé de vol un des sculpteurs italiens qui lui étaient subordonnés, Francesco da Pellegrino : Francesco, arrêté, mis à la torture, puis reconnu innocent, se vengea par un pamphlet terrible; le Rosso s'empoisonna. — Vasari, *Vie du Rosso*. — La plupart des ouvrages du Rosso ont péri : son successeur Primatice en détruisit une partie.

l'art et l'artiste abandonnés à tous les délires de la fantaisie. Il serait curieux et utile de comparer cette étrange biographie aux vies si sereines et si logiques des grands maîtres du xv° siècle (1540-1545).

L'art français ne se laissa pas emporter sans résistance par le torrent de l'invasion italienne : les vieilles écoles locales, vaincues à la cour, disputèrent le terrain dans les provinces, quoiqu'une partie de leurs élèves eussent été absorbés par l'école étrangère[1]; quelques portraitistes, à la cour même, gardèrent leurs traditions antérieures; mais la peinture n'était point assez forte pour lutter contre les prestiges ultramontains; Jean Cousin demeura isolé dans son indépendance et la peinture, conquise, fut égarée pour longtemps dans une voie d'imitation maniérée et de développement artificiel. Il n'en fut pas de même de la sculpture, trop puissante pour être ainsi absorbée : en ce moment même, la sculpture française de la Renaissance atteignait, avec Jean Goujon, la plus haute perfection dont elle fût susceptible : aucun artiste italien de la même génération ne saurait se comparer, pour la beauté du style et la pureté du goût, à cet admirable statuaire, qui paraît n'avoir été apprécié à toute sa valeur que sous le successeur de François I[er][2] : personne n'a depuis, en France ni en Europe, égalé sa grâce noble et fière : ses sveltes créations, aériennes divinités, ne semblent pas faites pour poser leurs pieds sur la terre. On peut admettre que Primatice ait eu quelque influence sur la direc-

1. Le Vasari cite François Marchand, d'Orléans; Simon de Paris; Claude, de Troies; Laurent, Picard, parmi les *stucateurs* (sculpteurs en stuc) qu'employait et qu'affectionnait le Rosso.

2. Ses premiers travaux connus datent de 1540 environ : ce sont les bas-reliefs d'Écouen et les portes de Saint-Maclou de Rouen. La fabrique de Saint-Maclou payait Jean Goujon à raison de 12 sous par jour (environ 8 francs de valeur relative), tandis qu'il travaillait **aux** portes de cette église, peut-être le plus bel ouvrage de sculpture sur bois que possède la France. Plus tard, le roi lui paya 80 écus au soleil (environ 100 louis) chacune des quatre cariatides qui supportent la tribune de la salle des Suisses, au Louvre. Ce n'était pas encore là le mettre de niveau avec Rosso, Primatice et Cellini, qui vivaient en grands seigneurs à Fontainebleau et à Paris. François Ier cependant donna Jean Goujon pour compagnon au Primatice, lorsque celui-ci alla, en 1543, faire mouler l'Apollon du Belvédère, la Vénus de Médicis, le Laocoon et les autres chefs-d'œuvre de la statuaire antique, pour les révéler à la France; ce voyage fait époque dans l'histoire de nos arts. *V.* l'ouvrage de M. de Clarac sur *le Louvre et les Tuileries;* — Sauval, *Histoire de Paris;* — Benvenuto Cellini, *Mém.* — Dusommerard, *les Arts au moyen âge.*

tion de son génie; mais les hommes de la force de Jean Goujon s'approprient glorieusement tout ce qu'on leur prête.

L'architecture civile subit presque absolument la domination italienne; ce ne fut certes point par faiblesse et par infériorité, comme la peinture; mais cet art est celui de tous où l'artiste a le moins de moyens de défendre son indépendance et sa personnalité : le goût du roi entraîna tout, et l'on vit s'effacer ce charmant style de transition, éclos sous l'aile de Georges d'Amboise : les restes de l'ornementisme ogival disparurent des constructions nouvelles et, avec eux, tout le système de décoration extérieure, toutes les formes caractéristiques de notre architecture nationale : les toits s'abaissèrent, les escaliers saillants rentrèrent à l'intérieur, les surfaces s'aplanirent sous le niveau ultramontain. L'art toutefois ne dépérit pas sur-le-champ en se dénationalisant; de jeunes et remarquables talents avaient été subjugués par l'école italienne; il se forma une dernière génération de grands architectes. Philibert Delorme, élevé en Italie depuis l'âge de quatorze ans, revint à Lyon sa patrie, en 1536, élever la façade de l'église Saint-Nizier; puis il continua pour le cardinal du Bellai les travaux du château abbatial de Saint-Maur et bâtit pour le roi Follembrai et la *Meute* (ou la Muette) : Jean Bullant débuta par la construction d'Écouen, pour le connétable de Montmorenci (avant 1540); vers le même temps, le nouveau Louvre fut commencé d'après les plans de Pierre Lescot, que Sébastien Serlio, chargé de cette œuvre par le roi, eut, dit-on, la loyauté de reconnaître supérieurs aux siens. François Ier, voulant avoir dans Paris un palais digne de sa magnificence et dédaignant le vieux Louvre et l'hôtel des Tournelles, amas irrégulier de *tournelles* (tourelles) et de pavillons *gothiques*, avait fait démolir, dès 1528, la grosse tour du Louvre, ce donjon de Philippe-Auguste duquel relevaient tous les fiefs du royaume : c'était démolir l'histoire elle-même : c'était la monarchie de la Renaissance abattant la vieille royauté féodale.

L'architecture religieuse, bien autrement enracinée dans notre sol par des siècles de gloire, ne céda pas si promptement que l'architecture civile : il ne serait pas juste d'imputer sa décadence à la Renaissance ni à l'invasion italienne; c'était par le cours naturel des choses, et non par des influences extérieures, que son caractère s'était altéré peu à peu [1]. Le style flamboyant régnait dans les églises quand le style de transition florissait dans les palais; quand le style italien pur s'empara des palais, le style de transition pénétra dans les églises; c'est le temps où les satyres et les nymphes entrent hardiment dans les temples du Christ; où les arabesques enlacent de leurs charmantes et profanes guirlandes le pourtour du chœur de Chartres, suspendent leurs caprices féeriques aux balustres du chevet de Saint-Pierre de Caen; où le sanctuaire de l'auguste cathédrale d'Amiens se tapisse d'une merveilleuse forêt de bois sculpté fourmillante d'innombrables figures [2]. Des décorations, le style de transition passa au système de construction même : des combinaisons quelquefois heureuses furent tentées pour fondre ensemble l'art *gothique* et l'art nouveau : Paris possède deux intéressants monuments de ces tentatives, Saint-Eustache et Saint-Étienne-du-Mont. L'architecture religieuse n'y persévéra pas longtemps et fut entraînée à son tour sur une pente plus fatale pour elle que pour tous les autres arts. Quant aux grands édifices non terminés, les uns semblaient se hâter de fermer leurs voûtes et d'élever les derniers étages de leurs tours et de leurs flèches jusqu'aux nues [3], avant que l'inspiration eût exhalé son dernier souffle; les autres, moins avancés, s'arrêtaient pour jamais! Telle, en Picardie, cette cathédrale de Saint-Pierre, où Beauvais s'était efforcé de dépasser la majesté de Notre-Dame d'Amiens : la grandeur inouïe de cet effort inachevé saisit l'âme d'une sorte de terreur, quand on pénètre entre ces deux immenses verrières, sous cette voûte de cent quarante pieds de haut [4]!

1. *V.* notre t. IV, p. 344, et t. VI, p. 466.
2. Cet immense travail est l'œuvre d'une famille de menuisiers amiénois, les Huet, dont la postérité subsiste encore : il avait été commencé au xve siècle. Les boiseries de Saint-Bénigne de Dijon et de Sainte-Cécile d'Albi ne sont pas moins célèbres; celles de Notre-Dame de Rouen sont du xve siècle.
3. Le plus haut des deux clochers de Chartres, œuvre de Jean Texier, dit *Jean de Beauce,* la flèche centrale de Notre-Dame de Rouen, brûlée en 1822, la tour de Beurre de Rouen, la tour Saint-Jacques-de-la-Boucherie, à Paris, les flèches de Saint-André de Bordeaux, de Saint-Jean de Soissons, etc., appartiennent à la première moitié du xvie siècle.
4. Saint-Pierre de Beauvais n'a d'exécuté que le chœur et le transept : les archi-

Ainsi le moyen âge tombait à son tour, après l'antiquité, dans les abîmes du temps ! Le moyen âge était mort ; mais son œuvre lui survivait tout entière, debout en face des œuvres de la Renaissance. Qui pourrait, sans regret, se retracer par la pensée la magnificence monumentale de la France au milieu du xvie siècle, avant l'explosion de ces funestes guerres religieuses qui donnèrent le signal d'irréparables destructions? Toutes les cathédrales qui subsistent encore, pour la plupart mutilées et ravagées, resplendissaient alors sous leur somptueuse parure de vitraux et de statues; autour d'elles se pressaient une multitude infinie d'églises conventuelles, de cloîtres, de chapelles, de maisons *tourées* (*domus turritæ*), offrant toutes les variétés imaginables de l'art depuis l'origine de l'architecture romane jusqu'à la Renaissance ; les campagnes, les bois, le bord des eaux, étaient animés par des milliers d'édifices religieux ou féodaux; les villes, enfermées entre les hautes tours de leurs pittoresques enceintes, se remplissaient d'hôtels et de maisons sculptées en bois ou en pierre. Par un contraste singulier, la science du bien-être matériel, des commodités de la vie, était encore dans l'enfance; mais le sentiment de l'art était partout, comme chez les anciens : l'art, descendu des hauteurs extatiques du xiiie siècle, se prenait à tous les détails de la vie et ennoblissait leur vulgarité : le costume, si élégant, si noble, si gracieux, les meubles, d'une recherche exquise et originale, les armes, admirablement ciselées et damasquinées, tout était en harmonie; tout artisan était un artiste; le moindre manœuvre était le maître, non l'esclave de la matière et la dominait par l'esprit et l'imagination. Beau règne de l'art, hélas ! sitôt évanoui ! l'Europe ne vous reverra-t-elle plus [1] ?

---

tectes du transept, Jean Wast et François Maréchal, avaient construit, au centre de la croisée, une tour qui s'élevait à quatre cent cinquante-cinq pieds au-dessus du sol et dont on embrassait toute la hauteur de l'intérieur de l'église. La science trahit le génie des deux artistes : cette gigantesque construction s'écroula.

1. La musique n'était pas non plus négligée à la cour de François Ier ; les concerts *historiques* de ces dernières années ont fait connaître au public quelques-uns de nos vieux airs du xvie siècle. — Un extrait des comptes de François Ier nous apprend que les chantres et officiers de sa chapelle de musique lui coûtaient par trimestre 2,396 livres, ce qui équivaudrait aujourd'hui à 130,000 ou 140,000 francs par an. La chapelle de plain-chant ne coûtait par trimestre que 636 livres; cette préférence accordée à la musique nouvelle sur le vieux plain-chant grégorien est caractéristique.

Les sciences, cependant, qui ne faisaient guère que de naître au moment où les arts étaient dans leur épanouissement, travaillaient avec ardeur à s'ouvrir des voies nouvelles. Une heureuse révolution s'opérait dans l'étude du droit, qui avait suivi, au moyen âge, les mêmes errements que la théologie, mais avec moins de succès. La science juridique avait eu son Pierre Lombard dans Accurse, mais n'avait pas eu de Thomas d'Aquin : après Accurse, dont le *Corpus juris glossatum* occupait dans les écoles de droit le même rang que le livre du *Maître des sentences* dans celles de théologie, étaient venus les scolastiques du droit, les Bartole, les Balde, etc., dialecticiens qui raisonnaient subtilement, non sur les principes généraux des choses, mais sur les textes isolés du *Corpus juris* et sur les gloses d'Accurse et d'Irnérius. L'esprit de la Renaissance pénétra dans la science juridique comme dans toutes les autres branches de la connaissance humaine. Notre Budé, le premier, dans ses *Observations sur les Pandectes*, appliqua l'étude des langues et de l'histoire à l'interprétation du droit romain : Budé n'était pas jurisconsulte et ne fit qu'indiquer la route; le plus habile des professeurs de droit italiens, Alciat (Alciati), de Milan, la parcourut avec gloire; entravé par la routine dans son pays, il fut attiré en France par les bienfaits de François Ier et fonda dans l'université de Bourges un enseignement justement célèbre, où toutes les connaissances littéraires et archéologiques concouraient à expliquer les origines, les rapports et le vrai sens des lois (1529). Le temps n'était pas encore venu de la philosophie du droit; mais une excellente école exégétique et historique se forma en France; parmi les émules ou élèves d'Alciati on cite Pierre de l'Estoile, le Breton Duaren, Tiraqueau, l'ami de Rabelais, Arnoul du Ferrier, le maître de Cujas, Chasseneux (*Chassaneus*), qui tâcha d'éclaircir le droit coutumier et de le concilier avec le droit romain. Le plus grand honneur de cette laborieuse génération fut d'avoir préparé une génération supérieure à la tête de laquelle devait briller le grand Cujas (né en 1520), entre Olivier et l'Hôpital. Sur la limite des

---

Archives curieuses de l'Histoire de France, t. III, p. 79. — *V.* dans Rabelais, *Pantagruel*, l. IV, *nouveau prologue*, la longue liste des musiciens français, flamands et italiens de ce temps.

deux générations dont nous venons de parler s'élève un juriste digne d'être nommé à côté de Cujas, qu'il avait précédé de vingt ans; chef d'une école plus nationale, plus immédiatement pratique et moins classique, Charles Dumoulin[1] chercha, à l'aide du droit romain, à dégager l'unité d'entre les infinies diversités du droit féodal. Nous verrons reparaître plus d'une fois ce nom illustre et cette existence agitée.

La renaissance des lettres grecques eut un résultat aussi considérable dans la médecine que la renaissance des lettres latines dans le droit; ce fut la substitution de la médecine grecque à la médecine arabe. On avait longtemps vu Hippocrate, comme Aristote, à travers Averrhoès et l'empirisme trop souvent arbitraire et superstitieux des Arabes et des Juifs avait étouffé la méthode d'observation et d'induction créée par les Hellènes. La méthode d'Hippocrate et de Galien reparut avec l'intelligence de leurs livres : cette révolution, commencée en Italie, eut pour promoteurs en France Pierre Brissot, de Paris, Ruel, de Soissons, un des fondateurs de la botanique, et surtout deux Allemands pensionnaires du roi, Guillaume Cop, de Bâle, et Gonthier (Gunther), d'Andernach. Gonthier, et, après lui, Dubois (Sylvius), donnèrent à Paris des leçons publiques de dissection. Un homme destiné à une immense célébrité à d'autres titres coopéra puissamment à ce mouvement par ses belles leçons de Montpellier, par son cours d'anatomie de Lyon et par ses savantes éditions d'Hippocrate et de Galien, éditions revues et rectifiées, du moins celle d'Hippocrate, sur un nouveau et plus pur texte grec. Cet homme était François RABELAIS.

Cependant la longue habitude où l'on était de courber la tête sous la tradition et l'autorité menaçait d'arrêter encore une fois la science : au lieu de reprendre la médecine au point où l'avaient laissée les Grecs pour la pousser plus avant d'après leur propre méthode, on s'arrêtait aux résultats acquis par eux et l'on s'y enfermait avec un respect idolâtrique. Ce fut Fernel qui, chez nous contribua le plus à délivrer la médecine de ce nouveau despotisme, tandis que le premier médecin de Charles-Quint,

---

1. Né à Paris en 1500.

l'illustre Vesale (Vesalius), de Bruxelles, faisait faire dans la même direction d'immenses progrès à l'anatomie, la moins avancée des sciences médicales chez les anciens. La grande chirurgie française allait naître avec Ambroise Paré, qui commença de se rendre célèbre vers 1543. Les travaux de Rondelet sur les poissons, de Ruel et de Pellissier, évêque de Montpellier, sur la botanique [1] et le commentaire de Pellissier sur Pline sont les débuts de l'histoire naturelle chez nous : François Ier montrait un vif intérêt pour cette science. Le mouvement gagnait les sciences exactes comme les sciences naturelles : le traducteur d'Euclide, Oronce Finé, aidé de la faveur du roi, propageait avec une ardeur infatigable l'étude des mathématiques, de l'astronomie, de la géographie, de la mécanique : Duhamel commentait Archimède; Simon Grynœus, de Bâle, publiait à Paris, en 1532, un recueil des grands voyages de découvertes qui venaient enfin de révéler à l'homme l'ensemble de sa demeure terrestre.

La philologie poursuivait sa carrière avec un éclat toujours croissant. Ce fut un Anglais, Palsgrave, qui, chose singulière, publia le premier une grammaire française (1530) [2] : Robert Estienne, Meigret, Étienne Dolet, surtout, l'habile *cicéronien*, le docte imprimeur de Lyon, l'auteur des vastes *Commentaires de la langue latine* (1535), travaillèrent à régulariser et à fixer les principes et les signes de notre langue. En 1535, parut l'admirable glossaire latin de Robert Estienne (*Thesaurus linguæ latinæ*). En 1529, Budé avait publié son *Commentaire de la langue grecque*, que tous les travaux postérieurs ont dû prendre pour base. Cette importante publication contribua beaucoup à un événement qui combla de joie tous les lettrés, la fondation du *Collège royal* (le Collège de France). Budé, qui remplissait des fonctions élevées (prévôt des marchands, maître des requêtes de l'hôtel, etc.) et qui jouissait d'un crédit égal à son mérite, ne cessait de rappeler au roi ses beaux projets en faveur de l'enseignement philologique : dans la préface du *Commentaire*, il réclama de nouveau avec solennité l'exécution des « promesses sacrées faites à la jeunesse studieuse ». François Ier se mit à l'œuvre et fonda des chaires de

---

1. Rondelet et Pellissier eurent Rabelais pour collaborateur à Montpellier.
2. Réimprimée dans le recueil des *Documents inédits*.

grec et d'hébreu à Paris. Les premiers professeurs d'hébreu furent deux Italiens, Paolo Paradisio et Agathio Guidacerio, puis François *Vatable* (Wâte-Bled, Gâte-Bled), de Gamaches, en Picardie, dont la renommée a complétement effacé celle de ses collègues; les premiers professeurs de grec furent Pierre Danès et Toussain (*Tusanus*), celui-ci, le meilleur élève, celui-là, le digne rival et l'ami de Budé. L'université s'agita sur ses fondements séculaires : la Sorbonne jeta un cri d'alarme. « Le grec est la langue des hérésies! » s'écriait le fougueux Noël *Beda* (Bedier), syndic de la Sorbonne : — « L'hébreu mène à judaïser! reprenaient d'autres théologiens. Aux préjugés de la vieille église latine contre tout ce qui venait des Grecs se joignaient l'intérêt d'amour-propre et l'intérêt pécuniaire : les scolastiques ne pouvaient voir sans chagrin honorer et propager les connaissances qu'ils n'avaient pas [1] : ils craignaient que les écoliers ne désertassent leurs leçons payées pour les cours gratuits des professeurs salariés par le roi [2]. La Sorbonne entama les hostilités en condamnant cette proposition : « que l'Écriture-Sainte ne sauroit être bien comprise sans la connoissance du grec et de l'hébreu (avril 1530); » c'est-à-dire qu'elle proclama infaillibles saint Jérôme et sa traduction latine de l'Écriture (la Vulgate); en même temps elle cita devant le parlement les professeurs royaux, « pour leur être fait défense d'expliquer les livres saints selon le grec et l'hébreu, sans la permission de l'université » : le parlement n'osa heurter à ce point le roi et les professeurs furent maintenus dans leur liberté. En dépit de l'université, le haut enseignement des « trois langues » fut complété, en 1534, par la création d'une chaire d'éloquence latine, dont le premier titulaire fut Le Maçon (*Latomus*), d'Arlon, qui eut pour successeur Pierre Galland. En 1538, une nouvelle chaire, celle des langues arabe et chaldaïque, fut créée pour Guillaume Pos-

---

1. Érasme assure avoir connu des théologiens de quatre-vingts ans qui n'avaient jamais lu l'Évangile. Burigni, *Vie d'Érasme*, t. II, p. 490. Il y en avait qui appelaient en chaire le texte grec du Nouveau-Testament un « livre plein de ronces et de vipères » et prétendaient qu'on ne pouvait lire l'Ancien-Testament en hébreu sans devenir juif. *V.* Conrad de Heresbach.

2. Les gages des professeurs royaux étaient de 200 écus au soleil, environ 1,600 francs de notre monnaie et au moins 6,000 de valeur relative. Ils jouissaient de quelques autres avantages. *V.* Extraits des comptes de François Ier, dans le tome III des *Archives curieuses*, etc.

tel, homme d'un savoir universel et d'une imagination dévorante, qui, le premier parmi nous, commença de défricher le champ immense des langues et des littératures asiatiques, entrevit l'antique Orient et l'unité du monde primitif au fond de l'Orient, et fut tellement saisi de cette vision gigantesque qu'il en perdit presque la raison.

Le Collége royal ne se borna point à la philologie : dès 1530, le roi avait institué une chaire de mathématiques, remplie par un Espagnol, Poblacion, auquel succéda Oronce Finé, que François Ier dédommageait ainsi des persécutions qu'il avait endurées à cause des troubles du Concordat [1]. On retrouve encore là, près de Finé, Guillaume Postel, qui occupa deux chaires à la fois. Le Florentin Vidus-Vidius fut nommé professeur de médecine vers 1542 et le Milanais Vico Mercato professeur de philosophie grecque et latine, vers 1543. Ainsi furent consommés et le mariage des lettres et des sciences et la sécularisation du haut enseignement aux mains de professeurs laïques : ainsi fut consacrée la révolution qui enlevait au clergé la direction de l'intelligence humaine.

L'université, ne pouvant étouffer la science nouvelle, se résigna enfin à transiger avec elle par quelques réformes : les théologiens s'astreignirent à joindre à la scolastique quelque étude des livres saints; les autres Facultés modifièrent aussi leurs vieilles routines. Ce progrès ne tarda pas à être bien plus que compensé par une déplorable mesure qui ôta à l'université toute chance de recouvrer sa vieille popularité; ce fut la clôture de l'enseignement public de la Faculté des arts, jadis si éclatant et si libre. Les ennemis des lumières et des innovations se vengèrent ainsi de la fondation du Collége de France [2].

La création de l'imprimerie royale, dont les magnifiques caractères servirent d'abord aux éditions de Conrad Néobar et de Robert Estienne, fut un appendice du Collége royal (vers 1540).

---

1. Il avait été en prison six ans.
2. La généreuse publicité des leçons de l'université était entrée pour beaucoup dans l'immense popularité dont ce corps avait joui durant plusieurs siècles, suivant les termes d'un écrivain de grande autorité dans ces matières, le savant doyen de la Faculté des Lettres, M. Victor Leclerc. L'enseignement public de l'université, ajoute-t-il, ne s'est rouvert que de nos jours sous le nom de Faculté des Lettres.
Histoire littér. de la France, t. XXI, art. SIGER DE BRABANT.

François Iᵉʳ avait eu de plus vastes desseins pour son collége : il voulait ériger à l'éducation publique un palais sur l'emplacement de l'hôtel de Nesle (aujourd'hui l'Institut) ; six cents jeunes gens y eussent été élevés dans les hautes sciences, et un revenu de 50,000 écus eût été assigné à cet établissement vraiment digne d'un grand peuple. Les guerres, les embarras politiques et financiers, et surtout le mauvais vouloir des chanceliers Duprat et Poyet et du parti ennemi des nouveautés, empêchèrent le roi de réaliser ses plans.

Lors de cette guerre impuissante contre la Renaissance, la Sorbonne était engagée, depuis quelques années, dans une lutte plus tragique contre la Réforme. La France, à son tour, était entamée par la révolution religieuse. Les idées qui donnèrent naissance à cette révolution avaient même apparu parmi nous avant de faire explosion outre Rhin, et Lefèvre d'Étaples (*Fabri*, comme on l'appelait en latin), le plus pieux des savants, le plus chrétien des apôtres de la Renaissance, le vénérable Lefèvre, qui enseignait la théologie et les belles-lettres à Paris dès 1493, avait devancé Luther dans la profession de la doctrine qui fut l'âme de la Réformation et qui caractérise l'interprétation protestante du christianisme, la doctrine du salut gratuit, de la justification par la foi seule. Dès le temps de Louis XII, Lefèvre, le maître bien-aimé de la jeunesse lettrée de Paris, annonçait à ses disciples que Dieu renouvellerait le monde, publiait, vers 1512, son *Commentaire sur les Epîtres de saint Paul* et déclarait les œuvres nécessaires seulement comme signe de la foi vivante qui justifie[1]. Les monstrueux abus où étaient arrivées la doctrine des œuvres satisfactoires et l'intervention de la hiérarchie sacerdotale entre Dieu et l'homme, enfantaient nécessairement partout une réaction analogue dans les âmes pieuses et méditatives.

Le placide Lefèvre n'avait pas toutefois l'étoffe d'un Luther et, bien que certains de ses élèves, surtout l'ardent Dauphinois Farel[2], eussent les passions et les facultés d'action qui lui manquaient, on peut douter que Lefèvre eût produit autre chose qu'un mouvement d'opinions spéculatives dans un cercle assez étroit,

---

1. *V.* Merle d'Aubigné, *Hist. de la Réformation*, t. III, p. 474-494.
2. Né en 1489.

si le contre-coup de la tempête de Wittemberg ne fût venu ébranler la France. Les hommes plus particulièrement animés du désir d'une réforme morale et religieuse furent enflammés par l'exemple : ceux que préoccupait davantage le progrès des lumières ne se réjouirent pas moins des échecs que subissait le monachisme, leur grand ennemi. La Renaissance, alors dans toute sa fleur, maîtresse de la faveur royale, tendit la main, dans ces premiers temps, à la Réforme naissante. Plusieurs des maîtres de la science, les deux Cop père et fils, Robert Estienne et sa famille, l'Italien Jules-César Scaliger, le poète Clément Marot, que ses mœurs semblaient devoir écarter de dogmes si austères, se rallièrent à la petite école groupée autour de Lefèvre et dans laquelle commençait à briller un homme qui paraissait réservé à de hautes destinées, Louis de Berquin, noble picard établi à la cour de France et très-estimé du roi; c'était un saint par les mœurs et la charité, un docteur éminent par le savoir; ce pouvait être un chef de parti par l'énergie et l'activité.

Les autres lettrés les plus illustres, dont le catholicisme était au moins fort tempéré, le prince des philologues, Budé, le lecteur du roi, Duchâtel [1], l'évêque de Montpellier, Pellissier [2], l'helléniste Danès et jusqu'au confesseur du roi, le dominicain Guillaume Petit (en latin *Parvi*), évêque de Troies et de Senlis, vivaient dans la meilleure intelligence avec Lefèvre et ses amis, qui n'avaient point encore définitivement rompu avec Rome. Ceux des hommes de la Renaissance qui allaient à un mysticisme indépendant, comme Postel, ou qui devaient tendre plus tard moins au protestantisme qu'à une philosophie étrangère, sinon contraire au christianisme, Rabelais, érudit illustre avant d'être l'étrange et puissant écrivain que le monde sait, Étienne Dolet, Bonaventure des Périers, faisaient cause commune avec leurs confrères; il n'y avait encore, vers 1520, qu'un seul parti, le parti des lumières contre l'ignorance et le fanatisme.

La royauté laissait jusqu'à un certain point le champ ouvert

---

1. Plus tard évêque de Tulle, puis de Mâcon.
2. Ce fut lui que François Ier chargea de rapporter, d'une ambassade à Venise, une collection de manuscrits grecs, hébreux et syriaques qui est un des fonds primitifs de la Bibliothèque nationale.

aux novateurs : les grands corps constitués à l'ombre de la royauté se liguèrent pour les arrêter et les poursuivre. C'eût été peu que la Sorbonne, que l'université même, quelle que fût sa masse et sa clientèle, si le parlement n'eût été décidé à soutenir de ses arrêts les décisions de la Faculté de théologie ; mais la cour suprême, dans son esprit traditionnel, repoussait toute nouveauté ; elle s'effrayait du bouleversement de la théologie par Luther, et il n'y avait pas que des préjugés ou des routines dans les motifs de son opposition : les plus éclairés des jurisconsultes, sauf quelques éclatantes exceptions, étaient bien plutôt avec Érasme qu'avec Luther ; ils approuvaient la guerre contre la Rome papale et le droit ecclésiastique, mais non pas la théologie de la grâce ; la doctrine du libre arbitre est le fond même de la tradition du droit romain, de la « raison écrite », et Luther avait attaqué les juristes aussi bien que les scolastiques [1].

Les déclamateurs fanatiques qui menaient la vieille Sorbonne, les Beda, les Duchesne, profitèrent de cette disposition du grand corps judiciaire pour engager les hostilités malgré la cour. La Sorbonne avait une première fois condamné une proposition de Lefèvre sur un point de l'histoire évangélique [2] : le roi avait défendu au parlement de poursuivre sur la décision de la Sorbonne. La Faculté de théologie, après avoir condamné solennellement les doctrines de Luther, en avril 1521, recommença d'inquiéter Lefèvre et adressa au roi, contre les fauteurs d'hérésie, d'âpres remontrances que François reçut fort mal. Le paisible Lefèvre, quoique assuré de la protection royale, abandonna à ses ennemis le terrain tumultueux de l'université et se retira à Meaux.

Des savants, pourvus par le roi de prélatures en récompense de leur savoir, favorisaient le parti novateur par amour des lettres. Un évêque, qui était évêque avant tout, s'était uni à ce parti par piété. Guillaume Briçonnet, évêque de Meaux, fils du ministre de Charles VIII, âme douce et mystique et dont le zèle avait plus de chaleur que de force, était entré sans réserve dans le mouvement donné par Lefèvre d'Étaples ; il avait retiré la prédication aux

---

1. M. Merle d'Aubigné se rend parfaitement compte de cette situation des esprits; *Hist. de la Réformation*, t. III, p. 622.
2. La distinction des trois Maries.

cordeliers dans son diocèse, qu'il travaillait à réformer quant à la foi et quant aux mœurs, et il appela auprès de lui à Meaux, avec Lefèvre, ses disciples Farel, Gérard Roussel (*Rufi*), d'Arande, toute une pléiade de savants aux tendances antiromaines; Meaux parut aspirer à se transformer en un autre Wittemberg.

La conquête de Briçonnet en promettait de bien plus considérables. Briçonnet devint, en 1521, le conseiller, le directeur de conscience de la sœur du roi et madame Marguerite, cherchant dans la doctrine du « pur Évangile » un refuge pour son esprit affamé de vérité et pour son cœur tendre et troublé, employa toute son influence à tâcher d'entraîner sa mère et son frère dans la même voie. Elle se crut tout près d'y réussir. « Le roi et Madame », écrivait-elle à Briçonnet en décembre 1521, « sont plus que jamais affectionnés à la réformation de l'Église... délibérés de donner à connoître que la vérité de Dieu n'est point hérésie [1]. » Il y eut plus d'un moment, en effet, où la flamme qui avait touché l'électeur de Saxe parut effleurer François Ier; mais Louise de Savoie était trop corrompue et son fils tout au moins trop léger, trop éloigné de la vie intérieure et de la sérieuse spiritualité, pour qu'ils se décidassent par des motifs de religion pure. Briçonnet, on le voit par sa correspondance avec Marguerite, se fit moins d'illusion qu'elle. Le beau zèle du roi pour la réformation de l'Église en 1521 n'aboutit qu'à une grosse levée d'argent sur le clergé en 1522.

François resta, du moins, disposé à la tolérance et fort dédaigneux de la Sorbonne et de la « moinerie ». Louise elle-même, dans un passage de son *Journal*, écrit en décembre 1522, remercie Dieu d'avoir fait connaître à son fils, ainsi qu'à elle, « les hypocrites blancs, gris, noirs et de toutes couleurs », c'est-à-dire les moines [2]. Lefèvre venait de publier sa traduction française du Nouveau Testament, avec commentaires (octobre-novembre 1522): l'Écriture Sainte devenait de mode à la cour : Louise en faisait traduire diverses autres parties par d'Arande. Les classes populaires commençaient à s'émouvoir. Les ouvriers de Meaux, alors ville de grande industrie drapière, prenaient feu aux prédications

---

1. *Nouvelles Lettres* de Marguerite, p. 273.
2. *Journal de Louise de Savoie*, ap. Collect. Michaud, 1re sér., t. V, p. 93.

des nouveaux docteurs de leur évêque et montraient cette exaltation de piété indépendante qui s'était souvent manifestée parmi les artisans de Flandre.

La sombre masse des moines et des universitaires frémissait de fureur. Des propos menaçants se tenaient déjà contre le roi[1]. Les moines de Meaux dénoncèrent leur évêque et ses docteurs au parlement. Briçonnet faiblit : il transigea ; il retira la prédication à ses amis (avril 1523) : il avait pris un rôle trop fort pour son caractère. Le roi couvrit Lefèvre contre les sorbonnistes ; mais l'impétueux Farel, ne pouvant s'accommoder de moyens termes, retourna dans son pays natal, en Dauphiné, où il jeta les premiers germes du protestantisme, avant d'aller poursuivre son orageux et fécond apostolat dans la région transjurane. Il y devint le Zwingli de la Suisse française et le précurseur de Calvin.

Les artisans de Meaux reprirent l'œuvre arrachée des mains des savants. Un cardeur de laine, Jean Leclerc, se fit le pasteur de ce troupeau abandonné. Ce fut, suivant la remarque de l'historien du protestantisme[2], chez les réformés français que se réalisa surtout la parole de Luther : « Tout chrétien est prêtre ! » restée à l'état de simple théorie dans la réforme saxonne, où tout procéda, en fait, du pasteur ou du prêtre. Le génie de l'égalité, en France, donna forme et vie à ce qui, en Allemagne, avorta devant l'esprit hiérarchique. Le « ministère » de Jean Leclerc ne fut pas de longue durée. L'imprudent et intrépide cardeur afficha sur les portes mêmes de la cathédrale des pancartes contre « l'antechrist de Rome ». Il fut arrêté, condamné, battu de verges, trois jours de suite, puis marqué d'un fer rouge au front. Au moment où le bourreau imprima sur sa face l'*enseigne* ardente, un cri s'éleva du milieu de la foule : « Vive Jésus-Christ et ses enseignes ! » C'était la mère du condamné qui, jusqu'au bout, l'avait assisté de la voix et du geste. Les réformés français durent se rappeler la mère de Symphorien d'Autun[3].

1. Un jacobin, dans une altercation avec Lefèvre et Farel, ne craignit pas de dire que, si le roi soutenait l'hérésie, on prêcherait la croisade contre lui et on le chasserait de son royaume. Farel, *Épît. au duc de Lorraine*; Genève, 1634.
2. Merle d'Aubigné, t. III, p. 547.
3. Théod. de Bèze, *Hist. ecclésiast.*, p. 4. — Crespin, *Actes des Martyrs*, p. 92 ; et, sur saint Symphorien, notre t. Ier, p. 253.

Jean Leclerc sortit du royaume, alla porter la réforme à Metz, y brisa des images et monta sur le bûcher, accompagné d'un docteur en théologie, Jean Châtelain, qui avait partagé sa foi et partagea son supplice (1524). Ce furent les premiers martyrs du protestantisme dans les pays de langue française [1].

Le parti des persécuteurs, à Paris, espérait bien arriver enfin à forcer la main au roi. Berquin avait été attaqué après Lefèvre. Il combattait ceux qui invoquaient « la sainte Vierge au lieu de l'Esprit Saint »; il traduisait, imprimait, publiait sous le manteau les traités de Luther et de Mélanchton. La Sorbonne condamna ses doctrines (mai 1523). Le parlement le fit arrêter et livrer à l'évêque de Paris, afin de faire juger sa personne par le tribunal ecclésiastique (août 1523). C'était toujours, en droit, la vieille inquisition; mais, en fait, ce n'était plus, en France du moins, que le tribunal de l'évêque. Le grand conseil évoqua l'affaire : le roi fit enlever Berquin des prisons de l'officialité, et Berquin fut renvoyé libre par le conseil, après qu'on l'eut obligé, disent les registres du parlement, à abjurer quelques propositions hérétiques [2]. D'après le caractère de Berquin, il est probable qu'on n'obtint de lui que de faibles concessions.

La révolte du connétable, sur ces entrefaites, avait éclaté : le pouvoir royal, fort menacé, crut devoir, pour se concilier le clergé, envoyer douze moines prêcher dans les provinces contre « les erreurs de Luther » (novembre 1523). Madame Marguerite, cependant, continuait à s'entourer de partisans des opinions « évangéliques » et à les soutenir auprès de son frère. Jusqu'au départ du roi pour la fatale campagne de Pavie, les bûchers ne s'allumèrent pas. Les sorbonnistes eurent seulement la satisfaction de faire rétracter, par la peur, deux des anciens membres du cénacle de Meaux. La nouvelle de Pavie renversa tout équilibre. Marguerite ne fut plus écoutée et, tandis qu'elle envoyait à son frère captif le livre chéri des réformés, les Épîtres de saint Paul,

---

1. L'évêque de Metz était alors le cardinal Jean de Lorraine, frère du duc Antoine de Lorraine et du comte Claude de Guise, et renommé par ses talents diplomatiques et par ses mœurs cyniques. Les princes lorrains furent ainsi associés dès l'origine aux persécutions religieuses en France. Cependant ce même cardinal de Lorraine protégea plus tard Rabelais.

2. Mss. de Brienne, 205. — Erasm. *Epist.* 1279.

sa mère, croyant voir dans l'alliance papale une chance de délivrance pour François I*er*, se jetait dans les bras du clergé et réclamait aide et conseil de la Sorbonne, puis du pape, afin d'extirper l'hérésie qui attirait le courroux du ciel sur la France. La Sorbonne répondit en invoquant les supplices et la terreur; le pape en invitant à réorganiser l'inquisition. Le parlement prit les devants : il voulait bien la persécution, mais à condition de la diriger; triste émulation entre Rome et le gallicanisme. Un arrêt du parlement réclama de l'évêque de Paris [1] et de tous les autres prélats du ressort de la cour « vicariat », c'est-à-dire délégation épiscopale pour deux conseillers clercs au parlement et deux docteurs en théologie choisis par la cour suprême. L'un des deux docteurs était Duchesne, le principal acolyte du furieux Beda. C'était une inquisition semi-laïque et gallicane. Le pape comprit que, d'accord sur le but, il ne fallait pas engager de conflit sur les moyens, et il autorisa, par une bulle, la commission extraordinaire qu'avait nommée le parlement (17 mai 1525). Il dévouait au premier occupant les biens des hérétiques et autorisait tout fidèle à réduire leurs personnes en « servitude perpétuelle » (ceux qui se soumettraient, car les relaps et les obstinés étaient voués à la mort). Les pouvoirs de la commission s'étendirent jusque sur les ducs, évêques et archevêques [2]. Les autres cours souveraines suivirent l'exemple du parlement de Paris. Les échafauds se dressèrent. Un jeune homme de grande espérance, qui avait été du cénacle de Meaux et qui avait abjuré ses « erreurs » par crainte, Jacques Pavanne, était revenu sur son abjuration; il fut repris, condamné et brûlé en place de Grève (28 août 1525) [3]. Vers le même temps, on brûla, à petit feu, avec beaucoup plus de solennité, au parvis Notre-Dame, un pauvre ermite de la forêt de Livri (ou de Bondi), convaincu d'avoir prêché aux paysans les doctrines des gens de Meaux. Clergé et peuple

---

1. C'était cet évêque Poncher, qui, à la nouvelle de Pavie, voulut faire ôter la régence à madame Louise; au retour du roi, il fut emprisonné et on lui fit un procès de lèse-majesté. Il mourut prisonnier en 1531.

2. Isambert, t. XII, p. 231. — De Lezeau; *De la Religion catholique en France;* ap. *Archives curieuses de l'histoire de France.*

3. *Le Bourgeois de Paris* met sa mort en 1526; mais rien n'est plus confus que ce *Journal* rempli, d'ailleurs, de renseignements curieux.

furent convoqués par le bourdon de Notre-Dame pour voir mourir ce malheureux. « Les docteurs assuroient au peuple que c'étoit un homme damné qu'on menoit au feu d'enfer [1]. » Un gentilhomme, appelé La Tour, suivit le jeune étudiant et le vieil ermite (26 octobre); puis un licencié ès lois, Hubert (17 février 1526) [2]. Le sang couloit aussi dans les provinces : du Blet, un ami de Farel, fut brûlé à Lyon avec un nommé Moulin.

La commission extraordinaire s'était enhardie à un plus grand coup : après que le parlement eut prohibé la traduction du Nouveau Testament par Lefèvre d'Étaples (août 1525), qui sortit du royaume et rejoignit Farel à Strasbourg, elle avait cité l'évêque de Meaux, sans tenir compte des ménagements qu'il gardait depuis deux ans. Briçonnet demanda de comparaître devant les chambres du parlement assemblées : le parlement refusa (octobre 1525). Briçonnet avait l'âme charitable et ardente, mais ce n'était ni un grand esprit ni un grand caractère [3]; il prit l'épouvante; de ses deux anciens « complices » de Meaux qui avaient abjuré, l'un, Pavanne, s'était rétracté et venait de périr sur le bûcher : l'autre, Mazurier, qui avait induit Pavanne à l'abjuration [4], fut employé par les sorbonnistes pour gagner et réduire Briçonnet. L'évêque de Meaux céda, chute tant déplorée par les écrivains protestants ! Il désavoua son passé, fut absous, à ce prix, par la commission, condamna, dans un synode diocésain, les livres de Luther et donna tous les gages qu'on voulut, excepté de devenir persécuteur à son tour [5].

La commission poursuivit son œuvre : elle fit arrêter le poète Marot; elle fit amener prisonnier de Rambures, près d'Abbeville, Louis de Berquin, qui s'était retiré dans ses terres de Picardie et qui y poursuivait ses traductions et ses commentaires de Luther et d'Érasme (janvier 1526). Érasme lui-même, sur ces entrefaites, était dénoncé à la Faculté de théologie par le furieux syn-

---

1. Th. de Bèze, *Hist. ecclés.*, t. I, p. 6-7. — Fontaine, *Hist. catholiq. de notre temps*; 1562.
2. *Bourgeois de Paris*, p. 250, 276, 291, 328.
3. Ses lettres mystiques à Marguerite d'Angoulême sont d'un mauvais goût et d'un galimatias dignes des écrivains de la cour d'Anne de Bretagne.
4. Il fut, depuis, étroitement lié avec Ignace de Loyola.
5. Merle d'Aubigné, t. III, p. 626-635.

dic Beda, pour ses spirituels et amusants *Colloques*, où il avait renouvelé ses plaisanteries contre les moines et les scolastiques et attaqué derechef l'ascétisme et la superstition (en 1522). L'entourage de la sœur du roi était violemment menacé par les fanatiques, qui dissimulaient peu leur haine pour Marguerite. Un des intimes de Marguerite, Papillon, qu'elle avait introduit au grand conseil et qui acquérait de l'influence, mourut, « non sans grave soupçon de poison », au dire d'Érasme [1].

François Ier, cependant, sortait enfin de prison : tous les novateurs, tous les lettrés, attendaient sa délivrance comme leur salut. La réaction commença en effet. Érasme venait tout récemment d'écrire contre Luther en faveur du libre arbitre : il se servit de cet écrit orthodoxe comme d'un bouclier; il récrimina contre Beda et ses adhérents par des lettres véhémentes à la Sorbonne, au parlement, au roi et, dans sa lettre à François Ier, on peut dire qu'il prédit la Ligue. « C'est la foi qu'ils mettent en avant; mais ils aspirent à la tyrannie, même avec les princes. Ils marchent d'un pas sûr, quoique sous terre. Que le prince s'avise de ne leur être pas soumis en toutes choses, aussitôt ils déclareront qu'il peut être destitué par l'Église, c'est-à-dire par quelques faux moines et quelques faux théologiens conjurés contre la paix publique [2]. »

Le coup porta. Le roi, de Bayonne, envoya l'ordre de relâcher Marot [3] et défense de faire mourir Berquin. Berquin était déjà déclaré hérétique par la commission et remis par elle au parlement pour être « conclu à mort [4] ». Il y avait cependant de l'hésitation : le parlement n'était point unanime et la régente, sur une première lettre du roi, expédiée de Madrid, à la prière de Marguerite, avait ordonné un premier sursis. L'intervention du roi trancha la question. François Ier évoqua l'affaire à sa personne et, le

---

1. *Erasm. Epist.*, p. 1109. Ce ne fut pas la seule fois qu'il fut question de poison autour de Marguerite. *V.* sa lettre à M. d'Izernai; ap. *Lettres de Marguerite d'Angoulême*, p. 372. « L'invention que l'on dit que les moines ont d'empoisonner en ce pays (en Gascogne), c'est dedans l'encens. »

2. *Erasm. Epist.*, p. 1108.

3. Sa captivité nous a valu une de ses meilleures pièces, l'*Enfer* (le Châtelet), petit poëme étincelant de verve.

4. *Bourgeois de Paris*, p. 278, 379. La commission instruisait, déclarait l'hérésie et le parlement prononçait l'arrêt.

parlement résistant, un officier des gardes vint enlever Berquin de la Conciergerie, comme naguère de la prison épiscopale. Madame Marguerite[1] prit Berquin à son service. Le roi était très-irrité contre les fanatiques et entendait bien défendre les hommes « d'excellent savoir » qui faisaient l'ornement de son règne : il prohiba les livres écrits par Beda contre Érasme et Lefèvre (avril 1526), rappela Lefèvre de Strasbourg et le nomma précepteur de son plus jeune fils. La Sorbonne répondit hardiment en censurant les *Colloques* d'Érasme (mai 1526). Le roi interdit à la Sorbonne de rien publier dorénavant sans l'autorisation du parlement et autorisa la réimpression des *Colloques* à 24,000 exemplaires par l'imprimeur Collines. Berquin reprend l'offensive contre Beda. Le chef de la Réforme suisse, Ulrich Zwingli, qui était tout à la fois l'esprit le plus rationnel, l'âme la plus sympathique, le cœur le plus généreux qu'il y ait eu parmi les réformateurs, Zwingli, bien plus capable que Luther de s'entendre avec la France, dédie et envoie de Zurich au roi son livre de la *Vraie et fausse religion*, en même temps qu'il publie son traité du *Péché originel*. C'est là qu'atténuant la dureté du dogme et que, rachetant par l'ampleur de ses vues religieuses cette doctrine de la grâce et de la prédestination absolues, cette négation du libre arbitre où l'entraîne, comme Luther, la préoccupation exclusive d'une des tendances du christianisme, il revendique pour la religion et pour le ciel tous les hommes vertueux de l'antiquité. « Les deux Caton[2], Camille et Scipion, s'ils n'avoient été religieux, n'auroient pas été si magnanimes. La religion n'étoit point alors renfermée dans les limites de la Palestine; car l'Esprit divin n'a

---

1. *V.* sa lettre de remerciement au roi. « Celui pour qui je crois qu'il (Berquin) a souffert aura agréable la miséricorde que, pour son honneur, avez fait à son serviteur et au vôtre. » *Nouvelles Lettres de Marguerite d'Angoulême*, p. 7.

2. Ce passage est tiré de la lettre à Blarer; le reste, du traité *du Péché originel*. Luther se montra plus scandalisé des hardiesses de Zwingli que les catholiques eux-mêmes. Il est juste d'observer que, malgré le principe : « hors de l'Église, point de salut », il y avait eu, au moyen âge, plus d'une éclatante protestation contre la damnation universelle des hommes qui n'avaient pas connu l'orthodoxie juive ou chrétienne. On sait qu'un pape avait proclamé le salut de Trajan; Dante met Trajan et Riphée en paradis et Caton à la tête des âmes du purgatoire; le fameux inquisiteur Sepulveda et beaucoup d'autres des catholiques les plus violents croyaient au salut d'Aristote, conformément au sentiment général des scolastiques. Bayle, article ARISTOTE, note R.

pas créé la seule Palestine, mais l'univers entier. Il a donc nourri la piété chez tous ceux qu'il a élus, en quelque lieu qu'ils fussent..... Ils sont dans une erreur complète ceux qui vouent à la damnation tous les gentils. Que pouvons-nous savoir de la foi que Dieu peut leur avoir mise dans le cœur?... La vie éternelle étant à ceux que Dieu a plus, pourquoi osons-nous juger et condamner, quand l'élection de Dieu nous est cachée? Avons-nous été appelés dans ses conseils [1]? »

Voilà pour les âges de l'Ancienne Loi, pour le christianisme d'avant le Christ. Maintenant, depuis le Christ : « Tous ont été perdus par Adam : tous sont sauvés par le second Adam. J'affirme que les enfants des chrétiens, non baptisés, sont sauvés et je crois fermement qu'il en est de même des enfants des gentils. Ceux qui, à cause de leur âge, ne peuvent entendre la parole de Dieu, ne sauroient être condamnés pour n'avoir point la foi. Le péché originel est effacé par le sang du Christ : le baptême n'y peut rien. Rien d'extérieur ne peut nous rendre justes et purs. Seulement, par concession sans doute pour notre faiblesse, Christ a conservé deux choses extérieures, deux signes, deux cérémonies, le baptême et la commémoration (la cène). Le baptême est le signe auquel se reconnoissent les membres du peuple de Dieu [2] ».

On peut considérer l'œuvre de Zwingli comme le plus puissant effort qui ait été fait pour sanctifier la Renaissance et l'unir à la Réforme en Jésus-Christ [3].

---

1. « De ce souffle divin, communiqué à quelques-uns, en dehors même de l'Église chrétienne, il n'y a qu'un pas à faire pour arriver à la loi morale, innée et immanente en toute conscience.. » V. Chauffour, *Études sur les réformateurs du XVIe siècle*, t. I, p. 378. Nous ajouterions : pour arriver de la grâce spéciale et de la prédestination arbitraire à la grâce universelle.

2. On voit comment Luther ayant été très-faible contre les anabaptistes dans la défense du baptême des enfants, Zwingli, au contraire, est très-fort; voyant le salut dans le sang du Christ seul et non dans le signe extérieur de l'initiation chrétienne, il traite de superstition l'importance absolue que les anabaptistes attachent à ce signe et à l'époque de la vie à laquelle on le reçoit. La Sorbonne, vers ce même temps, qualifia de « question téméraire » celle du salut ou de la damnation des enfants morts sans baptême.

3. Zwingli dépasse Luther en politique encore plus qu'en théologie. Il n'est pas, comme Luther, indifférent au gouvernement de ce monde et il sait être citoyen en même temps que chrétien. Ce n'est point, il est vrai, par sa politique toute républicaine qu'il pouvait gagner François Ier. Il se prononce avec force pour le principe

Le parti « évangélique » avait repris toutes ses espérances. Marguerite n'avait point suivi Briçonnet dans sa « chute ». Il était déjà remplacé auprès d'elle. Le vénérable Lefèvre ne suffisait point pour le « bon combat »; les novateurs travaillaient, par l'intermédiaire de Marguerite, à faire venir de Strasbourg le mystique protestant Hohenlohe [1], alors en grand renom, pour reprendre la « conversion » du roi.

Une coalition s'ourdit à la cour afin d'arrêter le mouvement et de saper l'influence de Marguerite. Le chancelier Duprat, archevêque en dépit du parlement et bientôt cardinal (en 1527), puis légat à vie en France (1529), commençait à nourrir des rêves de papauté, malgré les exemples de Georges d'Amboise et de Wolsey : il détournait Madame Louise de céder à l'ascendant de sa fille et s'efforçait de convaincre le roi que ces « nouveautés tendoient du tout au renversement de la monarchie divine et humaine. » Duprat s'associa le favori, le « grand maître de France », Anne de Montmorenci, âme dure, esprit étroit et violent, ennemi, par tempérament, de toute innovation et de toute liberté, qui dominait le roi par le contraste même de leurs natures et avait sur François Ier l'influence d'une volonté opiniâtre et laborieuse sur une imagination brillante et mobile. Tout en ménageant Marguerite et en la servant parfois dans le détail, il la contrecarrait au fond et visait déjà, probablement, à éloigner le roi de l'Angleterre et à le réconcilier avec Charles-Quint. On entrevoit, dans les correspondances diplomatiques de 1526, que Henri VIII, qui déjà songeait à obtenir du pape la cassation de son mariage avec la tante de l'empereur, Catherine d'Aragon, souhaitait de préparer

---

électif contre la monarchie héréditaire ; mais, avec la même force, il proteste contre le renversement de la société civile rêvé par les anabaptistes. « Suivant la loi de nature, qui n'est autre chose que l'inspiration même de l'Esprit Saint, tous les hommes sont égaux... Les païens, qui connoissoient aussi la loi de nature, la tenoient, non de leur propre raison, mais de l'esprit même de Dieu. Nous sommes tous frères et tout ce que nous avons est à la communauté..... Oui, mais devant Dieu et non devant les magistrats..... » Et il distingue, avec la lumière du bon sens, la solidarité volontaire, morale et chrétienne d'avec la communauté forcée et décrétée par la loi, utopie des nouveaux sectaires. *V.* sur les doctrines politiques de Zwingli, l'excellent ouvrage de M. V. Chauffour; *Études sur les Réformateurs du* XVIe *siècle*, t. I; *Ulrich Zwingli*, ch. III.

1. Doyen du chapitre de Strasbourg, converti au luthéranisme.

une autre alliance avec la sœur de François Ier et qu'on dissuada François d'encourager cette velléité, qui eût pu avoir de bien grandes conséquences (mars-avril 1526)¹. On détourna également le roi de mander Hohenlohe, sous prétexte que cela nuirait à la délivrance de ses enfants (juillet 1526)². Marguerite, quelques mois après, épousa le roi de Navarre, Henri d'Albret (janvier 1527). Ce mariage avec un homme beaucoup plus jeune qu'elle³ paraît lui avoir été imposé par la politique : il y avait intérêt, pour la France, à s'attacher plus étroitement ce petit prince des Pyrénées, avec ses droits toujours menaçants pour cette Espagne qui avait spolié sa maison. De ce mariage devait sortir le sauveur de la France. La protectrice de la Renaissance et de la Réforme eut pour petit-fils le vainqueur de Philippe II et l'auteur de l'édit de Nantes.

Le parti de l'intolérance gagna au mariage de Marguerite l'absence fréquente de la nouvelle reine de Navarre et l'affaiblissement de son action immédiate sur son frère. Mais il y eut une terrible compensation. Une jeune étrangère, dont la figure et l'esprit charmaient la cour de France, quitta la maison de la duchesse d'Alençon, devenue reine de Navarre, et retourna dans sa patrie. Cette jeune fille était Anna Boleyn⁴. Elle devait être bien autrement fatale au catholicisme romain en Angleterre que Marguerite en France.

Duprat, cependant, avait mis en mouvement non plus seulement la Sorbonne, mais le grand corps de l'église gallicane. Il n'y eut point de concile national; la politique royale n'aimait pas les grandes assemblées; mais des conciles provinciaux se réunirent coup sur coup afin de combattre l'hérésie et d'apaiser l'opinion par quelques réformes. On en cite trois : un à Lyon; un à Paris, pour la province de Sens, présidé par Duprat (3 février 1528); un à Bourges, présidé par l'archevêque François de Tournon (20 mars 1528). Ces conciles interdirent aux prêtres d'exiger de l'argent pour l'administration des sacrements, aux prédica-

---

1. Michelet, *Réforme*, p. 359-360.
2. *Lettres de Marguerite,* p. 180, 211, 214.
3. Henri d'Albret avait vingt-quatre ans; elle trente-cinq.
4. Ou plutôt Anne de Boulan, comme elle signe ses lettres. Elle était d'origine picarde.

teurs de faire rire leur auditoire par des fables et des contes burlesques et de citer les poëtes et les auteurs profanes; ils défendirent de tenir des assemblées profanes dans les églises, d'y célébrer la fête des Fous et de jouer des airs profanes et lascifs sur les orgues durant les offices; ils enjoignirent aux curés d'expliquer l'évangile du jour à leurs paroissiens, au prône du dimanche; l'autorité des évêques et des curés fut renforcée à l'encontre des moines mendiants et des prédicateurs étrangers; la réduction du nombre des fêtes fut remise à la discrétion des évêques; on mit quelque frein à l'abus monstrueux de l'excommunication [1]. Mais, par compensation, les mesures les plus impitoyables furent réclamées contre les « luthéristes »; il fut défendu de publier aucun livre traitant de la religion sans la permission des évêques diocésains; le concile de Paris, s'adressant, non-seulement à François Ier, mais à tous les souverains chrétiens : « La félicité et la gloire, dit-il, n'ont appartenu qu'aux princes qui, s'attachant inébranlablement à la foi catholique, ont poursuivi et mis à mort les hérétiques comme ennemis capitaux de leur couronne [2]. »

L'impatience téméraire de quelques réformés vint en aide au parti de la rigueur. Le parti de la Réforme n'avait pas gardé longtemps la modération témoignée d'abord par Luther quant aux cérémonies, aux images, à toutes les choses extérieures. Les anathèmes formulés par l'Ancienne Loi contre les idoles entraînaient trop violemment ces esprits nourris de la Bible et transportés d'un zèle ardent contre les mille superstitions « idolâtriques » qui se rattachaient aux images comme aux reliques. Dans la nuit du lundi de la Pentecôte (1er juin 1528), une statue de la Vierge, qui était à l'angle de la rue des Rosiers et de la rue des Juifs (quartier Saint-Antoine), fut abattue et mutilée par des mains inconnues. La colère du peuple de Paris, parmi lequel les confréries de la Vierge et des saints étaient très-nombreuses et très-puissantes, attesta que la Réforme germanique aurait grand'peine à devenir populaire en France. Les Parisiens tenaient assez

---

1. Les notaires, greffiers, procureurs ès cours d'église procédaient par voie d'excommunication contre quiconque ne leur payait pas leur salaire. *Histoire ecclésiastique*, t. XXVII, p. 8.
2. *Labb. Concil.*, t. XIV, p. 462.

peu au pape, mais beaucoup aux images et à toutes les formes du culte. Le roi ne se montra pas moins courroucé que le peuple : il fit faire une nouvelle statue en argent et alla lui-même, à la tête d'une splendide procession expiatoire, la poser à la place de celle qui avait été profanée. On entretint l'agitation populaire par le bruit que l'image brisée faisait des miracles [1].

Duprat l'emportait. La politique le favorisait. Le pape n'avait pas encore traité avec l'empereur et le roi ménageait Rome. Il y eut quelques exécutions à Paris et dans les provinces. Au printemps suivant, une déplorable catastrophe jeta l'effroi dans le monde lettré. Berquin, depuis son second procès, poursuivait à son tour le syndic Beda en calomnie et avait pris à partie les commissaires qui l'avaient condamné, sans tenir compte des conseils que le prudent Érasme [2] lui envoyait de Bâle. Douze nouveaux commissaires lui furent donnés par le roi, avec la sanction du pape. Guillaume Budé en était, ce qui semblait indiquer que François Ier n'abandonnait pas Berquin. L'accusé n'obtint pas de plaider sa cause devant le roi en personne, comme Marguerite en suppliait son frère [3]; cependant on l'eût probablement sauvé encore une fois, bien que sa candeur hardie fît un rôle difficile à ses protecteurs; mais un accident ou une intrigue, dont on trouva moyen de faire encore un miracle [4], mit dans les mains de ses persécuteurs des livres très-compromettants qu'il avait prié un ami de brûler. Le parlement le fit jeter dans une tour de la Conciergerie. Son juge Budé, qui n'était peut-être pas éloigné de penser comme lui, le conjura en vain de rétracter, d'atténuer tout au moins ses opinions. La commission lui prononça son arrêt le 16 avril 1529. Il était condamné à faire triple amende honorable au Palais, à la Grève et au Parvis Notre-Dame, pour « avoir tenu la secte de Luther » et pour les « mauvais livres faits par lui contre la majesté de Dieu et de sa glorieuse mère »; puis à être

---

1. *Bourgeois de Paris*, p. 346-351.

2. *Prudent*, et même quelque chose de plus : on a souvent appelé Érasme le *Voltaire* du XVIe siècle; mais il était bien loin d'avoir la chaleur d'âme de Voltaire et son dévouement pour sa cause et pour ses amis.

3. *Nouvelles Lettres de Marguerite d'Angoulême*, p. 96-99.

4. *Bourgeois de Paris*, p. 380-381.

enfermé pour toute sa vie dans les prisons de l'évêque de Paris, sans livres, encre ni plume.

Il appela au parlement. Budé le supplia de rétracter son appel. Il était assuré que le roi adoucirait la sentence. Berquin persista. Le parlement, dès le lendemain, le condamna à être brûlé avec ses livres, comme hérétique obstiné, et ordonna l'exécution en Grève le jour même, « en grande diligence, afin qu'il ne fût secouru du roi ni de madame la régente, qui étoient lors à Blois[1]! » Il mourut avec la sérénité des premiers martyrs, en présence d'une foule égarée par les déclamations des sorbonnistes (17 avril 1529). Beda et la tourbe scolastique avaient vaincu!

A la douleur profonde de Marguerite répondit chez le roi une profonde colère contre le parlement et la Sorbonne. Peu de temps après la réconciliation du pape et de l'empereur, les projets qu'ils concertèrent contre le luthéranisme vinrent pousser de nouveau le roi dans un sens contraire au parti que paraissait épouser Charles-Quint. Le roi et Budé tirèrent une belle vengeance de la Sorbonne par la fondation du Collége de France[2] et, au dehors, François, une fois assuré de ravoir ses enfants, rachetés si cher par le traité de Cambrai, s'efforça de regagner le terrain perdu à Cambrai, en opposant à Charles-Quint une diplomatie très-active. Il n'y avait pas, il n'y eut jamais unité dans la politique de François Ier; Montmorenci et la reine, sœur de Charles-Quint, faisaient entretenir des pourparlers de mariage entre les enfants du roi et ceux de l'empereur, pendant que la maîtresse du roi, madame d'Étampes, qu'on appelait « la plus belle des savantes et la plus savante des belles », et l'amiral de France, Chabot de Brion, rival de Montmorenci auprès du roi, commençaient d'entrer dans la même voie que Marguerite et d'agir dans le sens de la tolérance et des alliances anti-autrichiennes. Il n'y avait pas unité, disons-nous; mais ces derniers avaient le dessus et ils étaient bien secondés par la plupart des

---

1. *Bourgeois de Paris*, p. 383. — C'est de ce *Journal* que nous tirons presque tous les détails sur l'affaire de Berquin. *V.* aussi la *France protestante* de MM. Haag; art. BERQUIN.

2. *V.* ci-dessus, p. 144.

agents politiques, à la tête desquels se signalaient les quatre frères du Bellai, surtout Guillaume, le seigneur de Langei, et Jean, l'évêque de Bayonne (puis de Paris, en 1532), les grands amis et patrons de Rabelais. La cour de France se tenait en meilleure intelligence que jamais avec celle d'Angleterre, quoiqu'on eût éludé à deux reprises les insinuations ou même les propositions matrimoniales de Henri VIII d'abord avec Marguerite, puis avec Renée de France, fille de Louis XII, que Wolsey était venu demander formellement à François Ier, en 1527, dans un moment où le pape semblait disposé à casser le mariage de Henri VIII[1]. On entretenait d'intimes relations avec l'adversaire de l'Autriche en Hongrie, le roi Jean Zapoly, et l'on observait pas à pas la marche de Charles-Quint en Allemagne.

L'année qui suivit le traité de Cambrai fut une année solennelle pour l'Allemagne et pour la chrétienté. Le pape demandait à l'empereur la destruction des hérétiques par le fer et le feu et la réorganisation de l'inquisition, dans la forme espagnole, par tout l'Empire[2]. Luther, pendant ce temps, protestait contre la résistance armée à César, contre les ligues défensives et contre le mélange des armes et de l'Évangile. Il ne voulait triompher que par le martyre. Charles-Quint ne s'y trompa point ; il comprit que les gens de guerre n'écouteraient pas les docteurs en cette matière. Il prévit des luttes terribles et, d'une part, fit tout ce qu'il put afin d'obtenir une trêve du Turc, de l'autre part, tâcha de ramener ou, tout au moins, de diviser les luthériens par quelques concessions. D'accord avec le pape sur le but, il voyait de plus près l'énorme difficulté des moyens. Il avait déjà parlé de concile à Clément VII, au grand déplaisir du saint-père. Le chancelier de Charles, Gattinara, si amer dans les rapports avec la France, était toute douceur vis-à-vis des Allemands, et la convocation de la diète à Augsbourg (21 janvier 1530) se fit dans les termes les plus conciliants. « Mettons à néant, écrivait le chan-

---

1. Le mariage avec Renée eût été trop dangereux, à cause des prétentions que pouvait faire valoir sur la Bretagne la fille de Louis XII et de la duchesse Anne. Le refus de la cour de France fit la grandeur d'Anna Boleyn et amena la chute de Wolsey.

2. *V.* ap. Ranke, *Hist. de la papauté*, etc., l. I, c. 3, *l'instruction* remise à l'empereur par le légat Campeggi.

celier, tout ce qui, des deux côtés, a été dit ou fait contre la justice..... »

La diète fut ouverte, le 15 juin 1530, par Charles-Quint, arrivé d'Italie. Princes et docteurs l'avaient précédé dans Augsbourg. Des chefs luthériens il ne manquait que Luther. Le réformateur, toujours sous le coup de l'édit de Worms, n'avait pu paraître en personne devant l'empereur, qui l'avait proscrit : établi à Cobourg, il animait de loin ses disciples aux combats de la Parole [1].

Gattinara venait de mourir (4 juin), remplacé par le Franc-Comtois Perrenot de Granvelle, très-hostile aux luthériens. Une des sœurs de l'empereur, Marie, la reine douairière de Hongrie, inclinait vers la Réforme et n'eût pas mieux demandé que d'être auprès de Charles ce qu'était la reine de Navarre auprès de François Ier; mais son crédit n'égalait pas celui qu'avait eu Gattinara [2]. L'empereur voulut commencer par imposer silence dans Augsbourg aux prédicateurs protestants. Les docteurs conseillaient d'obéir. Les princes protestants résistèrent. On transigea. Toute controverse fut interdite aux deux partis dans les chaires. Les princes protestants, durant tout le cours de la diète, montrèrent, et dans les actes et dans les doctrines, bien plus de fermeté que les docteurs devant l'empereur et le parti catholique et bien plus de dispositions conciliantes vis-à-vis des *sacramentaires*, des réformateurs dissidents. En l'absence de Luther, Mélanchton avait la haute main parmi les théologiens du parti, et cet esprit, enclin aux traditions, aux formes, aux choses établies, plein de respect pour Aristote [3], pour les Pères, pour les conciles, se rapprochait des catholiques par antipathie, non-seulement contre le fanatisme anabaptiste, mais contre les réformateurs radicaux tels que Zwingli.

Il fallait circonscrire le terrain du grand débat. Mélanchton avait été chargé de rédiger la confession de foi des églises protestantes. Il restreignit dans les plus étroites limites possibles les

---

1. Ce fut dans cette occasion, et non en 1521, qu'il composa son fameux cantique. V. Merle d'Aubigné, t. IV, p. 178.
2. Charles, cependant, lui donna le gouvernement des Pays-Bas après la mort de leur tante Marguerite d'Autriche (décembre 1530). Elle y exécuta avec docilité et vigueur la politique de son frère.
3. Il était parvenu à ramener Luther sur le compte d'Aristote.

oppositions entre la Réforme et le catholicisme, admettant quelque libre arbitre quant à « la justice civile » et « au bien naturel » et se bornant à maintenir que, sans l'Esprit Saint, l'homme ne peut faire ce qui est juste devant Dieu. Il montre les protestants prêts à concéder « tout ce qui est nécessaire pour la dignité épiscopale » ; à conserver tous les rites « qui ne sont qu'indifférents ». Il se tait sur ce qui regarde Rome. Il ne cède ni ne peut céder sur la justification par la foi seule ; mais il explique clairement que la foi doit porter de bons fruits et qu'il faut faire les bonnes œuvres pour l'amour de Dieu, quoique ce ne soit pas pour gagner la grâce de Dieu. Il proteste contre les chapelets[1], l'invocation des saints, les vœux monastiques, les abstinences périodiques, les fêtes, etc., contre la puissance temporelle donnée aux évêques en dépit de l'Évangile. Enfin, il concentre, de fait, la transaction souhaitée sur trois points : la communion sous les deux espèces ; le mariage des prêtres ; l'abolition des messes privées.

La Confession fut présentée le 25 juin à l'empereur. Six princes et seulement deux villes impériales l'avaient souscrite[2]. Elle ne répondait pas suffisamment à la portion la plus vive de la Réforme. Le landgrave de Hesse, plus rapproché de Zwingli que de Mélanchton, n'avait signé que par esprit de conciliation. Les cités qui n'avaient pas signé montrèrent bien qu'elles ne s'étaient point abstenues par timidité ; car, sur ces entrefaites, sommées par l'empereur de renoncer à cette « protestation de Spire » qui avait fondé le parti protestant, elles refusèrent.

La majorité catholique de la diète chargea une commission de réfuter la Confession luthérienne.

Mélanchton était résigné à réduire la Confession au minimum : il alla jusqu'à écrire au légat Campeggi une lettre où il reconnaissait « l'autorité universelle du pontife romain », sa suprématie sur toutes les églises. Le légat refusa toute concession. Les nouvelles instructions qu'il reçut de Rome, sur ces entrefaites, se

---

1. Les machines à prier. Question qu'il ne faut pas traiter de puérile.
2. L'électeur Jean de Saxe et son fils ; le landgrave Philippe de Hesse ; le duc de Brunswick-Lunebourg ; le margrave de Brandebourg-Bayreuth ; le prince d'Anhalt ; les villes de Nuremberg et de Reutlingen.

résumaient en ceci : « ni discussion ni concile; la force ». Dès le 6 juillet, le pape, en consistoire, avait condamné la Confession luthérienne.

Deux autres professions de foi, beaucoup plus éloignées de Rome, venaient d'être adressées à l'empereur et à la diète; la première, par quatre villes du Rhin, Strasbourg, Constance, Memingen et Lindau; la seconde, par Zwingli, en son nom personnel, les Suisses ne reconnaissant pas l'autorité de la diète. La confession de Zwingli était d'un autre style que celle de Mélanchton : plus d'évêques, plus de cérémonies! Celle des quatre villes, rédigée par Bucer, moins absolue dans la forme, différait peu de Zwingli dans le fond.

Le 3 août, la réfutation de la Confession luthérienne fut remise à l'empereur par les théologiens catholiques : Charles somma les princes protestants d'adhérer à la réfutation : ils refusèrent. Le légat réclamait à grands cris « le fer et le feu[1] ». L'empereur prit une attitude menaçante et fit fermer les portes de la ville. Le landgrave de Hesse s'évada. Ne tenant pas le landgrave, on ne tenait rien. Charles revint à la douceur. Deux commissions mixtes furent nommées coup sur coup, en dépit des instructions papales, afin de tâcher de s'entendre. Les docteurs luthériens en vinrent à reconnaître le pape comme chef de l'Église, au moins de « droit humain », de droit historique. Ils promettaient de rétablir les évêques. Mélanchton et ses collègues préféraient, à la rigueur, dépendre des évêques que des princes. Ils prévoyaient une tyrannie de l'État pire, à leur avis, que celle de la hiérarchie épiscopale; mais leurs raisons, sérieuses quant aux principautés, ne pouvaient toucher les républiques municipales.

Les catholiques, de leur côté, firent, cette fois, de grands pas : ils accédaient à la communion sous les deux espèces (la coupe aux laïques) et au mariage des prêtres. La question des messes privées et celle du mérite des œuvres arrêtèrent tout. On rompit, à la grande joie de Luther, qui s'indignait de la faiblesse de ses amis, criait de loin qu'on mettait « d'accord Christ et Bélial », et

---

1. *Instructio data Cæsari à reverendissimo Campeggio,* etc.; 1530. Érasme écrivit une belle lettre au légat pour le conjurer de ne pas pousser à la guerre entre chrétiens. *Erasm. epist.*, XIV, p. 1.

menaçait de venir « délivrer l'aigle de Christ qu'on mettait dans un sac ». Lui, si ennemi de quiconque niait la présence réelle, il arrivait à écrire que Bucer et Zwingli même lui plaisaient fort!

Le pape ne fut pas moins satisfait de la rupture. Les catholiques allemands pouvaient bien accorder le mariage des prêtres. Le pape n'eût jamais ratifié. Il y a là, pour Rome, bien autre chose que les raisons morales opposées par les catholiques à tout ce qui milite contre le célibat ecclésiastique; le pape ne peut accorder le licenciement de la grande armée pontificale et en laisser rentrer les éléments dans le sein des nationalités!

Le pape, sur ces entrefaites, consentait enfin à un concile, à une condition impossible, que les protestants se soumettraient provisoirement aux doctrines et aux rites de l'Église.

Le 22 septembre, le recès de la diète fut lu aux princes protestants. Charles-Quint octroyait délai aux six princes et aux six villes [1] signataires de la Confession luthérienne jusqu'au 15 avril 1531 pour se mettre d'accord avec l'Église, l'empereur et tous les princes chrétiens, et promettait le concile en dedans l'année 1532. En attendant, il les sommait de s'unir à lui contre les anabaptistes et les sacramentaires et leur interdisait de rien imprimer en matière de religion et d'attirer personne à leur secte.

Le lendemain, les princes protestants quittèrent Augsbourg. Le 13 octobre, la majorité des électeurs et des princes et une partie des villes libres conclurent une ligue pour la défense de la religion catholique. Le 17, seize villes protestantes, entre lesquelles les plus puissantes des cités germaniques, dénièrent tout secours à l'empereur contre le Turc, jusqu'à ce qu'on eût assuré la paix d'Allemagne. Luthériens et zwingliens s'étaient donné la main devant l'ennemi. Le bon sens populaire l'emportait sur les subtilités et l'obstination des théologiens. Les députés des seize villes rejetèrent le recès et partirent (12 novembre). Le 19 novembre, la majorité de la diète approuva le recès, majorité plus apparente que réelle, car les princes catholiques parlaient au

---

1. Heilbronn, Kempten, Weissenbourg (d'Alsace), Winsheim, avaient adhéré depuis le 25 juin.

nom de sujets dont une très-grande partie les désavouaient. Le recès définitif proscrivait toutes les « nouveautés, » sous peine de châtiment corporel et de confiscation de biens, et statuait que quiconque s'opposerait au rétablissement de toutes choses sur l'ancien pied serait mis au ban de l'Empire [1].

Charles-Quint profita des dispositions de la majorité pour réaliser un de ses grands projets et assurer le maintien de l'Empire dans sa maison, quoiqu'il eût juré, lors de son élection, de ne rien faire dans ce but. Au sortir d'Augsbourg, il convoqua les électeurs à Cologne et leur demanda le titre de roi des Romains pour son frère Ferdinand. L'extrême complexité de sa situation, leur dit-il, lui rendait indispensable d'avoir dans l'Empire un lieutenant qui fût un autre lui-même. Cinq électeurs obéirent à la convocation et proclamèrent leur collègue Ferdinand [2] roi des Romains (5 janvier 1531). L'autre électeur, Jean de Saxe, protesta, de par *la bulle d'or*, qui, du temps de Charles IV, avait défendu d'élire un roi des Romains du vivant de l'empereur, mais qui avait déjà été transgressée dans l'intérêt de la maison d'Autriche, au profit de Maximilien.

L'électeur de Saxe ne se contenta pas de protester. Tandis que la diète électorale s'assemblait à Cologne, Jean de Saxe convoquait, à Smalkalde en Franconie, les princes et les villes du parti protestant. Une contre-ligue fut signée à Smalkalde « pour la défense de l'Évangile » et des lois de l'Empire. Luther avait écrit avec violence contre la diète et ses décrets; mais, quand les princes lui demandèrent si l'on avait droit de défendre l'Évangile par l'épée, il retomba dans de grandes perplexités; il avait écrit dix fois le contraire; il répondit que, comme chrétien et ministre du Christ, il ne pouvait donner ce conseil; mais que les princes, comme princes, pouvaient agir selon la loi et le droit civil, si le droit et la loi permettaient de résister à « César ». L'élection « illégale » du roi des Romains venait à point fournir un motif « légal » à la résistance et aux secours qu'on se préparait à attirer du dehors : les princes protestants écrivirent, le 29 février 1531,

---

1. Sur la diète d'Augsbourg, *V.* surtout le récit très-développé de M. Merle d'Aubigné, t. IV, p. 155-390; et Sleidan, *De Statu relig. et reipubl.*, l. VII, p. 106-108.
2. Leur collègue comme roi de Bohême.

aux rois de France, d'Angleterre et de Danemark, pour réclamer leurs secours en faveur de la liberté germanique.

François Ier fit le meilleur accueil à cette requête ; il était déjà en relations suivies avec les réformés suisses et avec Genève, qui se soustrayait alors à la vieille domination de son évêque, après avoir repoussé, grâce à la protection de Berne et de Fribourg, l'usurpation récente du duc de Savoie, favorisé par l'empereur. Les agents du roi avaient fait des avances à Zwingli, et le réformateur de Zurich, qui ne prêchait pas, comme Luther, la passivité politique du chrétien, mais qui enseignait que le peuple a le droit et le devoir d'abattre les tyrans, travaillait avec ardeur à coaliser les cantons protestants ou enclins au protestantisme avec le roi de France pour défendre la Réforme en Allemagne et en Suisse, même contre l'empereur. Il savait bien que, si le luthéranisme allemand succombait sous la force, la Suisse aurait son tour. Il envoya au roi, avec un projet d'alliance, un second ouvrage théologique, *Brève et claire Exposition de la foi chrétienne* (fin 1530). C'est là qu'il annonce à François Ier que, « s'il gouverne sagement les états à lui confiés de Dieu », il verra Dieu dans le ciel « en compagnie de tous les hommes saints, prudents, fidèles, vertueux et magnanimes qui ont été depuis le commencement des temps ». Et, parmi ces hommes, à côté des patriarches, des apôtres, à côté de saint Louis et des autres princes chrétiens prédécesseurs de François Ier, il cite les héros et les sages de l'antiquité. L'érudit peut sourire en voyant les noms fabuleux d'Hercule et de Thésée mêlés aux Socrate, aux Aristide et aux Caton, mais le philosophe s'incline avec respect devant le sentiment vraiment religieux de cet homme qui porte en lui la plus large pensée et le plus grand cœur de la Réformation.

François Ier éluda l'alliance directe et spéciale avec les cantons protestants, pour ne pas se brouiller avec les cantons catholiques ; mais il montra plus de décision vis-à-vis de l'Allemagne : il se hâta de s'entendre à ce sujet avec Henri VIII, qui se montrait de plus en plus contraire à Charles-Quint et se préparait à répudier la tante de l'empereur. Il envoya aux princes luthériens Guillaume Du Bellai-Langei, avec commission de leur promettre assistance de tout son pouvoir pour « la conservation des us et coutumes du Saint Empire[1] ». Il renouvela en même temps ses engagements contre Ferdinand d'Autriche avec le roi de Hongrie Jean Zapoly, que le pape, à la fin de cette année, excommunia comme allié des Turcs.

La lutte de la France contre la maison d'Autriche semblait près de se renouveler dans les conditions les plus avantageuses et pour la grandeur nationale et pour l'avenir de la liberté religieuse dans notre patrie. Les menaces du Turc changèrent tout. Charles-Quint, n'ayant pu obtenir trêve du sultan et voyant Soliman amasser des forces immenses pour venger son échec de Vienne, se mit à négocier avec la ligue de Smalkalde, au lieu de l'attaquer : il demanda secours à tout le monde contre les infidèles, aux luthériens, à François Ier : les luthériens demandèrent en échange la révocation du recès d'Augsbourg et François déclara qu'il ne pouvait envoyer de troupes en Autriche, mais qu'il était prêt, de concert avec « son frère » le roi d'Angleterre, à garder l'Italie contre le Turc avec cinquante mille hommes.

Sur ces entrefaites, la guerre de religion, suspendue en Allemagne, éclatait en Suisse. Après une première rupture dans laquelle les cantons catholiques avaient eu le tort immense d'invoquer l'appui de l'Autriche contre leurs compatriotes (1529), on reprit les armes avec fureur dans l'automne de 1531, à l'occasion des territoires mixtes qui reconnaissaient la suzeraineté collective des huit cantons primitifs et que chacune des deux religions voulait s'attribuer. Les deux grands cantons protestants, Berne et Zurich, s'entendirent mal : le patriciat était hostile à Zwingli, moins encore pour son esprit démocratique que pour la mesure vraiment sainte qu'il avait dictée aux cantons protestants, l'abolition des capitulations qui faisaient de la Suisse de Guillaume Tell un peuple de mercenaires à la solde de l'étranger. Une attaque soudaine et désespérée des petits cantons [2] réussit. Les gens de Zurich furent surpris et défaits : Zwingli mourut les armes à la main [3] (11 octobre 1531). Berne et Zurich subirent une paix dés-

---

1. *Mém.* de Martin du Bellai, l. IV.
2. Les quatre *Waldstetten* et Lucerne.
3. On voit encore, avec émotion, dans l'arsenal de Lucerne, son morion de fer troué d'une balle.

avantageuse et la Réformation abandonna en Suisse une partie du terrain conquis.

La catastrophe de Zwingli n'eut pas toutefois les suites qu'elle eût pu avoir dans d'autres circonstances. Charles-Quint eût bien voulu pousser ce succès de ses alliés aux dernières conséquences; mais il sollicita en vain François Ier de se concerter avec lui pour étouffer l'hérésie en Helvétie et les préparatifs grandissants de Soliman l'obligèrent à continuer les pourparlers avec les luthériens.

François Ier n'eût pas mieux demandé que de le tirer de peine du côté des Turcs. S'il avait contribué à attirer les « infidèles » en 1526 et peut-être en 1529, maintenant il ne désirait que de les éloigner; car leur approche ne pouvait que rallier l'Allemagne à l'empereur et la tourner contre quiconque serait soupçonné d'avoir appelé les barbares. Allié des luthériens, François n'avait plus besoin des Turcs. Dans le courant de 1532, François expédia au sultan un agent d'origine espagnole, nommé Rincon, très-habile et très-courageux, avec mission de détourner Soliman d'attaquer l'Autriche. Le sultan fit un accueil magnifique à l'envoyé, qui fut reçu de nuit au camp othoman parmi les feux de deux cent mille torches. Soliman traita le roi de France, dans ses lettres, de « frère » et de *padischah*, ce que jamais monarque othoman n'avait fait envers un roi chrétien; mais il n'en continua pas moins sa marche vers l'Allemagne [1].

Charles-Quint céda aux luthériens. Après quinze mois de négociations, il signa, le 23 juillet 1532, à Nuremberg et fit ratifier, le 3 août, par la diète de Ratisbonne, un traité qui accorda le maintien du *statu quo* jusqu'au prochain concile, ou, si le concile ne se réunissait pas, jusqu'à ce que la diète eût trouvé quelque autre moyen d'apaiser le différend de la religion. Grande victoire pour les protestants! Rome en fut consternée; mais l'Autriche fut sauvée : les protestants réunirent toutes leurs forces à celles de l'empereur et des catholiques allemands pour arrêter l'invasion turque; cent vingt mille combattants s'assemblèrent à Lintz autour de Charles-Quint. Soliman, qui était entré en Styrie à la

---

1. *Négociat. avec le Levant*, t. I, p. 208.

tête d'une innombrable armée, recula devant l'Allemagne levée en masse et se replia sur la Hongrie (octobre 1532).

Charles, sorti de ce péril à son honneur, se retourna vers les affaires de la religion et s'occupa sérieusement du concile, que lui seul, entre les souverains, désirait avec sincérité, mais non pas, il est vrai, avec désintéressement; il s'en promettait toutes sortes d'avantages : l'accroissement moral, sinon matériel, de l'autorité impériale, sous les auspices de laquelle s'assemblerait le concile, l'abaissement d'un pouvoir rival, la papauté, qui ne pouvait manquer, pensait-il, d'être atteinte dans ses prétentions et dans ses ressources par de graves réformes, enfin une dernière chance de ramener à l'unité le parti luthérien, ou de l'accabler sous la réprobation de la chrétienté. Les rois de France et d'Angleterre, au contraire, se souciaient peu du concile et le pape le redoutait plus que toute chose. Clément VII s'était rapproché de François Ier, qui, de son côté, revenait au pape depuis que Charles transigeait avec les luthériens, et le pape ne fit proposer le concile par ses nonces à François Ier, à Henri VIII et à l'électeur de Saxe que moyennant des conditions qu'il espérait bien voir repousser par les réformés; ce qui arriva.

Pendant ce temps, éclata un événement qui porta au saint-siége un coup non moins terrible que la révolte même de Luther, le GRAND SCHISME D'ANGLETERRE! Aucun pays n'avait de plus anciens griefs contre la papauté, aucun ne renfermait plus d'éléments hostiles à Rome que la patrie de Wickleff; mais Henri VIII et Wolsey avaient longtemps comprimé toutes les tendances réformatrices : Henri VIII était, de tous les rois chrétiens, le plus étroitement lié avec Rome : son amour-propre était engagé dans la cause catholique par sa guerre de plume avec Luther et par le titre de *Défenseur de la Foi* que lui avait conféré le pape; il était d'ailleurs attaché de conviction à la théologie scolastique, tant décriée par les novateurs. Des passions et des intérêts étrangers aux débats de la Réforme amenèrent peu à peu Henri à la pensée d'une révolution fatale au saint-siége. Henri VIII avait épousé, en montant sur le trône, Catherine d'Aragon, veuve de son frère aîné Arthur, qui était mort à seize ans [1], et le pape Jules II avait

---

1 L'entrée de Catherine dans la maison de Tudor avait eu lieu sous des auspices

autorisé, par des motifs politiques, cette union si contraire aux traditions de l'Église et aux bonnes mœurs. Bien des années se passèrent; Catherine avait sept ans de plus que Henri : c'était une personne digne et vertueuse, mais d'une dévotion minutieuse, d'un caractère un peu triste, et dépourvue des charmes capables de fixer la nature passionnée et violente de Henri. Les scrupules qui avaient parfois troublé Henri s'accrurent avec le dégoût : trois fils que lui avait donnés Catherine étaient morts au berceau et une fille seulement (la trop célèbre Marie Tudor) avait survécu; il prétendit voir dans ces malheurs domestiques le courroux du ciel contre un mariage incestueux. Le cardinal Wolsey, devenu l'ennemi de Charles-Quint et, par contre-coup, de la tante de l'empereur, entretint le roi dans cette pensée et suggéra l'idée d'un divorce. La cour de France, afin de rendre le roi d'Angleterre et l'empereur irréconciliables, travailla dans le même but, sans toutefois aller jusqu'à entrer dans les projets de Wolsey sur le mariage de Henri VIII avec une princesse française, Marguerite ou Renée. Peut-être Henri eût-il reculé devant les obstacles, si le plus énergique des mobiles ne l'eût décidé à tout braver; la passion qu'il conçut pour Anna Boleyn rendit sa volonté invincible. Anna ne voulait pas être sa maîtresse : il jura qu'elle serait sa femme. Anna, d'abord effrayée d'une élévation si redoutable, refusait; puis l'ambition lui vint; elle soutint, elle excita le roi, et Wolsey se trouva pris dans ses propres filets; Anna sortait d'une famille ennemie du tout-puissant ministre.

Wolsey, alors, commença un jeu double qui devait le perdre. D'une part, il sembla se rallier aux vœux du roi; de l'autre, il prévint secrètement le pape que le roi aimait une personne qui s'était imbue « des erreurs de Luther » auprès de Marguerite d'Angoulême.

Henri VIII demanda au pape : 1° une commission qui autorisât le cardinal-légat Wolsey à examiner la légitimité de son ma-

bien tragiques. Son père, Ferdinand le Catholique, pour s'assurer qu'elle serait bien reine d'Angleterre, avait exigé la mort du dernier héritier des Plantagenets qui pût prétendre à la couronne, le comte de Warwick, que Henri VII retenait prisonnier à la Tour de Londres. L'union de Catherine et d'Arthur fut le prix de cet atroce marché.

riage ; 2° une promesse de prononcer la nullité du mariage, si le premier mariage de Catherine avec le prince Arthur avait été consommé; 3° une dispense permettant au roi de se remarier dans ce cas. On sauvait l'infaillibilité papale en supposant que Jules II avait été trompé sur le fait et qu'on lui avait persuadé que Catherine n'avait pas été réellement la femme du prince Arthur. On évitait la question de savoir si le pape avait eu droit de renverser la tradition séculaire du catholicisme, qui prohibait, avec une rigueur outrée, inexplicable, jusqu'aux alliances entre parents éloignés et non pas seulement ces unions entre beau-frère et belle-sœur que nos lois modernes prohibent encore avec raison.

C'était à la fin de l'année 1527. Clément VII, qui venait à peine d'échapper aux hordes impériales et qui tremblait encore devant l'empereur, vit avec épouvante la nécessité de s'aliéner irrévocablement ou Charles ou Henri. Il louvoya ; il rusa ; il donna la commission à Wolsey et la dispense éventuelle au roi, mais ne donna pas la promesse de déclarer le mariage nul. Au lieu de cette promesse, il expédia au roi le conseil verbal de faire prononcer le divorce par Wolsey et de se remarier par provision, sauf à demander ensuite à Rome la confirmation des faits accomplis.

Le roi et le ministre virent un piége dans ce conseil. Henri ne voulut point d'équivoque et renouvela plus impérieusement la requête au pape de prononcer la nullité en droit. Il demandait, en même temps, qu'un second légat fût adjoint à Wolsey. Clément, après une longue résistance, parut céder. Les affaires de Charles-Quint allaient mal, dans ce moment, en Italie, et les Français assiégeaient Naples. Clément expédia comme second légat ce Campeggi qui devait figurer, deux ans plus tard, à la diète d'Augsbourg (8 juin 1528), et signa la décrétale réclamée par Henri VIII; Campeggi avait pour instructions de lire la décrétale au roi anglais, mais de ne s'en dessaisir à aucun prix. Si Charles-Quint était vaincu en Italie, la décrétale serait publiée; s'il était vainqueur, elle serait brûlée !

Campeggi, arrivé en Angleterre le plus tard qu'il put, insinua à Catherine d'entrer en religion. Cet expédient eût tout sauvé. La reine refusa. Sur ces entrefaites, les Français étaient repoussés de Naples, chassés de Gênes; la victoire revenait à Charles-Quint. Campeggi opposa délai sur délai à l'impatience du roi. Henri, pour engager ostensiblement la France dans sa cause, demanda une consultation sur la nullité de son mariage à l'ambassadeur français, Jean du Bellai, évêque de Bayonne. Mais, pendant ce temps, on retrouvait tout à point en Espagne un bref de Jules II, portant la même date que la dispense accordée à Henri VIII pour épouser la veuve de son frère et autorisant le second mariage, lors même que le premier eût été consommé.

Le ressort du système adopté par le roi était brisé : il ne restait plus qu'à attaquer en face cette infaillibilité contradictoire qui avait permis, sous Jules II, ce qu'elle avait défendu sous ses devanciers et qu'à établir que Rome ne peut permettre ce que la Bible a interdit; nouvelle difficulté inextricable, car, si la tradition catholique était partout opposée à de tels mariages, les lois hébraïques présentaient deux solutions dans les deux sens, le Lévitique prohibant sévèrement ces unions, le Deutéronome les recommandant, les imposant même [1]. Ce fut alors que Wolsey, en désespoir de cause, conçut l'étrange idée de demander au pape qu'il permît au roi d'avoir deux femmes, « comme dans l'Ancien Testament ». L'idée alla jusqu'à Rome, où l'on assure qu'elle fut discutée entre le pape, les agents de Henri VIII et ceux de l'empereur [2]. Elle n'aboutit pas, bien entendu, et le procès fut poursuivi en Angleterre. Le roi et la reine furent enfin cités, le 18 juin 1529, devant les légats commissaires. La reine eut l'attitude la plus touchante et la plus digne. Elle protesta que le roi l'avait épousée vierge, jeta dans toutes les âmes sincères une extrême perplexité en opposant à toutes les vraisemblances et à de nombreux témoignages la parole d'une personne qui méritait le respect, puis fit défaut.

Le jour fixé pour le jugement (23 juillet), Campeggi, sans opposition de Wolsey, ajourna la sentence au 1er octobre, pour qu'on

---

1. *Lévitiq.* xx; 21; — *Deuteronom.* xxv; 5-10. La première des deux lois ne paraît préoccupée que de la question d'honnêteté, de règlement des mœurs, de pudeur dans la famille; la seconde, que de la conservation des races et des souches. C'est la seconde qui était suivie chez les Juifs.

2. *State Papers,* VII, p. 136-137. Lingard, *Hist. d'Anglet.,* t. VI, c. 3.

eût le temps, dit-il, de consulter le pape sur le refus de la reine de reconnaître la commission. Wolsey, de son côté, fit jouer une machine pour tâcher de perdre Anna Boleyn. Il remit au roi un livre « hérétique » provenant de chez lady Anna. Ce livre de « l'évangéliste » anglais Tyndale n'attaquait le pape qu'au profit du roi. Henri le lut, en fut très-content et le coup manqua.

Clément VII, cependant, venait de faire alliance avec Charles-Quint, d'évoquer le procès à Rome et de citer le roi en personne ou par procureur (16 juillet).

L'orage commença de gronder en Angleterre. Henri VIII expédia au pape le propre père d'Anna Boleyn pour signifier qu'il ne comparaîtrait ni n'enverrait de procureur; l'ambassadeur rompit avec l'humiliant cérémonial infligé aux rois par l'orgueil pontifical et refusa de baiser les pieds du pape. Henri, d'une part, sur le conseil du docteur Cranmer, se mit en devoir de consulter les principales universités de la chrétienté, comme « plus capables que la cour de Rome de déclarer ce que dit la Parole de Dieu »; de l'autre part, il fit traduire Wolsey devant la cour du banc du roi pour avoir obtenu du pape des bulles qui lui conféraient une juridiction attentatoire à l'autorité royale, c'est-à-dire les bulles de sa légation. Les sceaux furent retirés à Wolsey et donnés à Thomas More (*Morus*) (novembre 1529). Wolsey s'en remit à la clémence royale. Henri ne voulait pas sa perte entière : lorsque les pairs le poursuivirent devant les communes, convoquées après sept années de gouvernement sans parlement, Henri ne pesa point sur les juges et laissa acquitter l'accusé. Il lui permit de se retirer dans son archevêché d'York. Wolsey ne sut pas se faire oublier : il intrigua; il parut chercher à se poser comme le chef du parti romain; Henri fit renouveler l'accusation de haute trahison. Wolsey, arrêté, mourut en route pour la Tour de Londres (29 novembre 1530). Ses dernières paroles furent une prière à Henri VIII d'exterminer l'hérésie [1].

Henri frappait tout à la fois les luthériens et Rome. Il laissait toute carrière contre les protestants à son nouveau chancelier Thomas More, d'*utopiste* devenu persécuteur des nouveautés;

---

1. Sur toute cette première partie de l'histoire du divorce, *V.* Merle d'Aubigné, t. V, *passim*.

mais il n'en poursuivit que plus âprement sa lutte contre le pape. Il avait pressenti son peuple et se sentait fortement soutenu. La chambre des communes, en novembre 1529, avait débuté par trois bills très-énergiques contre les abus du clergé. En mars 1530, Clément VII intima défense à Henri de se remarier provisoirement. Les lords et les communes ripostèrent par une adresse menaçante au saint-père (juillet 1530).

Toutes les universités d'Angleterre, de France, d'Allemagne, d'Italie même, étaient mises en mouvement par les consultations de Henri VIII. François Ier seconda sans réserve « son bon frère » Henri et la Sorbonne fut le théâtre d'une lutte acharnée entre l'ambassadeur de France à Londres, Jean du Bellai [1], rappelé à Paris pour conduire cette grave affaire, et le farouche syndic Noël Beda, l'instigateur du supplice de Berquin. L'intrigue et l'argent étaient aux prises avec le fanatisme. Les partisans du pape et de l'empereur empêchèrent un premier vote par une véritable émeute dans la Faculté de théologie. Une faible majorité, dans une seconde séance, se prononça pour la nullité du mariage de Henri VIII (juin-juillet 1530). Les Facultés de droit canonique, à Paris, à Orléans, à Angers, avaient déjà décidé sans difficulté dans le même sens. La Faculté de théologie d'Angers fut contre. Au dehors, chose remarquable, les docteurs italiens donnèrent, en très-grand nombre, des avis favorables au roi d'Angleterre : les docteurs protestants d'Allemagne, malgré le grand intérêt qu'avait leur parti à ménager Henri VIII, se prononçaient dans le sens opposé. C'est que les Italiens défendaient la tradition du moyen âge; les protestants, celle de l'Ancien Testament. Luther, reprenant, sans le savoir, l'idée de Wolsey, déclara que, plutôt que d'autoriser une injuste répudiation, il permettrait au roi Henri « d'épouser une seconde femme, à l'exemple des patriarches et des anciens rois [2] ». Ce que disait Luther, il devait le faire bientôt pour un autre prince!

Henri VIII réussit pleinement en France dans une autre consultation. La Faculté de décret (droit canon) de Paris, le corps des avocats au parlement de Paris et l'université d'Orléans

---

1. D'évêque de Bayonne, il devint évêque de Paris à la fin de l'année 1532.
2. Luther. *epist.*, p. 290.

approuvèrent le refus du roi anglais de comparaître et d'envoyer à Rome.

Henri était décidé à un grand parti. « Sire, » lui avait dit un jour Cromwell, ancien officier de Wolsey, « vous n'êtes qu'un demi-roi et nous ne sommes que des demi-sujets : les évêques prêtent double serment au roi et au pape et le second les relève du premier. Redevenez roi. Appuyé sur votre parlement, proclamez-vous chef de l'église d'Angleterre et vous verrez grandir la gloire de votre nom et la prospérité de votre peuple [1] ».

Le roi suivit ce conseil et somma le clergé anglais de le reconnaître en qualité de Protecteur et Chef suprême de l'église anglicane. La Convocation [2], menacée, terrifiée, céda, sauf cette réserve : « autant que le permet la loi du Christ » (février 1531).

Bientôt après, un acte de parlement abolit les annates; l'année suivante, la Convocation fut contrainte de consentir que les affaires ecclésiastiques fussent soumises à un comité mi-parti de clercs et de laïques, sous la présidence du roi (mai 1532).

Henri, à mesure qu'il s'engageait plus avant contre le pape et l'empereur, resserrait plus étroitement ses liens avec la France. Une nouvelle alliance défensive fut signée le 23 juin 1532; puis Henri sollicita une entrevue de François Ier, le vint visiter à Boulogne [3] et le ramena avec lui à Calais (octobre 1532). Le prétexte donné à l'Europe fut de conclure un traité contre le Turc, qui attaquait en ce moment l'Allemagne : le motif fut d'engager le

---

1. *Fox Acts;* V, p. 367.—*Apol. Regin. Poli ad Car.* I, p. 120-121. « Quand un Tudor », dit M. Merle d'Aubigné, « avait succédé aux rois saxons, normands et Plantagenets, un homme de la race libre des Celtes avait remplacé sur le trône d'Angleterre des princes soumis aux pontifes romains. L'église bretonne, indépendante de la papauté, allait se relever avec la dynastie nouvelle et la race des Celtes, après onze siècles d'humiliation, allait ressaisir son antique héritage. Sans doute, Henri ne fit pas ce rapprochement; mais il agit conformément au caractère distinctif de sa race, sans se rendre compte de l'instinct qui le faisait mouvoir ». T. V, p. 648. Ce passage est remarquable au point de vue protestant.

2. Titre que portait en Angleterre l'assemblée du clergé. Le corps du clergé ne faisait point une des branches du parlement anglais comme des États Généraux de France : il s'était toujours assemblé à part; ce qu'il ne faisait en France que depuis que les États Généraux avaient disparu.

3. Ce fut à la suite d'un assez long séjour en Bretagne que François Ier se rendit à Boulogne pour y recevoir Henri VIII. François venait de mener à bien une très-importante affaire : la réunion de la Bretagne à la France n'avait jusqu'alors d'autre fondement que le contrat de mariage de Louis XII et d'Anne de Bretagne et, en

roi de France à suivre l'exemple du roi d'Angleterre, à affranchir sa couronne de la tiare. L'abolition de toute immixtion extérieure dans ses états, la libre disposition des richesses ecclésiastiques, la consommation de l'unité monarchique, pouvaient tenter François Ier; mais il était toujours obsédé par cette Italie, qui fut le rêve de sa vie entière; il songeait plus que jamais à recouvrer « son héritage » d'outre-monts et ne l'espérait que par l'alliance du pape. Pour s'assurer cette alliance, il avait abaissé l'orgueil des Capets jusqu'à offrir la main de son second fils, Henri, duc d'Orléans, à l'arrière-petite-fille d'un banquier florentin, à la nièce de Clément VII, Catherine de Médicis. Lorsque Henri parlait rupture, il répondit transaction. Il promit d'amener le pape à abandonner l'empereur et la tante de l'empereur et s'efforça de décider Henri à figurer dans une entrevue projetée avec le pape à Avignon ou à Nice. Henri promit au moins de s'y faire représenter et d'éviter jusque-là toute démarche de nature à rendre un rapprochement impossible.

La conférence de Boulogne n'en répandit pas moins une extrême terreur dans le clergé français et dans la cour de Rome : deux décimes ecclésiastiques que réclamait François depuis quelque temps et qu'il ne pouvait obtenir lui furent accordées en toute hâte par l'assemblée du clergé, sans attendre l'autorisation du pape, et le pape accorda non-seulement l'autorisation après

vertu de ce contrat, le fils puîné de François Ier et de la *duchesse* Claude, héritière d'Anne, pouvait réclamer le duché contre son aîné et contester le testament par lequel Claude avait légué son héritage à son fils aîné, avec l'usufruit à son mari. Le roi et le chancelier Duprat entreprirent d'amener les États de Bretagne à demander eux-mêmes l'exécution du testament de Claude et la réunion définitive à la couronne. L'esprit provincial, l'amour de la vieille indépendance bretonne, ne cédèrent pas sans résistance : il y eut des luttes assez vives dans les États assemblés à Vannes au mois d'août 1532 ; une partie des députés furent séduits ou intimidés ; d'autres, et les plus éclairés, se rendirent à des raisons d'un ordre plus élevé et comprirent les avantages décisifs de cette grande mesure. Le président des Déserts, qui était à la tête du parti français, l'emporta sur le procureur-syndic de Nantes, Bosech, chef de l'opposition, et, le 4 août, les Etats proclamèrent duc de Bretagne le dauphin François et déclarèrent qu'à partir de l'avénement de ce prince au trône de France, le duché serait irrévocablement uni à la couronne. Tous les priviléges de la Bretagne furent confirmés par le roi et par le nouveau duc et spécialement l'interdiction de lever aucun impôt sans l'octroi des États. *V.* D. Taillandier, *Histoire de Bretagne*, l. XVII, p. 252 ; *Actes de Bretagne*, t. III, p. 1000. — Daru, l. IX, p. 263. — Martin du Bellai.

coup, mais une troisième décime (fin 1532-commencement de 1533)¹.

Henri VIII n'avait pu tenir parole : à son retour en Angleterre, il épousa secrètement Anna Boleyn, après plus de cinq ans d'attente ; Anna devint grosse et Henri publia son mariage vers la Pâque de 1533.

La *Convocation* (assemblée du clergé) d'Angleterre décida qu'il y avait preuve suffisante de la consommation du premier mariage de Catherine ; en conséquence, une commission que présidait Cranmer, le nouvel archevêque de Canterbury, cassa le mariage du roi avec Catherine et confirma, après coup, son mariage avec Anne (mai 1553) : Anne fut couronnée au mois de juin et accoucha, en septembre, d'une fille qui fut la célèbre Élisabeth. Le pape annula la sentence de Cranmer, pour incompétence, et déclara Henri et Anne excommuniés, s'ils ne se séparaient provisoirement ; mais il employa des formes assez adoucies et, lorsqu'il partit de Rome pour son entrevue avec François Iᵉʳ, il conservait encore quelque espoir de raccommodement.

L'empereur avait tenté en vain d'empêcher ce voyage : Clément VII était trop flatté de l'honneur d'allier sa famille à la maison de France ! Le pape s'embarqua sur les galères françaises et vint descendre, le 12 octobre 1533, à Marseille, où François Iᵉʳ le rejoignit. Le duc Henri d'Orléans, qui avait quinze ans, et Catherine de Médicis, qui en avait treize, furent mariés par le pape le 28 octobre : cette Catherine, réservée parmi nous à une si grande et si sombre renommée, était fille de feu Laurent de Médicis, duc titulaire d'Urbin, et d'une Française de la maison de La Tour d'Auvergne. Elle n'apporta au second des fils de France qu'environ 200,000 écus en argent et en terres ; mais Clément VII faisait espérer les duchés d'Urbin, de Parme et de Modène et les gens du pape prétendaient que Catherine donnerait en sus à la maison de France « trois bagues d'un prix inestimable : Gênes, Milan et Naples. » C'était estimer bien haut les résultats de l'alliance pontificale ; alliance qui n'était pas même garantie, car Clément VII eut l'adresse de ne pas prendre d'engagements posi-

---

1. *Mém.* de Martin du Bellai.

tifs contre l'empereur! Clément ne réussit pas si bien vis-à-vis de Henri VIII : les envoyés du roi anglais lui signifièrent à Marseille un appel au futur concile; François essaya encore de s'interposer; mais, après le retour du pape en Italie, l'influence impériale l'emporta dans le sacré collége sur les efforts de l'ambassadeur de France, Jean du Bellai, évêque de Paris, et, dans un consistoire tenu le 23 mars 1534, le premier mariage de Henri VIII fut déclaré bon et valide : Clément VII sanctionna, non sans effroi, la sentence définitive qui ordonnait à Henri de reprendre son épouse légitime.

Le même mois, la même semaine, l'Angleterre échappa sans retour à l'Église de Rome! Sans attendre l'issue des négociations de du Bellai, Henri VIII fit sanctionner par les lords et les communes, comme loi fondamentale du royaume, l'acte par lequel le clergé l'avait reconnu chef de l'église anglicane : en conséquence de la suprématie royale, les appels en cour de Rome furent transférés à la chancellerie du roi; toute intervention de « l'évêque de Rome », soit dans l'institution ou la confirmation des évêques anglais, soit dans toute autre affaire ecclésiastique, fut absolument abolie et la permission du roi fut déclarée seule nécessaire (mars 1534; les annates et autres impôts sur le clergé furent dévolus à la couronne (novembre 1534). Bientôt commença la suppression graduelle des monastères et l'invasion de leurs biens; les menaces des moines, les intrigues des agents et des sujets de Charles-Quint, des Flamands surtout, si influents sur le commerce de Londres, n'avaient pas arrêté un moment Henri VIII; la révolte malheureuse de quelques comtés du Nord, qui avaient conservé de l'attachement aux traditions catholiques romaines, ne fit que précipiter la ruine des couvents et qu'affermir le schisme victorieux (1536-1537) : l'assujettissement de l'église anglicane fut si complet, que les évêques acceptèrent de nouveaux pouvoirs du roi et reconnurent dépendre entièrement de son autorité.

L'effet de cet événement fut immense dans la chrétienté. Depuis la diète de Worms, le saint-siège avait perdu la moitié de l'Allemagne et de la Suisse, puis le Danemark en 1526, puis la Suède en 1529; maintenant c'était l'Angleterre, le puissant royaume autrefois subjugué de compte à demi par Guillaume le Conquérant et Hildebrand! Les Pays-Bas étaient profondément ébranlés; l'Écosse suivrait sans doute l'Angleterre ; les flammèches de l'incendie allumé par Luther volaient de toutes parts jusqu'en Italie, jusqu'en Espagne! L'Europe teutonique et gallo-teutonique était perdue pour Rome : l'Europe gallo-romaine entamée. L'attention anxieuse du monde chrétien se fixa tout entière sur la France. Qu'allait faire la France? qu'allait faire le roi de France, tête indécise et légère sur laquelle reposait, par la fortune des monarchies, une si formidable responsabilité?

De 1526 à 1534, les fluctuations du roi en matière religieuse avaient suivi, comme nous l'avons vu, les variations de la politique extérieure [1]. Les fanatiques avaient une haine sourde contre le roi, déclarée contre sa sœur. Les moines attaquaient Marguerite en chaire et partout. L'un disait que la sœur du roi était hérétique, mais que monsieur de Montmorenci, son grand ennemi, saurait bien l'empêcher de faire apostasier le roi; un autre, qu'il faudrait mettre la sœur du roi en un sac et la jeter en Seine (1532). Marguerite répondit en employant le confesseur même du roi, Guillaume Petit ou *Parvi,* évêque de Senlis, à traduire en français les *Heures* allégées de tout ce qu'on arguait de superstition et en publiant un livre de poésies religieuses qu'elle avait composé, *le Miroir de l'âme pécheresse*, où elle avait gardé un silence calculé sur le mérite des œuvres, l'invocation des saints, le purgatoire, etc. Beda fit condamner le livre de Marguerite par la Sorbonne et poussa le principal du collége de Navarre à faire jouer par ses écoliers une *moralité* ou drame allégorique où une femme quittait sa quenouille pour un Évangile traduit en français que lui présentait une furie. Le principal et ses acteurs furent arrêtés; le recteur de l'université, Nicolas Cop, fils du premier

---

1. M. Michelet remarque avec raison que les exécutions pour hérésie, que l'histoire signale de temps à autre dans les provinces (à Vienne, un cordelier; à Seez, un curé; à Paris, un chirurgien, etc.), n'impliquent nullement la participation du roi. Le roi n'ayant pas révoqué les commissions de 1525, qui avaient remplacé l'inquisition, ces machines de mort allaient d'elles-mêmes. La vieille inquisition s'était maintenue par exception à Toulouse, son berceau, et y célébra, le 31 mars 1532, un *sermon* (*auto-da-fé*, acte de foi) avec toute sa pompe sinistre. Un licencié en droit fut brûlé vif : un professeur en droit civil condamné à la prison perpétuelle; trente et un autres hérétiques, qui cédèrent devant le bûcher, subirent diverses peines. *Hist. de Languedoc*, t. V, l. xxxvii, p. 133.

médecin du roi, fit désavouer par les Facultés réunies la censure de la Sorbonne (fin octobre 1533); puis, le jour de la Toussaint, il prononça dans l'église des Mathurins un sermon plein de maximes luthériennes sur la justification et la grâce. Ce sermon était l'ouvrage d'un écolier picard de vingt-quatre ans, Jean Cauvin, dit CALVIN (*Calvinus*), qui venait de quitter le droit civil pour la théologie et d'arriver d'Orléans et de Bourges à Paris. Ce compatriote de Lefèvre d'Étaples allait reprendre son œuvre d'un plus rude et d'un plus âpre génie.

Les cordeliers dénoncèrent le recteur au parlement. L'université se partagea et la majorité, irritée que le parti de Beda se fût adressé au parlement et non aux quatre Facultés, voulut d'abord soutenir le recteur. Cop lui-même, cependant, craignit les suites de sa hardiesse et s'enfuit à Bâle, qui était encore alors ce que devint bientôt Genève avec un tout autre éclat, le quartier général des réformés émigrés de France. Calvin quitta aussi Paris, se retira en Saintonge, puis, s'y trouvant inquiété, alla rejoindre Cop à Bâle (1534). Sauf un court et secret voyage en 1536, il ne devait jamais rentrer dans cette France qu'il remua si puissamment du dehors trente années durant.

Ces incidents avaient eu lieu pendant la conférence du roi avec Clément VII en Provence. A son retour, François Ier se montra extrêmement irrité de l'insolence des sorbonnistes envers sa sœur; tout en exhortant lui-même le parlement à surveiller l'hérésie, il autorisa l'ami de Lefèvre d'Étaples, Gérard Roussel, aumônier de Marguerite, à prêcher librement dans Paris sinon le pur luthéranisme, au moins un Évangile fort différent de celui des moines. Le landgrave de Hesse, le héros des protestants, vint, au commencement de 1534, négocier en personne avec François Ier, et sa présence sembla le présage de choses considérables. Marguerite correspondait avec Mélanchton, songeait à l'appeler en France et Guillaume du Bellai-Langei avait demandé à Mélanchton un exposé de foi conciliatoire, qu'on pût communiquer aux théologiens français. Beda ayant recommencé ses cris forcenés à l'occasion des prédications de Roussel, le roi perdit patience et lui fit tout expier à la fois. Beda, chassé d'abord, puis emprisonné, fut poursuivi comme séditieux, condamné à l'amende honorable par le parlement et envoyé au Mont-Saint-Michel, où il mourut prisonnier en 1537 [1].

Vers le même temps, les cordeliers d'Orléans donnèrent un scandale qui retentit dans toute la France. Les réformés espérèrent que ce serait le coup de grâce des moines [2].

Les pronostics fondés sur le voyage du landgrave de Hesse commençaient cependant à se réaliser. A la suite d'une guerre civile dans la Haute Allemagne, le duc Ulrich de Wurtemberg avait été chassé de ses états par ses sujets et par la ligue de Souabe, en 1519, et son duché, confisqué par Charles-Quint, avait été octroyé par ce monarque à l'archiduc Ferdinand. Le landgrave venait de préparer une contre-révolution en Wurtemberg au profit du fils du prince dépouillé, qui avait embrassé la Réforme; François Ier donna de l'argent : le landgrave leva des soldats; le duc de Wurtemberg rentra dans son pays, chassa les Autrichiens et reconquit son héritage (mai 1534). La politique française retrouva ainsi, dans la Souabe, le point d'appui qu'elle avait perdu dans la Gueldre. Ce succès n'amena point toutefois une guerre générale en Allemagne. La maison d'Autriche recula. Ferdinand transigea et consentit à rendre le Wurtemberg en arrière-fief au duc Ulrich et à renoncer à toute revendication des biens ecclésiastiques envahis par les luthériens, moyennant que les confédérés de Smalkalde le reconnussent roi des Romains : le traité fut accepté (fin juin 1534). Les deux cultes luthérien et catholique furent reconnus libres en Wurtemberg. C'est le premier exemple de la simultanéité des deux religions. Le renouvellement de l'insurrection anabaptiste en Westphalie et dans les Pays-Bas avait rendu les deux parties plus faciles à la paix.

1. *V. Lettres de Marguerite*, p. 282, 293, 299.
2. Ces moines, pour stimuler le zèle des fidèles envers leur couvent, prétendirent que la femme du prévôt d'Orléans, morte sans leur faire de legs, était damnée et qu'elle revenait dans leur église : un novice fut aposté pour jouer le rôle de l'âme en peine. L'âme répondait aux exorcistes par signes en frappant sur une planche. Les auteurs de cette farce furent traduits devant le parlement et condamnés à la prison et à la confession publique de leur fraude; mais on trouva moyen de leur éviter cette dernière peine. — Th. de Bèze, *Hist. ecclés.*, t. Ier, p. 17. — Une comédie du même genre, mais compliquée d'un crime atroce (une tentative d'empoisonnement par l'hostie), était arrivée au couvent des dominicains de Berne et avait beaucoup contribué à déterminer la révolution religieuse en Suisse.

François Ier n'en avait pas moins obtenu un avantage sur l'Autriche et fait un pas de plus vers les protestants.

Sur ces entrefaites, la mort du pape Clément VII (septembre 1534) dissipa les vaines espérances qu'avait fondées le roi sur l'alliance des Médicis et relâcha les liens politiques de François Ier avec la papauté.

La France était en demeure. Chaque jour, les événements la pressaient plus instamment de se décider. Un siècle avant, le problème de l'existence même : Être ou ne pas être ! avait été posé à la nationalité française et résolu par Jeanne Darc. Maintenant se pose un autre problème : Comment diriger cette existence? — Être à Rome, être à la Réforme, ou être à soi-même? François Ier sera-t-il digne et capable de le résoudre?

Par quelle voie et dans quel but la France pourra-t-elle être à elle-même, si elle ne veut suivre aveuglément ni le pape ni Luther?

Il y a dans le siècle un troisième esprit, mêlé tantôt à l'esprit de Rome, tantôt à celui de la Réforme, mais essentiellement différent, au fond, de tous deux : c'est l'esprit de la Renaissance. Est-ce la Renaissance qui donnera à la spontanéité de la France un point d'appui suffisant?

Suspendons un moment le récit pour voir la triple inspiration de Rome, de la Réforme et de la Renaissance personnifiée chez trois hommes qui se rencontrent face à face un moment dans Paris, ce rendez-vous général de toutes les idées et de toutes les conceptions humaines.

Toutes les considérations abstraites en diraient moins que ces trois noms : RABELAIS, CALVIN, LOYOLA.

Qui saura bien ce qu'ils représentent, saura tout le XVIe siècle.

L'un, Loyola, l'étranger du Midi, qui vient reconnaître la France pour en préparer l'invasion au profit de Rome et de l'Espagne; l'autre, Calvin, le Français qui importe en France la théologie du Nord, la théologie teutonique, en lui imprimant la forme de l'esprit français; le troisième, Rabelais, le Français qui voudrait refaire la France par elle-même, par les lumières de l'antiquité et par les sciences nouvelles.

Trois types les plus caractérisés, les plus divers qu'il soit possible de rencontrer; chacun exprimant en prédominance, avec une force extraordinaire, une des grandes facultés humaines; Loyola, l'imagination; Rabelais, le bon sens; Calvin, le raisonnement, la logique.

Si différent des deux rivaux auxquels nous l'opposons ici, Calvin ne diffère pas moins du devancier qu'il vient continuer ou modifier en le précisant dans des formes plus rigoureuses, de Luther. La figure large, ouverte, sanguine de Luther, manifeste une expansion, une puissance physique qui le ferait sensuel sans la chasteté de sa foi; son regard rayonne d'élan sympathique, d'inspiration, d'enthousiasme, de spontanéité naïve. Luther attire : Calvin impose et retient. Sa figure est longue, étroite, amaigrie, pâle et bistrée : son œil clair, perçant, d'une pénétration implacable, s'enflamme parfois non pas de l'emportement sanguin de Luther, mais d'une colère bilieuse et sombre; il connaît peu les joies du cœur[1]; il ignore celles du corps; il ne saurait pas qu'il a un corps, s'il n'en était averti par des souffrances presque sans trêve. La réflexion, la résolution froide, lentement mûrie, inébranlable, la lucidité, la précision de l'esprit, la force invincible du caractère, la dialectique réglant souverainement la pensée et la vie, en deux mots, volonté et logique, voilà Calvin. La logique forgera les anneaux de cette chaîne d'airain où il enserrera la Réforme. La volonté développera tout ce qu'il a reçu de la nature, lui donnera tout ce qu'il n'avait pas ou tout ce qui restait latent chez lui, l'aptitude politique et gouvernante, les principes d'action, jusqu'au courage! Né timide et presque pusillanime[2], il voudra être et se fera héroïque. D'une santé misérable, accablé d'indispositions chroniques qui rendraient le travail impossible à une âme ordinaire, il s'imposera une activité et accumulera des travaux à confondre la pensée.

La volonté, disons-nous, le fera homme d'État, législateur, écrivain infatigable : la nature l'avait fait grand écrivain; le second du siècle par le génie; le premier par la durée et l'in-

---

1. On a toutefois exagéré son insensibilité; dur aux autres et surtout à lui-même, il sut pourtant avoir des amis. V. *Lettres de J. Calvin*, publiées par J. Bonnet; 2 vol. in 8º; Paris; 1854, *passim*.
2. Ce sont ses propres paroles.

fluence de sa langue, de son style. La langue prodigieuse de l'autre génie, de Rabelais, en effet, n'avait point eu de mère et n'eut point de postérité, bien qu'on en recueille çà et là quelques échos chez Molière, chez la Fontaine, chez les plus originaux des nos écrivains. La langue de Calvin, fille de la logique française du moyen âge, est la mère de notre grande prose du xviie siècle. La langue de Rabelais envahit l'universalité des choses, mais d'une invasion passagère; la langue de Calvin conquiert pour toujours une sphère déterminée, où n'avait pas pénétré le vieux français, enfermé dans la poésie et dans la chronique; la sphère de la théologie et de la métaphysique. C'est l'hérésiarque du xvie siècle qui fait hériter le verbe national de tous les efforts de nos vieux scolastiques pour discipliner l'esprit français et nos grands docteurs catholiques du xviie siècle hériteront à leur tour de Calvin, pour transmettre l'héritage aux philosophes du xviiie! Unité secrète sous les discordes de l'esprit et merveilleuses alternatives de l'histoire!

Le protestantisme, qui est, avant tout, la religion de la parole, revendique la gloire d'avoir créé le verbe de la France religieuse et philosophique : il en a le droit. C'est lui qui a émancipé la science française de la parole latine, du verbe de l'étranger.

Cette nouvelle parole française, ferme, claire, sobre, éloquente sans emphase, expressive avec simplicité, vive sans emportement, logique avant tout dans sa rigoureuse construction, qu'ignoraient les grammaires de l'antiquité, faite pour enseigner, pour exposer, pour discuter, pour démontrer et convaincre, a gardé la plupart des qualités gauloises en laissant les défauts à nos frères d'origine, les Espagnols, rebelles aux disciplines classiques, mais en laissant aussi, avec les défauts, quelques-uns des dons de nos pères et, par trop de logique, sacrifiant, non le sentiment, mais un autre élément de la poésie, le libre mouvement de l'imagination.

Calvin ne songeait guère à ce qui est aujourd'hui pour nous sa gloire incontestée. Il entendait forger une arme de combat pour sa foi et non un instrument de renommée pour lui-même. Son âpre personnalité s'était donnée tout entière. C'est là ce qui force au respect, à défaut de sympathie, quiconque l'a étudié de près.

Jean Cauvin, qui prit, suivant la mode du temps, le nom de *Calvinus*, puis de CALVIN, était né à Noyon, le 10 juillet 1509 : fils d'un procureur fiscal de l'évêché, notaire apostolique, il fut pourvu, à douze ans, d'une prébende ou chapellenie de la cathédrale de Noyon, puis, à dix-huit, de la cure de Marteville, près Vermand, sans être dans les ordres [1] ni exercer aucunes fonctions ecclésiastiques. Il offrit ainsi, dans sa personne, un des exemples de ces abus cléricaux qu'il devait envelopper plus tard dans le même anathème avec toute la hiérarchie. Il y renonça sans peine, car il eut toujours, quant aux biens matériels, un désintéressement absolu [2]. Son père, qui l'avait envoyé étudier aux écoles de Paris pour « être d'église », se ravisa et lui imposa l'étude du droit civil. Il alla donc apprendre les lois romaines à Orléans, sous Pierre de l'Estoile, puis à Bourges, sous le fameux maître lombard Pierre Alciati. Déjà initié aux idées luthériennes par un de ses parents, Picard comme lui, Robert, dit *Olivetanus*, qui publia plus tard une version française de la Bible, il y fut confirmé à Bourges par un savant allemand, Melchior Wolmar, qui l'instruisit dans les lettres grecques. Bourges faisait partie de l'apanage de Marguerite d'Angoulême ; c'est dire que cette ville était devenue un des foyers des idées nouvelles.

A la mort de son père (1531), sentant que sa vocation était la théologie et non la jurisprudence, il revint à Paris. Il prenait sur-le-champ, partout où il paraissait, une autorité surprenante pour son âge. Enfant, ses camarades l'appelaient l'*accusatif*, pour sa disposition à censurer et à reprendre. Jeune homme, ses maîtres le traitaient en égal. A vrai dire, il n'eut pas de jeunesse. Il publia un premier ouvrage à Paris en 1532 : c'était un commentaire latin du traité de Sénèque : *De la Clémence*. Il visait à détourner le roi de la rigueur envers les novateurs. Il voulut faire plus. Nous

---

1. Il ne reçut jamais que la tonsure simple.
2. Du temps de sa plus grande puissance, à Genève, il avait 300 livres d'appointements, qui ne vaudraient certainement pas 4,000 fr. de valeur relative, et il trouvait que c'était trop.

avons vu la tentative hardie qu'il suggéra au recteur Cop en 1533 et qui les obligea tous deux à s'expatrier. Calvin, après une visite faite en Gascogne au vieux Lefèvre d'Étaples, comme à son père spirituel[1], alla s'établir à Bâle (1534).

Cependant les affaires de la Réforme, nous l'avons vu, paraissaient en assez bonne voie à la cour de France dans le courant de l'année 1534, lorsque des événements sur lesquels nous aurons à revenir, le soulèvement des anabaptistes de Munster, qui n'allaient pas moins qu'à renverser la société de fond en comble, puis la témérité de quelques réformés français, qui affichèrent des placards *sacramentaires* jusque dans l'appartement du roi, déterminèrent tout à coup un changement violent dans les dispositions de François Ier. La persécution déchaînée sévit avec furie jusqu'au milieu de 1535, puis fut arrêtée de nouveau par un revirement politique.

Au mois d'août 1535, parut à Bâle un traité dogmatique intitulé : *Institution de la religion chrestienne,* et dédié au roi de France comme une apologétique « pour les pauvres fidèles persécutés ». L'auteur avait pris le pseudonyme d'*Alcuin*, comme si le prince qu'il prétendait apaiser et peut-être convertir eût été un autre Charlemagne. L'auteur était Calvin, alors âgé de vingt-six ans. Il avait voulu faire connaître au roi la vérité sur ces chrétiens évangéliques que l'on calomniait afin de les égorger, leurs vraies maximes religieuses et politiques, leur profonde différence avec les anabaptistes, qui ne reconnaissaient pour loi que l'inspiration immédiate et non l'Écriture, et qui faisaient la guerre à toutes les institutions civiles comme ecclésiastiques. L'œuvre de Calvin n'eut point d'effet direct : elle n'influa pas sur François Ier, qui ne se gouvernait que par des motifs ou de passion ou de politique; mais elle eut indirectement un résultat immense. Elle donna un code religieux à la Réforme en France et dans une grande partie de l'Europe. Ce livre, accru d'édition en édition et devenu enfin le vaste ouvrage qui est resté dans nos mains, devait être pour la Réforme à la fois

---

1. Lefèvre, « le bonhomme *Fabri* », comme on l'appelait, s'était retiré, depuis 1531, à Nérac, sur les terres du roi de Navarre, de l'époux de Marguerite; il y mourut en 1536.

une grande force et une grande fatalité. Nous ne l'avons plus sous la forme première[1] : tâchons de l'apprécier sous la forme définitive, quand il s'adresse non plus à un roi, mais au monde protestant, et de signaler ce qui, dans les idées de Calvin, a influé sur les destinées de la France et appartient à l'histoire.

Les idées de Calvin sont peu originales : « il n'avait pas le génie de l'invention[2] ». L'originalité est dans la méthode ; par lui, la méthode française met l'ordre dans la vaste et flottante création allemande. Il ne s'agit plus, avec lui, de traités partiels ou d'un simple symbole de croyance comme à Augsbourg, mais d'une vraie *Somme* théologique, où se trouve impliqué l'ordre civil même, et qui n'est pas, comme celle de Thomas d'Aquin, le résumé d'un système établi, mais le programme et le code d'un système à établir. Il prend à Luther, à Zwingli, à Bucer, aux anabaptistes mêmes ; mais il s'approprie tout ce qu'il prend, avec une haute puissance de cohésion et de coordination. Le fond primitif, la justification, la grâce, est à Luther et à Lefèvre d'Étaples ; le principe de la présence purement *spirituelle* dans l'eucharistie[3] et le caractère attribué au baptême sont à Zwingli ; le principe de la grâce inamissible est aux anabaptistes ; Luther n'allait que jusqu'à la certitude présente de la justification par la foi ; il ne niait pas qu'on pût perdre la grâce. Calvin établit que la grâce, que l'élection divine est nécessairement efficace, que l'élu ne peut pas cesser d'être élu ; conséquence logique du dogme de la prédestination. Calvin n'a guère de personnel qu'un seul point, sa doctrine sur l'organisation de l'Église ; il est vrai que c'est sur ce point qu'il rasseoira la Réforme, qu'il en assurera l'avenir et qu'il manifestera son vrai génie.

Ses conceptions sur le gouvernement civil et le gouvernement ecclésiastique sont liées entre elles d'un lien qui ne s'aperçoit pas

---

1. Nous ne connaissons pas l'édition de 1535, qui paraît avoir entièrement disparu. Nous nous servons de celle de 1559, la dernière édition française publiée du vivant de Calvin et, par conséquent, l'édition complète.

2. Mignet, *Mémoires historiques ; Établissement de la Réforme à Genève*, p. 339. Paris, 1854, in-12.

3. C'est-à-dire que le fidèle communique par la foi seule avec la chair et le sang du Christ ; qu'il n'y a point de « présence réelle » et que l'incrédule ou l'indigne qui communie ne reçoit que du pain et du vin.

au premier regard. Il craint l'anarchie anabaptiste, désire apaiser le roi de France et gagner à la Réforme ou y confirmer les autres princes : il lui reste d'ailleurs beaucoup du sentiment de Luther, appuyé sur les textes sacrés, touchant la révolte contre les puissances. Il insiste donc très-fortement sur l'obéissance due aux magistrats, aux mauvais princes comme aux bons, semble magnifier la royauté comme spécialement autorisée du Seigneur; il interdit toute rébellion contre le gouvernement quel qu'il soit, sous lequel Dieu nous a fait naître; « il n'est pas permis aux personnes privées de s'élever contre les tyrans, mais seulement à ceux qui, selon les lois du pays, sont protecteurs et défenseurs de la liberté du peuple ». Il n'est d'exception à l'obéissance qu'en « ce que les rois et autres supérieurs commandent contre Dieu. Le Seigneur suscite aucunes fois de ses serviteurs qui font l'exécution de sa vengeance sur les tyrans [1] ».

Ainsi, là où la liberté civile n'est pas protégée par des lois positives, il admet le devoir de soumission, tempéré, seulement, dans des cas extraordinaires, par le tyrannicide inspiré d'en haut; encore peut-on croire que cette réminiscence menaçante de l'Ancien Testament ne figurait pas dans la première édition de l'*Institution chrestienne*, dédié à François Ier.

Malgré cette consécration des monarchies et, en général, des gouvernements de fait, Calvin est loin, en réalité, de l'indifférence politique de Luther. Après avoir vigoureusement défendu la nécessité « d'un gouvernement civil » quelconque contre les anabaptistes et autres sectes qui voulaient supprimer *toute* « police » humaine, il distingue trois espèces de régime civil, monarchie, aristocratie, démocratie. « Si l'on fait comparaison des trois espèces de gouvernement, la prééminence de ceux qui gouverneront tenant le peuple en liberté sera plus à priser, non point de soi, mais pour ce qu'il est quasi miracle que les rois se modèrent si bien que leur volonté ne se fourvoie jamais d'équité ni droiture... » Il montre Dieu, dans la Bible, préférant ce gouvernement pour son peuple, et tout en niant qu'on ait droit de conquérir le gouvernement libre là où il n'existe pas, il qua-

---

1. *Instit. chrest.*, l. IV, c. XX.

lifie de « traîtres et déloyaux » ceux qui le détruisent ou « l'amoindrissent » là où il existe [1].

Si, donc, il ne croit pas, comme Zwingli, au droit naturel de la souveraineté du peuple, il n'en préfère pas moins, comme lui, en fait, la démocratie, mais la démocratie subordonnée à l'Église et c'est là le caractère propre du système de Calvin.

Il voit l'Église, chez les luthériens, tombée des mains de la papauté dans les mains des princes et la grande maxime de Luther : « tout homme est prêtre ! » en chemin d'aboutir à cette pratique : « tout prince est pape [2]. » En Suisse même, si ce ne sont pas les princes, ce sont les magistrats qui régentent l'Église. L'Église tend à s'absorber dans l'État [3]. Les réformateurs allemands n'ont pas su organiser le protestantisme. Le réformateur français l'entreprendra. Il réagit par une forte conception de l'Église. Il entend rendre à l'Église, sous d'autres conditions, une grande partie de l'autorité qu'elle avait dans le catholicisme. Il relève l'importance du ministère évangélique et le pouvoir des pasteurs, appuyé et tempéré, dans chaque paroisse, par l'assemblée des anciens. Le ministre du saint Évangile « doit être élu avec consentement et approbation du peuple, les pasteurs présidant sur l'élection [4] ». Le consistoire (pasteurs et anciens) a droit d'admonition et de censure sur les mœurs : les princes, comme le peuple, doivent être « sujets à la discipline de l'Église ». L'Église a le pouvoir des clefs et le droit d'excommunication, dont elle doit user modérément. Point de rémission des péchés hors de la communion des fidèles en Christ ; il faut donc bien se donner garde de se séparer de l'Église pour quelques imperfections qui s'y rencontrent.

Voilà donc la Réforme revenue à la maxime : « Hors de l'Église

1. *Instit. chrest.*, l. IV, ch. XX, § 8.
2. En Hesse, un Français, l'ex-cordelier Lambert, avait organisé des églises libres avec le concours même du prince, du généreux landgrave ; mais ces populations étaient si peu aptes à la liberté, que déjà les choses retombaient d'elles-mêmes dans les mains du prince. V. Merle d'Aubigné, t. IV, p. 29 et suiv. Le luthéranisme avait été une révolution d'indépendance nationale, mais non de liberté intérieure. La race germanique ne montre d'esprit de liberté, au XVIe siècle, que chez des petits peuples séparés de la masse allemande, en Suisse et en Hollande.
3. Zwingli avait posé l'identité de la paroisse et de la commune.
4. *Instit. chrest.*, l. IV, c. XIII.

point de salut! » — Mais alors, pourquoi s'être séparés de l'église romaine? — C'est qu'elle n'a pas les marques de la véritable Église. La vraie Église est celle où la parole de Dieu est prêchée dans sa pureté, où les sacrements s'administrent selon l'institut de Christ et où l'on ne fait pas de nouveaux articles de foi. Quiconque se sépare de la véritable Église, comme les anabaptistes, quiconque adhère à la fausse, comme les papistes, est apostat [1].

Cette conception, Calvin la réalisera et d'autres à son exemple : par là sera constituée la plus énergique, la plus vivace des sectes protestantes, le PRESBYTÉRIANISME, suivant le nom qu'elle portera en Écosse et qui lui conviendrait partout. C'est la république des églises égales entre elles et gouvernées par leurs pasteurs et leurs anciens (*presbyteri*, dans l'acception primitive).

Dans la politique, dans la discipline, dans la morale [2], dans le dogme même, une fois la base admise, on reconnaît partout la supériorité du sens pratique de Calvin. Point de subtilités, point de superstitions; ni esclavage de la lettre [3], ni recherche hasardeuse d'un sens mystique; il évite tant qu'il peut les questions périlleuses ou insolubles. Sur les observances, sur les sacrements, il parle en philosophe. Qu'il est loin de cette exagération judaïque

---

1. *Instit. chrest.*, l. IV, ch. I, IV, VIII, XI, XII.
2. Il est austère, sans être ascétique. « Dieu, en créant les *viandes* (viandes, dans l'ancienne acception, pour aliments quelconques), n'a pas voulu seulement pourvoir à notre nécessité, mais aussi à notre plaisir et récréation. Ainsi, aux vêtements, outre la nécessité, il a regardé ce qui étoit honnête et décent (*Inst.*, l. III, c. X, § 2). — La beauté et l'odeur des fleurs nous donnent plaisir licite. — C'est blasphème au pape (il cite une lettre du pape Syricius aux évêques d'Espagne) d'appeler le mariage immondicité et pollution de la chair, en même temps qu'ils en font un sacrement (l. IV, c. XII) ». Il admet le divorce en cas d'adultère ou d'abandon prolongé. Sur la musique, à propos des psaumes mis en vers par Clément Marot (1543), il parle comme Luther et Zwingli (*V. Œuvres françoises de Calvin*, p. 328). Tous les fondateurs du protestantisme attachent la même importance au développement de la musique religieuse et sont d'accord pour opposer cet art de l'idéal indéterminé et de l'infini aux arts de la plastique et de l'*idolâtrie*. C'est de la Réforme que date la musique moderne, la grande harmonie qui remplace le plain-chant, sublime de sentiment, mais souvent discordant, sinon barbare de forme, comme le moyen âge, dont il était l'expression. Le catholicisme prit sa part de cette révolution avec une émulation dont l'art a glorieusement profité.
3. « Quand l'Écriture dit que Dieu s'est repenti, qu'il se courrouce, etc., l'Écriture, s'abaissant à notre capacité, le décrit non tel qu'il est en soi, mais tel que nous le sentons. » *Inst. chrest.*, l. I, ch. XVII, § 12-14.

où doivent retomber après lui les protestants sur l'observation du dimanche! Sous le règne de la Grâce et non plus de la Loi, il n'y a plus là, à ses yeux, qu'une convenance, une règle de bon ordre pour le culte et pour le repos à donner aux hommes de labeur. Sur le baptême, il s'exprime comme Zwingli : « Les sacrements, dit-il [1], ne sont que le signe de la grâce : ils n'ont point de vertu secrète qui la confère. La consécration de l'eau du baptême n'est point une espèce d'enchantement [2]. La vraie consécration est celle qui se fait par la parole de Dieu, quand elle est déclarée et reçue. — Quand il plaira à Dieu retirer de ce monde un enfant avant qu'on ait le temps de le baptiser, il ne le faut pourtant tenir pour damné... la promesse de Dieu a bien assez de vertu pour le sauver [3]. »

Qui ne croirait, à de telles paroles, entendre un apôtre de la voie large, un nouveau Zwingli avec un plus puissant génie? Hélas! il n'en est rien : Calvin sauve sans baptême les élus; mais les autres, mais le monde immense et lamentable des réprouvés? Veut-on savoir ce qu'il en dit? « Les enfants mêmes apportent du ventre de leur mère leur damnation [4]!... »

Ainsi, tout ce bon sens, toute cette lumière, toute cette rectitude logique, ne servent qu'à faire le dogme de Calvin plus sinistre en le faisant mieux défini. Ce n'est pas qu'il y ait rien d'absolument nouveau dans ce dogme : Luther ni les autres réformateurs ne

---

1. Il n'en reconnaît que deux, le baptême et la cène.
2. « Quand on a soufflé et prononcé de bouche les paroles, il n'est pas que la créature insensible (l'eau) en sente la vertu, encore que les hommes n'y entendent rien. » Œuvres françoises de Calvin, Paris, 1842; in-12, p. 327. C'est un choix de petits traités qui complètent l'*Institution chrestienne*.
3. « Les petits enfants, dès le ventre de la mère, appartiennent à Dieu, étant déjà adoptés de lui, reçus dans son Église et étant faits participants de la doctrine du salut. Tout cela est scellé par leur baptême. Mais tant il y a que Dieu n'est pas tellement sujet au signe extérieur et n'y a pas tellement attaché sa grâce, qu'il n'accomplisse bien ce qu'il a promis, suppléant au défaut des baptêmes ». *Ibid*, p. 321. Nous insistons sur ce point intéressant, parce que nous avons ailleurs accusé à tort Calvin d'avoir enseigné la damnation des enfants morts sans baptême. Nous avions rencontré cette effroyable doctrine chez ses disciples de Genève au commencement du XVIIe siècle et l'avions à tort imputée au maître. Elle envahit à la fois le calvinisme et le catholicisme au XVIIe siècle. La sanguinaire Sorbonne du XVIe n'avait osé la soutenir!
4. *Inst. chrest.*, l. IV, ch. XV, § 10. Ils ne seront point damnés toutefois sans péché personnel, puisque le Christ nous a rachetés de la coulpe et de la peine originelles, mais ils sont prédestinés à pécher et à n'être point pardonnés.

pourraient renier les conclusions de Calvin; mais Calvin appuie là où les autres glissaient; il insiste sur le revers sombre là où les autres montraient la face éclatante; Luther, Zwingli, voyaient surtout la grâce, la prédestination au ciel; Calvin pèse sur la réprobation, sur la prédestination à l'enfer!...

L'Église et la scolastique avaient fait effort pour s'arrêter sur la pente fatale où poussait saint Augustin et pour maintenir en accord la prescience de Dieu et la liberté de l'homme. Notre bon sens réclame cet accord qui dépasse notre intelligence; mais la logique proteste contre l'association de ce double principe à la doctrine des peines éternelles. Le terrain est bien difficile à maintenir dès qu'on ne veut point avancer jusqu'à poser, contre la double prédestination au ciel et à l'enfer, nous ne dirons pas seulement la grâce offerte à tous, mais la prédestination unique et universelle, le principe des causes finales, du salut final de tous [1].

Calvin attaque à fond, avec son impitoyable dialectique, les atermoiements insuffisants du bon sens catholique. Il ne ménage pas plus les Pères que les docteurs du moyen âge et, dans toute la tradition, depuis les apôtres, il ne réclame qu'un seul allié, mais formidable, saint Augustin, le père de tout ce qu'il y a de sombre dans le christianisme!

« Si Dieu élit, tous ceux qu'il n'élit pas, il les réprouve. La réprobation vient donc directement de Dieu, comme l'élection. — Il ne faut pas dire que ceux qui périssent s'y apprêtent d'eux-mêmes et par leur franc arbitre, sans être réprouvés de Dieu. — Il n'est pas vrai que Dieu, par la prescience du péché, n'impose pas nécessité de pécher. — Dieu ne voit pas les choses advenir par autre raison, sinon pour ce qu'il a déterminé qu'elles advinssent; tout advient par son ordonnance et disposition. — Dieu non-seulement a prévu la chute du premier homme et en *icelle* la ruine

---

1. « L'homme a péché », dit Calvin; « la Nature humaine a péché; nous n'avons à nous plaindre que de nous-mêmes (*Inst. chrest.*, l. II, c. I, § 10). » — *De nous-mêmes?* — Adam était moi-même? — J'étais Adam? — La *Nature humaine* est donc un être réel et non une pure idée générale? je suis une partie de cet être et non un être indépendant, non une créature procédant immédiatement du Créateur? — Que devient, dans cette doctrine, la personnalité humaine? Pourtant, au point de vue de ses adversaires catholiques, il n'est pas facile de répondre à Calvin.

de toute sa postérité; mais ainsi il l'a voulu. La cause de la prédestination n'est pas que Dieu ait prévu les mérites d'un chacun; Dieu, tant en l'élection qu'en la réprobation, n'a eu aucun égard aux œuvres, mais son bon plaisir est la cause de l'un et de l'autre. — Dieu ne permet pas seulement, il veut que les iniques périssent. — Le péché est de nécessité et ne doit pas pourtant laisser d'être imputé. Il est volontaire et toutefois on ne le peut éviter. — L'homme (Adam) est tombé par sa faute, par sa volonté, quoique, par la volonté de Dieu, il ne pût éviter de tomber[1]. »

Calvin laisse ainsi à l'homme une ombre de volonté (une volonté sans liberté, depuis la chute première), comme pour justifier son Dieu et pour justifier le précepte que lui-même donne aux fidèles de haïr les réprouvés, « afin de se conformer à la volonté de Dieu qui les damne[2] » !

Justifier son Dieu? Son Dieu n'en a pas besoin.

« La volonté de Dieu est tellement la règle suprême et souveraine de justice, que tout ce qu'il veut, il le faut tenir pour juste, d'autant qu'il le veut. »

Ainsi la volonté de Dieu ne procède pas de sa justice : l'attribut de justice n'existe pas en Dieu; la notion de justice qui est dans nos âmes n'est pas le reflet de la justice infinie!

Calvin semble s'effrayer quelquefois de lui-même : « Nous n'imaginons pas un Dieu qui n'ait nulle loi, vu qu'il est loi à soi-même!... Faire Dieu auteur du péché, c'est le transfigurer en un diable[3] ! » Vaines protestations : il se condamne par ces paroles :

---

1. L. III, c. XXII, § 1-2.
2. *Instit. chrest.*, l. III, c. II-XXIII. *V.* la lettre de la duchesse de Ferrare à Calvin : « Non, je n'ai point oublié ce que vous m'avez écrit, que David a haï les ennemis de Dieu de haine mortelle..... Quand je saurois (si je savais) que le roi mon père et la reine ma mère et monsieur mon mari et tous mes enfants seroient réprouvés de Dieu, je les voudrois haïr de haine mortelle et leur désirer l'enfer et me conformer à la volonté de Dieu entièrement..... » La duchesse de Ferrare était la fille de Louis XII, Renée de France. Comme Marguerite d'Angoulême, elle favorisait la Réforme : elle détestait Rome et faisait de Ferrare un asile de novateurs au milieu de l'Italie. Ce n'était pas Marguerite qui eût écrit de telles choses : Marguerite recula quand elle eut vu où l'on marchait. Calvin avait gagné Renée à ses idées durant un voyage qu'il fit en Italie, en 1536, sous un nom supposé. Il retrouva à Ferrare Clément Marot, qui s'était d'abord retiré chez Marguerite, en 1534, puis de là chez Renée.
3. *Instit. chrest.*, l. III, c. XXIII; *Œuv. franç. de Calvin*, p. 298.

il ne s'amende pas ; sa logique l'entraîne jusqu'au fond de l'abîme. Son Dieu *arbitraire* ne s'appelle pas justice ; son Dieu n'est pas Loi vivante ; son Dieu n'est pas le vrai Dieu !

Tel est le dernier terme où une téméraire logique, à laquelle s'était refusé le bon sens de l'Église, emporte la doctrine des peines éternelles, jointe à celle du péché originel collectif.

Calvin se débat contre les conséquences fatalistes de la double prédestination comme contre les conséquences de l'arbitraire placé en Dieu. Plus il est grand dialecticien, plus il est faible ici en théorie et, pourtant, le succès, en fait, est pour lui. On croirait que le prédestinatianisme ne peut enfanter que confiance insouciante ou désespoir inerte et, dans tous les cas, qu'il doit enlever « toute sollicitude de bien vivre ». En fait, cela n'est pas, chez les disciples de Calvin. La force de l'impulsion morale qui a été donnée au protestantisme naissant est telle que la confiance tourne à vertu, non à quiétude, et que ces hommes assurés de leur salut, transformés par l'enthousiasme, produisent les œuvres comme fruits naturels de la foi et justifient ainsi leur doctrine. Même le premier enthousiasme passé, il restera de ces origines une race rigide, dure et triste, mais d'une vigueur morale et d'une activité extraordinaires.

Dans la pratique, ce n'est point par là que péchera le calvinisme, mais par une autre déviation bien funeste. Le principe de persécution n'est pas formellement relevé dans l'*Institution chrestienne*, quoiqu'on puisse le faire sortir de cet axiome : « que les magistrats sont tenus de vaquer à maintenir rigoureusement la loi de Dieu » ; mais, s'il n'est pas en propres termes dans le livre, il y transpire par tous les pores : il est essentiellement en rapport avec le caractère terrible que Calvin rend à la religion, et l'autorité est ici d'accord avec la logique. Cette autorité, ce n'est pas le mosaïsme avec ses exemples impitoyables. Calvin sait bien que la Grâce a remplacé la Loi, et il a blâmé lui-même ceux qui veulent appliquer aux peuples chrétiens la législation de Moïse ; mais celui des Pères qui a grandi à ses yeux de la diminution de tous les autres, celui que Luther lui-même regarde comme un second saint Paul, saint Augustin ne s'est-il pas expressément prononcé pour l'emploi de la contrainte en matière de foi[1]? Pourquoi faut-il qu'on rencontre ce grand homme sur toutes les routes qui ont conduit la religion aux précipices!

Les tendances prédestinatiennes, l'esprit violent de Calvin, la tradition de saint Augustin, eussent, dans tous les cas, entravé la liberté de conscience, mais n'eussent pas suffi sans doute pour relever, au nom de la Réforme, les bûchers du catholicisme. Le protestantisme avait commencé sous d'autres auspices! Luther, Zwingli, le landgrave de Hesse, d'autres encore parmi les fondateurs de la Réforme, avaient glorieusement protesté contre le principe de persécution[2]. Les fatales révoltes anabaptistes vinrent jeter le trouble dans toutes les âmes et bouleverser tous les principes. On commença de frapper les anabaptistes comme séditieux, puis comme hérétiques et comme séditieux à la fois; à Bâle, reprenant les traditions de l'Ancien Testament contre les impies, on brûla pour blasphème un homme qui avait nié la divinité du Christ; puis, en divers lieux, on mit à mort des anabaptistes. En 1527, à Zurich, on porta contre eux un décret de bannissement avec peine de mort en cas d'infraction de ban. Enfin, après la terrible insurrection de Munster et d'Amsterdam (1534-1535), le synode de Hombourg, où fut représenté tout le protestantisme allemand, promulgua des lois de mort contre quiconque professerait les doctrines anabaptistes. Luther et Mélanchton approuvèrent (1536). Le landgrave de Hesse fut le dernier à se rendre.

---

1. « Dans le premier de mes livres contre le parti de Donat, j'ai dit qu'il ne me plaisait point que par l'emportement (*impetu*) d'aucune puissance séculière les schismatiques fussent violemment contraints à la communion (avec l'Église)..... Je n'avais pas encore éprouvé... combien pouvait pour les améliorer la rigueur de la discipline (*diligentia disciplinæ*). » *Retractationes*, l. II, c. V. « Voyez ce qu'ils font (les hérétiques) et ce qu'ils subissent : ils tuent les âmes; on les frappe dans leurs corps; ils infligent la mort éternelle et se plaignent de recevoir la mort temporelle !...... » *Tractat.* II, *in Joann.*, n° 14. « Les impies... disent que les apôtres n'ont point demandé aux rois de la terre de telles choses (la persécution contre les hérétiques). Les temps étaient différents. Chaque chose en son temps. Les empereurs alors ne croyaient point au Christ. » *Epist. ad Bonifac. comit.* Un des chapitres du *Décret* de Gratien (*pars.* 2ª, causa XXIV, *quæstio* 4) est rempli de textes de saint Augustin en faveur des moyens de contrainte.

2. *V.* notre t. VII, p. 523, et Merle d'Aubigné, t. III, p. 321. Zwingli n'allait pas jusqu'à la liberté du culte extérieur, mais il admettait au moins la liberté de conscience. Chaque église (ou paroisse), suivant lui, doit régler son culte et nul ne peut prêcher sans l'autorisation de son église ; mais « tous ne peuvent contraindre un seul à croire ». *V.* Chauffour; *Études sur les Réformateurs du* XVIe *siècle*, t. II, p. 77.

La chute de Luther et de ses principaux disciples rejeta la masse protestante dans la sanglante ornière à laquelle Luther avait voulu arracher le monde chrétien! Calvin ne fit que suivre : le bûcher de Servet avait été sanctionné d'avance à Hombourg [1] ! Mais ce fut toutefois un disciple de Calvin qui eut la triste gloire de donner la formule de cette réaction du protestantisme contre ses meilleures origines :

« La liberté de conscience est un dogme diabolique [2]. »

Ainsi, affranchissement des églises nationales vis-à-vis de Rome ; affranchissement des églises particulières, des communautés chrétiennes, dans des limites mal définies (l'infaillibilité des conciles n'étant plus admise); mais point affranchissement de la conscience, de la personne humaine. Le lien qui enchaînait l'individu est moins serré ; il n'est pas brisé. L'homme ne relève plus d'un homme ; il compte davantage dans une communauté bien moins vaste, où la voix de chacun est entendue ; mais il n'est pas libre dans son esprit; la communauté prétend encore régler coactivement non-seulement ses actes, mais sa foi.

Voilà ce que la Réforme offre à la France, avec une théologie absolument contraire à la tradition et au génie de la nationalité française.

Voyons maintenant ce que le catholicisme ultramontain, le *papisme*, va enfanter pour se défendre et ce qu'il va proposer de son côté à la France.

Ce n'est pas d'au delà des Alpes, mais d'au delà des Pyrénées, que le mouvement viendra. Le nerf, le *robur* du catholicisme méridional n'est point dans la sceptique Italie, mais dans la violente Espagne. C'est du fond primitif de l'Espagne non celtique, de la race euscarienne, que le prototype surgira.

Dans la galerie de Hamptoncourt, ce palais de la Renaissance légué par Wolsey à Henri VIII, parmi les images de tous les

---

1. Michelet, *Mém. de Luther*, t. II, p. 260. — Chauffour, *Études sur les Réformateurs*, t. II, p. 112. — Catrou, *Hist. du Davidisme*. Le principe porta ses conséquences jusqu'au bout : luthériens et calvinistes, après s'être unis pour persécuter les anabaptistes, se persécutèrent entre eux : dans la seconde moitié du siècle, on vit décapiter le chancelier de l'électeur de Saxe, pour avoir voulu réunir, par des concessions, le luthéranisme au calvinisme ! Hase, *Kirchengeschichte*, p. 344.

2. *Libertas conscientiis diabolicum dogma*. Théodore de Bèze ; *Epist. theologicæ*.

princes et de tous les hommes illustres de l'Angleterre, depuis l'avénement des Tudor jusqu'à nos jours, se trouve égarée, nous ne savons par quel accident, une figure étrangère et basanée, d'une sorte de beauté étrange. Rien ne saurait rendre là tension extraordinaire de cette physionomie, la fixité terrible de ce regard d'acier qui vous suit longtemps jusque dans vos rêves. On sent là une volonté aussi opiniâtre, aussi implacable que celle de Calvin, mais au service d'un autre principe que la logique et le raisonnement.

Ce portrait est celui d'Ignace de Loyola[1].

Nous avons parlé, en 1521, de ce gentilhomme basque qui défendit si bien la citadelle de Pampelune contre les Français; Ignace, ou plutôt Inigo Lopez de Recalde y Loyola[2], semblait destiné par sa naissance, par sa valeur, par sa figure, à tous les genres de succès mondains : grièvement blessé aux deux jambes, il exigea de ses chirurgiens deux cruelles opérations coup sur coup pour ne pas rester difforme. La longue convalescence qui suivit ces opérations changea le cours de ses sentiments et de ses destinées. Les romans de chevalerie, les *Amadis*[3], sa lecture favorite, lui manquant, il s'engagea dans les livres de piété, mais de piété espagnole, pleins d'une exaltation aussi romanesque que les romans eux-mêmes. Il commença de songer à imiter, au lieu d'*Amadis* ou de *Galaor*[4], le Christ et les saints dont il lisait les vies. Une nuit, la Vierge lui apparut, tenant l'enfant Jésus dans ses bras; cette vision, « l'inondant d'une volupté divine », chassa de son cœur les voluptés charnelles[5]. Il n'eut plus d'autres amours que Marie et l'enfant Jésus. Le Christ qu'adorent le sentiment et

---

1. On l'attribue au Titien. Nous ignorons si cette attribution est authentique. L'âge répondrait au premier voyage de Loyola à Venise, vers 1523.
2. Né en 1491.
3. Les *Amadis* sont le dernier des cycles romanesques du moyen âge, le cycle hispano-portugais. C'est un rameau de notre *Table Ronde*. Amadis de Gaule, composé en Espagne vers le commencement du xiv° siècle, fut traduit en français, en 1540, par Herberai des Essarts, et cette traduction, très-bien écrite, eut une grande popularité. V. une thèse de M. E. Baret; *de l'Amadis de Gaule et de son influence*; Paris, 1853.
4. « *Cum mentem rebus iis refertam haberet, quæ ab Amadœo de Gaula conscriptæci, et ab ejus generis scriptoribus, nonnullæ illis similes ei occurrebant.....* » *Acta antiquiss. a P. Ludovic. Consalvo ex ore sancti excerpta*, VII, p. 638, ap. Bolland.
5. *Vita Ignatii Loyolæ*, etc.; auctore P. Ribadeneira; Neapoli, 1572; l. 1; f° 5, v°. C'est chez le jésuite Ribadeneira que nous puisons presque tous les détails biographiques.

l'imagination du Midi, c'est surtout Jésus enfant ou Jésus sur la croix, comme le Christ de la raisonneuse Réforme, c'est surtout le Christ enseignant, le Maître, le Sauveur par la parole.

Ignace partit pour le fameux monastère de Notre-Dame de Montserrat[1]. Il fit la « veillée des armes » dans l'église, comme pour recevoir l'ordre de chevalerie; mais, au lieu de la ceinture militaire, il revêtit l'habit des pèlerins de Jérusalem et suspendit ses armes terrestres devant l'autel pour ne plus les reprendre. De là, il alla s'établir dans un couvent de moines mendiants à Manresa, s'y donnant pour tâche de racheter ses vanités passées et les soins qu'il avait eus de son corps par les austérités les plus outrées et la négligence la plus sordide. Le génie excessif de l'Espagne se laisse volontiers séduire à ces violences. On commence à se grouper autour d'Ignace. Il n'est bruit que de ses visions. Il voit, « d'un regard intérieur », le Christ, la Vierge, la sainte Trinité même; le démon, à son tour, se manifeste à lui sous des formes tantôt brillantes, tantôt hideuses. La vérité est qu'il vit dans des extases moins spontanées que provoquées par ses jeûnes et par ses macérations étranges : il resta, une fois, assure-t-on, toute une semaine en catalepsie[2].

Un nouvel homme, cependant, se développe en lui, ou, plutôt, l'ancien homme renaît sous une forme nouvelle : de même qu'au chevalier qui combattait des ennemis terrestres a succédé l'ascète qui combat la chair et le diable, au capitaine qui dirigeait des hommes de guerre succède le directeur qui gouverne des consciences. Le besoin de conduire, de commander, s'est réveillé et Ignace rédige, dans sa langue maternelle, tout un système de conversion à la vie dévote qu'il enseigne aux autres d'après sa propre expérience. Ce sont les fameux *Exercices spirituels*. Nous

---

1. Ce fut pendant ce voyage qu'il rencontra un Maure (c'était avant la persécution de 1526, qui détruisit les restes des musulmans dans le royaume d'Aragon) : il se prit de dispute avec lui sur la Vierge; puis, le Maure l'ayant quitté, il se demanda s'il n'était pas déshonoré pour avoir écouté cet infidèle blasphémer Notre-Dame sans le mettre à mort. « Si ma mule suit le Maure, je le tuerai : si elle tourne à l'opposite, je le laisserai vivre. » Et il lâcha la bride à sa mule. Heureusement pour le Maure, elle prit l'autre route. Il faut dire que Ribadeneira présente le fait comme appartenant à l'époque où Loyola gardait encore des restes de l'honneur mondain. *Vita Ignatii*, f° 8.

2. *Vita Ignatii*, etc., f° 17.

reviendrons tout à l'heure sur ce petit livre qui eut de si grandes conséquences; rien n'indique qu'à l'époque où Ignace l'écrivit (en 1522), il en ait aucunement prévu la portée incalculable. On peut douter qu'il ait pensé à la lutte de Rome contre la Réforme, qu'il ait songé alors à autre chose qu'à aplanir la voie du salut aux quelques dévots qui l'entouraient. Bien des choses se font ainsi d'instinct, qu'on croit plus tard, à l'aspect des résultats, l'œuvre des combinaisons les plus profondes.

Ignace, en effet, exécuta, peu de temps après, son pèlerinage de Jérusalem entrepris systématiquement sans autre ressource que la mendicité, toute prévoyance étant, suivant lui, défiance envers Dieu, et il se fût fixé dans la cité sainte, si le gardien des franciscains de Jérusalem n'eût refusé de le recevoir dans son couvent. De retour en Espagne, il se fit écolier à trente-deux ans, rompant à grand'peine à la grammaire et à la logique son esprit inaccoutumé à l'étude et habitué à flotter aux souffles de l'imagination et de la rêverie. L'écolier était déjà pour beaucoup un maître : il dirigeait en particulier; il prêchait en public et il insistait particulièrement sur cette distinction entre les péchés mortels et véniels que repoussait le protestantisme, surtout Calvin. C'est là qu'on peut entrevoir le premier germe de cette morale des jésuites qui alla plus tard à des excès de relâchement qu'était loin de prévoir le fondateur. L'inquisition s'inquiéta et soupçonna dans ce laïque d'une piété envahissante un affilié des *alumbrados* (illuminés), sectaires espagnols qui rallumaient leurs flammes mystiques à la lampe mal éteinte du gnosticisme. Ignace fut deux fois emprisonné; on le relâcha, en reconnaissant qu'il se distinguait des *alumbrados* par une soumission absolue à l'Église, mais on le trouva trop peu lettré pour lui permettre la propagande sur des points de dogme.

Il quitta de nouveau l'Espagne et, au commencement de février 1528, il entra dans Paris et vint s'asseoir sur les bancs du collège de Montaigu, tant moqué par Rabelais comme le résidu de toutes les rouilles scolastiques [1]. Mais peu importe! Ignace est tout entier en deux choses, sa méthode (les *Exercices spirituels*) et sa

---

1. Calvin quittait Montaigu à peu près au moment où Loyola y entrait. Loyola fit ensuite sa philosophie à Sainte-Barbe.

règle (les *Constitutions de la Compagnie de Jésus*), et les études classiques ne sont pour rien ni dans l'une ni dans l'autre. Il roulait déjà la pensée de fonder une nouvelle « religion » (un nouvel ordre monastique), quand il aurait achevé ses études, qu'il refit d'un bout à l'autre à Paris. Six ans après, c'était le jour de l'Assomption, 15 août 1534, Ignace, accompagné de cinq écoliers espagnols, François Xavier, Lainez, Salmeron, Rodriguez, Bobadilla, et d'un Savoyard, Lefèvre, monta sur cette colline de Montmartre qui domine tout Paris, et là, devant l'autel de l'église Notre-Dame de Montmartre, les sept compagnons, après avoir communié ensemble, firent vœu « de renoncer aux biens de ce monde, de se consacrer au salut de leur prochain et de faire le pèlerinage de Jérusalem; que, s'ils ne pouvoient s'embarquer dans un certain délai ou rester à Jérusalem, ils reviendroient à Rome se jeter aux pieds du souverain pontife, afin qu'il se servît d'eux à sa volonté pour le salut des âmes [1] ».

Le vœu de Montmartre fut renouvelé l'année suivante; ils étaient dix cette fois; aux sept premiers s'étaient joints deux Français et un Genevois, Broët, Coduret et Lejai. Au commencement de 1537, les dix associés se retrouvèrent à Venise [2]; Ignace et ceux de ses compagnons qui n'étaient point encore prêtres y reçurent les ordres. Le temps fixé pour leur pèlerinage était arrivé : la guerre leur ferma les mers; ne pouvant partir pour Jérusalem, ils partirent pour Rome. Le sort en est jeté : Ignace restera en Europe, où de plus éclatantes destinées l'attendent. Il va commencer d'agir en grand.

Le groupe d'où sortira l'immense société de Jésus est déjà constitué. Chacun de ces hommes s'est formé sur la méthode des *Exercices spirituels.*

Qu'est-ce donc que cette méthode?

L'extrême importance attachée par Ignace au pèlerinage de Jérusalem, à l'aspect matériel des lieux saints, indique déjà sa tendance.

---

1. *Vit. Ignat.*, fos 47-48.
2. Ignace avait fait, dans l'intervalle, un voyage dans sa patrie, en Biscaye, où il provoqua, par ses prédications, des lois rigoureuses contre le « concubinage » des prêtres, qui était, dans les provinces basques, un véritable mariage admis comme légitime par les populations. *Vit. Ignat.*, fo 49.

Il est, par nature, l'antipode du protestantisme, bien avant de l'être par système. Le protestantisme rejette toutes les choses extérieures, ramène toute la religion à l'esprit, à l'invisible. Loyola s'efforce de rendre toute la religion, tous les objets de la foi, sensibles et palpables. Il emploie les yeux de l'esprit à imiter le rôle des yeux de la chair et prolonge par la pensée le règne des sens dans le monde de l'âme. On avait reproché aux catholiques d'oublier le Christ et l'Évangile pour la légende des saints : Loyola ramène au Christ et à l'Évangile, mais d'une façon toute particulière, c'est-à-dire au fait, au tableau, à l'anecdote évangélique, au matériel de la narration sacrée : l'Évangile devient un drame et non plus une doctrine; du moins, ce n'est pas la doctrine, c'est le drame qui est proposé pour objet à la méditation. Ce que François d'Assise a conçu d'instinct et réalisé extérieurement, Loyola le systématise et se joue ce drame à l'intérieur, dans son cerveau, avec les variantes infinies de la rêverie, au lieu de le jouer sur la place publique, comme faisait le franciscain, dans les limites du réel. Ce qui a été l'enfantement naturel de son esprit, il enseigne aux autres un procédé en quelque sorte mécanique, afin de le reproduire, chacun remaniant le poëme à son usage personnel et le rajustant, pour ainsi dire, à sa taille, mais dans des formes identiques pour tous, où la succession des objets de méditation est prévue, réglée immuablement. Tandis que le théologien de la Réforme livre le champ tout entier de l'Écriture à son disciple, Loyola interdit expressément au sien de rien lire, de rien penser sur un autre mystère que celui que l'on doit méditer aux jour et heure présents [1].

Méditer; comment? en appliquant les cinq sens par l'imagination à la contemplation des personnes sacrées et des circonstances qui les entourent. Il faut les voir, les entendre, flairer et goûter le parfum qui émane d'elles, toucher et baiser leurs vêtements, la trace de leurs pas, etc. [2].

Ce n'est plus seulement l'anti-protestantisme, c'est l'anti-mysticisme qu'inaugure ce mystique. Il parle de *mystères;* mais les

---

1. *Exercitia spiritualia*; f° 38; M. D. XLVIII (c'est la première édition, sans nom d'auteur, de lieu, ni d'imprimeur).
2. *Ibid.*, f° 37.

mystères, pour lui, ne sont que ceux du théâtre du moyen âge que vont relever avec éclat ses disciples; ce sont des *actions* et non des idées [1].

En deux mots, Ignace coupe les ailes à l'esprit et les ouvre à l'imagination.

Il lance l'imagination, non pas en toute liberté, mais dans un champ déterminé et soigneusement clos : là, il est vrai, tout lui est permis, pourvu que le raisonnement n'intervienne jamais.

Il y aurait encore quelque danger d'émancipation, si le simple fidèle se guidait lui-même d'après le livre du maître. On parera à ce péril. Lorsque les *Exercices spirituels* seront tardivement imprimés, en latin (1548), il sera expressément recommandé de ne pas laisser sortir le livre des mains de ceux qui ont charge de diriger les autres, c'est-à-dire des compagnons d'Ignace [2]. Par là sera créé le plus puissant des instruments de domination, la DIRECTION exercée par des directeurs assujettis eux-mêmes à des engagements d'obéissance tels qu'on n'en a jamais vu dans le monde chrétien.

Cette méthode de conversion, inventée par Ignace à l'usage de quelques dévots dans un coin de la Catalogne, il la répandra, pour des siècles, sur tous les peuples catholiques.

Quelles seront les conséquences d'un système qui surexcite et asservit tout à la fois l'imagination, éloigne le sentiment de la haute spiritualité et tend à le réduire à la sensibilité nerveuse, écarte la raison et supprime, autant que possible, la responsabilité personnelle? Ces fruits inévitables seront l'affaiblissement du caractère, de la volonté, de la moralité, l'attente habituelle des prodiges extérieurs, des visions, des apparitions, la tendance aux minutieuses pratiques, l'absorption dans ce qui parle aux yeux, dans une sorte de matérialité dévote. On n'adorera plus seulement le Verbe incarné, le Dieu-homme mort sur la croix, mais la Croix

---

1. Des *actions*, c'est le titre qu'auront les nouveaux *mystères* du théâtre espagnol; *autos sacramentales*. — Nous avons parlé de cette auguste et tendre familiarité de l'homme avec Dieu qui est le plus beau caractère du livre de l'*Imitation* ; la méthode des *Exercices* familiarise aussi l'homme avec Dieu, mais en abaissant Dieu et non en élevant l'homme. Le roman dévot descendra, chez les disciples de bas étage, au plus puéril et au plus irrespectueux anthropomorphisme.

2. *V.* les instructions anonymes des chefs de la Société de Jésus, à la suite du bref du pape Paul III qui approuve le livre, en tête de l'édition de 1548.

elle-même[1], plus seulement l'esprit divin du Christ, mais le Cœur sanglant de Jésus dans sa représentation physique. On ira plus loin : on laissera revenir le troupeau des fidèles jusqu'à un véritable paganisme : les talismans, les amulettes, les images parlantes, remuantes, saignantes, redeviendront la religion des foules, et il faudra que l'esprit intime du christianisme soit bien fort pour garder encore quelque chose de lui-même et pour produire encore des fruits de charité et de piété parmi cette marée montante de superstitions, qui, vingt fois refoulée, revient et reviendra toujours, tant que ses flots ne rencontreront pas une barrière infranchissable, c'est-à-dire tant qu'une éducation virilement religieuse n'aura pas régénéré les peuples que la tradition de Loyola retient ou replonge dans une éternelle enfance.

Le calvinisme vaudra mieux que la doctrine de Calvin; le jésuitisme sera bien pire que Loyola.

La justice commande de distinguer l'homme de l'œuvre et le résultat de l'intention. La distance est grande entre le jésuitisme de Loyola et le jésuitisme des *Provinciales*. Personnellement, le fondateur de la Compagnie de Jésus se signale non pas seulement par la sincérité courageuse qu'ont toujours les hommes d'initiative, mais par une sorte de grandeur romanesque qui impose une certaine sympathie. En systématisant les visions et les extases des saints du moyen âge, il a ravalé au niveau des routines de la vie ordinaire l'imitation mécanique d'états exceptionnels et héroïques de l'âme, mais, ces états exceptionnels, il les avait connus par lui-même et il tenait encore personnellement à la famille des saints mystiques, bien qu'il ne fût point de ce rang supérieur auquel s'élevaient encore, dans son temps et dans son pays, Luis de Grenade et l'illustre sainte Thérèse[2].

Nous retrouverons bientôt Loyola à Rome, Calvin à Genève :

---

1. *V.* les *autos sacramentales*, surtout le fameux drame de Calderon : la *Dévotion à la Croix*. Le sujet est le salut d'une âme, en dehors de toute moralité, par le signe matériel de la croix.

2. Le fond de notre explication du livre des *Exercices* appartient entièrement à M. Michelet. En étudiant à notre tour les monuments originaux, nous n'y avons trouvé que la confirmation de l'ingénieux et profond chapitre IV de son volume des *Guerres de Religion*. L'expression peut être dure parfois; mais l'esprit des choses est admirablement saisi.

après la conception, l'action; l'œuvre d'organisation après l'œuvre de théorie.

Nous venons de montrer ce que ces deux hommes proposent à la France : l'un, esprit très-français qui donne la forme la plus française à des idées, par leur fond, très-contraires à notre génie; l'autre, étranger par la forme et par le fond, mais ayant sur nous une prise redoutable par ces habitudes séculaires de discipline romaine qui ont modifié notre nature première.

Notre patrie ne doit se donner ni à l'un ni à l'autre et, cependant, tous deux vont prendre l'essor et se disputer la France, si elle n'arbore à temps un autre drapeau!

Sera-ce le drapeau de la Renaissance? le drapeau que porte Rabelais? Et n'y a-t-il point de paradoxe à poser une si sérieuse question devant un tel nom?

Sachons donc ce que fut cet homme que l'on a nommé un « Homère bouffon »!

Rien de plus vaguement connu que la vie de Rabelais, remplie de légendes bouffonnes par une tradition superficielle. On ne sait bien ni la date de sa naissance ni même celle de sa mort[1]. Le fils du cabaretier de Chinon, novice chez les bénédictins, puis cordelier et prêtre, nous apparaît d'abord, dans la tradition, entre le froc, la bouteille et les livres, entre l'étude et les grivoises gaietés monastiques. La légende a beaucoup trop vu l'auteur de *Gargantua* à travers les interminables *buveries* de ses héros : l'immensité des études encyclopédiques de Rabelais ne permet guère de prendre au sérieux ses prétendues habitudes bachiques. Quand l'histoire vraie commence pour Rabelais, le cordelier de Fontenai-le-Comte est déjà un helléniste et latiniste éminent qui correspond avec Budé. En butte à l'envie de ses confrères, aux haines implacables du cloître, on le jette dans l'*in-pace* du couvent, où il eût peut-être fini ses jours, sans l'énergie d'un ami, d'un magistrat, Tiraqueau, qui l'arrache des mains des moines. Il jette le froc, se retire chez un ancien condisciple, l'évêque de Maillezais, d'Estissac, et emploie auprès de ce prélat bienveillant et lettré six fructueuses années à acquérir toutes les sciences « qui élargissent

---

1. On l'a dit né en 1483, mais sans preuves.

la connoissance de Dieu et de ses créatures », comme il le dit en si beau langage (1524-1530). Il étudie, avec les sciences naturelles, les langues vivantes de l'Europe et les dialectes provinciaux de la France. Il ne quitte son heureux asile de Ligugé [1] que pour aller étendre encore le cercle de son savoir et prendre ses degrés en médecine à Montpellier. La popularité que sa mémoire a gardée à Montpellier atteste l'immense succès de ces cours où il interprétait Hippocrate et Galien, non pour les suivre servilement, mais pour les continuer et les dépasser. Toutes ses connaissances allaient à la pratique, à l'utile; savoir pour servir était sa devise. Un beau passage de la préface de son édition d'Hippocrate témoigne que, s'il attachait tant d'importance à rétablir la pureté des textes anciens, l'érudition était pour lui le moyen et l'humanité le but [2].

C'est à Lyon qu'il publie ces classiques de la médecine : après les médecins de Montpellier, les célèbres imprimeurs de Lyon, les Juste, les Gryphius, les Étienne Dolet, l'attiraient à leur tour et il mettait la main en personne à cet art inventé, dit-il, « par inspiration divine (1532) ». Il avait fait à Paris une première apparition avant d'abandonner Montpellier pour Lyon ; mais il trouva sans doute la Sorbonne trop près des ateliers de Robert Estienne ou de Collines.

Le savant médecin, le profond linguiste, allait se montrer sous un nouveau jour. Vers la fin de 1532, parut, à Lyon, sans nom d'auteur, une facétie intitulée *Chroniques du géant Gargantua*, espèce de parodie des romans de chevalerie [3]. Rabelais avait ramassé, dans les fables populaires, ces récits de géants mêlés partout aux contes de fées et de nains et d'origine également celtique [4]. Ce roman burlesque, plein d'une verve folle, eut un

*1. C'est le lieu où saint Martin de Tours avait fondé son premier monastère.

2. « Un seul mot ajouté ou retranché, une virgule transposée mène à la mort des milliers d'hommes! »

3. Rabelais avait débuté par faire et jouer à Montpellier, avec ses collègues de la Faculté de médecine, des comédies et moralités qu'il rappelle dans le *Pantagruel* et qui annonçaient les farces de Molière.

4. Une même légende, qui doit avoir eu un caractère symbolique et ethnographique dans la haute antiquité, se retrouve dans les deux Gaules continentale et insulaire ; ce sont les géants apportant d'un pays lointain les pierres druidiques. Dans plusieurs provinces de France, le peuple dit que c'est *Gargantua* qui a apporté les *grosses pierres*; il applique le nom rabelaisien à une fable antique. *Gargantua* et *Gargamelle* semblent des noms forgés par Rabelais d'après le breton. *Gargadennek* veut dire grand-gosier.

succès inouï. Rabelais avait reconnu le terrain et amorcé la foule. L'année suivante, il lança le premier livre de *Pantagruel* (1533). La verve folle se jouait encore à la surface; mais il y avait sous cette surface bien autre chose! Rabelais accompagna ensuite en Italie l'évêque de Paris, Jean du Bellai, qui allait, comme ambassadeur de François Ier, tâcher en vain d'arrêter la rupture définitive entre le saint-siége et l'Angleterre. Il fallait que Rabelais, comme Luther, fît son voyage de Rome. Où Luther avait vu *Babylone* et la *Bête aux sept têtes*, il vit l'*Ile sonnante* et la terre de *Papimanie;* non moins hostile, au fond, dans sa raillerie que l'autre dans son anathème. A son retour, il refit le *Gargantua* (1535).

« Mes bons disciples, lisant les joyeux titres d'aucuns livres de notre invention, jugez trop facilement n'être au dedans traité que moqueries et folâtreries..... Mais l'habit ne fait point le moine..... C'est pourquoi faut ouvrir le livre et soigneusement peser ce qui y est déduit. Lors connoîtrez que la drogue dedans contenue est bien d'autre valeur que ne promettoit la boîte... Faut à plus haut sens interpréter ce que par aventure cuidiez (croyiez) dit en gaîté de cœur... Rompez l'os et sucez la moelle [1]. »

Quelle est cette moelle? quel est ce sens caché? l'ordre secret recélé dans ce chaos dont le premier aspect donne le vertige? la sagesse de cette extravagance? la moralité de ce dévergondage? Pourquoi ces absurdités amoncelées à plaisir autour des créations du génie? pourquoi cette obscénité qui n'est que de la gaieté grossière et non de l'immoralité?

Le sage s'est revêtu de la livrée du fou pour passer sans périr au travers des méchants! Il amuse de ses jovialités cyniques une cour licencieuse, qui le couvrira en revanche contre les fanatiques [2]. Triste passe-port pour la vérité! Un des hommes qui ont le mieux connu et aimé Rabelais a dit un mot délicat et profond :

---

1. *La Vie très horrifique du grand Gargantua*, prologue. De « ces bons disciples » auxquels s'adresse Rabelais, le plus zélé était le très-peu orthodoxe évêque de Paris, Jean du Bellai; l'œuvre du maître n'était rien moins pour lui que le « nouvel Évangile, » le Livre !...

2. La vogue des colossales bouffonneries de Rabelais pénétra partout et influa sur les arts : le grotesque fait alors de nouveaux progrès; l'emploi des figures bizarres appelées *mascarons* se multiplie dans la sculpture monumentale; le satyre et la nymphe lascive se détachent des rinceaux et des frises et se projettent, sur de grandes proportions, en cariatides effrontées. Il est un quartier de la vieille ville d'Angers qui

« L'influence de la femme a manqué sur cette vie [1]. » L'enfant qui passa du cabaret au couvent, et au couvent très-peu ascétique, ne fut jamais initié aux délicatesses morales que donne le commerce des femmes et que la retenue du principe religieux peut seule suppléer.

Quelle est, répéterons-nous, cette vérité qu'il annonce et qui le justifie à ses propres yeux? Il lui faut qu'elle soit bien grande, pour être digne de l'ample vêtement dont il la revêt. « La langue française », a dit un maître, « apparut dans une grandeur qu'elle n'a jamais eue, ni avant ni après [2]... Ce que Dante avait fait pour l'italien, Rabelais l'a fait pour notre langue. Il en a employé et fondu tous les dialectes, les éléments de tout siècle et de toute province que lui donnait le moyen âge, en ajoutant encore un monde d'expressions techniques que fournissent les sciences et les arts. Un autre succomberait à cette variété immense. Lui, il harmonise tout. L'antiquité, surtout le génie grec, la connaissance de toutes les langues modernes, lui permettent d'envelopper et dominer la nôtre [3]. »

Ses personnages, les êtres qu'il crée, sont aussi puissants, aussi originaux que sa langue. Dans ce monde étrange et colossal, toute notre littérature viendra chercher ses types les plus vivants, de Molière et de La Fontaine jusqu'à Beaumarchais.

Si cette universalité est dans la forme, c'est qu'elle est dans le fond. C'est là sa pensée même. Science universelle, bienveillance universelle, progrès universel (si le mot n'y est pas, l'idée, chez lui, est partout), humanité, tolérance, amitié, respect de la pensée humaine et du sang humain, ouverture à tout et à tous, à tous espérance et consolation (*bon espoir gît au fond*, dit-il); guérir le corps et l'âme; faire rire ceux qui pleurent [4]; c'est la gaieté de la

---

semble encore aujourd'hui dérouler sur ses pignons de bois sculpté tout un commentaire du Pantagruel.

1. Eugène Noël; *Rabelais,* p. 5.
2. Si l'on discute la supériorité de *grandeur,* on ne saurait au moins contester celle d'*ampleur* à Rabelais.
3. Michelet, *Réforme,* p. 411.
4.
    Voyant le deuil qui vous mine et consomme,
    Mieux est de ris que de larmes écrire,
    Pour ce que rire est le propre de l'homme.

Gargantua; aux lecteurs.

force; « *pantagruélisme* est certaine gaieté d'esprit confite en mépris des choses fortuites [1] »; fière devise, bien gauloise; *gaieté parente de la joie* des chevaliers.

Il veut reprendre toutes choses par la base et refaire l'homme et le genre humain par l'éducation. Écrasant de ses sarcasmes la brutale pédanterie de la scolastique dégénérée, il réclame pour son élève idéal toutes sciences, toutes lettres et tous arts libéraux et manuels, toute gymnastique et de l'esprit et du corps. Il veut que le lait inépuisable coule pour lui des mamelles sans nombre de l'Isis *aux mille noms*. Il veut l'homme complet. « Adonne-toi à la connoissance des faits de nature... que rien ne te soit inconnu de ce monde... et, par fréquentes anatomies, acquiers-toi parfaite connoissance de l'autre monde qui est l'homme. — Que je voie un abîme de science [2] ! »

Quel souffle et quel langage!

Cet homme régénéré par la science, dans quel milieu le placera-t-il? — Dans une société qui sera l'antipode de la société monastique. Celle-ci reposait sur la soumission de l'homme à l'homme, sur l'abdication de la volonté. L'autre sera *Théléme*, l'abbaye de la *volonté* [3], le temple de la liberté. *Fais ce que voudras*. « Gens libres », se hâte-t-il d'ajouter, « bien nés, bien instruits, conversants en compagnies honnêtes, ont par nature un instinct et aiguillon qui toujours les pousse à faits vertueux et les retire de vice; lequel ils nomment honneur [4]. » Les époux qui se sont librement choisis à Théléme « autant s'entr'aiment à la fin de leurs jours comme le premier de leurs nôces ».

Ce n'est pas seulement l'antipode du monachisme; c'est au moins autant l'antipode du protestantisme, qui part de la corruption totale de la nature et de l'entière impuissance de l'homme pour le bien; c'est l'extrême contraire.

De cette société modèle, il exclut impitoyablement les « cagots, hypocrites, scribes et pharisiens, basochiens, mangeurs du popu-

---

1. *Nouveau prologue* du livre IV.
2. *Pantagruel*, l. I, c. VIII. Tout ce chapitre est admirable. « D'astronomie sache tous les canons (les règles) », dit-il encore : « laisse l'astrologie divinatrice... comme abus et vanité. » Il fit des almanachs contre l'astrologie.
3. θέλημα, volonté.
4. *Gargantua*, c. LVII.

laire ». Le bûcher de Berquin fume encore : celui de Dolet va se dresser! Une généreuse indignation fait bouillonner le sang de Rabelais contre la horde sorbonnique et monastique, ces *larves bustuaires*, ces fantômes qui rôdent autour des bûchers où grille la chair humaine, et contre ces juges sanguinaires, ces *chats fourrés*, qui « brûlent, écartellent, décapitent... ruinent et minent tout, sans distinction de bien et de mal ».

A qui en appeler contre ces fléaux? contre ces cruels ennemis des lumières et de l'humanité? A ces géants qui dominent et absorbent tout et dont Rabelais raille et admire tout à la fois le terrible appétit; à ces rois parvenus par le cours des événements à une puissance presque irrésistible. Il faut tourner cette grande force au bien; rendre le roi humain, éclairé, tolérant; « faire un bon géant [1] », et même sobre, s'il est possible! lui apprendre non-seulement la bonté envers ses sujets; cela s'est vu; mais la justice envers l'étranger, chose du tout inconnue. « Foi, loi, raison, humanité, Dieu », condamnent les conquérants. « Le temps n'est plus d'ainsi conquêter les royaumes. » Il retourne l'*hospes hostis* des anciens; l'*étranger* est l'*ami;* tout homme est frère.

Voilà sa politique : pour sa religion, il parle d'Évangile à diverses reprises; mais son Évangile n'est que celui de la charité et non de la grâce et de la rédemption. Sa pensée est le théisme. C'est lui qui, le premier chez les modernes, reprend, d'après les Alexandrins [2], la fameuse définition reproduite depuis par Pascal : « Dieu est une infinie sphère, le centre de laquelle est en chacun lieu de l'univers, la circonférence point [3]. » Dans son éducation modèle, le maître et l'élève, les travaux du jour terminés, vont, chaque soir, « au lieu de leur logis le plus découvert, voir la face du ciel, noter les aspects des astres... Ils prient Dieu le créateur en l'adorant et ratifiant leur foi envers lui et le glorifiant de sa bonté immense [4] ». Il dit enfin une très-haute parole :

---

1. Michelet.
2. D'après Hermès Trismégiste.
3. « A laquelle », ajoute-t-il, « rien n'advient, rien ne passe, rien ne déchet, tous temps sont présents. » *Pantagruel*, l. II, c. XIII.
4. *Gargantua*, c. XXIII.

« A bien sûrement et *plaisamment*[1] parfaire le chemin de la connoissance divine, deux choses sont nécessaires ; guide de Dieu et compagnie d'homme. »

Que de bon sens et de bon cœur ! que de lumière et de force dans Rabelais ! Que manque-t-il donc à cet homme, la Renaissance incarnée, pour construire sinon l'édifice, au moins les bases de l'édifice de l'avenir?—Une grande chose, et décisive ! On a vu si l'accusation d'athéisme à son égard est absurde ! Mais la croyance en Dieu créateur ne suffit pas pour « fonder la foi profonde », comme il dit, la foi nouvelle, sans la croyance en l'homme, en l'HOMME ÉTERNEL. Rabelais parle au mieux de l'homme terrestre ; il l'élève, l'agrandit, le complète ; mais l'homme peut-il être complet sans la durée au delà de cette terre et sans les causes finales, et vaudrait-il tant de peine s'il n'était qu'un phénomène d'un jour ? Là où apparaît la doctrine de l'immortalité, tout s'y rapporte et s'y coordonne : là où elle n'est pas, rien n'a de base. Or, la réaction du naturalisme et de l'esprit critique combinés contre les abus et les superstitions du moyen âge et contre l'ascétisme chrétien, en ramenant avec tant d'énergie les générations intellectuelles de la Renaissance vers la terre, vers le monde visible, commence et continuera de produire d'immenses résultats pour le développement des connaissances humaines ; mais l'entraînement de cette réaction va jusqu'à la heurter contre le spiritualisme : elle fait dévier l'esprit français en réveillant presque exclusivement ses tendances critiques et sensuelles et en rejetant dans l'ombre son idéalisme. L'antiquité païenne, si forte sur les choses de ce monde, si faible sur celles de l'autre vie, trouble la vue de notre Rabelais. Le bon géant gaulois s'est trop enivré aux vignes latines. L'amour de la nature prend chez lui des formes non plus mystérieuses et tendres, mais colossalement matérielles ; il se rappelle mieux les héros aux repas de lions que les héros qui vont chercher les secrets d'outre-tombe.

Ce n'est pas que Rabelais nie ; mais il flotte. Tantôt il semble railler l'idée de l'âme [2] ; tantôt il s'impatiente contre Galien et le

---

1. Dans le sens de *convenablement*, d'une manière satisfaisante.
2. La fameuse équivoque de l'*âme* et de l'*âne*.

traite de « lourdaud » (*plumbeum*) pour avoir affirmé qu'il n'y a pas d'âme immortelle [1] ; il paraît même, par moments, admettre l'esprit prophétique attribué aux mourants [2] ; il meurt enfin en disant qu'il va « chercher un grand peut-être ». Du moins, c'est la tradition, fort vraisemblable, sinon certaine.

Un « peut-être ! » ce n'est pas assez contre les hommes et les idées dont nous venons de parler ! Celui qui doute ne vaincra pas, du moins ne vaincra pas seul ceux qui affirment. Le souffle de Rabelais est tout-puissant pour la science, insuffisant pour la vie, pour le sentiment et la règle des masses. Il y a chez lui d'excellents éléments, des points d'appui partiels, non une base : Rabelais peut inspirer, soutenir, contrôler, non pas fonder ; il y a là des opinions philosophiques ; il n'y a point une croyance, un grand parti, la vie d'une nation.

L'inspiration essentielle de notre race, le souffle d'immortalité n'y est pas. La Renaissance ne peut suffire à refaire une France [3].

Ainsi, la France ne saurait, sans cesser d'être elle-même, se

---

1. Note marginale en latin sur son exemplaire de Galien.
2. *V.* le passage sur la mort de Guillaume du Bellai.
3. La Renaissance n'était pas tout entière dans le naturalisme de Rabelais : elle avait un élément mystique qui se manifeste dans un rêveur de génie, Guillaume Postel. Même humanité, même universalité, même foi théorique en la raison que chez Rabelais ; mais différence radicale dans la pratique. Postel écrit un grand ouvrage sur l'*Unité dans le Monde*. Il veut substituer dans le christianisme « la raison naturelle à la foi surnaturelle » et pose en principe qu'il n'y a rien dans la religion qui ne s'explique par la nature et par la raison. La raison, cependant, ne devait pas suffire à la rénovation religieuse. Il y fallait l'intervention d'un Messie féminin : l'autre sexe devait avoir à son tour une incarnation divine. L'apôtre enthousiaste de la raison finit par quitter sa double chaire du Collège de France pour chercher partout « la Mère du monde, la nouvelle Ève, consubstantielle au Christ », qui devait transformer le christianisme. Il crut l'avoir rencontrée à Venise, dans la personne de la « Mère Jeanne ». L'exaltation patriotique se mêlait dans ses rêves à l'exaltation religieuse. Jeanne Darc avait été le précurseur de la Mère Jeanne, et Postel traitait en criminels de lèse-majesté divine et humaine ces machiavélistes qui commençaient à travestir en stratagème politique la mission de la Pucelle. Le roi de France devait parvenir à la Monarchie Chrétienne, par laquelle s'accomplirait la « Concorde du Monde ». Le genre humain allait retrouver la langue-mère, instrument de cette concorde. Postel passa en Syrie pour tâcher de rassembler les éléments dispersés de la langue-mère parmi les idiomes les plus anciens de l'Orient. *V.* la biographie de ce personnage extraordinaire dans le Dictionnaire de Chauffepié. C'était une espèce de Pic de La Mirandole poussé au vertige. Postel excita vivement la curiosité, mais on comprend qu'il ne put exercer de sérieuse influence.

donner soit à cette Réforme qui va, chez elle, s'appeler le calvinisme, soit à cette forme nouvelle du catholicisme ultramontain qui s'appellera le jésuitisme; et, cependant, la Renaissance ne lui suffit pas pour résister et pour fonder son indépendance sur un solide terrain religieux.

Que doit-elle faire?

S'emparer de ce que lui donne la Renaissance, humanité, tolérance, amour du progrès et de toute libre recherche et, pour suppléer à ce que la Renaissance ne donne pas, chercher dans son propre génie et dans son propre passé; remonter aux sources les plus pures du christianisme gaulois et français; demander au gallicanisme tout ce qu'il peut produire en l'éclairant et le redressant par les lumières nouvelles.

Opposer au fatalisme prédestinatien des réformés la tradition constante de nos pères en faveur de la liberté humaine et de la *voie large* du christianisme; à l'esprit de saint Augustin l'esprit de Cassien et de nos grands moines de Lérins, de Jean Scott Erigène et de Hinkmar, de l'église gallo-romaine et gallo-franke, d'Abélard et des antiques écoles de Paris.

Maintenir les rites où sont engagés les sentiments et les habitudes du peuple; réprimer, comme perturbateurs et par des peines modérées, les briseurs d'images, les auteurs d'agressions violentes contre le culte et supprimer, en même temps, tout « procès de foi »; rendre à sa liberté le sanctuaire de la conscience; ouvrir pleine carrière à l'esprit humain.

Opposer au principe de persécution, c'est-à-dire encore, il faut bien le dire à regret, à l'école de saint Augustin, la tradition de l'apôtre des Gaules, de saint Martin, que Luther avait réveillée et n'a pas su maintenir! arracher du gallicanisme cette plante empoisonnée qui s'y était enracinée, comme à Rome, comme partout; dompter cette Sorbonne qui n'est plus que le foyer de l'ignorance et du fanatisme, l'étouffer sous la prépondérance du Collége de France, qu'il faudrait développer sur la plus vaste échelle [1].

Opposer à la souveraineté papale la tradition politique des

---

1. Le collége des six cents jeunes gens, projeté par François Ier, eût été le séminaire de la nouvelle France.

anciens, réveillée par la Renaissance, et la tradition religieuse des premiers âges chrétiens, ressuscitée par la science qui a renversé les Fausses Décrétales.

La Renaissance a appris à la France les vraies conditions des sociétés politiques, conditions que la monarchie française avait commencé d'entrevoir et de chercher à réaliser depuis saint Louis et Philippe le Bel : la première de ces conditions est l'indépendance, et l'on n'est point une société indépendante, un état véritable, si l'on subit du dehors une souveraineté directe sur le spirituel, indirecte sur le temporel, qui prétend gouverner vos consciences, élever vos enfants, dicter vos lois.

L'étude des monuments de la religion a appris à la France que cette souveraineté, revendiquée par Rome, était inconnue des premiers siècles chrétiens. Comme l'a confessé le nonce du pape dans sa lutte contre Luther, la puissance pontificale s'est développée selon le cours du temps. Ce que le temps a fait, le temps peut le défaire. Une tutèle salutaire quand les nationalités étaient dans l'enfance peut n'être plus qu'une oppression quand les nationalités sont parvenues à l'âge viril.

Déjà la France a posé depuis longtemps des restrictions à son obéissance envers Rome : elle est la moins romaine des nations catholiques. Ce n'est point assez. L'accord entre la France et Rome repose sur une équivoque : le pape se dit infaillible et souverain en matière de foi; la France ne le reconnaît pas comme souverain et le reconnaît cependant comme chef. Ce n'est point ici une de ces dissidences secondaires où l'on doit se tolérer réciproquement en écartant le débat. Il faut, au contraire, que le débat se vide et la dissidence est capitale. Que serait un corps politique où le chef se déclarerait monarque absolu et où le peuple ne le reconnaîtrait que comme magistrat subordonné aux lois et aux assemblées? Ne faudrait-il pas que la question fût tranchée et que le chef renonçât solennellement à sa prétention ou que le peuple rompît avec le chef?

Le temps était venu, au XVIe siècle, de trancher la question.

Il fallait que la conservation de l'union avec Rome fût mise à ce prix : l'abandon formel de l'infaillibilité et de la souveraineté prétendues par le premier des évêques; l'abandon du principe de persécution et du serment d'exterminer les dissidents imposé à nos rois dans leur sacre.

L'unité spirituelle de l'Europe ne pouvait plus se rétablir par un concile : il n'y avait plus de terrain commun entre Rome et la Réforme. La séparation morale était consommée. La France devait reprendre sa glorieuse initiative en empêchant le déchirement matériel ; elle pouvait empêcher les guerres de religion en Europe [1].

Cela, dira-t-on, ne s'est pas fait : donc cela ne pouvait se faire. Les guerres de religion étaient inévitables.

Il n'y a point de fatalité. Rien n'est inévitable. Il y a toujours un moment où l'homme a le choix de sa route. Ce moment était arrivé, pour la question religieuse, sous François Ier.

Mais la royauté ne pouvait favoriser l'esprit de liberté ? la liberté de l'esprit ne mène-t-elle point à la liberté politique !

Un sagace et profond historien [2] a établi que la royauté, politiquement émancipée de Rome depuis Philippe le Bel, n'avait point à gagner à se faire protestante. Il est vrai ; mais elle avait tout à gagner à se faire la plus gallicane, c'est-à-dire la plus indépendante possible, à affranchir radicalement sa politique générale comme elle avait affranchi son administration intérieure ; à ne pas s'engager au service d'une cause où la première place était nécessairement occupée par la maison d'Autriche et où la France devenait l'instrument de ses ennemis ; à prendre, entre le pape et l'empereur, d'une part, la Réforme, de l'autre, une position non pas d'inerte neutralité, mais d'arbitrage armé pour empêcher les armes. Admettre que ses tendances nécessaires ne lui permissent de patroner en aucun cas la liberté de conscience, la liberté intellectuelle, ce serait prononcer contre elle la condamnation la plus rigoureuse : ce serait déclarer qu'elle était non-seulement incapable de servir les grands intérêts de la France et du genre humain, mais emportée fatalement à sacrifier à son principe abstrait, à la religion du despotisme, ses intérêts positifs et immédiats. La liberté de conscience, le mouvement

---

1. Les guerres inter-nationales, bien entendu ; nous ne parlons pas des agitations intérieures des états.
2. M. Mignet.

imprimé aux esprits eût sans doute, à la longue, préparé la démocratie; mais la royauté avait, certes, bien du temps devant elle avant d'avoir rien à craindre de ce côté; elle était assurée de plusieurs générations de force et de gloire et n'aurait eu, de longtemps, comme les Tudor en Angleterre, à redouter que l'excès de sa propre puissance.

La monarchie des Valois ne se fit pas de telles destinées. Elle ne sut pas se rendre indépendante. Elle ne se fit pas protestante. Elle ne fut pas tout à fait ni constamment romaine et ultramontaine. Elle flotta d'une demi-tolérance à des persécutions atroces et devint le dernier des gouvernements de la chrétienté; car les autres avaient une politique et elle n'en eut pas. Au lieu d'empêcher les guerres de religion, elle les attira chez nous, fit de la France non l'arbitre, mais la proie de l'Europe, et de notre sol l'affreux champ de bataille des sectes et des nations. La dynastie périt étouffée dans le sang et dans la boue, et la France eût péri avec elle, si la Providence ne nous eût envoyé un guerrier et un politique de premier ordre. Henri IV nous sauva, digne assurément d'une immortelle mémoire; mais ce sauveur, pourtant, moins pur que celle qui nous avait délivrés au xve siècle, ne put faire ce qu'il aurait fait sans doute soixante ans auparavant: l'heure décisive avait passé sous François Ier. Henri IV ne put établir, au lieu d'un ordre nouveau, qu'une trêve et qu'un provisoire et sous des auspices funestes à la morale et à la vraie religion, en engageant la France, par une *conversion* sans sincérité et sans dignité, qui fut le crime de son temps bien plus que le sien propre, dans une immense équivoque où elle n'a plus cessé de se débattre.

LIVRE XLIX

RENAISSANCE ET RÉFORME. *SUITE.*

François Ier et Charles-Quint. Affaire de Maraviglia. Présages de rupture. Les *légions*. — Les *placards*. Persécution religieuse. — Charles-Quint prend Tunis. François Ier envahit les états de Savoie. Charles-Quint défie le roi et envahit la Provence. La Provence dévastée. Charles-Quint forcé à la retraite. — Traité de commerce et alliance offensive avec la Turquie. Fautes politiques et militaires du roi. Lutte à la cour entre le parti catholique et le parti politique. Conférences de Nice et d'Aigues-Mortes. Rapprochement du roi et de l'empereur. — Maladie du roi. Le connétable de Montmorenci gouverne. Troubles de Gand. Nouvelles fautes du roi. Charles-Quint en France. — Nouvelle rupture. Procès de Brion. Chute de Montmorenci. Madame d'Étampes et Diane de Poitiers. Procès de Poyet.—Législation. Edit de Villers-Cotterets. — Du Bellai-Langeí. Assassinat de Rincon. — Charles-Quint échoue contre Alger. — François Ier échoue contre le Luxembourg et le Roussillon. — Troubles de La Rochelle. —Henri VIII s'allie à Charles-Quint. Charles-Quint s'empare de la Gueldre. — Barberousse sur la côte de Provence. Les Français et les Turcs assiégent Nice. — Guerre de Piémont. Victoire de Cérisolles. — Invasion de la France par Charles-Quint et Henri VIII. Siége de Saint-Dizier. Charles-Quint à Château-Thierri. Il se replie sur le Laonnois. Prise de Boulogne par Henri VIII.—Traité de Crépi entre la France et l'empereur. Restitutions réciproques. L'empereur cède Hesdin. Convention de mariage entre le second fils du roi et la fille ou la nièce de l'empereur. — Progrès de la Réforme en Allemagne. Situation intérieure du catholicisme. Le pape Paul III. Derniers efforts de réconciliation avec les protestants. La transaction échoue. Inquisition de Rome. Nouveaux ordres religieux. Loyola a Rome. Société de Jésus. — Calvin a Genève. Constitution religieuse et politique de Genève. — Massacre des Vaudois. — Grand armement maritime contre l'Angleterre. —Ambroise Paré. — Mort du second fils du roi. Le traité de Crépi annulé. — Suite des persécutions. Supplice d'Etienne Dolet. — Paix avec l'Angleterre. Henri VIII revend Boulogne à la France. — Concile de Trente. — Mort de Luther. — Guerre de religion en Allemagne. Le pape abandonne Charles-Quint. — Mort de Henri VIII. — Mort de François Ier.

1533 — 1547.

Reprenons le cours des événements, les phases de la lutte tantôt diplomatique, tantôt militaire, entre François Ier et Charles-Quint. Nous y trouverons en action ces malheureuses fluctuations de la politique royale que nous signalions tout à l'heure en termes généraux et qui préparent à la France un sombre avenir.

Les hostilités, suspendues en Allemagne par les concessions de la maison d'Autriche aux protestants, paraissaient imminentes du côté de l'Italie depuis 1533. Le duc de Milan, fatigué de l'insolente tyrannie des généraux espagnols, avait eu de nouveau quelques velléités de se rapprocher du roi, et François Ier avait accrédité près du duc un agent secret, nommé Maraviglia (*Merveille*), Lombard de naissance, mais engagé, depuis vingt-cinq ans, au service de la France (fin 1532). Cet homme, au lieu de cacher soigneusement sa mission, la laissa transpirer par une imprudente vanité. L'empereur, averti, se plaignit et ramena le duc Sforza par ses menaces et ses promesses. Peu de temps après, des *bravi* aux gages de Maraviglia ayant tué, dans une querelle, un gentilhomme qui avait insulté leur maître, Maraviglia fut arrêté, emprisonné et décapité dans son cachot, après une procédure sommaire (6 juillet 1533). Cette tête sanglante fut le gage de la réconciliation du duc de Milan avec Charles-Quint, qui donna au duc une de ses nièces en mariage [1].

François Ier prit le supplice de son agent pour un outrage personnel, dénonça à toute l'Europe cette violation du droit des gens, repoussa avec hauteur les excuses du duc et annonça l'intention de se venger par les armes. Il sembla ne retarder la vengeance que pour la rendre plus assurée. Tandis qu'il portait à la maison d'Autriche un premier coup, non en Italie, mais en Allemagne, par la révolution de Würtemberg [2], il renouait activement ses négociations avec le Turc et reconstituait l'armée française sur une grande échelle. Une ordonnance du 12 février 1534 modifia l'organisation de la cavalerie [3]; la réserve noble du ban et de

---

1. Martin du Bellai.
2. *V.* ci-dessus, p. 183.
3. Chaque compagnie de cent lances n'eut plus que cent cinquante archers au lieu de deux cents; sur les cent hommes d'armes, les vingt-cinq les plus robustes furent astreints à porter de nouvelles panoplies beaucoup plus fortes et plus pesantes que les armures ordinaires : leurs chevaux devaient avoir la tête, le poitrail et les flancs entièrement armés et bardés. C'est à ce temps qu'appartiennent ces armures dont le poids énorme effraie les visiteurs de nos musées du moyen âge; mais on eut beau renforcer les grands *garde-bras*, les *devant de grèves* et les *flançois* jusqu'à estropier et déhancher les hommes et les chevaux, on ne put les mettre à l'abri de l'artillerie.

l'arrière-ban fut assujettie à des *montres* (revues) annuelles. Une autre ordonnance bien plus importante, attestant que le roi renonçait enfin à des préjugés et à des défiances funestes, décréta la formation d'une infanterie nationale sur un plan plus large que tout ce qui avait été essayé jusqu'alors : par édit du 24 juillet 1534, le roi ordonna la levée de sept « légions », de six mille hommes de pied chacune, à « l'exemple des Romains »; la première en Normandie, la seconde en Bretagne, la troisième en Picardie et Ile-de-France, la quatrième en Languedoc, la cinquième en Guyenne et Gascogne, la sixième en Bourgogne, Champagne et Nivernais, la septième en Dauphiné, Provence, Lyonnais et Auvergne. Sur ces quarante-deux mille hommes, on devait compter trente mille piquiers et hallebardiers et douze mille arquebusiers. Chaque légion se divisait en six compagnies de mille hommes chacune; chaque compagnie, en deux cohortes de cinq cents hommes, subdivisées en centuries. Tous les soldats devaient porter des « hallecrets », ou corselets de fer ; un certain nombre d'hommes d'élite devaient être plus fortement armés. Les gentilshommes pourraient s'enrôler dans les légions au lieu de desservir leurs fiefs; mesure excellente pour relever la considération de l'infanterie. En temps de paix, les légionnaires seraient exempts de tailles, pourvu que leur cote ne passât pas vingt sous, et recevraient une indemnité de frais de route pour aller deux fois par an à la montre : en temps de guerre, la solde promise était forte (cinq francs par mois pour le simple soldat); les soldats blessés sans être hors de service devaient être exempts de taille pour toute leur vie et placés comme « mortes-paies » en garnison dans les places fortes du royaume. Un anneau d'or devait récompenser les actions d'éclat et les soldats roturiers qui se distingueraient pourraient s'élever jusqu'au grade de lieutenant ou chef de cohorte; arrivés à ce grade, ils seraient anoblis [1].

« Très-belle invention, si elle eût été suivie! Pour quelque temps nos ordonnances et nos lois sont gardées; mais, après, tout

La conviction de cette impuissance a peut-être fait exagérer, depuis, la réaction contre l'emploi des armes défensives. On voit par cette ordonnance qu'il y avait des demi-compagnies de cinquante lances et même de trente et de vingt-quatre. — Isambert, t. XII, p. 384.

1. Isambert, *Anciennes lois françaises*, t. XII, p. 390.

s'abâtardit ». L'esprit de suite et de persévérance n'était pas la vertu de François Ier, et ce reproche d'un de nos meilleurs écrivains militaires (Montluc) n'a été que trop souvent mérité par le gouvernement et par la nation française. Les sept légions ne furent jamais complétement organisées, grâce à l'hostilité de la noblesse [1].

La mort de l'allié de François Ier, Clément VII, et l'avénement d'un nouveau pape, Paul III (Farnèse), qui prit une position de neutralité complète entre le roi et l'empereur, durent contribuer à ajourner le choc. Charles-Quint, qui avait ailleurs de grandes affaires, gagna du temps par les négociations et le parti qui, à la cour de France, était opposé à la guerre contre l'empereur, fut secondé, sur ces entrefaites, par les agitations religieuses.

Une violente explosion avait eu lieu en Allemagne. Les anabaptistes, associés à la révolte des paysans en 1525 et enveloppés dans leur défaite, s'étaient relevés de ce premier désastre et, partout persécutés, s'agitaient partout dans les pays germaniques. Très-nombreux dans la Westphalie, la Hollande et la Frise, ils recoururent de nouveau aux armes vers le carême de 1534, s'emparèrent de Munster, chef-lieu d'une grande principauté ecclésiastique de la Westphalie, et y appelèrent tous leurs adhérents pour y fonder le nouvel Israël sous le roi-prophète Jean Bokholt. C'était un simple tailleur de Leyde, fanatique éloquent et intrépide, qui débuta par établir la communauté des biens et la polygamie, « à l'exemple des anciens patriarches. » Comme en 1525,

---

[1] On lit sur ce sujet un passage bien remarquable dans la correspondance de l'ambassadeur vénitien Francesco Giustiniano (1537) « Les paysans, passant tout à coup de l'extrême servitude à la licence de la guerre, ne vouloient plus obéir à leurs maîtres..... Les gentilshommes de France se sont plaints plusieurs fois à Sa Majesté de ce qu'en mettant les armes aux mains des paysans... elle les avoit rendus désobéissants et rétifs..... elle avoit dépouillé la noblesse de ses priviléges, en sorte que les vilains deviendroient bientôt gentilshommes et les gentilshommes vilains. » *Relations des ambassadeurs vénitiens*, t. Ier, p. 184 ; ap. *Documents historiques inédits*. L'opposition systématique de la noblesse à la formation d'une infanterie nationale permanente est un fait important. Elle datait de loin. « Le peuple de ce royaume », écrivait, un siècle auparavant, le roi d'armes Berri, « sont simples gens et ne sont point gens de guerre comme autres gens ; car leurs seigneurs ne les mènent point à la guerre, qu'ils puissent ». *Relation* attribuée à Berri, ap. *Abrégé royal de l'alliance chronologique de l'histoire sacrée et profane ;* par le P. Phil. Labbe ; t. I, p. 696 et suiv.

les princes catholiques et protestants des provinces voisines s'unirent pour étouffer l'incendie; mais les premières attaques contre Munster furent vivement repoussées, et la fermentation qui ébranlait le nord des Pays-Bas et la Basse-Allemagne semblait présager de redoutables diversions.

Les ennemis des nouveautés, en France, tirèrent parti de ces troubles auprès de François Ier, et ne négligèrent rien pour confondre, dans l'esprit du roi, les protestants français avec les anabaptistes. La témérité de quelques réformés vint en aide à leurs ennemis. Dans la seconde quinzaine d'octobre 1534, des placards très-violents contre la messe et la transsubstantiation, imprimés à Neufchâtel en Suisse, où dominait le réformateur français Farel, furent affichés dans les carrefours de Paris. Un chantre de la chapelle du roi eut l'audace de coller une de ces affiches jusque sur la chambre de François Ier, au château de Blois. Le roi entra en fureur : le grand-maître Montmorenci et le cardinal de Tournon en profitèrent pour le pousser aux dernières rigueurs. Ils lui persuadèrent que c'était là le commencement d'un grand complot anabaptiste comme à Munster; que les anabaptistes étaient très-nombreux dans Paris et qu'ils avaient conspiré de mettre le feu aux églises et de piller le Louvre [1].

Le roi déchaîna la persécution qu'il avait jusque-là tour à tour tolérée et contenue. La procédure fut simplifiée. Le lieutenant-criminel du Châtelet fut substitué à la commission inquisitoriale de 1525 : il jugeait sommairement et le parlement confirmait. Aux nombreuses arrestations succédèrent bientôt les supplices [2]. François vint à Paris présider, comme en 1528, à une solennelle procession expiatoire (21 janvier 1535) et, au retour de la procession, il fit publiquement, dans la grand'salle de l'évêché, un discours fulminant contre les ennemis du saint sacrement, « jusqu'à dire que, si ses propres enfants étoient si malheureux que de tomber en telles exécrables et maudites opinions, il les vou-

---

1. Peut-être crurent-ils eux-mêmes à ces rumeurs populaires; car l'ambassadeur de Charles-Quint en France en écrivit très-sérieusement à sa cour. V. *Papiers d'État de Granvelle*, t. II, p. 283.

2. Parmi les écoliers de l'université qui s'enfuirent de Paris, on cite Jacques Amiot, qui, depuis, abandonna la Réforme, devint évêque et écrivain illustre. V. Th. de Bèze, *Hist. ecclés.*, t. I, p. 16.

droit bailler pour en faire un sacrifice à Dieu [1]. » Six hérétiques furent brûlés, ce même jour, trois à la croix du Tiroir (rue de l'Arbre-Sec) et trois aux Halles [2]; le lendemain, on brûla la femme d'un cordonnier pour avoir fait gras le vendredi.

Les supplices continuèrent jusqu'en mai, redoublant toujours d'atrocité. On avait commencé par étrangler les victimes avant de les brûler. On les brûla toutes vives, à la mode de l'inquisition; puis on inventa un nouveau degré d'horreur. Ce fut de suspendre les condamnés par des chaînes de fer à des bascules qui tour à tour les « guindoient » en l'air et les « dévaloient » (descendaient) dans les flammes, afin de prolonger leur supplice, jusqu'à ce que le bourreau coupât la corde pour laisser tomber le patient dans le feu!...

Les procès furent brûlés avec les condamnés, afin que les réformés ne pussent pas recueillir les actes de leurs martyrs [3].

Il y eut quelque chose de plus abominable, s'il est possible; ce fut l'édit du 29 janvier, qui condamna les receleurs d'hérétiques, « luthériens et autres », aux mêmes peines que « lesdits hérétiques », à moins qu'ils ne dénonçassent leurs hôtes à la justice; le quart des biens à confisquer fut garanti aux dénonciateurs. C'était la double exécration du Bas-Empire et de l'inquisition combinés par nos légistes! Le roi signait tout avec un emportement aveugle. Il avait donné, quinze jours avant, une autre signa-

---

[1]. J. Bouchet, *Annales d'Aquitaine*, part. IV, p. 272. Ce fut sans doute à l'occasion de ces paroles que Montmorenci osa dire au roi : « Sire, il faut commencer par votre sœur. — Ah! pour celle-là! s'écria François, elle m'aime trop! elle ne croira jamais que ce que je voudrai. »

[2]. Les horribles détails donnés par Sleidan, l'historien allemand de la Réformation, sur la présence du roi aux exécutions et sur les raffinements de cruauté employés devant François Ier paraissent controuvés. M. Michelet remarque avec raison que le *Journal du Bourgeois de Paris* (p. 444, 447), si détaillé sur tous les faits de ce genre, n'en dit pas un mot; Théodore de Bèze ni Crespin, le rédacteur des *Actes des Martyrs*, pas davantage. Ce sont là de ces bruits que les agents autrichiens répandaient en Allemagne pour rendre le roi odieux aux luthériens.

[3]. V. les détails dans le *Journal du Bourgeois de Paris*, p. 441-451; et J. Bouchet, *Annales d'Aquitaine*, part. IV, p. 272. — Budé fit un petit livre *Contre l'attentat des hérétiques*, probablement pour mettre son orthodoxie à couvert. Il mourut le 23 août 1540 et ordonna, par testament, qu'on l'enterrât sans cérémonie, toutefois en réclamant le viatique à l'article de la mort, en termes catholiques. V. *Bulletin de la Société de l'Hist. de France*, t. II; *Documents originaux*, p. 225. Sa veuve et ses enfants se firent protestants et passèrent à Genève.

ture, non pas plus odieuse, mais bien plus extraordinaire de sa sa part : il avait signé, le 13 janvier, des lettres-patentes portant abolition de l'imprimerie comme moyen de propagation des hérésies, et défense d'imprimer aucun livre sous peine de la « hart ». S'il ne montra point de remords de ses cruautés, il eut du moins honte de cette extravagance et suspendit indéfiniment son édit (26 février), dont on ne trouve la trace dans aucun recueil d'ordonnances [1]. Son courroux lui avait fait oublier la politique autant que l'humanité : il savait à quel point la maison d'Autriche exploitait contre lui en Allemagne ses liaisons avec le Turc, qui n'étaient plus un mystère, puisque Soliman venait de lui envoyer un ambassadeur à Paris; il sentit que les supplices des hérétiques lui nuiraient plus encore auprès des princes luthériens, dont l'amitié lui importait si fort, et il se hâta d'écrire à tous les princes et états de l'Empire pour tâcher de se justifier sur ces deux points (1er février). Il assura que ses négociations avec le Turc n'avaient d'autre but que d'amener paix ou trêve entre Soliman et la république chrétienne, de laquelle la France n'entendait pas se séparer : quant aux hérétiques brûlés, il prétendit que c'étaient des factieux qui, « sous couleur de religion », avaient voulu bouleverser son royaume. Il fit relâcher tous les Allemands qui avaient été arrêtés à Paris pour cause religieuse; il alla plus loin : il écrivit de sa propre main à Mélanchton, afin de l'engager à venir en France; il montra plus de zèle que jamais pour une réconciliation avec les partisans de la Confession d'Augsbourg et rejeta tout le mal, en France comme ailleurs, sur les sacramentaires et les anabaptistes. Une ordonnance du 16 juillet révoqua le cruel et immoral édit du 29 janvier et amnistia tous les gens détenus, contumaces ou suspects de luthéranisme « pourvu qu'ils vécussent dorenavant comme bons catholiques et abjurassent leurs erreurs en dedans six mois » : les sacramentaires furent exceptés de l'amnistie [2]. Divers obstacles cependant

---

[1]. Garnier, *Hist. de France*, t. XII, p. 554. Le parti de la persécution se dédommagea en obtenant l'établissement d'une censure, d'abord parlementaire, puis cléricale.

[2]. La mort de Duprat (9 juillet 1535), « le pire des bipèdes », comme l'appelle *Belcarius*, causée, dit-on, par ses excès de table et autres, semble concorder avec cet adoucissement de la législation. — Duprat avait avoué au roi, l'année précédente, qu'il avait 400,000 écus dans ses coffres, tout prêts pour acheter la tiare : il ne fut pas

empêchèrent le voyage de Mélanchthon; le lieutenant de Luther envoya seulement une confession très-modérée et très-mitigée, qui n'en fut pas moins condamnée par la Sorbonne.

La persécution s'était donc à peu près arrêtée encore une fois [1]; Gérard Roussel (*Rufi*), le successeur de Briçonnet auprès de Marguerite, poursuivi dans la crise comme suspect d'hérésie, avait été acquitté et resta confesseur et aumônier des roi et reine de Navarre, qui le firent évêque d'Oloron. Mais ce ne fut pas sans de graves concessions de la part de Roussel et de sa protectrice : à partir de cette époque, Marguerite continue toujours de protéger les persécutés [2], mais elle et ses amis se séparent de cette réforme qui s'organise sous Calvin, et paraissent regarder comme légitime le maintien des rites catholiques, pourvu qu'on ait le « véritable Évangile » dans le cœur, ce qui produit une espèce de quiétisme fort réprouvé par le rude auteur de l'*Institution chrestienne* [3].

L'attention anxieuse de la chrétienté était partagée entre les troubles religieux, la lutte de l'empereur contre l'islamisme, transportée sur un nouveau terrain, et les préparatifs menaçants de la France.

La transaction relative au Wurtemberg avait été suivie, comme en 1525, d'une ligue entre les catholiques allemands et les luthériens contre l'anabaptisme. Les vastes conjurations des anabaptistes en Hollande et en Frise ayant été étouffées dans des flots de

---

même question de lui au conclave; mais François Ier n'oublia pas son aveu et fit saisir son argent et son magnifique mobilier, fruit de ses rapines, avant même qu'il eût rendu le dernier soupir. *Arnoldi Ferroni*, l. VIII, p. 216. — Duprat eut pour successeur le président Dubourg. Quelques mois avant Duprat, était mort par accident un ex-trésorier des guerres, Spifame, poursuivi pour avoir, dit-on, causé le malheur du roi à Pavie en volant la solde de l'armée. Sa succession fut condamnée à restituer au roi 500,000 écus d'or. *J. d'un Bourgeois*, etc., p. 453-455. Tout révèle sous François Ier un immense désordre financier.

1. Nous devons mentionner un bruit singulier qui courut à Paris; c'est que le pape même (Paul III) avait écrit au roi pour l'inviter à modérer « l'exécrable justice et horrible qu'il faisoit sur les luthériens », le priant de « leur faire miséricorde et grâce de mort ». *Journal d'un Bourgeois de Paris*, p. 458. Nous ne trouvons ailleurs aucune mention d'un fait aussi remarquable et aussi exceptionnel; peut-être fut-ce la cour qui répandit ce bruit pour n'avoir pas l'air de céder aux princes allemands.

2. Elle eut le crédit de faire nommer à Toulouse un inquisiteur qui avait de tels sentiments qu'il finit par être brûlé lui-même comme hérétique. V. *Lettres de Marguerite*, p. 356.

3. V. les *Lettres de Calvin*, t. Ier, p. 112-116.

sang (mai 1535), Munster finit par succomber à son tour, après un an de siége (fin juin 1535), et le roi-prophète Jean de Leyde périt sur l'échafaud avec ses principaux adhérents, catastrophe que suivirent ces funestes décrets de Hombourg qui restaurèrent chez les protestants le principe de persécution. La paix, ou plutôt la trêve, intérieure était donc rétablie dans l'Empire, également assuré de la paix extérieure par le premier traité qui eût été conclu entre l'Autriche et la Turquie (juillet 1533). Soliman, sur le point d'entreprendre une grande expédition contre la Perse, avait accordé la paix au roi des Romains dans des formes humiliantes pour l'orgueil autrichien ; mais ce pacte limité à l'Allemagne ne couvrait en rien les possessions autrichiennes de la Méditerranée et la place de Soliman, durant son absence, était bien remplie, de ce côté, par un formidable lieutenant, Hariadan (Khaïr-ed-Din) Barberousse. L'Espagne voyait les pavillons ennemis insulter tous ses ports et toutes ses côtes et François I*er* avait obtenu ce qu'il souhaitait : le Turc s'était détourné de l'Allemagne sur l'Italie et sur l'Espagne.

Pour comprendre cette réaction de l'islamisme dans la Méditerranée, il faut se reporter un peu en arrière. Un moment, les Espagnols avaient pu se flatter que la conquête de toute la côte barbaresque suivrait la prise de Grenade; maîtres d'Oran, de Bougie, de Tripoli, établis dans un fort qui dominait la ville et le port d'Alger, ils avaient assujetti au tribut les rois de Tunis et de Tlemcen; tout pliait sous la terreur de leurs armes, lorsque les Turcs vinrent mettre un terme aux progrès des chrétiens en Afrique et ramener chez les musulmans du *Maghreb* (le pays d'Occident) l'espoir de la vengeance contre les destructeurs de Grenade. Les deux fils d'un renégat grec ou albanais, Haroudj et Khaïr-ed-Din (Hariadan), si fameux sous le surnom de Barberousse, se cantonnèrent dans Alger avec une poignée de Turcs et y fondèrent, sous la suzeraineté du sultan, une république de corsaires destinée à contre-balancer les chevaliers de Rhodes, que l'empire othoman assaillait alors avec toutes ses forces et qu'il chassa de leur île, comme nous l'avons vu, en 1522. Alger était une position admirablement choisie pour commander tout le bassin occidental de la Méditerranée : les Espagnols firent de grands efforts afin d'écarter ce danger ; Haroudj périt sous les coups de la garnison d'Oran, auprès de Tlemcen (1518) ; mais les secours du sultan sauvèrent Khaïr-ed-Din : plusieurs expéditions dirigées contre Alger échouèrent complètement ; les tempêtes de ces plages redoutables combattirent pour les Turcs ; les révoltes des Maures, des Arabes, des Berbères (Kabyles) furent comprimées par Khaïr-ed-Din et le fort d'Alger tomba enfin en son pouvoir (1529). La piraterie algérienne prit un développement gigantesque, qui dépassait l'ancienne piraterie mauresque et sarrasine et qu'on ne pouvait comparer qu'aux Vandales du ve siècle. Des escadres entières étaient incessamment enlevées ou détruites : des descentes dévastatrices portaient l'épouvante sur toutes les côtes d'Espagne, d'Italie et des îles ; des milliers de chrétiens étaient enlevés et traînés en esclavage dans les bazars d'Afrique et d'Orient ; des milliers de Maures d'Espagne, persécutés par leurs vainqueurs, se réfugiaient à bord des galères libératrices et apportaient en Algérie leur intelligence, leurs arts [1] et leur implacable soif de vengeance : en une seule année, Barberousse transporta soixante-dix mille réfugiés dans son nouvel empire. Il avait d'abord aussi peu ménagé les côtes de Provence que les rivages d'Espagne ou d'Italie et s'était plus d'une fois embusqué entre les îles d'Hières pour surprendre les navires de Marseille ou de Toulon ; mais la politique othomane et son propre intérêt lui imposèrent un changement de conduite ; il envoya des présents à François Ier (des lions et des tigres, entre autres) et conclut une trêve marchande avec la France, avant d'aller recevoir, en qualité de capitan-pacha, le commandement général des flottes de Soliman (1533).

François, de son côté, répondit sans scrupule aux avances du roi des pirates et dépêcha à Soliman un ambassadeur afin de lui demander un subside d'un million et de l'engager à terminer le plus promptement possible ses opérations en Asie : il pressa le sultan de se mettre en mesure d'agir en personne contre l'empereur ; il projeta de se servir des flottes de Barberousse afin de recouvrer Gênes, promettant de seconder, en récompense, les

---

1. Pas pour longtemps : la civilisation grenadine s'éteignit promptement dans la barbarie algérienne.

entreprises des Turcs. Ce n'était pas là tout à fait ce qu'il avait dit aux princes allemands [1]!

Si l'alliance défensive avec le sultan avait été légitimée par les périls que l'ambition autrichienne faisait courir à l'Europe, il n'en était plus de même de cette alliance offensive qui tendait à déchaîner sur la malheureuse Italie le fléau des Turcs après le fléau des Espagnols! C'était attirer sur la politique française les malédictions de toutes les populations chrétiennes de la Méditerranée. On ne saurait se figurer aujourd'hui l'horreur de cette piraterie du XVIe siècle, alors qu'à plusieurs milles de distance de la mer, il n'était pas un père de famille qui pût être assuré, le soir, de retrouver le lendemain sa femme et ses enfants! Mais l'idée fixe de reconquérir l'Italie fermait les yeux à François Ier sur l'odieux du moyen : le pape ou le Turc, tout lui était bon pour aller au but. L'intérêt de la défense nationale ne peut guère être une excuse; une alliance défensive avec les princes luthériens et l'Angleterre suffisait pour couvrir la France, et c'est pour n'avoir pas voulu sincèrement, pleinement, cette alliance nécessaire que François Ier en allait chercher une monstrueuse.

Une fois à la tête de toutes les forces navales othomanes, Barberousse avait développé son plan, qui était la réunion de toute l'Afrique méditerranéenne sous une même domination, et, après une fausse attaque sur les plages napolitaines, il avait enlevé Tunis à son roi musulman (1534). Le prince dépossédé et les chevaliers de Saint-Jean de Jérusalem, établis récemment par Charles-Quint à Malte et à Tripoli, conjurèrent l'empereur de ne pas laisser Barberousse s'affermir à Tunis. Charles en sentait bien l'importance et prépara un grand armement pour chasser de Tunis le roi des pirates [2] : il fit en même temps beaucoup d'efforts afin de prévenir la rupture avec la France.

---

1. *V.* les *Négociations de la France dans le Levant*, t. Ier, p. 253-263. Nous ne saurions trop reconnaître ce que l'histoire doit aux excellents travaux de M. Charrière. — Le roi parle bien de paix générale dans ses instructions à son ambassadeur, mais à condition que Charles-Quint lui rende Milan, Gênes, Asti et le ressort de Flandre.

2. *V.* l'*Histoire de la fondation de la régence d'Alger*, publiée par MM. Sander-Rang et Ferd. Denis. Ce livre contient la traduction du *Gazewad Aroudj wĕ Kaïr-ed-Din*, chronique arabe du XVIe siècle, et les extraits des historiens chrétiens. Paris, 1837.

François Ier essaya de profiter des circonstances afin d'obtenir que Charles abandonnât à son ressentiment le duc Sforza : il revendiqua nettement Milan, Gênes et Asti et proposa de transférer ses droits à son second fils, le duc d'Orléans. L'empereur lui offrit, au nom de Sforza, une « pension » de cinquante mille écus d'or pour le duc d'Orléans : François refusa, mais il se laissa encore amuser par Charles, qui ne cherchait qu'à gagner du temps pour exécuter son expédition de Tunis et qui voulait l'alliance avec la France à condition que tous les avantages fussent d'un seul côté [1]. François Ier ne contraria pas directement cette entreprise, à laquelle toute la chrétienté s'intéressait; il refusa seulement d'y joindre ses navires et continua lentement ses préparatifs contre la Lombardie. Son plan d'attaque ne pouvait plus être le même qu'autrefois : depuis Charles VIII, les États de Savoie avaient toujours été ouverts aux Français, et l'on avait généralement combiné les opérations militaires comme si la frontière de France eût confiné immédiatement au Milanais; mais maintenant l'avant-garde française était retournée contre la France : le duc de Savoie Charles III, faible et nul, dominé par sa femme Béatrix de Portugal, belle-sœur de l'empereur, qui était toute dévouée à Charles-Quint, n'avait cessé de témoigner son mauvais vouloir à son neveu François Ier, depuis le secours d'argent qu'il avait prêté à Bourbon dans la fatale campagne de Pavie. L'occupation des états de Savoie fut donc décidée, dans le conseil de François Ier, comme base de toutes les opérations ultérieures : le passage pour l'armée fut demandé au duc et refusé, ainsi qu'on s'y attendait; le roi alors dépêcha le président Poyet à Turin avec ordre de réclamer 1° les droits de « feu madame Louise de Savoie » sur l'héritage de Savoie en général et particulièrement sur la Bresse, 2° les droits de la couronne de France, héritière des comtes de Provence, sur Nice, sur le Faucigni et la suzeraineté du Piémont, 3° les droits de la maison d'Orléans sur Asti et Verceil. La cour de Savoie, bien entendu, ne voulut point « faire raison au roi de ses droits; » déjà elle était entrée en négociations avec l'em-

---

1. Il faisait bien à François Ier des offres brillantes, mais chimériques : c'était de s'entendre pour détrôner le roi d'Angleterre et marier à sa héritière Marie le plus jeune des fils de France.

pereur pour lui céder, par voie d'échange, tous les domaines savoyards situés sur le revers occidental des Alpes. François Ier ne déclara pas la guerre sur-le-champ; mais il envoya des secours à Genève, qui soutenait depuis deux ans le blocus planté devant ses murs par le duc de Savoie et l'évêque de Genève coalisés, et qui venait d'embrasser définitivement la Réforme (juin-août 1535). Les Bernois, d'accord avec le roi, envahirent les domaines savoyards au nord du Léman, débloquèrent Genève et s'emparèrent de Lausanne et de tout le pays de Vaud, que la maison de Savoie ne devait jamais recouvrer [1].

Sur ces entrefaites, François Ier reçut la nouvelle de la mort du duc de Milan (24 octobre 1535); Francesco Sforza ne laissait point d'héritiers directs et cet événement modifiait la situation : Milan rentrait sous la main de l'empereur, suzerain de ce duché, et Charles n'avait plus à opposer les droits d'un tiers aux réclamations du roi de France. Charles, à l'époque de la mort de Sforza, venait de diriger en personne, avec un glorieux succès, l'expédition de Tunis (juin-août 1535) : il avait pris la ville de Tunis après la forteresse de la Goulette, qui en défend l'approche, battu deux fois le redoutable Barberousse et rétabli l'ancien roi, comme vassal de l'Espagne, sous la protection de garnisons espagnoles. Cette victoire, qui valut à l'empereur un renom guerrier égal à sa renommée politique, n'était pas faite pour le disposer aux concessions, et Charles, selon toute apparence, projeta, dès le premier moment, de garder le Milanais pour lui; cependant il n'était pas prêt à la guerre : son armée était fatiguée et même licenciée en partie; il avait besoin de temps pour mander de nouvelles troupes d'Allemagne et d'Espagne. Il ne rejeta donc pas absolument les propositions de François Ier; le roi demandait derechef Milan pour son second fils Henri, duc d'Orléans, et promettait, moyennant l'investiture de Milan à Henri, de réitérer sa renonciation au royaume de Naples et d'obliger Henri à renoncer aux prétentions qu'il avait, du chef de sa femme Catherine de Médicis, sur la seigneurie de Florence et le duché d'Urbin.

Charles-Quint repoussa la requête à l'égard du duc d'Orléans,

---

1. *V.* le récit de M. Mignet; *Établissement de la Réforme à Genève,* ap. *Mém. histor.,* p. 320-327.

mais laissa entendre qu'il pourrait accorder l'investiture de Milan au duc d'Angoulême, troisième fils du roi, en l'unissant à la maison d'Autriche par un mariage. Peut-être eût-il trouvé moyen de se dédire si François eût accepté; mais François insista en faveur du duc d'Orléans et fit de nouveau les plus grandes offres à l'empereur en échange de Milan : il lui proposa d'unir entièrement leur politique et contre le Turc et pour le concile et la réunion de la chrétienté; il eût sacrifié l'alliance des princes allemands et de Henri VIII et pris l'engagement de soutenir les droits héréditaires de la cousine de l'empereur (Marie Tudor), fille de la reine répudiée; il eût transigé quant à Gênes. L'empereur, revenu de Tunis à Naples, différa de répondre et pressa ses armements. Cependant, au bruit des mouvements de l'armée française sur les frontières de Savoie, il consentit à ouvrir les pourparlers touchant les conditions de l'investiture du duc d'Orléans et requit le roi d'arrêter ses troupes (20-21 février 1536).

L'invasion de la Savoie était déjà presque consommée : le 11 février, François Ier, après une dernière sommation au duc Charles III, avait donné ordre au comte de Saint-Pol de passer la frontière avec un corps d'armée; la Bresse et la Savoie furent occupées à peu près sans résistance. Le duc Charles ne sut pas même fortifier à temps le fameux pas de Suse, par lequel l'avant-garde française descendit en Piémont dans les premiers jours de mars : Turin et presque toutes les villes du Piémont ouvrirent leurs portes en quelques semaines; l'amiral Chabot de Brion, lieutenant-général du roi, passa la grande Doire sous le feu de l'ennemi (15 avril)[1] et rejeta les troupes ducales dans Verceil, qui faisait l'extrême frontière du Piémont et du Milanais : Brion trouva sur cette frontière Antoine de Leyve, « comte de Pavie, » à la tête d'un corps d'armée impérial qui occupait le Milanais, non point au nom de l'empereur seul, mais au nom d'une ligue renou-

---

1. Les troupes traversèrent la rivière avec de l'eau jusqu'à la poitrine : un « légionnaire », qui s'était signalé, reçut, selon la nouvelle ordonnance, un anneau d'or en présence de toute l'armée. *Mémoires* de Guillaume du Bellai, l. v. — On ne possède malheureusement qu'un fragment du grand ouvrage de cet homme illustre; la plus grande partie (six livres sur neuf) fut perdue ou dérobée après sa mort; son frère Martin du Bellai tâcha d'y suppléer sur un plan moins étendu et encadra dans ses propres Mémoires ce qui restait de ceux de Guillaume.

velée en 1534 « pour la défense de l'Italie, » sous l'influence de Charles-Quint.

Brion s'arrêta par l'ordre du roi, qui ne voulait point prendre l'offensive directement contre l'empereur tant qu'il y aurait chance d'accommodement; mais, pendant ce temps, Charles revenait sur ses paroles, prétendait que le pape désapprouvait les prétentions du duc d'Orléans et traînait à sa suite l'ambassadeur français Véli de Naples à Rome, où il fit une entrée solennelle le 5 avril. L'occupation préalable du Piémont l'avait irrité au plus haut point; il cessa enfin de dissimuler et, en plein consistoire, devant le pape, les cardinaux, les ambassadeurs de France et de Venise et beaucoup d'autres notables personnages, il récapitula, dans une longue et véhémente harangue prononcée en espagnol, tous ses griefs passés et présents contre François Ier, « afin que l'on sût lequel avoit plus juste cause de se plaindre de l'autre. » Il conclut en déclarant qu'afin de montrer sa bonne intention et combien il désirait la paix de la chrétienté, il offrait de nouveau trois partis au roi : 1° l'investiture du Milanais au duc d'Angoulême, pourvu que par là il se trouvât moyen d'assurer une bonne et durable paix; 2° au cas où le roi n'accepterait pas ce premier parti sous vingt jours, le combat singulier, en chemise, à l'épée ou au poignard, « parce qu'il étoit raisonnable que ceux-là se missent au danger, pour lesquels étoit excitée la tempête, et que tant et trop de sang s'étoit déjà épandu à cause d'eux; » si le duel avait lieu, les duchés de Bourgogne et de Milan seraient mis tous deux en dépôt, pour être tous deux délivrés au vainqueur : 3° la guerre, à laquelle il protesta ne venir qu'à regret; mais, s'il y était contraint, il prendrait les armes, dit-il, « en telle sorte que chose du monde ne l'en détourneroit jusqu'à ce que lui ou le roi demeurât le plus pauvre gentilhomme de son pays. » Il termina en appelant au jugement du pape entre lui et son rival.

Le seigneur de Véli et l'évêque de Mâcon (Charles Hémard), ambassadeur de France à Rome, étaient si étourdis de cette fougueuse déclamation qu'ils eussent eu grand'peine à y répondre : Charles d'ailleurs ne voulut point les écouter et dit qu'il fallait maintenant des effets et non des paroles; le pape ajouta quelques mots de paix et de conciliation, s'excusant de se déclarer contre le roi, comme Charles le demandait, et déclarant, de l'avis de « ses frères les cardinaux du saint-siége, » la résolution de demeurer neutre et père commun des fidèles; puis l'assemblée se sépara, fort émue d'une scène aussi extraordinaire (8 avril).

Charles, cependant, sentit qu'il s'était laissé emporter trop loin : le lendemain, il rappela les ambassadeurs de France devant le même auditoire et leur dit en italien, langue plus familière à l'assistance que l'espagnol, qu'il n'avait point pensé « blâmer ni taxer le seigneur roi, mais seulement s'excuser et décharger, » qu'il estimait fort « ledit roi » et souhaitait parvenir à bonne paix avec lui, afin de s'unir ensemble pour assurer le concile universel, combattre le Turc et faire rentrer au giron de l'Église la secte luthérienne et autres hérésies : il expliqua l'alternative proposée la veille à François Ier et, sans rétracter la proposition, il protesta n'avoir point entendu défier le roi. Il écrivit dans le même sens à son ambassadeur en France. Les ambassadeurs français, sur les instances du pape, dissimulèrent au roi dans leurs lettres « grande partie des propos qu'ils avoient entendus, comme du combat avec l'épée ou le poignard, en chemise. » Il ne fut donc plus question de l'appel en champ clos : c'est toutefois une chose assez singulière que, durant de la longue lutte de Charles-Quint et de François Ier, deux défis corps à corps aient été adressés par l'empereur politique et diplomate au « roi chevalier » et soient demeurés sans résultat par le fait de celui-ci [1].

Au moment de la scène de Rome, le cardinal Jean de Lorraine était en route avec les pleins pouvoirs du roi : ce prélat joignit l'empereur à Sienne; Charles lui proposa, comme ultimatum, l'investiture du duc d'Angoulême, mais avec des conditions tout à fait inacceptables, et l'évacuation immédiate des états de Savoie (fin avril). La guerre fut décidée. Il n'était plus temps d'envahir le Milanais en présence des forces toujours croissantes de l'empereur : il fallait songer à se défendre en Piémont et peut-être même en France. Le plan de défense fut vivement débattu dans

---

1. *V.* Guillaume du Bellai, l. v; — Granvelle, t. II, an. 1536 ; et la lettre des deux ambassadeurs au roi, dans les *Négociations du Levant*, t. Ier, p. 295. Il y a moins de chevalerie chez François Ier et plus de passion et de roman dans Charles-Quint qu'on ne le croit communément.

le conseil du roi : François Ier enjoignit à Chabot de jeter de nombreuses garnisons dans Turin, Coni, Fossano et Suse et de ramener le reste des troupes en Dauphiné : le roi résolut, si l'empereur s'arrêtait à la recouvrance de Turin et du Piémont, d'aller le combattre dans ce pays ; mais, si Charles passait outre et essayait de pénétrer en France, le roi voyait plus d'avantages à attendre les Impériaux en Provence, où ils auraient, autour d'eux, des populations ennemies et des places bien fortifiées, « à leurs dos, les Alpes hautes, malaisées, stériles et les passages assiégés et rompus », qu'en Piémont, où ils s'appuieraient sur la planturcuse Lombardie, se « rafraîchissant, » à leur gré, « de gens et de vivres. » Le roi, suivant le rapport de du Bellai, discuta, au sein du conseil, avec beaucoup de force et de lucidité, cette opinion, qui était celle de son favori Montmorenci au moins autant que la sienne. Stratégiquement, le plan était très-bon ; mais il devait coûter cher à la Provence !

Antoine de Leyve avait passé la Sésia le 8 mai et commencé à resserrer Turin : l'empereur arriva bientôt à Asti, où s'assemblait le gros de ses forces ; il y fut joint par le marquis de Saluces : ce prince était le dernier allié que la France eût conservé en Italie, et le roi venait de lui donner le commandement des troupes françaises en Piémont et de lui livrer plusieurs villes piémontaises sur lesquelles il prétendait avoir des droits ; mais le superstitieux Saluces, séduit par de prétendues prophéties qu'on avait répandues à foison et qui annonçaient à l'empereur la monarchie universelle, trahit la confiance de François Ier, entrava les mesures que prenaient les capitaines français pour fortifier Coni et Fossano, puis déserta son corps d'armée. Cette défection compromit le succès des plans du roi ; mais le courage des officiers et des soldats français sauva ce que la perfidie du général avait compromis ; de Leyve, laissant un détachement devant Turin, avait brusquement entamé les hostilités par le siége de Fossano : cette place, presque sans fortifications et sans munitions, repoussa toutes les attaques durant quinze jours : les deux commandants, Montpesat et La Roche-du-Maine, capitulèrent le 24 juin, mais à condition qu'ils garderaient la ville entre leurs mains un mois entier et ne la remettraient à l'empereur que s'ils n'étaient pas secourus avant ce terme. Le délai expiré, ils se retirèrent avec armes et bagages à Fénestrelles, une des forteresses des Alpes. La garnison de Turin ne se montrait pas moins décidée à se bien défendre et avait les moyens de le faire beaucoup plus longtemps.

Après la capitulation de Fossano, le brave La Roche-du-Maine, aussi distingué par la vivacité de son esprit que par sa valeur, avait été présenté à Charles-Quint. L'empereur fit grand accueil au capitaine français, l'embrassa et, « devisant » familièrement avec lui, lui demanda comment il trouvait l'armée impériale : — « Très-belle, » répliqua La Roche-du-Maine; « c'est seulement dommage qu'elle ne soit employée contre le Turc plutôt que contre la Provence. » — « Les Provençaux sont mes sujets, » repartit l'empereur (on se rappelle que le royaume d'Arles avait jadis relevé de l'Empire). — « Votre Majesté les trouvera sujets fort rebelles et désobéissants. » — « Combien de journées, » dit encore l'empereur, « peut-il y avoir du lieu où nous sommes jusqu'à Paris? » — « Si Votre Majesté entend journées pour batailles, il peut y en avoir une douzaine pour le moins, sinon que l'agresseur ait la tête rompue dès la première. »

L'empereur sourit et lui donna gracieusement congé [1]. Les paroles hardies de ce brave officier ne lui parurent qu'une boutade sans conséquence : depuis qu'il avait fait reculer Soliman et vaincu Barberousse, il ne croyait pas que personne au monde pût lui résister; son armée était enfin au complet; autour de lui se pressaient un grand nombre de princes allemands et italiens et ces fameux capitaines qui lui avaient conquis l'Italie, les de Leyve, les du Guât et ce duc d'Albe (Fernand-Alvarez de Tolède), qui surpassa leur gloire et leurs crimes; l'empereur prit la route de Nice et de la Provence, laissant seulement un corps de troupes en observation devant Turin. Ses meilleurs généraux l'exhortaient à chasser entièrement les Français des états de Savoie, avant que de passer outre; il répondit que « Paris et la couronne de France devoient être le prix et loyer de cette victoire, et non pas Turin et le Piémont. » La grandeur des préparatifs de l'empereur mon-

---

1. Guillaume du Bellai, l. VI.

trait assez qu'il ne comptait pas faire une vaine bravade. Outre l'armée dirigée contre la Provence, deux corps considérables, réunis l'un aux Pays-Bas, l'autre en Allemagne, devaient attaquer, le premier, la Picardie, le second, la Champagne; Charles avait même ordonné des levées en Espagne pour insulter le Languedoc, avec l'assistance de la flotte d'André Doria.

L'empereur franchit donc le Var à la tête de cinquante mille bons soldats, dont deux mille cinq cents lances garnies : tous les défilés des montagnes étant gardés, le passage de Nice et du Var était le seul par où l'on pût pénétrer en France. Charles-Quint avait combiné ses mouvements de manière à franchir la frontière, avec son avant-garde, le 25 juillet : c'était la fête de saint Jacques, patron de l'Espagne, et l'anniversaire du jour où, l'année précédente, l'armée impériale était entrée dans Tunis. Charles, dans la harangue qu'il adressa à ses soldats lorsqu'il mit le pied sur le sol français, tourna cette coïncidence en augure envoyé du ciel même, et inspira aux troupes un enthousiasme qui les eût rendues invincibles si elles avaient eu à livrer bataille sur-le-champ. Il « magnifia » en termes emphatiques l'excellence de ses soldats et ravala dédaigneusement les Français, répétant, comme il l'avait déjà dit dans son discours de Rome, que « si le roi de France avoit tels gens comme étoient les siens et lui tels gens que ceux du roi de France, il iroit demander miséricorde à François Ier, les mains liées derrière le dos. » Les Impériaux se croyaient si assurés de la victoire, que déjà quelques-uns des capitaines « demandoient les charges, états, places et biens des principaux de la cour de France et même les chapelains demandoient les bénéfices et prélatures, sans attendre la mort de ceux qui les possédoient. » Durant huit jours que séjourna l'empereur à Saint-Laurent, première bourgade française deçà le Var, en attendant le reste de l'armée, « ne fut mention d'autres dépêches que de dons et départements d'états, offices, gouvernements, capitaineries, villes, châteaux et autres biens des sujets et serviteurs du roi [1] ».

La confiance de l'empereur reposait, non-seulement sur ses propres ressources, mais encore sur celles qu'il croyait avoir en-

---

1. Guillaume du Bellai, l VII.

levées à son ennemi : les rigueurs barbares de François Ier envers les réformés de France et les liaisons de ce prince avec le sultan n'avaient fourni contre lui que trop d'arguments à Charles, qui pensait avoir réussi à écarter les lansquenets protestants et même les Suisses du service du roi. Charles se trompait : ses intrigues avaient été paralysées par les habiles négociations de du Bellai-Langei et, en ce moment même, des milliers de Suisses entraient en Dauphiné et venaient joindre le roi à Valence. Du Bellai avait fait plus encore : aidé par le duc de Wurtemberg, qui n'oubliait pas les bienfaits de François Ier, il était parvenu à dissoudre presque entièrement un corps de douze ou treize mille lansquenets levé par le roi des Romains pour attaquer la Champagne. Sept ou huit mille passèrent au service de France. Le roi se tenait à Valence, afin de diriger toutes les bandes et tous les convois qui lui arrivaient sur Avignon, où s'assemblait l'armée française, sous les ordres du grand-maître Montmorenci, lieutenant-général du roi. On s'était saisi d'Avignon par surprise, malgré la résistance du vice-légat qui commandait pour le pape dans le Comtat Venaissin. La situation d'Avignon, qui commande à la fois le cours du Rhône et celui de la Durance, était très-favorable à l'assiette d'un camp retranché ; mais le choix de ce poste indiquait implicitement l'abandon de tout le pays entre le Rhône, la Durance et les Alpes, c'est-à-dire de presque toute la Provence.

On s'était en effet résolu à ce cruel sacrifice : des corps de troupes avaient été chargés de parcourir la contrée et de signifier aux habitants des villages et des bourgades qu'ils eussent à retirer, sous bref délai, tous leurs meubles, vivres et bestiaux dans les châteaux et les villes fortifiées. Toutes les campagnes furent livrées à une dévastation systématique, sans pitié pour les malheureux qui ne purent obéir à temps : les fours et moulins furent détruits; les blés et fourrages brûlés; les puits gâtés; les vins répandus à ruisseaux. Les villes eurent leur tour : toutes furent reconnues « non tenables, » sauf Arles, Tarascon et Marseille : Barcelonette, Grasse, Antibes, Draguignan, Digne, Saint-Maximin, Brignolles, Toulon, Aix même, la capitale de la contrée, le séjour du parlement de Provence, furent ravagés, démantelés et « vidés de tous biens, » à mesure que l'ennemi s'en approcha. Le « saccagement » d'Aix offrit le plus lamentable spectacle : de tout le pays environnant, les populations s'étaient réfugiées dans cette capitale que personne ne s'imaginait devoir être évacuée par les gens du roi; l'ordre de déloger d'Aix arriva si promptement, qu'il fut presque impossible de rien sauver; les pertes furent immenses. La Provence presque entière présentait l'aspect d'une ville abandonnée après avoir été pillée : les populations se retirèrent en masse dans les bois, dans les montagnes et dans le pays au nord de la Durance, où elles souffrirent de cruelles misères; rien n'avait été préparé pour les soulager; le général en chef Montmorenci aggrava encore, par sa dureté et son imprévoyance, les mesures terribles qui avaient été jugées nécessaires et auxquelles une grande partie du peuple et de la noblesse avait coopéré avec un généreux dévouement.

L'empereur s'était avancé par Grasse, Antibes et Fréjus, s'éloignant peu de la mer; il attendait par cette voie la plupart de son artillerie et de ses munitions embarquées sur les galères d'André Doria. Charles ne rencontra d'abord aucune résistance sérieuse; seulement son bagage fut brûlé en partie, près de Fréjus, par des paysans embusqués dans les bois et, par compensation, son avant-garde écrasa, près de Brignolles, un faible détachement français. Ce léger avantage, enflé par l'habile jactance du vainqueur, redoubla la confiance de l'armée impériale et jeta quelque découragement dans le camp d'Avignon. Le roi apprit, le même jour, à Valence, deux fâcheuses nouvelles, l'échec de Brignolles et la prise de Guise par les comtes de Nassau et de Reux, lieutenants de l'empereur aux Pays-Bas. Ces deux capitaines impériaux avaient été d'abord repoussés des bords des rives de la Somme par les populations picardes et par les ducs de Vendôme et de Guise [1]; à Saint-Riquier, les habitants s'étaient vaillamment défendus et les femmes avaient renouvelé les exploits des héroïnes de Beauvais. Les assaillants s'étaient rabattus sur l'Oise et, se jetant à l'improviste sur Guise, l'avaient emportée, grâce à la lâcheté de la garnison, qui offrit un honteux contraste avec le courage des femmes de Saint-Riquier.

1. François Ier avait érigé le comté de Guise en duché-pairie, par lettres-patentes du mois de juillet 1528.

Un coup plus funeste frappa le roi sur ces entrefaites : son fils aîné, François, dauphin de Viennois et duc de Bretagne, jeune prince de grande espérance, n'avait pu le suivre à Valence ; il était demeuré malade à Tournon sur le Rhône et y mourut le 10 août, à l'âge de dix-huit ans. Le dauphin avait bu de l'eau glacée après s'être échauffé à jouer à la paume : on ne peut donc guère douter qu'il n'ait été enlevé par une fluxion de poitrine ; maladie facilement mortelle pour un tempérament affaibli par le précoce abus des plaisirs. Le roi, dans l'excès de sa douleur, ne voulut point reconnaître que la mort de son fils le mieux aimé eût une cause si naturelle : il l'attribua au poison, fit arrêter et poursuivre criminellement un gentilhomme ferrarais, le comte Sebastiano de Montecuculi, échanson du feu dauphin ; une circonstance accablante perdit ce malheureux : il s'occupait de médecine et de chimie et l'on trouva chez lui de l'arsenic, du vif-argent et un traité de l'*Usance des poisons*. Les tortures arrachèrent à Montecuculi tous les aveux qu'on voulut : il confessa son prétendu forfait et déclara n'avoir agi que par les instigations d'Antoine de Leyve et de Fernand de Gonzague, généraux de l'empereur, qui l'avaient chargé, dit-il, d'empoisonner aussi le roi ; l'empereur était compromis, au moins indirectement, par les déclarations de Montecuculi. Le roi, la cour, les magistrats qui avaient instruit le procès, furent dupes de leur propre imagination et se trompèrent eux-mêmes avant de tromper la France, qui crut tout entière à l'horrible complot de Charles-Quint ; Montecuculi fut « tiré et démembré à quatre chevaux. » Le peuple mit ses restes en pièces. Charles-Quint repoussa avec indignation l'odieuse accusation portée contre lui : quelques écrivains du parti impérial allèrent plus loin et accusèrent hautement la jeune Catherine de Médicis, femme du duc Henri d'Orléans, frère puîné et héritier du dauphin François. Quelle qu'ait été depuis Catherine de Médicis, rien n'autorise à croire qu'elle ait commis, à seize ans, un attentat aussi exécrable et, selon toute probabilité, il n'y eut là qu'un accident et non un crime. François Ier, au reste, ne conserva pas longtemps ses soupçons contre l'empereur. Le duc Henri d'Orléans prit le titre de dauphin et son jeune frère Charles, duc d'Angoulême, devint duc d'Orléans.

Tandis que la cour de France était dans le deuil, l'armée impériale avançait lentement à travers un pays désolé, dont les habitants, réfugiés dans les bois et dans les montagnes, harcelaient les envahisseurs par une guerre de partisans acharnée, impitoyable. Charles-Quint avait compté faire reconnaître sa souveraineté impériale dans Aix, capitale de la Provence, par le parlement et par les trois ordres et y prendre solennellement possession de l'ancien royaume d'Arles : il ne trouva qu'une ville dépeuplée, abandonnée, ouverte de toutes parts. L'empereur commença de concevoir de sérieuses inquiétudes touchant l'issue de son entreprise : les maladies et la disette tourmentaient son armée; le pape et les autres puissances d'Italie s'excusaient de prendre part à la guerre; les nouvelles de Piémont étaient très-mauvaises pour la cause impériale; Charles comprit que chaque jour de délai fortifiait les Français en diminuant les chances de succès qui lui restaient : il balançait entre les siéges d'Arles et de Marseille; il alla diriger lui-même une reconnaissance sur cette dernière ville et envoya le marquis du Guât vers Arles.

Mais Arles et Marseille étaient toutes deux en très-bon état de défense : la vaillante garnison de Fossano avait été envoyée à Marseille avec d'autres troupes et les approches de l'empereur furent si vivement repoussées, qu'il y perdit beaucoup de monde et y courut grand péril de sa personne. Charles reconnut que l'un et l'autre siége offrirait des difficultés presque insurmontables : la position de l'armée impériale devenait de plus en plus critique; tous ses détachements étaient taillés en pièces, tous ses convois surpris, soit par les partis de cavalerie qui s'élançaient du camp d'Avignon, soit par les habitants du pays; la contagion frappait encore plus d'Impériaux que le fer des Français; la plus éminente victime fut Antoine de Leyve (10 septembre). Cependant les galères de Doria rapportèrent d'Espagne des vivres et de l'argent : on en fut informé au camp d'Avignon; on y sut aussi que Charles avait fait « la montre » (la revue) de son armée et ordonné aux soldats de s'apprêter à marcher; on pensa que l'empereur voulait risquer une grande bataille et attaquer le camp d'Avignon; le nouveau dauphin Henri, puis le roi, accoururent près de Montmorenci et l'on se disposa joyeusement à recevoir l'assaut. Mais bientôt « vinrent nouvelles au roi, comme l'empereur et tout son camp étoient délogés, reprenant le chemin par où ils étoient venus, le long de la mer, et laissant derrière eux, outre les morts qui étoient en nombre infini, une grande multitude de malades. »

La moitié de l'armée impériale avait péri ou était hors d'état de porter les armes : poursuivie avec fureur, dans sa retraite, par les paysans et par les chevau-légers de l'armée royale, elle fit encore de grandes pertes; Charles-Quint lui-même, en traversant les cantons âprement accidentés où se prolongent les dernières collines des Basses-Alpes, faillit tomber sous les coups d'une de ces bandes de montagnards que la vengeance et la faim animaient d'une rage indomptable : cinquante paysans, exercés au maniement de l'arquebuse, s'enfermèrent dans une tour près du village du Mui, entre Draguignan et Fréjus, résolus d'attendre au passage cet empereur dont l'invasion causait la ruine de leur province, de tirer tous à la fois sur lui et de le tuer, « quoi qu'il en pût advenir après. Il s'en fallut de bien peu qu'ils n'exécutassent leur intention, car ils en tuèrent un qu'ils pensoient être l'empereur, à cause de son riche accoutrement et des gens qui lui déféroient et lui faisoient honneur [1]. » C'était le fameux poëte Garcilasso de la Vega [2]. Ces braves gens arrêtèrent un moment toute l'armée de l'empereur au pied de leur tourelle : ils furent enfin pris et pendus; mais leur mort glorieuse ne fit qu'exciter la fureur de leurs compatriotes. Toutes les routes, entre Aix et Fréjus, étaient couvertes de cadavres d'hommes et de chevaux, de harnais et d'armes abandonnés, de mourants gisant pêle-mêle avec les morts. Charles-Quint et les débris de sa redoutable armée repassèrent le Var, le 23 septembre, deux mois jour pour jour après leur entrée en France; Charles regagna Gênes, puis s'embarqua pour Barcelone, afin d'aller, suivant un bon mot du temps, « enterrer en Espagne son honneur mort en Provence. » Une tempête fit périr en chemin huit de ses bâtiments [3].

1. Guillaume du Bellai.
2. Garcilasso fut l'écrivain le plus renommé de l'école qui transporta dans la poésie lyrique espagnole les formes de la poésie italienne et qui abandonna l'ancienne manière des *romanceros*. Il avait autant de valeur que de talent poétique.
3. Guillaume et Martin du Bellai. — *Pauli Jovii histor.*, l. xxxv. — *Belcarius.* —

Plusieurs historiens ont reproché à François Ier et à Montmorenci de n'avoir pas suivi avec toutes leurs forces l'empereur fugitif; s'ils l'eussent fait, l'armée impériale, au lieu de laisser en Provence vingt-cinq ou trente mille morts ou mourants, y fût probablement demeurée tout entière; mais François Ier aurait eu peu de chances de prendre Charles-Quint : celui-ci, ayant à sa portée les galères d'André Doria, s'y serait facilement réfugié. Il est certain que Montmorenci, toujours partisan, au fond, de l'alliance autrichienne, ne voulait pas d'une victoire trop complète; néanmoins, l'historien Martin du Bellai, témoin et acteur dans cette campagne (il commandait une compagnie d'ordonnance), explique la conduite du roi et de son lieutenant-général par les événements de Picardie. Les comtes de Nassau et de Reux, avec l'armée des Pays-Bas, pressaient vivement Péronne (12 août), que défendait le fameux maréchal de Fleuranges, Robert de la Mark. Les ducs de Vendôme et de Guise, gouverneurs de Picardie et de Champagne, n'étaient point assez forts pour livrer bataille et l'on craignait que Péronne ne succombât. Cette place avait beaucoup d'importance par sa position sur la moyenne Somme : sa conquête eût ouvert à l'ennemi la Picardie centrale et l'Ile-de-France et l'inquiétude était déjà très-vive dans Paris, où, du reste, le corps de ville montra beaucoup de zèle, fit fondre des canons et leva dix mille hommes.

Les nouvelles de Péronne, selon du Bellai, empêchèrent le roi de poursuivre l'empereur et l'obligèrent à diriger une grande partie de l'armée d'Avignon sur Lyon, pour la conduire en Picardie à marches forcées. Le siége de Péronne fut plus glorieux encore pour les armes françaises que celui de Fossano : tous les assauts furent repoussés par la garnison, que les bourgeois et jusqu'aux femmes secondèrent avec intrépidité, comme à Saint-Riquier. Les munitions de guerre commençaient toutefois à manquer et le péril devenait imminent, lorsque le duc de Guise parvint à jeter dans Péronne, à travers les marais de la Somme,

---

Ferronius. — *Mémoires* de Vieilleville. — *Id.* de Montluc. — Bouche, *Hist. de Provence.* — *Correspondenz des Kaiser Karl V*, t. II, p. 246 (publiée par M. Lanz, à Stuttgard). — *Du glorieux retour de l'empereur de Provence*, lettre écrite de Bologne, le 30 septembre 1536, publiée dans le tome III des *Archives curieuses*, etc. — C'est une pièce satirique très-spirituelle.

quatre cents arquebusiers portant chacun dix livres de poudre. Ce ravitaillement sauva la place : quoique la fameuse « grosse tour » où avaient été enfermés Charles le Simple et Louis XI, fût toute ruinée et la brèche ouverte de toutes parts, les attaques de vive force échouèrent de nouveau ; le blocus n'était plus possible en présence de Guise et de Vendôme, qui allaient bientôt être renforcés. Nassau et Reux levèrent le siége le 11 septembre, le jour même où l'empereur délogea d'Aix, et retournèrent aux Pays-Bas : la Picardie fut délivrée avant l'arrivée des secours de Provence. Ce fut le dernier exploit de Fleuranges : il mourut de la fièvre peu de temps après, au moment de recueillir le duché de Bouillon et la seigneurie de Sedan, héritage de son père. Ce compagnon d'enfance de François Ier, si connu sous le surnom chevaleresque du *jeune Aventureux*, a laissé des mémoires pleins d'intérêt et d'originalité, mais empreints d'une exagération dont il faut souvent se défier [1].

Du côté du Languedoc, les Espagnols avaient tenté quelques incursions promptement repoussées par les gens du pays. Les Impériaux n'avaient pas été plus heureux en Piémont que partout ailleurs : la lutte avait continué dans cette contrée sur les derrières de la grande armée impériale ; le comte Guido Rangone, *condottiere* au service de France, ayant rassemblé environ douze mille mercenaires italiens, avait obligé l'ennemi d'abandonner le siége de Turin ; Rangone et d'Annebaut s'emparèrent ensuite de Carignan, de Chieri, de Moncalieri, de Chierasco et de presque tout

---

[1]. Au moment où les armées impériales commençaient leur retraite, une petite escadre écossaise entra dans le port de Dieppe. C'était le jeune roi Jacques V, qui, fidèle à la vieille amitié de ses aïeux pour la France, venait en personne offrir son épée à François Ier et chercher en France une femme qu'il préférait à l'héritière de Henri VIII. Les trois premiers souverains de la chrétienté se disputaient l'alliance de l'Écosse, alors flottante entre la France et l'Angleterre, entre le catholicisme et la Réforme. Jacques V, resté catholique au milieu d'une nation qui tendait au protestantisme, se donnait à la France pour ne pas tomber sous l'influence de Henri VIII : il épousa et ramena avec lui en Écosse une fille de François Ier, Magdeleine de France. Ce mariage, qui ne dura guère (la jeune reine mourut l'année suivante), valut à François Ier une vive rancune de la part de Henri VIII et cette rancune ne dut point s'apaiser lorsque, persistant dans le système de maintenir en Écosse une influence rivale de celle de Henri, la cour de France remplaça sur le trône écossais la fille de François Ier par une fille du duc Claude de Guise (juin 1538) ; de ce second mariage sortit Marie Stuart.

le marquisat de Saluces : ils conservèrent l'avantage jusqu'à l'hiver. Les corsaires normands, de leur côté, avaient eu de brillants succès sur l'Océan : ils avaient enlevé plusieurs navires espagnols venant du Pérou et fait un butin de 200,000 écus d'or.

L'année 1536 fut, après celle de Marignan, la plus glorieuse de la vie de François Ier : à cette guerre toute *fabienne*, on ne reconnaissait plus les téméraires aventuriers de Pavie. La santé affaiblie du roi était bien pour quelque chose dans sa prudence. Malheureusement, les moyens n'avaient pas été aussi bien ménagés que le plan général avait été sage et le succès avait coûté cher aux peuples : la Provence ne s'en releva pas de longtemps. Les États de ce malheureux pays, qui mourait de faim, avaient réclamé la diminution des impôts ; le roi, tout en protestant de son bon vouloir, répondit que les besoins et les périls de l'État ne lui permettaient pas, quant à présent, de satisfaire à la demande des Provençaux. C'était manquer aux plus simples notions d'équité, que de ne pas répartir sur les autres provinces la part de la Provence dans l'impôt. Le roi fit seulement faire quelques réparations à Aix et dans les autres villes dévastées [1].

L'Europe attendait les plus grands événements pour la campagne suivante. Charles-Quint avait perdu en Provence tous les fruits de sa victoire de Tunis et allait se trouver pris entre deux attaques terribles, si François Ier avait le courage d'avouer hautement son alliance avec le Turc et de concerter ses opérations avec celles de Soliman, revenu vainqueur de la guerre d'Asie [2]. Les Vénitiens, il est vrai, s'étaient ralliés à l'empereur ; mais leur résolution n'était pas bien affermie et Charles ne pouvait compter sur l'Allemagne que si l'Autriche était assaillie.

L'alliance franco-turque avait fait un grand pas en 1536 : l'ambassadeur de France à Constantinople, La Forest [3], avait signé, en février, un traité de commerce avec le grand-visir, ce fameux Ibrahim, si intelligent, si ami de la civilisation européenne, qui

---

1. Martin du Bellai. — Bouche, *Hist. de Provence*.
2. Il avait fait de magnifiques conquêtes sur la Perse, Bagdad, Tauris, les deux Iraks, le Chirvan, le Ghilan.
3. C'est le premier ambassadeur officiel et ordinaire qu'ait eu la France auprès de la Porte.

périt, l'an d'après, victime des intrigues de la sultane Rouschen (Roxelane). Par ce traité, les marchands français et turcs étaient, dans les états respectifs des deux monarques, sur le pied des nationaux : le roi pouvait établir des *bailes* (baillis) ou consuls français dans tous les lieux de l'empire othoman, avec pleine juridiction sur les procès entre Français. En cause civile contre les Turcs, les sujets français ne seraient jugés par les cadis que sur pièces écrites et en présence de leur drogman ; en cause criminelle, ils ne seraient jugés que par « l'excelse Porte » elle-même. Point de solidarité entre le délinquant français et ses conationaux. Toutes garanties sont accordées pour la liberté civile et religieuse, pour les successions, etc. Tous les esclaves et prisonniers, des deux parts, seront mis en liberté et tout corsaire ou autre, qui dorénavant prendrait des sujets de l'un ou de l'autre monarque, sera puni comme infracteur de la paix. Les sujets respectifs ne seront soumis aux impôts qu'après dix ans de séjour continu. Le sultan consentait que le pape, le roi d'Angleterre et le roi d'Écosse entrassent « au présent traité », s'ils le ratifiaient et dedans huit mois [1].

C'était le retour à la politique commerciale de Jacques Cœur et, ici, la civilisation et l'humanité n'avaient qu'à applaudir.

Un pacte d'une autre nature, dont il ne reste point de traces écrites, fut conclu quelques mois après : il fut convenu que Soliman n'attaquerait point l'Autriche, mais descendrait dans le royaume de Naples, avec le concours d'une escadre française et des exilés napolitains [2]. François Ier devait, pendant ce temps, envahir le Milanais. Le sultan, on vient de le voir, consentait à épargner le pape, si Rome se détachait de l'empereur : quant aux Vénitiens, ils se fussent tenus sur la défensive. Il n'y avait guère d'apparence que Charles-Quint soutînt ce double choc.

Au moment d'agir, les scrupules revinrent et le cœur faillit au roi. Son favori, sa femme, les cardinaux de Lorraine et de Tour-

---

1. *Négociat. dans le Levant*, t. 1er, p. 285. La protection française sur les églises et les chrétiens de Syrie avait été reconnue lors de la confirmation par Soliman des anciens traités de la France avec les soudans d'Égypte.

2. Il paraît qu'il fut question de faire roi un de ces exilés, Caraccioli, prince de Melfi, qui était maréchal de France.

non, les agents du pape, réussirent à évoquer tout le vieux monde des souvenirs chevaleresques entre le roi très-chrétien et ses étranges alliés. François manqua de parole à Soliman et, au lieu de se jeter sur le Milanais, il tourna ses principales forces contre les Pays-Bas.

Avant de se mettre à la tête de ses troupes, François Ier voulut effacer, par une protestation éclatante, la renonciation qu'il avait faite à Madrid et à Cambrai des droits de la couronne sur la Flandre. Le 15 janvier 1537, le roi réunit, dans la grand' salle du Palais, à Paris, les princes et les pairs, quarante ou cinquante évêques, la cour de parlement, les chevaliers de l'ordre et « autres gros personnages de tous états. » A ses côtés s'assirent les rois d'Écosse et de Navarre. Devant cette illustre assistance, l'avocat du roi « remontra les grandes rebellions et félonies que Charles d'Autriche, comte de Flandre, Artois et Charolois et détenteur de plusieurs autres pays mouvants de la couronne de France, avoit perpétrées à l'encontre du roi son souverain seigneur; sur ce concluant et requérant iceux comtés de Flandre, Artois, Charolois, etc., être déclarés, par arrêt, confisqués, adjugés et réunis à la couronne. La requête ouïe, » après « mûre délibération, » la cour des pairs de France ordonna qu'on envoyât aux frontières ajourner à son de trompe « ledit Charles d'Autriche, » afin qu'il eût à expédier « tels ou tels qu'il lui plairoit » pour défendre sa cause. En attendant, la félonie et rebellion étant notoire, tous les sujets et habitants desdites seigneuries furent déclarés déliés du serment de fidélité envers Charles d'Autriche et sommés d'obéir au roi seul, comme à leur souverain seigneur. Personne ne comparut de la part de « Charles d'Autriche : la demande de l'avocat du roi fut « entérinée selon sa forme et teneur » et le roi délibéra d'exécuter l'arrêt par la force des armes. La cérémonie théâtrale du 15 janvier eût été fort imposante après la conquête de la Flandre; mais, avant, elle n'était que ridicule : il eût été plus sérieux et plus digne de faire seulement déclarer par la cour des pairs le traité de Cambrai contraire au droit national de la France [1].

---

1. *V.* le Recueil de Ribier : *Lettres et Mémoires d'État sous François Ier, Henri II et François II*, t. Ier, p. 1-23.

Le roi et son lieutenant-général Montmorenci entrèrent en campagne à la fin de mars [1], prirent Hesdin, Saint-Pol et Saint-Venant, qui fut cruellement saccagé : on résolut de fortifier Saint-Pol, petite ville située au cœur de l'Artois, et d'en faire la place d'armes des Français dans ce pays. Le roi licencia une partie de son armée, envoya quelques troupes en Piémont, où les Français avaient grand besoin de renfort, laissa le reste à Doullens et à Saint-Pol, puis alla retrouver à Paris les plaisirs dont il ne supportait pas longtemps l'absence (mai). C'était là un dénoûment bien mesquin après des bravades si retentissantes. François Ier n'avait pas longtemps soutenu sa prudente conduite de 1536!

La faute qu'il venait de commettre eut de fâcheuses conséquences. A peine le roi était-il parti et l'armée séparée, que le comte de Buren, lieutenant-général de l'empereur, qui avait assemblé toutes les forces des Pays-Bas à Lens en Artois, assaillit Saint-Pol avec trente-cinq mille combattants, avant que les fortifications fussent terminées, et l'emporta d'assaut. La garnison, forte de quatre mille hommes, fut massacrée presque tout entière, en représailles du sac de Saint-Venant (15 juin). Buren prit ensuite Montreuil par capitulation et mit le siége devant Térouenne. Le roi cependant avait « redressé » son armée, qui marcha au secours de Térouenne sous la conduite du dauphin Henri et du grand-maître Montmorenci. On s'attendait à une bataille, lorsque « se commencèrent à mener traités de la part de la reine de Hongrie, » Marie d'Autriche, sœur de l'empereur, gouvernante des Pays-Bas.

Une trêve de dix mois fut signée entre la France et les Pays-Bas (30 juillet). La situation du Piémont rendit le roi facile à cet égard. Du Guât (del Guasto), gouverneur du Milanais pour l'empereur, avait repris le dessus en Piémont, grâce aux discordes des capitaines du roi et aux mutineries des mercenaires allemands et italiens; ce général, maître de presque toutes les places qui environnent Turin, avait réduit la garnison aux plus cruelles extrémités. Les défenseurs de Turin, dit la chronique de Savoie, « étoient comme désespérés de leurs vies; toutefois ne se voulu-

---

1. Vers ce temps mourut Charles de Bourbon, duc de Vendôme, qui eut pour héritier son fils Antoine, père de Henri IV.

rent jamais rendre, aimant mieux là mourir de male rage de faim, comme chiens attachés, que de perdre une demi-heure d'honneur et de ne faire le devoir que requéroit leur fidélité. »

Ces braves soldats furent enfin délivrés. Après la suspension d'armes conclue dans le Nord, des forces considérables furent dirigées vers les Alpes; le roi s'avança jusqu'à Lyon, tandis qu'une très-nombreuse avant-garde passait les montagnes, sous les ordres du dauphin et de Montmorenci. Du Guât avait tenté de prévenir la descente des Français; il avait cerné Pignerol et envoyé dix mille hommes à Suse; mais, dans le courant d'octobre, Montmorenci força le pas de Suse et déboucha dans les plaines du Piémont. Ce fait d'armes eut beaucoup d'éclat; le défilé de Suse passait pour inexpugnable. La maladresse du général ennemi, César de Naples, qui avait négligé d'occuper des rochers presque inaccessibles au-dessus du défilé, livra la victoire à Montmorenci : des arquebusiers basques, merveilleusement « ingambes, » grimpèrent sur ces rocs, accablèrent l'ennemi d'une grêle de balles et le prirent en flanc pendant que Montmorenci l'attaquait de front. Turin et Pignerol furent débloqués à la fois : le marquis du Guât, n'osant attendre les Français, repassa le Pô et se replia sur Asti; la plupart des places entre le Pô et le Tanaro se rendirent aux Français. Le roi en personne avait franchi les monts et tout annonçait un vigoureux retour offensif en Italie. La situation redevenait menaçante pour la maison d'Autriche : Ferdinand ayant dérogé, pour secourir son frère, à son traité avec le Turc, Soliman avait envoyé en Hongrie une puissante armée, qui défit complétement les troupes du roi des Romains à Essek, sur la Drave (8 octobre), et qui menaçait les provinces autrichiennes et le Frioul : Barberousse, au mois d'août, était descendu à Castro, près d'Otrante, et avait saccagé toute cette côte. Le roi, réalisant tardivement une partie de ses promesses, envoya une petite escadre joindre Barberousse. Néanmoins, l'invasion de Naples était manquée pour cette année : les Turcs se détournèrent contre les possessions vénitiennes et l'on apprit tout à coup la conclusion d'une trêve de trois mois pour le Piémont et la Lombardie (novembre). La trêve fut prorogée avant les trois mois, sans tenir compte des engagements contractés avec le sultan, et le différend du roi et de l'empereur rentra de nouveau dans les voies diplomatiques.

Paul III eut la principale part à cette péripétie : le saint-père suivait avec constance le dessein de réconcilier les deux premiers souverains de la chrétienté au profit de la cause catholique ; ce vieux cardinal romain, qui avait succédé au Florentin Clément VII, avait l'esprit, le savoir, la dissimulation profonde et les talents diplomatiques de son prédécesseur, mais avec plus de décision dans le caractère : il appartenait à une génération plus distinguée par l'intelligence que par la religion et la moralité ; sa vie était souillée de bien des taches et la pire fut sans doute son indulgence pour les crimes de son exécrable fils, le bâtard Pierre-Louis Farnèse, nouveau César Borgia : la foi aux influences des astres semble avoir été sa croyance la mieux établie [1] ; cependant son esprit supérieur lui fit suivre, durant la plus grande partie de son règne, la même conduite que lui eût dictée la foi : il prit une position d'impartialité absolue entre l'empereur et le roi de France, s'entoura des hommes à la fois les plus éclairés et les plus religieux qu'il y eût en Italie, choisit dans le sacré collége une commission pour la réformation de la cour de Rome, et parut accepter franchement la nécessité d'un concile, que Clément VII avait tâché d'écarter par toutes sortes d'intrigues. Dès le commencement de son pontificat, Paul III avait dépêché des nonces aux princes catholiques et même aux protestants, pour les engager à s'entendre relativement au concile : le nonce Vergerio eut en Saxe une entrevue avec Luther ; Paul III avait ordonné à ses légats de proposer Mantoue pour lieu de réunion et d'écarter provisoirement les questions de règlement et de forme ; mais ces questions étaient capitales aux yeux des protestants et leur réponse ne fut pas favorable (décembre 1535). Le pape, néanmoins, d'accord avec l'empereur, convoqua le concile à Mantoue pour le 23 mai 1537 : le roi d'Angleterre, qui avait mal reçu les avances du pape, protesta ; les luthériens refusèrent de recevoir la bulle de convocation, et parce qu'ils ne voulaient point exposer leurs

---

[1]. Benvenuto Cellini affirme qu'il avait été emprisonné dans sa jeunesse pour avoir falsifié des brefs pontificaux tandis qu'il était secrétaire des brefs. B. Cellini, *Mém.*, p. 270 ; trad. par M. de Saint-Marcel ; Paris, 1822. — Sur sa croyance à l'astrologie, V. Ranke, *Hist. de la papauté*, t. II, part. II, c. II.

docteurs au sort de Jean Huss, en les envoyant « delà les monts, » et parce que le pape, étant, suivant eux, partie et non juge, n'avait pas droit de réglementer le concile et d'en diriger la marche et les délibérations. A vrai dire, le concile universel était devenu impossible; il n'existait plus de base commune entre la hiérarchie ecclésiastique et les peuples émancipés. Les réformés voulaient figurer au concile, non comme des accusés devant leurs juges, mais comme des égaux entre leurs égaux : le clergé, de son côté, ne pouvait admettre, entre les pères du concile, ces pasteurs nouveaux, élus par les princes ou les peuples en dehors de la hiérarchie sacerdotale. Fût-on parvenu à tourner ces immenses difficultés, on eût rencontré un obstacle plus infranchissable encore, la négation de l'infaillibilité des conciles; les protestants voyaient dans les conciles une grande autorité, mais non plus une autorité absolue comme celle de Dieu même. Il y avait donc un abîme entre les deux partis : il ne pouvait plus se tenir de concile qu'entre les peuples demeurés catholiques. Cette vérité n'apparaissait pourtant pas encore clairement aux esprits et d'ailleurs le pape espérait obtenir, de force, sinon de gré, la soumission des réformés au concile. Mais la guerre renouvelée entre les deux grands souverains orthodoxes arrêtait tous les plans de Paul III : le pape fut obligé d'ajourner le concile à un an, puis, ce délai expiré, de le proroger encore.

Pendant ce temps, Paul III intervenait activement et efficacement entre Charles-Quint et François Ier : les deux sœurs de l'empereur, la reine de France et la reine de Hongrie, gouvernante des Pays-Bas, secondaient le pape de tous leurs efforts et Montmorenci exerçait dans le même sens une pression opiniâtre sur le roi. Ce parti gagnait du terrain sur l'autre faction de la cour, celle de la duchesse d'Étampes et de l'amiral Chabot de Brion. François Ier, toujours flottant sur les grandes questions qui divisaient la chrétienté, n'avait guère d'idée arrêtée que la recouvrance du Milanais, mais ne demandait pas mieux que d'arriver à son but par transaction plutôt que par les armes. Quant à l'empereur, il sentait l'impossibilité de porter à la fois un triple fardeau comme la guerre avec la France, la guerre avec le Turc et le rétablissement de l'autorité impériale en Allemagne, où les protestants gagnaient incessamment du terrain et où les débats des deux factions religieuses affaiblissaient de plus en plus les institutions de Maximilien. L'effroyable indiscipline de son armée d'Italie, où l'ordre n'avait jamais été rétabli depuis le sac de Rome, et la situation de la Flandre, plus encore que celle de l'Allemagne, lui rendaient éminemment désirable la paix avec la France : la popularité que Charles avait longtemps conservée parmi les Flamands et les Wallons était fort ébranlée par ses exigences fiscales et Gand, la ville natale de l'empereur, après lui avoir avancé libéralement de très-grandes sommes, s'était enfin refusée, en 1537, à payer sa quote-part d'un subside de 1,200,000 florins d'or (le florin à 27 sous de France) imposé à la Flandre. Le conflit élevé entre la ville et la province de Gand, d'une part, et la régence des Pays-Bas, de l'autre, menaçait d'avoir de très-graves conséquences, et François Ier eût dû y prêter plus d'attention, dans l'intérêt de la France et de ces droits de la couronne qu'il avait naguère revendiqués si bruyamment.

Tout l'hiver et le printemps de 1538 furent employés en pourparlers : Charles-Quint renouvelait l'offre du Milanais au dernier fils du roi, bien que la mort de l'aîné eût rapproché ce jeune prince du trône de France, mais à condition que le roi confirmerait le traité de Cambrai et rendrait sur-le-champ Hesdin et les domaines de Savoie, tandis que l'empereur garderait le Milanais trois années encore. Cette proposition n'était pas acceptable. La trêve allait expirer : le pape, qui entendait avec terreur le bruit des préparatifs de Soliman contre l'Italie, résolut d'aller, malgré son grand âge, prendre en personne la conduite des négociations : il proposa aux deux monarques de traiter directement ensemble en sa présence. Cette offre fut agréée et Nice fut choisie pour les conférences. C'était la dernière place qui restât au duc de Savoie. Les bourgeois de Nice, à l'instigation du duc, ayant refusé leurs portes, le pape, arrivé par mer de Savone, s'établit au couvent des franciscains, dans le faubourg de Nice; l'empereur, venu d'Espagne à Villefranche, resta dans sa galère; le roi, arrivé le dernier, se logea au village de Villeneuve, à un quart de lieue de Nice, du côté de la France (17-21 mai). Les deux rivaux ne voulurent point se voir et visitèrent alternativement le saint-père, soit au couvent de Saint-François, soit dans une tente dressée près de ce monastère : les demandes et les répliques s'échangeaient par l'intermédiaire du pape.

Les conférences de Nice eurent une issue tout à fait inattendue : Charles-Quint ne put se résoudre à céder franchement le Milanais, ni François Ier à évacuer la Savoie et le Piémont ; mieux valait, en effet, pour la France, le Piémont sans le Milanais, que le Milanais sans le Piémont. Ne pouvant conclure une paix définitive, on prit un moyen terme : on signa une trêve de dix ans, chacun conservant les positions qu'il occupait au moment de la trêve : le malheureux duc de Savoie, qui venait de perdre, par la mort de sa femme, son appui auprès de l'empereur, fut entièrement sacrifié ; le pays de Vaud demeura aux Suisses ; Genève garda sa liberté ; la Bresse, la Savoie et les deux tiers du Piémont restèrent à François Ier et le reste du Piémont à l'empereur, qui s'en était emparé sous prétexte de le défendre ; Charles de Savoie fut obligé de souscrire aux conventions qui le dépouillaient pour dix années, sous peine de se voir enlever par les Français sa ville de Nice, son dernier asile. Charles-Quint garda le Milanais ; Hesdin resta aux Français et le roi, de son côté, céda sur l'affaire de l'héritage de Gueldre [1] ; mais il obtint en Italie une concession assez importante : ce fut de conserver sous sa protection le comté de la Mirandole, petite seigneurie placée entre la Lombardie et les états romains, dans une situation très-propre à servir aux Français de place d'armes et de marché de recrutement [2]. La France avait regagné du terrain depuis le traité de Cambrai : maîtresse des passages des Alpes et des plus fortes places du Piémont, elle pouvait attendre dans une position avantageuse les chances de l'avenir.

Les conférences s'étaient terminées le 18 juin. Le pape repartit pour Rome ; François Ier rentra en Provence et Charles-Quint remit à la voile, comme pour regagner l'Espagne ; mais François Ier,

---

1. Charles d'Egmont, duc de Gueldre, avait promis son héritage à l'empereur pour terminer la longue querelle de leurs maisons : le roi promit de ne pas s'opposer à la prise de possession par Charles-Quint, quoique les ducs de Clèves et de Lorraine revendiquassent la succession par droit de parenté.

2. Dumont, t. IV, part. II, p. 169-172.

à peine revenu à Avignon, reçut avis que l'empereur « avoit désir de communiquer avec lui et que, s'il vouloit se trouver à Aigues-Mortes, ledit seigneur empereur y prendroit terre. » Tel est du moins le récit de Martin du Bellai; suivant l'Espagnol Sandoval (*Hist. del emperador Carlos V*), ce fut au contraire François Ier qui fit les avances, en apprenant que Charles avait été poussé par une tempête sur la côte de Provence. Cette version est moins vraisemblable; quoi qu'il en soit, le roi se rendit à Aigues-Mortes et la flotte de l'empereur, naviguant de conserve avec les galères de France, parut bientôt en vue de la côte languedocienne. François se jeta dans une petite galère, avec le cardinal Jean de Lorraine et cinq ou six grands seigneurs, et monta à bord de la galère impériale. « Mon frère, me voici derechef votre prisonnier, » dit le roi en embrassant Charles aussi cordialement que s'il n'y eût point eu entre eux le souvenir de tant de luttes acharnées et de mortelles offenses (14 juillet). Le lendemain 15, l'empereur rendit au roi la marque de confiance qu'il avait reçue de lui; il descendit à terre, alla dîner avec François Ier à Aigues-Mortes, y coucha et ne retourna à son bord que le 16 au soir. Les deux princes et les deux cours se donnèrent mille marques d'amitié, à la grande satisfaction de la reine Éléonore, qui pleurait de joie en embrassant à la fois son frère et son mari. François Ier fit présent à Charles d'un diamant de 50,000 écus, enchâssé dans un anneau qui portait cette devise : *Dilectionis testis et exemplum*. Les deux monarques échangèrent les colliers de leurs ordres (la Toison d'Or et Saint-Michel). La réconciliation dut sembler complète, lorsqu'on vit le roi accueillir gracieusement, parmi la suite de l'empereur, cet André Doria qui lui avait fait tant de mal. Rien ne transpira des longs entretiens qu'eurent ensemble les deux monarques, sans autres témoins que la reine Éléonore, Montmorenci, le cardinal de Lorraine, le garde des sceaux de Charles-Quint (Granvelle) et le grand commandeur de Sant-Yago (Govea). On a pensé que le projet de cette entrevue avait été arrêté secrètement à Nice, et que les deux monarques avaient souhaité de conférer sans l'intermédiaire du pape, qui embarrassait leurs combinaisons politiques des intérêts de ses bâtards et de ses neveux. Sans doute François promit de renoncer à ses alliances en Allemagne et de laisser Charles agir en toute liberté au delà du Rhin, dans le cas où Charles consentirait à la cession du Milanais, et, de plus, François s'engagea formellement à ne point favoriser les mouvements des Gantois. Il parut très-satisfait des dispositions de Charles-Quint; car, dans une lettre datée de Nîmes, le 18 juillet, deux jours après le départ de Charles, François déclara que dorénavant les affaires de l'empereur et les siennes ne seraient plus qu'une même chose [1].

François retourna ensuite dans le nord : il fut assez longtemps retenu au château de Compiègne par une violente recrudescence du mal aigu et honteux qui l'avait frappé dès sa jeunesse et qui, plus obstiné cette fois, devait ruiner sans retour sa santé, exercer sur ses facultés une funeste influence et abréger sa carrière [2].

Le roi fut, dit-on, soulagé, mais non guéri par un médecin juif, qui le mit au régime du lait d'ânesse [3], et les affaires tombèrent complétement dans les mains du favori. Montmorenci, récemment élevé à la dignité de connétable, qui était restée vacante depuis la trahison de Bourbon, soumit à sa dure domination la justice et les finances, aussi bien que l'armée et la diplomatie : il administra avec plus d'ordre et de suite que n'avait jamais fait François Ier; il avait cette force de caractère, cette netteté de vues et cette aptitude au travail qui s'allient parfois à la médiocrité de l'intelligence et il n'employait ses incontestables, mais insuffisantes qualités, qu'à pousser obstinément la France dans des voies fausses et impolitiques. Des poursuites plus actives et plus rigoureuses contre les réformés français [4], de mauvais procédés envers

---

1. *Arch. curieuses*, t. III. p. 26.—*Hist. de Languedoc*, t. V, l. XXXVII, notes et preuves.

2. On prétend qu'il avait abusé de son pouvoir pour faire céder à ses désirs la femme d'un avocat nommé Féron : le mari, qui ne croyait peut-être pas à la sincérité de la résistance de la dame, se vengea d'une manière plus cruelle que s'il eût poignardé le roi; il alla chercher le mal vénérien dans une maison de débauche, afin d'atteindre François Ier, en sacrifiant sa femme et lui-même. La femme en mourut; le roi faillit succomber aussi et sa santé en resta profondément altérée. Cette anecdote, racontée par L. Guyon (*Leçons diverses*, n° 2, l. Ier), a été acceptée par la plupart des historiens, par Mézerai, par Garnier, par Gaillard. Si le fait a quelque fondement, il ne saurait se rapporter à la belle personne dont on voit le portrait au Louvre et qu'on appelle par tradition *la belle Féronnière*, puisque ce portrait a été peint par Léonard de Vinci, qui mourut en 1519.

3. Gaillard, t. VII, p. 355.

4. Le 10 septembre 1538, un inquisiteur protégé de la reine de Navarre, converti à

les princes luthériens et surtout envers le roi d'Angleterre signalèrent le triomphe de l'influence du nouveau connétable. Montmorenci se conduisit à l'égard de Henri VIII comme si un rapprochement entre l'empereur et le roi d'Angleterre contre la France eût été impossible ; cependant Catherine, la reine répudiée, la tante de l'empereur, était morte ; sa rivale, Anna Boleyn, victime de la jalousie, ou plutôt du féroce orgueil et des passions mobiles de Henri VIII, avait porté sa tête sur l'échafaud pour crime d'adultère réel ou supposé (1536); le plus grand obstacle à la réconciliation de Charles et de Henri était donc supprimé, et cette réconciliation avait déjà été tentée. Montmorenci ne tâcha de la prévenir qu'en resserrant les nouveaux rapports de la France avec l'empereur : le 10 janvier 1539, par un traité signé à Tolède, Charles et François convinrent de ne pas conclure, sans le consentement l'un de l'autre, de nouveaux pactes d'alliance ou de mariage avec le roi anglais ; le gouvernement français suspendit le paiement des grandes sommes annuelles promises à Henri VIII par le traité de 1525.

Le parti catholique ne comptait pas s'en tenir à ces marques de malveillance : le pape avait lancé, en 1538, une bulle rédigée depuis plusieurs années et qui proclamait la déchéance du roi d'Angleterre; il tâchait de pousser l'empereur et le roi de France contre Henri VIII, afin de renverser le monarque schismatique au profit de sa fille du premier lit, Marie Tudor. L'ambassadeur de France à Londres, Castillon, allait plus loin : il avait suggéré à Montmorenci un projet de partage de l'Angleterre entre la France, l'empereur et l'Écosse. Ce plan était absurde; mais la pensée d'exciter une révolution en Angleterre pouvait sembler plus spécieuse. La révolte des comtés du Nord était mal étouffée : les chefs des clans irlandais étaient en armes [1] ; une partie du peuple anglais voyait avec courroux la destruction des objets de sa vénération traditionnelle, châsses, images, reliques, calvaires et le

---

la Réforme par ceux-là mêmes qu'il était chargé de poursuivre, fut brûlé à Toulouse. Le 10 décembre, un nouvel édit très-sévère fut publié contre les hérétiques. *Hist. de Languedoc. — Sleidan.*

1. En 1541, Ignace de Loyola expédia en Irlande deux de ses premiers compagnons pour y fomenter les résistances catholiques.

partage des biens des couvents entre le roi et ses favoris; Henri ne pouvait compter en compensation sur l'attachement du parti toujours croissant de la Réforme; car il continuait à frapper à droite et à gauche; ce tyran théologien envoyait à l'échafaud, comme traître à Dieu et au roi, quiconque soutenait une opinion différente de la sienne en matière de foi ou niait son absolue suprématie religieuse. Le supplice du célèbre Thomas More avait surtout excité l'indignation de l'Europe [1].

Mais, quelles que fussent les chances d'une attaque contre Henri VIII, Charles-Quint ne voulait ni ne pouvait les tenter; il remontra qu'avant d'attaquer le schisme en Angleterre, il fallait subjuguer l'hérésie en Allemagne; Montmorenci dut se rendre à ce raisonnement. L'empereur avait en ce moment trop d'embarras dans ses états pour envahir ceux des autres : son plus ardent désir était de se débarrasser de toute guerre étrangère et il pressait même instamment le roi d'obtenir pour lui une trêve des Turcs. Le dominateur de la moitié de l'Europe, le souverain du Mexique et du Pérou, manquait d'argent pour payer les bandes mercenaires sur lesquelles s'appuyait sa puissance [2] : des révol-

---

1. Thomas More était un de ces hommes hardis par l'esprit, timides par le caractère, qui préparent les révolutions par la témérité de leur pensée et s'efforcent de les arrêter dès qu'elles mettent la pensée en œuvre. Après s'être aventuré bien au delà du protestantisme dans son *Utopie*, il se rejeta dans les rangs du catholicisme persécuteur, quand le protestantisme commença de pénétrer en Angleterre : il persista dans cette conversion, qui lui coûta la vie; chancelier d'Angleterre, il donna sa démission lors du fameux divorce; il fut emprisonné pour n'avoir point prêté le serment de suprématie; sa vie avait été inconséquente, bien que toujours honnête; sa mort fut noble et courageuse; il eut la tête tranchée en juin 1535 : le catholicisme le compta parmi ses martyrs.

2. Des documents curieux établissent qu'on avait fort exagéré le rendement du *quinto* (l'impôt des mines) d'Amérique sous Charles-Quint. Suivant les ambassadeurs vénitiens, en 1526, après la conquête du Mexique, le *quinto* n'aurait pas dépassé 100,000 ducats (à peu près 900,000 francs); en 1550, après la conquête du Pérou et la découverte du Potose, 400,000 ducats : ce chiffre n'aurait été doublé (800,000 ducats) que sous Philippe II, vers 1570. Il y a probablement ici de l'exagération en sens inverse. Néanmoins il n'est pas douteux que les Pays-Bas, comme le dit le Vénitien Soriano, n'aient été les véritables Indes de Charles-Quint et qu'il n'ait bien plus tiré de la Hollande et de la Flandre que de l'Amérique, ce qui ne changea que sous Philippe II. Les Pays-Bas payèrent maintes fois jusqu'à 5 millions de florins par an (22 à 23 millions de francs). M. de Humboldt ne pense pas qu'avant 1545, l'importation annuelle des métaux précieux d'Amérique en Europe ait dépassé 3 millions de piastres; en 1545, la découverte des mines du Potose accrut le rendement dans de très-grandes proportions et il l'élève en moyenne à 11 millions de piastres de 1545 à 1600. *V.* les citations

tes militaires à Milan et à Tunis lui causaient les plus vives alarmes et l'obligeaient à licencier ses meilleures troupes, ou même à les décimer les unes par les autres! Le Milanais, épuisé, ruiné, ne pouvait plus fournir de subsides; les Cortès de Castille n'en voulaient point accorder; c'était, il est vrai, le dernier effort et l'agonie de la liberté castillane, blessée mortellement à Villalar [1]; les troubles de Gand avaient pris un caractère extrêmement grave : Gand avait persisté dans son refus de payer la taxe de 1537, refus fondé sur la promesse que Charles avait faite aux Gantois de ne pas leur demander de nouvel impôt jusqu'à l'acquittement des sommes qu'il leur devait. Le grand conseil (parlement) de Malines avait condamné les Gantois; ils rejetèrent sa décision, se soulevèrent, chassèrent les nobles de leur ville, changèrent leurs magistrats municipaux et en mirent plusieurs en accusation : le grand doyen des métiers, Liefwin Pyn, fut décapité pour trahison envers la commune de Gand (28 août 1539). Les Gantois envoyèrent secrètement des députés au roi de France pour lui offrir de se mettre en ses mains et réclamer la protection qu'il leur devait, en cette qualité de « souverain seigneur » de la Flandre revendiquée avec tant d'éclat au lit de justice du 15 janvier 1537 : ils promettaient « faire faire le semblable » aux autres bonnes villes de Flandre, si François Ier voulait les secourir [2].

Jamais François Ier, sans ses déplorables engagements d'Aigues-

---

et les opinions réunies ap. L. Ranke; *L'Espagne sous Charles-Quint, Philippe II et Philippe III*; ch. IV, § 1; *Revenus de l'Amérique*. M. A. Pichot (*Charles-Quint*) donne de curieux détails sur la contrebande quasi publiquement organisée à Séville, qui frustrait la couronne d'une grande partie de son revenu après le débarquement des valeurs métalliques. La corruption des employés était déjà extrême.

1. C'était, cette fois, de la noblesse que venait la résistance à un nouvel impôt sur toutes les denrées et les marchandises. Charles fut obligé d'y renoncer; mais, dorénavant, il n'appela plus aux cortès le clergé ni la noblesse et ne recourut plus qu'aux impôts directs qui frappaient seulement le Tiers État : les cortès ne se composèrent plus que des représentants des dix-huit bonnes villes. La bourgeoisie castillane, abattue par le grand revers de 1521, subit toutes les exigences du souverain et, à son tour, ne seconda point la tardive résistance de cette noblesse qui s'était jadis unie au prince pour accabler les communes. Il resta en Castille des privilèges locaux et particuliers, mais plus de libertés publiques. Robertson, *Hist. de Charles-Quint*, l. VI.

2. Martin du Bellai; *Belcarius*.

Mortes, n'aurait eu de si belles chances : la nouvelle politique qu'il avait malheureusement adoptée ne lui permettait pas de porter ses armes en Flandre ; cependant son devoir de roi, dont aucun engagement personnel ne pouvait le dispenser, était d'intervenir entre ses vassaux de Flandre et leur seigneur, d'imposer sa médiation et de maintenir les droits souverains de la France sur la Flandre. Il fit tout le contraire : ébloui par l'espoir chimérique d'une restitution volontaire du Milanais, il sacrifia les vrais intérêts de l'État ; il fit de la magnanimité aux dépens des Gantois ; il avertit l'empereur de leurs propositions et lui renouvela l'offre qu'il lui avait déjà faite de passer par la France, pour aller d'Espagne aux Pays-Bas réduire les séditieux. L'offre fut acceptée avec reconnaissance : Charles seulement pria le roi de s'engager à « ne pas l'importuner, durant son passage, de signer aucunes promesses ou traités de mariage, de peur que par après on pût dire qu'il les avoit signés par contrainte » ; mais il déclara « qu'à la première ville de son obéissance où il arriveroit, il en donneroit telle sûreté, que le roi auroit occasion de s'en contenter[1]. »

Ces promesses étaient relatives au Milanais ; l'empereur les avait réitérées à plusieurs reprises depuis un an ; il avait même signé, le 1er février 1539, des conventions préliminaires touchant le mariage du duc d'Orléans, second fils de François Ier, avec la fille du roi des Romains, promettant « qu'il disposeroit de la duché et état de Milan en faveur et contemplation dudit mariage, tellement que ledit sieur roi en devra être bien content[2]. » La requête de Charles eût dû dessiller les yeux de François Ier ; mais le roi était comme fasciné ; il consentit à la requête de l'empereur et envoya au-devant de lui jusqu'à Bayonne le dauphin, le duc d'Orléans et le connétable. Le connétable pria Charles-Quint d'accepter les deux jeunes princes en otages. « J'accepte les deux princes mes cousins, répondit l'empereur, non pas pour les envoyer en Espagne, mais afin de les retenir près de moi comme compagnons de voyage. » Ce procédé charma François Ier ; Charles savait bien que le roi était incapable d'en abuser. Charles passa la Bidassoa, vers le 20 novembre, avec une faible escorte, et entra

1. Martin du Bellai.
2. Dumont, t. IV, part. II, p. 186.

dans Bayonne « en grande magnificence : il donna grâces et rémissions et délivra les prisonniers, ainsi qu'il eût fait en ses propres pays et royaumes, et de là fut accompagné par lesdits seigneurs (les princes et le connétable) et, en toutes les villes où il passa, il lui fut fait semblable honneur qu'à Bayonne. » François Ier avait ordonné de le recevoir « comme on reçoit les rois de France à leur joyeux avénement [1]. » La bourgeoisie des principales villes étala, dans ces réceptions, un luxe prodigieux. A Poitiers, l'empereur fut reçu par quatre à cinq cents gentilshommes richement vêtus et par deux mille bourgeois habillés de velours et de satin avec passements d'or et d'argent. A Orléans, l'empereur vit venir au-devant de lui, après le gouverneur et la noblesse, quatre-vingt-douze jeunes marchands de la ville, « bien montés sur bons coursiers, tous habillés de casaques de velours noir et le pourpoint de satin blanc fermé à boutons d'or, le bonnet de velours couvert de pierreries et brodé d'orfévrerie et brodequins de maroquin blanc déchiqueté et tous éperons dorés (ils avaient, comme les bourgeois de Paris, priviléges de noblesse) : il y eut un bonnet qui fut prisé deux mille écus et il n'y en avoit aucun qui n'eût vaillant sur soi plus de deux mille francs en *bagues* (bagages, équipement) [2]. »

La marche ascendante de la richesse publique en France avait coïncidé avec le mouvement rapide de la civilisation depuis les dernières années du XVe siècle : les encouragements donnés aux arts et au commerce avaient compensé, pour les couches supérieures du Tiers État, l'aggravation des impôts sous François Ier. On se ferait illusion, toutefois, en appréciant la situation générale du peuple d'après la prospérité de la haute bourgeoisie; la situation des campagnes était beaucoup moins bonne que sous Louis XII; l'accroissement de la taille, les détestables lois sur la chasse et les désordres des gens de guerre entravaient les progrès de l'agriculture et pesaient durement sur les populations rurales; au sein des villes, les monopoles et l'organisation égoïste et jalouse des corps de métiers enfermaient les professions lucra-

---

1. Martin du Bellai; Paradin.
2. *V.* Guillaume Paradin, *Hist. de notre temps*; Paris, 1554. — La première édition des *Mémoires sur l'Hist. de France,* Paris, 1796; t. XX, p. 483; — *Sleidan.*

tives dans un cercle que le talent, le labeur et le courage du pauvre ne franchissaient que bien difficilement. Il n'y avait aucune proportion entre l'opulence des classes supérieures et le bien-être des masses.

Charles-Quint, séjournant dans les cités et les châteaux, chassant sur les rivières et dans les forêts, ne rencontra François Ier que vers la mi-décembre, à Loches ; le roi, toujours languissant, n'avait pu s'avancer plus loin ; leur entrevue fut signalée par de grandes démonstrations d'amitié, et ils se dirigèrent ensemble vers Paris par Amboise, Blois, Chambord, Orléans et Fontainebleau, où François Ier offrit à son hôte « tous les plaisirs qui se peuvent inventer. » Le 1er janvier 1540, l'empereur entra par la Bastille dans Paris, chevauchant entre les deux fils du roi et précédé du connétable, « qui portoit l'épée nue, comme si le roi eût été là présent ». Tous les corps allèrent au-devant de l'empereur ; le corps de ville lui fit présent d'un « Hercule tout d'argent et revêtu de sa peau de lion en or, laquelle statue étoit de la hauteur d'un grand homme. » L'empereur descendit à Notre-Dame, au chant du *Te Deum*, puis alla souper avec le roi au Palais de la Cité, où on l'installa. Durant huit jours, ce ne furent que bals, joutes et festins au Louvre. Jean Cousin fut chargé de faire le buste de l'empereur.

Malgré ces honneurs et ces fêtes, Charles-Quint commençait d'avoir hâte de partir ; quelques circonstances lui avaient inspiré de l'ombrage : le duc d'Orléans, jeune prince étourdi et folâtre, s'avisa un jour de sauter sur la croupe du cheval de l'empereur, qu'il saisit dans ses bras en criant : « Votre Majesté impériale est mon prisonnier ! » Charles crut cette saillie enfantine suggérée au jeune duc par les propos de la cour. Les conseils hostiles ne manquaient véritablement point à François Ier : ils lui venaient, dit-on, de bien des sources diverses, de ses capitaines et de ses courtisans, de sa maîtresse et de son fou. Brusquet, bouffon du roi, avait des tablettes qu'il appelait le calendrier des fous et où il enregistrait les noms et les titres de tous les individus qu'il estimait dignes d'entrer dans sa confrérie : il montra à François Ier le nom de l'empereur inscrit sur son calendrier, pour la folie que Charles commettait en traversant la France. « Mais si je le laisse passer sans encombre? » dit le roi. — « Alors j'effacerai son nom et j'écrirai le vôtre à sa place. » Une autre fois, François lui-même, montrant à l'empereur la duchesse d'Étampes : « Voyez, mon frère, cette belle dame, lui dit-il : elle est d'avis que je ne vous laisse point sortir de Paris, que vous n'ayez révoqué le traité de Madrid. » — « Si l'avis est bon, il faut le suivre », répliqua Charles sans se déconcerter. Mais il était au fond moins rassuré qu'il ne voulait le paraître : il tâcha de se concilier madame d'Étampes, moins, comme on l'a dit, par des présents et des galanteries, que par des confidences politiques de nature à engager dans ses intérêts cette femme habile et prévoyante; confidences qui regardaient précisément le second fils du roi, le jeune duc d'Orléans, à qui la duchesse se rattachait depuis qu'elle voyait le roi baisser et le dauphin entièrement dans les mains d'une autre femme de tête et d'intrigue, Diane de Poitiers. Charles, en même temps, confirma l'orgueilleux Montmorenci dans ses bonnes dispositions en le comblant de déférences. On prétend que le dauphin, le roi Henri de Navarre et le jeune duc Antoine de Vendôme complotèrent d'arrêter l'empereur à Chantilli, château du connétable, et que Montmorenci seul empêcha « ce vilain fait » en refusant d'y coopérer.

Quoi qu'il en fût, l'empereur gagna le roi de Navarre et jusqu'à Marguerite d'Angoulême, si peu faite pour s'entendre avec Charles-Quint, en promettant à leur fille, la petite Jeanne d'Albret, les plus hautes destinées. Il n'employa que trop bien son temps en France.

Il avait hâte toutefois, de se retrouver « en ses terres et pays. » Le roi le conduisit jusqu'à Saint-Quentin et les enfants de France jusqu'à Valenciennes, première place de son obéissance. Aussitôt que Charles eut touché le sol des Pays-Bas, les ambassadeurs de François Ier lui demandèrent l'accomplissement de ses promesses : Charles « les remit jusqu'à ce qu'il eût communiqué avec son conseil des Pays-Bas, mais assura qu'après avoir châtié ses sujets rebelles, il contenteroit le roi [1] ». Ce délai n'était pas de bon augure : François patienta toutefois; le dénouement des troubles

---

1. Martin du Bellai.

de Gand ne paraissait pas devoir se faire longtemps attendre : la conduite du roi de France avait complétement découragé les Gantois ; n'espérant plus entraîner le reste de la Flandre et voyant des forces assez considérables se réunir autour de l'empereur à Bruxelles, ils se remirent à la discrétion de Charles-Quint, qui entra dans leur ville, en grand appareil de guerre, le 6 février 1540. Charles ne fut pas clément envers sa ville natale : il fit juger « les corps et communauté » de Gand par son conseil et par les chevaliers de son ordre ; la ville fut déclarée déchue de ses priviléges : les biens communaux furent confisqués ; la cloche de Roland (*Roëlandt*), ce redouté tocsin de la liberté gantoise, fut détruite ; la ville fut condamnée à une amende « honorable et profitable : » il fut enjoint aux échevins et principaux bourgeois de venir implorer, à genoux, « déchaux » et tête nue, le pardon de l'empereur ; les meneurs de la faction des *Kresers* (Crieurs), qui avaient fomenté la rébellion, devaient en outre porter la corde au cou. Quant à « l'amende profitable », elle consistait en 150,000 *karolus* d'or, outre le paiement de l'impôt qui avait été refusé ; plus, 6,000 karolus de rente perpétuelle pour l'entretien d'une citadelle que l'empereur éleva sur l'emplacement de l'antique abbaye de Saint-Bavon. Quatorze des instigateurs de la révolte furent décapités sur le marché au poisson, entre autres un gentilhomme qui avait dicté la lettre écrite au roi de France pour lui demander du secours [1]. Oudenarde et Courtrai, qui avaient partagé la révolte de Gand, partagèrent sa punition.

Ainsi tomba, sans combattre, cette métropole de la vieille démocratie communale, qui avait jadis livré tant de batailles pour la liberté : les jours de gloire de la Flandre étaient finis ; sa prospérité commerciale passait à Anvers, son esprit républicain en Hollande, où devaient surgir un jour d'autres Arteveldes. Le commerce s'ouvrait de nouvelles routes ; Bruges n'était plus le centre du négoce de dix-sept nations et c'était Anvers qui, grâce à son

---

1. Paradin. — L'historien italien Strada rapporte que le duc d'Albe avait conseillé à l'empereur de détruire Gand de fond en comble. Charles le fit monter sur le beffroi, du haut duquel on embrasse d'un coup d'œil la vaste enceinte de Gand. « Combien croyez-vous », lui dit-il, « qu'il faille de *peaux d'Espagne* pour faire un *gant* de cette grandeur ? »

admirable position et à la franchise de son port, devenait l'entrepôt du trafic de l'Espagne, du Portugal et de leurs colonies avec tout le nord de l'Europe. La prodigieuse population des grandes communes flamandes commença de décroître ; la perte des libertés municipales et la tyrannie austro-espagnole, désormais sans contre-poids à Gand, précipitèrent la décadence de cette illustre cité [1].

Après que l'empereur eût fait de Gand « tout ce qu'il avoit délibéré », les ambassadeurs du roi le requirent de nouveau d'exécuter « les choses par lui promises. Il ôta le masque de dissimulation et déclara entièrement n'avoir rien promis [2]. »

L'intention de Charles n'était pourtant pas de rompre brusquement avec François Ier : les raisons qu'il avait eues d'éviter la guerre subsistaient encore en majeure partie ; il ne pouvait, à la vérité, se décider à sacrifier le Milanais ni à partager avec un rival l'Italie, dont il destinait la domination exclusive à son fils ; mais il avait conçu, avant de quitter l'Espagne, un vaste projet de transaction par lequel il espérait éblouir François Ier. Il proposa au roi de renoncer à Milan, de rendre les états de Savoie, d'évacuer Hesdin, de renouveler sa renonciation à tous droits de suzeraineté sur la Flandre ; à ce prix, l'empereur offrait de renoncer à toutes prétentions sur le duché de Bourgogne et de marier sa fille aînée au duc d'Orléans, avec les Pays-Bas, la Franche-Comté et le Charolais pour dot. Les Pays-Bas et la Comté pourraient être érigés en royaume. Les jeunes époux auraient provisoirement le gouvernement de leur héritage et la pleine possession après la mort de l'empereur. Le roi de France ferait au duc d'Orléans « un partage » digne d'une si grande alliance, « à la proximité des pays cédés à l'épousée » ; le « prince des Espagnes » épouserait Jeanne d'Albret, fille unique de la sœur de François Ier et du roi titulaire de Navarre, afin « d'éteindre la querelle » de ce royaume : le roi de France pourrait racheter, au prix de deux millions, toutes les seigneuries de la maison d'Albret-Foix au nord des Pyrénées [3] (fin mars 1540).

---

1. *Papiers d'État* de Granvelle, t. II, p. 573. — *Belcarius*. — Martin du Bellai. — G. Paradin. — *Ferronius*. — *Sleidan*.
2. Martin du Bellai.
3. *Papiers d'État* de Granvelle, t. II, p. 562.

C'était la reconstitution de la maison de Bourgogne sous la protection de l'Espagne et de l'Empire : dans le cas où la fille de l'empereur mourrait sans enfants, l'empereur ou ses héritiers reprenaient tout et la renonciation à Milan et la restitution du Piémont se trouvaient sans compensation. François ne s'y laissa pas prendre : il montra une irritation profonde et ne voulut plus aller visiter l'empereur à Bruxelles, ainsi qu'il l'avait annoncé : il fit répondre par ses ambassadeurs qu'il consentait « à ne plus réclamer pour le présent le duché de Milan, si le duc d'Orléans étoit impatronisé de l'héritage de Bourgogne incontinent après le mariage consommé avec la fille de l'empereur; mais, au cas que le duc d'Orléans décédât avant sa femme, soit qu'il y eût enfants ou non, le roi rentreroit dans tous ses droits sur le duché de Milan. » Le roi ne voulait pas reconnaître le traité de Cambrai, ni renoncer définitivement à la suzeraineté de la Flandre et de l'Artois, ni promettre son consentement à l'union de sa nièce Jeanne d'Albret avec le fils de Charles-Quint; il refusait enfin de restituer les pays du duc de Savoie [1].

On s'éloigna chaque jour davantage : bientôt les négociations furent rompues par le roi, et François Ier, comme pour s'ôter la possibilité de les renouer, maria sa nièce Jeanne d'Albret, le 15 juillet 1540, à Guillaume de La Mark, duc de Clèves, de Berg et de Juliers, ennemi de l'empereur, à qui il avait enlevé l'héritage de Gueldre [2]. Le roi et la reine de Navarre, qui se fussent estimés très-heureux de placer leur fille sur le trône d'Espagne, tentèrent en vain de résister à la volonté de François Ier; le roi fit célébrer les noces à Châtellerault et exigea que le duc de Clèves entrât, en présence de témoins, dans le lit de sa femme, afin que le mariage fût réputé indissoluble. Ce ne fut qu'une vaine cérémonie, à cause de la jeunesse de l'épousée (Jeanne n'avait guère plus de douze ans), et le mariage n'en fut pas moins annulé plus tard; mais l'intelligente et courageuse fille qui devait être la mère de Henri IV dut ainsi au despotisme de François Ier de n'être pas

---

1. *Recueil* de Ribier, t. Ier, p. 509-514-540.
2. Le duc Charles de Gueldre était mort en 1538 et le duc de Clèves avait été mis en possession de l'héritage par les populations, qui ne voulaient pas se soumettre à la maison d'Autriche.

sacrifiée au cruel Philippe II, comme le souhaitait l'aveugle amour de ses parents. Charles-Quint se vengea de ce mariage en investissant son fils Philippe du duché de Milan (11 octobre), ce qui avait toujours été son dessein secret. Dès lors, toute chance de rapprochement fut perdue; on annonça néanmoins de part et d'autre l'intention de respecter la trêve de Nice.

La rupture des deux monarques amena une révolution à la cour de France : le pouvoir de Montmorenci s'écroula avec l'alliance impériale, imposée au roi par ce ministre contre le sentiment presque unanime des diplomates et des gens de guerre. Le caractère du connétable, son arrogance, sa rudesse, qui n'était pas de l'austérité [1], ne lui avaient pas fait moins d'ennemis que sa politique; il forçait prélats, capitaines et magistrats à se courber devant lui comme devant le souverain même; un seul homme, outre les princes du sang et les princes lorrains, avait osé traiter le connétable en égal : c'était l'amiral Chabot de Brion, compagnon et ami d'enfance du roi, comme Montmorenci, et Brion avait été victime de sa fierté. Montmorenci, avant sa propre chute, avait réussi à perdre ce rival dans l'esprit de François Ier, secrètement irrité, dit-on, de l'affection un peu trop tendre que madame d'Étampes témoignait à l'amiral. Le roi autorisa le chancelier Guillaume Poyet [2], créature de Montmorenci, à informer secrètement sur la conduite de Brion, comme amiral et comme gouverneur de province : Poyet prétendit avoir découvert, dans les actes de l'amiral, vingt-cinq délits dignes de mort; Brion, menacé par le roi d'un procès criminel, répliqua qu'il n'en redoutait pas l'issue et qu'il se sentait irréprochable. François ordonna l'arrestation et la mise en accusation de l'amiral (16 février 1539)

---

[1]. Il s'était servi de son crédit illimité pour accroître sans scrupule son immense fortune : on connaît son aventure avec le comte de Châteaubriand, veuf de l'ancienne maîtresse du roi et gouverneur de Bretagne, par qui il se fit léguer dix des plus belles terres de la Bretagne et de l'Anjou, en le menaçant de dénoncer au roi ses concussions. Châteaubriand s'était approprié de grandes sommes votées par les États de Bretagne pour canaliser la Vilaine et la mettre à même de porter les navires jusqu'à Rennes : Châteaubriand, qui n'avait pas d'enfants, rédigea la donation de son héritage en bonne forme et Montmorenci assura le roi qu'il n'y avait « province sous sa couronne mieux régie que la Bretagne ». *Mémoires* du maréchal de Vieilleville, écrits par son secrétaire Vincent Carloix.

[2]. Successeur de Dubourg, mort par accident en 1538.

Brion fut emprisonné au château de Melun; mais ce fut seulement le 3 novembre 1540 que des lettres-patentes soumirent son procès à une commission extraordinaire, composée de conseillers et de maîtres des requêtes choisis arbitrairement dans les divers parlements; Poyet, qui fut nommé président de la commission, s'était fait assurer d'avance par le roi une partie des biens qui seraient confisqués sur l'accusé[1]. Ce ne fut pas le seul scandale de cette étrange affaire : le roi ne rougit pas de déposer lui-même contre l'accusé et d'influencer directement les juges; cependant la commission ne se laissa point arracher l'arrêt de mort que le roi souhaitait avoir entre les mains, mais qu'il n'eût pas fait exécuter. Brion n'était pas sans reproches; mais il n'était guère d'homme puissant de cette époque, à commencer par Montmorenci, qui n'eût commis des exactions analogues aux siennes : les imputations les plus graves étaient d'avoir abusé de son autorité de gouverneur de Bourgogne pour spéculer sur les grains et d'avoir, comme amiral, exhaussé à son profit les droits qui se percevaient sur les pêcheurs de harengs. Brion, que le roi avait comblé de richesses comme Bonnivet, comme Duprat, comme Montmorenci, comme tous ses ministres et ses favoris, fut condamné à 1,500,000 livres d'amende et dommages-intérêts envers les provinces et les particuliers lésés, au bannissement et à la confiscation des biens. La sentence fut aussi irrégulière que la procédure : après qu'elle eut été rédigée par les juges, le roi la promulgua sous forme de lettres-patentes entremêlées de dispositions légales destinées à prévenir le retour des abus dont Brion s'était rendu coupable (8 février 1541)[2].

1. Poyet lui-même avait, l'année précédente, fait rendre une ordonnance qui interdisait cet odieux abus et qui déclarait ceux qui obtiendraient de telles faveurs par importunité, surprise ou autrement, indignes non-seulement « desdits dons », mais de toute autre munificence royale (Isambert, t. XII, p. 573). Ceci montre comment les lois, sous ce gouvernement arbitraire, étaient respectées par ceux mêmes qui les faisaient.
2. Isambert, t. XII, p. 547-721. Quelque chose milite pour Brion, ses sentiments de tolérance et d'humanité. Il dit, un jour, un mot bien hardi devant François Ier. Le roi « parlant des plaintes que faisoient les protestants sur la mort des leurs, brûlés en France et en Angleterre, l'amiral fit cette réflexion : — Nous faisons des confesseurs et le roi d'Angleterre fait des martyrs ». Michelet, *Réforme*, p. 514; d'après les *Archives*, carton Z, 384.

Cette condamnation, poursuivie avec tant d'acharnement, ne fut pourtant pas réalisée : madame d'Étampes, fidèle à son ami, en fit suspendre l'effet et obtint pour Brion une entrevue avec le roi : les paroles de soumission du malheureux amiral et le triste état où il était réduit désarmèrent François Ier ; par lettres-patentes de mars 1542, le roi déchargea Brion de toutes les peines qu'il avait encourues, le réhabilita et le rétablit même bientôt après dans ses « pouvoirs » et gouvernements (23 mai 1542). Ces exorbitantes et capricieuses variations, dignes des despotes de l'Orient, étaient aussi pernicieuses à la morale publique que dégradantes pour l'autorité royale et pour la justice. Le chagrin avait miné Brion, qui ne survécut guère plus d'un an à sa réhabilitation. Il mourut le 1er juin 1543 [1].

Avant de mourir, Chabot de Brion avait vu tomber ses ennemis : Montmorenci, complétement écarté des affaires dans les premiers mois de 1541, se retira à Chantilli, puis à Écouen, où il avait entrepris la construction d'un magnifique château qui subsiste encore ; il y passa dans la disgrâce les dernières années du règne de François Ier ; l'amitié du dauphin Henri ne fit qu'écarter plus sûrement Montmorenci du pouvoir. Le roi, aigri par ses souffrances, était devenu ombrageux et morose ; il repoussait avec colère les prétentions de son héritier à se mêler des affaires d'État et madame d'Étampes fomentait la mésintelligence du père et du fils, par antipathie, non pour l'inepte Henri, mais pour son altière et intrigante maîtresse, Diane de Poitiers. Diane, qui conservait, à quarante ans passés, l'éclat de sa première jeunesse et qui resta belle toute sa vie, s'était arrogé sur ce jeune prince obstiné, violent et de petit esprit un empire qui ne lui fut jamais enlevé [2]. La rivalité de ces deux femmes partageait toute la cour : Diane comptait sur l'avenir, madame d'Étampes régnait sur le

---

1. Sa statue tumulaire, œuvre de Jean Cousin, est un des plus beaux monuments français du XVIe siècle. Elle est maintenant au Louvre.

2. Il paraît que le roi avait vu d'abord volontiers cette liaison. « On dit que le roi François Ier qui, le premier, avoit aimé Diane de Poitiers, lui ayant un jour témoigné quelque déplaisir, après la mort du dauphin François, du peu de vivacité qu'il voyoit en ce prince Henri, elle lui dit qu'il falloit le rendre amoureux et qu'elle en vouloit faire son galant. » (Le Laboureur, *addition aux Mémoires de Castelnau*, t. I, p. 270.) Dans une fête donnée dans les bois de la Berlaudière, près de Châtellerault, en 1541, sous le titre de *Tournoi des Chevaliers errants*, le dauphin prit les couleurs de

présent. Elle avait su mettre sa faveur à l'abri des infidélités amoureuses du roi et s'assurer par l'esprit un empire que les sens n'auraient pu maintenir et qui dura autant que la vie de François Ier. Après la chute de Montmorenci, madame d'Étampes poussa au ministère le maréchal d'Annebaut, qui obtint la survivance de Brion dans l'amirauté : c'était un général médiocre et un esprit un peu lourd, mais un administrateur économe et intègre : la cour travestissait le nom d'*Annebaut* en *âne-bœuf*. Le parti catholique violent ne fut point éloigné des affaires avec le parti de l'alliance impériale : il continua d'être représenté dans le ministère par le cardinal de Tournon, fanatique rigide, intègre comme d'Annebaut et dur comme Montmorenci, intègre, disons-nous, en affaires d'argent, mais capable de tout pour les intérêts de son fanatisme. Les princes lorrains, le cardinal Jean de Lorraine, son frère le duc Claude de Guise et les fils du duc Claude, chez qui l'ambition devançait l'âge, soutenaient activement ce parti, en même temps qu'ils s'attachaient aux intérêts de Diane de Poitiers et s'acquéraient le dauphin.

Le chancelier Poyet fut bien plus malheureux que le connétable, qui conserva ses richesses, ses dignités et sa considération, en perdant son autorité. Le chancelier, qui avait fait sa fortune

---

Diane et tint un pas d'armes en son honneur. Marot, de retour à la cour de France et raccommodé avec Diane, célébra ce tournoi dans une jolie pièce de vers :

>Ici est le perron
>D'amour loyale et bonne,
>Où maint coup d'éperon
>Et de glaive se donne.
>
>Un chevalier royal
>Y a dressé sa tente,
>Et sert de cœur loyal
>Une dame excellente,
>
>Dont le nom gracieux
>N'est jà besoin d'écrire :
>Il est écrit aux cieux,
>Et de nuit se peut lire.
>   (Cl. Marot, *Épigr.* XXI.)

Il ne faut pourtant pas oublier, pour juger la moralité de la maison royale, qu'il y avait sous toute cette chevalerie une espèce d'inceste ; le fils avait hérité de l'ancienne maîtresse de son père.

en flattant les passions des grands[1], la perdit pour avoir essayé une fois d'y résister : ce qui décida sa ruine, ce fut d'avoir refusé deux grâces injustes ou, tout au moins, irrégulières à la maîtresse et à la sœur du roi. C'est peut-être le seul reproche de ce genre qu'ait mérité Marguerite. Poyet, disgracié, puis arrêté le 1er août 1542, fut traité comme il avait lui-même traité Brion : commission arbitrairement formée, dont le président reçut d'avance la promesse d'une part de la dépouille de l'accusé, déposition du roi comme témoin à charge, bref, tous les incidents du procès de l'amiral se renouvelèrent dans le procès de Poyet. L'arrêt, conçu en termes fort vagues et ne spécifiant pas « les abus, fautes et crimes » du prévenu, ne fut prononcé que le 24 avril 1545; il dégrada Poyet de son office de chancelier, le déclara inhabile « à tenir jamais office royal » et le condamna à 100,000 livres parisis d'amende envers le roi. François Ier montra d'abord beaucoup de colère, parce que Poyet n'avait pas été condamné à perdre corps et biens; cependant il lui rendit la liberté avant l'entier paiement de l'amende. Poyet mourut pauvre et oublié en 1548[2]. Durant le procès de Poyet, la chancellerie avait été administrée par de simples gardes des sceaux, parce que l'office de chancelier, étant inamovible, ne pouvait être enlevé au titulaire que par un jugement solennel. Poyet eut pour successeur François Olivier, seigneur de Leuville, jurisconsulte très-renommé. Poyet était lui-même un homme de haute capacité : il n'avait pas plus de moralité, mais il n'avait pas moins de talents que son devancier Duprat, et son passage à la chancellerie avait été signalé par des ordonnances fameuses sur l'administration de la justice. Les réformes judiciaires avaient commencé avec un certain éclat sous le chancelier Dubourg, qui tint les sceaux entre Duprat et Poyet.

L'édit de Joinville (septembre 1535) avait réorganisé d'ensemble les divers degrés de juridiction dans la Provence et statué que les

---

1. Il avait débuté par plaider contre le connétable de Bourbon dans son fameux procès. Le principe politique de Poyet, que le savant et vertueux Duchâtel réfuta un jour avec indignation devant François Ier, était que tous les biens des sujets appartiennent au souverain et que celui-ci est en droit de les faire rentrer dans ses mains par telle voie que bon lui semble.
2. Garnier, *Hist. de France*, t. XIII, p. 143-152. — Isambert, t. XII, p. 888.

appels des tribunaux inférieurs (vigueries) et des tribunaux des seigneurs ressortiraient au grand sénéchal siégeant à Aix ou à ses quatre lieutenants siégeant à Draguignan, Digne, Arles et Forcalquier, les appels du sénéchal et de ses lieutenants ressortissant à leur tour au parlement de Provence (le grand sénéchal était en même temps amiral de Provence et avait juridiction sur les gens de mer). Un chancelier de Provence, avec sceau particulier, fut établi auprès du parlement de Provence, à l'instar de ce qui existait près des autres parlements. Les évêques provençaux furent exclus du parlement. Des précautions jalouses furent prises contre les États Provinciaux, faible barrière qui, depuis la disparition des États Généraux, n'était pourtant guère capable d'arrêter le développement exorbitant de l'autorité royale. Le roi interdit aux États de se réunir, « si ce n'est par nos lettres-patentes, dit-il, une fois l'an, en tel temps et tel lieu qu'il nous plaira ; ès quels États présideront ceux qui seront députés par nous et non autres et y sera seulement traité et conclu des affaires mentionnées en icelles lettres-patentes ». — Défense au gouverneur, grand sénéchal ou tout autre d'assembler les États, si ce n'est pour cause urgente ou péril imminent ; défense aux gens des États de faire statuts et ordonnances ni aucun autre acte d'administration ou de justice. Le roi leur ôte même la nomination de leurs procureurs syndics. Un second édit, beaucoup plus étendu, également relatif à la Provence, fut rendu à Yz-sur-Tille, le mois suivant (octobre 1535) : il est resté célèbre et a fait autorité en jurisprudence « comme raison écrite » ; c'est un volume entier sur l'administration de la justice en Provence, une sorte de code de morale judiciaire où règne un esprit généralement sage, mais minutieux : on y donne les prescriptions de conduite les plus détaillées aux magistrats, avocats, greffiers, etc. Le législateur y prétend tout prévoir et tout régler, jusqu'aux convenances les plus délicates et les plus difficiles à définir. — Le parlement d'Aix est autorisé à refuser les conseillers nommés par le roi, s'ils sont reconnus incapables ; les récipiendaires doivent jurer qu'ils n'ont point acheté leurs offices. — (C'était une tentative de Dubourg contre les errements de Duprat ; malheureusement, elle ne fut pas soutenue.) — Le parlement est invité à punir les avocats trop prolixes, pour servir d'exemple aux autres; les avocats doivent être mis à l'amende quand ils font sciemment de fausses citations. Amende et suspension en cas d'injures contre leurs confrères ou les parties. — Tous traités concernant héritages, rentes ou « réalités » quelconques seront nuls s'ils ne sont reçus par des notaires : les notaires doivent tenir registres et protocoles par ordre de date.

La Bretagne fut à son tour l'objet d'un édit particulier en août 1536 : ce qu'on y trouve de plus remarquable, c'est la sévérité déployée contre l'ivrognerie, source de querelles et de violences continuelles chez ces populations colériques : l'ivrogne est condamné à la prison, au pain et à l'eau; en cas de récidive, le fouet; s'il est incorrigible, on lui coupe les oreilles et on le bannit du pays. L'ivresse, en cas de délit ou de crime, est réputée circonstance aggravante. Une disposition rétrograde et barbare interdit le ministère des avocats aux personnes accusées de crimes graves.

L'ordonnance de Villers-Cotterets, publiée sous le ministère de Poyet (août 1539) et applicable à tout le royaume, sauf à la Bretagne, dépassa de beaucoup en importance les mesures législatives du chancelier Dubourg : ce grand monument, élaboré par l'élite des magistrats de l'époque, résume tout le mouvement de la jurisprudence française dans la première moitié du XVIe siècle, et domine, par son caractère et ses proportions, toutes les tentatives de réforme essayées depuis Louis XI; on y sent la puissante influence des études qui renouvelaient la science du droit. On cite encore aujourd'hui l'édit de Villers-Cotterets comme une autorité respectable et l'on y retrouve en partie les bases du droit moderne. Malheureusement, les traditions sinistres de la justice criminelle du Bas-Empire et de la procédure inquisitoriale déparent et souillent cette œuvre imposante. La procédure secrète en matière criminelle et l'interdiction du ministère des avocats aux accusés y sont établies en principe général; la torture y est maintenue, toujours en vertu de cette idée qu'on ne peut condamner l'accusé sans son aveu, hors le cas de flagrant délit. Plusieurs parlements conservèrent, malgré l'ordonnance, les débats publics et l'admission des avocats en matière criminelle. A côté de ces taches, l'édit de Villers-Cotterets étale d'éclatantes améliorations : les éternels conflits des tribunaux ecclésiastiques et laïques sont décidés au profit de ces derniers; des coups terribles et décisifs sont portés aux prétentions du clergé, insuffisamment réprimées par l'appel comme d'abus : on enlève aux officialités (tribunaux épiscopaux) les trois quarts des causes dont elles s'emparaient; on défend aux parties de citer aucun laïque devant les juges d'Église « ès actions personnelles » et « auxdits juges » de faire semblables citations, sous peine d'amende arbitraire, sans préjudice toutefois de la juridiction ecclésiastique en matière de sacrements et autres matières spirituelles. « Avant l'ordonnance, dit Loiseau, (*Traité des fiefs*), on comptait trente-cinq ou trente-six procureurs dans l'officialité de Sens et cinq ou six au bailliage : depuis l'ordonnance, on en compta plus de trente au bailliage et cinq ou six à l'officialité. » Les tribunaux laïques, appuyés sur les édits royaux, empiétaient à leur tour sur le terrain de l'Église et se saisissaient des procès d'hérésie concurremment avec les juges ecclésiastiques : la limite insaisissable des « deux puissances » ne put jamais être posée; le temporel avait été, au moyen âge, envahi par le spirituel; ce fut le contraire dans les temps modernes : il fallait qu'on arrivât enfin à reconnaître qu'il n'y a pas « deux puissances coactives » et que le domaine spirituel n'appartient qu'à la liberté.

La création des registres de l'état civil fut le plus grand service rendu à l'ordre social par l'édit de Villers-Cotterets : l'édit ordonna « qu'il fût fait registre des baptêmes contenant les temps et heure de nativité, faisant pleine foi pour prouver le temps de majorité et minorité. » Les actes de naissance devaient être signés du curé, du vicaire et d'un notaire et les registres déposés annuellement au greffe du plus prochain siége de bailliage ou de sénéchaussée. Les registres des décès ne furent établis que plus tard : l'édit de Villers-Cotterets ordonne seulement qu'on enregistre les décès des personnes tenant bénéfices.

Une autre disposition non moins célèbre enjoint que, dorénavant, pour éviter toute ambiguïté, les actes notariés, les procédures et les arrêts soient rédigés en français. L'utilité de cette innovation pour les relations sociales se comprend assez d'elle-même ; on dit qu'un motif d'une autre nature, l'intérêt des belles-lettres, ne contribua pas moins à y décider le roi, choqué du latin barbare qu'employaient les tribunaux [1]. Les avocats cependant continuèrent assez longtemps encore à plaider en latin.

Poyet n'avait pas le cœur assez droit pour avoir toujours la main heureuse en innovations; c'est à lui qu'on dut l'introduction de la loterie en France : on l'appelait alors la *blanque* : ce n'était pas là ce qu'on eût dû emprunter à l'Italie ! Ce grand jeu de hasard, où l'État servait de croupier, cette excitation officielle donnée à la passion du jeu et à tous les désordres qu'elle entraîne, était une des combinaisons fiscales les plus immorales qu'un gouvernement pût inventer : la loterie a cependant subsisté chez nous trois siècles, tant les abus sont difficiles à déraciner, surtout en matière de finances [2]. Il est probable, au reste, que Poyet y attacha d'abord peu d'importance; car le fermier de la loterie, en 1539, lors du premier établissement, ne fut assujetti qu'à un droit de 2,000 livres par an.

Des événements considérables se passaient au dehors pendant les révolutions de cour qu'on vient de raconter : la diplomatie avait de nouveau changé de face; la cour de France renouait avec le Turc et les princes luthériens. Le roi, dans le temps même où il inclinait vers l'alliance de Charles-Quint, avait conservé à Constantinople un agent nommé Antonio de Rincon, Espagnol proscrit par l'empereur et reçu par François Ier au nombre des « gentilshommes de la chambre. » Cet homme intelligent et actif était parvenu à colorer, tant bien que mal, la conduite de son maître aux yeux de Soliman et fit agréer au sultan les propositions du roi, lorsque celui-ci pensa sérieusement à se rapprocher des Turcs. Rincon, au commencement de 1541,

---

1. Un arrêt rendu en ces termes : *Dicta curia debotavit et debotat dictum Colinum de suâ demandâ*, fut, dit-on, ce qui entraîna la suppression du latin judiciaire. Gaillard, *Hist. de François Ier*, t. VII, p. 381. *V.* l'édit de Villers-Cotterets et les autres édits mentionnés ci-dessus dans le *Recueil* d'Isambert, t. XII. — Une autre ordonnance notable, de l'année 1542, divisa le royaume en seize recettes générales (généralités) : Paris, Châlons, Amiens, Rouen, Caen, Bourges, Tours, Poitiers, Issoire, Agen, Toulouse, Montpellier, Lyon, Aix, Grenoble et Dijon. Cette division financière a subsisté autant que la monarchie.

2. Isambert, t. XII, p. 560.

passa de Constantinople à Venise, pour solliciter le sénat de s'unir à François Ier et à Soliman contre la maison d'Autriche. La seigneurie de Venise, qui sentait la source de sa grandeur tarie par le changement des voies commerciales, n'était plus en état de renouveler les grands efforts d'autrefois : elle ne se départit pas de la politique prudente que lui imposait son affaiblissement et ne voulut point abandonner la neutralité dans laquelle elle venait de rentrer. Rincon gagna la France par le territoire helvétique ; il repartit après avoir conféré avec le roi et les ministres, muni de nouvelles instructions et accompagné de César Frégose, réfugié génois, capitaine d'une compagnie d'ordonnance et chevalier de l'ordre (de Saint-Michel), que François envoyait en mission secrète à Venise. Rincon, très-chargé d'obésité, avait grand'peine à marcher et à chevaucher : il ne voulut point repasser par les montagnes des Suisses et des Grisons ; il se rendit de Lyon en Piémont avec son compagnon de voyage et tous deux se décidèrent à s'embarquer sur le Pô, pour aller à Venise par la Lombardie.

Le gouverneur du Piémont, du Bellai-Langei, doutait fort que l'incognito des deux voyageurs pût les dérober à la vigilance du marquis du Guât et il savait le marquis capable de tout pour se saisir des dépêches de Rincon ; mais il ne réussit pas à détourner les deux envoyés de leur résolution et il les détermina seulement à lui confier leurs papiers et lettres de créance, qu'il se chargea de leur faire tenir à Venise. Les prévisions de Langei n'étaient que trop fondées : à trois milles du confluent du Pô et du Tésin, non loin de Pavie, la barque de Frégose et de Rincon fut attaquée par deux barques remplies de gens armés et les deux agents du roi furent massacrés et jetés à la rivière (3 juillet 1541).

Du Guât avait espéré que la mort des deux envoyés passerait pour un acte de brigandage privé et non pour un meurtre politique : en effet, ce fut d'abord à lui que Langei demanda justice et le marquis crut avoir trompé par ses protestations le gouverneur français. Celui-ci toutefois ne feignait d'être la dupe de l'Espagnol que pour amasser en silence les preuves de sa culpabilité. Langei, qui se vantait d'être l'homme de l'Europe le mieux servi par ses espions, eut bientôt acquis toutes les lumières désirables ; il apprit que le coup avait été exécuté par des soldats de la garnison de Pavie, qui étaient restés trois jours entiers embusqués sur la rivière : aucun détail ne lui échappa. Il éclata pour lors et expédia au roi la relation circonstanciée du crime ordonné par du Guât. François Ier envoya aussitôt demander réparation à l'empereur et à la diète germanique assemblée à Ratisbonne. Du Guât tenta de se justifier en adressant à la diète de Ratisbonne un manifeste où il offrait de prendre le pape pour juge, de remettre aux mains du saint-père sa propre personne et tous ceux qui seraient soupçonnés d'avoir eu part à l'assassinat, et se déclarait enfin prêt à soutenir, les armes à la main, contre tout venant, qu'il n'avait porté aucune atteinte à la trêve. Langei répondit au gouverneur de Milan par les plus accablants démentis et enveloppa dans ses sanglants reproches, avec le marquis, l'empereur même, celui-là pour avoir commandé le crime, celui-ci pour en avoir accepté la solidarité en ne le punissant pas ; il accepta enfin le défi de du Guât. Les deux gouverneurs néanmoins ne se battirent pas plus que n'avaient fait naguère leurs maîtres ; mais la guerre fut décidée [1].

L'action de du Guât avait été aussi impolitique qu'infâme ; elle fournissait au roi de France l'occasion la plus spécieuse de reprendre les armes, au moment où l'empereur, engagé dans une guerre terrible contre les musulmans, avait le plus grand intérêt à prolonger la trêve avec la France. Charles-Quint, en effet, poursuivait ses vastes projets contre les provinces barbaresques : la conquête de Tunis n'était pour lui qu'un acheminement à celle d'Alger et de tout le littoral maure ; n'espérant plus accabler les protestants depuis sa brouille avec François Ier, il maintenait le provisoire en Allemagne en attendant le concile, afin de pouvoir concentrer tous ses efforts contre les Turcs en Hongrie et dans la Méditerranée. Les affaires de Hongrie avaient subi diverses péripéties : en 1536, le roi Jean Zapoly, qui était déjà vieux et sans enfants, fatigué de l'arrogant patronage des Othomans, avait transigé avec son rival Ferdinand d'Autriche et lui avait garanti

1. Martin du Bellai.

son héritage, à condition que Ferdinand le reconnaîtrait comme roi de Hongrie jusqu'à sa mort. Cette transaction était illégale et contraire aux droits électoraux de la nation hongroise. Les magnats excitèrent le roi Jean à la rompre et à épouser la fille du roi de Pologne (1539). Jean Zapoly mourut le 21 juillet 1540, quelques semaines après que sa femme lui eut donné un fils. Le parti national hongrois couronna l'enfant et le mit sous la protection de Soliman. Le roi des Romains envahit la Hongrie, tandis que l'empereur s'apprêtait à attaquer la grande piraterie musulmane dans son antre d'Alger et passait d'Allemagne en Italie pour se mettre à la tête de sa flotte. A peine Charles était-il descendu en Lombardie, qu'il y apprit la sanglante défaite essuyée par son frère devant Bude et l'entrée triomphante de Soliman dans cette capitale de la Hongrie (30 juillet 1541).

La perte de la Hongrie ne fit que confirmer l'empereur dans ses desseins contre Alger, où il espérait prendre une éclatante revanche. Il alla recevoir à Lucques la bénédiction du pape et s'embarqua dans le golfe de la Spezzia pour Majorque, rendez-vous général de l'expédition (fin septembre). Les vents de l'équinoxe soulevaient la mer avec violence : les côtes d'Afrique, dangereuses en tout temps, sont terribles en octobre; tous les hommes expérimentés, et André Doria par-dessus tous, conjurèrent l'empereur d'ajourner l'entreprise au printemps suivant. Charles ne voulut rien entendre : le temps s'était un peu calmé; on partit; plus de cinq cents voiles couvraient la mer entre les Baléares et l'Algérie : on comptait soixante-cinq galères, quatre cent cinquante transports, vingt-quatre mille combattants choisis entre les meilleurs soldats de l'Espagne, de l'Allemagne et de l'Italie; autour de l'empereur se pressait la fleur de la noblesse espagnole et italienne et des chevaliers de Malte; une galère de son cortége attirait tous les regards; c'était celle du conquérant du Mexique, de l'illustre Fernand Cortez. Le duc d'Albe commandait l'armée de terre, le prince de Melfi (André Doria) l'armée de mer. La flotte arriva en vue d'Alger le 19 octobre et alla mouiller dans la baie, sous le cap Matifoux. Le débarquement ne put commencer que le 23, à l'ouest de l'embouchure de l'Harratch; par une aberration inconcevable, on ne s'occupa que de mettre à terre, durant deux jours, les hommes et les munitions de guerre, sans débarquer à mesure les vivres, les tentes et le matériel. Barberousse et sa flotte étaient dans le Levant et Charles-Quint s'imaginait que la place, assez mal fortifiée, se rendrait à la première sommation. Son attente fut déçue : le lieutenant de Barberousse, Hassan Aga, renégat sarde, répondit qu'il se défendrait jusqu'à la mort. Le 25, la ville fut cernée; le soir même éclata une horrible tempête qui se prolongea toute la nuit et la journée du lendemain : au point du jour, Hassan-Aga sortit de la ville avec toute la population en état de porter les armes, Turcs, Maures, « Andaloux » (réfugiés musulmans d'Espagne), et se jeta sur le camp de l'empereur, tandis qu'une nuée de Bédouins et de Kabyles, descendus en masse du Sahel, secondaient sur d'autres points la sortie des Algériens. On combattit aux rugissements de l'orage, sous les flots d'une pluie impétueuse qui, depuis la veille, inondait incessamment l'armée chrétienne, demeurée sans abri sur la plage. L'ennemi cependant fut refoulé dans la ville et un Français, un chevalier de Malte, Ponce de Balagner, dit Savignac, planta son poignard dans une des portes d'Alger (Bab-Azoun). Inutiles exploits! Durant ce temps, la flotte, qui avait passé la journée du 25 à canonner Alger sans résultat, était broyée par l'ouragan et couvrait toute la baie de débris d'hommes et de navires : cent cinquante bâtiments, dont une quinzaine de galères, étaient submergés ou fracassés contre les rochers de la côte; la plupart de l'artillerie de siège fut engloutie au moment où on allait la débarquer. André Doria ramena le reste des vaisseaux au mouillage de Matifoux. L'armée, trempée d'eau, glacée, mourante de faim, n'eut plus d'autre ressource que de battre en retraite sur le cap Matifoux pour y rejoindre la flotte : l'armée usa les restes de son énergie à repousser les attaques qui troublèrent sa retraite, et l'empereur, malgré Fernand Cortez, renonça à reprendre l'offensive. Le rembarquement s'exécuta les 31 octobre et 1er novembre et la flotte se dirigea sur Bougie, possession espagnole; mais l'expédition n'était pas au bout de ses malheurs; une nouvelle tempête submergea encore une multitude de transports dans le trajet : des milliers de soldats et de matelots périrent dans les flots ou n'atteignirent le rivage que pour y trouver la mort ou les fers. Les tristes débris de ce magnifique armement regagnèrent enfin les ports de la Sicile, de l'Italie et de l'Espagne, et l'empereur, débarqué à Carthagène à la fin de novembre, revint cacher en Espagne sa douleur et sa honte [1].

François Ier crut voir, dans le désastre de son ennemi, le signal de sa propre vengeance : il cherchait partout des alliés qui pussent concourir à l'abaissement de la maison d'Autriche; il avait expédié vers Soliman, à la place du malheureux Rincon, un adroit et intrépide aventurier nommé Paulin, pauvre paysan dauphinois qui, de simple « goujat » ou valet de soldat, était devenu capitaine de gens de pied et s'éleva plus tard au titre de baron de la Garde et au généralat des galères. François avait ouvert, avec les rois protestants du Nord, des négociations qui aboutirent à un double traité, le premier avec le roi de Danemark, Christiern III, le 20 novembre 1541, le second avec le roi de Suède, Gustave Wasa, le 10 juillet 1542 : la France obtint le droit de lever des lansquenets dans les provinces danoises et le Sund fut fermé aux navires impériaux. Des traités de commerce accompagnèrent ces conventions militaires. François eut moins de succès en Allemagne : à l'exception du duc de Clèves et de ses partisans des bords du Rhin, les princes protestants d'Allemagne, ménagés par l'empereur, se montrèrent peu enclins à seconder le roi de France, ami du Turc et persécuteur des réformés. Charles-Quint ne leur avait pas laissé ignorer que, durant son voyage en France, on lui avait communiqué les lettres des confédérés de Smalkalde tout aussi bien que celles des révoltés de Gand [2]. Henri VIII, qui ne pardonnait pas à François Ier son étroite liaison avec le roi d'Écosse, était encore moins bien disposé que les Allemands et laissait même paraître une tendance à se rapprocher de Charles-Quint.

Les préparatifs de François Ier étaient si grands, que la France semblait pouvoir porter des coups décisifs sans l'assistance des

---

1. *V.* l'*Histoire de la fondation de la régence d'Alger*, publiée par MM. Sander Rang et Ferd. Denis. Cet ouvrage renferme le meilleur récit que nous connaissions de l'expédition de Charles-Quint; t. II, p. 241-333.

2. Seulement il est probable que Charles ne dénonça pas le véritable auteur de cette félonie; c'est-à-dire son ami Montmorenci. *Belcarius,* l. XXII, p. 708.

princes étrangers; l'ensemble des armées qui s'organisaient de toutes parts s'élevait au moins à cent vingt mille hommes. Durant la paix, les tailles et impôts avaient été diminués; on les rehaussa dans des proportions exorbitantes pour solder ces masses de troupes françaises et étrangères[1] qui se rassemblaient en Gueldre, en Champagne, en Languedoc, en Piémont et jusqu'au cœur de l'Italie, à la Mirandole. L'Europe s'attendait à voir l'orage fondre à la fois sur les Pays-Bas et sur la Lombardie. Déjà un nombreux corps d'armée avait passé les Alpes sous les ordres de d'Annebaut : le brave et habile du Bellai-Langei représentait au roi la recouvrance du Milanais comme assurée; les émigrés florentins et napolitains pouvaient réunir en peu de jours à la Mirandole dix ou douze mille mercenaires italiens et prendre à revers le marquis du Guât, chargé de front par des forces déjà très-supérieures aux siennes. Les populations étaient partout hostiles à l'Espagne et Langei avait, dans toutes les villes du Milanais, des intelligences qui eussent éclaté au premier aspect des bannières françaises; l'Italie centrale eût suivi la fortune de Milan. François Ier n'agréa pas les plans de Langei : par une contradiction singulière, lui qui avait toujours tout sacrifié à l'idée de la domination sur l'Italie, il abandonna ou du moins ajourna cette idée au moment où se présentaient les plus favorables chances qu'il eût jamais eues de la réaliser. Il s'arrêta au dessein d'agir offensivement dans les limites naturelles de la Gaule et de rester sur la défensive au delà des Alpes : il résolut d'envahir le Luxembourg et le Roussillon. L'attaque du Luxembourg était, en elle-même, d'une très-bonne politique : cette province, hérissée de forêts et de places fortes, eût couvert l'intérieur de la France, relié les frontières françaises au petit état allié de Gueldre et de Clèves, coupé les Pays-Bas d'avec l'Allemagne et offert de grandes facilités pour l'invasion du reste de la Belgique. La reprise du

---

1. La solde des gens de guerre était et devait être proportionnellement très-considérable, les meilleurs soldats étant alors des mercenaires servant volontairement. — Une ordonnance de 1543 assigne au feudataire noble, servant comme homme d'armes, en cas de ban et arrière-ban, 30 livres pour chaque mois de solde et moins s'il sert comme arquebusier ou piquier. — Nous avons déjà cité mainte autre ordonnance prouvant que le service *obligatoire* de la noblesse n'était plus aucunement un service *gratuit*.

Roussillon, si follement cédé jadis par Charles VIII, n'était pas moins utile à la France, mais était bien plus difficile, et l'on ne pouvait douter que l'Espagne ne fît les derniers efforts pour défendre ce poste avancé qu'elle possédait sur le sol gaulois. Ce fut cette pensée même qui décida le roi : il espéra entraîner Charles-Quint à une grande bataille dans les vallées du Roussillon et prendre au pied des Pyrénées sa revanche de Pavie. Il mit ses deux fils à la tête des deux armées et se tint prêt à rejoindre en personne la principale armée, celle de Roussillon, confiée au dauphin, si l'empereur franchissait les Pyrénées. Il était d'un fâcheux augure de voir toutes les forces de la France entre les mains de deux jeunes gens sans connaissance de la guerre ; c'est un des plus graves inconvénients des monarchies héréditaires, que de livrer fréquemment les armées et, avec elles, le sort de l'État, à des généraux de naissance, c'est-à-dire à l'inexpérience et au hasard. Le roi donna pour lieutenants-généraux et pour conseils, au duc d'Orléans, le duc Claude de Guise, au dauphin, le maréchal d'Annebaut, qui avait été rappelé de Piémont avec ses troupes ; mais l'événement prouva l'insuffisance de cette précaution.

Le 10 juin 1542, le duc d'Orléans quitta son père à Ligni en Barrois, pour aller prendre le commandement de l'armée du Nord : ce fut le 12 juillet seulement que le roi publia contre l'empereur une déclaration de guerre pleine de « grosses et atroces paroles. » Les hostilités avaient été déjà entamées par le duc de Clèves et de Gueldre : dix mille lansquenets et deux mille *reitres* [1], levés par ce duc avec l'argent du roi de France, avaient saccagé le Brabant et battu les milices des Pays-Bas. Ils vinrent joindre le duc d'Orléans dans le Luxembourg : l'armée franco-gueldroise, forte d'au moins vingt-sept mille fantassins et six mille chevaux, fit de rapides progrès ; Damvilliers, Jvoi, Arlon, Luxembourg, Montmédi, furent emportés ou se rendirent, et il ne resta bientôt plus à l'empereur, dans tout le duché, que Thionville (juillet-août). L'étourderie du général de vingt ans, à qui le roi avait confié de si grands intérêts, fit avorter cette campagne, si heu-

---

1. *Reiter*, cavalier.

reusement commencée. Tandis que la Belgique entière était à la discrétion des Français, le duc d'Orléans, ennuyé d'une guerre de siéges où l'ennemi ne « tenoit les champs » nulle part, entendit parler d'une grande bataille qui, disait-on, allait se livrer prochainement dans le Roussillon. Le jeune prince, aussitôt, chargeant le duc de Guise de protéger le pays conquis et les frontières françaises, mit une garnison de mercenaires allemands dans Luxembourg, licencia la meilleure partie de ses troupes et courut en poste jusqu'à Montpellier, où était le roi, afin de se trouver à la « journée ». A peine était-il éloigné et l'armée « séparée », que la ville de Luxembourg fut attaquée par les troupes de la gouvernante des Pays-Bas et rendue lâchement, malgré sa forte position, par les officiers étrangers qui en avaient la garde; toutes les places conquises eussent eu le même sort sans l'activité du duc Claude de Guise.

Le duc d'Orléans fut fort mal reçu du roi, qui n'eût dû pourtant s'en prendre qu'à lui-même. Le jeune duc avait été abusé par un faux bruit et il n'était pas question de bataille en Roussillon : l'empereur n'avait pas besoin d'en courir le risque pour garder sa province. L'entreprise, qui ne pouvait réussir que par une grande célérité, avait traîné en longueur par la faute du roi et du dauphin, qui ne marchaient qu'entourés du lourd attirail d'un luxe asiatique. Il eût fallu lancer tout d'abord une forte avant-garde qui occupât les passages des Pyrénées et coupât les communications de Perpignan avec la Catalogne et avec la mer : on n'en fit rien ; on attendit pour agir que la formidable armée du dauphin fût au complet, ce qui mena jusqu'à la mi-août. Enfin, le 26 de ce mois, Perpignan fut investi par près de quarante mille hommes de pied, dont quatorze mille Suisses, six mille Allemands et six mille Italiens, et par deux mille lances fournies et deux mille chevau-légers [1]. Mais l'ennemi avait eu tout le temps de se fortifier. André Doria avait envoyé par mer tout ce que l'empereur

---

1. Des compagnies de cavalerie légère française se formaient peu à peu en dehors des compagnies d'ordonnance : elles se multiplièrent sous les derniers Valois et jouèrent un rôle de plus en plus important. — Par contre, on commençait déjà à négliger la récente institution de l'infanterie nationale : sur au moins soixante-cinq mille fantassins que comptaient les deux armées du Luxembourg et du Roussillon, il n'y avait guère que vingt mille Français, tant des légions que des « vieilles bandes ».

avait sauvé d'artillerie et de munitions de son voyage d'Alger, et de puissants renforts étaient entrés dans Perpignan sous les ordres du duc d'Albe; cette ville, hérissée de canons, « semblait un porc-épic qui, de tous côtés, étant courroucé, montre ses pointes » (M. du Bellai). La résistance fut très-vigoureuse et le siége fut fort mal conduit par le dauphin et par d'Annebaut : l'armée ne tarda pas à souffrir du manque de vivres. On était à la fin de septembre; bientôt les pluies d'automne allaient gonfler et faire déborder les torrents qui descendent des montagnes dans la plaine sablonneuse où était assis le camp. Le roi envoya l'ordre de lever le siége, ce qui s'exécuta le 4 octobre. Il était temps; trois jours plus tard, toute la vallée du Tet fut sous les eaux : dès le lendemain du départ, il survint une si violente pluie, que la plupart des gens de l'arrière-garde furent contraints de se mettre à la nage; il y eut quelques soldats de noyés.

Telle fut l'issue des immenses préparatifs qui avaient épuisé les ressources de la France.

Pendant ce temps, on avait guerroyé sans résultat en Piémont, où les talents militaires de du Bellai-Langei balançaient la supériorité des forces de du Guât. Guillaume du Bellai-Langei, malade, épuisé, perclus de tous ses membres, « ne se pouvant plus aider que du cerveau et de la langue, » déployait encore une activité, une intelligence dignes d'admiration : il mourut le 9 janvier 1543, après avoir dépensé la meilleure partie de son bien au service de l'État, au lieu de s'enrichir de rapines, comme la plupart des autres ministres et capitaines de son temps. La perte de cet homme illustre était bien difficile à réparer.

Le roi, après la levée du siége de Perpignan, s'était dirigé du Languedoc sur La Rochelle avec un corps de lansquenets. Des troubles assez graves avaient eu lieu dans cette ville et sur tout le littoral d'Aquitaine, durant la campagne de 1542, à l'occasion des modifications introduites par le gouvernement dans l'impôt du sel. Tandis que les provinces du nord et de l'intérieur étaient soumises au régime tyrannique du monopole et de l'achat forcé, le Poitou, la Saintonge, l'Aunis, le Bordelais et généralement tout le littoral de l'ouest, reconquis sur les Anglais par Charles V et Charles VII, ne payait qu'un impôt de 25 pour 100 de la valeur du sel, appelé « le quart du sel » et perçu à chaque vente ou échange de la marchandise. Le gouvernement royal conçut le projet d'égaliser l'impôt entre l'intérieur et l'ouest et de substituer un droit fixe, ici au monopole et à l'achat forcé, là, au « quart du sel ». Le but était bon, mais les moyens d'exécution étaient chose fort délicate : les priviléges des provinces de l'ouest reposaient sur des engagements sacrés; ils étaient le prix des efforts par lesquels ces populations avaient rejeté le joug étranger ; le gouvernement royal n'avait pas le droit de porter la main sur ces pactes respectables, sans le consentement des provinces. Mais François Ier n'avait pas l'habitude de s'arrêter à de telles considérations : un édit du 1er juin 1541 fixa le droit sur le sel, pour les provinces « gabelées », à 45 livres le muids et, dans les provinces exemptes, éleva le droit du quart à un quart et demi (trois huitièmes). Un second édit, d'avril 1542, substitua au quart et demi un droit fixe de 24 livres par muids, exigible sur le sel à sa sortie des marais salants. On ne paraissait pas devoir s'en tenir là; l'irritation fut extrême : les habitants des côtes virent dans l'augmentation incessante de l'impôt la ruine du commerce de sel et de salaisons qu'ils faisaient avec une grande partie de l'Europe. Les populations des îles de Ré et d'Oléron et de toute la côte poitevine et aquitanique se soulevèrent, chassèrent d'abord les commissaires et les percepteurs du quart et demi, puis ceux des 24 livres, et repoussèrent l'arrière-ban de Poitou, qui avait reçu ordre de marcher contre les rebelles avec quelques compagnies d'*aventuriers* (infanterie). L'arrière-ban noble n'y mit sans doute pas beaucoup de zèle, bon nombre de gentilshommes étant propriétaires de marais salants.

A La Rochelle, l'agitation causée par la gabelle se compliqua encore des querelles de la commune avec le gouverneur du pays d'Aunis, Chabot de Jarnac, frère de l'amiral Chabot de Brion. Ce gouverneur ne cessait d'entreprendre sur les libertés municipales des Rochellois, habitués à se gouverner comme une véritable république de négociants et d'armateurs; Jarnac, profitant de quelques dissidences entre les bourgeois, cassa les vingt-cinq échevins élus par les citoyens, réduisit à vingt les cent pairs électifs qui formaient le conseil de ville et choisit arbitrairement, dans ces vingt, un maire et un sous-maire ; puis, sous prétexte d'un complot imaginaire, il obtint du roi l'autorisation d'introduire dans la ville quelques centaines « d'aventuriers », contrairement aux priviléges rochellois. Ces soldats mercenaires voulurent agir en maîtres : les bourgeois repoussèrent vigoureusement leurs insolences ; on se battit dans les rues ; les soldats eurent le dessous et Jarnac fut obligé de les faire sortir de la ville (août 1542). Les Rochellois députèrent vers le roi en Languedoc et François Ier promit de ne pas leur imposer de garnison « pour lors » et de leur permettre de se garder eux-mêmes. Bientôt après, cependant, le roi enjoignit à Jarnac de rentrer à La Rochelle avec un corps de troupes. Aucune résistance ne fut opposée, ni dans la ville, ni sur le littoral, et les Rochellois se laissèrent désarmer par les gens du roi. Les principaux habitants des îles de Ré et d'Oléron, centre de la rébellion, sur l'ordre du roi, vinrent le trouver à Chizé : il en fit arrêter une vingtaine et un arrêt du conseil cita à La Rochelle, pour le 31 décembre, tous les propriétaires des marais salants, les « nobles et principaux » en personne, les autres par procureurs, et déclara provisoirement tous les marais confisqués.

François Ier entra à La Rochelle le 30 décembre, précédé par les députés des îles « liés et enserrés ». Un amphithéâtre en bois fut élevé dans le jardin de l'hôtel où le roi était descendu ; un trône y fut dressé et le roi vint y siéger le surlendemain 1er janvier 1543, au milieu de ses grands officiers et de ses gens d'armes. Puis on amena les bourgeois et les gens des îles, qui, « les têtes nues, les mains jointes et les larmes aux yeux », demandèrent miséricorde. La voix « piteuse » du peuple « tira des larmes des yeux des assistants et du roi même ». François répondit de sa propre bouche avec une douceur tout à fait inespérée : « Je ne veux perdre vos personnes ni prendre vos biens, dit-il, comme l'empereur a fait aux Gantois, pour moindre offense que la vôtre, et dont il a maintenant les mains sanglantes. J'aime mieux le cœur et la bonne volonté de mes sujets que leurs vies et leurs richesses. Puisque vous êtes retournés à la connaissance et confession de votre coulpe, je vous admoneste d'oublier cette offense et de ma part il ne m'en souviendra jour de ma vie ; je vous remets tant le civil que le criminel (les amendes et les peines corporelles) et je vous pardonne, sans excepter aucune chose. Je veux que tous les prisonniers soient délivrés, et que les clefs de votre ville et vos armes vous soient rendues, et que les garnisons de gens tant à pied qu'à cheval s'en aillent, et que vous soyez totalement réintégrés en votre liberté et vos priviléges. »

« La voix du peuple réconforté et réjoui merveilleusement s'éleva tout d'un coup, invoquant Notre-Seigneur pour la longue vie, santé et prospérité du roi : » les cloches, muettes depuis trois jours, sonnèrent à volée; le canon tira; les feux de joie s'allumèrent sur toutes les places et François termina la journée par un souper et un bal à l'hôtel de ville avec les citoyens et les dames de La Rochelle, « ne voulant qu'autre le servît que les Rochellois, fiant sa vie entre leurs mains et souffrant qu'ils fissent la crédence (l'essai) de son boire et de son manger [1] ».

François avait d'abord imposé à la ville une amende de deux cent mille francs; mais le garde des sceaux Monthelon, qu'il gratifia de cette somme, la remit aux bourgeois pour la fondation d'un hôpital. Monthelon ne ressemblait guère à ses devanciers Duprat et Poyet : il avait commencé sa réputation d'avocat en défendant contre le roi et madame d'Angoulême la cause du connétable de Bourbon; il fallut lui imposer en quelque sorte les honneurs qu'il ne cherchait pas; François Ier, qui savait apprécier les honnêtes gens, quoiqu'il les employât trop rarement, appela ce vertueux jurisconsulte à la tête de la magistrature et l'eût nommé chancelier si la mort ne l'eût enlevé l'année suivante (juin 1543).

Le roi quitta La Rochelle le 2 janvier. « Je pense, » dit-il, en partant, aux Rochellois, « avoir gagné vos cœurs et vous assure, foi de gentilhomme, que vous avez le mien. Je m'en vais d'un côté de mon royaume pour le défendre; défendez celui-ci, comme j'ai en vous ma parfaite fiance. » La révocation de Jarnac porta au comble l'allégresse des Rochellois; mais les populations

---

1. V. le *Discours du voyage fait par le roi François en sa ville de La Rochelle*, pièce écrite au moment même des événements, dans les *Archives curieuses de l'Histoire de France*, t. III, p. 33. — J. Bouchet, *Annales d'Aquitaine*, part. IV, p. 289-298. — Isambert, t. XII p. 745-787. — Martin du Bellai.

des côtes, que l'on ne déchargea pas du nouvel impôt, ne partagèrent pas cette joie.

Ce voyage de François Ier à La Rochelle est un des plus beaux moments de sa vie : malheureusement pour sa gloire et pour la France, ce prince ne sut point être conséquent avec lui-même et, tandis qu'il se vantait aux Rochellois d'avoir les « mains sans aucune teinture » du sang de son peuple, il se laissait entraîner toujours plus avant dans le système des persécutions religieuses. L'âge et la maladie le rendaient plus accessible aux influences d'une dévotion sanguinaire. Grâce au cardinal de Tournon, trop bien secondé par les parlements, le fanatisme n'avait rien perdu à la chute de Montmorenci. Des édits très-rigoureux se succédèrent en 1542 et 1543 : à Paris, les curés, « à la requête de l'inquisiteur [1] », eurent ordre d'exhorter leurs paroissiens à dénoncer « les mal pensants sur les choses de l'Église, œuvre très-agréable à Dieu » : un édit du 30 août 1542 enjoignit aux parlements, toutes affaires cessantes, de vaquer à la poursuite des hérétiques, « comme séditieux et conspirateurs occultes contre la prospérité de l'État, laquelle dépend principalement de l'intégrité de la foi catholique ». Des articles de foi, arrêtés par la Sorbonne, furent publiés sous forme de lettres-patentes du roi et enregistrés par le parlement. Il fut défendu de prêcher directement ou indirectement contre ces articles, à peine d'être déclaré séditieux ; il fut prescrit, en parlant des saints, « de ne dire Pierre, Augustin, Hiérôme, mais saint Pierre, saint Augustin, etc.; de ne dire Christ, mais Jésus-Christ [2]. » Les exécutions se multipliaient. La

---

1. Th. de Bèze, *Hist. ecclés.*, t. I, p. 30. Ainsi l'inquisiteur général de France fonctionnait toujours officiellement, quoique l'autorité de fait ne fût plus dans ses mains. Dans le Midi, l'inquisition avait gardé une action plus réelle non-seulement en Languedoc, mais en Dauphiné et en Guyenne. *V.* Th. de Bèze, *ibid.*, p. 23-26.

2. Isambert, t. XII, p. 785. Calvin répondit aux articles de la Sorbonne par un pamphlet virulent, intitulé l'*Antidote*. Ce fut vers ce même temps qu'il publia son traité des *Reliques*, chef-d'œuvre d'ironie qui n'a été égalé depuis que par Pascal et Voltaire. Si Calvin se fût borné à attaquer théoriquement les honneurs rendus aux restes des saints, ses adversaires eussent pu soutenir la lutte, dans de certaines limites, par des arguments plausibles ; mais, dans l'ordre des faits, il n'y avait rien à opposer à ce long tissu de « fraudes pieuses », de honteux trafics, de superstitions ridicules que déroulait la main impitoyable de l'hérésiarque noyonnais ; ces fragments de l'arbre de la croix, si nombreux qu'on en eût planté tout un bois ; ces corps des mêmes saints multipliés en tant de lieux divers ; ici, le prépuce du Christ,

Sorbonne recommença d'inquiéter les gens de lettres; le fameux valet de chambre de la reine de Navarre, Bonaventure des Périers, poursuivi pour son bizarre et audacieux livre du *Cymbalum mundi*, se perça de son épée, afin d'éviter le bûcher (1544)[1]. Clément Marot, rentré en faveur, s'était mis, de l'avis et avec l'aide du savant Vatable, à traduire les psaumes en vers français, avec un succès de vogue que la postérité n'a pas confirmé; car ni le génie de Marot, ni la langue poétique qui lui servait d'instrument, n'étaient capables d'exprimer la majesté sévère de la poésie sacrée. Le roi et toute la cour favorisèrent d'abord cette entreprise littéraire et religieuse : le roi, le dauphin, la dauphine (Catherine de Médicis), Diane de Poitiers, madame d'Étampes, avaient chacun leur psaume favori, et les chantaient sur toutes sortes d'airs vulgaires[2], au palais, à la chasse, partout; mais bientôt la Sorbonne intervint, condamna l'œuvre et menaça l'auteur. Clément Marot, craignant que la bienveillance du roi ne se lassât plutôt que la haine des persécuteurs, quitta la cour et se retira à Genève (1543). Il ne devait plus revoir la France.

François Ier voulait compenser, aux yeux des catholiques et peut-être à ses propres yeux, son alliance avec les infidèles par sa rigueur envers les hérétiques. La coopération directe des Turcs avec la France, qui n'avait pu avoir lieu l'année précédente, venait d'être décidée pour la campagne de 1543, et Soliman avait promis d'envoyer Barberousse joindre la flotte française sur la côte de Provence, pour attaquer ensemble l'Italie impériale. Charles-Quint, pendant ce temps, s'unissait de son côté, malgré la colère du pape, au schismatique Henri VIII (11 février)[3]

---

là, les cruches de Cana ou « le vin que le Christ fit d'eau »; ailleurs, le lait ou les cheveux, les patins et les peignes de la vierge Marie; ou bien encore le poignard et le bouclier de l'archange Michel; « inventions de néant et forgées pour attraper deniers aux peuples ».

1. Livre sceptique et non protestant; pur « lucianisme », dit Étienne Pasquier, qui le déclare digne du feu avec l'auteur.

2. Plus tard, les psaumes furent mis en musique par Guillaume Franc et Claude Goudimel, et la vraie musique protestante naquit en France comme elle était née en Allemagne.

3. Par un article de ce traité, les deux monarques se promettent réciproquement d'empêcher, Henri, l'impression de tout livre allemand en Angleterre, Charles, celle de tout livre anglais en Allemagne. Cette coalition des deux monarques catholique et schismatique contre la presse est assez caractéristique, et correspond à la mesure

et tous deux s'obligeaient à sommer François Ier de renoncer à l'alliance du Turc et à l'assaillir de concert, s'il refusait. Cette péripétie n'avait rien d'imprévu : Henri VIII était fort irrité contre le roi de France, moins encore à cause de la dette annuelle que François ne lui payait plus qu'à cause des affaires d'Écosse. Le roi Jacques V était mort, jeune encore, en décembre 1542, au moment où la guerre venait d'éclater entre lui et son oncle Henri VIII : il ne laissait d'héritier qu'une fille au berceau, qui fut Marie Stuart. Henri VIII saisit l'occasion de réunir les deux couronnes d'Angleterre et d'Écosse et tâcha d'amener la régence et le parlement d'Écosse, par les promesses et les menaces, à garantir à Édouard, prince de Galles [1], la main de la petite Marie Stuart ; le parti catholique écossais, à la tête duquel était la mère de la petite reine, Marie de Guise, fille du duc Claude de Guise, souleva les passions nationales de l'Écosse contre le dessein du roi anglais et reprit le dessus par l'influence française. Le roi de France expédia aux Écossais des secours d'hommes, d'argent et de munitions et la guerre recommença entre l'Écosse et l'Angleterre.

Sur le continent, François Ier attaqua encore cette année, malgré l'accession redoutable de Henri VIII au parti impérial. La campagne s'était ouverte par quelques succès du duc de Clèves : au mois de juin, le roi entra en Hainaut avec plus de trente-cinq mille hommes, s'empara de Landrecies, sur la Sambre, et fit fortifier à grands frais cette ville (juin-juillet). Sur ces entrefaites, l'empereur, qui, l'année précédente, tout étourdi encore du grand revers d'Alger, avait gardé une attitude défensive, passa d'Espagne en Italie, puis d'Italie en Allemagne, et rassembla des forces considérables à Spire. On ne pouvait douter qu'il ne se préparât à fondre sur la Gueldre et le pays de Clèves, et François eût dû marcher sur-le-champ au secours de son allié. Il n'en fit rien et résolut d'assiéger de nouveau Luxembourg, espérant détourner

---

récente par laquelle Henri VIII permettait la possession de la Bible aux *gentlemen* et l'interdisait au peuple (1542). — Rymer, t. XIV, p. 768-776. Par une des clauses du traité, Henri VIII rappelait à sa succession, après son fils Édouard, sa fille aînée Marie, cousine-germaine de l'empereur, qu'il avait exclue de son héritage lors de son divorce avec Catherine d'Aragon.

1. Fils de Henri VIII et de sa troisième femme Jane Seymour.

Charles-Quint, par cette diversion, de l'attaque du duché de Clèves. Ce plan, avec beaucoup de célérité, eût encore pu réussir; mais le roi, au lieu de se porter sur Luxembourg au premier bruit des mouvements de Charles-Quint, s'en alla retrouver la cour et les dames et passa presque tout le mois d'août en chasses et en fêtes aux environs de Reims [1].

Charles-Quint savait mieux le prix du temps : dès le milieu d'août, il tomba comme la foudre sur les états du duc de Clèves, avec trente et quelques mille combattants. Duren, la plus forte place du duché de Juliers, fut emportée d'assaut le 26 août et les habitants passés au fil de l'épée : cette cruelle exécution répandit la terreur dans tout le pays; Juliers et Ruremonde se rendirent sans résistance; le duc de Clèves, effrayé de la ruine de ses domaines et ne recevant aucun secours de François Ier, perdit la tête et se résigna, un peu précipitamment, à se remettre à la clémence de l'empereur. Il vint trouver Charles-Quint à Venloo, sur la Meuse, et s'agenouilla devant lui, en déclarant « qu'il se venoit jeter aux pieds du très-illustre empereur », pour recevoir le châtiment de sa faute ou « quelque rayon de grâce et de pardon ». Charles n'accorda ce pardon qu'aux instances réitérées des princes allemands qui l'entouraient, si toutefois les dures conditions qu'il imposa au vaincu peuvent être qualifiées de pardon. Le duc de Clèves fut forcé de retourner à la religion catholique, qu'il avait abandonnée depuis dix ans, ainsi que ses sujets : il renonça à ses droits sur l'héritage de Gueldre, s'obligea même d'aider l'empereur à soumettre les villes gueldroises, abjura l'alliance des rois de France, de Danemark et de Suède et réunit ses lansquenets à l'armée impériale. A ce prix, Charles-Quint lui laissa les duchés de Clèves et de Juliers, dont les deux principales forteresses durent toutefois être occupées pendant dix ans par l'empereur et le roi des Romains (7 septembre).

L'armée française reçut cette fâcheuse nouvelle dans Luxembourg, qu'elle avait enfin assailli le 10 septembre et qui avait capitulé presque aussitôt. La reprise de Luxembourg, si importante qu'elle fût, ne dédommagea pas la France de la perte d'un

---

1. *Belcarius*. — Martin du Bellai.

ami plus utile par sa position que maints alliés d'une puissance bien supérieure. Le roi fut fort troublé d'un événement qu'il aurait dû prévoir et prévenir : il se vengea du duc de Clèves en refusant de lui envoyer sa femme, Jeanne d'Albret; le mariage fut cassé, au grand contentement de la jeune princesse et de ses parents, et Jeanne, cinq ans après, épousa le duc de Vendôme, Antoine de Bourbon.

L'empereur, après son triomphe sur le duc de Clèves, marcha en Hainaut pour recouvrer Landrecies. Il venait d'être joint par les milices néerlandaises et par huit à dix mille Anglais; l'armée impériale, devant Landrecies, s'élevait à plus de quarante mille fantassins et de treize mille chevaux. Mais Landrecies avait une bonne garnison, commandée par deux capitaines remplis d'expérience et de courage, La Lande et d'Essé; ils encouragèrent leurs gens à supporter les dernières extrémités plutôt que de se rendre; les nouvelles qu'ils recevaient des apprêts du roi leur firent prendre patience. François Ier arriva au Cateau-Cambrésis, vers le 25 octobre, avec trente et quelques mille hommes. Le Ier novembre, Landrecies fut adroitement ravitaillée par Martin du Bellai, tandis que le roi feignait de vouloir présenter la bataille à l'empereur. Le pays était ruiné; les grandes pluies d'automne arrivées; l'empereur leva le siège. L'expédition de l'empereur dans ces cantons ne demeura pas toutefois infructueuse; la ville libre et impériale de Cambrai était jusqu'alors, suivant ses priviléges, restée neutre dans les querelles du roi et de l'empereur; mais Charles avait persuadé « les pauvres Cambraisiens crédules, par le moyen de leur évêque, qui les vendoit, que le roi étoit délibéré de se saisir de leur ville » et il leur avait prouvé la nécessité d'édifier chez eux une citadelle, « de laquelle ils auroient la garde pour leur protection ». La citadelle fut donc construite aux dépens des bons bourgeois; Charles, à son retour de Landrecies, introduisit dans cette forteresse des soldats qui commandèrent depuis à la ville, « de sorte que, de liberté, l'empereur mit ceux de Cambrai en servitude [1] ».

Durant la campagne des Pays-Bas, les ports de la Provence

---

1. Martin du Bellai.

avaient vu avec stupeur flotter ensemble le croissant des Osmanlis et la croix blanche de France. Suivant les conventions arrêtées entre le divan et le capitaine Paulin, ambassadeur de François Ier, le vieux Barberousse était parti de Constantinople à la fin d'avril, avec cent dix galères et de nombreux transports chargés de quinze mille soldats turcs : il ravagea en passant les côtes de Calabre et pilla la ville de Reggio ; mais, fidèle à ses conventions avec l'envoyé français, il respecta les états romains et la Toscane, se ravitailla paisiblement à Ostie, pendant que son voisinage jetait la terreur dans Rome, et parut devant Marseille au mois de juillet. Le roi-corsaire comptait opérer sa jonction avec une flotte française bien équipée et toute prête à appareiller : il trouva des galères et des transports en assez grand nombre, mais presque sans artillerie, sans munitions et sans équipages. François Ier, en nommant son jeune parent, François de Bourbon, comte d'Enghien (frère du duc de Vendôme), général de l'armée navale, avait oublié de lui donner les moyens de faire la guerre. Barberousse se plaignit avec aigreur de la négligence du « roi des Francs », qui avait appelé une si grande flotte d'un pays lointain sans se mettre en mesure de la seconder et qui, maintenant, ne lui indiquait pas même d'ennemis à combattre. L'escadre française se réunit enfin à la flotte de Barberousse pour aller débarquer un corps d'armée turc et provençal sous les murs de Nice, la dernière ville forte qui restât au duc de Savoie (10 août). Les Français étaient si mal pourvus de toutes choses, qu'il leur fallut acheter des boulets et de la poudre aux musulmans. La ville de Nice capitula le 22 août ; mais les assiégés se retirèrent dans le château, emportant avec eux jusqu'aux cloches des églises, et cette forteresse, située sur un rocher « malaisé à battre et encore moins facile à miner », défia tous les efforts des assiégeants. Turcs et Français se décidèrent à remonter sur leurs navires, à la nouvelle de l'approche du marquis du Guât et du duc de Savoie avec une armée de secours. Peut-être ne fut-ce là qu'un prétexte saisi par les Français, qui voyaient avec alarme leurs dangereux alliés disposés à exiger la remise de la place à une garnison turque.

La saison était trop avancée pour tenter quelque expédition maritime : la flotte confédérée retourna en Provence, où la ville et le port de Toulon furent abandonnés à Barberousse pour l'hivernement de son armée navale. François Iᵉʳ, averti du mécontentement que témoignaient le roi d'Alger et les autres pachas, paya largement la solde de leur flotte et leur envoya de riches présents, qui ne les empêchèrent pas de se conduire en Provence comme en pays ennemi et de fournir de rameurs les bancs de leurs galères en faisant esclaves tous les habitants des côtes qu'ils purent enlever. Les pirates repartirent au printemps et se dédommagèrent des ménagements de l'année précédente aux dépens des rivages italiens.

François Iᵉʳ savait tout le parti que l'empereur tirait des liaisons de la France avec le Turc : catholiques et protestants, en Allemagne, avaient la même horreur pour ces farouches Osmanlis qui menaçaient incessamment l'Autriche et la Bohême et qui avaient à peu près achevé, en 1543, la conquête de la Hongrie; Charles, en ce moment, pressait la diète germanique, assemblée à Spire, d'aider son empereur contre les ennemis communs de l'Empire, « les Turcs et les François ». Le roi voulut se justifier auprès de la diète et dépêcha un héraut chargé de demander à l'empereur un sauf-conduit pour des ambassadeurs qui s'avancèrent provisoirement jusqu'à Nanci (fin février); le héraut fut renvoyé « avec grosses paroles » : les gens de l'empereur lui dirent « qu'il avoit fait grande folie et s'étoit mis en danger de sa vie, d'avoir été si hardi de venir là, attendu qu'à un roi ennemi de l'Allemagne et ami du Turc ne se devoit communiquer le droit des nations; quant aux lettres dont il étoit enchargé, que l'empereur ne les vouloit recevoir, pour ce que le roi s'étoit trop bien porté envers la république chrétienne et notamment envers l'Allemagne[1] ».

Les ambassadeurs français furent obligés de quitter Nanci en toute hâte et l'on ne songea plus qu'à la guerre, que Charles-Quint et Henri VIII se disposaient à pousser vigoureusement de concert. François, de son côté, exigea de la France de nouveaux sacrifices : les légionnaires avaient été employés en plus grand nombre dans la campagne de 1543 : l'impôt destiné à les payer

---

1. Martin du Bellai.

(800,000 écus), sous le nom d'impôt « des cinquante mille hommes », fut mis à la charge des « villes fermées », par compensation pour la taille, qui pesait presque exclusivement sur les paysans. Il devint permanent comme la taille elle-même. Les décimes du clergé devenaient presque aussi un impôt régulier, tant on les demandait souvent. De nouvelles charges de judicature furent créées et vendues en grand nombre [1].

La guerre n'avait pas cessé durant l'hiver en Piémont, où le marquis du Guât, depuis la levée du siége de Nice, obtint de notables avantages sur le maréchal de Bouttières, successeur de du Bellai-Langei : Mondovi et Carignan étaient tombés au pouvoir du duc de Savoie et du lieutenant impérial et la prise de Mondovi avait été signalée par des cruautés qui coûtèrent cher depuis aux Impériaux : la garnison, composée de soldats italiens et suisses, fut, malgré la capitulation, dévalisée et en partie massacrée. Les Suisses ne l'oublièrent pas!

L'arrivée d'un renfort de dix mille hommes, sous les ordres du comte d'Enghien, qui vint prendre le commandement en chef, mit enfin les Français en état d'arrêter les progrès du marquis. La situation du général français était cependant assez critique : il manquait d'argent pour poursuivre la campagne et, d'une autre part, il n'osait exposer, sans l'aveu du roi, aux chances d'une bataille le sort du Piémont et de l'armée qui couvrait la France méridionale. Enghien chargea le capitaine Blaise de Montluc d'aller représenter à François Ier l'état des affaires d'Italie et prendre ses ordres (commencement de mars). Montluc fut retenu à la cour près de trois semaines, sans pouvoir tirer de réponse du roi; enfin, sur de nouvelles dépêches d'Enghien, le roi manda Montluc devant le conseil. Il faut lire dans les *Commentaires* de Montluc le récit de la séance, écrit avec la verve gasconne qui caractérise cet écrivain soldat, le plus coloré de nos chroniqueurs militaires [2].

1. *Ferronius.* — *Belcarius*, p. 739. — J. Bouchet, *Annal. d'Aquitaine*. Chaque décime ecclésiastique rendait 400,000 francs, à peu près autant que donnait en moyenne la vente des offices. Mais il y eut des années où le roi exigea jusqu'à quatre et cinq décimes. *V.* Marino Cavalli, dans les *Relations des ambassadeurs vénitiens*, t. Ier.

2. Ces Mémoires ne se recommandent pas moins par la solidité du fond que par la vivacité de la forme; Henri IV appelait les *Commentaires* de Montluc la *Bible du soldat*. Malheureusement Montluc avait la férocité comme les talents des chefs espagnols qu'il combattait.

Les vieux capitaines opinaient tous pour qu'on refusât à Enghien la permission de combattre : la perte d'une bataille en Piémont, objectaient-ils, devait livrer sans défense à du Guât tout le Midi de la France, tandis que le Nord et l'Est étaient menacés d'une prochaine invasion par l'empereur et le roi d'Angleterre. Montluc, « trépignant de parler », put enfin à son tour exprimer son avis; encouragé par les signes de tête du dauphin, qui se tenait derrière la « chaire » (le siége) du roi, il s'abandonna à toute sa fougue soldatesque et demanda la bataille à grands cris, gesticulant et « levant les bras comme s'il eût été déjà au combat » et promettant merveilles au nom de toute l'armée. L'impétueuse ardeur de Montluc trouva le chemin du cœur du roi et tout le conseil s'aperçut des impressions sympathiques qui s'emparaient de François Ier. « Quoi! monseigneur, s'écria le comte de Saint-Pol, voulez-vous changer d'opinion pour les paroles de ce fol enragé? — Foi de gentilhomme! mon cousin, répliqua le roi, il m'a dit de si bonnes raisons, que je ne sais que faire! — Sire, dit l'amiral d'Annebaut, vous avez belle envie de leur donner congé de combattre. Faites une chose : priez Dieu qu'il vous veuille aider et conseiller de ce que vous devez faire. »

Le roi se recueillit un instant, levant les yeux au ciel et joignant les mains, puis s'écria : « Qu'ils combattent! qu'ils combattent! »

Plus de cent jeunes gentilshommes, des premières familles du royaume, prirent la poste pour courir au delà des Alpes avec Montluc : ils ne servirent pas seulement de leur épée, « étant tous gens de maisons, chacun avoit apporté le fond de son coffre » et prêta généreusement ses écus à M. d'Enghien pour contenter les soldats, auxquels le roi n'avait guère envoyé que le tiers de leur solde arriérée.

Au retour de Montluc, les deux armées étaient fort près l'une de l'autre, manœuvrant sur la rive droite du Pô, que du Guât cherchait à franchir, afin de fermer aux Français le marquisat de Saluces, d'où ils tiraient leurs vivres. Le lieutenant impérial, sachant la pénurie d'argent où était l'armée française, espérait la voir se fondre devant lui, puis en accabler les débris ou les refouler dans les villes; il eût alors saccagé le plat pays, pour ôter toutes ressources aux garnisons des places françaises, laissé des troupes bien avitaillées dans les places impériales, puis rejoint, dans le val d'Aoste, dix mille hommes qu'y devait envoyer l'empereur, afin de marcher sur Lyon par la Savoie et la Bresse, « pendant que l'empereur feroit son grand effort au pays de Champagne ». Les Français ne laissèrent point à du Guât le temps d'exécuter ses projets : dès qu'ils eurent reçu « le congé » du roi, ils s'avancèrent sur Cérisolles (Cerisola) et Sommariva, où se trouvaient les ennemis; les deux armées furent en présence le lundi de Pâques, 14 avril, au matin. Les capitaines et gens de guerre français avaient fait leurs pâques les jeudi, vendredi et samedi saints, pour se préparer à la bataille. Du Guât avait une supériorité numérique assez marquée, vingt ou vingt-deux mille hommes contre seize ou dix-sept mille; mais les Français étaient plus forts en cavalerie et du Guât n'avait que des chevau-légers à opposer à leurs gens d'armes.

Chacune des deux armées fut ordonnée en trois gros bataillons, soutenus par des escadrons sur les ailes et dans les intervalles. La droite des Français était composée de quatre mille piquiers et arquebusiers des vieilles bandes gasconnes, flanqués de deux détachements, l'un de gendarmerie, l'autre d'arquebusiers à cheval et d'Albanais; au centre étaient quatre mille Suisses; à gauche, trois mille fantassins gruyériens[1] et autant d'Italiens; le comte d'Enghien soutenait les Gruyériens et Italiens avec la plupart des gens d'armes; à l'extrême gauche, on avait formé en corps de cavalerie légère tous les archers des compagnies d'ordonnance. Du Guât avait à sa gauche un bataillon italien et un escadron florentin; à son centre, un gros de plus de huit mille lansquenets, près desquels il se tenait avec quelque cavalerie; à sa droite, cinq mille vieux soldats espagnols et allemands échappés aux guerres de Tunis et d'Alger et appuyés par un corps de cavalerie napolitaine.

Après une chaude et longue escarmouche entre les arquebusiers espagnols et gascons, les lansquenets impériaux, par un

1. Habitants de la Suisse romane ou de langue française. On appelait Gruyériens ces soldats, parce qu'ils avaient été levés en grande partie dans le comté de Gruyère, aujourd'hui enclavé dans les cantons de Vaud et de Fribourg.

mouvement oblique, se ruèrent sur les canons de l'aile droite française et s'en emparèrent, tandis que le bataillon espagnol et allemand marchait droit aux Gruyériens. Il y eut un instant d'ébranlement sur toute la ligne française. Le comte d'Enghien, voyant la contenance mal assurée des Gruyériens, leur évita le premier choc en se précipitant avec sa gendarmerie sur le flanc du bataillon espagnol, qu'il perça d'outre en outre; mais, lorsqu'il tourna bride pour recharger, il vit les Gruyériens et les Italiens fuyant à vau-de-route, sans avoir lancé un seul coup de pique : il enfonça de nouveau l'infanterie ennemie, mais aux dépens de la vie de ses plus braves compagnons; les vieilles bandes espagnoles, entremêlées d'arquebusiers, se ralliaient toujours et recevaient les gens d'armes à la pointe des piques; d'Enghien eut tant de cavaliers tués, blessés ou démontés, qu'il ne lui resta bientôt plus cent lances en état de combattre. Séparé de son centre et de sa droite par un tertre qui les lui cachait, n'en recevant aucune nouvelle, le jeune général crut toute son armée défaite et perdue : deux fois il se porta la pointe de l'épée au gorgerin, prêt à se donner la mort.

En ce moment arriva vers lui, au galop, Saint-Julien, colonel des Suisses : « Monsieur! Monsieur! lui cria de loin cet officier, tournez visage; la bataille est gagnée; le marquis du Guât est en route (en déroute) et tous ses Italiens et Allemands sont en pièces! »

Les Gascons avaient soutenu intrépidement l'assaut des lansquenets et s'étaient enferrés avec eux piques dans piques, tandis que les Suisses, qui s'étaient couchés à plat ventre pour éviter l'artillerie, se levant soudain, avaient couru, « furieux comme sangliers, donner par flanc » aux Allemands. Les lansquenets, déjà ébranlés par ce double choc, avaient reçu encore en queue la charge de la cavalerie française de l'aile droite, qui venait de culbuter sur l'infanterie italienne de du Guât la cavalerie florentine. Les lansquenets furent rompus et ouverts de toutes parts : l'infanterie italienne, qui avait l'artillerie sous sa garde, était déjà en désordre avant d'avoir donné; le marquis du Guât n'essaya pas de la ramener au secours des Allemands; il perdit la tête et s'enfuit à toute bride avec six ou sept cents chevaux; le bataillon italien, à son exemple, tourna le dos ; la cavalerie napolitaine de l'aile droite avait été également renversée par les archers des ordonnances françaises. Il ne resta bientôt plus de l'armée impériale, sur le champ de bataille, que les lansquenets et le bataillon espagnol. Les trois quarts des lansquenets furent égorgés : les Suisses et les Gascons tuaient à « toutes mains » ; les Suisses surtout exercèrent d'effroyables représailles pour la violation de la capitulation de Mondovi. Toute la cavalerie se ralliait autour du comte d'Enghien et l'aidait à retarder la marche du bataillon espagnol, qui tâchait de se retirer en bon ordre. Le jeune général avait failli subir le sort de Gaston à Ravenne ; mais l'arrivée des Suisses et des Gascons, tout ruisselants du sang des lansquenets, décida la destruction des Espagnols. Le bataillon ennemi jeta ses piques et demanda quartier à la cavalerie : les Suisses et les Gascons en massacrèrent encore plus de la moitié jusque dans les mains des cavaliers qui voulaient les sauver. La perte des Impériaux fut énorme ; douze ou treize mille soldats d'élite étaient morts ou pris ; toute l'artillerie, les enseignes, les armes, les munitions, les bagages étaient la proie des Français. Les Français trouvèrent dans le camp ennemi quatre bahuts pleins de menottes de fer que le marquis avait destinées à « enferrer ses prisonniers pour les envoyer en galères ». Du Guast avait annoncé aux dames de Milan qu'il leur amènerait le comte d'Enghien et tous les gentilshommes français chargés de chaînes, et il avait déclaré aux habitants d'Asti, en quittant leur ville pour marcher sur Cérisolles, qu'il leur enjoignait de lui fermer leurs portes s'il ne revenait point vainqueur. Les gens d'Asti suivirent cet ordre à la lettre et refusèrent de recevoir le général vaincu [1].

Cette brillante victoire pouvait avoir les plus grands résultats : le despotisme cruel et rapace des lieutenants de l'empereur était détesté à Milan, à Sienne, à Florence, à Naples ; toute l'Italie fut

---

1. Martin du Bellai. — Montluc. — Vieilleville. — *Récit anonyme,* dans le tome III des *Archives curieuses,* etc. — Clément Marot, qui se trouvait alors en Piémont, célébra la victoire de Cérisolles : ce fut pour lui le chant du cygne. Il n'avait pu rester à Genève : ses habitudes libres et ses mœurs relâchées n'avaient pu s'accommoder du régime sombre et austère auquel Calvin soumettait en ce moment Genève ; il s'était retiré à Turin, sous la protection des généraux français. Il y mourut quelques mois après la bataille.

en rumeur au premier bruit de la défaite des Impériaux ; dix mille aventuriers s'assemblèrent à La Mirandole et se disposèrent à joindre les Français, pendant que du Guât, réfugié à Milan, « faisoit sonner le tabourin » (le tambour) vingt jours durant par tout le pays, sans qu'un seul homme voulût s'enrôler pour l'empereur ; une foule de gens, dans le Milanais, prenaient déjà la croix blanche de France. Si les Français eussent marché en avant, non-seulement la conquête du Milanais était sûre, mais une révolution dans l'Italie entière était probable !

Le roi ne le voulut pas ! Le jeune vainqueur de Cérisolles ne demandait, pour agir, que quelque argent et six mille fantassins que François Ier levait alors chez les Grisons : on ne lui envoya ni argent ni soldats ; on lui ordonna de ne pas s'éloigner du Piémont et de se borner à bloquer Carignan ; puis, après la reddition de cette place, qui n'eut lieu que le 20 juin, François Ier rappela en France la meilleure partie des troupes victorieuses. Les Suisses étaient déjà retournés chez eux, faute de paiement.

Ainsi furent perdus les fruits de la journée de Cérisolles : les Impériaux se remirent de leur stupeur ; le marquis du Guât reforma une nouvelle armée et se trouva bientôt en état de battre au passage les *condottieri* de la Mirandole : une partie seulement de ces aventuriers réussit à gagner le Piémont ; ce renfort, la prise de Carignan et l'occupation de quelques places du Montferrat furent les seuls avantages que la France retira d'un triomphe qui semblait devoir délivrer l'Italie du joug impérial. Le comte d'Enghien, hors d'état de rien entreprendre, fut réduit à signer avec du Guât une trêve qui termina la campagne.

C'était pour défendre le territoire français contre l'empereur et le roi d'Angleterre que François Ier renonçait à pousser ses succès en Italie ; mais, « si l'empereur eût senti le duché de Milan ébranlé et en danger de perdition, vu même les grandes « partialités (dissensions) qui étoient au royaume de Naples, il eût été contraint d'y convertir ses forces, pour plutôt garder ce dont il étoit en possession, que d'essayer à conquérir celui d'autrui, en hasard de ne rien gagner ». Cette réflexion de Martin du Bellai, gouverneur de Turin et acteur dans la journée de Cérisolles, fait d'autant plus d'impression que cet historien, très-attaché à

François Ier, se montre presque toujours enclin à pallier les fautes de son roi. Les contemporains pensèrent généralement comme du Bellai : il est juste d'observer cependant que Montluc, bon juge aussi en ces matières, excuse le roi sur les dangers réels de la France.

Les Français n'ayant pas profité de leur victoire pour opérer la diversion redoutable qui leur était si facile, Charles-Quint put employer toutes ses forces à réaliser les projets d'invasion qu'il avait conçus d'accord avec Henri VIII : les deux rois avaient renouvelé, dans leur traité, le vieux dessein du partage de la France. Charles avait obtenu un grand succès politique : il était enfin parvenu à engager tout le corps germanique dans sa lutte contre la France. Les plaintes du duc de Savoie sur le sac de sa ville de Nice par les Turcs et les Français réunis avaient produit une vive impression sur la diète assemblée à Spire; les princes protestants et surtout les villes libres résistaient encore; Charles les enleva en leur communiquant des lettres de François Ier, du commencement de 1540, par lesquelles le roi de France offrait son assistance à l'empereur contre « les rebelles à l'Empire et à l'Église », en échange de la restitution du Milanais. La diète accorda pour six mois la solde de vingt-quatre mille hommes de pied et de quatre mille cavaliers et défendit, « sous grosses peines », à tous sujets de l'Empire de s'enrôler aux gages du roi de France; puis elle se sépara le 10 juin, en renvoyant au mois de décembre prochain « le différend de la religion ». Le roi de Danemark, suivant l'impulsion des princes luthériens, ses alliés, avait expédié des ambassadeurs à la diète pour traiter avec l'empereur et se « retiroit de l'amitié du roi de France, pour le bruit de l'alliance avec le Turc »; mais les Suisses, repoussant les sollicitations de la diète, restèrent fidèles à l'alliance française et l'empereur ne put amener ni le pape ni les Vénitiens à entrer dans la coalition : le pape était beaucoup plus irrité des liaisons de Charles-Quint avec Henri VIII que de celles de François Ier avec Soliman et penchait visiblement vers la France [1].

Charles-Quint et Henri VIII étaient convenus de laisser les

---

1. *Sleidan.* — *Ferronius.* — *Belcarius.*

villes fortes derrière eux et de marcher droit à Paris, le premier, par la Champagne, avec une puissante armée germano-espagnole, le second, par la Picardie, avec ses troupes anglaises unies aux milices des Pays-Bas et à un corps d'infanterie et de cavalerie allemandes. L'exécution de ce plan hardi eût mis la capitale et le royaume en péril extrême, si les alliés eussent combiné leurs mouvements avec précision et célérité, en écartant tout objet qui ne menait point au but. L'empereur et le roi d'Angleterre eurent de grandes forces disponibles dès le printemps et le roi de France n'eût point été prêt à repousser une attaque aussi peu prévue et aussi en dehors de la stratégie vulgaire. Par bonheur, Charles et Henri se fiaient peu l'un à l'autre et ne sentaient pas leurs intérêts véritablement unis : ce que voulait surtout Henri, c'était de forcer François Ier à céder l'Écosse au schisme et à l'Angleterre; la pensée intime de Charles-Quint, malgré son rapprochement apparent avec les luthériens, était toujours au contraire systématiquement catholique. Henri VIII débuta par lancer sur l'Écosse quinze mille hommes qui prirent et pillèrent Edimbourg, mais ne purent s'y maintenir (mai); puis il envoya le duc de Norfolk descendre à Calais avec un corps d'armée que rejoignirent les comtes de Reux et de Buren à la tête de leurs troupes allemandes et néerlandaises. Norfolk entama le siège de Montreuil. Henri VIII débarqua en personne, vers la mi-juillet, avec une seconde division anglaise; il eut alors sous ses ordres trente mille Anglais et peut-être vingt-cinq mille Germano-Néerlandais. Aucune armée française ne lui faisait face : les troupes peu nombreuses qui défendaient la Picardie étaient réparties dans les garnisons. Cependant, au lieu de se porter en avant selon ses conventions avec l'empereur, il laissa Norfolk devant Montreuil et entreprit lui-même le siège de Boulogne. L'empereur était, de son côté, mais malgré lui, arrêté en ce moment à un autre siège; ses forces s'étaient rassemblées, au mois de mai, dans les environs de Metz[1], et, dès la fin de ce mois, Luxembourg, cerné par une division de son armée, avait été obligé de se rendre faute de vivres. Charles, après la clôture de la diète de

---

1. Le duché de Lorraine avait obtenu la neutralité en 1542.

Spire (10 juin), se mit à la tête de quarante-cinq ou cinquante mille hommes, s'empara de Commerci, où il passa la Meuse, puis de Ligni, où deux mille Français furent faits prisonniers, et assaillit Saint-Dizier-sur-Marne le 8 juillet. Il jugeait indispensable d'avoir, comme point d'appui de l'invasion, une tête de pont sur la Marne, rivière qui pénètre au cœur de la France, et il comptait enlever sans peine Saint-Dizier, place « mal flanquée et mal remparée, indigne d'attendre un camp impérial »; mais Saint-Dizier avait une garnison d'élite : le comte de Sancerre et le capitaine La Lande, qui avait défendu Landrecies l'année précédente, soutinrent « batterie » (canonnade) et assauts avec tant de valeur et de persévérance, qu'ils donnèrent le temps à la grande armée française de se réunir au camp de Jâlons, sur la rive gauche de la Marne, entre Châlons et Épernai; François Ier en avait confié le soin à ses deux fils, avec l'amiral d'Annebaut pour conseil et pour guide [1], et leur avait signifié défense expresse de risquer une bataille pour le secours de Saint-Dizier. La perte du brave La Lande, qui eut la tête emportée d'un boulet, ne découragea pas la garnison : Saint-Dizier, défendu par deux mille cinq cents hommes à peine, arrêta l'empereur durant quarante jours : encore la reddition de cette ville ne fut-elle due qu'à un stratagème des ennemis. Perrenot de Granvelle, garde des sceaux de l'empereur, ayant surpris un paquet où se trouvait la clef du chiffre que le duc de Guise, gouverneur de Champagne, employait dans sa correspondance avec le comte de Sancerre, se servit de ce chiffre pour fabriquer une lettre dans laquelle Guise était censé annoncer aux défenseurs de Saint-Dizier que le roi, « sachant l'extrémité des vivres et des poudres en laquelle ils entroient », leur mandait de trouver moyen « de faire composition honorable ».

Suivant l'historien Beaucaire (*Belcarius*), ce ne fut pas le hasard, mais la trahison, qui livra au garde des sceaux de l'empereur le chiffre du duc de Guise; Beaucaire, d'accord avec Benvenuto Cellini et Brantôme, accuse hautement la maîtresse du roi. Madame d'Étampes, voyant avec effroi décliner la santé de son royal

---

1. Le dauphin avait demandé au roi de rappeler le connétable de Montmorenci; mais François Ier repoussa cette requête avec colère.

amant et approcher le jour où son ennemie Diane de Poitiers arriverait au pouvoir avec le dauphin, s'était toute dévouée au duc d'Orléans, afin de s'assurer un appui à la mort de François Ier : elle souhaitait ardemment d'amener entre le roi et Charles-Quint quelque transaction qui garantît au duc d'Orléans une souveraineté indépendante, ainsi que Charles l'avait proposé en 1540, dessein que repoussait vivement le parti du dauphin; aussi peu fidèle au roi qu'à l'État, elle aurait, dit-on, correspondu avec l'empereur par l'intermédiaire d'un de ses amants, le comte de Bossut-Longueval, et repris, par intérêt personnel, la politique que son ennemi Montmorenci avait embrassée par fanatisme religieux.

Quoi qu'il en soit[1], les Impériaux ne mirent guère à profit la possession « du chiffre de M. de Guise » : Charles-Quint, pressé de se porter en avant, accorda aux défenseurs de Saint-Dizier les conditions les plus honorables; ils eurent douze jours de trêve pour envoyer vers le roi savoir s'il les ferait secourir ou si la capitulation lui serait agréable; le roi les autorisa à rendre la ville et ils en sortirent avec armes et bagages, emmenant quatre pièces de canon (17 août).

L'empereur, enfin maître de Saint-Dizier, envoya sommer le roi d'Angleterre d'exécuter ses engagements et de marcher de son côté sur Paris; mais Henri VIII, qui jugeait la conquête de la Picardie maritime beaucoup plus réalisable que le partage du royaume de France, ne voulut point quitter les siéges de Montreuil et de Boulogne, dût l'empereur traiter sans lui avec François Ier. L'abandon du roi d'Angleterre jeta Charles dans de vives anxiétés : il resta près de quinze jours à Saint-Dizier ou à Vitri, sans oser se porter en avant : son armée s'était très-fatiguée au siége de Saint-Dizier; les vivres lui manquaient et il avait en face de lui cinquante mille combattants (seize mille Suisses et Grisons, six mille Italiens, six mille lansquenets, douze mille fantassins français, deux mille lances, deux mille chevau-légers).

---

1. L'accusation n'est nullement certaine : Benvenuto Cellini, alors à la cour et mal avec madame d'Etampes, répète les propos du parti de Diane. Quant à Beaucaire, qui écrivit sous Charles IX, c'est l'homme des Guises et il ne faut pas compter sur son impartialité. Martin du Bellai ne fait aucune allusion à ces bruits de trahison.

Madame d'Étampes saisit l'occasion de faire ouvrir des pourparlers à La Chaussée, entre Châlons et Vitri. L'empereur renouvela les propositions que François Ier avait rejetées en 1540 (fin août); mais l'amiral d'Annebaut et le garde des sceaux Erault de Chemans se retirèrent sans rien conclure sur cette base et le roi dépêcha le cardinal du Bellai à Henri VIII pour tâcher de traiter à part avec le roi anglais.

L'empereur s'était décidé à avancer, mais par la rive droite de la Marne, mettant cette rivière entre lui et l'armée française et cherchant à se ménager une chance de retraite vers la Picardie orientale et le Hainaut. Il savait probablement que l'armée française avait défense d'attaquer. Il passa devant Châlons, en face du camp français, et vint camper à une lieue au-dessous de cette ville [1]. Sa situation devenait critique : les vivres lui étaient coupés de tous côtés par la cavalerie française. Il songeait à se replier de la Marne sur l'Aisne et à battre en retraite par Soissons, lorsqu'il fut, dit-on, averti par Longueval, l'agent de madame d'Étampes, que les ponts d'Épernai et de Château-Thierri n'étaient pas coupés et qu'il pouvait surprendre ces deux places non fortifiées, où étaient les grands magasins de l'armée française. Le dauphin, voyant l'ennemi dépasser Châlons, avait expédié un capitaine à Épernai pour rompre le pont et retirer ou détruire les approvisionnements; mais l'officier manqua de diligence et l'empereur, par une marche rapide, se porta sur Épernai et s'empara de la place avant que le dauphin y pût porter secours. Charles poussa de là sur Château-Thierri, « où pareillement il surprit les vivres en si grande abondance, que son armée, qui étoit affamée, se remit en vigueur [2] ».

La terreur fut grande dans Paris quand on sut que l'empereur était à Château-Thierri et que ses avant-coureurs galopaient aux

1. « Il y eut devant Châlons une escarmouche où deux gentilshommes de la maison du duc d'Orléans furent tués « de coups de pistoles » (pistolets), qui sont petites arquebuses n'ayant qu'environ un pied de canon et que l'on tire avec une main, donnant le feu avec le rouet (M. du Bellai). » C'était la première fois que cette arme, inventée, dit-on, à Pistoia, en Toscane, figurait en France; les ennemis l'avaient déjà employée à la journée de Cérisolles et elle devait devenir d'un usage général dans l'organisation nouvelle que reçut la cavalerie avant la fin du XVIe siècle.

2. Martin du Bellai. Même observation que pour Saint-Dizier. Martin du Bellai ne parle pas de la trahison affirmée par Beaucaire.

portes de Meaux. « Vous eussiez vu », raconte le contemporain Guillaume Paradin, « riches, pauvres, grands et menus, gens de tous états et âges, s'enfuir et traîner leurs biens par terre, par eau, par charroi, les uns tirer leurs enfants après eux, les autres porter les vieilles gens sur leurs épaules, les mettre dans les bateaux, desquels il y avoit si grand nombre que l'on ne pouvoit voir l'eau de la rivière ». Plusieurs bateaux, trop chargés de « meubles et de gens », coulèrent à fond. Le désordre n'était pas moindre aux champs que dans la ville : les routes étaient encombrées de campagnards fuyant avec leurs troupeaux vers la Loire ou vers la Normandie; les larrons et les maraudeurs, se jetant à travers cette foule épouvantée, faisaient leur profit du malheur de tous; c'était un « tel bruit et effroi », qu'il semblait que « nature voulût retomber dans le chaos ».

Le roi, toujours malade et languissant, avait été d'abord saisi d'angoisse au bruit de l'approche de l'empereur : « Mon Dieu! s'était-il écrié, que tu me vends cher mon royaume! » Il se remit en apprenant que l'armée était intacte : il accourut de Fontainebleau à Paris et parcourut les rues à cheval, accompagné du duc de Guise, haranguant les bourgeois et déclarant que, « s'il ne les pouvoit garder d'avoir peur, il les garderoit d'avoir mal ». L'arrivée du roi et sa ferme contenance furent d'un merveilleux effet; « tout le monde », dit Paradin, « revint à la file, avec ferme propos d'attendre l'empereur et de lui résister »; les corps de métiers, les écoliers, tout Paris se leva en masse; quarante mille hommes bien armés défilèrent devant le roi. Cette population ardente et mobile avait passé, en quelques heures, d'une terreur panique à une confiance intrépide [1].

---

1. Il est difficile, en présence des témoignages contemporains les plus dignes de foi, de comprendre le récit que fait M. de Sismondi de ces événements (*Hist. des Français*, t. XVIII, p. 206). Il affirme que personne à Paris ne vouloit se battre sous les ordres du roi, que presque aucun écolier ne vouloit s'enrôler, etc., et cite Vieilleville et Paul Jove comme garants. Il y a ici erreur matérielle. L'auteur des Mémoires de Vieilleville dit tout le contraire et porte à un nombre exorbitant et impossible les écoliers qui y prirent les armes. Quant à Paul Jove, ce rhéteur italien si justement décrié ne sauroit être mis en parallèle avec un témoin oculaire d'une évidente bonne foi, tel que Guillaume Paradin. En général, le respectable auteur de l'*Histoire des Français* nous semble beaucoup trop favorable à Charles-Quint et beaucoup trop sévère, soit pour la France, soit même pour François Ier.

La résolution des Parisiens ne fut pas mise à l'épreuve : Paris était déjà couvert en ce moment par l'armée française accourue à marches forcées; l'avant-garde du dauphin était à Lagni, le reste de l'armée à Meaux et à la Ferté-sous-Jouarre. L'empereur sentit l'attaque de Paris impossible, en présence d'une armée supérieure à la sienne, et, suivant son premier dessein, il se retira sur Soissons; cette place, non moins importante que Châlons même par sa position géographique, n'avait ni garnison ni moyens de défense. Les Impériaux y entrèrent sans coup férir et la pillèrent, le 12 septembre. Charles s'y arrêta trois jours, pour renouer les négociations dont il désirait vivement le succès; puis il franchit l'Aisne et alla camper à Crépi en Laonnois, où il n'était plus qu'à douze ou quinze lieues de « ses Pays-Bas ». L'amiral d'Annebaut s'était rendu auprès de l'empereur et l'avait suivi à Crépi; Charles faisait quelques concessions, mais le négociateur français se montrait difficile, lorsqu'une fâcheuse nouvelle, arrivée de Picardie, détermina le roi à conclure au plus vite avec l'empereur : Henri VIII avait repoussé les offres des ambassadeurs français; Montreuil, défendu par le maréchal du Biez, tenait toujours contre le duc de Norfolk; mais Boulogne, le 14 septembre, avait été rendue au roi d'Angleterre par le sire de Vervins, gouverneur de cette ville et gendre du maréchal du Biez, malgré les offres des habitants indignés, qui proposaient de se défendre seuls, si ce lâche capitaine voulait s'en aller avec ses soldats. Le roi, craignant que Henri VIII, maître de Boulogne, ne se décidât enfin à venir joindre l'empereur, expédia à d'Annebaut l'ordre d'accepter, en toute hâte, les offres de Charles-Quint, « de peur que l'empereur ne fût plus haut dans ses demandes », quand il saurait « ladite reddition ».

La paix fut donc signée, entre le roi et l'empereur, le 18 septembre. On convint que tout ce qui avait été pris de part et d'autre, depuis la trêve de Nice, serait restitué; le roi renonça à ses prétentions sur Naples, à la suzeraineté de la Flandre et de l'Artois et à la revendication de Tournai; l'empereur céda Hesdin; les deux monarques s'obligèrent à travailler de concert à la réunion de l'Église. Le sens véritable de cet article était une alliance contre les protestants. Le traité s'exprima plus nettement à l'égard du Turc : le roi, non-seulement abjura l'alliance des infidèles, mais promit contre eux un secours de six cents lances et de dix mille hommes de pied à l'empereur et à l'Empire, pour la guerre de Hongrie. En compensation, il fut arrêté que le fils puîné de François Ier épouserait ou l'infante Maria, fille de l'empereur, ou la seconde fille de Ferdinand, roi des Romains; que l'empereur déclarerait, sous quatre mois, laquelle des deux princesses serait accordée au duc d'Orléans : si c'était l'infante Maria, elle aurait pour dot les Pays-Bas et la Franche-Comté; François Ier se réservait de revendiquer ses droits sur Milan, si l'épouse décédait sans enfants et que l'empereur reprît la dot: mais l'empereur, de son côté, réservait en ce cas ses droits sur la Bourgogne. Si c'était la fille de Ferdinand, elle apporterait à son mari le Milanais, auquel renoncerait le prince Philippe d'Espagne et qui resterait, dans tous les cas, au duc d'Orléans. L'empereur s'attribuait le droit d'exiger le serment des officiers qu'emploierait le duc d'Orléans. Les états de Savoie devaient être évacués par les troupes françaises à l'époque de la remise des Pays-Bas ou du Milanais au duc d'Orléans et la querelle de France et de Savoie devait être vidée par arbitrage. Le roi assignait pour dot au duc d'Orléans les duchés d'Orléans, de Bourbonnais, de Châtellerault et d'Angoulême [1]. C'était revenir, après trois ans d'immenses sacrifices, au système proposé en 1540 par Charles-Quint et rendu seulement un peu plus acceptable par quelques concessions. Le pacte de Crépi, œuvre des amis de madame d'Étampes, excita une vive irritation dans le parti du *dauphin*, qui eût voulu combattre au lieu de traiter, et qui pensait qu'on aurait pu accabler l'empereur avant que les Anglais eussent le temps de le joindre. Le dauphin Henri n'osa refuser de signer le traité, « pour la crainte et révérence paternelle », mais il protesta secrètement contre sa teneur, le 12 décembre, à Fontainebleau, en présence du duc de Vendôme, du comte d'Enghien et de François de Lorraine, comte d'Aumale, fils aîné du duc Claude de Guise. Le parlement de Toulouse suivit l'exemple du dauphin (22 janvier 1545) [2].

---

1. Dumont, t. IV, part. II, p. 289.
2. *Recueil* de Ribier, t. Ier, p. 578-579.

Le dauphin signa cette protestation à son retour de Picardie, où son père l'avait envoyé aussitôt après le traité de Crépi pour combattre le roi d'Angleterre et tâcher de reprendre Boulogne. L'empereur avait repassé la frontière avant la fin de septembre et expédié aux comtes de Reux et de Buren l'ordre de quitter l'armée anglaise. Henri VIII, abandonné des troupes allemandes et néerlandaises, était hors d'état d'attendre la bataille; il ordonna la levée du siége de Montreuil, mit sept ou huit mille hommes dans Boulogne et ramena le reste de l'armée anglaise dans Calais, où se fit le rembarquement. Le dauphin s'avança contre Boulogne, fit donner un assaut de nuit à la basse ville et l'emporta; mais, tandis que les assaillants s'amusaient au pillage, la garnison de la haute ville fondit sur eux et les rejeta en désordre dans la campagne. Le temps était très-mauvais; le pays, entièrement ravagé depuis Boulogne jusqu'à Abbeville, ne pouvait fournir aucunes ressources; on remit au printemps prochain la recouvrance de Boulogne.

Le traité de Crépi en Laonnois, soudainement conclu lorsque les hostilités étaient le plus vivement engagées, lorsque l'Europe attendait la prise de Paris ou la fuite de l'empereur, excita un grand étonnement et une grande attente. Ce n'étaient pas seulement les incidents de la campagne et l'impossibilité d'entrer dans Paris qui avaient rendu Charles-Quint si désireux de traiter avec François Ier : c'était par un système mûri dans sa tête depuis plusieurs années qu'il se décidait à faire de grands avantages, non point à la couronne de France, mais à un fils du roi de France, pour enchaîner la France à sa politique vis-à-vis des Turcs et des protestants. Il connaissait la rivalité des deux fils de François Ier et il espérait se faire plus tard un instrument du puîné contre l'aîné. Toutes ses vues se concentraient en ce moment sur l'Allemagne et sur le futur concile; la clause d'alliance contre le Turc n'était que comminatoire, et Charles ne demandait sérieusement à François Ier que de lui ménager une trêve avec Soliman. L'état de l'Allemagne expliquait la conduite de l'empereur : le luthéranisme marchait à pas de géant, depuis la compression des révoltes anabaptistes qui avaient un moment embarrassé sa route. Le roi de Danemark avait adhéré à la ligue de Smalkalde (1537); la branche cadette de la maison de Saxe, naguère si violemment hostile à Luther, avait embrassé la Réforme (1539); puis l'électeur de Brandebourg; puis l'électeur palatin (1540); l'archevêque-électeur de Mayence avait été forcé d'accorder la confession d'Augsbourg aux vastes diocèses de Magdebourg et de Halberstadt; enfin une défection plus éclatante que toutes les autres, celle de l'archevêque-électeur de Cologne, transférait aux protestants la majorité dans le collége électoral (1543). Les états héréditaires de la maison d'Autriche s'ébranlaient à leur tour : la noblesse autrichienne et plusieurs villes demandaient la liberté de conscience au roi des Romains; l'esprit hussite était réveillé dans toute la Bohême; la Réforme envahissait les Pays-Bas, où le gouvernement de la régente Marie d'Autriche n'osait plus appliquer les effroyables ordonnances de Charles-Quint[1]. Chaque progrès des protestants était un échec pour l'unité de l'Empire, ébauchée par Maximilien, poursuivie par Charles-Quint. Autant le schisme anglais était monarchique, autant l'hérésie allemande était fédéraliste; chose toute simple, l'un étant l'œuvre de la royauté, l'autre l'œuvre des princes et des villes libres.

Charles jugeait qu'il était temps d'arrêter à tout prix ce torrent qui menaçait de tout entraîner : dissoudre, accabler par tous les moyens la ligue de Smalkalde, diviser les protestants par des ménagements habiles, leur imposer les décrets du concile, mais en même temps soustraire le concile à la domination de la cour de Rome et obtenir de lui la réforme des abus les plus criants, tels étaient les plans conçus par l'empereur. Un édit qui soumit tous les états héréditaires de la maison d'Autriche à une confession de foi dressée par la faculté de théologie de Louvain annonça les intentions de Charles-Quint

Avant d'en voir les résultats, qui ne furent point immédiats, il est nécessaire de jeter un coup d'œil sur la situation intérieure, sur l'état moral et du catholicisme et de la Réforme. La religion était arrivée à une crise bien plus solennelle encore que la poli-

---

1. *V.* l'édit de 1529, contre l'hérésie, par lequel Charles-Quint ordonnait de brûler les relaps et d'exécuter les simples hérétiques, « à savoir : les hommes par l'épée et les femmes par la fosse (en les enterrant vives!); » ap. Mignet; *Antonio Perez et Philippe II,* 3ᵉ édit., p. 15; note.

tique. Le génie religieux du Midi se mettait en mouvement à son
tour, arraché par la terrible secousse du Nord à l'espèce de sommeil
où l'avaient plongé les enchantements de la Renaissance.
Devait-il céder ou résister aux nouveautés teutoniques? Il avait
paru hésiter et s'interroger longtemps. Dans sa réaction contre le
matérialisme et l'indifférence, il avait reculé d'abord au delà du
xiii° siècle et des scolastiques, jusqu'à saint Augustin, et s'était
rapproché ainsi de Luther sur la grande question de la justification
et de la grâce. Dès le règne de Léon X, une sorte d'association
théologique, « l'oratoire de l'amour divin », avait été fondée
par des hommes d'élite qui aspiraient à régénérer le catholicisme.
C'étaient l'excellent et docte Sadoleti, le mystique Gaëtano de
Thiène, l'impétueux Caraffa et surtout ce Contarini par qui eût
été sauvée l'unité de l'Église, si elle eût pu l'être. Autour de ce
foyer se rallièrent, au moins pour un temps, les anciens disciples
de Savonarola, les partisans secrets de Luther et tout ce qu'il y
avait en Italie d'esprits désireux de purger la religion des abus
qui la souillaient. A leurs souhaits de réforme ne se mêlaient pas,
comme au delà des Alpes, d'antiques ressentiments nationaux
contre Rome et la tiare; la plupart d'entre eux voyaient au contraire
dans la papauté l'instrument de la Providence et c'était par
le pape, non contre le pape, qu'ils espéraient transformer l'Église.
Leurs idées obtinrent la plus vive sympathie parmi les classes
éclairées de toutes les cités italiennes. L'Espagne aussi s'associait à
ce mouvement de l'Italie avec l'énergie passionnée qui lui est propre :
tandis que l'audacieux Michel Servet s'élançait bien au delà
du protestantisme[1], que Juan Valdez, à Naples, donnait l'impulsion
aux plus hardis des réformateurs italiens et que les *alumbrados*
(illuminés) renouvelaient quelque chose de l'antique gnosticisme,
les plus touchantes inspirations du sentiment religieux se personnifiaient
dans une jeune Castillane, cette Thérèse « qui porta l'amour
divin au plus haut degré dont le cœur humain soit capable[2] » :
amante sublime de l'éternel idéal, digne d'être l'épouse mystique
du Christ et la sœur de Jeanne Darc, elle embrassait l'univers en

1. Nous reviendrons sur ce célèbre et malheureux Espagnol, qui passa la plus grande partie de sa vie hors de l'Espagne.
2. Pierre Leroux.

Dieu dans son amour et pleurait sur les démons eux-mêmes, pendant que Calvin maudissait les pécheurs et instruisait ses disciples à leur souhaiter l'enfer! Cette admirable créature semblait née pour racheter, devant Dieu et l'humanité, les crimes de l'Espagne!

Les nouvelles tendances prirent en Italie un caractère très-imposant à l'avénement de Paul III : ce pontife sentit que la papauté ne pouvait rester immobile sans tout perdre, qu'elle devait agir avec énergie si elle ne voulait que le monde la crût frappée à mort. Il entra dans le mouvement; il en appela les principaux moteurs dans le sacré collége; il fit entrer Contarini, Sadolet, Caraffa, dans une commission chargée de préparer « l'amendement de l'Église » : le chef de cette commission, Contarini, traita hautement d'hérésie et de simonie les concessions de grâces spirituelles à prix d'argent, qui faisaient depuis si longtemps la source la plus abondante des revenus de la cour de Rome; il qualifia d'idolâtrie la maxime que le pape n'a de règle que sa volonté pour établir et modifier les lois positives : « doctrine de servitude, disait-il, que les luthériens ont raison de comparer à la captivité de Babylone ». Paul III parut approuver Contarini : sans se laisser décourager par les souvenirs d'Augsbourg, Contarini et ses amis tentèrent tout ce qui restait de chances de réconciliation avec les protestants; les luthériens avaient refusé de reconnaître un concile convoqué et dirigé par le pape (1535-1537) et Paul III avait, à diverses reprises, prorogé l'ouverture de l'assemblée : on en revint aux conférences préparatoires. L'empereur, qui avait au succès de cette tentative un intérêt immense, l'appuyait de toute son autorité. Contarini se fit envoyer comme légat à la diète de Ratisbonne (1541), où un livre, intitulé *De la Concorde*, rédigé par des théologiens allemands et approuvé par le légat, fut présenté à l'assemblée et débattu entre des docteurs choisis dans les deux partis; Mélanchthon, Bucer et Calvin représentaient les protestants. Le livre *De la Concorde* reconnaissait que la foi seule justifie, pourvu qu'elle soit vive et active; il acceptait la nécessité de rétablir l'organisation primitive de l'Église, transigeait sur les deux espèces, sur les messes privées; le pape n'était plus que le patriarche de Rome, le premier entre les évêques par l'importance de son siége et l'instrument de l'unité. Un instant on put croire que les deux moitiés de la chrétienté occidentale allaient se réunir et s'embrasser. Vaines espérances ! Rome et Wittemberg désavouèrent à la fois les pacificateurs : Luther cria aux piéges de Satan ; le pape rejeta toute formule conciliatoire sur la justification et toute concession sur sa primauté. Tout fut rompu et sans retour ! Contarini, le cœur brisé, revint mourir en Italie et ses amis se séparèrent violemment sur sa tombe, le général des capucins, Ochino, et le savant Pierre Martyr Vermigli, pour passer les Alpes et embrasser la Réforme en Suisse[1], le cardinal Caraffa, pour se mettre à la tête de la réaction catholique qu'il devait diriger plus tard du haut du saint-siége.

La conciliation avait échoué : le catholicisme romain tenta de se régénérer par une voie contraire; il se rejeta violemment vers son passé, mais en s'efforçant de forger de nouvelles armes pour la défense de ses vieilles doctrines : le pape, assuré de l'aveu des catholiques allemands, convoqua le concile œcuménique à Trente, pour le 1er novembre 1542, prétendant remplir ainsi la promesse faite à l'Allemagne d'assembler le concile sur terre germanique, bien que Trente appartienne, par sa position géographique et la langue, à l'Italie et non à l'Allemagne. La guerre, rallumée avec violence cette année-là entre François Ier et Charles-Quint, empêcha les évêques de se rendre à Trente et le pape fut encore une fois obligé d'ajourner le concile : Paul III tâcha d'imposer sa médiation, ou celle du concile, à l'empereur et au roi de France; dans une lettre fort vive, adressée à Charles-Quint, il lui signifie comment il entend que soit composé le concile : « Pour que le concile soit chrétien, il ne faut pas que les hérétiques y soient mêlés comme s'ils en faisoient partie, et ce n'est point à *César* ou à aucun autre, mais à nous seuls, à connoître et à déclarer quels sont les hérétiques » (25 août 1544). La paix se fit sur ces entrefaites; les obstacles tombèrent et le concile fut convoqué définiti-

---

1. Ochino dépassa la Réforme : à la suite de son maître, l'Espagnol Juan Valdez, il entra secrètement dans une association formée à Vicence pour la restauration du « monothéisme chrétien », c'est-à-dire de l'arianisme : plusieurs des adhérents furent suppliciés à Venise. Ochino s'échappa et finit par s'unir en Pologne à Socin, chef des nouveaux ariens ou anti-trinitaires.

vement à Trente pour le 15 mars 1545. La papauté devait l'ouvrir sous des auspices bien différents de ceux qu'avait rêvés Contarini : dès 1542, les formes de l'inquisition d'Espagne avaient été introduites à Rome, d'après le conseil de Caraffa : un tribunal suprême de l'inquisition, composé de six cardinaux, avait été institué avec mission de poursuivre les hérésies dans le monde entier; aux six inquisiteurs généraux fut attribué le droit de procéder sans le concours des ordinaires (des évêques) et de déléguer leurs pouvoirs à qui bon leur semblait et partout où bon leur semblait; personne n'était exempt de leur juridiction. La terreur plana bientôt sur toute l'Italie; plusieurs académies furent dissoutes; les livres furent soumis à la censure préalable de l'inquisition; une main de fer comprima ce libre mouvement religieux qui commençait à opérer une révolution salutaire dans les mœurs et les sentiments des classes lettrées et qui, plus désintéressé que dans le nord de l'Europe, ne fut soutenu ni par les passions populaires ni par la cupidité des grands [1].

Cependant la force matérielle était insuffisante contre la puissance de propagande que déployait le protestantisme; cette force, d'ailleurs, Rome n'en disposait plus en tous lieux et ses ennemis avaient déjà commencé de lui rendre violences pour violences : Rome évoqua donc des entrailles du catholicisme ces forces morales qui avaient jadis répondu à son appel contre les Albigeois, et, comme au XIIIe siècle, elle recourut à la création de nouvelles milices monastiques. Les dominicains et les franciscains, d'autant plus profondément atteints par la corruption que l'exagération de leurs règles dépassait davantage les forces humaines, s'étaient montrés d'ailleurs parfois accessibles aux idées d'innovation et d'indépendance : les ordres mendiants n'étaient plus des instruments assez sûrs ni assez efficaces; l'étrangeté de leurs habitudes, de leur costume, de toute leur existence, une des causes de leur succès au moyen âge, n'était plus qu'une cause de répulsion auprès de l'élégante et railleuse société du XVIe siècle : les chefs du parti papal comprirent que la seule chance de retenir le

---

1. En Italie, les princes n'avaient point à convoiter la dépouille du clergé; les évêques et les abbés, en général, n'étaient pas riches, encore moins seigneurs temporels; dans les républiques, les clercs payaient les impôts comme les laïques.

monde laïque sous leurs lois était de se rapprocher de lui, d'en différer le moins possible par l'extérieur. Au lieu de créer, comme au XIII° siècle, des moines plus extraordinaires que les autres moines, ils créèrent des moines aussi semblables que possible aux prêtres séculiers, des espèces de congrégations de chanoines : tels furent les théatins, établis, dès 1524, par Caraffa et Gaëtano de Thiène, dans le but d'attirer au sein du clergé des hommes appartenant aux hautes classes : il fallut même plus tard des preuves de noblesse pour y être admis. D'autres institutions de clercs réguliers, les barnabites, les somasques, s'élevèrent encore en Italie et travaillèrent à épurer les mœurs du clergé et à influer sur la société par la prédication, par l'enseignement, par le soin des malades. D'une autre part, toutefois, comme les ordres mendiants, impuissants sur les classes supérieures, gardaient prise sur les masses, on laissa les franciscains se réformer encore une fois et enfanter les capucins (*capuccini;* les encapuchonnés), prêcheurs populaires qui devinrent comme les soldats de la grande armée pontificale (1525); ces soldats ne furent pas tous fidèles, comme on vient de le voir par l'exemple de leur chef Ochino.

Tout cela manquait d'un souffle assez puissant; ce fut l'Espagne qui donna ce que demandait Rome; du pays basque sortit le redoutable adversaire de Luther et de Calvin. Nous avons raconté plus haut [1] les commencements et analysé la méthode d'Ignace de Loyola; le temps était venu où le cercle de son action allait s'élargir dans des proportions immenses. Nous avons vu comment la guerre maritime avait empêché Ignace et ses compagnons d'exécuter leur projet de départ pour Jérusalem. Ils n'y revinrent plus : ils se sentaient emportés vers d'autres destinées. Ignace se mit en route pour Rome. Aux portes de la capitale du monde catholique, il tomba en extase : il vit Dieu le Père qui le recommandait affectueusement, lui et ses associés, à Dieu le Fils portant sa croix, et Dieu le Fils les recevait d'un visage souriant et disait : « Je vous serai propice à Rome [2]. » Ce fut cette vision qui décida Ignace à donner à l'ordre qu'il allait fonder le titre de

---

1. *V.* ci-dessus, p. 199.
2. *Vit. Ignat. auct. Petr. Ribadeneira; Neapoli,* 1572; f° 61.

Société de Jésus, « afin que ceux qui y seroient appelés se sussent bien enrôlés, non point dans un ordre d'Ignace, mais dans la Société de Notre-Seigneur Jésus-Christ, et destinés à servir sous ce souverain capitaine [1] ».

Les dix compagnons résolurent d'ajouter le vœu d'obéissance aux vœux de pauvreté et de chasteté qu'ils avaient déjà prêtés à Venise. Ils convinrent : 1° d'offrir obéissance absolue au pape, qu'il les envoyât chez les fidèles ou chez les infidèles ; 2° d'élire un chef à vie, auquel chacun d'eux soumettrait sans réserve son jugement et ses volontés : seulement, en cas de conseil et délibération, la majorité déciderait ; 3° d'enseigner aux enfants les éléments de la foi chrétienne ; 4° d'éprouver les novices par les *Exercices spirituels*, par les voyages au service de la Société et par le service des hôpitaux [2].

Le plan de l'association, arrêté en 1538, fut approuvé officiellement, en 1540, par le pape Paul III, avec quelques restrictions : il limita à soixante le nombre des profès de l'ordre et statua que le général serait non viager, mais triennal. La papauté ne tarda pas à comprendre la portée de l'arme qui lui était offerte à l'heure des suprêmes périls, la valeur du « quatrième vœu » qu'Ignace et ses compagnons ajoutèrent encore aux trois vœux de pauvreté, de chasteté et d'obéissance ; à savoir, d'exécuter les ordres et d'accepter les missions quelconques que leur imposerait le souverain pontife, sans objection et sans délai. Ignace, élu général en 1541, acquit bientôt une haute influence et fit révoquer, dès 1543, la limite de nombre imposée à ses associés [3] et accorder par le pape à la Société la faculté de modifier ses constitutions sans en référer au saint-siège ; il fut un des promoteurs de l'inquisition générale à Rome. L'inquisition de Rome et la compagnie de Jésus furent organisées presque simultanément (1540-1542) : celle-ci devait être la tête, celle-là le bras.

Le système et la méthode d'Ignace, nous l'avons fait voir, c'était l'étouffement du raisonnement et de la réflexion au profit de

---

1. *Vita Ignatii*, f° 61, v°.
2. *Ibid.*, f°⁸ 65-66.
3. Il fut réélu tous les trois ans tant qu'il vécut. Après lui, son successeur Lainez parvint à faire modifier les Constitutions et établir le généralat à vie (1558).

l'imagination et du sentiment lancés dans une carrière invariablement déterminée. Dans l'organisation du groupe d'hommes destinés à diriger les autres hommes au sein de cette carrière, Ignace se montra aussi grand logicien que Calvin lui-même. Il avait maintenant pleine conscience de son œuvre. Il se sentait la réaction incarnée contre le protestantisme, contre la révolte, contre la discussion, contre l'examen. Il résume tout dans un mot, L'OBÉISSANCE.

« Si le saint-père me commandoit de monter dans une barque sans mât, sans voiles, sans rames et sans vivres et de traverser ainsi la mer, j'irois non-seulement sans murmure, mais avec joie [1] ».

La même obéissance qu'il professait pour le pape, tout membre de l'ordre la devait au pape, au général, aux supérieurs choisis par le général.

« Il disoit que, si les autres religions (les autres ordres) pouvoient surpasser à tel ou tel égard cette société, il ambitionnoit pour ladite société d'exceller sur les autres en la vertu d'obéissance. Il expliquoit qu'il est dans la vie de religion deux sortes d'obéissance, l'une imparfaite, l'autre parfaite et sans mesure. L'imparfaite a des yeux pour mal voir; la parfaite est sagement aveugle; celle-là conserve son jugement sur les choses prescrites, celle-ci n'a plus de jugement propre; celle-là obéit malgré son jugement, celle-ci soumet son jugement au jugement, sa volonté à la volonté des supérieurs..... L'obéissance excellente est celle par laquelle nous croyons juste tout ce qui est prescrit par nos supérieurs... Nous ne devons être emportés d'aucun côté par les mouvements de notre âme, mais indifférents et aussi tranquilles que la mer quand aucun vent ne l'agite [2]. »

Un an avant sa mort, il dicta quelques maximes qu'on peut regarder comme son testament : toutes concernent l'obéissance :

« A l'entrée en religion, je dois être entièrement résigné (c'est-à-dire dépouillé de ma volonté propre et dépendant de la volonté d'autrui) en la présence de Dieu, Notre-Seigneur, et de

---

1. *Ignatii vita*, f° 184.
2. *Ibid.*, f°ˢ 179-181.

celui qui est préposé sur moi en la place de Dieu. — Je dois me laisser manier comme la cire molle, qui obéit à la main qui lui donne forme. — Je dois faire de moi comme un corps mort, qui n'a ni volonté ni sentiment, comme un automate (*quamdam statuam*), qui tourne où l'on veut le faire tourner, comme un bâton dans la main d'un vieillard qui s'en sert à son vouloir. »

L'obéissance est donc absolue et sans bornes. Ici se lève un terrible problème. On sent trembler la voix et s'embarrasser la parole jusque-là si fermement accentuée du maître.

« Dans les choses où n'est point le péché... dans toutes ces choses... je dois suivre sa volonté (du supérieur), non la mienne. — S'il arrive qu'il me semble que mon supérieur me prescrive quelque commandement qui soit contre ma conscience, je le croirai plutôt que moi-même, si toutefois l'évidence (*aperta ratio*) ne s'y oppose. Que si je ne puis induire mon esprit à ce commandement (de mon supérieur)[1], que du moins j'abandonne mon jugement et mon sens propre et que je remette toute la chose au jugement d'un, ou de deux, ou de trois (des supérieurs), afin de suivre ce qui sera décidé par eux; si je m'y refuse, je suis bien loin de la perfection et des devoirs d'un vrai religieux...[2]. »

Vaine hésitation! vaine concession! Si ma conscience ne reste pas juge en dernier ressort de mes actes, qu'importe que je l'immole entre les mains d'un seul homme ou de plusieurs! Le cas viendra, plus rarement, mais il viendra où je devrai croire des voix extérieures qui m'enjoindront comme bien ce que la voix intérieure me défendra comme mal, c'est-à-dire où quelqu'un aura droit de m'imposer ce qui sera le péché à mes yeux[3]!

---

1. C'est-à-dire : s'il me paraît évidemment illégitime.
2. *Ignatii vita*, f⁰ˢ 181-184.
3. Si l'on admettait une interprétation soutenue par de grandes autorités historiques, les Constitutions des jésuites, écrites par Ignace, mais remaniées, selon toute apparence, par son successeur Lainez et acceptées par la Société en 1558, deux ans après la mort du fondateur, les Constitutions, disons-nous, auraient dépassé la pensée d'Ignace avec une audace et un cynisme extraordinaires. Voici le passage : *Visum est nobis in Domino... nullas Constitutiones, Declarationes vel ordinem ullum vivendi posse obligationem ad peccatum mortale vel veniale inducere, nisi superior ea in nomine Domini Jesu Christi vel in virtute obedientiæ jubeat. Constitut.* VI, 1. MM. Ranke (*Histoire de la Papauté aux* XVI⁰ *et* XVII⁰ *siècles*, t. Iᵉʳ, l. II, § 7) et Michelet (*Réforme*, p. 431) interprètent ainsi :

« Il nous a paru dans le Seigneur qu'aucunes Constitutions... ne peuvent induire

Avons-nous exagéré en avançant que le système d'Ignace menait à la suppression de la responsabilité personnelle et à l'affaissement de toute virilité, de toute moralité?

Ignace était sur une pente qui devait entraîner loin des disciples que ne retiendrait pas l'espèce de magnanimité qui lui était personnelle. Nous avons dit qu'il y avait une grande différence entre le jésuitisme d'Ignace et celui des Provinciales. Pourtant, toutes les tendances jésuitiques sont déjà indiquées chez cet homme qui joignait à son génie romanesque un sens très-pratique, et l'on pourrait déjà dire trop pratique! Contraste qui n'est pas rare en Espagne [1]...

---

obligation au péché mortel ou véniel, à moins que le supérieur, au nom de Jésus-Christ ou en la vertu d'obéissance, ne l'ordonne. »

Le supérieur, dans l'intérêt de Rome et de la Société, aurait donc droit d'imposer ce que lui-même estimerait être péché mortel. La maxime : *la fin justifie les moyens*, se serait donc avouée officiellement dans toute sa crudité.

Nous avons vu les justifications présentées par les défenseurs des jésuites. Voici comment ils traduisent ;

« Il nous a paru bon dans le Seigneur que nulle Constitution, déclaration, règle de conduite ne puissent entraîner obligation jusqu'au péché mortel ou véniel (c'est-à-dire sous peine d'être coupable de péché si l'on vient à les enfreindre), à moins que le supérieur n'intime un ordre au nom de Notre-Seigneur ou avec toute la force de l'obéissance ».

V. une lettre insérée dans l'*Histoire de la Papauté* de M. L. Ranke, trad. de M. A. de Saint-Chéron, t. Ier, p. 64 (nous ne citons cette traduction peu fidèle que sous les réserves que nous avons entendu formuler par M. Ranke lui-même).

La confrontation de cet article des Constitutions avec quelques autres et avec un passage du livre contemporain du jésuite Alphonse Rodriguez (*Pratique de la perfection chrétienne et religieuse*, IIIe part., VIe traité, ch. III) nous portent à admettre la seconde version. Nous ne croyons pas que les Constitutions aient reconnu au supérieur le pouvoir d'ordonner ce que lui-même juge être le péché; il y a des choses qu'on n'avoue pas aux autres ni à soi-même; mais nous venons de voir qu'Ignace imposait à l'inférieur le devoir de faire taire sa conscience devant les supérieurs lorsqu'il y avait désaccord entre eux et lui sur la légitimité de l'acte qu'on lui prescrivait. C'est bien assez!

1. Au rapport de son biographe, « il aimoit mieux un homme simple et rempli de l'amour de Dieu qu'un plus savant et moins parfait; cependant il prenoit plus de soin de celui-ci et de tous ceux qui brilloient par les dons de la nature ou de la fortune, à cause de l'utilité dont ils peuvent être à beaucoup d'autres. — Il estimoit pour le plus bel office et le plus particulier à notre Société de converser et de traiter familièrement avec les hommes. — Il disoit qu'il falloit user, pour le salut des hommes, des mêmes artifices dont le diable use pour leur perte;... se conformer au naturel de chacun; commencer par dissimuler bien des choses; conniver en bien des choses, jusqu'à ce que, la bienveillance une fois acquise, on puisse vaincre avec leurs propres armes ceux avec lesquels on traite. — Il souhaitoit bonne santé aux bons, mauvaise aux mauvais, afin que les premiers usassent de leurs forces bien entières pour la gloire de

Ignace ne posa pas seulement le principe : il en organisa l'application avec de hautes facultés politiques. Lainez put perfectionner et resserrer les ressorts de la machine; mais ce fut certainement Ignace qui en conçut l'ordonnance. Elle est formidable. Le général doit connaître, par tous les moyens, le caractère, les aptitudes, les actes de chaque membre de la Société pour tout gouverner et tout exploiter : chacun doit révéler ce qui regarde les autres [1]; l'autorité du général est absolue dans les limites des Constitutions de l'ordre; il n'est obligé de prendre conseil de ses frères que s'il veut modifier les Constitutions mêmes, ou supprimer quelqu'une des maisons de l'ordre; des délégués spéciaux ont mission de veiller à ce qu'il ne s'écarte pas de la règle : c'est là le seul contrôle imposé à sa puissance. Les dominicains et les franciscains avaient été constitués, moitié pour l'action, moitié pour la contemplation : les jésuites sont tout action; on leur défend, loin de leur prescrire, les austérités excessives, les habitudes ascétiques, qui rendent l'homme impropre à la vie active; pas même de prières en commun, de chants en chœur, de costume monacal [2]! On veut avoir en eux des hommes libres de pénétrer en tous lieux et d'agir à toute heure, et l'on ne veut pas de ces exercices en commun où peuvent passer de ces souffles inconnus qui emportent parfois les hommes réunis; on veut du zèle, mais individuel, tout en détruisant l'individualité morale; pas d'enthousiasme; pas d'entraînement; rien de collectif; pas même d'amitié; on ne doit aimer que la Société; dans les maisons de l'ordre, on vivra seul, ou à trois; jamais à deux! Quelle intimité d'ailleurs est possible avec le devoir de révélation mutuelle?

L'expérience a instruit Ignace : il préserve avec soin ses disci-

Dieu et que les autres fussent rappelés au Seigneur par la souffrance ou, tout au moins, ne l'offensassent plus si grièvement. — Il pensoit qu'il ne falloit pas faire l'aumône, même d'une obole, à un apostat ou déserteur de la religion ». *Ignatii vita*, fos 199-206. Cette précieuse biographie, écrite avec une évidente sincérité par un disciple immédiat d'Ignace, nous révèle l'homme tout entier. C'est là qu'il faut le chercher et non dans les écrits ou de ses ennemis ou de ses panégyristes modernes.

1. *Manifestare sese invicem. Quæcumque per quemvis manifestentur. Regul. Societ.*, p. 2.
2. Ils ne sont astreints qu'au costume et aux habitudes des prêtres séculiers. V. la bulle de Jules III, de 1550, ap. *Ignatii vita*; fo 126, vo. Ils se distinguèrent seulement par la coiffure, une espèce de toque octogone.

-ples des exagérations par lesquelles il a passé; il restreint, pendant le cours des études, les heures destinées à la méditation, de peur que les visions et les rêves mystiques ne nuisent au travail; il règle le travail même de façon à ménager la santé des écoliers; il fait une chose plus décisive; les jésuites sont censés un ordre mendiant; leurs maisons professes ne pourront avoir de revenus; mais il y aura exception pour les colléges; la pauvreté nuit trop aux études [1]; or, l'exception deviendra la règle par l'immense extension des colléges et la Société pourra être fort riche, tandis que ses principaux membres vivront ou seront censés vivre d'aumônes.

L'action extérieure fut aussi savamment dirigée que l'organisation intérieure était fortement constituée : la Société s'efforça de s'emparer des consciences, surtout de la conscience des grands, par la confession, et de la jeunesse par l'éducation : elle entreprit d'étouffer l'enseignement laïque, si florissant en Italie depuis un siècle et qui manifestait des tendances très-novatrices [2]; les universités ne recevaient que des jeunes gens sortis de l'enfance et leur enseignement était salarié; les jésuites attirèrent des élèves en plus bas âge, instituèrent cette division de classes qui s'est conservée jusqu'à nous, créèrent de savantes méthodes d'enseignement et fondèrent des colléges gratuits. Tout fut gratuit chez eux, la prédication, les messes, comme l'enseignement, puissant moyen de popularité. Les grands dons qu'ils attirèrent dans leurs mains les dédommagèrent amplement. L'ordre se divisa en plusieurs degrés, pour faire face à toutes les nécessités : 1° les profès de « quatre vœux », seuls jésuites complets, sans résidence fixe et toujours à la disposition du pape; 2° les coadjuteurs spirituels, fixés dans les colléges et voués à l'éducation; 3° les novices et écoliers approuvés; 4° les coadjuteurs laïques administrant les revenus des colléges; ces derniers prêtaient comme les autres les trois vœux de chasteté, de pauvreté et d'obéissance. Ces trois degrés inférieurs étaient obligés envers la Société; mais la Société n'était pas obligée envers eux : le général pouvait renvoyer à volonté quiconque n'était pas profès. L'inter-

---

1. *Vita Ignatii*, f° 41.
2. Trois mille instituteurs étaient, dit-on, dans les nouvelles opinions.

diction à tout jésuite d'accepter les dignités ecclésiastiques, interdiction qui n'avait existé jusque-là dans aucun ordre religieux, acheva de consolider la discipline et l'inébranlable unité de la compagnie de Jésus. Jamais, dans aucune association chrétienne, le libre arbitre de l'homme n'avait été si absolument étouffé; aussi ne put-il naître, chez les jésuites, de ces glorieuses et sublimes individualités qui avaient illustré les autres ordres, les franciscains, les dominicains surtout; les agitations, les résistances qui se produisirent plus tard à diverses reprises dans la Société manifestèrent en vain la répugnance de la nature humaine contre un tel écrasement de la personnalité; la force de l'impulsion initiale l'emporta; l'ordre resta ce que l'avait fait son fondateur et le but que s'était proposé Ignace fut atteint avec des conséquences qu'il n'avait pas toutes prévues!

Ainsi, au moment même où la personnalité humaine prenait, dans le protestantisme, un essor encore entravé, mais qui devait devenir de plus en plus libre, le principe contraire réalisait l'idéal de la théocratie plus complétement qu'il n'avait été réalisé jusque-là sur la terre : le monde moderne était appelé à une grande et décisive expérience qui dure encore [1].

Une nouvelle phase de la lutte religieuse avait commencé : l'ultramontanisme s'armait et se concentrait pour ressaisir l'offensive dans l'ordre moral comme dans l'ordre des faits; la Réforme, de son côté, se faisait une citadelle inexpugnable et un inextinguible foyer de propagande. Ce ne fut pas chez le peuple qui lui avait donné naissance qu'elle constitua son principal centre et d'invasion et de résistance. L'élément allemand, qui s'était montré si fécond, témoignait d'une singulière insuffisance à organiser ce qu'il avait créé. Le luthéranisme tombait de plus en plus dans les mains des princes et les abus de cette docilité politique appliquée à la religion se faisaient sentir bien plus gravement à mesure que la Réforme s'étendait parmi des princes

---

1. V. le *Corpus institutionum Societatis Jesu*; Antverpiæ, 1709; le deuxième livre de l'*Histoire de la Papauté*, de L. Ranke, les *Comptes rendus* de MM. de Montclar et de La Chalotais, le continuateur de Fleuri, t. XXVIII. M. Edgar Quinet, dans ses célèbres leçons de 1843 (leçons II-III), a jugé Loyola et ses Constitutions à un point de vue très-élevé.

fort éloignés du zèle sincère des Frédéric le Sage, des Jean le Pacifique, des Philippe de Hesse [1]. Même dans les villes libres, le ressort, la double force d'expansion et d'organisation laissait beaucoup à désirer. La Suisse allemande, animée d'une vitalité plus énergique que l'Empire, avait peu d'action au dehors. Si la race teutonique, peu propre à agir sur les autres races, était seule chargée des destinées de la Réforme, le mouvement cesserait probablement bientôt de gagner du terrain vers l'Occident, même chez les peuples semi-teutoniques, et, malgré les premiers succès, pourrait bien finir par reculer, par succomber peut-être. Il faut à la Réforme le secours de cet esprit organisateur que les fils des Gaulois ont emprunté à la vieille discipline romaine.

La France donnera ce que ne trouve pas l'Allemagne : elle donnera Calvin.

Nous avons déjà montré l'homme et sa pensée. Il faut maintenant le voir à l'œuvre.

La Réforme, après bien des combats, était demeurée en possession de Genève et des domaines de Savoie au nord du Léman et à l'est du Jura (la Suisse romane ou française). Le vrai conquérant spirituel de Genève avait été l'ancien disciple de Lefèvre d'Étaples, le Dauphinois Farel. Mais l'impétueux Farel se sentait homme de révolution plus que d'organisation : il avait le pressen-

---

1. Et encore Philippe de Hesse mit-il les chefs spirituels du parti à une terrible épreuve. Mal marié, dès sa première jeunesse, à une princesse qu'il ne pouvait souffrir et qui avait un vice que les lois de l'ancienne Rome punissaient de mort chez les femmes, l'ivrognerie, il demanda aux docteurs de la Réforme l'autorisation non pas de divorcer, mais d'épouser une seconde femme : après bien des hésitations et des remontrances, Luther, Mélanchthon, Bucer et leurs principaux collègues, réunis à Wittemberg, se laissèrent arracher leur consentement à un second mariage pourvu qu'il fût contracté en secret (fin 1539). Bossuet et d'autres écrivains catholiques ont tiré grand parti de ce fait étrange contre les chefs de la Réforme et il est certain que Luther et ses amis cédèrent à contre-cœur à une pression toute politique. Il est juste néanmoins de remarquer que le catholique Wolsey avait eu la première idée d'un expédient semblable dans l'affaire de Henri VIII et que Luther, bien avant de se voir poser la question en fait, avait, en théorie, manifesté, dans ses lettres, des doutes qui nous semblent aujourd'hui bien singuliers sur l'illégitimité de la polygamie (*V.* Michelet, *Mém. de Luther*, t. II, p. 62-63). Attaché à la lettre de l'Écriture comme il l'était, il voyait que Jésus-Christ avait défendu de répudier son épouse, hors le cas d'adultère, et que, de l'autre part, Jésus n'avait rien dit sur la polygamie permise sous l'ancienne Loi. De là son hostilité contre le divorce et sa tolérance pour un fait infiniment plus contraire au génie de l'Occident ou, pour mieux dire, à la vraie nature de l'homme.

timent que de grandes destinées étaient réservées à Genève et que ces destinées réclamaient un génie autre que le sien. Sur ces entrefaites, Calvin passa fortuitement à Genève (octobre 1536). Une illumination soudaine éclaira Farel. Il avait jugé l'auteur de *l'Institution chrestienne*. Il court le trouver : il le presse, il le somme d'entrer dans le ministère et de rester à Genève pour « avancer l'Évangile. » Calvin refuse d'abord. Il ne voulait que le travail paisible et la retraite. Farel le menace de la malédiction de Dieu. Il cède et entre dans cette vie de combat qu'il doit mener jusqu'à la mort. Il avait vingt-sept ans.

La situation de Genève était alors fort analogue à celle de Florence sous Savonarola. Deux partis, alliés naguère contre la tyrannie, les zélés et les *libertins*, se disputaient le fruit de la commune victoire. Les uns voulaient la réforme complète des mœurs d'après les maximes du christianisme le plus austère : les autres, en renversant les vieux pouvoirs, entendaient conserver les vieilles mœurs qui faisaient de Genève, au temps des évêques, une ville de plaisirs, de luxe et de dissipation. Une série de mesures rigoureuses signala bientôt l'influence de Calvin. Une confession de foi, acceptée par la majorité des citoyens, fut imposée à chacun sous peine de bannissement (novembre 1537). Un culte sans symboles, sans cérémonies et sans formes, dans des temples froids et nus, signala le règne de l'esprit pur et de l'abstraction théologique. Les derniers rites, les dernières fêtes, conservés par Luther, par Zwingli même, disparurent [1]. La licence des mœurs fut poursuivie par la censure ecclésiastique jusque dans le foyer domestique.

Une réaction éclata : ceux qui entendaient vivre en liberté soulevèrent la vieille Genève contre les rigides novateurs. Le conseil prescrivit le rétablissement des cérémonies. Calvin et Farel refusèrent. On les bannit (23 avril 1538).

Calvin se retira à Strasbourg avec une secrète joie d'être rendu à ses livres et à ses méditations solitaires [2]. Son naturel luttait

---

1. La Noël même finit par être abolie. Calvin supprima jusqu'aux fonts de baptême. Il remplaça, dans la cène, le pain sans levain par le pain ordinaire. Mignet; *Mém. historiq.*, p. 348-350. — La *France protestante*, par MM. Haag; art. CALVIN.
2. Calvin; *Préface sur les psaumes*; ap. Th. de Bèze, *Vie de Calvin*, p. 185.

encore contre son rôle. Il luttait en vain. Il ne s'appartenait plus. Bucer, à Strasbourg, comme Farel à Genève, le contraignit à l'action. Il fonda une église française à Strasbourg pour les réfugiés et y établit la discipline ecclésiastique, « que jamais les Allemands n'ont pu obtenir jusqu'à présent pour leur église », dit le biographe de Calvin, Théodore de Bèze [1]; puis, en 1541, il fut envoyé à la diète de Ratisbonne pour prendre part à ces conférences qui furent la dernière tentative de conciliation entre le catholicisme et la Réforme. Mélanchthon le tenait en telle estime qu'il ne l'appelait que « le théologien ».

Tandis que Calvin grandissait en renommée, l'anarchie était dans la ville qui l'avait chassé. La vague liberté de ses adversaires était impuissante à se constituer. Tous les ministres étaient partis; l'enseignement, puis le culte interrompus; des prêtres catholiques recommençaient à se montrer. Genève se voyait entre le retour au catholicisme et l'assujettissement à Berne, déjà souveraine du pays de Vaud. Genève courba la tête et rappela Calvin. On le mit à la tête d'une commission chargée de rédiger un code ecclésiastique et de réunir en un seul corps les lois civiles et politiques; c'est-à-dire qu'on lui mit le gouvernement et la société tout entière dans les mains (septembre 1541). C'était dans la même année où Ignace fut élu général des jésuites. Investi de pouvoirs semblables à ceux qu'avaient eus les législateurs de la Grèce antique, le nouveau Lycurgue fit une Sparte chrétienne et réalisa l'idéal de son livre. La constitution religieuse qui domina la constitution politique reposa sur un double pivot, la congrégation et le consistoire : 1° la congrégation, formée des pasteurs et de leurs coadjuteurs; les pasteurs furent élus par l'ordre ecclésiastique, composé des pasteurs, des docteurs (professeurs de théologie), des anciens (notables qu'élisaient les conseils de la république) et des diacres chargés des œuvres de charité; 2° le consistoire, formé des pasteurs et de leurs coadjuteurs réunis aux anciens [2]. A la congrégation appartient l'interprétation de

---

1. Th. de Bèze, *Vie de Calvin*, en tête des *OEuvres françoises*, p. 11. Calvin se maria à Strasbourg; sa femme mourut au bout de neuf ans, après lui avoir donné un seul enfant qui ne vécut pas.

2. Il y eut cinq pasteurs ou ministres, trois coadjuteurs et douze anciens.

l'Écriture; si les pasteurs ne sont pas d'accord, les anciens interviennent; si le consistoire, à son tour, ne s'accorde pas, le conseil (grand conseil ou conseil des deux cents) décide. Ainsi, le dernier mot est, dans ce cas, au corps qui représente le peuple souverain. Les pasteurs ont en charge la prédication, l'enseignement, la visitation des malades, la surveillance des hôpitaux. Au consistoire appartient la censure des mœurs, l'institution essentielle de la république de Calvin. Le principe de cette institution est que tout péché est un délit que la société doit punir. Comme chez les jésuites, la dénonciation est partout, avec cette différence capitale qu'ici tout se passe au grand jour, selon la devise de Genève protestante [1], qu'on dénonce en face et qu'on ne punit qu'après discussion. Le joug ici peut accabler; il ne dégrade pas. Le consistoire prononce les peines ecclésiastiques allant jusqu'à l'excommunication; si le délit comporte des peines matérielles, il en réfère au pouvoir politique, aux conseils. Voilà donc le « bras séculier » qui reparaît : nous n'en verrons que trop les conséquences [2]!

Calvin, président à vie de la congrégation et du consistoire, dominant directement le spirituel, indirectement le temporel, ne songea plus à déposer une autorité qu'il exerça avec une activité inconcevable et une dureté toujours croissante. A chaque nouvelle rigueur de la persécution sévissant au dehors, il répondait par un redoublement de sévérité dans les institutions de sa république de *saints*, qu'il gouvernait par le double ressort de la terreur et de l'enthousiasme [3]. Nous le verrons arriver, contre les résistances politiques et religieuses, à des cruautés qui entachèrent à jamais son nom. Toutefois, si l'on juge le législateur genevois, non sur un tel acte odieux et funeste, mais sur l'ensemble de ces vingt-trois années (1541-1564) où il dirige ce navire de Genève toujours en péril, on devra reconnaître que le parti opposé à Calvin, le parti des *libertins*, gens de courage, de

---

1. *Post tenebras lux.*
2. Sur la Constitution de Genève, *V.* Mignet, *Mém. histor.*, p. 359-361, et les sources auxquelles il renvoie.
3. L'adultère, puni seulement, en 1545, de neuf jours de prison et d'une amende, finit par être puni de mort en 1560.

lumières même à beaucoup d'égards, mais dépourvus de plan et de principes, eût perdu Génève; que Calvin, au contraire, ne la sauve pas seulement, mais conquiert à cette petite ville une grandeur, une puissance morale immense. Il en fait la capitale de la Réforme, autant que la Réforme peut avoir une capitale, pour la moitié du monde protestant, avec une vaste influence, acceptée ou subie, sur l'autre moitié. Genève n'est rien par la population, par les armes, par le territoire : elle est tout par l'esprit. Un seul avantage matériel lui garantit tous ses avantages moraux : son admirable position, qui fait d'elle une petite France républicaine et protestante, indépendante de la monarchie catholique de France et à l'abri de l'absorption monarchique et catholique; la Suisse protestante, alliée nécessaire de la royauté française contre l'empereur, couvre Genève par la politique vis-à-vis du roi[1] et par l'épée contre les maisons d'Autriche et de Savoie. Les tempêtes gronderont incessamment autour de la ville privilégiée, sans jamais éclater sur elle; asile assuré où s'abriteront les fugitifs de tous pays et surtout de la France; séminaire où se préparent et d'où s'élancent chaque jour les apôtres et les martyrs[2]; foyer dont les étincelles embrasent la France et l'Occident, sans qu'aucune main ose ou puisse venir l'éteindre!

Deux grandes forces, deux grandes sectes rivales sont donc en présence et frappent à nos portes, et la France n'a pas su trouver une parole de vie qui les fasse reculer l'une et l'autre. Ces deux sectes, opposées en tout le reste, ne s'accordent que pour nier les droits de l'homme : partout des principes contraires aux sentiments naturels et à la justice; partout l'esprit de violence et de persécution; tous les martyrs ne meurent pas pour la vérité! Calvin interdit la révolte contre le magistrat persécuteur; mais il n'aspire à convertir le magistrat que pour persécuter à son tour!

Une ère sombre commence pour la chrétienté. Surexcitée par le sang et par les flammes, la rage des sacrifices humains ne se contente plus de supplices isolés. Elle a soif de grandes hécatombes.

---

1. Le roi lui-même avait protégé naguère Genève, déjà « hérétique », contre la Savoie, alliée de l'empereur.
2. Calvin compléta, en 1559, son organisation en répondant, par la création du *collége de Genève,* au *collége romain* fondé par Ignace de Loyola.

Après l'Espagne, c'était peut-être la France qui, malgré les variations de son roi, avait vu s'élever le plus de bûchers. De cette même France, qui eût dû proclamer la liberté de conscience et empêcher les guerres de religion en Europe, va partir l'épouvantable signal d'un siècle de massacres !

Nous avons exposé plus haut [1] les mœurs et les croyances des Vaudois, ces chrétiens primitifs des Alpes enveloppés, au xiii° siècle, dans la grande persécution contre tous les adversaires de l'église romaine. Nous les avons montrés, à diverses reprises, se perpétuant dans les hautes vallées sur les confins du Dauphiné, du Piémont et du marquisat de Saluces, poursuivis avec fureur au xiv° siècle, puis, à la fin du xv°, sous Charles VIII; sauvés enfin des mains de leurs bourreaux par Louis XII [2]; oubliés et laissés en paix depuis. Les Vaudois des Hautes-Alpes n'avaient pas seulement subsisté : ils avaient fondé trois colonies florissantes, l'une au fond de la Calabre, vers le milieu du xiv° siècle, l'autre en Bohême, à une époque indéterminée, la troisième en Provence, dès la fin du xiii°. Les seigneurs de Cental et de Roque-Épervière (Rocca-Sparviera), suzerains des montagnes de Saluces qu'habitaient une partie des Vaudois, avaient attiré sur des terres désertes et incultes qu'ils possédaient en Provence un essaim de ces probes et laborieux montagnards. Les colons s'étaient multipliés en paix et en silence et avaient admirablement fertilisé le canton qui s'étend sur la rive nord de la Durance, autour du mont Léberon, aux environs d'Apt et de Vaucluse [3]. La meilleure partie de ce territoire, qui contenait trois petites villes, Mérindol, Cabrières et la Coste, et une trentaine de bourgs et de villages, dépendait de la viguerie d'Apt et le reste

---

1. *V.* notre tome IV, p. 6-8.
2. Les Vaudois de Freissinières, cités devant l'inquisition, à Embrun, n'avaient pas comparu et avaient été condamnés en bloc, par contumace, au feu et à la confiscation. Louis XII demanda une bulle en leur faveur à Alexandre VI, qui ne se contenta pas de les relever de la contumace, mais leur expédia une absolution générale pour tous les cas de fraudes, larcins, usures, simonies, adultères, meurtres et empoisonnements. Les pieux chrétiens des Alpes durent être bien étonnés de la munificence du saint-père, qui croyait apparemment qu'on vivait partout comme à Rome. *V.* Al. Muston, *Hist. des Vaudois*, t. Ier, p. 77.
3. Cet axiome est d'eux (des Vaudois) : « Travailler c'est prier. » Michelet ; *Réforme*, p. 346.

du Comtat Venaissin. Il ne paraît pas que les Vaudois provençaux eussent jamais été sérieusement inquiétés comme leurs frères des Hautes-Alpes. Tranquilles, réservés, ne pratiquant leurs rites qu'en secret avec leurs *barbas* (leurs pasteurs), payant fidèlement impôts, dîmes et redevances seigneuriales, tout le monde avait intérêt à les ménager et l'on fermait les yeux sur leurs habitudes et sur leurs doctrines [1].

Jusqu'à la grande explosion de la Réforme, les Vaudois primitifs et leurs colonies avaient vécu isolés dans leur tradition, conservant inaltérablement leur foi simple et naïve et jusqu'aux poétiques légendes de leurs premiers aïeux mêlées au plus pur christianisme [2]. Mais, lorsque le bruit vint jusqu'à eux que des

---

1. *Hist. des guerres excitées dans le Comtat Venaissin par les calvinistes*, t. Ier, p. 39 (par le capucin Justin).

2.
Ay vist una Fantina
Que stendava, là mount,
Sa cotta neblousina
Al' broué de Bariound.

Una serp la seguia
De coulour d'arc en cel
Et sû di roc venia
En cima dar Castel.

Couma na flour d'arbroua,
Couma neva dai coi,
Pasava su la broua,
Senz' affermiss' ar sol.

J'ai vu une *Fantine* (une fée)
Qui étendait là-haut
Sa robe de nuages
Sur la crête (*bré*, en celtique) de Bariound.

Un serpent la suivait,
De couleur d'arc-en-ciel,
Et sur les rocs elle venait
Vers la cime du castel.

Comme une fleur de clématite,
Comme neige du col,
Elle passait sur la crête
Sans appuyer au sol.

« Les Fantines ne se voyaient que de loin, mais ne se laissaient jamais approcher. — Lorsqu'au temps des moissons, une mère déposait le berceau de son enfant dans les blés, elle était rassurée par la pensée qu'une Fantine venait en prendre soin pendant son absence. — Si dans les rochers arides s'épanouissait une magnifique fleur,

peuples entiers brisaient le joug de Rome et proclamaient « le pur Évangile », une émotion inexprimable s'empara de leurs âmes : ils crurent que « le jour du Seigneur » était venu ; en 1530, ils envoyèrent deux de leurs *barbas* aux réformateurs de Suisse et d'Alsace pour se mettre en communion avec ces frères qui leur naissaient en Jésus-Christ.

Ils rencontrèrent là, parmi des sentiments qu'ils nourrissaient depuis bien des siècles, une doctrine qui n'était pas celle de leurs aïeux !

« Ce n'est pas sans surprise, dirent-ils à Œcolampade, que nous avons appris l'opinion de Luther touchant le LIBRE ARBITRE [1]. Tous les êtres, les plantes mêmes, ont une vertu qui leur est propre ; nous pensions qu'il en était ainsi des hommes... Et, quant à la prédestination, nous sommes fort troublés, ayant toujours cru que Dieu a créé tous les hommes pour la vie éternelle et que les réprouvés se sont faits tels par leur propre faute ; mais, si toutes choses arrivent nécessairement, de telle sorte que celui qui est prédestiné à la vie ne puisse pas devenir réprouvé, ni ceux destinés à la réprobation parvenir au salut, à quoi servent les prédications et les exhortations [2] ? »

C'est ainsi que le droit sens et la saine tradition de ces enfants des Alpes luttaient contre l'invasion d'une logique fatale. Mais la Réforme exerça sur eux une pression croissante. En 1532, un synode fut tenu dans le val d'Angrogne, une des vallées vaudoises du Piémont [3]. Toutes les communautés vaudoises y étaient représentées, excepté celles de la Bohême. Le réformateur de la Suisse française, Farel, représentait les nouvelles églises parmi ces vieux chrétiens évangéliques. Les humbles croyants des Alpes n'osèrent défendre contre tous ces grands docteurs du siècle, au nom desquels parlait Farel, le dépôt qu'ils avaient en garde. Par simpli-

---

c'est qu'une Fantine l'avait arrosée. — Lors d'une inondation, un berceau entraîné par les flots vint aborder sans accident au rivage ; c'était une Fantine qui l'avait dirigé. » Michelet, *Réforme*, p. 505-508 ; d'après M. Muston, pasteur et historien des Vaudois.

1. Les livres de Luther leur étaient arrivés en 1526.
2. Muston, *Hist. des Vaudois*, t. Ier, p. 178.
3. Un des *barbas* envoyés à Strasbourg, Pierre Masson, avait été arrêté à Dijon, au retour, et brûlé comme hérétique.

cité, par modestie, ils cédèrent à la contrainte morale du protestantisme, eux qui avaient été invincibles contre la violence matérielle de Rome! Une confession de foi fut rédigée, dans laquelle on lit cet article :

« Quiconque établit le libre arbitre nie complétement la prédestination de Dieu. »

Deux pasteurs dauphinois protestèrent et se retirèrent, emportant avec eux la foi de leurs pères et une partie des monuments écrits de la tradition vaudoise. Les Vaudois de la Bohême, soutenus par l'esprit hussite, protestèrent avec eux.

La majorité des Vaudois n'en fut pas moins absorbée dans la doctrine augustinienne et les protestants saluèrent en eux les aînés de la Réforme, titre funeste qui les dévoua au martyre [1]!

A cette époque, les persécutions avaient déjà commencé depuis longtemps contre les Vaudois de la Provence. Dès les premières années de la Réformation, les Vaudois provençaux, saisis d'émulation et se reprochant d'avoir trop longtemps enveloppé leurs croyances dans l'ombre, s'étaient départis de leur prudente réserve et avaient attiré sur eux les poursuites de l'inquisition. François Ier, dans un de ses moments de tolérance, fit arrêter et poursuivre à son tour l'inquisiteur Jean de Roma, pour les excès qu'il avait commis contre eux [2]; mais, bientôt, la recrudescence persécutrice de 1534 s'étendit sur la Provence : évêques et parlement frappèrent à l'envi : il y eut un assez grand nombre de condamnations à mort en 1535. Le parlement d'Aix ordonna aux seigneurs d'obliger leurs vassaux vaudois à abjurer ou à quitter le pays. Les Vaudois prirent les armes. Sur ces entrefaites, l'amnistie conditionnelle accordée aux « luthéristes » en juillet 1535 pacifia momentanément le pays. Les Vaudois ne remplirent pas la condition de l'amnistie, qui était de vivre catholiquement : parmi les

---

1. Du synode d'Angrogne sortit un monument important : la première Bible française complète qu'aient publiée les protestants. Robert, dit *Olivétan*, parent de Calvin, prit pour base les anciens manuscrits en langue romane, communiqués par les Vaudois, et sa version française parut à Neufchâtel en 1535. — Le pasteur d'Angrogne, Martin Gonin, qui avait eu la principale part à la réunion des Vaudois aux réformés, fut arrêté à Grenoble et supplicié en 1536.

2. L'enquête contre Jean de Roma est aux Archives nationales.

seigneurs et les magistrats, les uns fermaient les yeux ; les autres, à la tête desquels se signalait Jean Meinier, baron d'Oppède, arrêtaient et emprisonnaient les Vaudois pour s'emparer de leurs biens par voie de rançon ou de confiscation. Le parlement et les archevêques d'Aix et d'Arles sollicitèrent des ordres du roi afin de régulariser les poursuites. Après divers incidents et quelques exécutions, le parlement d'Aix cita en masse un grand nombre de Vaudois, parmi lesquels des morts et des enfants en bas âge. Les Vaudois ne comparurent pas. Le 18 novembre 1540, le parlement condamna au feu par contumace vingt-trois notables et chefs de famille, à l'esclavage leurs femmes et leurs enfants, les livrant à quiconque pourrait s'en saisir, suivant une formule plus d'une fois employée dans les bulles des papes contre les hérétiques, et ordonna la destruction de Mérindol, principal foyer de l'hérésie; les maisons devaient être rasées jusqu'aux fondements ; les caves comblées ; les cavernes bouchées ; les forêts coupées ; les arbres fruitiers arrachés !

Déjà des troupes royales étaient assemblées pour l'exécution de cet effroyable arrêt et le vice-légat qui gouvernait le Comtat Venaissin pour le pape se disposait à traiter le bourg de Cabrières, dépendance du Comtat, comme le parlement d'Aix ordonnait de traiter Mérindol. Les Vaudois s'étaient armés, résolus à ne point périr sans se défendre : trois hommes influents s'unirent pour arrêter les scènes de carnage qui se préparaient : Barthélemi Chasseneux (*Chassaneus;* Chassanée), premier président du parlement de Provence et savant jurisconsulte, Sadolet, évêque de Carpentras dans le Comtat, et Guillaume du Bellai-Langei, gouverneur du Piémont. Chasseneux avait été un des auteurs de la sentence du 18 novembre ; mais il eut horreur de son ouvrage et en suspendit l'exécution jusqu'à ce qu'on en eût référé au roi ; pendant ce temps, Sadolet (*Sadoleti*), que ses lumières, sa bonté et les charmes de son esprit rendaient cher et respectable à tous les partis [1], parvint à détourner de Cabrières la vengeance du

---

1. C'était lui qui écrivait à Mélanchthon ces belles paroles : *Non ego enim sum qui ut quisque à nobis opinione dissentit, statim eum odio habeam* (Je ne suis pas de ceux qui prennent en haine incontinent quiconque ne pense pas comme eux). Cet excellent homme correspondait avec Calvin lui-même et consuma toute sa vie en généreux efforts.

vice-légat. François Ier, avant de se prononcer, chargea Guillaume du Bellai de prendre d'exactes informations sur les Vaudois : le rapport de du Bellai fut très-favorable à la population proscrite. Le roi, par une déclaration du 18 février 1541, suspendit l'arrêt du parlement d'Aix et accorda aux Vaudois un délai de trois mois pour abjurer leurs erreurs. Les Vaudois de Mérindol et des autres lieux dépendant de la Provence comparurent collectivement devant le parlement d'Aix par un mandataire qui présenta leur confession de foi et requit qu'on leur montrât amiablement en quoi ils erraient[1]. Les Vaudois de Cabrières, qui relevaient de l'évêché de Carpentras, conférèrent amiablement sur cette même confession avec leur diocésain Sadolet. Les condamnés du 18 novembre 1540 et quelques autres personnes acceptèrent purement et simplement la déclaration du roi, ce qui semblait impliquer abjuration. L'an d'après, le roi, harcelé par le cardinal de Tournon, demanda qu'on l'informât des résultats de son amnistie. Le parlement d'Aix délégua un de ses conseillers, avec l'évêque de Cavaillon, diocésain de Mérindol, pour visiter ce centre de la vaudoisie. Les commissaires ne réclamaient qu'une vague formule d'abjuration collective. La conscience des Vaudois s'y refusa (avril 1542). Leur refus n'eut pas de suites immédiates : la majorité du parlement et du clergé de Provence assiégea en vain le roi durant deux ans. Calvin ne négligea rien pour sauver les « fidèles » provençaux : il fit écrire au roi des lettres pressantes par la ligue de Smalkalde et par les cantons protestants de la Suisse ; cette intervention étrangère ne fut rien moins qu'agréable à François Ier ; cependant la politique l'obligea d'y avoir égard tant que dura la guerre contre l'empereur, et, le 14 juin 1544, il alla jusqu'à suspendre toutes les procédures commencées contre les Vaudois : l'édit royal leur rendait tous leurs priviléges et ordonnait l'élargissement de tous leurs prisonniers. Le procureur général d'Aix était écarté de la cause, comme parent de l'archevêque, ennemi juré des accusés, et un conseiller était

---

pour adoucir les haines religieuses. Il se consola, par le bien qu'il fit à son diocèse, du bien qu'il n'avait pu faire à la chrétienté en général.

1. Cette confession fut envoyée au roi, qui, dit-on, demanda avec surprise ce qu'on y trouvait à redire.

chargé à sa place de l'enquête définitive sur leur innocence.

Les Vaudois se croyaient sauvés. Hélas! ils étaient à la veille de leur épouvantable ruine. Deux de leurs protecteurs, du Bellai-Langei et Chasseneux, étaient morts; le troisième, Sadolet, était parti pour Rome; on prétend que Chasseneux avait été empoisonné par les fanatiques dont il contrariait les fureurs et qui trouvèrent un instrument terrible dans son successeur, le premier président Meinier, baron d'Oppède, un de ces hommes qui ne poursuivent à travers les catastrophes politiques et religieuses que la satisfaction de leurs appétits rapaces et de leur rage destructrice. D'Oppède voulait, dit-on, se venger sur les Vaudois du refus qu'une de leurs suzeraines, la dame de Cental, avait fait de sa main : ce magistrat, qui, en l'absence du comte de Grignan, gouverneur de la Provence, dirigeait toutes les affaires du pays, comme lieutenant du gouverneur en même temps que premier président, ne cessait d'exciter le roi à l'extermination des hérétiques : il accusait les Vaudois de profanations et d'insultes continuelles contre la religion catholique; il représentait leurs liaisons avec les réformés étrangers comme une conspiration contre la couronne, et prétendait que ces paisibles agriculteurs avaient quinze mille hommes prêts à prendre les armes et à s'emparer de Marseille, pour ériger la Provence en république. Le comte de Grignan avait déjà inquiété la cour par des insinuations analogues; le cardinal de Tournon, toujours prêt à frapper quand il s'agissait d'hérésie, seconda d'Oppède et les prélats provençaux de toute son influence ministérielle. Les souffrances physiques croissantes rendaient le roi tout à la fois plus ombrageux, plus irritable et plus accessible à la superstition qu'autrefois; on saisit le moment favorable. Après le traité de Crépi, le roi n'avait plus tant de souci de ménager les réformés d'Allemagne et de Suisse. Le parlement d'Aix se mit en correspondance avec le cardinal de Tournon pour tâcher de faire révoquer les lettres-patentes du 14 juin. Le cardinal fit dresser des lettres de révocation par le substitut du procureur général au conseil privé et, sur le refus du garde des sceaux Olivier[1], les fit

---

1. Le chancelier Poyet, comme nous l'avons vu, était alors suspendu et poursuivi criminellement. Après sa dégradation, Olivier lui succéda le 28 avril 1545.

présenter à la signature du roi par le secrétaire d'État l'Aubespine. Le roi signa, dit-on, sans lire. L'Aubespine contre-signa. Le substitut, qui avait écrit la pièce, ne voulut point la signer, comme trop irrégulière. Le garde des sceaux, bien moins encore, l'eût scellée. Le cardinal y fit mettre, on ne sait par qui, un scel et un contre-scel subreptices.

Cette pièce sinistre enjoignait au parlement de Provence de mettre à exécution son arrêt du 18 novembre 1540, nonobstant toutes lettres de grâce postérieures, et de faire en sorte que le pays fût entièrement nettoyé des séducteurs hérétiques. Une main inconnue avait ajouté au-dessous de la signature l'ordre d'exécution militaire (1er janvier 1545).

D'Oppède suspendit quelque temps l'exécution pour la mieux assurer : le 12 avril seulement, il lut les lettres du roi au parlement d'Aix, qui nomma aussitôt, pour exécuter l'arrêt, des commissaires à la tête desquels fut placé d'Oppède. Dès le lendemain, le premier président, l'avocat général Guérin et le juge-mage d'Aix sortirent d'Aix, accompagnés de Paulin, baron de La Garde, ex-commandant d'escadre et compagnon d'armes de Barberousse, qui conduisait une petite armée composée de six enseignes des vieilles bandes de Piémont, d'une compagnie d'ordonnance et de quelques milices bourgeoises d'Aix, d'Arles, d'Apt et de Marseille, requises de prendre les armes « à peine de punition exemplaire ». Ces troupes, renforcées par les soldats du vice-légat d'Avignon et par une populace fanatique et brutale, envahirent brusquement le territoire vaudois. Les Vaudois n'opposèrent d'abord aucune résistance : le meurtre, l'incendie et le viol se déchaînèrent sur toute la contrée. A la vue de huit ou dix villages enflammés, les habitants de Mérindol s'enfuirent dans les bois et dans les montagnes. Les soldats ne trouvèrent, en entrant à Mérindol, qu'un pauvre idiot : d'Oppède le fit arquebuser. Puis on découvrit quelques femmes dans une église. Les malheureuses, après mille outrages, furent précipitées du haut des rochers du château ! (18 avril.)

Mérindol brûlé, les égorgeurs marchèrent sur Cabrières, place fortifiée, qui se défendit et se laissa battre en brèche. D'Oppède offrit la vie et les biens aux habitants. Les Vaudois ouvrirent leurs portes (20 avril). D'Oppède ordonna aux troupes de tout mettre à mort. Les vieux soldats de l'armée de Piémont déclarèrent leur honneur engagé par la capitulation et refusèrent. Les fanatiques de la milice et de la populace qui suivaient d'Oppède obéirent, les deux gendres de d'Oppède en tête. On tua dans les rues; on tua dans le château; on tua dans l'église; une multitude de femmes et d'enfants s'y étaient réfugiés; la horde forcenée s'y précipita : on vit là réunis tous les forfaits que peut rêver l'enfer!

D'autres femmes s'étaient cachées dans une grange : d'Oppède les y fit enfermer et fit mettre le feu aux quatre coins. Un soldat voulut les sauver et leur ouvrit la porte; on les rejeta dans le feu à coups de piques. Vingt-cinq mères de famille avaient cherché asile dans la caverne de Mus, à quelque distance de la ville : le vice-légat d'Avignon, digne émule de d'Oppède, fit allumer un grand feu à l'entrée de la grotte : cinq ans après, on retrouva au fond les ossements des victimes.

La Coste eut le même sort que Cabrières. Le seigneur de la Coste, parent de d'Oppède, avait conjuré celui-ci d'épargner « ses sujets ». D'Oppède promit. Les portes furent ouvertes. Toutes les horreurs de Cabrières furent renouvelées. Un grand nombre de malheureux se précipitèrent du haut des murailles, se poignardèrent ou se pendirent aux arbres pour échapper aux atroces traitements des bourreaux qui prolongeaient, avec un art infernal, l'agonie de toute une ville. On vit une mère, tombée avec sa fille dans les mains de ces bêtes féroces ivres de sang et de luxure, se percer le cœur d'un couteau et le passer tout sanglant à sa fille (22 avril)!

Les trois villes vaudoises et vingt-deux villages étaient détruits; trois mille personnes massacrées; deux cent cinquante-cinq exécutées, après les massacres, sur un simulacre de jugement; six ou sept cents envoyées ramer sur les galères du baron de la Garde : beaucoup d'enfants avaient été vendus comme esclaves! L'armée des égorgeurs se retira enfin, laissant derrière elle une double ordonnance du parlement d'Aix et du vice-légat d'Avignon, du 24 avril, qui défendaient « que nul, sous peine de la vie, n'osât donner retraite, aide, secours, ni fournir argent ni vivres à aucun Vaudois ou hérétique. » La populace catholique des cantons environnants continua de parcourir en armes la campagne, glanant sur les traces de l'armée et cherchant ce qui restait à tuer ou à piller, tandis que des milliers de proscrits erraient dans les bois et dans les rochers du Lèberon, arrachant, pour apaiser la faim qui les dévorait, les herbes et les racines sauvages. Tout secours leur était refusé; autour d'eux, la terreur glaçait tout ce que n'enivrait pas le fanatisme. Une pauvre femme vint expirer d'inanition à la porte d'une grange sans que personne osât lui donner un morceau de pain! Une multitude de ces infortunés « moururent de faim enragée », dit un historien provençal; les plus robustes gagnèrent les Alpes, Genève et la Suisse, fuyant cette patrie naguère si heureuse, que la rage des persécuteurs avait changée en un désert plein de ruines noircies et de débris humains sans sépulture.

Jamais victimes plus pures ni bourreaux plus infâmes n'avaient apparu dans l'histoire [1].

Tel fut l'épouvantable prologue des luttes religieuses qui devaient bouleverser de fond en comble la vieille France! Les jours de Béziers et de Carcassonne étaient revenus, et c'était sur toute la surface du royaume que devaient se renouveler, dans quelques années, les horreurs de la guerre des Albigeois!

D'Oppède et ses complices, « craignant d'être un jour recherchés pour tout ce qui s'étoit fait en cette exécution », envoyèrent au roi le sieur de La Fond, un des présidents au parlement d'Aix et des commissaires de l'expédition, afin de justifier leur conduite.

---

1. Alexis Muston, *Hist. des Vaudois*, t. Ier, ch. v (d'après les pièces du procès et tous les documents imprimés et manuscrits. — De Thou, *Histoire universelle*, l. vi. — Th. de Bèze, *Histoire ecclésiastique*. — Sleidan. — Bouche, *Hist. de Provence*, l. x. — C'est à l'année 1545 que commence l'*Histoire universelle* de Jacques-Auguste de Thou (1545-1607) : le i^{er} livre n'est qu'un résumé du demi-siècle précédent. Cet ouvrage est le grand monument historique du xvie siècle : ses proportions, trop vastes sous le rapport de l'art, mais non sous celui de la science et de l'information, dépassent toutes les œuvres analogues. On ne retrouve pas sans doute, sous l'ampleur magistrale de son latin classique, la couleur et la vivacité des Mémoires français; mais l'imposante ordonnance, la dignité, la moralité, le patriotisme, les lumières qui le distinguent, justifient sa haute renommée. Il faut seulement se défier quelquefois de ses jugements sur certains hommes et certains faits : il est trop enclin, dans son énergique antipathie contre les ennemis de l'État, à soupçonner partout des trames mystérieuses et à changer des accidents en crimes. V. avec le texte latin, la traduction française de Londres (1734), à la suite de laquelle sont tous les passages *restitués*.

Le cardinal de Tournon plaida auprès du roi la cause des massacreurs et François I**er**, par lettres-patentes du 18 août 1545, « approuva tout ce qui avoit été fait contre les Vaudois, » acceptant devant Dieu et devant les hommes la solidarité de ce grand attentat.

Des applaudissements féroces avaient éclaté dans le pays des grandes hécatombes humaines, en Espagne [1], et dans tous les rangs du catholicisme fanatique : tout ce qui, dans les pays catholiques, conservait des sentiments humains et chrétiens garda un silence de stupeur, ou s'unit au cri d'indignation des peuples protestants. Les hommes dont l'esprit n'était pas troublé ni le cœur perverti sentirent l'Europe entrer dans un de ces cercles de désolation dont parle le Dante !

François I**er**, par cet effroyable gage, semblait appartenir tout entier à la réaction catholique. Ses ambassadeurs servaient partout la politique de Charles-Quint et du saint-siège, travaillaient à réconcilier le sultan avec la maison d'Autriche afin que l'empereur eût les mains libres en Allemagne, pressaient avec menaces, à la diète de Worms, les luthériens de reconnaître le concile qui commençait à s'assembler à Trente [2]. François, en même temps, poussait la guerre avec vigueur, sinon avec habileté, contre son ancien ami, le schismatique Henri VIII.

La France dut subir encore des sacrifices énormes en 1545 : dès le mois de juillet 1544, tous les impôts avaient été arbitrairement augmentés d'un quart; un emprunt forcé fut exigé des « gens aisés à ce faire », et la gabelle du sel fut établie, par ordonnance royale, dans toutes les provinces exemptes; ainsi se trouvèrent justifiées les craintes des populations de l'Ouest et leurs résistances aux premières atteintes portées naguère à leurs privilèges. Le droit commun auquel on les assujettissait n'était que l'oppression commune. On généralisait le détestable régime de l'achat forcé, au lieu de le remplacer par un droit sur le sel. Des séditions éclatèrent dans le Périgord et dans quelques autres contrées : elles n'eurent point immédiatement de grandes suites;

---

1. *V.* Alf. de Ulloa, *Vita di Carlo-Quinto*, l. III, f⁰ 177.
2. L'ambassadeur de France à Worms était ce même Grignan, gouverneur de Provence, qui avait contribué à préparer la catastrophe des Vaudois.

mais le feu de la révolte couvait dans les provinces du sud-ouest et devait finir par allumer un violent incendie.

L'augmentation des impôts permit à François Ier d'assaillir puissamment Henri VIII par terre et par mer : des levées d'infanterie légère furent ordonnées en Gascogne et en Languedoc ; de nombreux lansquenets arrivèrent d'Allemagne ; Paulin, baron de La Garde, général des galères, après avoir coopéré aux massacres de Provence, eut ordre d'amener à Honfleur la flotte de la Méditerranée ; on nolisa et l'on arma en guerre les plus forts navires marchands de Picardie, de Normandie, de Bretagne, de Guyenne, de La Rochelle ; car il n'y avait eu jusqu'alors d'autre marine royale, dans les ports de l'Océan, que quelques « grosses nefs » d'apparat ; la marine militaire de la Méditerranée était au contraire assez considérable. Le roi venait, seulement, de faire construire, en Bretagne et en Normandie, un certain nombre de galions à voiles et à rames, qui tenaient le milieu entre les « grosses nefs » et les galères. Cent cinquante « gros vaisseaux ronds », soixante transports et vingt-cinq galères de la Méditerranée furent rassemblés sur les côtes de Normandie[1], et le roi résolut d'envoyer le principal corps de l'armée de mer combattre la flotte anglaise et « prendre pied en Angleterre, où l'occasion se présenteroit », tandis qu'un corps de troupes, porté par une escadre, irait joindre les Écossais et que la grande armée de terre bloquerait Boulogne. L'armée de mer fut confiée à l'amiral d'Annebaut, « qui gouvernoit tout le fait de la guerre : » c'était la première fois, depuis longues années, qu'un amiral remplissait les fonctions attachées à son titre et montait sur un navire.

Le roi et toute la cour se rendirent au Havre-de-Grâce, pour voir appareiller la flotte : le jour fixé pour l'embarquement (6 juillet), le roi donna aux dames de « sa compagnie » un festin

---

1. La supériorité de vitesse et de manœuvres qu'avaient les galères fut le motif qui les fit appeler dans l'Océan. Marchant par tous les vents, lorsque la tempête n'était pas trop forte, elles remplissaient souvent, toute proportion gardée, un rôle analogue à celui de nos bateaux à vapeur. Nous devons cette observation à un intéressant article de M. Raymond Thomassy. — Les galions construits par François Ier avaient probablement des sabords : cette modification de l'armement naval, si importante qu'elle a créé, à vrai dire, le *vaisseau de guerre*, avait été inventée, vers l'année 1500, par Descharges, constructeur de navires à Brest.

splendide à bord du *Carraquon*, vaisseau amiral, « qui étoit le plus beau navire de la mer de Ponant (d'Occident) et le meilleur à la voile, portant huit cents tonneaux de charge et cent pièces d'artillerie de bronze (probablement la plupart de petit calibre); » sur la fin de ce banquet, le feu se mit au *Jougon* (à la cuisine), par l'imprudence des cuisiniers du roi. Les galères de Paulin sauvèrent la cour, une partie de l'équipage et la caisse de l'armée ; mais, lorsque le feu « vint au bas du navire », les canons partirent les uns après les autres et lancèrent leurs boulets dans toutes les directions; les galères durent prendre le large; le *Carraquon* sauta avec plusieurs centaines de soldats et de matelots.

La perte du vaisseau amiral n'empêcha pas les autres navires d'appareiller, et, le 18 juillet, toutes les divisions de l'armée navale, parties du Havre, de Honfleur, de Harfleur, de Dieppe, furent réunies en vue de l'île de Wight. La flotte anglaise, assemblée dans la rade de Portsmouth, ne comptait que soixante gros navires « élus (choisis) et très-bien ordonnés pour la guerre, » outre les ramberges, bâtiments étroits et allongés, qui luttaient de vitesse avec les galères. Après une assez longue canonnade à l'entrée du canal qui sépare l'île de Wight de la côte d'Angleterre, les Anglais, trop faibles pour soutenir le choc, se retirèrent dans une partie du canal où ils étaient protégés, d'un côté, par des forts bâtis sur les falaises, de l'autre, par des bancs et des écueils sous-marins. D'Annebaut n'engagea pas ses gros vaisseaux dans ce dangereux passage et tâcha d'attirer l'ennemi en pleine mer : il envoya le baron de La Garde et ses galères insulter les Anglais à la faveur d'un calme; les galères allèrent hardiment trouver les Anglais à l'ancre, coulèrent à fond le grand navire la *Mary-Rose*, avec tout son équipage, démâtèrent et rasèrent le vaisseau amiral, le *Grand-Henri* [1], « et eussent fait bien d'autres dommages », si un vent de terre qui se leva subitement n'eût poussé les nefs anglaises à pleines voiles sur les agresseurs. Les galères se replièrent sur la flotte française : les Anglais ne sortirent pas « de leur fort. » D'Annebaut, alors, jeta dans l'île de

---

1. Le *Henri-Grâce-de-Dieu*. Le *Magasin pittoresque* a donné un dessin curieux de ce navire. Ces vaisseaux d'apparat étaient mieux construits pour l'effet pittoresque que pour la manœuvre.

Wight des troupes de débarquement, avec ordre de tout brûler et « dégâter » : il pensait que le roi Henri VIII, dont il avait appris l'arrivée à Portsmouth, ne laisserait pas ravager son pays sous ses yeux sans lui porter secours; mais les Anglais demeurèrent immobiles. L'amiral et ses lieutenants reconnurent l'impossibilité de forcer l'ennemi à combattre : d'Annebaut, esprit peu entreprenant, n'osa adopter un plan hardi qu'on lui proposa pour occuper et fortifier l'île de Wight. La flotte remit à la voile et alla débarquer au camp du maréchal du Biez, devant Boulogne, quatre mille soldats et trois mille pionniers, qui eussent été peut-être mieux employés à bâtir et à garder des forteresses dans l'île de Wight. La violence du vent repoussa ensuite l'armée navale vers l'Angleterre : les Anglais, qui s'étaient renforcés et qui comptaient cent gros navires, tenaient la mer et manœuvraient afin d'engager le combat à leur avantage; mais, quand ils reconnurent que la bourrasque n'avait pas troublé la bonne ordonnance de leurs adversaires, ils virèrent de bord vers l'île de Wight : il y eut seulement une canonnade entre leur arrière-garde et les galères du baron de La Garde. « L'escarmouche fut bien chaude » et il fut tiré, durant deux heures de combat, plus de « trois cents coups d'artillerie, tant d'un côté que de l'autre. » Cette remarque de Martin du Bellai atteste combien la marine militaire était encore dans l'enfance. Les galères n'avaient que quelques canons à la proue; leurs flancs et leur poupe n'étaient point armés [1].

La flotte française regagna les ports de Normandie dès le milieu d'août et ce grand armement maritime, le premier qui eût été tenté sur de telles proportions, n'eut d'autre résultat que d'avoir montré la France puissante sur l'Océan. La campagne de terre n'eut pas même un résultat moral comme celle de mer : le maréchal du Biez avait été chargé de resserrer Boulogne et de construire, vis-à-vis de la fameuse *tour d'Odre*, un fort qui commandât l'entrée du port et coupât les communications des assiégés avec la mer. Le maréchal construisit son fort, non point dans l'emplacement convenu, mais à l'endroit appelé Outr'eau, trop éloigné de la mer pour empêcher le ravitaillement. Le maré-

---

[1]. Martin du Bellai, l. x. — Paradin, l. IV, p. 142. — *Belcarius*, l. XXIV, p. 766-767.

chal commit faute sur faute et quarante mille combattants consumèrent inutilement la belle saison devant Boulogne.

Dans un des nombreux engagements qui eurent lieu entre les troupes françaises et les fortes garnisons anglaises de Boulogne, de Calais et de Guines, l'héritier de Guise, François de Lorraine, comte d'Aumale, qui commençait à acquérir autant de renommée dans les camps que de crédit à la cour, reçut un coup de lance qui lui perça la joue au-dessous de l'œil droit et entra dans la tête de près d'un demi-pied : la lance se rompit du choc; le fer court et aigu demeura dans la plaie avec deux doigts du bois; François, malgré cette terrible blessure, « ne perdit ni les arçons, ni l'entendement », et eut la force de se tenir à cheval et de retourner au camp; mais tous les chirurgiens craignaient qu'il ne rendît l'esprit entre leurs mains, au moment où l'on extrairait le tronçon de la tête : un seul d'entre eux, qui commençait à s'illustrer dans la pratique et dans la théorie de leur art, osa se fier à son adresse et à l'inébranlable constance du blessé : il mit le pied sur la tête du comte et, avec des tenailles, enleva le fer d'une main si sûre qu'aucun accident grave ne survint et que l'œil ne fut point endommagé; seulement François de Guise conserva, toute sa vie, une profonde cicatrice qui lui valut le surnom de *Balafré*. Cet habile opérateur était Ambroise Paré, le père de la moderne chirurgie française, cet art si utile à l'humanité et qui était destiné à atteindre sa perfection dans notre patrie [1].

François Ier eut, sur ces entrefaites, une grande douleur à subir : son fils Charles, duc d'Orléans, mourut, le 8 septembre, à l'abbaye de Forêt-Moûtier, entre Abbeville et Montreuil, enlevé

---

1. *V.* Œuvres d'Ambroise Paré; *Voyage de Boulogne*. Jusqu'alors on regardait comme vénéneuses les blessures faites par les armes à feu et on les cautérisait avec l'huile bouillante. L'inflammation et la mort suivaient, dans beaucoup de cas, cet absurde traitement. Paré y substitua l'emploi successif de substances de plus en plus douces, consigna le résultat de ses expériences et en forma un corps de doctrine nouvelle dans sa *Manière de traiter les plaies faites par les arquebuses*, publié en 1544. Poirson, *Hist. de France pendant les temps modernes*, IIe partie, p. 155; 1834. — On a exagéré l'infériorité sociale des chirurgiens avant Paré, en avançant qu'ils étaient confondus avec les barbiers : une ordonnance de Charles V autorise seulement les barbiers à panser les plaies non mortelles, les pauvres n'étant point en état de recourir aux chirurgiens, « gens de grand état et de grand salaire ». *Ordonn. des rois de France*, t. V, p. 530; VI, p. 197. Il est vrai cependant que les apprentis chirurgiens cumulaient les deux métiers.

par une maladie contagieuse qui régnait dans l'armée et dans la Picardie maritime. Le jeune prince fut victime de son extravagance : il s'avisa d'entrer par bravade, accompagné de quelques jeunes seigneurs, dans une maison où huit personnes étaient mortes de la contagion; il retourna les matelas des lits mortuaires et fit voler la plume avec son épée sur sa tête et sur celle de ses compagnons, en criant que « jamais fils de France n'étoit mort de la peste »; il s'échauffa tellement à cet étrange exploit qu'il se coucha deux heures après et ne se releva plus : il avait vingt-trois ans. Le roi perdit ainsi, à neuf ans d'intervalle, les deux fils qu'il préférait : il ne lui restait plus que le dauphin Henri, celui des trois qui lui ressemblait le moins par l'esprit et le caractère et auquel il avait toujours porté le moins d'affection[1].

La mort du duc d'Orléans changeait de nouveau la face de la politique en annulant le traité de Crépi, qui reposait tout entier sur la tête de ce jeune prince et sur son union avec la fille ou la nièce de l'empereur[2]. François Ier rentrait dans ses droits sur le Milanais et tous les anciens sujets de contestation renaissaient entre le roi et l'empereur. François Ier envoya l'amiral d'Annebaut et le chancelier Olivier à Bruges, vers Charles-Quint, pour aviser à « faire nouveaux traités et confirmer nouvelles alliances et amitiés. » Charles, tranquille du côté du Turc, avec qui François Ier lui avait ménagé une trêve plus utile qu'honorable[3], était tout occupé à tirer de ses sujets des Pays-Bas « grandes finances, tant par octroi que par prêt, » afin de réaliser ses projets contre les luthériens; il souhaitait fort de rester en paix avec la France,

---

1. Une étourderie du dauphin, grave au fond, malgré la légèreté de la forme, avait irrité le roi au plus haut point. Un jour, Henri, à table avec ses amis, s'avisa de leur distribuer d'avance toutes les charges de la couronne, comme s'il eût été déjà roi. François Ier, averti de cette scène inconvenante par son fou Briandas, entra dans une telle colère qu'il alla droit à la chambre de son fils, à la tête des archers de la garde écossaise. Henri et ses compagnons s'enfuirent; le roi passa son courroux sur les valets et sur l'ameublement; les pages et les valets furent obligés de se sauver par les fenêtres et le dauphin fut plus d'un mois sans oser reparaître devant son père. Tous ses compagnons de table restèrent exilés de la cour. *Mémoires* de Vieilleville.

2. Charles Quint, après avoir gardé le jeune duc quelque temps à Bruxelles, avait récemment déclaré qu'il optait pour sa nièce et l'investiture du Milanais, à moins que le roi ne fît à son fils « un plus grand partage » en France.

3. Le roi des Romains l'avait achetée par de riches présents et par un tribut annuel de 50,000 écus d'or.

mais sans vouloir acheter cette paix par la cession du Milanais ; il répondit vaguement aux ouvertures de François Ier qu'il ne donnerait aucune atteinte à la bonne intelligence établie par le dernier traité et que, « là où le roi ne commenceroit la guerre, il n'étoit pas délibéré de la lui faire (novembre). »

Le roi recommença de voir d'un autre œil les desseins de l'empereur sur l'Allemagne, ordonna de grands travaux de défense sur les frontières du nord et de l'est, depuis la Picardie jusqu'à la Bresse, rouvrit des négociations avec Henri VIII et se refroidit fort pour le concile de Trente, dont l'ouverture, indiquée au 15 mars, avait été retardée de mois en mois par les instances de l'empereur et par la lenteur des évêques à se rassembler : l'empereur avait essayé une dernière fois de faire accepter aux protestants un concile convoqué par le pape et dirigé par les légats : ils déclarèrent qu'ils ne reconnaîtraient qu'un concile convoqué par l'empereur dans une ville d'Allemagne (mars-août 1545). Charles n'était pas prêt encore à employer la force : il ajourna la diète et tâcha de faire ajourner le concile au mois de janvier 1546. Les évêques des états autrichiens et ceux de France mettaient aussi peu d'empressement les uns que les autres à se rendre à Trente : le haut clergé n'avait que de la répugnance pour cette assemblée ; les abus dont il profitait, surtout le cumul et la non-résidence, s'étaient démesurément accrus en France depuis le concordat [1] et le concile ne pouvait manquer d'y apporter quelques réformes. Aussi les prélats français virent-ils assez volontiers le roi se montrer moins favorable au concile et rappeler même ses ambassadeurs de Trente.

Les persécutions, néanmoins, ne se ralentirent point en France et l'année 1546 fut féconde en martyrs pour les annalistes de la Réforme. Meaux continuait d'être un ardent foyer de protestantisme ; soixante réformés, dont dix-neuf femmes, y furent condamnés, quatorze au feu, le reste à de « grosses peines » corporelles ou pécuniaires. Les uns étaient des cardeurs de laine, les

---

1. L'exemple le plus éclatant et le plus scandaleux de ces abus était le cardinal Jean de Lorraine. Il fut, en même temps ou successivement, archevêque de Lyon, de Reims et de Narbonne, évêque de Metz, de Toul, de Verdun, de Térouenne, de Luçon, d'Albi, de Valence, de Die, de Mâcon, de Nantes et d'Agen, abbé de Cluni, de Marmoutier, de Saint-Ouen, de Gorze et de Fécamp.

autres des bourgeois ou des paysans. Leur pasteur, simple artisan, était parent de Jean Leclerc, le premier confesseur de la Réforme à Meaux. Les quatorze condamnés à mort furent amenés au Marché de Meaux et « guindés » à quatorze potences plantées en cercle, au pied desquelles on entassa des bourrées enflammées. Ces infortunés, « se voyant tous en face, s'entre-donnoient courage les uns aux autres et louèrent Dieu à pleine voix jusqu'à leur dernier soupir, quoique leurs paroles fussent empêchées par les prêtres et la populace, lesquels crioient comme forcenés : « *O Salutaris hostia!* et *Salve, regina!* » L'historien du calvinisme, Théodore de Bèze, prétend qu'un d'eux, à qui l'on avait coupé la langue, bénit trois fois Dieu « hautement et intelligiblement » : la Réforme commençait d'avoir aussi ses miracles. Il y eut pareillement des exécutions à Paris et dans plusieurs autres villes : à Sens, un oncle, archidiacre de la cathédrale, dénonça et fit brûler son neveu! Ceux des réformés qui se hasardaient au voyage de Genève, afin de voir et d'entendre Jean Calvin et les autres docteurs de cette métropole du protestantisme français, étaient perdus au retour, si l'on trouvait entre leurs mains la version française de la Bible, l'*Institution chrestienne*, ou quelque autre des ouvrages censurés par la Sorbonne et prohibés par le parlement.

On ne brûla pas seulement, cette année-là, des disciples de Luther ou de Calvin. Paris fut témoin d'un supplice qui consterna la Renaissance et vit périr la victime la plus éminente qui eût monté au bûcher depuis Berquin. L'ami de Rabelais, le jeune savant qui, à vingt-six ans, avait terminé le vaste et original ouvrage des *Commentaires sur la langue latine*, qui, depuis, écrivait d'une main ses propres œuvres et imprimait de l'autre celles des anciens et des contemporains les plus illustres, Étienne Dolet, avait été condamné, en 1542, par l'inquisiteur général Orri et l'official de Lyon : on l'accusait à la fois d'hérésie et d'athéisme! De plus, il avait « mangé chair ès-jours prohibés par l'Église [1]. »

---

1. Des haines d'une autre nature s'étaient jointes contre lui aux haines religieuses : les imprimeurs de Lyon, ses confrères, lui voulaient mal pour avoir soutenu contre eux les ouvriers coalisés afin d'obtenir « plus gros gages et nourriture plus opulente ». V. *Anciennes lois françaises*, t. XII, p. 763.

Le parlement de Paris fit brûler ses livres (14 février 1543). Sa personne fut sauvée, cette fois, par l'intercession du lecteur du roi, du Châtel, évêque de Mâcon, qui lutta courageusement contre l'impitoyable cardinal de Tournon. « Comment, » lui dit le cardinal, « vous, évêque catholique, osez-vous défendre des luthériens et des athées?

— « Je suis évêque et je parle en évêque : et vous, vous agissez en bourreau ! »

Dolet recouvra sa liberté ; hélas! pour bien peu de temps : dès les premiers jours de janvier 1544, il fut repris, comme suspect d'avoir introduit en France des livres genevois. Il s'évada en Piémont, où il rejoignit son ami Clément Marot, et, de sa retraite, adressa des épîtres en beaux vers français au roi, à madame d'Étampes, au parlement [1]. Le malheureux se croyait sûr de son

[1]
. . . .
Vivre je veux, pour l'honneur de la France
Que je prétends, si ma mort on n'avance,
Tant célébrer, tant orner par écrits,
Que l'étranger n'aura plus à mépris
Le nom françois et bien moins notre langue,
Laquelle on tient pauvre en toute harangue.
. . . .
Que me veut-on? suis-je un diable cornu?
Suis-je pour traître ou boutefeu tenu?
. . . .
Dis-je de Dieu quelque cas mal sonnant?

(Ceci indique que Dolet se sentait net quant à l'athéisme.)

. . . .
Ignorez-vous que mainte nation
N'ait de ceci grande admiration (grand étonnement)?
Car chacun sait la peine que j'ai prise,
Et jour et nuit, sur la noble entreprise
De mon étude et comme je polis,
Par mes écrits, le renom des trois lis ;
Et, toutefois, de toute mon étude
Je n'ai loyer que toute ingratitude !

. . . .
Quand on m'aura ou brûlé ou pendu,
Mis sur la roue et en quartiers fendu,
Qu'en sera-t-il?... Ce sera un corps mort!
Las! toutefois, n'auroit-on nul remords
De faire ainsi mourir cruellement
Un qui en rien n'a forfait nullement?
Un homme est-il de valeur si petite?
Est-ce une mouche ou un ver qui mérite,
Sans nul égard, sitôt être détruit?
Un homme est-il sitôt fait et instruit,
Sitôt muni de science et vertu,

salut, dès que le roi aurait lu ses vers. Le François Ier d'autrefois eût justifié sa confiance; mais François n'était plus que l'ombre de lui-même. Dolet eut l'imprudence de revenir secrètement à Lyon, pour revoir sa femme et son enfant et imprimer ses épîtres et la traduction de deux dialogues attribués à Platon. Il fut ressaisi et amené à la Conciergerie du Palais, à Paris. Un des dialogues, qui n'était pas de Platon, fut le prétexte de sa perte : on y trouva une phrase contraire à l'immortalité de l'âme : la Sorbonne condamna la traduction, et le parlement, pour ce cas et autres, condamna le traducteur à être « mis en torture et question extraordinaire, » puis pendu et, après, brûlé avec ses livres. Il fut entendu que, au cas « où ledit Dolet feroit aucun scandale ou diroit aucun blasphème, la langue lui seroit coupée, et il seroit brûlé tout vif. »

L'infortuné, voué au bourreau pour athéisme et matérialisme, répondit à l'horrible arrêt, en vrai fils de la Gaule, par un chant d'immortalité.

> Si au besoin le monde m'abandonne...
> Dois-je en mon cœur pour cela mener deuil?
> Non! pour certain, mais au ciel lever l'œil,
>   Sans autre égard.
>
> . . . .
> Si sur la chair les mondains ont pouvoir,
> Sur vous, esprit, rien ne peuvent avoir!
>
> . . . .
> Soit tôt ou tard, ce corps deviendra cendre;
> Car à nature il faut son tribut rendre.....
>   Il faut mourir.
> Quant à la chair, il lui convient pourrir;
> Et, quant à vous, vous ne pouvez périr;
> Mais avec Dieu toujours devez fleurir
>   Par sa bonté.
>
> . . . .
> Sus, mon esprit, montrez-vous de tel cœur;
> Votre assurance au besoin soit connue!
> Tout gentil cœur, tout constant *belliqueur* (guerrier),
> Jusqu'à la mort sa force a maintenue[1].

Il tint parole et monta au gibet sur la place Maubert, le 3 août

> Pour être, ainsi qu'une paille ou fêtu,
> Annihilé? Fait-on si peu de compte
> D'un noble esprit qui maint autre surmonte?
>   Le *Second Enfer* d'Estienne Dolet.

1. *Cantique d'Estienne Dolet, prisonnier en la Conciergerie;* 1546.

1546, à trente-sept ans, en prononçant, dit-on, devant la foule émue, un héroïque jeu de mots :

> Non dolet ipse Dolet, sed pia turba dolet.

(Dolet n'est point *dolent*, mais ce peuple compatissant est *dolent* pour lui) [1].

François Ier avait laissé ainsi brûler la Renaissance après la Réforme : il ne savait même plus défendre la seule chose qu'il eût vraiment aimée, l'art et la science, le mouvement de l'esprit. La philosophie seule a droit de revendiquer l'illustre victime de la place Maubert ; la Réforme l'a reniée comme impie par la voix de Calvin [2], accusation dont la Renaissance a vengé son martyr par une belle et religieuse épitaphe digne des nobles adieux de Dolet que nous avons cités [3]. Son ami Rabelais le vengea aussi d'une autre manière, en publiant, pour ainsi dire, au pied de son bûcher, le 2e livre du *Pantagruel*, avec privilége du roi ! Il fallut que Rabelais joignît à son audace une habileté vraiment inouïe. Sous le règne suivant, lorsque le crédit affaibli des du Bellai ne fut plus suffisant pour le couvrir, il sut se faire protéger par le chef même du parti catholique, non pas le fanatique Tournon, assurément, mais l'autre, plus puissant encore, le cardinal Jean de Lorraine, persécuteur par politique et sceptique par goût.

Tout était sombre en France, dans ce déclin sinistre d'un règne

---

1. M. J. Boulmier a réuni, dans la *Revue de Paris* des 15 juillet et 1er août 1854, tous les faits trop peu connus de la vie d'Étienne Dolet, avec de très-intéressantes citations.

2. Nous ne voulons pas dire : l'a outragée par la voix de Jules-César Scaliger ; car c'est une haine personnelle qui a dicté les lâches injures de cet orgueilleux pédant contre la mémoire de Dolet.

3. Mort est Dolet et par feu consumé.....
    Oh ! quel malheur et que la perte est grande !
    Mais quoi ! en France on a accoûtumé
    Toujours donner à tel saint telle offrande.
    Bref, mourir faut ; car l'esprit ne demande
    Qu'issir du corps et tôt être délivre (délivré),
    Pour en repos ailleurs s'en aller vivre.
    C'est ce qu'il dit, sur le point de brûler,
    Pendant en haut, tenant ses yeux en l'air :
    « Va-t-en, esprit, droit au ciel, pur et munde (sans tache);
    Et toi, mon corps, au gré du vent voler.
    Comme mon nom voloit parmi le monde ! »
    Anonyme, cité par Le Laboureur.

autrefois si brillant; le roi au nom duquel se consommaient tant de crimes méritait encore plus de pitié que d'indignation. Épuisé par un mal terrible et par des remèdes presque aussi violents que le mal, vieux avant l'âge sans les qualités ni les dispositions morales qui permettent de vieillir avec calme, haïssant un héritier autour duquel on attendait sa mort avec une impatience impie, voyant déjà le flot des courtisans s'empresser vers un avenir prochain, François Ier se survivait à lui-même et le sentait amèrement. Un nouveau malheur venait de raviver dans son cœur le chagrin de la perte de ses fils. Depuis la mort du duc d'Orléans, il s'était rattaché au jeune vainqueur de Cérisolles, au comte d'Enghien, et semblait vouloir l'opposer à ces ambitieux Guises qui entouraient le dauphin et qu'il avait en défiance. Dans le courant de février 1546, le roi se trouvant au château de la Roche-Guyon (entre Vernon et Mantes), « il se dressa une partie » entre les jeunes gens de la cour : on se battit à coups de pelotes de neige. Le comte d'Enghien était d'un côté; le dauphin et le comte d'Aumale de l'autre. Pendant le combat, « quelque malavisé », dit Martin du Bellai, jeta un coffre plein de linge par la fenêtre : le bahut tomba sur le comte d'Enghien et lui brisa le crâne; le malheureux jeune homme mourut, après avoir langui quelques jours. « Mort d'autant plus déplorable », dit de Thou, « qu'on ne put en faire le sujet d'informations judiciaires, ni en prendre vengeance suivant les lois. » Les coupables étaient trop grands! Le comte d'Aumale avait, dit-on, fait ou fait faire le coup par ordre du dauphin même. Déjà naissait entre les Guises et les Bourbons cette rivalité qui déchira si longtemps la France, et les qualités héroïques de ce d'Aumale, qui fut depuis le « grand duc de Guise, » ne repoussent pas suffisamment l'imputation; l'ambition dévorante qui caractérisa les princes lorrains de la branche de Guise n'eut jamais beaucoup de scrupules sur le choix des moyens. La préméditation, du moins, est ici peu vraisemblable, et il faut sans doute voir dans cette catastrophe un emportement fortuit, un funeste résultat des jeux frénétiques auxquels se livrait la jeunesse de la cour, plutôt que l'effet d'un complot [1].

1. *Thuanus* (de Thou), l. II. — Brantôme. — Martin du Bellai.

Durant tout l'hiver de 1545 à 1546, malgré le typhus qui décimait les deux armées, on avait continué de se battre aux portes de Boulogne et sur le petit territoire que les Anglais possédaient autour de Calais et de Guines. La garnison française du fort d'Outr'eau montra une constance héroïque contre la maladie, non moins que contre l'ennemi : plus des trois quarts des soldats moururent sans que les survivants quittassent leur poste. Les Français eurent l'avantage dans presque toutes les rencontres, même à nombre inférieur [1]. Tout annonçait des succès pour l'été de 1546 ; mais la situation de l'Europe faisait souhaiter à François Ier la paix avec Henri VIII et il aima mieux racheter Boulogne par une transaction, que de la reconquérir en prolongeant la lutte. Le roi d'Angleterre, de son côté, sentait sa santé affaiblie et craignait de laisser à son fils l'héritage d'une guerre contre la France et l'Écosse : l'entretien des corps d'armée qui occupaient Boulogne et le Calaisis et qu'il fallait sans cesse ravitailler lui coûtait des sommes prodigieuses ; le produit des impôts, des confiscations religieuses, des altérations de monnaies, tout y passait. Des pourparlers s'ouvrirent et aboutirent à un traité conclu le 7 juin 1546 : Henri VIII s'engagea de rendre à la France Boulogne et ses dépendances en dedans huit ans, moyennant le paiement de deux millions d'écus soleil (environ cinq millions de livres), tant pour arrérages et solde des anciennes dettes que pour indemnité des fortifications construites par les Anglais dans Boulogne et le Boulenois. La France s'obligea en outre à payer à Henri VIII et à ses successeurs la pension perpétuelle promise par le traité de 1525. L'Écosse fut comprise dans le traité, clause qui garantissait le maintien de l'influence française dans ce pays.

La paix avec l'Angleterre fut suivie d'un édit de réforme suggéré au roi par le chancelier Olivier et accueilli avec acclamation par la nation entière. L'ordonnance de Moulins (août 1546) déclara supprimées, à la mort des titulaires, toutes les charges de présidents, conseillers et maîtres des requêtes créées dans les

---

1. *V.* Martin du Bellai. — Montluc. — G. Paradin. — La manière dont les historiens contemporains s'expriment sur cette guerre est remarquable : malgré les révolutions survenues en Europe, malgré la crainte de l'empereur et de l'Espagne, « l'Anglois » était toujours, aux yeux du peuple et du soldat, le grand, le véritable ennemi : c'était la seule guerre vraiment populaire.

divers parlements, depuis l'avénement de François Ier; la réduction de la multitude pullulante des procureurs, des huissiers, des sergents était la conséquence naturelle de cette mesure, dans laquelle le public et surtout la noblesse salua la suppression de la vénalité des charges et la fin du règne de la chicane : on s'était trop pressé d'applaudir [1].

C'était pour pouvoir concentrer son attention sur les événements qui se préparaient dans l'Europe centrale, que François Ier avait paru si empressé de se réconcilier avec l'Angleterre. Le pape et l'empereur avaient entamé leur double attaque contre le luthéranisme par les armes spirituelles et temporelles : le concile de Trente s'était enfin ouvert le 13 décembre 1545. Quatre cardinaux, quatre archevêques, vingt-deux évêques, la plupart Italiens, quelques généraux d'ordres monastiques, furent censés représenter l'Église universelle; deux bannis, Réginald Poole et Olaüs Magnus, représentaient l'Angleterre et la Scandinavie; deux prélats, l'église gallicane : c'était l'archevêque d'Aix, un des promoteurs du massacre des Vaudois, et l'évêque d'Agde. Encore cette ombre de concile n'était-elle pas d'accord avec elle-même : les deux partis du pape et de l'empereur s'y dessinèrent dès le premier jour; Paul III et Charles-Quint voulaient la même chose, la répression de l'hérésie germanique, mais par des motifs et avec des moyens bien différents : le pape exigeait qu'on frappât sur-le-champ l'hérésie par des décisions dogmatiques que soutiendrait le glaive; l'empereur demandait qu'on ajournât les questions de dogme et qu'on se hâtât de réformer les abus pour faciliter la soumission des dissidents les moins opiniâtres, tandis qu'il poursuivrait comme rebelles à l'Empire les confédérés de Smalkalde. Les manœuvres des légats du pape eurent d'abord plein succès dans les questions réglementaires : le concile décida qu'on voterait par tête et non par nation, ce qui assurait la majorité aux évêques italiens, la plupart à la discrétion du pape et même défrayés par le saint-siége à Trente. Cette petite assemblée semblait encore trop nombreuse aux légats : ils la fractionnèrent en trois bureaux pour étouffer plus facilement tout esprit de

---

1. Isambert, t. XII, p. 912.

corps; on prit l'attitude la plus soumise vis-à-vis du pape; on évita soigneusement tout ce qui eût rappelé les fières doctrines de Bâle et de Constance.

Une nouvelle qui excita une vive allégresse à Trente et surtout à Rome inaugura les opérations du concile : le père des hérésies, l'homme qui, depuis trente ans, soulevait le monde contre Rome, Martin Luther n'était plus. Il avait terminé sa carrière à Eisleben, sa ville natale, le 18 février 1546, à l'âge de soixante-trois ans : sa fin fut calme et sereine; il montra une pleine confiance dans « sa justification » et s'entretint paisiblement avec ses amis jusqu'au dernier moment, exprimant l'espérance de retrouver dans le ciel ceux qu'il avait aimés sur la terre et engageant les siens à prier pour l'Évangile, « que le pape et le concile de Trente menaçoient grandement [1]. »

La crise en effet était solennelle et le protestantisme perdait son général le matin d'une grande bataille ! Ses adversaires avaient commencé leurs opérations : le « concile papal » légiférait comme s'il eût été l'organe de la chrétienté tout entière. Les « pères » avaient décidé qu'ils traiteraient simultanément du dogme et de la réformation; mais, en fait, ils débutèrent par le dogme ou, du moins, par ce qu'on pourrait nommer la « matière de la foi. » L'authenticité de tout le recueil des livres saints fut maintenue et l'on anathématisa quiconque réputait apocryphes les livres de Judith et de Tobie, l'Apocalypse ou toute autre partie de la Bible. La tradition fut déclarée égale à l'Écriture. La Vulgate fut déclarée authentique et approuvée; cependant le concile ne se laissa point aller à l'exagération de quelques prélats, qui voulaient proclamer cette traduction inspirée de Dieu comme le texte même [2]. On lança l'anathème sur les auteurs et imprimeurs des livres de religion qui paraîtraient sans l'approbation de l'ordinaire (de l'évêque diocésain) (session du 8 avril 1546). Les évêques espagnols, dont le nombre s'accroissait peu à peu, étaient les plus intolérants, mais en même temps les plus disposés à la réforme des abus, et servaient à cet égard les intentions de l'empereur : on

---

1. Michelet, *Mémoires de Luther*, t. II, p. 218-219.
2. Loyola avait interdit à ses disciples l'étude de l'hébreu et prescrit de s'en tenir absolument à la Vulgate. Ribadeneira, *Vita Ignatii*, f° 200.

s'occupa un peu de la discipline; on mit quelque barrière aux empiétements des moines sur l'autorité épiscopale; mais les légats ramenèrent bientôt le débat sur le terrain du dogme. Le débat fut très-vif : trois des fondateurs de la compagnie de Jésus, Lejai, Lainez et Salmeron, y figurèrent avec éclat. Ils assistaient au concile avec le titre de théologiens du pape. Les opinions de Contarini et de ses amis subsistaient encore chez quelques prélats italiens et, quand on déclara que le remède du péché originel était le baptême, le général des augustins, Seripando, soutenu par plusieurs évêques, proposa d'ajouter au baptême la foi et releva l'efficace de la foi intérieure fort au-dessus de la vertu du signe extérieur, de l'ablution et de la formule. Son avis fut repoussé; le salut par le signe matériel l'emporta [1]. La lutte devint bien plus ardente encore sur l'article de la « justification, » principe de tout le mouvement luthérien : l'archevêque de Sienne, deux évêques et plusieurs docteurs soutinrent que les bonnes œuvres ne sont que la conséquence et la preuve de la foi, qui « seule » justifie : la majorité se souleva contre ce principe luthérien en faveur de l'efficacité des œuvres. L'évêque de la Cava, partisan de la « foi seule, » en vint aux coups avec un évêque grec-catholique : l'évêque de la Cava fut chassé de l'assemblée. Deux autres prélats, les frères Vergerio, évêques de Pola et de Capo-d'Istria, s'étaient vu refuser, comme hérétiques, l'entrée du concile : on prétend que l'un d'eux mourut empoisonné; l'autre s'enfuit en Allemagne.

Le nombre des prélats s'élevait maintenant à une soixantaine; mais cet accroissement ne portait que sur l'épiscopat espagnol et italien : les ambassadeurs de France étaient revenus, mais les évêques français ne les avaient pas suivis et les envoyés de François Ier se tenaient dans une attitude d'observation et de réserve,

---

1. Le concile, tout en établissant que le baptême seul peut procurer le salut aux enfants et qu'il dépend, par conséquent, de la volonté arbitraire d'autrui d'ouvrir ou de fermer le ciel à l'enfant qui meurt avant l'âge de raison, ne se prononça pas sur le sort des enfants exclus du ciel faute de baptême; des longs débats, sans conclusion, qui eurent lieu à ce sujet, il résulte que la plupart des théologiens admettaient un séjour intermédiaire qui n'était ni le ciel, ni l'enfer, ni le purgatoire. C'est ce qu'on appelle communément les *limbes*. Le concile garda la même réserve sur l'Immaculée Conception et s'abstint de rien décréter.

évitant d'assister aux « sessions » où l'on condamnait les protestants. La guerre avait éclaté en Allemagne, inaugurée par un fratricide, symbole de cette lutte horrible qui devait, dans tout l'Occident, mettre aux prises citoyens contre citoyens, frères contre frères [1]. L'empereur eût voulu cependant ôter à son entreprise le caractère d'une guerre de religion : il avait longtemps nié qu'il eût intention de prendre les armes; puis, quand il ne put plus dissimuler ses préparatifs, il protesta qu'il ne voulait châtier que les rebelles à l'autorité impériale : il n'avait pas reconnu la sentence de déposition lancée par le pape contre l'archevêque de Cologne; il s'efforçait de diviser les protestants : il exploita la jalousie que ressentaient contre la branche électorale de Saxe tous les princes voisins et gagna ainsi la maison de Brandebourg et le duc Maurice, chef de la branche cadette de Saxe. Les passions et les intérêts des princes, qui avaient servi puissamment la Réforme, pouvaient aussi être tournés contre elle. Mais le pape repoussait systématiquement tout ménagement et souhaitait bien moins de voir l'empereur complètement victorieux que compromis sans retour avec les luthériens. Un traité avait été signé le 26 juin, par lequel Paul III promettait à l'empereur un secours de douze mille fantassins, cinq cents chevaux, 200,000 écus d'or, et lui accordait la moitié du revenu des églises d'Espagne pour un an et la faculté d'aliéner pour 500,000 écus de biens monastiques, sauf garantie. Malgré l'empereur, ce traité fut publié sur-le-champ, suivi d'une bulle foudroyante (15 juillet) : l'empereur, forcé d'agir, mit au ban de l'empire l'électeur de Saxe et le landgrave de Hesse, seulement après avoir engagé les autres princes et les villes protestantes à se séparer de ces « séditieux incorrigibles » (20 juillet). Si tous les luthériens fussent restés unis, l'empereur eût été accablé; malgré la défection des Brandebourg et de la branche cadette de Saxe, la ligue de Smalkalde déploya des ressources formidables : les populations protestantes se levèrent en masse dans une grande partie de l'Allemagne. Elles n'avaient pas attendu le ban de l'empereur pour se

---

1. Un Espagnol, nommé Juan Diaz, qui avait embrassé le luthéranisme, fut assassiné à Neubourg par son propre frère, accouru tout exprès de Rome en Allemagne pour le convertir ou le tuer. L'empereur laissa le meurtrier impuni.

mettre en défense; tous les lansquenets à la solde de France, licenciés par suite de la paix entre François I*er* et Henri VIII, étaient passés au service de la ligue et plus de quatre-vingt mille protestants étaient sous les armes.

L'empereur n'était point en mesure : il n'avait à Ratisbonne que huit ou neuf mille soldats au moment où il lança son édit contre l'électeur et le landgrave. Les bataillons des alliés inondèrent le cercle de Bavière, et les princes proscrits répondirent par une lettre de défi (*diffidatio*) adressée « à celui qui se dit empereur »(11 août) : avec un peu d'ensemble et d'activité, ils eussent pu jeter Charles-Quint hors de l'Allemagne; mais ils avaient perdu l'occasion; l'électeur, timoré et imbu des principes de Luther, avait hésité jusqu'au bout à combattre *César* : il s'entendit mal avec l'impétueux landgrave et leur ennemi eut le temps de former son armée. Avant la fin d'août, l'empereur fut en état de tenir la campagne avec trente-cinq ou quarante mille Allemands, Espagnols et Italiens; les deux armées consumèrent le reste de l'été et de l'automne en manœuvres sans résultats, aux bords du Danube, dans la Bavière et la Souabe; les confédérés, encore très-supérieurs en forces, ne surent pas contraindre l'empereur à recevoir la bataille avant la jonction de quatorze ou quinze mille soldats venus des Pays-Bas. Cette jonction rétablit à peu près l'équilibre.

Une vive terreur s'était emparée du concile à la nouvelle de l'armement des protestants, et nombre de voix avaient demandé la translation de l'assemblée dans l'intérieur de l'Italie : le bruit courait que les hérétiques voulaient marcher sur Trente et même sur Rome. Cette panique se calma et l'on reprit les délibérations, pour ainsi dire, au bruit du canon. De la justification, les prélats passèrent à la prédestination et aux œuvres : quelques-uns soutinrent le fatalisme prédestinatien dans toute sa rigueur; mais la majorité, fidèle aux traditions du moyen âge, repoussa sur ce point la logique absolue à l'aide d'atermoiements : la double prédestination fut condamnée; on établit que l'action préalable de la grâce était indispensable, mais que le libre arbitre de l'homme pouvait accepter ou repousser la grâce. Les sept sacrements furent maintenus; on déclara le signe et la grâce qu'il signifie identifiés dans le sacrement, ce qui maintenait la nécessité absolue du signe. On s'occupa aussi de la discipline : les anciennes peines contre les évêques non résidents furent rétablies et la pluralité des évêchés et des grands bénéfices fut interdite, mesures d'une haute portée, si elles eussent été mises à exécution (sessions des 13 janvier et 3 mars 1547). Cependant, la discussion prenait peu à peu une direction qui alarmait singulièrement la cour de Rome : les questions relatives au gouvernement de l'Église, les maximes de Bâle et de Constance, reparaissaient malgré les légats; les prélats espagnols s'enhardissaient vis-à-vis du saint-siége; la main de l'empereur pesait de plus en plus fortement sur le concile, à mesure que les chances de la guerre tournaient en sa faveur. La guerre d'Allemagne avait pris une face nouvelle : le duc Maurice de Saxe, jeune ambitieux qui ne voyait dans la religion que l'instrument de la politique, se laissa séduire par l'empereur, qui lui avait offert la dépouille de son cousin l'électeur Jean-Frédéric de Saxe : il quitta tout à coup la neutralité qu'il gardait depuis l'ouverture des hostilités et entra les armes à la main dans la Saxe électorale [1], tandis que le roi des Romains y pénétrait d'un autre côté avec une armée bohémienne et hongroise (octobre-novembre 1546). Maurice prétendait hypocritement qu'il valait mieux que les terres de Saxe fussent déposées entre ses mains que confisquées par l'empereur. Cette invasion désorganisa l'armée protestante : l'électeur de Saxe et le landgrave retournèrent chez eux pour défendre leurs états; l'électeur palatin, le duc de Wurtemberg, les villes de Souabe et de Franconie, découragés par la retraite des deux chefs de la ligue et par l'inaction des rois de France, d'Angleterre et de Danemark, qui n'avaient donné jusque-là que de belles paroles aux agents de la ligue de Smalkalde, se soumirent à l'empereur (décembre 1546).

La ruine du parti luthérien paraissait imminente, à moins de quelque grand secours du dehors. Ce secours vint; il vint, non pas du Nord, non pas de l'Angleterre, non pas de la France, mais

---

1. Maurice possédait Dresde, Leipzig, Freyberg, Meissen. — Les principales villes de la Saxe électorale étaient Wittemberg, Weimar, Gotha, Eisenach, Zuckaw, Altenbourg.

du pape! Ce fut là une des plus étranges péripéties de l'étrange politique du xvi° siècle ! Qui n'eût pensé que les revers des hérétiques dussent combler de joie le chef spirituel du catholicisme ? il en fut néanmoins tout autrement. Paul III, qui avait compté engager Charles-Quint dans une guerre longue et ruineuse, ne vit dans les rapides succès de l'empereur que la domination que ces succès allaient lui assurer sur le concile et sur l'Italie : Charles-Quint, d'ailleurs, n'avait réussi contre les hérétiques qu'à l'aide d'autres hérétiques; il ne prenait jusque-là aucune mesure générale contre le culte réformé et le pape pouvait craindre d'être joué. Paul III, surtout, avait un motif personnel de rancune contre Charles, à savoir : le refus qu'avait fait l'empereur de ratifier l'investiture de Parme et de Plaisance octroyée par le pape à son fils Pierre-Louis Farnèse. C'étaient toujours les deux intérêts du chef de l'Église et du prince temporel qui se combattaient dans la même personne : jamais cette dualité ne s'était manifestée dans des circonstances si graves. Le pape défit de ses propres mains l'œuvre qu'il avait préparée depuis douze ans avec tant de persévérance : il rappela ses troupes d'Allemagne et consentit qu'elles passassent à la solde de François Ier; il se lia étroitement avec le roi de France; il encouragea François Ier à soutenir les confédérés de Smalkalde ! Ceux-ci ayant eu quelque retour de fortune, l'électeur de Saxe ayant chassé Maurice de ses états et les Bohémiens ayant refusé de seconder le roi des Romains dans une nouvelle attaque contre la Saxe, le pape en témoigna ouvertement sa satisfaction à l'ambassadeur de France et approuva tout ce que feraient les agents français pour attirer une invasion des Turcs en Autriche ! La conjuration de Fiesque, qui éclata sur ces entrefaites à Gênes et qui eût arraché cette république aux Doria et au parti impérial, sans l'accident qui coûta la vie au chef des conjurés, révéla les fortes trames ourdies en Italie contre l'empereur (janvier 1547). La rupture du pape et de l'empereur était imminente : Paul III risqua un coup décisif, la translation du concile dans les états romains ; les légats saisirent le prétexte d'une maladie contagieuse qui paraissait se déclarer à Trente et mirent aux voix, avec l'autorisation officielle du pape, un décret de translation du concile à Bologne : trente-cinq évêques italiens et trois généraux d'ordres votèrent pour; un cardinal (Pacheco) et quinze évêques espagnols et napolitains votèrent contre. Les trois prélats français présents (Aix, Agde, Clermont) demeurèrent neutres : les ambassadeurs de France s'étaient retirés à Venise pour ne pas prendre parti publiquement; mais, au fond, le roi était d'accord avec le pape. Les prélats du parti impérial protestèrent et restèrent à Trente (mars 1547). Le pape soutenait d'une main le luthéranisme chancelant et, de l'autre, donnait à la catholicité le signal d'un nouveau schisme [1] !

Ce qui compliquait si bizarrement la situation du pape éclaircissait et dégageait au contraire la position de la France : le roi pouvait être à la fois l'allié du pape et des protestants, s'appuyer en même temps sur l'Italie et sur l'Allemagne contre Charles-Quint. Ces conditions semblaient les plus favorables qu'il eût jamais pu rêver : malheureusement il les rencontra trop tard!

L'hiver de 1546 à 1547 n'avait pas été perdu par la diplomatie : François Ier commençait à faire des levées en France et en Suisse; il promettait des subsides à l'électeur de Saxe et au landgrave; il s'efforçait d'organiser une ligue défensive avec le pape, Venise, les Suisses, l'Écosse et le Danemark; il négociait aussi avec l'Angleterre; mais un événement important rompit les mesures préparées de ce côté : Henri VIII, accablé d'obésité et rongé par un ulcère, mourut le 28 janvier 1547. Il eut pour successeur son fils Édouard VI, enfant de neuf ans qu'il avait eu de sa troisième femme Jeanne Seymour. François Ier apprit cette mort à Saint-Germain, au retour d'un voyage qu'il avait fait sur toutes les frontières de l'Est et du Nord-Est, pour inspecter les travaux défensifs entamés dans plus de vingt places : toujours souffrant et déclinant rapidement, il fut très-attristé du trépas d'un prince qui était à peu près de son âge et de sa complexion, et y vit un présage de sa propre fin [2].

Le 11 mars, le traité de 1546 fut renouvelé entre les ambassadeurs du roi de France et le duc de Somerset, lord protecteur

---

1. *V.* Ribier, t. Ier, l. v. — Pallavicini, *Hist. du concile de Trente.* — Fra-Paolo Sarpi, *id.* — Labbe, *Concil. general.* — *Sleidan.* — De Thou.

2. Il fit faire à Henri VIII un service solennel à Notre-Dame, quoique Henri fût mort dans le schisme.

d'Angleterre pendant la minorité d'Édouard VI, quoiqu'il fût survenu en Angleterre et en Écosse des incidents qui modifiaient gravement l'état des choses. Ce fut le dernier acte politique du règne de François Ier : une fièvre lente consumait ce monarque, qui errait de château en château sans trouver nulle part de repos ni de soulagement; il fut enfin obligé de s'aliter à Rambouillet et les progrès d'un ulcère invétéré, qui le tourmentait depuis huit ans, ne laissèrent bientôt plus d'espoir. Ses derniers avis à son fils furent de diminuer les impôts, de conserver pour ministres d'Annebaut et le cardinal de Tournon[1], de ne point rappeler Montmorenci aux affaires et de se garder surtout d'y appeler les Guises, « parce qu'ils tendroient de mettre lui et ses enfants en pourpoint et son peuple en chemise[2] ». L'avidité, l'ambition et l'audace des princes de cette maison et l'ascendant qu'ils prenaient sur l'esprit faible du dauphin inspiraient à François Ier des pressentiments trop bien fondés.

Les paroles du mourant devaient être oubliées avant que son corps fût refroidi : Diane de Poitiers et le comte d'Aumale étaient là, épiant joyeusement les progrès de l'agonie royale. « Il s'en va, le galand! il s'en va! » disait François de Guise[3]. Le roi expira, en effet, le 31 mars, dans sa cinquante-troisième année : il avait régné trente-deux ans.

A la multiplicité des événements, au vaste mouvement des

---

1. On a vanté l'esprit d'ordre et d'économie de ces deux ministres; à la mort de François Ier, on trouva dans les coffres du roi 400,000 écus d'or, et le recouvrement d'un trimestre entier des impôts restait à faire; mais ces 400,000 écus provenaient de l'emprunt et non de l'impôt. François Ier, en 1544, avait établi à Lyon une banque où le roi « prenoit l'argent d'un chacun » à huit pour cent, « afin d'attirer en France les finances de tous côtés et faire fonds à l'avenir pour en frustrer les ennemis ». Cela était chanceux même sous un gouvernement régulier et modéré; l'administration dissipatrice de Henri II en abusa : la confiance diminua; l'intérêt monta à 10, 12, 16 pour 100, et le gouvernement finit par perdre son crédit. *V.* J. Bodin, *De la République*, l. VI, p. 681. Bodin accuse le cardinal de Tournon de n'avoir provoqué l'établissement de la banque de Lyon que pour y placer 100,000 écus à son compte.
2. *Mémoires* de l'Aubespine, dans le tome III des *Archives curieuses de l'histoire de France.* — De Thou.
3. Le nouveau roi dit un mot bien pire aux funérailles de son père. A l'aspect du cercueil de son jeune frère, qui précédait le cercueil de François Ier : « Voilà donc », s'écria-t-il, « le bélître qui fait l'avant-garde de ma félicité ». Il avait cependant commencé par larmoyer à l'aspect des convois; mais ses amis s'étaient hâtés d'étouffer ce bon mouvement en lui rappelant l'inimitié que lui portait son frère. Vieilleville.

idées et des faits, on eût pu croire que ce règne avait rempli tout un siècle. Aucun roi de France antérieur à Louis XIV, si l'on excepte celui qui ne fut pas seulement un grand roi, mais un grand homme, Henri IV, n'a conservé autant de prestige dans le souvenir des peuples que le brillant monarque de la Renaissance. Les historiens des nations que François Ier avait combattues, les protestants qu'il avait si durement persécutés, ont confirmé en partie les louanges des lettrés, des artistes et des historiens de cour. Les effroyables calamités qui remplirent la seconde moitié du XVIe siècle ont servi la mémoire de François Ier, en habituant les hommes des générations suivantes à tourner les yeux avec regret vers le temps de ce monarque, comme vers un âge de bonheur et de gloire. C'est là une illusion rétrospective dont l'histoire offre de fréquents exemples. Toutefois, l'historien moderne ne doit pas être plus rigoureux envers François Ier que les frères de ses victimes. « O pieux spectateur », dit Théodore de Bèze en plaçant son image parmi celles des réformateurs, « ne frémis pas à la vue de cet adversaire! Ne doit-il pas avoir part à cet honneur, celui qui, ayant chassé du monde la barbarie, mit à la place les trois langues (l'hébreu, le grec et le latin) et les bonnes lettres comme pour ouvrir les portes de l'édifice nouveau !!... »

Pour les horreurs des derniers temps de son règne, on peut faire valoir comme circonstance atténuante l'affaiblissement moral causé par ses souffrances. Ses variations, son incapacité à saisir le rôle magnifique qui s'offrait à lui, trouvent quelque excuse dans la grandeur des difficultés et dans la nouveauté des situations. Il eût fallu une force de caractère et de génie qui ne lui avait pas été donnée. Que l'homme trouve indulgence, on peut l'admettre jusqu'à un certain point; la conclusion n'en reste pas moins que la France et cet homme qui la représentait, non par les qualités intimes, mais par les dons extérieurs et par les défauts, ont manqué ensemble une grande destinée; cette défaillance, après trois siècles si remplis d'idées, de faits et d'hommes extraordinaires, n'est pas encore réparée!

---

1. *Bezæ Icones*. Calvin, pourtant, est plus sévère. *V.* sa lettre du 25 février 1547, sur *Antiochus* (Charles-Quint) et son compagnon *Sardanapalus* (François Ier), « bien dignes de passer par une même mesure ». *Lettres de J. Calvin*, t. I, p. 191.

LIVRE XLIX

RENAISSANCE ET RÉFORME. *SUITE.*

Henri II. Diane, Montmorenci et les Guises. — Combat de Jarnac et de La Châtaigneraie. — Charles-Quint vainqueur en Allemagne. L'*Interim*. — Révolte dans l'Ouest contre la gabelle. Cruel châtiment de Bordeaux. — Le *Contr'un* de La Boëtie. — L'Angleterre se fait protestante. L'Ecosse aux mains des Français. Boulogne recouvrée. — La persécution redouble. — Politique des Guises. — Politique de Charles-Quint. Le plan d'unité de la grande monarchie autrichienne échoue. La France attaque Charles-Quint et se ligue avec les luthériens. Révolte des luthériens. Charles-Quint chassé d'Allemagne. — Henri II s'empare des Trois Évêchés.— Paix de Passau. — Charles-Quint se relève et assiége Metz. François de Guise à Metz. Charles-Quint repoussé. — Guerre de Sienne et de Corse. — Destruction de Térouenne. Perte de Hesdin. — Marie Tudor. Le catholicisme rétabli en Angleterre. Mariage de Marie Tudor et de Philippe d'Espagne. Persécution en Angleterre. — Guerre aux Pays-Bas. — Recès d'Augsbourg. Transaction définitive entre les luthériens et l'Empire. — Abdication de Charles-Quint. Avénement de Philippe II. — Trêve de Vaucelles. Ligue entre la France et le pape Paul IV. La trêve est rompue. Guise en Italie.— Guise rappelé. Paix du pape avec Philippe II. — L'Angleterre se ligue avec l'Espagne. Bataille de Saint-Quentin. Danger de la France. Héroïsme de Coligni. Perte de Saint-Quentin.—Guise lieutenant-général du royaume. — Prise de Calais. Enthousiasme de la France. — Assemblée des notables. — Prise de Thionville. Échec de Gravelines. — Négociations. Granvelle et le cardinal de Lorraine. Montmorenci et la paix à tout prix. — Mort de Marie Tudor. Avénement d'Élisabeth. Le protestantisme rétabli en Angleterre. — Double traité du Câteau-Cambresis avec l'Angleterre et l'Espagne. La France recouvre Saint-Quentin, garde *provisoirement* Calais et cinq places du Piémont, rend la Savoie, la Bresse, le reste du Piémont, le Montferrat, Thionville, abandonne le Siennois et la Corse. L'Espagne ne rend pas la Navarre. Honte de cette paix.—La royauté sacrifie les intérêts extérieurs à la persécution intérieure.—Progrès de la Réforme en France. — Affaires de Genève. Michel Servet.—La noblesse et la magistrature entamées par la Réforme. — Tentative de colonisation protestante au Brésil.—Fondation des églises réformées en France. Les chants du Pré aux Clercs. Le parlement de Paris résiste à l'établissement de la nouvelle inquisition. La persécution en partie arrêtée par le parlement. Synode réformé de Paris. La *Mercuriale*. Violences du roi contre le parlement. Le roi est tué dans un tournoi.

1547 — 1559.

Le nouveau roi, âgé de vingt-huit ans, ne tenait de son père que quelques qualités physiques : « prince de belle prestance et honnête accueil », adroit, dispos, le plus habile écuyer, le plus rapide coureur, le plus habile sauteur de sa cour, les facultés du corps semblaient s'être développées chez lui aux dépens des facultés intellectuelles. Aussi lourd d'esprit qu'actif de corps, il redoutait sur toute chose d'être obligé de penser par lui-même : ses beaux traits sans expression, son œil terne et vague [1], révélaient cette absence de force compréhensive et de volonté propre. Il avait « un naturel fort débonnaire et tant plus aisé à tromper, de sorte qu'il ne voyoit et ne jugeoit que par les yeux, oreilles et avis de ceux qui le possédoient », débonnaireté qui était bien plutôt faiblesse que vraie bonté et qui n'excluait ni l'emportement ni la cruauté même. Sa faveur n'était pas sujette aux dangereux retours si fréquents dans la faveur des rois : il avait dans ses affections une constance qui procédait surtout de la paresse d'un esprit esclave de l'habitude : la constance n'est vertu que chez les âmes fortes [2].

Il débuta par jeter au vent les dernières paroles de son père : le jour même de la mort de François Ier (31 mars), laissant les restes du feu roi à la garde du cardinal de Tournon et de l'amiral d'Annebaut, il courut de Rambouillet à Saint-Germain au-devant de son vieil ami Montmorenci, qui arriva en toute hâte de Chantilli « et qui embrassa incontinent tout le fait des affaires [3] ». Les anciens ministres furent congédiés sur-le-champ et le conseil du roi fut réorganisé par une ordonnance du 2 avril, qui appela au conseil privé, où se traitaient les « matières d'État et de finances », le roi de Navarre, Henri d'Albret, le duc de Vendôme, Antoine de Bourbon, premier prince du sang, le cardinal Jean de Lorraine et deux de ses neveux, François de Guise, comte d'Aumale, et Charles de Guise, archevêque de Reims [4], le connétable de Montmorenci, le gendre de Diane de Poitiers, Robert de La Mark, seigneur de Sedan (fils du fameux Fleuranges), Saint-

---

1. *V.* le beau buste de Henri II par Jean Goujon, dans la galerie de la sculpture française, au Louvre.
2. Théod. de Bèze, *Hist. ecclésiast.*, p. 67. — *Belcarius*, p. 793.
3. *Lettre du secrétaire d'État Bochetel*, dans l'ancienne collection des *Mémoires sur l'histoire de France*, t. XXVIII, p. 415.
4. C'est lui qui fut depuis le fameux cardinal Charles de Lorraine. Le cardinal Jean, voulant apaiser l'opinion publique soulevée par la monstrueuse accumulation

André, favori du roi, et son père, avec le chancelier Olivier, les quatre secrétaires des finances (secrétaires d'État) et trois autres conseillers. Le conseil d'État, qui avait juridiction, qui jugeait sur les rapports des maîtres des requêtes de l'hôtel et faisait « les dépêches et provisions... nécessaires pour le service du roi, de ses sujets et de la chose publique », comprit, avec les précédents conseillers, les cardinaux de Bourbon (oncle du duc de Vendôme), de Ferrare, du Bellai et de Châtillon (neveu du connétable), les ducs de Nevers (François de Clèves), de Guise et d'Étampes, les évêques de Soissons et de Coutances et le premier président du parlement de Rouen[1].

Telle fut la composition officielle des conseils; mais, en fait, une partie des conseillers du roi demeurèrent sans influence et le pouvoir fut accaparé par une ligue d'ambitions qui se coalisèrent prudemment au lieu de se faire la guerre : le connétable, les Guises et le jeune d'Albon de Saint-André[2], ami d'enfance et favori du roi, s'unirent sous les auspices de Diane de Poitiers, pour exploiter en commun la France. Diane était montée au trône avec son amant, et l'épouse légitime, Catherine de Médicis, ne devait à son titre de reine que l'honneur de donner des enfants au roi : une reine de vingt-six ans suivait en silence le char triomphal d'une favorite de quarante-huit[3]! La longue contrainte où vécut Catherine durant le règne de Diane, les habitudes de froide réserve et de constante dissimulation qu'elle s'imposa, les spectacles de corruption dont elle fut témoin, formèrent dans

---

de tant de grands bénéfices dans une seule main, avait cédé à son neveu Charles l'archevêché de Reims et à son frère Louis de Lorraine les évêchés de Metz et de Verdun.

1. *Recueil* de Ribier, t. II, p. 1. — Le conseil de cabinet ou conseil privé se tenait le matin; le conseil d'État, « l'après-dînée ».

2. Il descendait d'une branche cadette de la maison des dauphins de Viennois. « C'étoit, » dit le secrétaire d'État L'Aubespine, « un fin et rusé courtisan, d'entendement vif, d'entregent fort agréable, de beaucoup de valeur, adroit aux armes; ces belles parties contrebalancées de toute espèce de lasciveté, dont il porte pénitence bientôt par une... (maladie honteuse); qui le travaille le reste de sa vie. » *Archives curieuses de l'histoire de France*, t. III.

3. Il faut dire que la vieille maîtresse était, malgré son âge, beaucoup plus attrayante que la jeune reine. « On ne sauroit louer la beauté de la reine : elle a les yeux gros et la lèvre forte. » *Relat. des ambass. vénit.*, t. I, p. 372. D'autres raisons physiques encore avaient éloigné d'elle Henri II. *V.* Michelet, *Guerres de Religion*, p. 43.

l'ombre ce génie machiavélique et ce scepticisme universel qu'elle déploya depuis dans de si terribles conjonctures. Diane cependant s'abandonnait sans mesure à l'ivresse de sa fortune : il lui fallait non-seulement la réalité, mais l'apparence du pouvoir ; il fallait que la France et l'Europe sussent que le cœur du roi était à elle sans partage, bien qu'elle tâchât de faire croire qu'elle n'avait jamais voulu être que l'amie de Henri II [1] : les joyaux de la couronne furent remis entre ses mains ; elle reçut somptueusement le roi et la cour dans le château célèbre qu'elle se fit bâtir à Anet par Philibert Delorme [2] ; la devise adoptée par Henri, encore dauphin, ne se rapportait qu'à elle ; c'était un croissant ou « lune naissante », par allusion à la Diane de la mythologie, avec cette légende : *Donec totum impleat orbem* (jusqu'à ce qu'elle atteigne sa plénitude : au sens littéral, jusqu'à ce qu'elle remplisse tout le globe). Le vœu de la légende était accompli ; l'astre brillait de toute sa splendeur ; l'orgueilleuse devise de Diane elle-même expliquait celle de son royal amant : une flèche avec ces mots pour « âme » : *Consequitur quodcunque petit* (elle atteint tout ce qu'elle vise) [3].

Ce fut l'appui de Diane, acheté par une alliance de famille [4], qui, bien plus que l'amitié du roi pour le comte d'Aumale, permit aux Guises de se faire égaux, puis supérieurs en crédit à Montmorenci, qu'ils surpassaient de beaucoup en intelligence politique. Cette

---

1. Henri avait eu d'elle, dès 1537, une fille qui fut appelée Diane comme sa mère. On fit passer cette enfant pour la fille de Henri et d'une demoiselle piémontaise, Philippe Duc. Plus tard, suivant Brantôme (*Dames galantes*), Henri voulut faire légitimer sa fille sous le nom de la véritable mère ; mais Diane de Poitiers s'y opposa en lui disant fièrement : « J'étois née pour avoir des enfants légitimes de vous ; j'ai été votre maîtresse parce que je vous aimois ; je ne souffrirai pas qu'un arrêt me déclare votre concubine. »

2. *V.* le curieux chapitre de M. Michelet sur Anet, sur Diane et Catherine ; *Guerres de Religion*, chap. III.

3. On croit communément reconnaître le chiffre de Diane entrelacé avec celui de Henri sur tous les frontons, sur toutes les frises des édifices de ce temps ; on le voit vingt fois reproduit sur la plus belle des façades du Louvre, entre les merveilles du ciseau de Jean Goujon et de Paul Ponce ; on le voit jusque sur les parois de la chapelle de Fontainebleau ! Ce chiffre, cependant, est officiellement celui du roi Henri et de la reine Catherine, un H accolé de deux C ; mais il est facile de le prendre pour un H entrelacé d'un D et il n'est pas douteux que Henri ne l'ait choisi à cause de l'équivoque.

4. Claude de Guise, troisième fils du duc Claude, épousa une des filles de Diane.

nombreuse maison, qui manœuvrait comme un seul homme, atteignit, sans beaucoup de peine, un but très-hardi, celui d'annuler politiquement les princes du sang et de se substituer à eux, en fait, sinon en droit, sur les marches du trône. Tandis que la branche aînée de Lorraine, neutre, autant qu'elle pouvait, entre la France et l'Empire, s'ensevelissait dans une paisible obscurité au fond de son duché, cette branche cadette, pleine de courage, avide d'action et de commandement, était poussée par un instinct puissant vers la France, où elle s'enracina si fortement, qu'on ne put l'extirper sans bouleverser le sol de fond en comble. Les « Lorrains » sentirent que la monarchie, à mesure qu'elle devenait plus absolue, était de moins en moins disposée à subir des conseillers par droit de naissance : la révolte du connétable de Bourbon avait ravivé les tristes souvenirs des deux derniers siècles et la royauté se rappelait que les sires des fleurs de lis avaient été le plus terrible obstacle à l'unité de l'État; elle devait préférer des étrangers, dont elle ferait la fortune, à des parents qui revendiquaient ses faveurs comme un droit.

Les Guises, se ménageant un double caractère, pour le présent et pour l'avenir, s'offraient aux rois de France à la fois comme leurs créatures et comme leurs parents plus proches que les Bourbons, cette branche lointaine du vieux tronc de saint Louis qui avait survécu seule à tant de rameaux intermédiaires. Les Guises, issus, par les femmes, de la branche d'Anjou, prétendaient la représenter, et François de Guise, dans son contrat de mariage, s'intitula hardiment François d'Anjou. Leur position était singulière; sans patrie véritable quoique naturalisés en France, ils aspiraient à tous les honneurs, réclamaient tous les droits et ne se croyaient aucuns devoirs; ils voulaient combiner les prérogatives des princes français avec l'indépendance des princes étrangers. Tout leur réussit : ils envahirent l'armée, l'Église, les finances par eux et par leurs affidés; leur essor rapide semblait bien lent encore à leur impatience; ils revendiquaient sourdement les droits de leurs aïeux sur l'Anjou, la Provence, les deux-Siciles et Jérusalem; le comte d'Aumale, François de Guise, avait même obtenu naguère du dauphin Henri une promesse de restitution de la Provence, promesse qu'il eut toutefois la prudence de ne pas rappeler trop vivement au dauphin devenu roi. Pleins d'aspirations vagues et illimitées, les princes lorrains saluaient l'ère de révolutions qui se levait sur l'Europe comme l'aurore de leur grandeur : ces illustres aventuriers amassaient des titres et des prétentions au hasard pour un avenir inconnu où tout serait possible; qui n'avait pu hériter d'un duché pourrait peut-être rencontrer un royaume ! Les facultés diverses des membres de la famille qui se complétaient les uns par les autres, leurs qualités, leurs vices mêmes, tout les servait : adroits et superbes, si brillants d'esprit, d'audace et de séduction, si élégants et si imposants que « les autres princes paroissoient peuple auprès d'eux[1] », on les voyait tour à tour fiers avec les Bourbons, souples et caressants avec Diane[2], familiers avec le favori Saint-André, affectueux avec dignité envers le rude Montmorenci, affables envers leurs inférieurs et surtout envers la multitude. Les deux chefs de la maison, en France, lors de l'avénement de Henri II, étaient le duc Claude, bon capitaine, politique habile, et le cardinal Jean, frère de Claude, célèbre par son faste, ses talents diplomatiques et la licence hardie de ses mœurs : François Ier s'était singulièrement refroidi pour eux dans ses dernières années; il les trouvait déjà trop grands et trop dangereux; cependant ces deux fondateurs de la maison de Guise allaient être bientôt éclipsés par leurs héritiers, par les deux fils aînés de Claude, le duc François, alors comte d'Aumale, et le cardinal Charles, alors archevêque de Reims, le héros et le diplomate, le lion et le renard, dont la redoutable association éleva si haut

---

1. Du moins les deux cardinaux de Lorraine et, plus tard, le fameux duc Henri; car le duc François, le plus fort de tous pour l'action, payait peu de mine. V. le portrait, un peu enlaidi toutefois, qu'en fait M. Michelet. *Guerres de Religion*, p. 181.

2. L'archevêque de Reims Charles, « des plus parfaits en l'art de courtiser, se gêna tellement par l'espace de près de deux ans, que, ne tenant pas table pour sa personne, il dînoit à la table de *Madame* (Diane); ainsi étoit-elle appelée par la reine même ». L'Aubespine, *Histoire particulière de la cour de Henri II; Archives curieuses*, t. III, p. 375. Charles de Lorraine, complaisant servile de la maîtresse du roi à la cour, jouait au saint évêque et au père de l'Église dans son archevêché, fondait à Reims une université et un séminaire, morigénait ses curés, tenait des conciles provinciaux. Les Guises jouèrent partout ainsi jeu double.

leur race, qu'à la troisième génération elle ne pouvait plus monter qu'en escaladant le trône! Les cinq autres fils de Claude, quatre légitimes et un bâtard, partageant les passions et la fortune de leurs aînés, furent pour eux en toute occasion d'actifs et d'utiles auxiliaires. Les deux aînés avaient, en 1547, l'un vingt-huit ans, l'autre vingt-trois ans : François, grand capitaine, d'une force d'âme extraordinaire, magnanime dans le succès, implacable et féroce dans le péril; Charles, unissant tous les talents à tous les vices compatibles avec l'hypocrisie, savant, spirituel, politique subtil, éloquent orateur, n'ayant qu'un seul défaut pour un ambitieux, l'insolence dans la victoire et la lâcheté dans les revers; ces deux hommes ne se ressemblaient que par l'ambition.

Les Bourbons n'étaient guère en état de résister à de tels rivaux [1] : leur infériorité ne tenait pas seulement à la préférence du roi pour les Lorrains, mais à la médiocrité des chefs de leur maison, le duc Antoine de Vendôme et son oncle le cardinal de Bourbon : Antoine, âgé de vingt-neuf ans, brave à la guerre, mais faible, indécis et mobile, ne savait ni comprendre ni défendre ses vrais intérêts; il avait trois frères : Charles, évêque de Saintes, qui fut depuis le second cardinal de Bourbon et servit, quarante ans plus tard, de mannequin royal à la Ligue; Jean, comte d'Enghien, et Louis, prince de Condé; ce dernier seul annonçait un esprit vif et hardi, mais il n'avait alors que dix-sept ans. Quant à la branche cadette des Bourbons, consistant en deux frères, le duc de Montpensier et le prince de La Roche-sur-Yon, elle était tout à fait sans crédit et sans importance dans l'État.

Les Guises eurent à compter avec la lignée des Montmorencis bien plus qu'avec celle des Bourbons : le connétable marchait à l'assaut des pensions et des honneurs, flanqué de ses cinq fils. On partagea : ce fut une curée immense. « Ils étoient quatre, dit le rédacteur des Mémoires de Vieilleville, ils étoient quatre qui dévoroient le roi comme un lion sa proie, savoir : le duc de

---

1. Leurs parents; car la femme du duc Claude de Guise était une Bourbon. Cette femme ambitieuse et violente s'était faite plus Lorraine que les Lorrains.

Guise, Claude, qui avoit six enfants qu'il fit très-grands, le connétable avec les siens [1], madame Diane de Poitiers avec ses filles et gendres, et le seigneur de Saint-André, qui étoit entouré de grand nombre de neveux et d'autres parents, tous pauvres. » Le débonnaire monarque ne savait auquel entendre et pouvait à peine les satisfaire tous en leur abandonnant non-seulement les emplois et les dignités, mais les dépouilles du trésor, du domaine et de la nation.

Diane, veuve, depuis 1531, du comte de Brézé, grand sénéchal de Normandie, fut créée duchesse de Valentinois [2] et Henri II la gratifia de tous les droits qui se levaient à l'avénement d'un nouveau roi pour la confirmation des charges vénales, des immunités de corporations et autres priviléges : de plus, elle fit trésorier de l'épargne un de ses affidés, c'est-à-dire qu'elle « prit la clef du coffre [3], » et elle s'empara de la dispensation des bénéfices ecclésiastiques [4] : le comte d'Aumale fut fait duc et pair, malgré les représentations du parlement [5] ; lui et Saint-André, qui eut la charge de grand chambellan et le bâton de maréchal, reçurent des dons très-considérables aux dépens du domaine royal; le roi, à la prière de Diane, donna au troisième des jeunes Guises, marquis de Mayenne, c'est-à-dire à Diane elle-même, sa belle-mère, toutes les terres vacantes du royaume; don insensé qui dépossédait au profit du Lorrain une foule de seigneurs, de communes et de particuliers, toute terre occupée sans titre pouvant être considérée comme vacante; le second fils du duc de Guise, Charles, archevêque de Reims, obtint du pape le chapeau rouge à la recommandation royale; le connétable ne gagna pas moins « de gloire et de biens » pour sa famille. « Il n'y

---

1. Montmorenci fit aussi la part de ses trois neveux, les fils de sa sœur, les Châtillons; mais ceux-ci montrèrent qu'ils savaient attacher leurs cœurs à autre chose qu'aux vanités de ce monde.
2. Les comtés de Valentinois et de Diois avaient appartenu autrefois à sa famille.
3. Michelet.
4. Soranzo ; ap. *Relations des ambassadeurs vénitiens*, t. I, p. 4.
5. Les objections du parlement (décembre 1547) portaient sur ce qu'on ne devait point augmenter le nombre ni altérer l'institution des douze pairs de France, supposés établis par Charlemagne à l'exemple des douze juges d'Israël et des douze apôtres. La nomination du duc d'Aumale portait le nombre des pairs laïques à huit au lieu de six. *V.* Ribier, t. II, p. 90.

avoit que les portes de Montmorenci et de Guise ouvertes pour entrer en crédit. Tout étoit à leurs neveux ou alliés : maréchaussées, gouvernements de province, compagnies de gens d'armes, rien ne leur échappoit..... Il ne leur échappoit, non plus qu'aux hirondelles les mouches, état, dignité, évêché, abbaye, office, qui ne fût incontinent englouti, et avoient, pour cet effet, en toutes parties du royaume, gens apostés et serviteurs gagés, pour leur donner avis de tout ce qui mouroit parmi les titulaires des charges et bénéfices [1]. »

Tandis que les favoris du jour mettaient à profit leur triomphe, les favoris de la veille expiaient durement leur splendeur passée : les vives recommandations de François Ier mourant préservèrent ses ministres, d'Annebaut et Tournon, sinon de la disgrâce, au moins de la persécution; mais le secrétaire d'État Bayart, « fort homme de bien et affectionné au bien public, » suivant le témoignage de son collègue L'Aubespine, fut jeté dans une prison où il finit ses jours; son crime était, dit-on, d'avoir raillé les charmes surannés de madame Diane. La duchesse d'Étampes faillit encourir un procès de haute trahison pour la connivence qu'on lui imputait avec l'empereur, durant l'invasion de 1544, et l'on souffrit que son mari, le bas et ridicule Jean de Brosse, lui intentât un autre procès afin de l'obliger à restituer les gages du gouvernement de Bretagne, dont il avait eu le titre et elle le revenu. Cette honteuse affaire affichait devant les tribunaux le commerce adultère de la duchesse avec le feu roi, adultère dont Jean de Brosse avait jusque-là exploité le bénéfice sans mot dire; Henri II ne rougit pas de comparaître et de déposer dans l'information; cependant, par un reste d'égards pour la mémoire de son père, il se ravisa et arrêta la procédure. Quant à l'autre affaire, où il s'agissait de la tête, le sire de Longueval, accusé d'avoir été l'agent des trahisons de madame d'Étampes, avait été emprisonné : il céda à l'archevêque de Reims sa belle terre de Marchais, près de Laon; Charles de Guise, à ce prix, démontra au roi l'innocence de Longueval et persuada à Diane de se contenter d'avoir humilié son ennemie sans la tuer. Charles de Guise

---

1. *Mém.* de Vieilleville.

usurpa presque de la même manière le château de Meudon sur le cardinal Sanguin, oncle de la duchesse d'Étampes.

Le maréchal du Biez et son gendre, le sire de Vervins, descendant de l'illustre maison de Couci, furent plus malheureux que Longueval : ils furent tous deux traduits devant une commission mi-partie du parlement et du grand conseil, le premier pour sa mauvaise conduite dans les campagnes de 1544 et 1545, le second pour avoir rendu Boulogne aux Anglais, en 1544, malgré l'opposition du maire et des bourgeois indignés. Vervins paraît avoir été coupable, sinon de trahison, au moins de lâcheté; si un commandant de place peut être coupable en capitulant à la prière des habitants, il est évidemment inexcusable lorsqu'il capitule malgré eux. Le nom du rapporteur du procès de Vervins, le vertueux Michel de l'Hôpital, atteste qu'on n'écarta pas de la commission, comme il arrivait trop souvent, les hommes les plus respectables du parlement [1]; mais le roi, suivant le mauvais exemple de son père, intervint avec passion dans ce double procès, et déclara nettement aux présidents du parlement qu'il voulait une double condamnation à mort. La reddition de Boulogne et le traité de Crépi, qui en avait été la suite, avaient laissé à Henri de profonds ressentiments. Vervins fut condamné le 21 juin 1549 et décapité. Le procès de du Biez se prolongea beaucoup plus longtemps : les charges étaient bien plus difficiles à établir; on l'accusait de concussions; on l'accusait d'avoir reçu de l'argent des Anglais; on l'accusait d'avoir traîné volontairement en longueur le siége de Boulogne, qu'il avait été chargé de reprendre en 1545; le fait de trahison n'était ni prouvé ni probable; néanmoins le maréchal fut condamné à son tour, le 26 juin 1551. Son office de maréchal fut donné à Robert de La Mark, gendre de Diane. Le roi, cependant, qui avait reçu autrefois l'ordre de chevalerie de la main de du Biez, fit grâce de la vie à ce vieillard et finit par lui rendre la liberté. Bien des années après, sous Henri III, en 1575, le fils de Vervins, appuyé par les cardinaux de Bourbon et de Guise, parvint à faire réhabiliter son père et son aïeul, et plu-

---

1. Par compensation, il est vrai, Montluc dit qu'on chargea de l'instruction du procès de du Biez « Cortel, le plus renommé mauvais juge qui fût en France ».

sieurs personnes furent condamnées à mort pour avoir porté de faux témoignages contre eux¹.

A la persécution contre madame d'Étampes et ses amis se rattacha un épisode qui remua toute la noblesse française et qui produisit le plus fâcheux effet pour le roi, le fameux duel de Jarnac et de La Châtaigneraie. Gui Chabot de Jarnac, neveu du feu amiral Chabot de Brion, passait à la cour pour devoir à l'amour et aux largesses de madame d'Étampes le grand train qu'il menait, quoique sans fortune personnelle et fils d'un père remarié. Le dauphin (François Iᵉʳ vivait encore) demanda un jour brusquement à Jarnac où il prenait ses ressources pour mener un tel état. Le jeune homme, embarrassé, répliqua que sa belle-mère « l'entretenoit ». Le dauphin alla répéter partout que Jarnac se vantait d'être l'amant de sa belle-mère. Le mot revint à Jarnac et à son père. Jarnac déclara publiquement que quiconque lui attribuait ce propos avait menti comme un lâche. Un cadet de famille, avide et sans scrupule, qui devait la faveur du dauphin à son audace, à son adresse dans tous les exercices du corps et à son bonheur dans les duels, La Châtaigneraie, releva le gant et défia Jarnac. François Iᵉʳ leur défendit le combat. François mort, non-seulement la défense fut levée, mais le combat fut autorisé ou plutôt imposé par le roi « en conseil royal », avec le contre-seing d'un secrétaire d'État! Le duel judiciaire, devenu fort rare, avait été autrefois défendu par le sage Louis XII² : le chevaleresque François Iᵉʳ l'avait une fois autorisé de sa présence, au grand scandale de la magistrature et du clergé³ ; mais le scandale fut infiniment redoublé ici, et par l'origine de la querelle et par l'immense publicité qu'on lui donna. On exhuma, dans un pompeux appareil, tout le vieux cérémonial des gages de bataille et l'on convoqua, pour ainsi dire, toute la France à Saint-Germain, le 10 juillet 1547, pour assister à ce qui était, dans la pensée du roi, une victoire assurée et, par conséquent, un meurtre. La Châtaigneraie « ne craignoit son ennemi non plus que le lion

---

1. V. le tome III des *Archives curieuses*, etc. ; *Mémoires* de Vieilleville ; Isambert, t. XIII, p. 88-186.
2. P.-L. Jacob, *Hist. du* XVIᵉ *siècle en France*, t. III, p. 125.
3. *Mémoires* de Martin du Bellai ; ap. Collect. Michaud, 1ʳᵉ sér., t. V, p. 406.

fait le chien » et avait convié d'avance toute la cour à un magnifique souper dont le roi faisait les frais. Les Guises étaient « ses « parrains »; les Bourbons voulurent être ceux de Jarnac. Le roi le leur défendit; ils s'en allèrent. Le connétable ne se déclara pas ainsi; mais il commençait à jalouser les Guises; il autorisa, comme juge du camp, les lourdes armes défensives réclamées par Jarnac.

L'issue du combat déçut toutes les prévisions. L'armure de Jarnac le garantit contre les premières passes d'un adversaire très-supérieur en vigueur et en science de l'escrime, et Jarnac, ripostant par un coup de taille inattendu, trancha le jarret de La Châtaigneraie et le jeta par terre[1]. Il n'acheva pas le vaincu. Par trois fois, il s'agenouilla devant le roi : « Sire, estimez-moi homme de bien! je vous donne La Châtaigneraie » (c'est-à-dire : je vous donne sa vie). Par trois fois, Henri resta immobile et muet. Jarnac, après d'éloquentes et inutiles apostrophes au roi, s'adressa hardiment à Diane : « Madame, vous me l'aviez dit[2]! »

Tout ce peuple de Paris, toute cette noblesse de province, qui encombraient la terrasse de Saint-Germain, frémissaient. Le roi eut peur. Il céda. « Me le donnez-vous? » dit-il. — Oui, Sire. — Vous avez fait votre devoir et vous doit être votre honneur rendu. »

Le vainqueur, suivant l'usage, monta sur l'échafaud du roi, qui, enfin remis et rendu à son rôle officiel, l'embrassa et lui dit pédantesquement qu'il avait « combattu en César et parlé en Aristote. »

L'amour-propre de Henri II, profondément ulcéré, le rendit impitoyable envers un instrument brisé et inutile. Il ne donna aucun signe d'intérêt à La Châtaigneraie. Le vaincu, qui n'avait reçu grâce de la vie que malgré lui, arracha les bandages de sa plaie et se laissa mourir. Pendant ce temps, le peuple, en dépit de la cour, saccageait, avec des huées, les tentes de La Châtaigneraie et tout l'appareil du festin si follement dressé. Le roi lâcha

---

1. De là cette locution proverbiale : « un coup de Jarnac ».
2. « Que le roi était ma partie », apparemment.

ses gardes sur la foule et la soirée finit dans une horrible bagarre. Ce fut là une étrange et sinistre inauguration du règne [1] !

Rien, dans les choses de l'intérieur, ne tournait honorablement pour ce gouvernement. La réaction contre les hommes et les actes du règne passé avaient semblé vouloir offrir à l'humanité outragée une expiation éclatante du grand forfait qui avait souillé les derniers temps de François Ier. Bien que le nouveau roi, plus dévot que son père, fût encore moins que lui favorable à la Réforme, le cri du sang innocent s'éleva si haut qu'il fallut bien l'entendre. La dame de Cental porta plainte, au nom de ses vassaux dépouillés, proscrits, égorgés, contre le cardinal de Tournon, le comte de Grignan, gouverneur de Provence, et le premier président Meinier d'Oppède, qui avaient surpris la religion de François Ier, et contre tous les auteurs et complices du massacre des Vaudois. François, dit-on, en mourant, avait témoigné des remords à ce sujet et recommandé à son fils de faire réviser cette épouvantable affaire. Le baron de La Garde (Paulin), commandant des troupes « qui avoient fait l'exécution », fut arrêté : un procès criminel fut entamé contre d'Oppède et contre les trois autres commissaires du parlement d'Aix, qui avaient présidé au massacre : le roi évoqua l'affaire à sa personne et la renvoya à la grand'chambre du parlement de Paris. Les quatre commissaires du parlement d'Aix furent traduits devant la grand'chambre et le parlement d'Aix lui-même fut cité par procureur, pour répondre de l'arrêt d'extermination exécuté par d'Oppède et ses acolytes.

L'attente publique fut trompée : les Guises, qui avaient d'abord soutenu énergiquement les accusateurs par animosité contre le cardinal de Tournon, passèrent tout à coup du côté des accusés, après que le comte de Grignan eut, dit-on, promis de léguer au duc François de Guise sa terre de Grignan [2]. Le pape adressa au roi un bref très-pressant en faveur de d'Oppède, « persécuté à cause de son zèle pour la religion ». On fit en Provence des prières publiques pour demander à Dieu la conservation et le prompt retour « de

---

[1]. Nous n'avons guère fait, sauf deux ou trois points, que résumer faiblement les deux chapitres si puissamment dramatiques que M. Michelet a consacrés à cette affaire. *Guerres de Religion*, ch. I-II.

[2]. Ce qui est certain, c'est qu'il la lui laissa par testament.

cet illustre défenseur de la foi[1] »! La majorité de la grand'chambre, égarée par le fanatisme, par l'esprit de corps et par les influences du dehors, ne put se décider à flétrir un autre parlement et à donner une telle satisfaction « aux hérétiques » : après d'immenses débats, qui remplirent cinquante audiences (septembre-octobre 1550), tous les accusés furent acquittés, à l'exception de l'avocat-général Guérin; encore cet homme atroce ne fut-il condamné que pour des incidents qui ne tenaient qu'indirectement à la cause, pour des falsifications de pièces; il fut pendu. D'Oppède fut réinstallé dans sa charge; à la nouvelle de son acquittement, des actions de grâces avaient été chantées dans les églises. « La justice du ciel, » dit de Thou, « suppléa à celle des juges de la terre; il mourut peu de temps après d'un mal d'intestins merveilleusement douloureux. » On prétend que la « justice du ciel » fut aidée par la vengeance des hommes et qu'un chirurgien protestant fit périr ce misérable en l'opérant avec une sonde empoisonnée[2].

Le gouvernement intérieur n'offrait que l'aspect d'un favoritisme éhonté. Au dehors, la politique française avait pris une physionomie d'une complication étrange. François Ier avait eu deux politiques contradictoires : tantôt la lutte contre l'empereur, avec alliance de l'Angleterre, des luthériens et du Turc; tantôt le raccommodement avec l'empereur et la brouille avec les puissances hétérodoxes; le système des du Bellai, de la diplomatie nationale, et le système de Montmorenci, de la diplomatie catholique. Maintenant le grand du Bellai (Guillaume) était mort; le cardinal-évêque de Paris, son frère, obligé de se subalterniser pour ne pas tomber tout à fait en disgrâce; Montmorenci était au pouvoir; cependant il n'y était pas seul, et ce ne fut pas son système qui l'emporta. Les Guises, qui ne faisaient qu'un avec la vraie puissance, avec Diane, avaient d'autres visées que le connétable. Montmorenci était catholique et impérialiste; eux étaient catholiques sans être impérialistes. Ils entendaient s'appuyer sur la cour de Rome et sur les passions catholiques fomentées dans les masses tout en cherchant gloire et puissance dans la guerre contre

1. Al. Muston, *Hist. des Vaudois*, t. I, p. 124.
2. De Thou, l. VI. — Théod. de Bèze, l. II. — Bouche, *Hist. de Provence*, l. X.

l'empereur. Ils n'aspiraient à rien moins qu'à enlever le royaume de Naples à Charles-Quint pour leur propre compte, comme héritiers de la maison d'Anjou; mais, en même temps, ils voulaient régner en Écosse sous le nom de la petite reine Marie Stuart, fille d'une fille du duc Claude de Guise, et donner nominalement l'Écosse au roi de France en mariant la petite Marie au petit dauphin François, fils de Henri II, ce qui leur assurait une future reine de France de leur sang. Hardis aux dépens de la France, ces princes aventuriers entendaient donc mettre leur instrument Henri II aux prises tout à la fois avec l'empereur et l'Angleterre. Ils firent refuser la ratification du dernier traité de François Ier avec les Anglais, et empêchèrent de donner suite à une négociation entreprise vers la fin du règne passé afin de marier la petite reine d'Écosse à l'héritier de Danemark, plan habile, qui eût empêché l'Écosse d'être absorbée par l'Angleterre, sans exaspérer les Anglais comme devait le faire la réunion des couronnes de France et d'Écosse. D'une autre part, ils poussèrent le roi à une démarche très-provoquante vis-à-vis de l'empereur, sous prétexte de maintenir les droits de la couronne sur la Flandre. Le roi expédia vers l'empereur Valois, premier héraut de France, qui somma Charles-Quint de comparaître à Reims, le 27 juillet, et d'y faire « sa charge de pair de France, » en qualité de comte de Flandre. Charles répondit qu'il « s'y trouveroit avec cinquante mille hommes pour faire son devoir. » (Vieilleville, l. III, c. 1[1].)

Malgré ces bravades réciproques, les hostilités n'éclatèrent point entre le roi et l'empereur : les événements s'étaient tellement précipités en Allemagne qu'il n'était plus temps de porter secours à la ligue de Smalkalde, et l'empereur, de son côté, était trop occupé à tirer parti de ses succès pour pouvoir tourner ses armes contre la France. Une catastrophe soudaine avait terminé la guerre d'Allemagne. L'électeur de Saxe et le landgrave de Hesse, soutenus par les luthériens de Westphalie, de Hanovre et des villes hanséatiques, avaient repris le dessus, dans les cercles

---

1. Dans la cérémonie du sacre, les ducs de Guise et de Nevers précédèrent le duc de Montpensier, comme plus anciens pairs, malgré sa qualité de prince du sang. Le comté de Nevers avait été érigé en duché-pairie par François Ier en janvier 1539 et le comté de Montpensier en février de la même année. Ribier, II, 38.

du Nord, au commencement de l'année : une grande défection parmi les sujets de la maison d'Autriche compensait presque les pertes de la ligue de Smalkalde ; la diète de Bohême, entraînée par les hussites, avait mis sur pied trente mille hommes de milices, interdit le passage aux troupes impériales et promis assistance à l'électeur de Saxe. L'empereur, quoique tourmenté de la goutte, déploya autant d'activité qu'il avait montré de temporisation l'année précédente. Il se porta rapidement du Danube sur l'Elbe, avec seize mille vieux soldats espagnols, italiens et allemands, et marcha droit à l'électeur de Saxe : l'électeur ne sut pas concentrer à temps ses forces : il mit l'Elbe entre lui et l'empereur; mais les Impériaux franchirent le fleuve à gué et l'électeur, le 23 avril, fut forcé d'accepter la bataille. L'armée saxonne fut complétement défaite à Muhlberg et l'électeur, blessé, tomba au pouvoir du vainqueur.

Charles-Quint usa sans ménagement de sa victoire : au mépris des constitutions de l'Empire, il fit condamner à mort Jean-Frédéric par un conseil de guerre que présidait le duc d'Albe et ne le laissa vivre qu'au prix de sa renonciation à la dignité électorale et à tous ses domaines, sauf la ville et le territoire de Gotha. Le perfide Maurice, qui avait causé la ruine de son parent, fut investi de l'électorat, à charge de payer à Jean-Frédéric et à ses enfants une pension de cinquante mille écus d'or : le prince spolié dut se soumettre à rester prisonnier à perpétuité de l'empereur et de son fils le prince d'Espagne (18 mai). Wittemberg, la capitale de la Saxe et le berceau de la religion réformée, ouvrit ses portes à l'empereur et passa sous la loi du duc Maurice. Le duc d'Albe et d'autres lieutenants de Charles-Quint pressèrent l'empereur de détruire le tombeau de Luther, qui reposait à Wittemberg comme au centre de son empire; mais Charles, fort mal avec le pape, se garda d'exaspérer les protestants par une violence qu'ils eussent regardée comme un sacrilége, et déclara que le jugement de Luther n'appartenait qu'au Dieu devant le tribunal duquel avait comparu ce grand hérésiarque. Les troupes étrangères n'entrèrent pas dans Wittemberg, qui resta protestante ainsi que son nouveau maître. Le duc Maurice et l'électeur de Brandebourg avaient reçu de l'empereur « assurance quant à la religion, » pour eux et leurs états, et Charles n'avait encore rien fait pour abolir le luthéranisme dans les villes et les seigneuries subjuguées par ses armes. La guerre demeurait jusqu'alors à peu près exclusivement politique.

Le désastre de l'électeur abattit le courage de ses alliés : le landgrave de Hesse implora la paix par la médiation du duc Maurice et de l'électeur de Brandebourg, ses deux gendres ; Maurice et Brandebourg traitèrent en son nom, à la suite d'un repas avec l'évêque d'Arras Perrenot de Granvelle [1], fils du garde des sceaux de l'empereur et chargé des pouvoirs de Charles-Quint. Granvelle avait fait boire ses deux convives à l'allemande, en gardant son sang-froid : il leur fit signer un accord par lequel le landgrave se remettait à la discrétion de l'empereur, en les assurant de vive voix que c'était chose de pure forme et que la vie et la liberté du landgrave ne couraient aucun risque. Les deux médiateurs crurent pouvoir donner toute garantie à Philippe de Hesse, qui vint, avec eux, trouver l'empereur à Halle, fit amende honorable et fut arrêté après l'audience (18 juin). Les médiateurs rappelèrent qu'on leur avait promis qu'il n'y aurait « aucun » emprisonnement. Charles-Quint déclara avoir seulement promis qu'il n'y aurait point emprisonnement « perpétuel [2]. » Maurice et Brandebourg se contentèrent de protester contre cet indigne abus de la force. Tout pliait devant le vainqueur de Muhlberg ; cinq cents pièces d'artillerie, ravies aux places de la Saxe, de la Hesse et de la Souabe, et conduites triomphalement en Espagne, aux Pays-Bas, en Italie, seize cent mille écus d'or extorqués aux princes et aux peuples de l'Allemagne, enfin deux princes captifs partout traînés à la suite du triomphateur, furent les trophées de Charles-Quint. Le roi des Romains, de son côté, avait marché contre la Bohême : Prague se rendit à discrétion et la Bohême retomba sous la tyrannie autrichienne, qui s'efforça de faire disparaître toutes les traces des institutions de cette couronne élective. On eût dit que Charles-Quint n'avait plus qu'à suivre sa fortune, pour changer en une véritable monarchie la grande république féodale de Teutonie.

1. Depuis cardinal.
2. C'est une équivoque entre *einige* (aucun) et *ewige* (perpétuel).

Tous les membres de la ligue de Smalkalde étant soumis, à l'exception de Magdebourg et des villes hanséatiques du Nord, Charles put enfin aviser aux affaires de la religion : il convoqua la diète à Augsbourg, le 1er septembre ; à son arrivée dans Augsbourg, il commença par rendre au culte catholique la cathédrale et plusieurs autres églises, qui furent « repurgées et réconciliées, comme si elles eussent été polluées par la luthérerie; » puis il pressa la diète de reconnaître le concile de Trente. Les électeurs protestants cédèrent [1]; les villes libres consentirent, à condition que les légats ne présideraient point le concile, que le pape délierait les évêques du serment qu'ils lui avaient prêté et que les théologiens réformés auraient voix délibérative. L'empereur affecta de ne point tenir compte de ces restrictions et, tant par ses ambassadeurs que par l'organe des évêques d'Allemagne, il sollicita vivement le pape de « faire commandement aux pères qui étoient à Bologne de revenir à Trente. »

Paul III était bien loin d'obtempérer aux désirs de Charles-Quint : toutes les négociations entre eux avaient échoué, le pape ayant mis son concours à trop haut prix; il subordonnait de plus en plus l'intérêt religieux à l'intérêt politique et de famille ; pour se réconcilier avec l'empereur et rétablir le concile à Trente, il n'avait plus demandé seulement que Charles garantît l'investiture qu'il avait donnée de Parme et de Plaisance à son fils Pierre-Louis Farnèse, il avait pressé Charles de supprimer tout sujet de querelle entre les maisons de France et d'Autriche par la vente du duché de Milan aux Farnèses. Charles n'avait pas daigné discuter de telles prétentions, et le pape irrité s'était engagé de plus en plus avec la cour de France, qui, ne pouvant intervenir en Allemagne par les armes, visait à s'en dédommager par la diplomatie en Italie et en Turquie. Les agents français exhortaient le sultan à rompre sa trêve avec l'empereur, remuaient Gênes, Naples, le Milanais, la Toscane : peu de temps après qu'un accident inopiné eut fait échouer à Gênes la conjuration de Fiesque, déjà victorieuse, Naples s'était soulevée contre l'inquisition, que le vice-roi, sur l'ordre de l'empereur, voulait introduire dans

---

1. Maurice, Brandebourg et le Palatin. L'électeur de Cologne avait abdiqué et avait été remplacé par un catholique.

les Deux-Siciles, à l'instar de Rome et de l'Espagne. Bien que la révolte n'eût point été jusqu'à renverser l'étendard de la maison d'Autriche devant la bannière de France, et que l'empereur eût écarté ce péril en renonçant provisoirement à établir l'inquisition espagnole à Naples[1], ce soulèvement et l'agitation qu'il laissa dans les esprits augmentèrent les espérances des Français. Ils n'épargnèrent rien pour affermir les bonnes dispositions du pape : la petite Diane, fille naturelle du roi et de Diane de Poitiers, fut promise à un des petits-fils de Paul III, à Horatio Farnèse, duc de Castro; sept cardinaux, sur les douze que comptait la France, furent expédiés à Rome pour veiller aux intérêts de la couronne; les prélats français, jusqu'alors neutres entre les deux conciles rivaux de Bologne et de Trente, reçurent ordre de se rendre à Bologne. Ce n'étaient partout qu'intrigues et complots, mines et contre-mines, de la part des Français, des Espagnols et des Farnèses. De tous côtés on faisait entrer le stylet, parfois même le poison, parmi les instruments des combinaisons politiques : les vieux procédés des tyrans italiens étaient devenus d'un commun usage; François Ier, du moins, n'avait pas été jusque-là !

Ces menées eurent une issue terrible; le duc de Parme, Pierre-Louis Farnèse, dont la féroce ambition et les vices infâmes rappelaient un autre fils de pape, le trop fameux César Borgia, avait attiré sur sa tête des haines implacables : le 10 septembre, Pierre-Louis fut assassiné dans la citadelle de Plaisance par quelques gentilshommes du pays, d'accord avec le gouverneur impérial du Milanais, Fernand de Gonzague, à qui ils livrèrent Plaisance. Gonzague n'avait fait probablement que prévenir les poignards de Farnèse. Le pape, qui avait pour son indigne fils un amour aveugle, éclata en transports furieux : il voulait appeler les Turcs et les Algériens en Italie; il conjura Henri II de s'accommoder à tout prix avec les Anglais, pour diriger toutes ses forces contre l'empereur, et tâcha d'entraîner la France et Venise à l'invasion immédiate du Milanais. Mais Venise se montra peu disposée à se départir de sa neutralité systématique et la cour de France, qui prenait une part de plus en plus active aux

---

1. Il y avait eu déjà, sous Ferdinand le Catholique, une tentative semblable avec un pareil résultat.

démêlés des Écossais avec les Anglais, n'était pas en mesure d'attaquer immédiatement à force ouverte le redoutable vainqueur de Muhlberg. La lutte contre l'empereur continua sur le terrain où le pape l'avait portée : l'assemblée de Bologne, après deux sessions (avril-juin), avait suspendu indéfiniment ses délibérations : renforcée d'un certain nombre de prélats français, elle répondit aux instances de l'empereur et de la diète d'Augsbourg qu'elle ne retournerait point à Trente jusqu'à ce que le « conciliabule, » demeuré dans cette dernière ville, eût fait acte de soumission en venant se joindre au vrai concile (20 décembre). Le pape évoqua le débat par-devant sa personne.

L'empereur fit signifier une protestation solennelle tant au pape qu'à « l'assemblée de Bologne, s'intitulant concile » (janvier 1548), et ne garda plus de ménagements : il se croyait désormais assez fort pour dompter à la fois le pape et les protestants et il tenta de réaliser le dessein tant de fois annoncé dans les diètes, de terminer la querelle religieuse en Allemagne par une transaction sans le concours du saint-siège. Les protestants comme les catholiques de la diète furent amenés à remettre à trois théologiens, désignés par l'empereur, la rédaction d'un formulaire auquel tout l'Empire serait tenu d'adhérer jusqu'à la « réunion du légitime concile. » Les trois docteurs, deux catholiques et un protestant, « couchèrent par écrit les principaux points de la doctrine et cérémonies et de la réformation ecclésiastique » (Sleidan). L'*Interim*, ainsi qu'on nomme ce formulaire, fut imposé à la diète sans discussion. L'esprit de cet acte était fondamentalement catholique, sans être romain, et se rapprochait des maximes gallicanes; les seules concessions accordées aux luthériens, en attendant la décision du concile, étaient l'association de la foi aux œuvres pour la justification, la communion sous les deux espèces et la permission aux prêtres mariés de conserver leurs femmes. L'*Interim* gardait un silence calculé sur la grande question des biens enlevés à l'Église. L'espèce de stupeur où la journée de Muhlberg avait jeté l'Allemagne n'était point encore dissipée : la plupart des princes protestants acceptèrent l'*Interim* sans résistance; les villes libres, surtout Strasbourg et Constance, firent plus de difficulté ; elles cédèrent toutefois devant les menaces de l'empereur, à l'exception de Magdebourg et des grandes villes hanséatiques du Nord (Hambourg, Brême et Lubeck). Quatre ou cinq cités, quelques petits princes et quelques centaines de pasteurs proscrits et fugitifs semblaient les derniers restes de la grande hérésie germanique. Presque tout l'Empire subissait en silence la loi politique et religieuse de Charles-Quint (mai-juin 1548).

Le saint-siége avait protesté d'avance : le moyen terme adopté par l'empereur ne satisfit pas plus les zélés catholiques que les protestants; Genève et les jésuites anathématisèrent à la fois l'*Interim* : des écrits violents furent publiés en Italie et en France, soit contre les concessions faites aux luthériens, soit contre l'intervention « sacrilége » du pouvoir temporel dans les choses de la religion : en même temps, les complots des partisans de la France redoublèrent dans toute l'Italie et l'arrivée de Henri II en Piémont parut annoncer une explosion prochaine. Le roi de France, après avoir parcouru toutes ses provinces frontières et inspecté ses places fortes, était descendu par le Mont-Cenis à Turin, avec une escorte nombreuse et magnifique; il pouvait, en quelques jours, par la réunion des garnisons piémontaises, changer son escorte en armée. Il était informé d'une double trame ourdie à Gênes contre la vie des Doria par les parents et les amis du malheureux Fiesque, et en Lombardie contre la vie du gouverneur du Milanais par les jeunes Farnèses, les fils de Pierre-Louis. Il voulait être prêt à profiter de ces entreprises et décider le pape à une démarche décisive contre l'empereur. Mais l'énergie factice que la colère avait inspirée à Paul III était déjà tombée : la peur l'emportait sur la vengeance chez ce vieillard affaibli par l'âge et par de longues habitudes d'astuce méticuleuse. Paul III se remit à négocier avec l'empereur, et la cour de France reconnut qu'on ne pouvait faire aucun fonds sur la parole et l'alliance du pape[1]. Les conspirations de Gênes et de Milan ne réussirent pas et Henri II fut rappelé en deçà des monts par les nouvelles alarmantes qu'il

---

1. « Le pape et ses ministres vous ont jusqu'ici usé de toutes dissimulations, lesquelles ils ont voulu couvrir de pur mensonge, pour en former une vraie méchanceté, puisqu'il faut que je l'appelle ainsi. » Lettre du connétable au roi, du 1er septembre 1548, ap. Ribier, t. II, p. 155.

reçut de l'intérieur de son royaume. Il quitta Turin après avoir réuni à la couronne de France le marquisat de Saluces, dont le dernier titulaire venait de mourir dans la prison où les Français le retenaient comme coupable d'intelligences avec les Impériaux[1]. Le roi se fit précéder à la hâte par le connétable et le duc d'Aumale à la tête de mille lances et de huit mille fantassins.

Des troubles graves avaient éclaté dans les provinces du sud-ouest. Ces contrées étaient agitées d'une fermentation incessante depuis les augmentations successives de l'impôt sur le sel, qui avaient abouti à l'établissement général de la gabelle en 1544. Le sel des marais aquitaniques, recherché, à cause de sa qualité supérieure, par les Anglais, les Hollandais, les Ostrelins (Allemands du Nord) et tous les peuples maritimes, avait été de tout temps pour ce littoral une source de prospérité : le renchérissement excessif de la denrée tuait le commerce, au moment même où les charges s'accroissaient. Les formes vexatoires de la perception portaient le mal au comble. Une nuée de commis affamés s'abattaient sur les campagnes comme des sauterelles. Les « gabeleurs » n'avaient de juges que leurs chefs et leurs complices et l'impunité était assurée à toutes les exactions et à toutes les fraudes : on assurait que les gardes des greniers royaux mêlaient du sable parmi le sel pour en augmenter le poids. Les visites domiciliaires, les perquisitions, les emprisonnements, les amendes arbitraires se multipliaient à toute heure et en tous lieux : les premières tentatives de résistance appesantirent le joug ; à la suite d'une émeute qui avait coûté la vie à quelques « chevaucheurs du sel, » un corps d'infanterie gasconne commit des violences inouïes dans le Périgord, l'Angoumois et le Poitou. Les populations perdirent patience : vers le mois de mai 1548, les habitants de Blansac, de Barbézieux et des bourgs et villages voi-

---

[1]. Au voyage de Henri II à Turin se rattache une circonstance intéressante. Henri II, après avoir passé en revue l'armée de Piémont et largement récompensé chefs et soldats, distribua dans les abbayes de France les soldats estropiés au service, « ordonnant aux abbés de leur donner pension annuelle pour le reste de leur vie ». Cette disposition, qui subsista sous les successeurs de Henri II, semble la première qui ait été prise en faveur des *invalides*. Le roi ne se fit pas moins bien venir des populations piémontaises que des gens de guerre : il se chargea de toutes les dettes contractées envers les habitants du Piémont par ses gens d'armes morts ou disparus sans payer leurs créanciers. *Mémoires* de Vieilleville.

sins se soulevèrent, se portèrent sur Château-Neuf, forcèrent la prison de cette ville et délivrèrent quelques pauvres gens de leur canton, arrêtés pour avoir refusé de s'approvisionner aux greniers du roi, où chaque chef de famille, d'après l'édit de la gabelle, était tenu d'acheter à un prix exorbitant une quantité de sel déterminée. Le roi de Navarre, Henri d'Albret, gouverneur de Guyenne, fit marcher sur Barbézieux sa compagnie d'ordonnance : les paysans tinrent tête aux gens d'armes et les forcèrent à la retraite (fin mai).

L'insurrection devint générale dans les îles de la côte et dans les campagnes de la Saintonge, de l'Angoumois, de l'Aunis, du Périgord, du Limousin, de l'Agenais et du Bordelais. Le cri de « Mort aux gabeleurs! » servait de signe de ralliement à ces masses furieuses; seize ou dix-sept mille paysans, qui avaient pris pour chef un gentilhomme de Barbézieux, nommé Puymoreau, entrèrent dans Saintes et dans Cognac, saccagèrent les maisons des officiers de justice et de finances, massacrèrent le receveur de la gabelle et délivrèrent les « faux saulniers » (gens faisant la contrebande du sel) et tous les autres prisonniers : une autre bande surprit le procureur-général de la gabelle près de Cognac, l'assomma et le jeta à l'eau, « disant par moquerie : — Va, méchant gabeleur, saler les poissons de la Charente. » Les chefs des paysans, qu'ils qualifiaient de *coronels* ou colonels, sommaient chacun de se joindre à eux sous peine de perdre corps et biens. La rébellion gagna la plupart des villes, où le menu peuple partageait les ressentiments des villageois. Il n'y eut que La Rochelle et Saint-Jean-d'Angeli qui demeurèrent en repos. La bourgeoisie penchait d'abord en faveur des insurgés et son adhésion eût donné à la révolte un caractère beaucoup plus redoutable; mais les excès d'une multitude exaspérée, les crimes des malfaiteurs et des vagabonds, attirés en foule par l'espoir du butin et de l'impunité, effrayèrent le Tiers-État. « Il n'y avoit, dit Paradis, si bon marchand, gentilhomme, ou autre, qui ne fût dévalisé, ains (même) tué, sous ombre de dire qu'il étoit gabeleur. » Plusieurs châteaux avaient été pillés et brûlés pour punir les seigneurs d'avoir donné retraite aux commis et les gros bourgeois ne se sentaient guère moins exposés que les seigneurs. Ils s'employèrent autant qu'ils purent à pacifier le pays. Quelques officiers royaux essayèrent de parlementer avec les rebelles : ceux-ci demandèrent la suppression de toute gabelle et même de la taille : le maître des eaux et forêts d'Angoumois se chargea d'aller jusqu'en Piémont présenter leurs griefs au roi.

Tandis que les esprits se calmaient un peu dans l'Angoumois et la Saintonge, Bordeaux était à son tour le théâtre d'événements tragiques. Cette grande ville, exempte de la gabelle, n'avait point d'intérêt direct dans la querelle; mais Blaye, Bourg, Libourne, les petites villes et les campagnes finirent par entraîner le menu peuple de Bordeaux dans ce qu'ils nommaient la cause commune de la Guyenne. Le sire de Moneins, lieutenant-général du roi de Navarre dans le gouvernement de Guyenne, convoqua les corps de métiers « et même quelques-uns du menu peuple » à l'hôtel de ville, voulut intimider son auditoire et signifia que les potences étaient prêtes pour les séditieux qui suivraient l'exemple des villes voisines. Un riche marchand, nommé Guillotin, l'interrompit audacieusement et s'écria que ceux de Saintonge et de Guyenne faisaient bien de revendiquer par les armes la liberté de leurs ancêtres. Le tocsin sonna; la multitude s'empara de l'arsenal et Moneins n'eut que le temps de se sauver au Château-Trompette. Le parlement députa vers les insurgés le président de La Chassagne, vieillard très-considéré dans Bordeaux, qui obtint du peuple la promesse de s'apaiser si Moneins sortait du château et revenait à l'hôtel de ville écouter les doléances publiques. Moneins n'avait ni soldats ni vivres pour soutenir un siége : il quitta son asile sous la sauvegarde des jurats (conseillers municipaux); cette protection fut impuissante : six ou sept mille paysans armés et furieux venaient d'entrer à Bordeaux ; le tumulte recommença plus terrible ; l'hôtel de ville fut envahi et le lieutenant-général tomba égorgé par une foule forcenée. On tortura, on massacra les officiers de la gabelle et les bourgeois qui avaient eu avec eux quelques relations ou qui essayèrent de les protéger; une vingtaine de personnes furent égorgées et plusieurs hôtels pillés et démolis. Les rebelles forcèrent le président de La Chassagne, le poignard sur la gorge, à leur prêter serment comme leur capitaine et à marcher à leur tête contre le Château-Trompette, qui n'était gardé que par quelques hommes et qui ouvrit ses portes (21-22 août).

La Chassagne employa dans l'intérêt de l'autorité royale le pouvoir qui lui avait été confié d'une si étrange manière : il s'entoura de la bourgeoisie aisée, qui, sortie de son premier étourdissement, s'arma et se mêla au menu peuple pour le contenir; il fit « passer par les piques les plus séditieux, » ferma les portes de la ville afin d'empêcher les campagnards de venir raviver l'émeute, puis rétablit le parlement et les magistrats municipaux dans l'exercice de leurs charges. Le parlement alors écrivit à Henri II que tout était rentré dans l'ordre et en donna un gage sanglant au roi par la condamnation de l'individu qui avait le premier sonné le tocsin et qui fut tiré à quatre chevaux, sans opposition de la part du peuple. L'atonie avait succédé à la fureur. La publication des lettres patentes par lesquelles le roi évoqua par-devant lui toute l'affaire de la gabelle fut interprétée comme une espèce de promesse et fut exploitée habilement par les partisans de l'autorité.

Le rétablissement de l'ordre dans Bordeaux ne suspendit pas la marche des troupes royales : le connétable et le duc d'Aumale, s'avançant avec deux petits corps d'armée, opérèrent leur jonction dans le Pays entre Deux Mers (la partie du Bordelais entre la Garonne et la Dordogne), sans que nulle part les bandes insurgées osassent tenter de leur disputer le passage. Les Bordelais envoyèrent à Langon, au-devant de Montmorenci, un bateau magnifique, « armoyé des armoieries dudit sieur connétable, » le suppliant de s'y embarquer pour descendre dans leur ville et de ne point amener avec lui ses lansquenets. Montmorenci répondit qu'il n'avait pas de conditions à recevoir des Bordelais; « qu'il ne vouloit entrer à Bordeaux par porte ni par bateau et que, si ouverture n'étoit faite par eux, il avoit des clefs pour ouvrir les portes, » désignant par là vingt pièces d'artillerie qu'il traînait après lui.

Cette dure réponse ne rendit pas aux Bordelais le courage du désespoir : ils laissèrent Montmorenci entrer dans leurs murailles avec ses troupes, le 9 octobre, par une brèche pratiquée tout exprès et allèrent déposer leurs armes au Château-Trompette, sur l'ordre du connétable. Les soldats se conduisirent comme en pays conquis. Les informations juridiques furent entamées par une commission extraordinaire : on fit le procès, non pas seulement aux séditieux, mais à la cité, à la province entière; la commune de Bordeaux fut « privée à perpétuité de tous priviléges, franchises, libertés, immunités, maison de ville, jurades et conseil, cloches, justice et juridiction; » les jurats furent condamnés à allumer de leurs propres mains le feu dans lequel devaient être brûlés les chartes et priviléges de la ville; la démolition de la maison de ville fut ordonnée, ainsi que l'enlèvement de toutes les cloches des églises, et Bordeaux fut condamné à payer une amende de 200,000 livres, plus les frais de fortification et entretien perpétuel des Châteaux Trompette et de Hà. La plupart des villes de la Guyenne, de l'Angoumois et de la Saintonge furent enveloppées dans la sentence de Bordeaux. Le 7 novembre, on célébra les obsèques de Moneins avec le cérémonial prescrit par le même arrêt : la bière du lieutenant fut portée par les jurats, accompagnés de cent vingt bourgeois vêtus de deuil, tête nue, la torche à la main, et suivis de tout le peuple, qu'on força d'assister en masse à la cérémonie expiatoire, « sans respect de sexe ni de qualité; » le convoi s'arrêta devant le logis du connétable et, là, tous les assistants agenouillés demandèrent à haute voix pardon à Dieu, au roi et à justice; le corps de Tristan de Moneins, transféré à la cathédrale de Saint-André, fut inhumé dans le chœur, « au lieu le plus honorable, » avec une épitaphe rappelant comme quoi il avait été « inhumainement et cruellement meurtri par les manants et habitants de la ville de Bordeaux [1] ».

Les exécutions se succédèrent à Bordeaux tous les jours durant quatre ou cinq semaines qu'y passa le connétable. L'habile duc

---

1. Presque tous les historiens du temps assurent que les jurats et les principaux bourgeois furent forcés de déterrer avec leurs ongles le corps de Moneins, avant qu'on le transférât à Saint-André de Bordeaux. Cette circonstance ne se trouve pas dans le texte de l'arrêt, tel que le rapporte Paradin. Nous avons suivi principalement cet historien contemporain, dont le récit est fort détaillé. V. aussi Vieilleville et de Thou. M. Poirson (*Précis de l'histoire de France aux temps modernes*) dit que les chefs des rebelles s'étaient mis en relation avec le duc de Somerset, régent d'Angleterre, et lui avaient offert d'introduire les Anglais en Guyenne. Nous n'avons pu retrouver la trace de ce fait important; l'arrêt prononcé contre Bordeaux n'y fait aucune allusion.

d'Aumale, avant de joindre le connétable, « voulant acquérir réputation de prince débonnaire, » avait pacifié, chemin faisant, la Saintonge et l'Angoumois, en « ne faisant point de punition du passé ». Cette conduite fit un étrange contraste avec celle de Montmorenci; il n'y eut point de raffinement de cruauté que la commission, à l'instigation du connétable, n'imaginât contre les condamnés : on emprunta les supplices des Orientaux : plus de cent quarante personnes furent pendues, décapitées, rouées, *empalées*, démembrées à quatre chevaux, brûlées, *maillotées* (rompues) : « on les faisoit mourir sur une simple accusation, sans confrontation de témoins ni autre forme de procès »(Vieilleville). Guillotin fut brûlé vif; le chevalier du guet et le commandant du fort de Hâ, que les rebelles avaient contraints de marcher dans leurs rangs, furent décapités; le président de La Chassagne vit ses services payés d'un long emprisonnement; les autres membres du parlement avaient été suspendus de leurs fonctions. Toutes les bandes de la campagne s'étaient dissipées et leurs principaux chefs tombèrent au pouvoir des gens du roi : Puymoreau, en qualité de gentilhomme, eut la tête tranchée; deux autres colonels, dont l'un était un bourgeois de Blansac, furent couronnés de couronnes de fer rougies au feu, « pour châtiment de la souveraineté qu'ils avoient usurpée; » après quoi on les acheva sur la roue.

La sentence prononcée contre Bordeaux ne fut pourtant pas longtemps maintenue dans toute sa rigueur : le gouvernement royal sentit qu'en présence des éventualités d'une guerre contre l'Angleterre, il ne serait pas prudent de laisser cette grande ville, si longtemps anglaise, et cette province remuante, sous le coup d'une telle oppression et d'une telle honte; Henri II rendit à Bordeaux et aux autres villes aquitaniques leurs franchises et leurs priviléges; il fit plus : il donna gain de cause à la résistance, en vendant aux provinces du sud-ouest l'exemption de la gabelle, c'est-à-dire du monopole et de l'achat forcé, moyennant 200,000 écus d'or une fois payés et le rétablissement de l'impôt du quart et demi [1]. Trois ans après, cet impôt même fut racheté par ces

---

[1]. De Thou, l. vi, an. 1549. — Isambert, t. XII. Édits des 7 octobre 1549 et 1er août 1550.

provinces au prix de 1,200,000 livres [1]. Il resta toutefois dans les cœurs d'amers souvenirs. Si condamnables qu'eussent été les excès populaires, la résistance des provinces aquitaniques avait été légitime dans son principe, et ce peuple se sentait injustement frappé. La multitude portait son ressentiment sur les hommes; les intelligences plus éclairées s'en prirent aux choses. L'étude passionnée de l'antiquité républicaine et les traditions vivaces des États Généraux s'unissaient pour soulever les plus nobles esprits contre le régime arbitraire qui, déguisé longtemps sous la brillante personnalité de François Ier, se dévoilait dans toute sa nudité sous l'administration brutale de Montmorenci. La violation de tous les droits et de toutes les vieilles libertés réveillait, chez les penseurs et chez tous les gens de bien, le désir de l'intervention de la nation dans son gouvernement et d'un système de garanties politiques. Ce mouvement d'idées, dans sa maturité, devait produire les États Généraux de 1560, le ministère de l'Hôpital et la *République* de Bodin. Sa première et juvénile effervescence enfanta le *Discours de la servitude volontaire*, écrit, l'année même de la révolte de Bordeaux, en face des échafauds dressés sur les places des villes aquitaniques. Jamais on n'a surpassé, depuis, l'énergie brûlante du *Discours de la servitude volontaire*[2], œuvre d'un jeune homme de dix-huit ans, Étienne de la Boëtie, de Sarlat en Périgord. Ce fut le premier cri de guerre de ce républicanisme abstrait qui a répondu aux doctrines du despotisme monarchique par la condamnation absolue de la royauté et de tout le passé, qui a opposé un droit immuable, non pas seulement dans son principe, mais dans son application, à la prescription du fait et qui a eu enfin, à son tour, ses jours de règne. Deux siècles et demi après le *Contr'un*, fut

---

1. Les pays du sud-ouest en gardèrent, dans la langue financière, le nom de « provinces rédimées ». Avec le sud-ouest était comprise une partie du centre, le Limousin, la Marche et l'Auvergne. Le joug de la gabelle s'aggrava, au contraire, sur le reste de la France, par la substitution du régime des fermiers à celui des percepteurs royaux. Édit du 4 janvier 1548. V. Bailli, *Hist. financière de la France*, t. I, p. 244-246.

2. Ou le *Contr'un* (Contre le pouvoir d'un seul). Cet écrit ne fut imprimé que vingt-cinq ans après, au milieu des révolutions politiques et religieuses, qui seules pouvaient en permettre la publication.

proclamée, du haut d'une tribune souveraine, la terrible maxime de Saint-Just : *Quiconque est roi mérite la mort*[1] !

1. « Comment se peut-il faire », s'écrie la Boëtie, « que tant d'hommes, tant de bourgs, tant de villes, tant de nations, endurent un tyran, seul, qui n'a puissance que celle qu'on lui donne, qui n'a pouvoir de leur nuire, sinon de tant qu'ils ont vouloir de l'endurer?... Quel malheur, ou quel vice, de voir un nombre infini, non pas obéir, mais servir; non pas être gouvernés, mais tyrannisés d'un seul, et non pas d'un Hercule ni d'un Samson, mais d'un seul *hommeau* (*petit homme*, diminutif méprisant), et le plus souvent du plus lâche et féminin de la nation... tout empêché de servir vilement à quelque femmelette!... Pauvres gens et misérables, peuples insensés, nations opiniâtres en votre mal et aveugles en votre bien, vous vivez de sorte que vous pouvez dire que rien n'est à vous, ni vos biens, ni vos parents, ni vos enfants, ni votre vie même!... Et toute cette ruine vous vient, non pas des ennemis, mais bien certes de l'ennemi et de celui que vous faites si grand qu'il est, pour lequel vous allez si courageusement à la guerre, pour la grandeur duquel vous ne refusez point de présenter à la mort vos personnes..... Vous semez vos fruits, afin qu'il en fasse le dégât; vous meublez et remplissez vos maisons, pour fournir à ses voleries; vous nourrissez vos filles, afin qu'il ait de quoi saoûler sa luxure; vous nourrissez vos fils, afin qu'il les mène en ses guerres, qu'il les mène à la boucherie, qu'il les fasse les ministres de ses convoitises, les exécuteurs de ses vengeances..... De tant d'indignités, que les bêtes mêmes n'endureroient point, vous pouvez vous délivrer, si vous essayez seulement de le vouloir! Celui qui vous maîtrise tant, d'où a-t-il pris tant d'yeux dont il vous épie, si vous ne les lui donnez? Comment a-t-il tant de mains pour vous frapper, s'il ne les prend de vous? Que vous pourroit-il faire, si vous n'étiez receleurs du larron qui vous pille, complices du meurtrier qui vous tue et traîtres à vous-mêmes? Soyez résolus de ne servir plus et vous voilà libres! Je ne veux pas que vous le poussiez ni l'ébranliez; mais seulement ne le soutenez plus et vous le verrez, comme un grand colosse à qui on a dérobé la base, de son poids même fondre en bas et se rompre!...

« Il y a trois sortes de tyrans : les uns ont le royaume par l'élection du peuple; les autres, par la force des armes; les autres, par la succession de leur race. Ceux qui l'ont acquis par le droit de la guerre s'y portent ainsi qu'en terre de conquête; ceux qui naissent rois ne sont pas communément guère meilleurs : *ains* (mais), étant nés et nourris dans le sang de la tyrannie, tirent avec le lait la nature du tyran et font état des peuples qui sont sous eux, comme de leurs serfs héréditaires..... Celui à qui le peuple a donné la couronne devroit être, ce semble, plus supportable;... mais communément il fait état de passer à ses enfants la puissance que le peuple lui a baillée; or, dès lors que celui-là a pris cette opinion (ce dessein), c'est chose étrange, de combien il passe, en toutes sortes de vices, les autres tyrans; il ne voit autre moyen, pour assurer sa nouvelle tyrannie, que d'étendre fort la servitude et *estranger* (éloigner) tant ses sujets de la liberté, encore que la mémoire en soit fraîche, qu'il la leur puisse faire perdre. Ainsi, pour en dire la vérité, je vois bien qu'il y a entre eux quelque différence; mais, de choix, je n'en vois point et, étant les moyens de venir aux règnes divers, toujours la façon de régner est quasi semblable.

« La première raison de la servitude volontaire, c'est la coutume!... Ils disent qu'ils ont été toujours sujets, que leurs pères ont ainsi vécu; ils pensent qu'ils sont tenus d'endurer le mors et fondent eux-mêmes, sur la longueur de temps, la possession de ceux qui les tyrannisent; mais, pour vrai, les ans ne donnent jamais le droit de mal faire, *ains* agrandissent l'injure..... Toujours en demeure-t-il quelques uns, mieux nés que les autres, qui sentent le poids du joug et ne s'apprivoisent jamais à la sujétion :... ce sont ceux qui, ayant l'entendement net et l'esprit clairvoyant, les ont

Pendant que la terreur et le deuil planaient sur Bordeaux, Lyon était le théâtre de fêtes où les corporations nationales et étrangères [1] de cette cité cosmopolite luttaient de magnificence en l'honneur de Henri II, qui s'était arrêté à Lyon à son retour de Turin · le caractère nouveau de ces fêtes est digne de mention; la Renaissance remplaçait les mystères à personnages et tout le vieux cérémonial des royales entrées par les arcs de triomphe, les obélisques, les colonnes, les spectacles, les jeux guerriers et les naumachies à la romaine [2]. De Lyon, le roi et la cour allèrent à Moulins célébrer les noces d'Antoine de Bourbon, duc de Vendôme, avec Jeanne d'Albret, fille unique du roi de Navarre

encore polis par l'étude et le savoir; ceux-là, quand la liberté seroit entièrement perdue et toute hors du monde, l'imagineroient, la sentiroient et la savoureroient encore en leur esprit! »

Il y a des traits d'une force incroyable dans les dernières pages de cette magnifique déclamation, terminée par un tableau de la condition des favoris et des courtisans de la tyrannie, « ces mange-peuples », dont le nom, exécré durant leur vie, est, après leur mort, « noirci de l'encre de mille plumes, la réputation déchirée dans mille livres, et les os mêmes traînés par la postérité » !

Le *Discours de la servitude volontaire* ne renferme aucune allusion aux intérêts, aux passions, aux traditions, qui divisaient si profondément les diverses classes de la société française : la réunion de *tous contre un*, de la nation entière contre la royauté, est l'unique pensée de l'auteur. Rien ne rappelle les conditions de temps et de lieu dans son œuvre essentiellement abstraite.

L'adolescent qui avait débuté par un tel coup d'essai modifia, sans doute, par la réflexion et l'expérience, ce qu'il y avait de trop absolu dans ses premiers sentiments; mais le pays ne profita point de sa maturité : ce La Boëtie, que Montaigne appelle « le plus grand homme du siècle », vécut presque ignoré et s'éteignit, à trente-deux ans (en 1565), entre les bras de Montaigne, « son cher frère et inviolable compagnon », parmi les orages des Guerres de Religion; ses dernières paroles furent touchantes : « Par aventure », disait-il, « n'étois-je pas né si inutile, que je n'eusse moyen de faire service à la chose publique! mais qu'il en soit ce qui plaît à Dieu. » Il mourut conseiller au parlement de Bordeaux.

Les lettres de Montaigne, écrites plusieurs années après la mort de La Boëtie, respirent une admiration enthousiaste pour cet ami dont il ne cesse de célébrer la vertu, la justice, la hauteur de conception, la pureté de mœurs, la piété éclairée, « la tendre amour pour sa misérable patrie ». Un pareil hommage, de la part d'un esprit si peu susceptible d'engouement, si habitué à juger les hommes et les choses avec désillusionnement et scepticisme, mérite à la mémoire de La Boëtie le respect de la postérité. Que de grands hommes se sont ainsi éteints sans donner au monde les fruits de leur génie !

1. Les corporations de marchands étrangers étaient celles des Génois, des Florentins, des Lucquois, des Milanais et des Allemands.

2. De Thou, l. v. — Paradin. — L'année suivante, Paris, où Henri II n'avait point encore fait d'entrée solennelle, lui donna des fêtes semblables à celles de Lyon. — Vieilleville.

et de la reine Marguerite, et les fiançailles de François de Guise, duc d'Aumale, avec Anne d'Este, fille du duc de Ferrare et de la fille de Louis XII, Renée de France, tante du roi, haute alliance qui rapprochait étroitement les Guises de la maison royale [1]. Du premier de ces mariages naquit Henri IV; du second, Henri de Guise. Le roi et ses conseillers regagnèrent ensuite le nord de la France, pour surveiller de plus près les affaires d'Écosse et se préparer à profiter de la crise politique et religieuse où se débattait l'Angleterre.

Henri VIII avait laissé l'Angleterre dans la plus étrange servitude où ce peuple eût encore été réduit; Henri, s'estimant à lui seul l'Église et l'État, le pape et l'empereur, exerçait son despotisme sur les âmes aussi bien que sur les corps, et disposait souverainement des consciences comme des biens de ses sujets. La Convocation (assemblée du clergé) avait érigé en article de foi l'obéissance passive au souverain : les deux chambres avaient reconnu au roi le droit de rendre des ordonnances ayant force d'actes du parlement; elles avaient voté, touchant la haute trahison, des lois qui rappelaient les plus odieuses inventions des tyrans romains sur le crime de lèse-majesté. Les procédés de l'inquisition avaient été appliqués à la recherche d'*hérésies* telles que la croyance à la validité du premier mariage du roi : le silence même et la neutralité sur cette question et sur d'autres analogues étaient réputés trahison. La peine de mort avait été décrétée d'avance contre quiconque enseignerait des opinions opposées aux doctrines que le roi pourrait promulguer, quelles qu'elles fussent. Tout accusé traduit devant le parlement était condamné sans être entendu : le ministre se contentait de présenter un bill de conviction (*attainder*), qu'on votait sans débat et en vertu duquel l'accusé était conduit à la mort. Henri VIII ne respectait pas mieux les propriétés de ses sujets que leurs vies : violant audacieusement la foi publique, il obligea le parlement à déclarer acquis au roi les emprunts forcés qu'il avait exigés des plus riches citoyens; les impôts qu'il leva égalèrent, en vingt-six

---

1. Ce fut dans cette occasion que le duc d'Aumale prit le nom d'Anjou et le titre de prince, que François Ier avait toujours refusé à cette maison. D'Aumale essaya même de prendre rang avec les princes du sang.

ans, les impôts qu'avaient levés tous ses prédécesseurs ensemble; ce qui ne l'empêcha pas de chercher une misérable ressource dans l'altération des monnaies, à l'exemple des temps de barbarie administrative. Le caractère anglais garda pour longtemps, de cette triste époque, une empreinte de dureté et d'hypocrisie dont n'a jamais pu se débarrasser tout à fait l'anglicanisme, cette froide religion d'État [1].

Les causes qui avaient induit une nation aussi énergique que la nation anglaise à supporter un tel abaissement étaient de diverse nature. Henri VIII, succédant à un père qui avait déjà commencé à façonner le pays au despotisme, fut d'abord très-populaire et, lors même que son règne devint le plus oppressif, une grande partie de la nation, sentant d'instinct que le joug ne pèserait qu'un temps, conserva sa sympathie au prince qui avait délivré l'Angleterre du joug plus durable de « l'évêque de Rome. » Henri, d'ailleurs, quoique violent, était habile quand son orgueil ne l'aveuglait pas : demeurant dans le schisme sans vouloir aller jusqu'à l'hérésie, il laissait espérer aux catholiques son retour, aux protestants son accession, tenait en équilibre les deux opinions religieuses qui se partageaient secrètement l'Angleterre et les amenait à rivaliser de servilité politique [2]. Il importe aussi d'observer que la vieille aristocratie anglo-normande, jadis si formidable aux rois, avait été ruinée, décimée, presque détruite par les guerres civiles, les massacres et les proscriptions du siècle précédent : les favoris des Tudor refirent peu à peu une aristocratie nouvelle aux dépens de l'Église et des

---

1. *V.* un passage remarquable de Hallam (*Littérat. de l'Europe,* t. I, c. VII, part. II), sur le caractère anglais aux XVIe et XVIIe siècles. — Lingard. — Hume. Les *Mémoires* de Vieilleville (l. II, c. I-IV) renferment un curieux récit de l'ambassade de Vieilleville à Londres, lors de l'avénement de Henri II. On y voit l'étonnement que causa aux Français l'étiquette servile de la cour d'Angleterre : ils la traitaient de tyrannie et d'idolâtrie. En France, la liberté des mœurs empêchait, jusqu'à un certain point, les caractères de se dégrader par l'effet du gouvernement arbitraire : en Angleterre, tout était soumis au même niveau; mais l'Angleterre avait conservé, dans sa servitude, les apparences, les formes d'un gouvernement libre et, quand la liberté reparut, elle n'eut qu'à souffler sur ces formes pour leur rendre la vie. Les formes importent plus qu'on ne le croit communément en France, elles aident le fond à se maintenir ou à revenir!
2. En Irlande, il déploya d'autres moyens : il érigea cette « seigneurie » en royaume et gagna les principaux chefs de clans par des pairies et des titres de comte.

moines, dont la dépouille ne profita directement qu'aux grands [1] ; mais cette aristocratie-là ne pouvait être, de longtemps, qu'un humble instrument de la royauté. Quant aux communes (petite noblesse et bourgeoisie), elles montraient alors peu d'intelligence politique et de volonté. L'aplatissement du clergé était complet.

Au fond, chacun sentait que ce règne était une époque de transition et l'on attendait : la mort de Henri VIII fut le signal de la crise; le roi schismatique une fois dans la tombe, il n'y eut plus en Angleterre que des protestants ou des catholiques romains. Les partisans de la Réforme s'étaient assuré les meilleures positions et en profitèrent : lord Seymour, duc de Somerset, oncle maternel du jeune roi Édouard VI, s'empara de l'autorité souveraine, confiée à seize conseillers par le testament de Henri VIII, et commença la révolution religieuse, d'accord avec l'archevêque de Canterbury, Cranmer : les images furent détruites; une partie des rites et des cérémonies furent supprimés; la communion sous les deux espèces fut établie; enfin l'adoption d'une liturgie anglaise et le mariage des prêtres consommèrent la séparation et constituèrent le caractère national de l'église anglicane. Le parlement adopta toutes ces mesures, malgré la résistance d'un certain nombre d'évêques. Le gouvernement anglais s'efforça d'entraîner l'Écosse dans la même voie. L'Écosse était en proie à de violents troubles religieux : l'esprit indomptable des clans celtiques et des aventuriers du *border* tenait peu de compte des maximes d'obéissance que prêchaient Luther et Calvin; dès que les protestants écossais se sentirent assez forts pour résister, ils résistèrent. Le cardinal Beatoun ou de Béthune, archevêque de Saint-André, primat d'Écosse, les persécutant avec fureur, ils l'avaient surpris et massacré dans son château-fort de Saint-André (mai 1546). L'Angleterre avait pris les meurtriers sous sa protection. Le par-

---

1. *V.* à ce sujet Hume et Lingard. Presque toutes les possessions du clergé régulier furent livrées gratuitement ou à vil prix aux courtisans et aux grands propriétaires, moins par profusion que par politique : Henri VIII voulait assurer le plus possible de défenseurs puissants à son œuvre. Le revenu public profita peu de la suppression des monastères; car, en Angleterre plus encore qu'en France, les décimes et subsides extraordinaires levés sur le clergé étaient devenus si fréquents, qu'ils équivalaient presque à un impôt ordinaire. Le bénéfice pour l'État fut tout politique.

lement écossais et le comte d'Arran, régent du royaume, avaient, de leur côté, refusé de ratifier le traité conclu par François Ier avec Henri VIII. Ce fut sur ces entrefaites qu'eut lieu l'avénement de Henri II et que le père et les frères de la reine douairière d'Écosse, les Guises, arrivèrent au pouvoir en France : une vigoureuse assistance fut prêtée aussitôt par la France à l'Écosse ; vingt et une galères françaises et un corps de troupes secondèrent le siége du château de Saint-André, où se maintenaient les meurtriers du cardinal Beatoun : les assiégés furent forcés de se rendre sans autres conditions que la vie sauve (3 juillet 1547) : le fameux prédicateur protestant John Knox, qui s'était enfermé dans la place, fut envoyé, avec les soldats prisonniers, sur les bancs des galères de France, d'où il revint, quelques années après, souffler la vengeance dans le cœur de ses frères.

Sur ces entrefaites, le lord protecteur d'Angleterre, Somerset, entrait en Écosse avec une armée et sommait le gouvernement écossais de réaliser un traité qui, en 1543, avait promis au fils de Henri VIII, actuellement le roi Édouard VI, la main de Marie Stuart. L'esprit national se souleva contre les exigences anglaises : les Écossais marchèrent à l'ennemi ; le régent catholique d'Écosse, le comte d'Arran, perdit la sanglante bataille de Pinkencleugh (10 septembre 1547), contre une armée composée en grande partie de mercenaires espagnols et italiens, empruntés aux armées catholiques de Charles-Quint. Ce revers, loin d'abattre l'Écosse aux pieds de l'Angleterre, la décida à se jeter sans réserve dans les bras de la France : les lords écossais, entraînés par la reine douairière Marie de Guise, offrirent la main de la petite reine au dauphin François, fils de Henri II, et consentirent que la jeune Marie fût élevée à la cour de France jusqu'à son mariage. Au mois de juin 1548, une escadre française, conduite par le commandeur Durand de Villegagnon, débarqua au port de Leith Montalembert d'Essé, à la tête de six mille soldats d'élite, Français et Allemands, puis, doublant le nord de la Grande-Bretagne pour tromper la vigilance des Anglais et s'engageant dans des mers où n'avaient jamais paru les galères de la Méditerranée, il fit le tour de l'Écosse, alla prendre la petite reine à Dunbarton et la conduisit heureusement à Brest par le canal Saint-Georges. Marie

Stuart avait six ans et l'époux qu'on lui destinait n'en avait pas cinq.

Les hostilités continuèrent sur les frontières d'Écosse et furent même reportées par les auxiliaires français dans les provinces du nord de l'Angleterre : la guerre civile, qui éclata parmi les Anglais, fit une diversion favorable aux Franco-Écossais. Le nouveau gouverneur d'Angleterre avait gagné l'affection des classes élevées et de la bourgeoisie par ses innovations religieuses et par l'abrogation des lois les plus odieuses du règne passé, lois qui menaçaient surtout les personnes considérables : la condition du peuple des campagnes continuait au contraire à empirer par la dureté et l'injustice des grands propriétaires : non-seulement ceux-ci, gagnant plus avec la laine qu'avec le blé, changeaient de vastes terres labourables en pâturages, et substituaient les moutons aux hommes dans des cantons entiers, mais ils usurpaient presque partout les communaux : la suppression des couvents, possesseurs moins durs aux pauvres, ne fit que redoubler le mal[1]. Les campagnards perdirent patience : excités par les partisans de l'ancienne religion, ils se soulevèrent dans un certain nombre de comtés; il y eut des villes prises et reprises, des combats opiniâtres, beaucoup de sang versé. La grande propriété l'emporta ; mais, durant ces luttes intestines, la politique anglaise essuya au dehors de nouveaux et de plus graves échecs. Les chefs du gouvernement anglais ayant répondu par un refus à la sommation que leur avait adressée Henri II, de cesser leurs attaques contre les états de « sa fille » la reine d'Écosse, la cour de France prit ouvertement l'offensive. Le réfugié florentin Léon Strozzi, parti du Havre avec douze galères, battit une escadre anglaise à la hauteur de Guernesey, pendant que le roi en personne entrait, à la tête d'une nombreuse armée, sur le territoire de Boulogne (fin août 1549). Les Anglais s'efforcèrent d'amener Charles-Quint, qui était alors en Flandre, à intervenir en leur faveur : ils offri-

---

1. L'atroce statut rendu contre les vagabonds et les mendiants est un des traits caractéristiques de ce temps : tout pauvre vivant oisif pendant trois jours était déclaré vagabond ; on lui imprimait sur la poitrine, avec un fer chaud, la lettre V; on le livrait comme *esclave*, pour deux ans, à son dénonciateur, qui pouvait le forcer au travail par les coups et la chaîne et ne lui devait pour nourriture que du pain et de l'eau ; s'il tentait de s'échapper, il était esclave pour la vie.

rent de lui remettre Boulogne en dépôt; mais l'empereur craignit de compromettre, par des complications intempestives, les grands résultats qu'il avait obtenus en Allemagne et qu'il travaillait à consolider. Il déclara seulement qu'il prenait sous sa protection « l'ancienne conquête » (Calais). Toutes les forteresses anglaises du Boulenois, Selacque, Ambleteuse, le Mont-Lambert, Black-Ness, furent enlevées : on ne jugea point à propos d'entamer le siége de Boulogne à l'approche de la mauvaise saison; mais on munit de bonnes garnisons les petites places reconquises, ainsi qu'un nouveau fort bâti, d'après les conseils d'un des neveux du connétable, dans un emplacement qui commande l'entrée de la rivière et du port de Boulogne, afin de réparer la faute du maréchal du Biez.

Ce neveu de Montmorenci était GASPARD DE COLIGNI, colonel-général de l'infanterie française[1]. Devant ce nom, des horizons nouveaux s'entr'ouvrent; un autre monde que celui des Guises, de Diane et de Montmorenci lui-même. Ce n'est pas encore le moment d'insister sur cet homme.

Les succès des Français déterminèrent la chute du lord protecteur, déjà suspect aux grands propriétaires pour sa conduite incertaine durant l'insurrection : le conseil de régence, que Somerset avait dépouillé des attributions réglées par le testament de Henri VIII, ressaisit l'autorité, mit le protecteur en jugement et ne lui accorda la vie qu'à grand'peine. Lui-même n'avait pas respecté les jours de son frère, l'amiral sir Thomas Seymour, qu'il avait fait condamner à mort pour lui avoir disputé les rênes de l'État. Les successeurs de Somerset n'agirent pourtant pas avec plus de vigueur que lui vis-à-vis de la France : ils reconnurent l'impossibilité de défendre longtemps Boulogne; ils négocièrent et finirent par se contenter de 400,000 écus, au lieu des deux millions d'écus promis par le traité de 1546 pour le rachat de cette ville; encore fut-il stipulé que les Anglais évacueraient en outre deux forteresses importantes qu'ils tenaient en Écosse. L'amour-propre français fut encore plus satisfait de la renonciation implicite des Anglais à la pension perpétuelle que Fran-

---

1. C'est-à-dire des corps levés en France.

çois Ier s'était obligé, pour lui et ses successeurs, de payer aux rois d'Angleterre. Ce fut la fin des longues exactions que les Anglais avaient exercées sur la France, sous tant de formes et de prétextes [1]. La paix fut proclamée, le 24 mars 1550, entre la France, l'Angleterre et l'Écosse, et Henri II fit son entrée dans Boulogne, le 15 mai, aux applaudissements de la nation entière.

Les Guises avaient pleinement réussi dans la partie de leurs plans qui concernait l'Écosse, et leur orgueil ne connut plus de bornes. La mort des deux chefs de leur maison, le duc Claude et le cardinal Jean, qu'ils perdirent à quelques semaines de distance (avril-mai 1550), ne porta aucune atteinte à leur crédit : François, duc d'Aumale, devint duc de Guise; Charles, cardinal de Guise et archevêque de Reims, prit le titre de cardinal de Lorraine, qu'il devait rendre si fameux et qu'il inaugura d'une façon très-peu honorable [2]; des quatre autres fils légitimes du feu duc Claude, l'un, gendre de Diane de Poitiers, fut duc d'Aumale; le second devint cardinal de Guise et archevêque de Sens; le troisième fut grand prieur de l'ordre de Malte en France et général des galères; le quatrième fut créé marquis d'Elbeuf; le bâtard, dont les contemporains font un effroyable portrait, eut l'abbaye de Cluni. On vit sur ces entrefaites une marque éclatante du pouvoir des Guises par la disgrâce du premier président Lizet; ce magistrat, fidèle aux traditions de la monarchie, avait encouru la haine des Guises en leur refusant le titre de princes, « qui n'appartient en France qu'aux seigneurs du sang » : un jour qu'il avait été envoyé par le parlement au conseil du roi, le cardinal de Lorraine, qui présidait le conseil, voulut l'obliger à parler debout et la tête découverte; il refusa d'abaisser la dignité de chef d'une cour souveraine devant tout autre que devant le roi. Le faible Henri II lui envoya l'ordre de céder; il persista; le

---

1. Dumont, *Corps diplomat.*, t. IV, part. IV, p. 1.
2. « Il joint les bénéfices de son oncle Jean aux siens et se fait ainsi 300,000 livres de rente, s'approprie tous les meubles de l'oncle, qui étoient précieux, laisse toutes les dettes d'icelui, qui étoient immenses, à ses créanciers, pour y succéder par droit de banqueroute » (L'Aubespine). Il avait lui-même des dettes énormes qu'il avait promis de payer lorsqu'il recueilleroit les bénéfices de son oncle; il manqua de parole à ses créanciers et les ruina presque tous. (De Thou, l. VI.) Les 300,000 livres représenteraient peut-être 4 millions en valeur relative.

conseil le déclara rebelle au roi et suspendu de ses fonctions. Il s'effraya, donna sa démission et fut remplacé par Jean Bertrandi, créature de Diane et des Guises. Le chancelier Olivier, le seul des ministres de François Ier qui eût échappé au sort de ses collègues, eut enfin son tour; plus ferme que Lizet, il ne consentit point à résigner sa charge inamovible; on lui en laissa le titre et l'on en donna les fonctions, avec le titre de garde des sceaux, à Bertrandi, qui eut pour successeur, dans la première présidence, l'ex-avocat général Lemaître, intrigant dévoué à Diane. La cour se précautionna mieux encore contre l'opposition possible du parlement par une ordonnance qui décréta qu'il n'y aurait plus de réunions générales des chambres et que la grand'chambre pourrait seulement appeler dans son sein deux délégués de chacune des trois autres chambres [1].

Le ministère d'Olivier avait été signalé par de nombreuses ordonnances dont plusieurs jettent des lumières sur l'état de la société: l'édit de Saint-Germain (9 juillet 1547), sur les pauvres et les mendiants, quoique sévère, offre un contraste frappant avec l'affreux statut anglais sur les vagabonds (qui, à la vérité, ne subsista que deux ans); à Paris, les citoyens étaient soumis à une taille particulière pour le secours des pauvres; les mendiants valides abusaient de cette taxe, destinée aux invalides; l'édit de juillet 1547 enjoint aux prévôt des marchands et échevins de « dresser œuvres publiques » fournissant du travail aux mendiants valides, avec salaire raisonnable pour les travailleurs et peines grièves pour les paresseux obstinés; quant aux malades ou aux invalides, s'ils n'ont point d'asile, ils doivent en trouver dans les hôpitaux; s'ils ont un asile, ils seront secourus et nourris à domicile. Les riches paroisses aideront les moins riches à nourrir leurs pauvres. — Par un autre édit de juillet 1547, tous les assassins avec guet-apens seront punis de la roue, gentilshommes ou non.—A Fontainebleau (octobre 1547), déclaration d'incompatibilité entre les offices municipaux et les offices judiciaires, afin de laisser l'administration municipale aux notables bourgeois et marchands, « qui ont plus connoissance que les gens de justice au fait et maniements des deniers ». Les

---

1. De Thou, l. VI. — Isambert, t. XIII, p. 178-182. — Garnier, t. XIII, p. 430.

gens de robe tendaient à tout envahir. — 9 février 1548, édit sur le ban et l'arrière-ban : le vassal tenant fief de 500 à 600 livres de rente fournira un homme d'armes; le vassal de 300 à 400 livres, un archer; ceux d'un moindre revenu se cotiseront; le service est fixé à trois mois, sans l'aller et le retour; le ban et l'arrière-ban ne peuvent être conduits hors du royaume; la solde date du jour du départ. — Mars 1548, lettres-patentes pour l'enregistrement d'une bulle papale érigeant une université à Reims[1] : le parlement fit beaucoup de difficultés. — A Dijon, 6 juillet 1548, défense aux agriculteurs de lever la récolte sans prévenir celui qui a droit à la dîme, de peur qu'on ne fraude la dîme. — Lyon, 30 septembre 1548, privilége de neuf ans au sieur de Roberval, pour chercher et ouvrir toutes mines métallifères et autres, avec droit de prendre toutes terres pour ses recherches, moyennant dédommagement raisonnable; le droit de la couronne sur le produit des mines découvertes sera du dixième, après les neuf ans écoulés. — Saint-Germain, novembre 1548, défense de construire de nouveaux bâtiments dans les faubourgs de Paris, afin d'arrêter l'accroissement de la capitale. (Cette défense fut renouvelée bien des fois sans succès.) — 15 mars 1549, règlement sur l'entretien des galères de l'État : chaque galère doit porter quarante soldats et cent cinquante forçats; elle doit être toujours prête et fournie de vivres, gréements et équipage. Les capitaines doivent entretenir leurs bâtiments moyennant 400 écus par mois pour les trirèmes et 500 pour les galères à quatre rangs; ce sont encore des barbiers qui tiennent lieu de chirurgiens et de médecins à bord. — 12 novembre 1549, accroissement de solde des troupes, motivé sur le renchérissement général des denrées[2] : l'homme d'armes (avec quatre chevaux, dont deux de bataille) aura 400 livres par an : l'archer (avec deux chevaux, dont un de bataille) aura 200 livres[3]. Ces derniers édits sans doute appartenaient plus au connétable et aux Guises qu'à Olivier, qui a droit au contraire de revendiquer

1. Fondée par le cardinal Charles de Guise.
2. Suite de l'avilissement progressif des métaux précieux.
3. Le marc d'argent valait alors 14 à 15 livres; la livre valait donc encore intrinsèquement environ 3 francs cinquante centimes à 3 francs 75, et peut-être le quadruple en valeur relative.

les ordonnances judiciaires du 10 mars 1550, interprétation et continuation de l'édit de Villers-Cotterets. On y remarque particulièrement les dispositions qui défendent aux chambres du parlement de Paris de rendre des arrêts à nombre moindre que dix conseillers, et les efforts du législateur pour garantir les accusés contre les exactions des sergents et des geôliers et pour empêcher les prolongations arbitraires de détention[1]. On peut aussi faire honneur à Olivier de l'affranchissement des serfs dans les domaines royaux du Bourbonnais (1549)[2].

Une ordonnance du 10 septembre 1549, importante dans l'histoire de notre commerce maritime, fait de Rouen l'entrepôt de toutes les importations de l'Océan : ce fut un coup terrible pour Dieppe, si florissante sous François Ier; cette vieille métropole de la marine normande ne s'en est pas relevée[3] : la position si supérieure du Havre eût toujours fini, au reste, par rejeter Dieppe au second rang.

Les concessions au pape et au clergé, qu'Olivier n'avait pas eu le pouvoir d'empêcher, coïncidaient avec les cruautés qui redoublaient contre les protestants. Le roi abdiqua, au profit du pape, le droit de provision et collation des bénéfices en Bretagne et en Provence et défendit aux parlements de troubler la juridiction « apostolique » dans ces provinces (24 juin 1549). Les Guises, possédés de leur rêve sur Naples, ne cessaient de pousser dans ce sens, bien qu'on eût pu voir, en 1548, le néant de l'alliance papale en Italie. François Ier, en juin 1540, avait attribué à ses officiers de justice la poursuite des hérétiques; puis, le clergé se plaignant de cette usurpation, il avait établi que juges ecclésiastiques et laïques procéderaient concurremment. Après l'avénement de Henri II, une chambre spéciale fut établie dans le parlement contre les hérétiques : on la nomma la *chambre ardente*. Le despotisme instinctif du connétable et la politique des Guises s'accordaient en faveur des persécutions. Madame Diane était plus hostile

---

1. Isambert, t. XIII.
2. J. Bodin, *De la République*, p. 44.
3. Estancelin, *Recherches sur les navigations des Normands*, etc. Dieppe conserva de l'importance comme port militaire; c'était le siége de la juridiction de l'amiral de France.

encore à ces réformés austères et chagrins, qui respectaient fort peu les maîtresses des rois. Un incident caractéristique l'avait exaspérée. Un jour, Diane et le cardinal Charles de Guise s'étaient avisés de faire amener devant le roi un « couturier »(ouvrier tailleur) de la cour, arrêté par le prévôt de l'hôtel comme hérétique. Ils comptaient amuser Henri de la confusion et de la peur de ce pauvre homme. L'ouvrier ne s'intimida point, répondit avec simplicité et dignité ; mais, lorsque Diane voulut se mêler du débat, il éclata :

« Madame, contentez-vous d'avoir infecté la France et ne mêlez votre ordure parmi chose si sacrée qu'est la vérité de Dieu ! »

Le roi, furieux, résolut de l'aller voir brûler vif. Le 4 juillet 1549, à la suite d'une procession où Henri renouvela le serment d'extirper l'hérésie, un bûcher fut allumé, en présence du roi, dans la rue Saint-Antoine : le couturier y monta avec trois de ses coreligionnaires. Quand le martyr aperçut le roi accoudé à une fenêtre de l'hôtel de la Roche-Pot[1], « il se prit à le regarder si fort que rien ne l'en pouvoit détourner. » Ce regard fixe et obstiné glaça le cœur de Henri. Le roi quitta la fenêtre, tellement saisi de cette terrible image qu'elle le suivit quelque temps de nuit et de jour même. Il jura de n'en voir jamais brûler d'autre ; mais il ne jura pas de n'en plus faire brûler et les exécutions ne se ralentirent point[2].

La chambre ardente du parlement procédait avec une violence si impitoyable qu'un édit du 19 novembre 1549, qui remit aux juges d'église le jugement des procès « d'hérésie simple, » parut presque un relâchement de rigueur. Les juges royaux ne durent plus intervenir que s'il y avait « scandale public » ou sédition. Il fut statué que les juges d'église pouvaient condamner à la prison temporaire et même perpétuelle, mais non à des peines pécuniaires. Les courtisans voulaient se réserver le monopole des amendes. L'intolérance religieuse n'était pas le seul mobile des persécutions: les courtisans se faisaient octroyer par le roi les biens confisqués sur les hérétiques et leur intérêt était de trouver beaucoup de cou-

---

1. Le seigneur de La Roche-Pot était un des fils du connétable : il subsiste encore des restes pittoresques de l'hôtel de La Roche-Pot dans une cour appelée le *passage Charlemagne*.
2. Théod. de Bèze, *Hist. ecclésiast.*, l. II, p. 79. — De Thou, l. VI.

pables riches. Les Mémoires de Vieilleville, qui refusa noblement sa part de ces honteuses faveurs, renferment d'étranges détails à ce sujet. Les réformés avaient perdu leur ancienne protectrice, la reine de Navarre, sans crédit à la cour dans les derniers temps [1]. Marguerite d'Angoulême mourut le 21 décembre 1549; sa fille, Jeanne d'Albret, intelligence non moins distinguée et caractère beaucoup plus énergique, alla bien plus loin qu'elle dans la même voie.

Si le gouvernement français offrait au dedans de tristes spectacles de corruption et de cruauté, à l'extérieur il déployait du moins une activité et une énergie que les circonstances favorisèrent. L'ambition des Guises fut, un temps, profitable à la France, et Montmorenci aima mieux s'associer à une politique qui lui déplaisait que de se faire briser en s'y opposant. Une paix avantageuse avec l'Angleterre rendait toute liberté d'action à la France vis-à-vis de l'empereur et l'on sut se servir de cette liberté [2]. La situation respective de la France, de Rome et de l'empereur s'était singulièrement modifiée : le vieux Paul III avait molli à mesure que Charles-Quint se montrait plus menaçant; malgré la vive opposition de la cour de France, Paul III avait suspendu le concile et fait toutes sortes de concessions à l'empereur pour tâcher d'obtenir la restitution de Plaisance : il n'obtint rien; n'osant rouvrir le concile de Bologne et ne pouvant se décider à le renvoyer à Trente, il se décida à le dissoudre (septembre 1549) : ce fut là l'issue honteuse d'un règne inauguré sous de tout autres auspices. Paul III survécut peu à cet acte de faiblesse : craignant que l'empereur ne s'emparât de Parme comme de Plaisance, il

1. Quelques mois après la mort de Marguerite, le savant Gérard Roussel, semi-protestant, à qui elle avait procuré l'évêché d'Oloron en Béarn, fut assommé par un fanatique dans sa chaire épiscopale. Il n'y eut aucune justice faite. Ce fut sur ces entrefaites que l'illustre imprimeur Robert Estienne quitta Paris et la France, après avoir publié trois éditions du Nouveau Testament grec (1546-1550) et la traduction latine de la Bible, par Léon Juda et Bibliander, avec notes de Vatable, traduction qui fut condamnée par la Sorbonne. Robert Estienne s'établit à Genève, où affluait un flot croissant d'émigrés français, tous gens d'élite. M. Auguste Bernard, dans son intéressante publication sur *les types grecs de François Ier*, a pleinement justifié Robert d'avoir dérobé les caractères grecs du roi, imputation trop légèrement accréditée.

2. M. Michelet (*Guerres de Religion*, p. 41) donne de curieux détails sur la manière dont Diane et les Guises s'y prirent pour faire décider la guerre contre l'empereur malgré le connétable. Nous ignorons la source de cette anecdote.

reprit Parme à son petit-fils Ottavio Farnèse, pour rendre cette
seigneurie au saint-siége et donner en échange à Ottavio le duché
de Castro. Ottavio et ses frères se révoltèrent et s'allièrent contre
leur aïeul au meurtrier de leur père, au gouverneur de Milan,
Fernand de Gonzague. Le vieux pape fut si saisi de cette ingratitude qu'il en mourut (10 novembre 1549). Les débats du parti
français, du parti impérial et des Farnèses prolongèrent le conclave trois mois entiers et aboutirent, de guerre lasse, à un
choix d'un scandale inouï : l'homme le plus corrompu et le plus
cynique du sacré collège, le cardinal del Monte, ancien légat de
Paul III auprès des conciles de Trente et de Bologne, fut élu sous
le nom de Jules III (8 février 1550). Le premier acte de son pontificat fut l'octroi du chapeau rouge à un misérable dont on ne
sait comment caractériser la position infâme, et dont l'emploi
apparent dans la maison de del Monte avait été la garde d'un
singe favori, ce qui le fit appeler le « cardinal-singe (*simia*). Les
réformés eurent beau jeu cette fois à crier que l'Antechrist siégeait dans la ville aux Sept Collines.

Ce fut à l'empereur que Jules III, malgré des antécédents contraires, porta son immonde alliance : il annonça l'intention de
donner pleine satisfaction à Charles-Quint en rouvrant le concile
à Trente; la France ne s'y opposa pas formellement et se tint
dans une attitude d'expectative. Charles-Quint était au plus haut
de sa fortune; Rome se résignait enfin à lui servir d'instrument;
la résistance armée de Magdebourg à l'*Interim* et aux forces
impériales ne semblait plus que l'agonie des libertés germaniques. Charles, qui avait jusqu'alors procédé avec une extrême
prudence dans les choses de la religion, commença de laisser
transpirer ses véritables desseins : non-seulement il renouvela
l'édit atroce qu'il avait autrefois publié dans les Pays-Bas contre
les protestants [1]; mais il établit dans les Pays-Bas cette terrible
inquisition espagnole que Naples venait de repousser avec tant
d'énergie (avril 1550). L'agitation fut extrême, presque autant en
Allemagne que dans les Pays-Bas : les négociants anglais et allemands quittèrent Anvers. La reine douairière de Hongrie, gou-

1. Conformément à cet édit, une mère, à Mons, fut enterrée vive pour n'avoir pas
dénoncé son fils qui lisait une Bible protestante!

vernante des Pays-Bas, fit de si vives représentations à son frère que Charles consentit à révoquer l'édit en ce qui concernait les commerçants étrangers et à supprimer le nom de l'inquisition ; mais il supprima le nom plus que la chose, et les citoyens des Pays-Bas demeurèrent soumis, sinon au système entier de l'inquisition, du moins aux peines barbares décrétées par l'édit [1].

L'empereur s'était rendu de Bruxelles à Augsbourg, où il avait convoqué la diète germanique (juillet 1550), pour achever l'œuvre de l'*Interim* et préparer la réalisation d'un grand projet qui était le fond de sa pensée, la réunion de la couronne impériale aux couronnes d'Espagne, d'Italie et des Pays-Bas sur la tête de son fils Philippe. Il assembla à Augsbourg, en même temps que la diète, une sorte de congrès de famille, après avoir montré son fils à la plupart des provinces de sa domination dans un voyage d'apparat qui n'atteignit pas le but ; car ce jeune homme hautain, faux et sombre n'inspira que de la répulsion à tous les sujets de son père. Charles comptait sur la docilité que lui avait toujours montrée le roi des Romains, Ferdinand, habitué à se considérer comme un simple lieutenant de l'empereur, et sur la complaisance ou la peur des électeurs. Au milieu de ses triomphes, Charles-Quint, plus ferme d'esprit que jamais, mais épuisé de corps, sentait sa santé ruinée sans retour et sa vie menacée par des maux incurables [2], et il agitait déjà en lui-même cette pensée d'abdication qu'il exécuta quelques années plus tard. Il eût voulu que son frère abdiquât le titre de roi des Romains en même temps que lui-même abdiquerait l'Empire, afin de faire élire le jeune Philippe.

Pour la première fois Ferdinand résista [3]. Charles dut renoncer

---

1. De Thou. — *Sleidan*.
2. Asthme, goutte, flux de sang, etc.; incurables surtout par les excès de table auxquels il n'avait pas le courage de renoncer : il buvait la valeur de cinq ou six litres de vin à son dîner et mangeait à proportion. *V.* les curieux détails cités par M. Mignet ; *Charles-Quint ; son abdication*, etc., p. 54.
3. *V.* la lettre de l'ambassadeur de France Marillac, du 29 juillet 1550, dans Ribier, t. II, p. 283. Les instructions dictées par Charles-Quint pour son fils, dès le 18 janvier 1548, indiquent déjà qu'il se préparait à l'abdication ; mais on n'y entrevoit pas encore la pensée de faire renoncer Ferdinand à l'Empire au profit de Philippe. Ces instructions, écrites parmi de grandes douleurs physiques, sont plus sensées qu'éclatantes, et Charles s'y montre moins infatué de ses succès qu'on ne serait disposé à le croire. *V.* Granvelle, t. III, p. 267. Charles avait réalisé en juin 1548 un dessein de quelque importance : c'était d'obliger les Pays-Bas et la Franche-Comté à contribuer

à dépouiller son frère au profit de son fils. Il se rabattit sur un autre plan, qui consistait à faire alterner l'Empire entre les deux branches de la maison d'Autriche. Ferdinand eût succédé à Charles-Quint, Philippe à Ferdinand, Maximilien, fils de Ferdinand, à Philippe. Ferdinand et Maximilien résistèrent encore; toutefois ils cédèrent, après de longs débats, aux instances de l'empereur et de la gouvernante des Pays-Bas, la reine de Hongrie. Le 9 mars 1551, un pacte secret fut conclu sur cette base entre les deux frères et leurs fils [1].

Pour rendre ce pacte praticable, il restait à compléter et à rendre définitif l'asservissement de l'Allemagne : la diète, congédiée en février 1551, avait promis de reconnaître le concile qui allait se rassembler de nouveau à Trente et remis à la discrétion de l'empereur la restitution des biens ecclésiastiques : à la vérité, les électeurs avaient laissé voir des dispositions très-contraires à ce qui transpirait du pacte de famille autrichien; les princes protestants n'avaient comparu à la diète que par ambassadeurs et l'électeur Maurice avait envoyé des protestations qui eussent dû inspirer quelque inquiétude à l'empereur; mais Maurice rassura Charles en acceptant la mission que Charles lui imposait, à lui et aux autres princes protestants du Nord, de réduire par la force Magdebourg à recevoir l'*Interim*. Magdebourg avait pris des troupes d'élite à sa solde, et se défendit avec un intrépide courage : le siège de Magdebourg se prolongea au delà de toute attente; la fermentation cependant croissait en Allemagne et la contenance de la France devenait de plus en plus menaçante. L'ancienne alliance de la France avec les cantons suisses et leurs confédérés (Grisons, Valais, Saint-Gall et Mulhausen), avait été renouvelée plus étroitement le 7 juin 1549, en dépit de l'opposition de Berne et de Zurich, irritées des rigueurs de Henri II contre les protestants; le gouvernement anglais, malgré de récents affronts, se rapprochait de la France dans l'intérêt de la Réforme et des prin-

---

dorénavant, en hommes et en argent, à la défense de l'Empire contre le « Turc et autres ennemis ». Jusque-là, ils n'étaient que nominalement membres de l'Empire : deux anciennes provinces du royaume de France, Flandre et Artois, se trouvent ainsi annexées à l'Empire. L'Allemagne promit secours réciproque. Dumont, t. II, p. 244; 686.

1. Mignet; *Charles-Quint*, etc., p. 40, d'après les Archives de Belgique.

ces d'Allemagne, et des conventions de mariage furent arrêtées entre Édouard VI et la petite Élisabeth de France, fille de Henri II (juillet 1551) : les anciennes relations de François Ier avec le sultan Soliman étaient vivement renouées ; la France enfin étendait le bras sur l'Italie, dont l'empereur n'avait pu lui arracher les clefs. Charles essaya d'empêcher que ces clefs, c'est-à-dire les forteresses du Piémont, n'introduisissent les Français dans l'Italie centrale. Maître du Milanais, dominant à Gênes, il ne lui fallait plus que la possession du duché de Parme pour interdire toutes communications par terre entre les Français et l'intérieur de la péninsule ; il revendiqua donc Parme après Plaisance, comme ancienne dépendance du Milanais, et résolut d'enlever cette seigneurie par force ou par ruse à Ottavio Farnèse, quoique celui-ci eût épousé sa fille naturelle : Ottavio se plaignit au pape Jules III, qui lui avait rendu Parme pour payer les votes des Farnèses au conclave. Jules III lui refusa tout secours. Ottavio se mit sous la protection du roi de France. Henri II accueillit avec empressement la requête du duc de Parme. Jules III, gouverné par les créatures de Charles-Quint, entama les hostilités contre Ottavio, qu'il déclara rebelle à l'Église. L'empereur, qui hésitait à recommencer la guerre contre la France, préféra ne figurer qu'en auxiliaire du saint-siége, et promit même à Jules III de lui restituer Parme après qu'on l'aurait reprise à Ottavio. Les troupes impériales et papales envahirent le Parmesan. Mais déjà deux petits corps d'armée franco-italiens s'étaient formés à Parme et à la Mirandole et Ottavio Farnèse était en mesure de se défendre (juin 1551).

Les hostilités ne furent pas longtemps concentrées dans ces cantons : la France était prête et le maréchal de Brissac, gouverneur du Piémont, reçut ordre d'attaquer directement les possessions impériales. Dans la nuit du 3 au 4 septembre, Brissac enleva aux Impériaux, sans déclaration de guerre, les forteresses piémontaises de Chieri et de San-Damiano, tandis que le baron de la Garde sortait des ports de Provence avec quarante galères, surprenait une flotte marchande espagnole, lui ravissait un butin de plus de 400,000 écus et, de concert avec une autre escadre aux ordres de l'émigré florentin Léon Strozzi, fermait la mer au vieil

André Doria. Le massacre d'une troupe de soldats italiens au service de France, par ordre de Fernand de Gonzague, gouverneur de Milan, pouvait excuser cette brusque agression. Fernand de Gonzague revint du Parmesan à Asti pour couvrir le Milanais et l'hiver ralentit la lutte.

La lutte s'était engagée en même temps sur un autre terrain : Charles-Quint avait espéré faire reculer le roi de France, en le mettant face à face avec le pape; mais Henri II, tout dévot qu'il fût, ne s'arrêta pas à de tels scrupules : faible envers ceux qui l'entouraient, Henri était très-opiniâtre dans ses affections et dans ses haines : il détestait Charles-Quint, n'avait jamais oublié la dure captivité de son enfance [1], et le supplice de quelques capitaines de lansquenets, condamnés à mort par l'empereur pour avoir servi dans les armées françaises, venait de raviver ses ressentiments [2]. Les Guises, d'ailleurs, jugèrent nécessaire d'effrayer le pape qu'ils n'avaient pu gagner : le duc François avait besoin de la guerre pour justifier, par ses exploits, l'élévation si rapide de sa maison. Henri II tint donc tête au saint-père. Le concile, rappelé à Trente, par une bulle de novembre 1550, pour le 1er mai 1551, n'avait pu rouvrir ses sessions que le 1er septembre, à cause du petit nombre de prélats qui s'y étaient rendus. Le jour de l'ouverture, le célèbre Jacques Amyot [3], alors abbé de Bellozane, présenta au cardinal-légat, qui présidait le concile, une lettre de créance du roi adressée à « l'assemblée » (*conventus*) de Trente. Cette qualification vague choqua la plupart des membres du concile et peu s'en fallut qu'on ne refusât de recevoir la lettre. Cependant audience fut donnée à l'ambassadeur français. Amyot lut un acte rédigé avec vigueur, dans lequel le roi exposait aux Pères de

---

1. *V.* sur la captivité des enfants de France une lettre touchante publiée dans le *Cabinet historique* de M. Louis Pâris; septembre 1856; d'après le fonds de Fevret de Fontette.

2. Charles-Quint avait fait couper les pieds à des lansquenets, malgré l'intercession de son fils même, de ce fils qui fut Philippe II! *Mém.* de Guise ; ap. Collect. Michaud, 1re série, t. VI.

3. Si connu par ses ouvrages et surtout par sa traduction de Plutarque. Né à Melun, dans l'indigence, il s'éleva, par son mérite, à une brillante fortune. Il fit oublier, par une conduite qui fit plus d'honneur à sa prudence qu'à sa foi religieuse, une accusation d'hérésie qui avait mis sa jeunesse en danger, et devint précepteur des enfants de Henri II, évêque d'Auxerre, grand-aumônier de France et bibliothécaire du roi.

Trente la nécessité où le réduisait le pape de prendre les armes et l'impossibilité où il était d'envoyer les prélats français à Trente : Henri II déclarait en conséquence qu'il ne pouvait reconnaître le concile comme œcuménique. Henri II détermina ses alliés les Suisses et les Grisons à repousser également le concile. Une mesure plus efficace encore fut prise en France contre le saint-siége : par un édit enregistré au parlement, le 7 septembre, le roi défendit à tous ses sujets d'envoyer de l'argent à Rome ou en tout autre lieu de la dépendance du pape, sous peine de punition corporelle pour les laïques, de saisie du temporel pour les ecclésiastiques et de confiscation de biens pour tous [1].

Les protestants français ne gagnèrent rien à la querelle du roi et du pape. Le gouvernement de Henri II les poursuivit d'autant plus rigoureusement : la connaissance du crime d'hérésie fut

---

1. Isambert, XIII, 211. — Cette querelle de la cour de France avec le saint-siége amena plusieurs incidents dignes d'intérêt : le roi, avant même de rompre avec le pape, avait rendu un édit contre ce qu'on nommait les « petites dates », un des abus les plus scandaleux qu'exploitassent les agents de la cour de Rome. Le grand jurisconsulte Charles Dumoulin fut chargé, « par commandement exprès du roi », de rédiger un commentaire sur cet édit : Dumoulin, qui inclinait à la Réforme, fut si virulent contre la cour de Rome que les catholiques zélés crièrent à l'hérésie et que le cardinal de Lorraine, qui travaillait en ce moment même à réconcilier le roi et le pape, fit déférer Dumoulin au parlement par les gens du roi et condamner son livre par la Sorbonne. Le parlement interdit le débit du livre, mais ne poursuivit pas aussi âprement qu'on l'eût souhaité un courageux champion de la couronne et du gallicanisme. Le pape délégua les pouvoirs inquisitoriaux à un docteur de Sorbonne, afin de poursuivre Dumoulin : celui-ci appela comme d'abus ; son affaire fut « appointée » et la procédure arrêtée ; mais la violence de ses ennemis fut telle que Dumoulin crut devoir quitter la France pour mettre sa vie en sûreté. En 1557 seulement, une déclaration du roi le déchargea définitivement des poursuites intentées contre lui. — L'université ne fut pas si docile aux influences ultramontaines dans une autre occasion très-grave, l'établissement des jésuites en France. Les jésuites, déjà très puissants en Italie, en Espagne, en Portugal, accueillis en Autriche et en Bavière, à la tête de la réaction à Cologne et sur les deux rives du Rhin, s'étaient fait léguer de grands biens par l'évêque de Clermont, fils du fameux Duprat, et sollicitaient Henri II d'autoriser leur société dans son royaume. Le parlement, l'évêque et l'université de Paris repoussèrent d'une commune voix leur établissement dans la capitale. L'esprit de corps et l'esprit national se soulevèrent également contre cette redoutable milice théocratique. Évêques et curés ne voyaient pas volontiers l'invasion de rivaux armés par le pape (en 1545) du droit d'exercer le ministère en tous lieux et en toutes églises et de donner l'absolution, même pour les cas réservés au saint-siége, sauf les cas de la bulle *in cœnâ Domini*. Les jésuites, malgré l'éclat que faisaient rejaillir sur leur ordre les travaux apostoliques de François Xavier et de ses compagnons au fond de l'Orient, eurent à lutter bien longtemps avant d'obtenir une position légale en France.

attribuée aux « juges présidiaux[1] » dans les mêmes cas qu'aux cours souveraines. Les précautions les plus rigoureuses furent prises contre l'impression et la circulation des livres suspects et contre l'introduction en France des livres imprimés à Genève ; la censure préalable fut attribuée à la Sorbonne sur tous les manuscrits destinés à l'impression ; les censeurs avaient droit d'inspection sur toutes les imprimeries et les librairies ; la délation était encouragée et tout délateur avait droit au tiers des biens du coupable dénoncé (juin 1551). Un certificat de catholicisme fut exigé de tout officier de judicature, de tout régent et professeur au moment de leur entrée en fonctions ; il fut enjoint aux villes et communautés de n'élire pour maires, échevins ou consuls que de bons catholiques, à peine pour les électeurs, d'être poursuivis comme fauteurs d'hérésie. Il fut défendu à toutes personnes non lettrées de discuter des choses de la foi[2].

Le gouvernement français voulait compenser, par ces preuves d'orthodoxie, l'alliance qu'il méditait avec les hérétiques d'Allemagne et celle qu'il avait conclue avec les musulmans. Il avait excité le sultan Soliman à lancer une grande expédition dans les mers de Sicile et d'Afrique. Les Turcs et les Algériens saccagèrent Agosta en Sicile (17 juillet), tentèrent de surprendre Malte et prirent Tripoli d'Afrique, place conquise par les Espagnols en 1510 et cédée aux chevaliers de Saint-Jean par Charles-Quint avec Malte (15 août). D'Aramon, chargé d'affaires de France à Constantinople, avait prié en vain l'amiral turc de respecter les possessions de l'ordre de Saint-Jean et de n'attaquer que celles de l'empereur. Les Impériaux imputèrent au roi d'avoir attiré les armes des barbares sur un ordre religieux que ses services ren-

---

1. Les présidiaux étaient des juges intermédiaires entre les tribunaux inférieurs et les parlements. Une ordonnance de janvier 1552 créa un tribunal présidial dans chaque bailliage ou sénéchaussée. Ces tribunaux furent composés d'un lieutenant civil, d'un lieutenant criminel et de sept conseillers au moins. Les présidiaux, établis en partie dans le but fiscal d'avoir près de six cents charges à vendre, eurent à certains égards de bons résultats ; cette institution régularisa l'organisation judiciaire, rendit la justice moins dispendieuse et la rapprocha des justiciables. Les présidiaux décidaient en dernier ressort les différends dont l'objet ne dépassait pas 250 livres. Au criminel, leur compétence allait jusqu'à la peine capitale. — Isambert, t. XIII, 248-271.

2. Isambert, t. XIII, p. 189.

daient cher à toute la chrétienté. Henri II ne se contenta pas de se justifier sur ce point : il affirma, dans un manifeste, qu'il n'avait aucunement sollicité le sultan d'attaquer l'empereur. Ce mensonge diplomatique était un peu fort; mais, qu'on y fût pris ou non, les reproches des Impériaux furent de peu d'effet au nord des Alpes.

Le temps n'était plus où l'imputation d'alliance avec le Turc ralliait l'Allemagne entière à l'empereur contre la France : l'Allemagne protestante redoutait plus l'oppresseur du dedans que l'ennemi du dehors : sa fermentation eût alarmé Charles-Quint, sans l'étrange aveuglement qui s'était emparé de lui; le siége de Magdebourg n'avait point de fin; c'était Maurice de Saxe qui commandait l'armée réunie contre la ville proscrite, et Maurice, qui devait sa puissance à sa complicité avec l'empereur, ne se montrait plus si docile aux volontés impériales. Dès l'année précédente, il avait déclaré qu'il ne reconnaîtrait point le concile si les théologiens de la confession d'Augsbourg n'y avaient voix délibérative et si le pape, renonçant à présider l'assemblée par ses légats, ne consentait à « tenir les évêques quittes du serment qu'ils lui avoient prêté, afin qu'ils pussent dire librement leur avis ». L'ambitieux Maurice sentait le rôle de chef du parti protestant plus glorieux que celui de lieutenant de Charles-Quint; les reproches de ses co-religionnaires pesaient, sinon à sa conscience, du moins à son orgueil, et il avait à faire valoir contre l'empereur un grief très-légitime, la captivité de son beau-père, le landgrave de Hesse, que Charles refusait absolument de remettre en liberté. Charles crut que Maurice n'insistait en faveur de son beau-père et de sa religion que par respect humain; cependant la conduite de Maurice envers Magdebourg, qui capitula enfin après plus d'une année de siége (novembre 1551), fut de nature à éveiller les soupçons de l'empereur : Maurice conserva aux bourgeois tous leurs priviléges, leur laissa leurs ministres, les plus violents adversaires de l'*Interim*, et se contenta de leur imposer une amende de cinquante mille écus d'or, avec l'obligation de recevoir garnison.

Avant la capitulation de Magdebourg, Maurice avait signé, en son nom et au nom des princes de Brandebourg, de Mecklembourg et de Hesse, un pacte secret bien plus important avec un agent du roi de France (5 octobre). Par ce traité, les parties contractantes s'étaient engagées à résister de vive force « aux pratiques employées par Charles d'Autriche pour faire tomber la Germanie en une bestiale, insupportable et perpétuelle servitude, comme il a été fait en Espagne et ailleurs » ; à exhorter tous les électeurs, princes et villes du Saint-Empire à s'associer à eux pour cette juste cause ; à tirer le landgrave de sa captivité et à n'accepter ni paix ni trêve avec l'empereur, à moins que tous les confédérés n'y fussent compris. Maurice devait être général en chef des armées de la ligue et l'on devait procurer la liberté, non-seulement au landgrave, mais à Jean-Frédéric, ex-électeur de Saxe, pourvu qu'il renonçât à l'électorat au profit de Maurice. Le roi Henri promettait deux cent quarante mille écus d'or pour les trois premiers mois de la guerre, puis soixante mille par mois tant que dureraient les hostilités : il devait de plus opérer une diversion contre les Pays-Bas ; les princes confédérés promettaient, de leur côté, d'aider le roi de France à recouvrer « son patrimoine [1] » et déclaraient « trouver bon que le seigneur roi s'impatronisât des villes impériales n'étant pas de la langue germanique, comme Cambrai, Metz, Toul, Verdun et autres semblables, et les gardât en qualité de vicaire du Saint-Empire, réservés les droits dudit Empire sur lesdites villes. » Cette clause annonçait un revirement vraiment national de la politique française vers les frontières naturelles du Nord. On reprenait l'entreprise un instant ébauchée sous Charles VII. François Ier avait indiqué cette voie en s'emparant à plusieurs reprises du Luxembourg [2]. Les hommes qui dirigeaient Henri II servaient en ce moment la France dans l'intérêt de leur popularité comme ils l'eussent pu faire par patriotisme.

Maurice avait envoyé à Charles-Quint une dernière ambassade pour demander la délivrance du landgrave ; presque tous les princes allemands, le roi de Danemark et même le roi des Romains appuyèrent sa demande ; Maurice n'attendait et n'espé-

---

1. Milan, etc.
2. Dumont, t. IV, part. IV, p. 30. Ce fut un prélat, Jean de Fresse, évêque de Bayonne, qui négocia ce pacte de salut du luthéranisme.

rait pourtant qu'un refus. L'empereur était loin de s'imaginer que de cette requête allait résulter la paix ou la guerre : il croyait les intérêts de Maurice irrévocablement liés aux siens, et le duc de Saxe n'avait rien négligé pour entretenir l'aveugle confiance de Charles-Quint : Maurice, ainsi que l'électeur de Brandebourg, le duc de Wurtemberg, la ville de Strasbourg, etc., avait expédié sa confession de foi au concile de Trente, en sollicitant, pour les théologiens protestants, des saufs-conduits et le droit de libre discussion; déjà Mélanchthon et d'autres docteurs luthériens, prêts à se rendre à Trente, n'attendaient plus que des « sûretés » convenables. L'empereur, qui s'était transporté à Inspruck en Tyrol, pour surveiller à la fois le concile, les affaires d'Allemagne et celles d'Italie, ne doutait plus que la grande affaire de la religion ne se terminât pacifiquement au profit de son autorité : il répondit aux ambassadeurs des princes que l'affaire du landgrave requérait une mûre délibération et qu'il en traiterait de vive voix avec Maurice. L'hiver s'écoula, sans que l'empereur sortît de sa sécurité : il attendait de jour en jour Maurice, qu'il avait mandé à Inspruck et qui toujours « *traînoit le temps* » sous diverses excuses; Maurice partit enfin, mais ce fut à la tête de vingt-cinq mille combattants, et son manifeste de guerre surprit l'empereur comme un coup de foudre. Maurice déclarait qu'il prenait les armes pour défendre la « vraie religion », dont les ministres et les prédicants les plus zélés avaient été mis au ban de l'Empire; pour tirer de prison le landgrave, détenu contre toute foi et justice; pour affranchir l'Allemagne « de sa misérable condition » et mettre obstacle à ce que l'empereur « parachevât de bâtir cette monarchie » à laquelle il tendait depuis si longtemps. Le manifeste de Maurice était accompagné d'une lettre du roi de France, qui annonçait que, le cœur navré de l'état de l'Allemagne, il n'avait pu lui dénier son secours, mais avait « délibéré d'employer en cette guerre toutes ses forces, voire sa propre personne, entreprenant ladite guerre pour la liberté, non pour son profit particulier ». — « Au titre de cet écrit, imprimé en langue vulgaire, il y avoit un bonnet entre deux poignards et étoit écrit alentour que c'étoit la devise de liberté; aucuns disent que cette devise avoit été trouvée en de vieilles monnoies et jadis usurpée par les meurtriers de Caïus César » (Sleidan). Ainsi ce fut un roi qui, poussé par une étrange inspiration du génie de la Renaissance, exhuma ce terrible bonnet de la Liberté devant lequel devait tomber un jour la vieille couronne de France.

Maurice avait rassemblé une armée comme par enchantement : de toutes les troupes qui avaient assiégé ou défendu Magdebourg, pas un soldat n'avait été licencié; Maurice les avait tous pris secrètement à sa solde et les avait cantonnés pendant l'hiver dans la Thuringe, de manière à pouvoir les réunir au premier coup de tambour. Maurice, Wilhelm de Hesse, fils du landgrave, le margrave Albert de Brandebourg et le duc de Mecklembourg entrèrent en campagne le 18 mars 1552 et, sans se laisser arrêter par les propositions du roi des Romains, ils marchèrent, par la Franconie et la Souabe, vers le Tyrol, accueillis dans toutes les villes sur leur passage, abolissant l'*Interim*, cassant les magistrats que l'empereur avait imposés aux villes libres, rétablissant les magistrats populaires et les obligeant à leur fournir argent et artillerie. Ils entrèrent à Augsbourg le 1ᵉʳ avril. Quand la nouvelle vint à Trente qu'Augsbourg était perdu et que les princes protestants s'avançaient vers les Alpes, une terreur panique saisit les Pères du concile : les évêques italiens et espagnols s'enfuirent par la route d'Italie; les prélats allemands s'étaient retirés avant même l'ouverture des hostilités, et le concile fut de la sorte violemment dissous pour ne plus se réunir qu'après bien des années d'interruption.

Les princes ligués n'étaient pas encore au pied des Alpes : leur armée s'était détournée contre la ville libre d'Ulm, qui avait refusé d'embrasser leur parti, tandis que Maurice se rendait à Lintz en Autriche, afin de débattre avec le roi des Romains les conditions d'accommodement qu'offrait l'empereur. Charles, qui était sans armée et sans argent, car il avait envoyé en Lombardie et en Hongrie ses vieilles bandes espagnoles, désirait surtout gagner du temps; son frère Ferdinand se dit sans pouvoirs suffisants pour conclure, et Maurice et Ferdinand se séparèrent, en se donnant un second rendez-vous à Passau, pour le 26 mai. Maurice s'était réservé sa liberté d'action jusqu'au 26 mai et ne renouvela point la faute de l'électeur de Saxe et du landgrave en 1546 : il se porta rapidement vers le Tyrol. L'empereur se sentait mal assuré dans Inspruck : dès la nouvelle de la perte d'Augsbourg, il avait essayé de prendre la route des Pays-Bas en passant de la vallée de l'Inn dans celle du Rhin ; mais ses souffrances physiques l'avaient obligé de rentrer à Inspruck. Il faisait garder de son mieux, par des troupes encore peu nombreuses, les « détroits des monts », Reutte sur le Lech et Ehrenberg. Tout à coup, il apprit que les défilés de Reutte étaient forcés et le château presque inaccessible d'Ehrenberg au pouvoir des princes ; Maurice n'était plus qu'à quelques heures d'Inspruck. L'empereur, tourmenté d'une violente attaque de goutte, accablé de chagrin et de honte, sortit d'Inspruck en litière, par une nuit orageuse, au milieu de torrents de pluie, et s'enfuit en Carinthie, à travers les sentiers escarpés des montagnes (19 au 20 mai). Maurice arriva dans la nuit, et le dominateur de l'Europe, vaincu sans combat et jeté hors de l'Allemagne, dut s'estimer heureux d'échapper à la captivité. Encore est-il probable qu'il ne dut son salut personnel qu'à la politique de son ennemi. Les précédents de Maurice ne lui permettaient guère de se faire le chef d'une révolution radicale : ne pouvant aspirer à l'Empire, il voulait abaisser l'empereur et non le détruire [1]. Après avoir laissé piller par ses soldats le palais impérial, il rentra en Bavière et, suivant ses conventions avec Ferdinand, il alla, le 26 mai, renouer les négociations à Passau.

Pendant que les luthériens triomphaient en Allemagne, le roi de France s'était mis en devoir de profiter du traité qui l'autorisait à occuper les villes impériales de langue welche. Henri II et son conseil portaient plus loin leurs espérances ; ils comptaient reprendre, s'ils pouvaient, tout l'ancien royaume d'Austrasie, « héritage des Francs », et ne s'arrêter que sur le Rhin. La nation répondit à l'appel du gouvernement par un élan sympathique. « Toute la jeunesse des villes se déroboit de père et mère pour se faire enrôler : les boutiques demeuroient vides d'artisans, tant étoit grande l'ardeur, en toutes qualités de gens, de faire ce

---

1. Seckendorf, *Hist. de la Réformation en Allemagne*, an. 1552.

voyage et de voir la rivière du Rhin[1]. » Une foule de jeunes gentilshommes, ne trouvant point de place dans les compagnies d'ordonnance et n'ayant pas le moyen de s'équiper en volontaires, s'engageaient dans l'infanterie comme *lanspessades* (de l'espagnol *lanza pezada*, lance à pied); ce furent, comme à l'ordinaire, les provinces du Midi qui fournirent la plupart des fantassins. Bandes françaises et suisses, gens d'armes, chevau-légers, arquebusiers à cheval, ne cessèrent, du mois de janvier au mois de mars, de défiler vers les marches de Lorraine, où dix mille Allemands à la solde du roi attendaient les Français.

Le 12 février 1552, le roi vint tenir son lit de justice au parlement garni de pairs : il fit part à cette cour suprême des motifs de la guerre et « enjoignit à ceux de ladite cour qu'ils fussent bien soigneux de ce qui appartenoit à la foi et d'empêcher et ôter les erreurs par punition exemplaire des dévoyés, et qu'ils obéissent à la reine sa femme, laquelle il laissoit régente, comme à sa propre personne[2]. » Afin de s'assurer de la docilité du parlement, le roi ordonna que, durant son absence, la grand'-chambre seule, avec les présidents des enquêtes, examinât les édits envoyés à l'enregistrement et qu'elle enregistrât après simple remontrance.

Le roi ne fut que trop bien obéi, quant à la première de ses recommandations : de nombreux supplices à Paris, à Lyon, à Toulouse, à Nîmes, à Agen, à Saumur, à Bourges, à Troies, ôtèrent tout soupçon, dit Théodore de Bèze, que le roi, en entrant en intelligence avec Maurice, voulût favoriser « ceux de la Religion ».

Henri alla ensuite joindre l'armée rassemblée entre Châlons et Vitri : il laissait la régence à la reine, mais lui avait imposé pour conseils le garde des sceaux Bertrandi et l'amiral d'Annebaut, rentré en grâce. C'était la première fois que Catherine de Médicis se voyait investie de quelque autorité, encore avec des restrictions blessantes pour son amour-propre. Elle s'en plaignit assez vivement. Catherine semblait ordinairement résignée à se voir tenue

---

1. *Mém.* de Vieilleville. Il y a un peu d'exagération ; car l'armée ne dépassa guère 36,000 combattants, dont 16,000 Allemands et Suisses
2. Ribier, II, 376.

dans l'ombre par la maîtresse et les favoris de son époux : la reine était, en apparence, tellement habituée au joug de la duchesse de Valentinois, que celle-ci témoigna la plus vive inquiétude pendant une maladie de Catherine : elle n'espérait pas, si elle la perdait, en retrouver une si docile. Parfois, néanmoins, Catherine laissait éclater ses sentiments secrets en présence des Strozzi, ses compatriotes, et de quelques autres confidents. Un jour, le Bourguignon Tavannes, ému de ses plaintes, lui offrit fort sérieusement d'aller couper le nez à madame Diane, déclarant qu'il se perdrait volontiers « pour éteindre le vice et le malheur du roi et de la France ». Catherine n'eut garde d'accepter cette étrange marque de dévouement [1].

La campagne, cependant, était commencée : Christine de Danemark, duchesse douairière de Lorraine et nièce de l'empereur, était venue trouver le roi à Joinville, pour le prier de respecter la neutralité des états de son fils, le petit duc Charles ; la duchesse fut éconduite. Déjà l'armée française était partie de Vitri sous les ordres du connétable, que le roi avait créé duc et pair l'année précédente comme pour le consoler de ce qu'on n'écoutait pas sa politique : l'armée, grossie par les mercenaires allemands, passa la Meuse et se présenta devant Toul, dont les habitants remirent leurs clefs au connétable sans résistance ; puis Montmorenci se porta sur Metz (10 avril). Les magistrats de cette république offrirent des vivres à l'armée et l'entrée de leurs murailles au roi et aux princes seulement : le connétable, habitué à ne reconnaître d'autre droit que la force, ne voulait point entendre parler des priviléges et franchises de Metz, qui ne recevait jamais de troupes impériales ni autres dans ses murs ; enfin les principaux bourgeois, gagnés par le cardinal de Lenoncourt, leur évêque, qui était Français [2], consentirent à recevoir le connétable, avec deux enseignes d'infanterie pour escorte. Chaque

---

1. *Mémoires* de Gaspard de Saulx-Tavannes (écrits par le fils). L'acte le plus remarquable de la régence de Catherine fut de faire arrêter deux prédicateurs, un cordelier et un jacobin, qui déclamaient en chaire contre l'alliance du roi avec les hérétiques d'Allemagne. (Ribier, t. II, p. 389.)

2. Louis de Lorraine, évêque de Metz, était mort en 1549 : son neveu, le cardinal Charles, hérita de l'évêché, qu'il repassa, en 1551, au cardinal Robert de Lenoncourt, en échange de l'abbaye de Saint-Remi de Reims.

enseigne comptait au plus trois cents hommes ; mais, au lieu de cinq ou six cents soldats, le connétable en mit sous les deux enseignes quinze cents, les meilleurs de l'armée, sans compter sa nombreuse suite et celle des princes. Les bourgeois tentèrent trop tard de fermer la porte : on les repoussa, sans user autrement de violence, et toute l'armée pénétra dans la ville [1].

Ce fut ainsi que l'antique capitale des rois austrasiens, république vassale de l'Empire depuis le commencement de l'ère féodale, passa sous la domination du roi de France et « fut assurée à la fleur de lis ».

Le roi, pendant ce temps, faisait son entrée à Toul (13 avril) : après avoir juré de garder les priviléges de cette ville et reçu le serment des habitants, il se rendit à Nanci, où le jeune duc Charles et les seigneurs lorrains l'accueillirent « à grand honneur. » Les États du duché de Lorraine avaient été convoqués sous l'influence du roi et des Guises : l'administration de la Lorraine fut enlevée à la mère du duc et remise à son oncle, le comte de Vaudemont, partisan de la France; le jeune Charles fut envoyé en France pour être élevé à la cour avec les enfants du roi, qui lui destinait une de ses filles. Le roi entra le 18 avril dans Metz : le maître-échevin, les treize jurés et le conseil de ville, dissimulant le chagrin que leur causait la perte de leur indépendance municipale, adhérèrent à la ligue conclue « pour la liberté germanique », jurèrent d'assister le roi de leurs biens et de leurs personnes contre l'empereur, le prièrent de les prendre sous sa protection et sauvegarde, sans préjudice des droits de l'Empire, et reçurent, sous le porche de leur majestueuse cathédrale, son serment de maintenir leurs franchises, celles du moins qui étaient compatibles avec l'occupation militaire [2]. Henri II, qui voulait faire de Metz « un des boulevards de France », munit la place d'une forte garnison, lui imposa un gouverneur, puis marcha vers les Vosges et l'Alsace.

Suivant Vincent Carloix [3], le seigneur de Vieilleville avait conseillé au roi de traiter avec plus de ménagement les cités impé-

---

1. Vieilleville. — Tavannes. — De Thou, l. x.
2. Dumont, t. IV, part. IV, p. 33-34.
3. Secrétaire de Vieilleville et rédacteur de ses mémoires.

riales, de ne point exiger de serment, sinon comme vicaire et défenseur du Saint-Empire, et de laisser le gouvernement de Metz aux maître-échevin et jurés, en les faisant seulement surveiller par les capitaines des troupes, qui seraient censées n'occuper que temporairement la place. Il représenta que « ces belles villes de Strasbourg, Spire, Worms et tant d'autres qui sont sur le Rhin » prendraient l'alarme en voyant mettre ainsi des gouverneurs et des garnisons partout où le roi passait et seraient de la sorte perdues pour la France. Le conseil était bon ; mais le connétable, « qui eût rabroué le plus brave prince de France », empêcha le roi d'écouter Vieilleville et assura qu'on entrerait « dedans Strasbourg et les autres villes du Rhin comme dedans du beurre ». Henri eut à se repentir d'avoir cédé à Montmorenci : les Trois-Évêchés (Metz, Toul et Verdun) et le duché de Lorraine, pays français de langue et de mœurs et qui ne tenaient que nominalement à l'Empire, acceptèrent sans grande difficulté la suprématie de la couronne de France ; mais, lorsque Henri eut franchi les Vosges et fut descendu en Alsace, on ne trouva pas les mêmes facilités parmi les populations de langue teutonique : le soldat ayant « montré son insolence au premier logis », tout le pays s'effaroucha ; les paysans quittaient leurs villages à l'approche de l'armée et il fallait tout enlever, vivres et fourrages, les armes à la main.

Le connétable, prétendant que les gens de Strasbourg « n'étoient pas plus spirituels que ceux de Metz », avait, dit-on, compté les surprendre sans se donner la peine de varier son stratagème : il leur expédia le surintendant-général des vivres de l'armée afin d'acheter chez eux des provisions et les pria de « donner ouverture aux ambassadeurs du pape, de Venise, de Florence et de Ferrare, désireux de voir leur ville pour sa beauté » ; le surintendant déclara aux magistrats de Strasbourg que le roi n'avait « baillé » garnison à Metz que pour protéger ses convois et ses courriers. Les Strasbourgeois consentirent ; mais, le lendemain, lorsque les prétendus ambassadeurs se présentèrent, accompagnés de force gentilshommes et de deux cents soldats déguisés en valets, ils furent accueillis « à belles volées de canon ». Tel est du moins le récit du rédacteur des Mémoires de Vieilleville. Les autres historiens disent seulement que le roi, ne pouvant obtenir entrée de « ceux de Strasbourg » et ne voulant point hasarder une attaque contre cette grande ville bien « remparée » et défendue par cinq mille bons soldats, se contenta de tirer des vivres de Strasbourg et se dirigea par Saverne vers Haguenau et Weissembourg, qui ouvrirent leurs portes, la première par force, la seconde de bon gré.

Henri II reçut à Weissembourg les députés des Suisses, qui le prièrent de respecter leurs alliés d'Alsace : les ambassadeurs des princes riverains du Rhin vinrent aussi trouver le roi, « le requérant de ne donner le dégât au plat pays et d'arrêter son armée, puisqu'il protestoit de ne mener guerre que pour la liberté de l'Empire. » La ville de Spire, siége de la chambre impériale, refusa de recevoir les Français et se mit en défense. Des lettres de Maurice, écrites à son retour de Lintz, avant l'expédition d'Inspruck, avertirent en même temps le roi des négociations qui devaient s'ouvrir le 26 mai à Passau, et lui demandèrent à quelles conditions il voudrait être compris dans un traité de paix. L'attitude des populations germaniques fit comprendre à Henri II et à son conseil la nécessité de renoncer à leurs vastes projets, sous peine de rallier toute l'Allemagne à l'empereur : Henri était informé en outre que la reine de Hongrie, gouvernante des Pays-Bas, avait envoyé Van-Rossem, maréchal de la Gueldre, opérer une diversion contre la Champagne, avec un gros corps neerlandais et allemand. L'armée française, « après avoir abreuvé ses chevaux dans les eaux du Rhin », tourna donc le dos à ce grand fleuve (13 mai); mais ce ne fut pas pour rentrer sur-le-champ en France. Tandis que l'amiral d'Annebaut rassemblait des troupes à Châlons pour arrêter Van-Rossem, qui avait pris Stenai et ravagé tout le pays entre la Meuse et l'Aisne, une division de l'armée royale revenait par la Lorraine vers la Meuse, occupait Verdun, qui eut le sort de Toul et de Metz (12 juin), et le reste des forces françaises passait la Sarre et envahissait le Luxembourg. Van-Rossem jeta en vain des renforts dans les places du Luxembourg : Rodemach, Damvilliers, Ivoi, Montmédi, Arlon se rendirent au roi : l'épée des Français restitua au maréchal de La Mark le duché de Bouillon, héritage de sa famille, que l'empereur avait donné à l'évêque de Liége. L'armée rentra enfin en Thierrache par les Ardennes, après avoir enlevé, chemin faisant, quelques forteresses du Hainaut : les fatigues qu'avaient endurées les soldats dans les Vosges et dans les Ardennes, et les pluies continuelles qui succédèrent tout à coup à des chaleurs excessives, décidèrent le roi à séparer ses troupes dès le 16 juillet, en les prévenant de se tenir prêtes au premier coup de tambour. Les résultats du « voyage d'Austrasie », moins éclatants que Henri II ne l'avait espéré, devaient du moins être durables [1].

Les affaires d'Italie avaient subi, au commencement de la saison, une péripétie favorable à la France : le pape Jules III, assez indifférent à tout ce qui était étranger à ses honteux plaisirs, n'avait guère pris parti pour l'empereur que parce qu'il le craignait plus que le roi de France : quand il vit Henri II agir avec énergie et attaquer dans leur source les revenus de la cour de Rome, il se lassa bien vite de la guerre et conclut avec le roi et les Farnèses une trêve de deux ans. Le blocus de Parme et de la Mirandole fut levé (fin avril).

Les conférences de Passau s'étaient ouvertes, le 26 mai, entre Maurice et les ambassadeurs des princes ligués, d'une part, et, de l'autre, le roi des Romains et les plénipotentiaires de l'empereur. Charles-Quint ne renonçait qu'avec désespoir aux projets de toute sa vie ; mais les Turcs, rentrés en campagne dans la Hongrie, paralysaient les ressources de l'Autriche [2] : les passages

---

1. Vincent Carloix fait commencer dans cette campagne l'usage des cartes topographiques pour combiner la marche des troupes et les opérations militaires et, suivant sa coutume invariable, en attribue l'honneur à son héros Vieilleville. — Une lettre insérée dans les *Mémoires* du duc de Guise atteste qu'immédiatement après l'occupation de Metz on commença de lever la topographie de ce pays. Les *Mémoires-Journaux* du duc François de Guise, précieux recueil de notes, de correspondances et de pièces relatives à la maison de Guise, ont été publiés pour la première fois dans la collection des *Mémoires sur l'histoire de France*, édit. Michaud, t. VI.

2. Un grand crime attirait, de ce côté, sur la maison d'Autriche des revers trop mérités. L'année précédente, elle avait eu en Hongrie un retour de fortune. Le sultan ayant continué d'occuper militairement la majeure partie de la Hongrie, sans tenir compte des droits de son vassal, le petit roi Zapoly, et n'ayant laissé de possession effective au roi mineur et à sa mère, la régente Élisabeth Jagellon, que la Transylvanie, les Hongrois s'étaient lassés du joug othoman et, par la fatalité de leur position, s'étaient rejetés vers l'autre joug. Le ministre de la régente, le courageux et habile chef du parti anti-autrichien, l'évêque de Waradin Martinuzzi, de concert avec les magnats, avait donc traité avec le roi des Romains : Ferdinand avait été rappelé au

étaient fermés ou le temps manquait pour les secours de Belgique et d'Espagne ; les catholiques allemands se montraient fort tièdes à soutenir un despotisme aussi dangereux pour eux que pour les protestants ; enfin, Maurice menaçait à la tête d'une armée victorieuse. L'empereur céda. Cette année fatale à Charles-Quint montra bien la faiblesse de ces colosses composés de tant d'éléments hétérogènes et qui croulent au premier coup bien frappé. Le fameux « traité de la paix publique » fut signé le 2 août. L'empereur, qui avait déjà rendu la liberté à l'ex-électeur Jean-Frédéric de Saxe pour susciter des embarras à Maurice, délivra le landgrave, reçut en grâce tous ceux qu'il avait mis au ban de l'Empire et s'obligea de tenir, avant six mois, une « journée impériale » ou diète générale, où il serait délibéré sur les griefs contre les empiétements du pouvoir impérial et sur les « moyens d'apaiser le différend de la religion ». Il fut convenu que la diète future agirait sur le rapport d'une commission composée en nombre égal de membres des deux religions et qu'en attendant la conciliation définitive, les deux religions seraient sur le pied de l'égalité dans l'Empire[1]. C'était le partage de l'Allemagne entre Luther et le catholicisme. Maurice promit, à ces conditions, de secourir le roi des Romains contre les Turcs : il tint parole et conduisit son armée en Hongrie, où il rétablit quelque peu les affaires des Autrichiens.

Henri II, abandonné par ses confédérés, n'exprima point de ressentiments contre eux : il ne pouvait les accuser de déloyauté ; son chargé d'affaires en Allemagne, l'évêque de Bayonne, l'avait

---

trône de Hongrie moyennant l'octroi d'une principauté en Bohême aux Zapoly et la confirmation des priviléges des Magyars. Ferdinand commença par combler de marques de reconnaissance l'ennemi réconcilié qui lui rendait la couronne de Saint-Étienne : il le nomma archevêque de Gran et gouverneur de Transylvanie, il le fit nommer cardinal par le pape, puis, quand il l'eut bien endormi, il le fit surprendre et massacrer dans son château par des sicaires espagnols (18 décembre 1551).

Cette infâme trahison souleva la Hongrie. Les magnats se rallièrent aux Turcs, toujours maîtres de Bude : les Autrichiens furent battus et perdirent la plupart de leurs positions.

Sleidan. l. XXIII. — De Thou, l. IX. — *Raynald. Annal. eccles.*, 1551. — J.-B. Adriani, l. VIII.

1. C'est-à-dire non pas que la liberté de conscience et de culte existeraient partout et pour tous ; mais que les princes et villes libres décideraient souverainement, chacun chez eux, des choses religieuses.

tenu au courant des négociations et les princes lui avaient demandé à quelles conditions il agréerait la paix. Le roi avait répondu évasivement : il ne voulait point d'une paix qui l'obligerait à se dessaisir des Trois-Évêchés, et préférait continuer pour son compte la lutte entreprise sous prétexte d'affranchir l'Allemagne. L'argent ne lui manquait point : il avait aliéné, jusqu'à concurrence de deux millions de livres, les revenus du domaine et le clergé venait de lui offrir trois millions d'écus d'or, payables en six mois, pour le rachat de la juridiction ecclésiastique, presque anéantie au profit des magistrats civils par la fameuse ordonnance de Villers-Cotterets (1539), dite la *Guillelmine*, du nom de son auteur Guillaume Poyet. C'était moitié en sus de la somme que la couronne avait payée à si grand'peine pour la rançon de François Ier. On voit quelle devait être l'opulence du clergé ; les évêques et les abbés, il est vrai, donnèrent jusqu'aux vases et aux chandeliers des églises pour recouvrer leur autorité juridique. Ils n'y réussirent que très-incomplétement. Le parlement apporta à l'enregistrement de l'édit de telles restrictions que l'effet en fut en grande partie annulé, et la couronne, une fois nantie, se soucia peu de faire respecter les conditions du contrat.

Les conférences et le traité de Passau n'avaient point pacifié tout l'Empire : le jeune margrave Albert de Brandebourg, jaloux de son parent Maurice, et ne se plaisant que dans le désordre et le pillage, s'était séparé de ses confédérés dès l'origine des négociations, avait entraîné avec lui une partie des mercenaires à la solde des alliés et commencé une guerre de brigand contre la ville libre de Nuremberg et contre les souverains ecclésiastiques : il extorqua des sommes énormes et des concessions territoriales aux Nurembergeois et aux évêques de Bamberg et de Wurtzbourg, puis se jeta sur l'électorat de Mayence, rançonna Worms et Spire, entra dans Trèves le 28 août et se posta sur la Moselle, entre Metz et Thionville, avec une vingtaine de mille hommes, portant partout la terreur et la dévastation, poursuivant les prêtres, pillant les églises : il agissait,

---

1. L'assemblée du clergé mit un impôt de 20 livres par clocher sur toutes les cures et bénéfices. — Ribier, t. II, p. 390. — Garnier, *Hist. de France*, t. XIII, p. 483-490. — Bailli, *Hist. financière de la France*, t. I, p. 247-248.

disait-il, au nom du roi de France, son allié, qui, en effet, lui fournissait des subsides, et ne reconnaissait pas le traité de Passau, auquel Henri II n'avait point adhéré. Un tel allié, fort peu sûr d'ailleurs, fut plus nuisible qu'utile au roi : les violences d'Albert servirent de prétexte à Charles-Quint pour lever de très-grandes forces sans causer d'ombrage aux princes et aux villes germaniques; Charles prit à sa solde une multitude de lansquenets et de *reîtres* [1], les réunit aux troupes qu'il avait mandées d'Espagne et d'Italie avant le traité de Passau et marcha vers le Rhin, emportant avec lui les vœux de toutes les populations de l'Allemagne occidentale. Charles, trois ou quatre mois après sa désastreuse expulsion du sol allemand, se retrouva ainsi en état de se faire craindre, par un de ces retours fréquents dans le vaste et complexe empire teutonique.

La répression des violences du margrave Albert n'était pas le véritable but de l'empereur : Charles, forcé de renoncer à la monarchie absolue de l'Allemagne, voulait au moins reconquérir sa gloire en rétablissant le territoire de l'Empire dans son intégrité et en chassant les Français du duché de Lorraine et des Trois-Évêchés; mais, s'il avait pensé donner le change sur ses intentions, son espoir fut trompé. Dès le 17 août, le duc François de Guise était arrivé à Metz, en qualité de lieutenant-général du roi, afin de mettre en défense cette ville et les autres places des Trois-Évêchés. L'empereur ne passa le Rhin à Strasbourg que le 13 septembre : il lui fallut perdre beaucoup de temps aux bords de la Sarre, pour ordonner ses approvisionnements, attendre sa grosse artillerie et rallier les forces qu'avait assemblées aux Pays-Bas la reine de Hongrie : le duc de Guise eut deux mois pour préparer sa résistance, que le roi et le connétable, avec un corps d'armée établi à Saint-Mihiel sur la Meuse, se disposèrent à soutenir du dehors.

Metz, qui allait essuyer le grand effort des ennemis, avait pour principale protection, outre sa muraille non bastionnée, les deux rivières, la Moselle et la Seille, qui l'enferment de trois côtés;

---

1. Ou *pistoliers* à cheval : les *reîtres* allemands furent le germe de la cavalerie nouvelle qui remplaça notre vieille gendarmerie.

le quatrième côté, celui du sud, n'était couvert que par un vieux boulevard, et l'étendue de la place, dominée par les hauteurs voisines, la rendait « aisée à battre en plusieurs lieux ». De vastes travaux furent entrepris sur tous les points : on épaula les murailles par des terrassements, on creusa des tranchées, on éleva des bastions, on mit du canon sur les voûtes des églises, on construisit de hautes plates-formes afin de répondre aux batteries que les ennemis établiraient sur les collines, en même temps qu'on amassait d'immenses provisions de tout genre. Non-seulement les gens d'armes, mais les capitaines et les princes mêmes[1], jusques au commandant en chef François de Guise, « besognoient » aux fortifications et portaient la hotte pour montrer l'exemple : les travaux étaient conduits par le Florentin Pietro Strozzi, très-savant dans la poliorcétique, et par deux autres ingénieurs, l'un Français, l'autre Italien, Saint-Remi et Camillo Marini. La ville eut cruellement à souffrir des nécessités de la défense : une multitude d'édifices furent démolis pour faire place aux nouveaux remparts et en dégager les abords ; les beaux faubourgs de Metz furent presque entièrement rasés avec tout ce qu'ils contenaient d'églises, de couvents et de colléges, entre autres l'antique abbaye de Saint-Arnoul, qui renfermait les tombeaux de l'empereur Louis le Débonnaire, de son frère Drogo, de sa mère Hildegarde, l'épouse la mieux aimée de Charlemagne, et de beaucoup d'autres grands personnages de l'époque carolingienne. Leurs restes furent transférés en cérémonie dans l'église des dominicains de Metz. L'approche de l'avant-garde ennemie décida enfin le duc de Guise à une mesure plus extrême encore, l'expulsion de tous les habitants, à l'exception de quelques prêtres et religieux pour continuer le service divin et de deux mille artisans et manouvriers d'élite pour réparer les remparts, servir l'artillerie et

---

1. On vit réunis dans Metz trois princes du sang, le duc Jean d'Enghien, le prince Louis de Condé, le prince de la Roche-sur-Yon; trois des Guises, le duc François, le marquis d'Elbeuf et le grand-prieur; un prince de la maison de Savoie, le duc de Nemours; un Farnèse, Horatio, duc de Castro, fiancé de la fille naturelle du roi, et deux fils du connétable. La garnison ne comptait d'abord que cinq mille hommes, mais c'était la fleur de la France. Elle reçut des renforts. Un des plus précieux fut l'illustre chirurgien Ambroise Paré, qui se signalait aux armées par son humanité autant que par son habileté sans égale.

« subvenir aux nécessités des gens de guerre ». Les malheureux citoyens emportèrent, comme ils purent, argent et mobilier, après avoir « dressé inventaire des biens qu'ils ne pouvoient remuer de leur lieu » et que le duc promit de leur restituer à leur retour. Les Messins se dispersèrent dans les villes de Lorraine et d'Alsace. Un tel expédient annonçait la résolution où étaient les Français de défendre Metz jusqu'à la mort.

Le duc d'Albe et le marquis de Marignan, les deux meilleurs capitaines qui restassent à Charles-Quint, parurent enfin le 19 octobre et posèrent leur camp à l'est de la ville, entre la Moselle et la Seille : c'était, dit-on, contre l'avis de ces deux généraux que l'empereur entamait le siège dans une saison si avancée, et ils lui avaient conseillé de répartir son armée dans les places de Lorraine et d'attendre le printemps; mais Charles-Quint donna une nouvelle preuve de cette opiniâtreté qui lui avait déjà coûté si cher en Provence et devant Alger. Quelques jours après, arrivèrent les troupes des Pays-Bas et les mercenaires de la Basse-Allemagne.

Le siége fut entamé sous de fâcheux auspices; le roi reçut en Champagne deux mauvaises nouvelles de Lorraine et de Picardie. Le margrave Albert de Brandebourg, dont on se défiait avec raison et qui s'était porté au-dessus de Metz, vers Pont-à-Mousson, venait de « moyenner » son accommodement avec l'empereur et de faire prisonnier le duc d'Aumale, qui le surveillait avec un corps de cavalerie; puis Albert avait conduit devant Metz ses soldats victorieux, moins quelques bandes qui passèrent aux Français (10 novembre). Pendant ce temps, Antoine de Croï, comte de Reux, avait fait une diversion contre la Picardie avec douze ou quinze mille Belges. Il s'était jeté entre l'Oise et la Somme, avait brûlé Chauni, le beau château royal de Folembrai, Noyon, Nesle, Roie, puis, repassant la Somme, était allé assiéger et prendre Hesdin. Le roi et le connétable, informés du bon état de Metz, levèrent le camp de Saint-Mihiel et envoyèrent le gros de leurs troupes en Picardie, sous les ordres du duc de Vendôme, qui recouvra Hesdin : on laissa quelques troupes à Saint-Mihiel et l'on renforça les garnisons de Toul et de Verdun, qui harcelèrent l'armée impériale par des incursions continuelles. Charles-

Quint en personne était arrivé devant Metz le 20 novembre : toujours souffrant de la goutte, il s'était fait apporter de Thionville en litière; son armée se trouvait au complet; les aventuriers de l'Allemagne et des Pays-Bas étaient accourus en foule sous ses drapeaux; il comptait jusqu'à cent quarante-trois enseignes allemandes, vingt-sept espagnoles, seize italiennes, plus de douze mille cavaliers, tant hommes d'armes que « reîtres » ou « pistoliers », et cent quatorze pièces d'artillerie : plus de soixante mille combattants et de sept mille pionniers, sans les vivandiers et « goujats », (valets de soldats), bivaquaient autour de Metz. Trois camps cernaient la ville : le grand camp impérial, à l'est et au sud, sur les bords de la Seille; le camp de l'armée des Pays-Bas, au nord; le camp du margrave, à l'ouest.

Ce vaste déploiement de forces n'effraya pas les assiégés, qui comptaient sur l'hiver autant que sur leur courage : en vain la ville fut-elle battue de si furieuses canonnades, « qu'on oyoit le son de quatre lieues par delà le Rhin (Sleidan) »; en vain les mines furent-elles creusées, la brèche ouverte de cent pas; en vain les soldats ennemis annonçaient-ils à « ceux de dedans » que l'empereur ne partirait pas sans avoir pris Metz, dût-il y user trois armées l'une après l'autre; toujours les mines étaient éventées; toujours, derrière les murs ruinés par les boulets, se dressaient de nouveaux boulevards en bois et en terre et se creusaient de nouveaux fossés; toujours, des portes de la cité, s'élançaient des bandes rapides de chevau-légers et d'arquebusiers, dont les sorties meurtrières ne laissaient point de repos aux assiégeants : l'ennemi n'osa pas même risquer d'assaut, tant la contenance des Français était formidable : la Moselle et la Seille mettant les trois quarts de l'enceinte à l'abri de l'assaut, la supériorité du nombre eût perdu une partie de ses avantages.

Et, cependant, décembre avait amené des froids excessifs : l'épidémie et la désertion décimaient l'armée assiégeante; les souffrances du soldat y détruisaient toute ardeur et toute discipline. Le dégel et la fonte des neiges rendirent la position des Impériaux plus désastreuse encore. Après quarante-cinq jours de batterie, Charles-Quint reconnut avec angoisse l'urgence de lever le siége, s'il ne voulait voir se fondre entièrement son armée. — « Je vois bien que la fortune est femelle », dit-il tristement ; « mieux aime-t-elle un jeune roi qu'un vieil empereur. » Charles, « qui eût voulu être mort », quitta son logis le premier janvier 1553, pour retourner à Thionville et de là à Bruxelles : les deux camps de l'est et du nord furent levés le lendemain en désordre ; le margrave de Brandebourg resta le dernier, afin de protéger la retraite de l'artillerie ; mais il fut délogé par une sortie des Français et dut abandonner une bonne partie des pièces de siége enterrées dans la boue avec presque tout le matériel. Les quartiers abandonnés présentaient un spectacle qui émut de pitié les assiégés victorieux. « De quelque côté qu'on regardât, racontent des témoins oculaires, on ne voyoit que soldats morts ou auxquels il ne restoit qu'un peu de vie, étendus dans la boue par grands troupeaux ; d'autres assis sur de grosses pierres, ayant les jambes dans les fanges, gelées jusques aux genoux et ne les pouvant retirer, criant miséricorde et priant qu'on les achevât ; on oyoit se plaindre dans les logis une infinité de malades ; en chaque quartier étoient de grands cimetières fraîchement labourés ; les chemins étoient couverts de chevaux morts ; les tentes, les armes et autres meubles abandonnés. » L'armée impériale avait perdu le tiers de ses soldats par le froid et par le typhus. La joie d'un grand succès et d'une grande gloire dilatait le cœur de Guise : il fut humain ; il donna l'exemple de secourir ces pauvres gens, exemple que la garnison tout entière suivit avec un de ces élans de générosité qui honorent notre nation. On sauva et l'on guérit tout ce que l'on put de ces malheureux abandonnés. Les ennemis témoignèrent beaucoup de reconnaissance d'un procédé trop rare dans les guerres de ce temps et la « courtoisie de Metz » demeura longtemps un proverbe honorable aux Français[1].

---

1. Bertrand de Salignac ; *Relation du siége de Metz* (publiée en 1553), dans le tome VIII de la collection Michaud. — Autre Relation réimprimée dans le tome III des *Archives curieuses*. — *Discours de la guer. e de Metz* ; Lyon, 1553. — *Mem.* de Vieilleville. — *Mém.* de François de Rabutin, t. VII de la collection Michaud.— V. surtout les *Mémoires* du duc de Guise, *ibid.*, t. VI. — A ces *Mémoires* est annexée une chronique en vers, qui donne des détails curieux sur Metz et ses institutions à l'époque du siége ; t. VI, p. 86 et suivantes. — Malheureusement, les mémoires ou plutôt les correspondances du duc de Guise ont été classées sans tenir toujours compte du changement du calendrier et un certain nombre de pièces se trouvent transposées, ce qui rendrait une refonte nécessaire. — Le duc de Guise rendit, le 16 janvier, une ordonnance pour le retour

Le théâtre des hostilités, durant cette année si féconde en événements, s'était étendu des rives du Rhin et de la Moselle jusqu'aux plages des deux Siciles. Depuis la trêve avec le pape, rien de décisif ne s'était passé dans le Piémont et le Montferrat, où Brissac obtint quelques avantages, à forces inégales, sur le gouverneur de Milan Fernand de Gonzague [1]; mais un grand coup avait été tenté sur Naples. L'exaspération était telle dans ce royaume contre le vice-roi don Pédro de Tolède et contre les Espagnols, que la noblesse et le peuple étaient prêts à recourir aux Turcs mêmes pour les expulser : les nombreux bannis napolitains, dont le plus considérable était le prince de Salerne, invoquèrent à la fois le roi de France et le sultan, et il fut convenu que le prince de Salerne, avec une escadre française, se réunirait devant Naples à la flotte othomane. Cent vingt-trois galères turques, dirigées par le capitan-pacha et par Dragut-Raïs, successeur de Barberousse, et portant l'ambassadeur de France à Constantinople, d'Aramon, avec beaucoup de proscrits napolitains, traversèrent le détroit de Messine au commencement de juillet, saccagèrent Reggio et Policastro, se montrèrent en vue de Naples, surprirent, près de l'île de Ponza, la flotte impériale d'André

---

des habitants; puis il fit brûler publiquement, à la suite d'un *Te Deum*, tous les livres protestants qu'on avait trouvés dans la ville. — L'organisation militaire de la France avait fait un nouveau pas durant le siége de Metz : un édit de décembre 1552 institua vingt capitaines du charroi de l'artillerie, chargés de tenir toujours à la disposition du roi quatre mille chevaux de trait, six cents charrettes et six cents charretiers. — Isambert, t. XIII, p. 297. — Un autre édit, de janvier 1553, ordonna de planter des ormes le long des grands chemins et voiries, parce qu'il était « besoin chacun an de grand nombre d'ormes pour les affûts et remontages de l'artillerie ». — *Ibid.*, p. 301.

1. Le maréchal de Brissac déploya, dans cette lutte, des talents supérieurs et un beau caractère. Le roi l'avait, dit-on, relégué au delà des Alpes pour sa trop grande intimité avec Diane de Poitiers; ce courtisan, renommé pour sa galanterie, se montra tout à coup grand homme de guerre et grand politique et rappela les glorieux souvenirs qu'avait laissés en Piémont Guillaume du Bellai. Son camp devint une admirable école d'officiers et de soldats; mal soutenu par le roi, sans argent et sans renforts, il sut, à force d'ordre et de discipline, vivre aux dépens du pays sans le ruiner, réduisit l'humanité en système et amena le cruel Gonzague à un arrangement par lequel on convint, de part et d'autre, de ne pas « faire guerre au paysan » et de respecter les personnes et les propriétés dans les contrées qui étaient le théâtre de la guerre. Le bien-être du soldat, qui ne fut plus exposé à mourir de faim par suite de ses propres ravages, récompensa cette espèce de trêve de Dieu, si nouvelle dans les barbares coutumes militaires du XVIe siècle. *V.* les *Mémoires* de Boivin du Villars, secrétaire de Brissac, t. X de la collection Michaud, et ceux de Montluc, *ibid.*, t. VII.

Doria et forcèrent cet illustre vieillard à une retraite précipitée, dans laquelle il perdit huit ou neuf galères sur quarante qu'il commandait.

Les Turcs victorieux, ne voyant point arriver l'escadre française, remirent à la voile et s'éloignèrent (10 août). L'or du vice-roi de Naples détermina, dit-on, le capitan-pacha Sinan à ce départ précipité, malgré d'Aramon et Dragut-Raïs : huit jours après, le prince de Salerne et le baron de La Garde parurent avec vingt-cinq galères françaises et quelques troupes de débarquement; trop faibles pour agir seuls, ils suivirent les Othomans jusque dans l'Archipel, mais ils ne purent décider le capitan-pacha à revenir sur Naples avant le printemps, et les deux flottes hivernèrent ensemble à Chio.

Les Impériaux conservèrent Naples ; mais ils perdirent Sienne. Cette ville, la seconde de la Toscane, chassa une garnison espagnole que lui avait imposée l'empereur et se mit avec son vaste territoire sous la protection du roi de France (juillet-août). Une partie de la garnison française de Parme accourut au secours de Sienne. Le vice-roi de Naples, don Pédro de Tolède, mourut au moment de marcher contre la république de Sienne : don Garcias de Tolède, fils du vice-roi, prit le commandement et envahit le pays siennois au printemps de 1553. Il ne tarda pas à être rappelé à Naples par le retour de la flotte franco-turque, qui menaçait les côtes de Calabre et de Sicile (juin). Cette flotte, composée alors de soixante galères turques, sous Dragut-Raïs, et de trente-six françaises, sous le baron de La Garde, n'attaqua point Naples : elle tourna la Sicile, se porta contre la Corse et débarqua dans cette île des troupes françaises et italiennes, conduites par un Corse au service de France, San-Pietro d'Ornano, qui souleva ses compatriotes contre les gouverneurs génois : Porto-Vecchio, Bastia, San-Fiorenzo, Ajaccio, ouvrirent leurs portes aux Français, tandis que les Turcs assiégeaient Bonifacio (août-septembre). Les habitants et la garnison de cette dernière ville, craignant d'être exterminés par les musulmans, traitèrent avec un officier français qui accompagnait Dragut et se soumirent au roi, « vies et bagues sauves ». Dragut, irrité de voir enlever à ses soldats le pillage de la place, se rembarqua, sous prétexte que la mauvaise saison approchait, et abandonna ses confédérés lorsque son assistance leur était le plus nécessaire. Les Français se trouvèrent alors inférieurs aux Génois et aux Espagnols qui, sous les ordres d'André Doria, firent de grands efforts pour reconquérir la Corse. Les Français reperdirent plusieurs des places qu'ils avaient prises dans l'île, où ils gardèrent pied toutefois.

La guerre eut, en 1553, sur les frontières du nord, des retours inattendus : l'issue du siége de Metz et les pertes de Charles-Quint avaient inspiré à Henri II et au connétable une confiance sans bornes. La cour de France, estimant « la puissance de l'empereur brisée et lui-même tant maladif qu'à grand'peine pouvoit-il retenir son âme », ne croyait plus avoir rien à redouter de lui et n'était occupée que de festins, de bals et de tournois, pour le mariage de Diane, fille naturelle du roi, avec Horatio Farnèse, duc de Castro. Le roi fut fort étonné d'apprendre que, dès la fin d'avril, un corps d'armée allemand, espagnol et neerlandais entamait le siége de Térouenne. D'Essé, un de nos meilleurs officiers, François de Montmorenci, fils aîné du connétable, et beaucoup de gentilshommes coururent se jeter dans la place : on avait eu l'incurie de laisser Térouenne presque sans défenseurs et sans munitions, quoique cette petite et belliqueuse cité, poste avancé de la France en Artois, fût toujours exposée aux premières attaques. Térouenne se défendit avec courage et constance près de deux mois; mais on ne lui fit passer que de faibles secours, tandis que les populations flamandes et artésiennes secondaient au contraire les troupes impériales avec une ardeur extrême et leur fournissaient les ressources en abondance : les habitants de Térouenne, aguerris par leur position au cœur du pays ennemi, s'étaient rendus la terreur de la contrée environnante qu'ils ravageaient sans cesse. La cour de France semblait regarder la prise de Térouenne comme impossible : un premier assaut fut repoussé en effet, mais il avait coûté la vie à d'Essé et à l'élite de la garnison : François de Montmorenci essaya de capituler; mais, au moment où l'on arrêtait les articles de la capitulation, les soldats ennemis montèrent sans ordre à la brèche et se précipitèrent dans la ville. Tout ce qu'on y trouva fut tué ou pris. Les Espagnols, reconnaissants de la « courtoisie de Metz », sauvèrent une partie des Français de la fureur des Flamands et des Wallons (20 juin 1553). L'empereur, à la grande joie de ses sujets, ordonna la destruction de Térouenne, déjà une première fois brûlée et démantelée en 1513 : les gens des pays voisins travaillèrent de si grand cœur à la démolition de cette malheureuse ville, qu'à peine en resta-t-il quelques vestiges au bout de peu de jours; cette fois, l'antique cité de Térouenne ne s'est plus relevée de sa ruine. C'est le seul exemple dans notre histoire d'une ville française qui ait entièrement péri.

L'armée impériale attaqua ensuite Hesdin, sous les ordres de Philibert-Emmanuel, prince de Piémont, qui devint duc de Savoie, cette année-là, par la mort de son père, le duc Charles III (16 août); le destin du fils devait être plus heureux et plus brillant que celui du père. Le duc de Castro, le maréchal de La Mark et beaucoup de noblesse s'étaient enfermés dans le château d'Hesdin, la ville n'étant pas tenable : le château, écrasé par l'artillerie, bouleversé par les mines, eut le sort de Térouenne et fut enlevé d'assaut pendant que l'on capitulait : le nouveau gendre du roi, le jeune duc de Castro, fut tué d'un coup d'arquebuse, et le maréchal de La Mark fut fait prisonnier avec tout ce qui n'avait pas été passé au fil de l'épée (18 juillet).

La négligence de la cour avait coûté cher : l'armée royale fut enfin sur pied à la fin de juillet; elle arrêta les progrès de l'ennemi, lui fit essuyer un échec près de Doullens et reporta la guerre dans l'Artois, le Cambresis et le Hainaut, mais sans tenter le siège d'aucune place forte. Le connétable étant tombé malade, Henri II, qui commandait l'armée en personne, la licencia dès le 21 septembre. Le peu de succès qu'obtinrent le roi et le connétable fit ressortir la gloire conquise, quelques mois auparavant, par le duc de Guise[1].

---

1. Tandis qu'on se battait sur la frontière du Nord, l'intérieur du royaume, Paris et Lyon surtout, était témoin d'atroces exécutions religieuses. Le fanatisme du roi et des magistrats et la politique des Guises avaient pour auxiliaire la rapacité de madame de Valentinois, qui, afin de payer la rançon de ses deux gendres, d'Aumale et La Mark, avait obtenu en don tous les biens confisqués sur les condamnés pour cause de religion; les agents de madame Diane s'ingéniaient à trouver des coupables et, quand les réformés riches leur manquaient, ils envoyaient parfois au bûcher ou dans les cachots, comme « luthériens », des gens étrangers à toutes querelles théologiques.

Les événements qui se passaient sur ces entrefaites en Angleterre semblaient de nature à servir plus efficacement l'empereur que la prise de deux ou trois places frontières. La paix avec la France avait été fidèlement observée par les hommes qui gouvernaient au nom du jeune Édouard VI, et qui étaient tout occupés d'établir la Réforme et de s'affermir eux-mêmes. John Dudley, comte de Warwick et duc de Northumberland, qui avait renversé du pouvoir le duc de Somerset et qui avait fini par le faire périr sur l'échafaud, continua la politique de son malheureux prédécesseur. Les évêques qui ne voulaient pas dépasser le schisme de Henri VIII, les citoyens qui prenaient part à quelque acte religieux contraire au nouveau rituel, furent emprisonnés; les anabaptistes furent punis de mort comme en Allemagne, ainsi que de nouveaux sectaires qui ressuscitaient l'arianisme; la princesse Marie, sœur aînée du roi, opiniâtrement attachée au catholicisme, ne fut garantie de la persécution que par l'intervention menaçante de l'empereur, son cousin-germain; un corps de doctrine et un corps de lois ecclésiastiques destiné à remplacer le droit canon furent rédigés sous la direction de l'archevêque protestant de Canterbury (Cranmer) et publiés avec l'approbation du roi. La peine capitale y était maintenue contre « l'hérétique obstiné », et le papiste était confondu sous ce titre avec l'anabaptiste[1]. Les lois sanglantes de l'Église du moyen âge étaient retournées contre elle.

On n'eut pas le temps de mettre ce nouveau code en vigueur. Édouard VI, excellent jeune homme, d'une instruction rare et d'un naturel charmant qui contrastait si fort avec toute cette race

---

[1]. On n'arracha qu'à force d'obsessions la signature du jeune roi Edouard VI, qui se plaignait qu'on l'obligeât à imiter les cruautés de l'église romaine. V. Burnet, *Hist. de la Réformation d'Anglet.*, t. II, l. I, p. 270; édit. in-12. Les dispositions relatives aux mœurs, dans ce nouveau droit canon, sont remarquables. Le séducteur doit épouser celle qu'il a séduite, ou la doter d'un tiers de son bien. L'adultère est déporté ou emprisonné à perpétuité, outre une indemnité pécuniaire accordée au conjoint lésé, comme dans les vieilles lois celtiques, et non pas, comme dans la ridicule et honteuse loi actuelle, au mari de la femme coupable. — Le divorce est permis pour adultère, sévices, abandon prolongé et incompatibilité d'humeur.

A la même époque appartiennent la fondation de la taxe des pauvres et le rétablissement de la confrontation des témoins avec les accusés.

Ce fut sous Édouard VI que les navigateurs anglais, en cherchant un passage au nord-est vers les Indes, doublèrent pour la première fois le cap Nord, reconnurent la mer Blanche et entamèrent des relations commerciales avec la Moscovie par Archangel.

cruelle des Tudor[1], languissait, en proie à une phthisie incurable : ses deux sœurs aînées, Marie et Élisabeth, étaient nées de deux mères, Catherine d'Aragon et Anna Boleyn, dont les mariages avaient été cassés successivement ; le duc de Northumberland engagea Édouard à écarter de la succession au trône Marie et Elisabeth, sous prétexte d'illégitimité, et la petite reine d'Écosse, Marie Stuart, comme étrangère ; Marie Stuart, petite-fille de la sœur aînée de Henri VIII, était la plus proche héritière après les deux sœurs du roi. Édouard VI, par son testament daté du 14 juin 1553, appela donc à la couronne lady Jane Grey de Suffolk, petite-fille de Marie d'Angleterre, sœur cadette de Henri VIII[2]. Ce testament fut confirmé par l'archevêque de Canterbury et par le conseil d'Angleterre ; mais, avant qu'on eût pu le présenter à la ratification du parlement, le roi expira, le 6 juillet, à peine âgé de seize ans. Le 9 du même mois, Jane Grey, que le duc de Northumberland venait de marier à son fils Guilford Dudley, fut proclamée reine par ordre de son beau-père ; cette jeune princesse, la femme la plus accomplie de l'Angleterre, n'accepta la couronne qu'avec répugnance et en versant des larmes. Les pressentiments de Jane Grey ne furent que trop tôt justifiés : Marie Tudor, dont Northumberland avait voulu anéantir les droits, prit, de son côté, le titre de reine. La justice de la cause de Marie, au point de vue de l'hérédité monarchique, et l'impopularité de Northumberland décidèrent l'immense majorité des Anglais en faveur de la sœur aînée du feu roi ; les protestants, malgré la religion ennemie que professait Marie, ne se décidèrent pas à faire cause commune avec les partisans de Jane ; la suppression de l'impôt foncier et quelques promesses aux réformés assurèrent la victoire de Marie. Northumberland fut arrêté par ses propres soldats et Marie entra sans coup férir dans Londres.

A cette nouvelle, Charles-Quint put espérer que, s'il avait perdu l'Allemagne, il gagnait l'Angleterre. Marie se livra tout entière

---

Un premier traité de commerce fut conclu peu de temps après entre l'Angleterre et la Moscovie.

1. Vincent Carloix prétend qu'on « lui rompit la tête » à force de le faire étudier. — *Mém.* de Vieilleville, p. 109.

2. C'était cette Marie qui avait épousé le roi Louis XII et qui, après la mort de ce prince, s'était remariée à Charles Brandon, duc de Suffolk.

aux conseils de l'empereur, qui avait été si longtemps son unique appui, et l'ambassadeur de Charles-Quint, le Franc-Comtois Simon Renard, devint véritablement le premier ministre de la reine. Marie toutefois montra d'abord quelque hésitation à s'engager dans la voie de rigueur où la poussait Charles-Quint; elle ne fit mourir que Northumberland et deux de ses affidés (22 août) et se contenta de retenir dans la tour de Londres Jane Grey et son jeune époux. Quant à la religion, elle se laissa entièrement guider par l'empereur, qui lui conseillait de procéder avec prudence et par degrés. Les évêques persécutés sous le précédent règne furent rétablis sur leurs siéges. La princesse Élisabeth fut amenée, par menaces et par caresses, à abjurer la Réforme, et deux bills furent présentés au parlement, l'un pour déclarer la reine issue d'un mariage légitime, l'autre pour rétablir le culte dans l'état où l'avait laissé Henri VIII. Le premier bill passa sans difficulté; le second fut adopté malgré l'opposition d'un tiers de la chambre des communes (octobre-novembre 1553). L'œuvre du règne d'Édouard VI fut ainsi détruite; l'œuvre de Henri VIII ne pouvait tarder d'être attaquée à son tour. Les inquiétudes de l'opinion publique furent redoublées par la révélation d'un projet de mariage entre la reine et le prince Philippe d'Espagne, veuf d'une infante de Portugal. Les communes supplièrent en vain la reine de choisir un époux anglais; Marie Tudor répondit qu'elle était libre de sa main, et signa des conventions de mariage avec Philippe, le 12 janvier 1554. Les ministres de Marie essayèrent de calmer les alarmes de l'Angleterre, en stipulant que la reine garderait seule le droit de disposer des revenus publics et de nommer aux emplois et aux bénéfices, quoique Philippe portât le titre de roi d'Angleterre; qu'aucun étranger ne pourrait être admis aux dignités et aux offices; que Philippe ne pourrait disposer des forces de l'État pour son service particulier et jurerait de ne point engager l'Angleterre dans la querelle de l'empereur avec la France. Ces précautions ne rassurèrent pas la nation. Le mariage de Marie était également dangereux pour l'Angleterre et pour la France; il menaçait la première dans sa nationalité, la seconde dans sa puissance territoriale. L'empereur assurait l'héritage de Bourgogne (Pays-Bas et Franche-Comté) aux enfants qui naîtraient de cette alliance; la réunion des Pays-Bas à l'Angleterre était la combinaison la plus fatale que pût redouter la France; ce n'était point tout : le fils du premier mariage de Philippe, le petit don Carlos, venant à mourir, à l'Angleterre et aux Pays-Bas eussent pu se rejoindre, sous la même dynastie, l'Espagne, Naples et Milan. L'Europe devenait autrichienne.

Les protestants anglais se mirent en communication avec l'ambassadeur de France, Noailles : une conspiration s'ourdit en faveur, non plus de la captive Jane Grey, mais d'Élisabeth. L'insurrection éclata prématurément et fut vaincue. Dès lors, la reine ne ménagea plus rien, et se lança dans cette carrière de tyrannie qui lui a valu le surnom de la « sanglante Marie » : les ressentiments amassés dans cette âme vindicative, durant de longues années d'oppression et d'amertume, débordèrent avec violence; Marie envoya au supplice l'infortunée Jane Grey et son mari Guilford Dudley (12 janvier 1554). On sait avec quel héroïsme mourut cette noble et charmante créature, cette fille de la Renaissance, nouvelle Hypatia, qui, à seize ans, faisait ses délices de la lecture de Platon. La jeune sœur de la reine, Élisabeth, fut jetée dans la tour de Londres et quelque temps menacée de subir le sort de sa cousine Jane Grey. Marie n'eût pas reculé devant le fratricide; mais son époux et son beau-père ne voulurent pas que la fiancée du dauphin de France, Marie Stuart, devînt l'héritière du trône d'Angleterre, et ce fut, chose bien étrange, PHILIPPE DEUX qui sauva la vie à ÉLISABETH par son intercession! Il dut en avoir, plus tard, une cruelle repentance!

Élisabeth fut donc seulement reléguée à Woodstock; Marie, à tout autre égard, marcha ouvertement à son but. Un nouveau parlement, élu sous l'influence de la peur et de la corruption [1], ratifia le traité de mariage de la reine et de Philippe (avril), en refusant toutefois d'accorder à la reine le droit de disposer de la couronne par testament, si elle n'avait pas d'enfants. Le prince d'Espagne vint débarquer à Southampton le 19 juillet et épousa

---

1. L'empereur avait emprunté une très-forte somme aux villes libres d'Allemagne, pour acheter les conseillers de la reine et les principaux membres du parlement.

la reine le 25. Son père lui avait donné le royaume de Naples pour cadeau de noces. Philippe s'établit en Angleterre et aida sa femme à réaliser les grands desseins qu'elle avait conçus. La plupart des lords anglais n'avaient de religion que leur intérêt et, suivant le témoignage d'un contemporain impartial (l'ambassadeur de Venise à Londres), eussent embrassé, au gré de leur souverain, « le judaïsme ou le mahométisme ». On rassura les intérêts; on ne foula aux pieds que les croyances; on réussit. Le pape autorisa son légat, le cardinal Poole, à « octroyer » les biens d'église à ceux qui les détenaient : dès lors le principal obstacle à la réconciliation avec Rome fut levé. Le légat fut reçu en triomphe. Marie renonça d'abord au titre de « chef de l'église anglicane », uni au titre de roi par une loi; puis, le 29 novembre 1554, les deux chambres [1] présentèrent requête au roi et à la reine pour les prier de demander au légat la réconciliation du royaume avec l'église romaine; cette réconciliation fut prononcée le jour même par le légat Réginald Poole, descendant d'une branche de la maison royale d'Angleterre; les anciens statuts contre les lollards furent renouvelés contre les protestants (janvier 1555) et une réaction impitoyable frappa les chefs spirituels de la Réforme et les plus fidèles de leurs adhérents : Marie vengea sa mère, elle-même et Rome tout ensemble sur l'archevêque de Canterbury, Thomas Cranmer, qui avait été le grand instrument du divorce et du schisme : ce fut le pape en personne qui prononça la sentence de Cranmer; l'archevêque de Canterbury fut brûlé vif, avec les évêques de Londres, de Glocester, de Saint-David et de Worcester, une vingtaine d'ecclésiastiques et près de deux cent cinquante autres victimes appartenant pour la plupart aux classes inférieures. Tous moururent avec un courage intrépide. Cranmer avait d'abord consenti à se rétracter dans l'espoir de sauver sa vie; il racheta cette faiblesse par l'énergie de ses derniers moments : heureux s'il n'eût été lui-même persécuteur avant d'être victime! On ne fut pas satisfait de frapper les vivants : on poursuivit les morts jusque dans leurs tombes;

---

1. Pour se rendre compte de l'apparente unanimité du vote, il importe de se rappeler le danger que couraient les minorités, dans ces temps où l'on emprisonnait les jurés qui votaient contre les conclusions des gens du roi.

Martin Bucer, de Strasbourg, le plus célèbre théologien de l'Allemagne protestante après Luther et Mélanchthon, était mort, quelques années auparavant, à l'université de Cambridge, où l'avaient appelé les ministres d'Édouard VI : son corps et celui de son collègue Paul Fagius furent exhumés, pendus et brûlés [1].

Malgré les efforts de Philippe et les griefs de Marie contre la cour de France, l'article du traité du mariage qui garantissait le maintien de la paix entre la France et l'Angleterre fut d'abord respecté : la crainte qu'inspirait la domination espagnole l'emportait dans l'esprit des Anglais sur la vieille haine nationale et la reine céda même à l'opinion publique en offrant sa médiation à l'empereur et à Henri II.

La cour de France avait tâché de venger en 1554 les revers de 1553 : les sommes énormes versées par le clergé pour le rachat de la *Guillelmine* n'empêchèrent pas le conseil de recourir, durant les années 1553 et 1554, aux expédients les plus étranges pour procurer de l'argent au roi. Comme le gouvernement obtenait peu de crédit, une ordonnance du 19 janvier 1553 défendit aux notaires de passer aucun contrat de prêt entre particuliers au-dessus de dix livres tournois de rente, jusqu'à ce que le roi eût trouvé à emprunter le capital de 490,000 livres de rentes sur l'État; puis, le 5 mai, dans chaque bailliage ou sénéchaussée, fut établi un greffier des insinuations, chargé d'insérer dans ses registres la mention de tout contrat portant hypothèque. Ce fut là l'origine des conservateurs d'hypothèques, institution propre à prévenir beaucoup de fraudes; mais l'avantage des prêteurs et du public n'était pas le principal motif du gouvernement, qui voulait surtout connaître le mouvement général des prêts et des obligations. Le roi déclara rachetables, au denier vingt, entre les mains des receveurs généraux des finances, les rentes perpé-

---

1. *V.* les historiens anglais et le livre du P. Griffet : *Nouveaux éclaircissements sur l'histoire de Marie, reine d'Angleterre*, d'après les mss. de Simon Renard. Entre les historiens anglais modernes, Lingard est le plus abondant en faits; mais il doit être lu avec beaucoup de précaution : cet historien catholique atténue beaucoup ce que les protestants présentent trop comme quelque chose d'exceptionnel, les violences de la *sanglante Marie*; il fausse complètement le caractère de Philippe II et en fait un personnage presque bénin. Ce qui est vrai, c'est que Marie n'était pas plus cruelle que son père.

tuelles et droits seigneuriaux [1], se substituant au lieu et place des créanciers et possesseurs de ces droits et se chargeant d'en servir les intérêts. On conçoit que la plupart des débiteurs ne durent pas pouvoir profiter d'une faculté qui supposait la libre disposition de capitaux considérables. Les charges de judicature furent créées en telle quantité que les membres du parlement de Paris, devenus beaucoup trop nombreux pour le besoin des affaires, furent fractionnés, par un édit d'avril 1554, en deux parts semestrielles, c'est-à-dire siégeant alternativement chacune six mois de l'année; cette division du parlement ne subsista toutefois que trois ans [2].

Par ces moyens et beaucoup d'autres, Henri II put mettre sur pied des forces imposantes au printemps de 1554. Dans le courant de juin, tandis qu'un détachement ravageait l'Artois, deux corps d'armée, dont le principal était commandé par le roi et le connétable, envahirent le Hainaut et le comté de Namur. Marienbourg, place de guerre nouvellement construite par la reine Marie de Hongrie, qui lui avait donné son nom, fut emportée, puis Bovignes et Dinant. L'empereur n'avait pu rassembler autant de troupes que le roi : Charles-Quint avait beau régner sur deux mondes; ses ressources étaient en réalité, beaucoup moins disponibles et moins sûres que celles de la France, qui tenait si peu de place sur la carte du globe en comparaison de cet empire sur lequel « le soleil ne se couchait jamais ». L'Allemagne affranchie ne fournissait plus aucune assistance à son chef titulaire contre la France : les revenus des états autrichiens suffisaient à peine à la défense des frontières orientales contre les Turcs; l'Espagne payait plus de son sang que de son or; et encore ne fournissait-

1. Les droits *utiles*, s'entend. Les rentes en grains, vins et autres denrées furent exceptées du rachat.
2. Une autre ordonnance de mars 1554, qu'on ne pourrait confondre sans injustice avec les édits purement « bursaux », c'est-à-dire destinés à remplir la bourse du roi, institua un parlement royal en Bretagne, séant à Rennes. La Bretagne n'avait eu jusqu'alors qu'un parlement ducal, qui n'était point cour souveraine et qui ressortissait au parlement de Paris. — Isambert, XIII, p. 361. — Un édit d'avril 1557 déclara supprimés tous les offices de présidents et conseillers au parlement de Paris, à mesure de la mort des titulaires, jusqu'à ce que le nombre total fût réduit au même chiffre qu'à l'avénement de François Ier. Cette réforme fut bientôt étouffée sous un nouveau déluge d'édits bursaux.

elle qu'un nombre limité de gens de guerre; l'Italie, ruinée, écrasée, se débattait sous le joug, appelait les Français, et l'empereur ne pouvait se maintenir chez elle qu'à force de soldats [1]; les Indes et les Pays-Bas étaient les seules sources habituelles de revenus disponibles; mais ces sources n'étaient rien moins qu'intarissables.

Charles réussit néanmoins à couvrir Namur et à fermer l'entrée du Brabant : l'armée royale, tournant à l'ouest, prit et brûla Binche et Bavai, ruina, pour venger Follembrai, le beau château de la reine de Hongrie à Marimont, traversa le Hainaut, le Cambraisis, l'Artois, en saccageant tout sur son passage, et mit le siége devant Renti, forteresse qui commandait la frontière de l'Artois et du Boulenois. L'empereur essaya d'obliger les Français à lever le siége de Renti. Une affaire très-chaude eut lieu le 13 août : les Impériaux furent rejetés en désordre sur leur camp par deux très-belles charges, l'une d'infanterie, l'autre de cavalerie, que dirigèrent l'amiral de Coligni [2] et le seigneur de Tavannes. Le duc de Guise, qui commandait cette aile de l'armée, voulut s'attribuer l'honneur de l'affaire; il y eut entre lui et Coligni une vive altercation devant le roi. C'est la première explosion de la rivalité de ces deux grands adversaires [3]. Charles-Quint parvint toutefois à son but. Les vivres commençant à manquer et les maladies se mettant dans l'armée française, le siége de Renti fut levé (15 août). Les vastes préparatifs et les énormes dépenses du roi n'eurent donc cette année, sur la frontière du Nord, d'autre résultat que l'occupation de Marienbourg et la ruine d'une partie de la Belgique sans profit pour la France.

En Italie, la lutte ne fut pas heureuse pour le parti français :

---

1. M. de Sismondi signale avec raison l'effrayante diminution de population et de richesse qui s'était opérée, par le fait du despotisme espagnol, dans ces contrées autrefois si florissantes et si fécondes, la Lombardie et les Deux-Siciles. Elles ne pouvaient certainement plus fournir, en se ruinant, la moitié de ce qu'elles eussent donné sans peine aux Sforza ou aux anciens rois de Naples. La dépopulation, plus rapide peut-être encore dans l'Espagne même, avait là d'autres causes.

2. Coligni avait succédé, dans la charge d'amiral, à d'Annebaut, mort en 1552; il céda un peu plus tard sa charge de colonel-général de l'infanterie française à son frère d'Andelot. Il ne commanda jamais sur mer, et sa vraie gloire militaire est celle d'organisateur de l'infanterie nationale. Son esprit d'ordre, de justice, de sévérité pour le soldat, de protection pour le paysan, eut là de grands résultats.

3. *Mém.* de Tavannes. — Brantôme.

la république de Sienne soutenait, avec plus de constance que de succès, une lutte inégale contre Medichino, marquis de Marignan, général de l'empereur et du duc de Florence. Côme de Médicis avait rompu la neutralité par une tentative pour surprendre Sienne (janvier 1554) et Marignan avait envahi le territoire siennois avec vingt-cinq mille combattants. Henri II fit passer d'abord des secours assez considérables par terre et par mer aux Siennois : c'était le dernier des républicains de Florence, l'implacable ennemi des Médicis, Pietro Strozzi, devenu maréchal de France, qui commandait l'armée franco-siennoise, et Sienne avait pour gouverneur le Gascon Blaise de Montluc. Strozzi balança longtemps la fortune par son courage et par son activité; il reporta même les hostilités sur le territoire florentin. Mais la perte de la bataille de Lucignano (2 août) l'obligea de se retirer à Sienne, que Medichino ne tarda pas à investir. Strozzi remit à Montluc la défense de la ville et alla s'établir à Montalcino pour troubler les opérations du siége de Sienne et recevoir les nouveaux renforts qu'il attendait de France.

Strozzi attendit en vain : l'automne et l'hiver s'étaient écoulés; l'année 1555 avait commencé et la situation de Sienne devenait de plus en plus désastreuse; la disette et les maladies décimaient la cité; plusieurs milliers d'infortunés, expulsés comme bouches inutiles, avaient péri, pour la plupart, entre le camp ennemi et la ville; et cependant l'héroïque fermeté des Siennois, animés par l'exemple et par les exhortations de Montluc, ne se démentait pas. Le bruit des avantages que remportaient les Français en Piémont ranima les espérances de ces courageux républicains : le maréchal de Brissac avait enlevé Ivrée et Santia à Suarez de Figueroa, successeur de Fernand de Gonzague dans le gouvernement de Milan; Brissac supplia le roi de lui permettre de marcher au secours de Sienne; mais le connétable, soit que sa jalousie ne lui permît pas d'accorder cette occasion de gloire à Brissac, soit qu'il craignît que le Piémont ne fût compromis, fit rejeter la requête du maréchal. Sienne, perdant sa dernière chance de salut, se résigna enfin à capituler : elle ouvrit ses portes aux Impériaux le 21 avril 1555, moyennant une amnistie générale et d'autres conditions qui furent violées avec impudeur. Montluc et ses soldats français et italiens évacuèrent la ville, tambours battants, enseignes déployées, suivis de l'élite des citoyens, qui préférèrent l'exil à la servitude. Les Impériaux n'avaient conquis qu'une ville déserte; il ne restait pas dans Sienne dix mille habitants, des trente mille qu'elle comptait avant le siége[1]! Les exilés siennois se retirèrent à Montalcino, où ils transférèrent le siége du gouvernement national, et, après la chute de la métropole, la guerre continua dans les districts maritimes encore libres, guerre de massacre et d'extermination : la *Maremme* siennoise fut dépeuplée par les fureurs de Medichino; le despotisme espagnol acheva l'œuvre de la guerre, et cette contrée fertile et florissante fut changée peu à peu en un désert pestilentiel, abandonné à la *mal'aria* (le mauvais air)[2].

Le pape Jules III, qui ne prit aucune part à une lutte si voisine de ses états, avait terminé, le 24 mars 1555, sa méprisable carrière : le scandale d'un tel choix ne devait plus se renouveler; l'influence de l'inquisition, des jésuites, des zélés et des réformateurs catholiques avait grandi à la cour de Rome et le cynique Jules III eut pour successeur un homme de mœurs très-sévères, Marcel II : Marcel ne fit que paraître sur la chaire de saint Pierre et fut emporté, au bout de trois semaines, par une attaque d'apoplexie (30 avril). On élut à sa place le vieux cardinal Caraffa, qui prit le nom de Paul IV (23 mai) : c'était l'inquisition incarnée qui ceignait la tiare! Cet homme impétueux et superbe remplissait depuis longtemps dans la catholicité un grand et redoutable rôle; lié d'abord avec les partisans d'une transaction religieuse, avec les Contarini, les Sadolet, les Poole, les Morone, il s'en était séparé violemment pour se mettre à la tête de la réaction ultrà-catholique. Ce ne fut pourtant pas cet ordre d'idées et d'intérêts qui inspira les premiers actes de son règne, et personne ne montra mieux que Paul IV l'incompatibilité du double rôle

---

1. Charles-Quint donna Sienne en fief de l'Empire à son fils.
2. Gio. Battista Adriani, l. x-xii. — *Mémoires* de Montluc. Rien n'est plus intéressant que le récit de Montluc : ce farouche soldat s'émeut au souvenir des exemples de dévouement patriotique dont il a été témoin; *V.* surtout le passage sur les femmes de Sienne. « Il ne sera jamais, dames siennoises, que je n'immortalise votre nom tant que le livre de Montluc vivra; car, à la vérité, vous êtes dignes d'immortelle louange...» Collection Michaud, t. VII, p. 134.

de chef de l'Église et de chef d'un état. Ce terrible défenseur de l'orthodoxie, une fois pape, sacrifia la tiare à la couronne temporelle. On attendait un Grégoire VII ; on eut un Jules II. C'est qu'il y avait deux hommes en Caraffa, l'homme religieux et l'homme politique, le chef du parti orthodoxe et l'Italien nourri dans la haine des tyrans espagnols : Paul IV appartenait à une famille napolitaine de la vieille faction française et détestait personnellement l'empereur et toute sa race. Sa première pensée, en arrivant au trône pontifical au milieu d'une grande guerre entre la France et la maison d'Autriche, fut la destruction de la puissance espagnole en Italie : il prit pour principal ministre son neveu, soldat féroce qu'il fit cardinal, manifesta son mauvais vouloir envers la maison d'Autriche par toutes sortes de procédés offensants, et ne tarda pas à entamer des négociations secrètes avec les ministres de Henri II et à unir étroitement sa politique à celle des Guises. Au contraire de Jules III, qui avait tâché d'interposer sa médiation, entre les puissances belligérantes, de concert avec la reine d'Angleterre, Paul IV poussa de toutes ses forces la France à continuer la guerre et tâcha en vain d'y entraîner Venise.

Le jour même de l'élection de Paul IV (23 mai), des conférences pour la paix s'étaient ouvertes à Marcq, dans le Calaisis, sur le territoire anglais et en présence de médiateurs nommés par la reine d'Angleterre. Marie Tudor, pressée par son époux de se déclarer contre la France et par ses sujets de rester neutre, désirait vivement une paix qui l'eût tirée d'embarras. Il fut impossible de s'entendre : les Impériaux demandaient l'évacuation des Trois-Évêchés, des places occupées par les Français dans les Pays-Bas, des états de Savoie, de la Corse, etc.; les Français revendiquaient, pour eux et leurs alliés, Naples, le Milanais, l'Astesan, la Navarre, Sienne, Plaisance. On se sépara sans avoir proposé, de part ni d'autre, aucunes conditions raisonnables (juin).

Les Impériaux semblaient n'avoir eu d'autre but en négociant que d'endormir le roi de France, tandis qu'ils se préparaient à un grand effort en Italie. Le maréchal de Brissac, malgré la négligence des ministres à l'égard de son armée, avait conservé l'avantage en Piémont : il avait même surpris Casal, capitale du

Montferrat, qui appartenait au duc de Mantoue, mais qui était occupée par les Impériaux. Le prince d'Espagne, « roi d'Angleterre, » à qui l'empereur avait cédé tous ses états d'Italie, envoya le duc d'Albe contre Brissac au mois de juin; mais la supériorité numérique des forces espagnoles fut inutile : les trente-cinq mille combattants du duc d'Albe ne purent enlever une seule place importante à Brissac; le duc ne réussit pas même à empêcher ce grand général de prendre sous ses yeux Monte-Calvi et Vulpiano. Le cruel vainqueur de Sienne, Medichino, qui se faisait appeler Médicis, mourut sur ces entrefaites à Milan, comme il venait apporter son concours au duc d'Albe (8 novembre). Ce fameux capitaine avait commencé par le métier de *bravo* ou d'assassin à gages et sa vie n'avait guère démenti son premier état.

La flotte turque avait reparu sur les côtes de la Toscane et de la Corse, où les Français tenaient toujours quelques positions; mais elle n'y fit rien de considérable, quoiqu'elle eût opéré sa jonction avec les galères françaises. Les hostilités n'eurent pas plus de résultats sur les frontières de France et des Pays-Bas. Vieilleville, gouverneur de Metz, déjoua un complot tramé par les cordeliers de Metz pour livrer la cité aux Impériaux : le couvent fut pendu en masse, sans égard pour les immunités ecclésiastiques. L'incident le plus mémorable de la campagne fut le combat naval livré dans le Pas-de-Calais entre une escadrille de corsaires dieppois et une flotte marchande de Flandre et de Hollande. Dix-huit petits bâtiments dieppois, de quinze à cent soixante tonneaux, attaquèrent, à la hauteur de Douvres, vingt-quatre énormes « hourques » richement chargées et bien armées, qui se défendirent avec fureur : au moment où les Français triomphaient, les vaisseaux entremêlés prirent feu; onze hourques et cinq ou six petits navires français furent brûlés ou engloutis; le reste des vainqueurs ramenèrent à Dieppe le reste de leurs prises [1].

---

1. *V.* la *Relation*, etc., dans les *Archives curieuses*, t. III, p. 141. C'est une des scènes de mer les plus terribles qu'on puisse lire. La relation cite, entre beaucoup d'autres faits analogues, un gentilhomme normand qui, les jambes emportées par un boulet, continua de combattre couché sur le dos. — L'indifférence, le dédain même que es

Les événements des dernières années semblaient démontrer l'impossiblité où étaient les deux partis d'obtenir des avantages décisifs l'un sur l'autre : la lassitude des peuples commençait à gagner les gouvernements. Chez l'empereur, c'était plus que de la lassitude! Charles avait vu avorter ses plus chers desseins : il n'avait pu recouvrer Metz ni le Piémont, ni entraîner l'Angleterre dans la lutte contre la France; le pacte sur la succession alternative à l'Empire (*V.* ci-dessus, p. 18) était devenu à jamais irréalisable, et Charles ne trouvait plus l'affection ni la docilité d'autrefois chez son frère et chez l'aîné de ses neveux, depuis qu'il avait voulu les dépouiller de l'héritage impérial au profit de son fils; Ferdinand s'était rapproché des princes protestants afin d'assurer la couronne sur sa tête et, en ce moment même, une diète tenue sous sa présidence consommait l'œuvre du traité de Passau. La mort de l'auteur de ce traité, du vainqueur de Charles-Quint, de Maurice de Saxe, tué dans un combat contre le turbulent Albert de Brandebourg (juillet 1553), n'avait pas même ébranlé la puissance du parti protestant. La transaction définitive préparée à Passau fut conclue à Augsbourg le 25 septembre 1555 : catholiques et luthériens, renonçant à l'espérance de voir un concile universel réunir la chrétienté sous un même symbole, consacrèrent la scission de l'église germanique : les princes, villes et nobles immédiats de la communion romaine et ceux de la confession d'Augsbourg se promirent paix et tolérance mutuelle : les biens enlevés à l'Église demeurèrent à leurs détenteurs; les prélats catholiques renoncèrent à toute juridiction spirituelle sur les états de la confession d'Augsbourg et les princes ecclésiastiques accordèrent la liberté de conscience aux seigneurs et aux villes de leurs domaines qui avaient embrassé le luthéranisme. Il fut stipulé que tout prélat ou homme d'église qui adopterait dorenavant la foi protestante perdrait son bénéfice, et que les

---

gens de cour et en général la haute noblesse de ce temps témoignaient pour le service de mer, contraste singulièrement avec les actes héroïques que présentaient dès lors les fastes de notre marine. *V.* à ce sujet, les conseils que donne Vieilleville à Saint-André, pour le détourner de troquer l'office de maréchal contre celui d'amiral, lui représentant que « ce n'est point en France comme en Angleterre, Espagne ou Portugal, où la marine a le premier rang, etc. » L'amiral n'avait pas même de rang assuré dans les cérémonies publiques. Vieilleville, 184.

particuliers qui, dans un état catholique, voudraient passer au luthéranisme, et réciproquement, resteraient maîtres de s'exiler en emportant leurs biens. Ainsi fut dissous en Germanie le double lien de l'unité spirituelle et temporelle; ainsi fut vaincu le génie romain sous sa double forme, l'Empire et la papauté; les « deux pouvoirs » furent réunis entre les mains des princes et des aristocraties locales, et le fédéralisme et la Réforme triomphèrent l'un par l'autre.

Charles-Quint demeura étranger au *recès* d'Augsbourg, mais n'y opposa point une résistance inutile. Avant de courber la tête sous ce dernier coup, prévu depuis trois ans, il avait arrêté définitivement une solution couvée au fond de son âme. Son ambition insatiable, sa dévorante activité avaient, dès ses plus brillantes années, laissé place en cette âme inquiète à des accès de dégoût mélancolique, d'ennui de toutes choses, de morne dévotion, qu'avait redoublés la mort de sa femme, princesse de Portugal, fort aimée et fort regrettée (1539). Ses souffrances physiques faisaient de lui un vieillard caduc à 55 ans. Il n'aspirait plus qu'à se décharger de son immense fardeau. Il n'avait pas voulu abdiquer en vaincu le lendemain des désastres de 1552; maintenant qu'il avait, sinon réparé ses malheurs, au moins rétabli l'honneur de ses armes et remis l'équilibre entre sa maison et le roi de France par le grand mariage d'Angleterre; qu'il n'avait plus qu'à abandonner à son frère l'Empire, où sa politique était anéantie; que son fils, formé depuis longtemps aux soins du gouvernement (il avait 29 ans), était en mesure de le remplacer dans ses royaumes en s'aidant de ses conseils, rien ne pouvait plus arrêter l'effet d'une décision irrévocable et qui, bien qu'elle ait peu d'exemples dans l'histoire, paraît moins extraordinaire depuis que l'on connaît mieux les motifs, l'état moral et physique, le caractère de Charles-Quint[1].

Charles avait déjà cédé Naples, Milan et Sienne : il rappela

---

1. Nous ne pouvons que renvoyer sur ce point à l'œuvre décisive de M. Mignet. M. A. Pichot a réuni, de son côté, des faits nombreux qui gardent leur intérêt, même pour les lecteurs qui ne partagent pas l'enthousiasme de l'auteur pour son héros. Les importantes publications qui ont eu lieu sur le même sujet en Allemagne, en Belgique, en Espagne, en Angleterre, se trouvent fondues dans les deux ouvrages français.

Philippe d'Angleterre en Belgique, convoqua les États des Pays-Bas, le 25 octobre, dans la grande salle du palais de Bruxelles et, là, fit lire, par son conseil, un acte d'abdication qui transmettait à son fils Philippe la souveraineté de la Bourgogne et des Pays-Bas. L'empereur se leva ensuite, appuyé sur le prince d'Orange[1], qui devait être un jour le plus redoutable ennemi de son héritier, et lut un discours « qu'il avoit écrit pour soulager sa mémoire »; il y récapitulait toutes ses actions, depuis l'âge de dix-sept ans, et déclarait que, ses forces, brisées par les infirmités et les travaux, ne suffisant plus à supporter le poids d'un si grand empire, il avait résolu, pour le bien de ses royaumes, de substituer à un vieillard, déjà voisin du tombeau, un prince dans la force de l'âge, exercé dès ses jeunes années à gouverner les peuples; tandis que lui-même, étranger désormais aux soucis du siècle, consacrerait ce qui lui restait de vie à servir Dieu et à se préparer à la mort. Il demanda pardon à ses sujets des fautes et des erreurs de son gouvernement, exhorta son fils et toute l'assistance à défendre constamment la religion catholique et à extirper les hérésies, embrassa Philippe et, lui posant la main sur la tête, le proclama comte de Flandre et souverain des Pays-Bas, « en faisant le signe de la croix au nom de la très-sainte Trinité ». Il laissa en ce moment échapper des larmes auxquelles répondirent les pleurs de l'assemblée : la vieille affection des Pays-Bas, et surtout des provinces wallonnes, pour Charles-Quint, se réveillait en ce moment suprême[2].

La reine de Hongrie se démit du gouvernement des Pays-Bas, qu'elle exerçait depuis vingt-cinq ans, et Philippe en investit le duc de Savoie, Philibert-Emmanuel. Le 16 janvier 1556, dans ce même palais de Bruxelles, en présence de quelques grands d'Espagne, Charles transmit à son fils, avec moins de solennité, les couronnes des Espagnes et des Indes. Le règne de Philippe deux avait commencé.

Si Charles conserva quelque temps celle de ses couronnes qui lui était devenue la plus pesante, la couronne impériale, ce fut

---

1. Guillaume de Nassau, le fameux *Taciturne*. La principauté d'Orange avait passé par héritage de la maison de Chalon dans celle de Nassau.
2. Mignet, *Charles-Quint*, ch. II. — A. Pichot, *Charles-Quint*, p. 186 et suiv.

uniquement à la prière de son frère, qui ne se sentait pas suffisamment affermi et qui craignait quelque opposition des électeurs, quelque entreprise des ennemis de la maison d'Autriche [1]. Charles-Quint séjourna dix mois encore aux Pays-Bas après son abdication et ne s'embarqua que vers le milieu de septembre 1556 pour l'Espagne, où il avait dessein de finir ses jours. Il chargea, en partant, une ambassade, à la tête de laquelle était le prince d'Orange, de porter à son frère la couronne, le sceptre et le globe de l'Empire, et remit à Ferdinand le choix du lieu et du moment où les électeurs procéderaient à la transmission du titre impérial [2]. Il prit terre, le 28 septembre, à Laredo et s'enferma, le 3 février 1557, dans cette retraite de Yuste (Saint-Just) qu'il ne devait plus quitter, mais où il ne trouva ni ce détachement absolu et cette paix béate qu'ont rêvés pour lui des panégyristes monastiques, ni ces regrets amers et ces retours de violente ambition qu'ont imaginés les politiques. Il ne se fit pas moine, comme on l'a tant répété; il vécut dans une résidence qu'il s'était fait préparer, depuis quelques années, à côté d'un monastère d'hiéronymites, dans une belle vallée de l'Estremadure, et, jusqu'à son dernier jour, devenu incapable d'exécuter, mais aussi capable que jamais de conseiller, il continua de prendre à la politique générale un intérêt actif, sans lequel il eût péri d'ennui, et de participer à la direction des affaires par des avis que son fils ne manqua jamais de demander, bien qu'il ne les suivît pas toujours; Philippe II ne méconnaissait pas la supériorité du génie de son père.

Charles, en renonçant au pouvoir suprême, s'était efforcé de léguer la paix à son fils et à l'Europe. Il avait rouvert des pourparlers avec le roi de France durant l'hiver de 1555 à 1556; les bases de la paix étaient trop difficiles à établir : on parla d'une longue trêve; l'avantage était pour la France qui, avec la trêve, reprenait haleine et se consolidait dans ses conquêtes. Le

---

1. Lanz; *Correspondenz des Kaiser Karl V*, t. III, p. 675-708.
2. Le génie formaliste de l'Allemagne se trouva fort empêché à inventer un cérémonial pour une circonstance aussi imprévue : il y eut, de plus, assez mauvais vouloir chez plusieurs des électeurs, et il s'écoula dix-huit mois avant que Ferdinand fût proclamé solennellement chef de l'Empire (24 février 1558).

connétable appuya vivement les négociations : il voulait revoir son fils aîné, prisonnier depuis trois ans; il avait été rarement heureux à la guerre, et la jeune gloire du duc de Guise l'offusquait. Il parvint à décider le roi, et son neveu Coligni signa, le 5 février 1556, à Vaucelles près de Cambrai, une trêve de cinq ans avec le comte de Lalaing, représentant de l'empereur et du roi Philippe.

Ce fut un grave échec pour la politique des Guises, qui, jusqu'alors, avaient toujours mené le roi. Ils avaient fondé de hautes espérances sur les dispositions du nouveau pape et formé d'audacieux projets sur l'Italie pour leur compte particulier. Six semaines avant la trêve, le cardinal de Lorraine avait conclu à Rome un traité secret avec le pape au nom du roi (16 décembre 1555). Le roi, par ce pacte, prenait sous sa protection la famille du pape, les Caraffa; le pape et le roi s'engageaient à fournir, de part et d'autre, un contingent considérable en hommes et en argent, pour attaquer les Espagnols, soit dans le royaume de Naples, soit en Toscane, soit en Lombardie, et rétablir la république de Florence par l'expulsion du duc Côme. Le pape promettait l'investiture de Naples à un des fils du roi, pourvu que Naples ne pût être, dans aucun cas réuni à la France. Le duc de Ferrare, beau-père du duc de Guise, adhéra au traité [1]. Le but apparent du pacte de Rome cachait des vues plus personnelles aux Guises : l'un visait à une couronne, l'autre à la tiare; le duc François espérait trouver, dans une conflagration générale de l'Italie, quelque chance de saisir le sceptre de Naples, qu'avaient porté ses ancêtres de la maison d'Anjou et que le saint-siége promettait vaguement à un fils de Henri II : la mauvaise santé des enfants du roi, nés d'une mère malsaine, était une des chances calculées par Guise; le cardinal Charles, de son côté, aspirait à la succession de Paul IV, qui approchait de quatre-vingts ans, et voulait que les armées françaises fussent en mesure de peser sur le conclave, dans l'éventualité d'une vacance du saint-siége. En attendant, il s'était fait renouveler par Paul IV les pouvoirs de

---

1. Par compensation, le duc de Parme, dont la protection avait été le prétexte de la rupture de Henri II avec Charles-Quint, abandonna sur ces entrefaites la cause française, moyennant la restitution que Philippe II lui fit de Plaisance.

légat-né du saint-siége en France, qui avaient été autrefois attachés au siége de Reims.

Le pape, qui avait déjà mis des troupes sur pied, proscrit les Colonna, chefs du parti espagnol dans les États-Romains, et donné leurs fiefs à ses neveux, fut saisi d'une colère égale à son désappointement, en apprenant la trêve de Vaucelles : il ne se découragea pas ; il dissimula et annonça qu'il allait expédier le cardinal Caraffa vers la cour de France et le cardinal Rebiba vers la cour de Bruxelles, pour travailler à convertir cette trêve en une paix définitive. Rebiba se mit en route à petites journées, tandis que Caraffa précipitait son voyage. Ses instructions secrètes étaient tout opposées au but officiel de sa mission. A peine arrivé à Fontainebleau [1], il présenta au roi, comme au défenseur du saint-siége, une épée bénie par le pape [2] et pressa Henri II de rompre la suspension d'armes; le cardinal de Lorraine avait devancé Caraffa en France pour lui préparer les voies; les Guises, la duchesse de Valentinois, la reine elle-même, ennemie de la branche des Médicis qui régnait à Florence, se joignirent au légat, et le connétable, ses neveux [3] et les gens les plus sages du conseil succombèrent devant cette coalition. La guerre fut décidée (31 juillet) [4]; le légat, au nom du pape, délia le roi du serment

---

1. Il fit une entrée solennelle à Paris peu de temps après. On prétend qu'en donnant sa bénédiction au peuple qui s'agenouillait sur son chemin, il répétait ironiquement, au lieu de la formule consacrée : « Trompons ce peuple puisqu'il veut être trompé ! Trompons ce peuple puisqu'il veut être trompé ! » De Thou, l. XVII.

2. Le roi reçut à genoux l'épée que lui remit le légat assis, suivant le cérémonial humiliant dont Henri VIII avait autrefois fait honte à François Ier et dont François avait promis de s'affranchir à l'exemple du roi anglais, promesse qui ne fut pas réalisée.

3. Les trois frères, Odet, cardinal de Châtillon, évêque de Beauvais, Gaspard, seigneur de Coligni, amiral de France, et François, seigneur d'Andelot, colonel de l'infanterie française. Ce n'était plus l'antique maison de Châtillon-sur-Marne, les Châtillons des croisades; ceux-ci tiraient leur nom de Châtillon-sur-Loing en Gâtinais. Ils étaient fils d'une sœur du connétable. Le vrai nom de leur famille, originaire de la Franche-Comté, était Coligni.

4. Marillac, archevêque de Vienne, un des plus habiles diplomates de ce temps, fut chargé de justifier la « rompture de la trêve » par une espèce de mémoire ou de discours, dans lequel il avance des imputations terribles contre les ministres de Philippe II et contre le duc de Savoie Philibert-Emmanuel. Des complots pour surprendre Metz et d'autres places françaises durant la trêve sont le moindre de ses griefs : il accuse Philibert d'employer contre les Français tous les moyens, jusqu'au poison. Le maréchal duc de Bouillon-La-Mark, gendre de Diane de Poitiers, longtemps pri-

d'observer la trêve et il fut convenu que la direction de l'armée d'Italie serait donnée au duc de Guise, sous le commandement nominal de son beau-père, le duc de Ferrare. Le cardinal Rebiba fut rappelé des Pays-Bas.

Paul IV n'avait pas même attendu la décision du roi pour provoquer Philippe II; il avait révoqué les bulles qui concédaient aux rois d'Espagne des subsides ecclésiastiques [1] : il avait cité par devant lui Charles-Quint, en qualité d'empereur, Philippe, en qualité de roi de Naples, comme ayant failli à leur devoir de « feudataires du saint-siége » par la protection qu'ils accordaient aux Colonna, vassaux rebelles du pape (27 juillet), et il avait envoyé au château Saint-Ange les agents du roi d'Espagne à Rome; il était allé jusqu'à ordonner la suspension du service divin en Espagne! Philippe II, réduit, bien malgré lui, à se défendre contre le pape, s'appuya sur les consultations des principaux théologiens d'Espagne, des Pays-Bas et même d'Italie. L'Espagne n'obéit pas. Le duc d'Albe, qui avait passé du gouvernement de Milan à celui de Naples, répondit à la citation du saint-père en envahissant la Campagne de Rome, à la tête de quinze ou seize mille combattants, et en s'emparant d'un grand nombre de places mal défendues par les milices papales (septembre-novembre). Quelques détachements français, aux ordres du maréchal Strozzi et de Blaise de Montluc, accoururent de la Maremme siennoise au secours du pape : le duc d'Albe, soit prudence, soit plutôt crainte de renouveler les terribles scandales de 1527, n'osa point attaquer Rome et se laissa amuser par des négociations qui n'avaient pour but que de gagner du temps jusqu'à la venue de l'armée française. A la fin de décembre, le duc de Guise passa les Alpes avec dix mille fantassins français et suisses, cinq cents lances, six cents chevau-légers et une foule de

sonnier en Flandre, où il avait été fort durement traité, venait de mourir à Guise aussitôt après avoir payé sa rançon. Marillac assure qu'un procès-verbal des médecins qui avaient ouvert son corps constatait qu'il était mort empoisonné. La haine des Impériaux pour la maison de La Mark était bien connue; cependant il ne faut pas oublier combien peu de scrupule on avait alors à jeter à ses adversaires les accusations les les plus monstrueuses. — *Archives curieuses,* etc., t. III

1. La *Quarta* accordait à Charles-Quint, pour 1555 et 1556, le quart des revenus du clergé en Castille et en Aragon.

jeunes nobles accourus comme volontaires pour « voir choses nouvelles ». Ce corps d'armée emporta d'assaut Valenza sur le Pô, à l'entrée du Milanais (20 janvier). Toute l'Italie tressaillait d'espérance : le duc de Ferrare était sous les armes avec de très-belles troupes ; la Lombardie et la Toscane étaient presque dégarnies de forces ennemies : le duc de Florence implorait la neutralité ; Milan et Sienne tendaient les bras aux Français. Si l'on n'eût consulté que les intérêts de la France et de l'Italie, le plan de campagne n'eût pas été douteux : on eût enlevé le Milanais à coup sûr ; mais, pour la première fois, l'intérêt de la France se trouvait en opposition avec l'intérêt, ou du moins avec les espérances téméraires des Guises : la France fut sacrifiée. Le duc François immola tout aux désirs du pape et des Caraffa et à ses propres vues sur Naples, traversa sans résistance le Plaisantin et le Parmesan, quoique le duc de Parme eût traité avec l'Espagne, et se porta sur Bologne et la Marche d'Ancône, où il devait trouver de puissants renforts en hommes et en munitions promis par les Caraffa. Il ne trouva rien que de vaines excuses. Il courut en poste à Rome, pour se plaindre au pape, qui le paya d'honneurs et de paroles. Soit incapacité, désordre, ou pis encore, de la part des neveux de Paul IV[1], ils manquèrent à tous leurs engagements. Guise, après avoir perdu un grand mois à Rome, alla enfin se mettre à la tête de son armée, pénétra dans les Abruzzes et emporta d'assaut Campli ; mais il fatigua inutilement l'armée devant le rocher de Civitella, que la garnison et les habitants, exaspérés du sac de Campli, défendirent avec une énergie extraordinaire. Il fut obligé, le 15 mai, de lever le siége de Civitella, à l'approche du duc d'Albe, qui avait reçu des renforts nombreux et se trouvait supérieur aux Français. Les deux armées manœuvrèrent assez longtemps sur les confins de l'Abruzze et de la Marche-d'Ancône ; puis le duc de Guise fut rappelé par le pape au secours de la Campagne de Rome, envahie de nouveau par les Colonna : le duc d'Albe arriva, sur les pas des Français, aux environs de Rome ; mais, avant qu'aucune action sérieuse eût eu lieu, Guise reçut une dépêche de Henri II, datée du 15 août, qui

---

1. Nos historiens contemporains accusent le cardinal Caraffa de s'être vendu aux Espagnols, et Paul IV agit plus tard comme s'il eût cru l'accusation fondée.

lui enjoignait de ramener à grandes journées les troupes françaises en deçà des monts. Le pape, que le roi, par le même courrier, laissait libre de traiter comme bon lui semblerait avec l'ennemi, s'efforça inutilement de retenir le duc François; l'ordre était précis et avait été dicté par une nécessité trop urgente. « Partez donc, dit Paul IV irrité; aussi bien, vous avez fait peu de chose pour le service de votre roi, moins encore pour l'Église et rien du tout pour votre honneur[1]! »

Le reproche eût été juste dans toute autre bouche que celle du saint-père, premier auteur du mauvais plan de campagne suivi par le général français.

Paul IV se résigna donc à traiter avec le duc d'Albe, qu'il trouva fort accommodant : le général espagnol dut suivre les instructions de son maître, qui ne combattait le pape qu'à contre-cœur; cette lutte contrariait au plus haut point le système qui absorbait dès lors toutes les pensées de Philippe II, et qu'on peut résumer en quelques mots, l'association du despotisme politique et du despotisme religieux contre la liberté humaine avec subordination extérieure du premier au second. Paul IV obtint les conditions les plus avantageuses : on lui rendit toutes les places de l'état de l'Église : les Colonna, alliés de l'Espagne, restèrent en partie dépouillés, et le duc d'Albe consentit à venir à Rome faire ses soumissions au pape et recevoir l'absolution au nom de Philippe II, « roi des Deux-Siciles » (14 septembre)[2]. Paul IV ne reçut pas sans amertume ces marques de respect qui ne pouvaient lui faire illusion sur la ruine de sa politique : il se vengea de sa défaite sur ses neveux, les disgracia, se rejeta, de toute la violence de son caractère, vers les réformes intérieures et le raffermissement de l'orthodoxie, et tourna contre l'hérésie ces fureurs qui avaient été impuissantes contre l'Espagne.

Pendant que le pape signait la paix avec Philippe II, les troupes de Guise se dirigeaient par terre et par mer vers la

---

1. Fra-Paolo, *Hist. du concile de Trente*, l. v, p. 415.
2. Le duc d'Albe n'eût pas fait tant de concessions s'il eût été le maître : « Si j'avois été le roi d'Espagne », dit-il, « le cardinal Caraffa seroit allé à Bruxelles implorer aux pieds de Philippe II le pardon que je viens de demander aux pieds de Paul IV. » Mignet, *Charles-Quint*, p. 309. Charles-Quint montra un extrême courroux à la nouvelle de cette paix. *Ibid.*, 310.

France, où leur retour était attendu avec anxiété; de funestes événements avaient compromis la sûreté de l'état et réclamaient la concentration de toutes ses ressources.

Henri II avait prétendu d'abord qu'en envoyant le duc de Guise au delà des Alpes, il ne violait pas la trêve et prêtait seulement assistance au pape, son allié, attaqué par le vice-roi de Naples; mais les faits avaient bientôt démenti ce langage : l'amiral de Coligni, gouverneur de Picardie [1], qui avait été lui-même chargé de négocier la suspension d'armes et d'aller recevoir à Bruxelles la ratification de Charles-Quint et de Philippe II, eut ordre d'ouvrir les hostilités dans le Nord : il tâcha sans succès de surprendre Douai, le 6 janvier, puis prit et brûla Lens en Artois. Une déclaration de guerre, du 31 janvier, suivit ces violations de la trêve; durant six mois, cependant, on ne tenta plus rien de sérieux ni d'un côté ni de l'autre; mais le temps fut employé bien différemment par les deux partis : le ban et l'arrière-ban de France, encore las des dernières campagnes et mécontents d'être si tôt enlevés au repos qu'ils s'étaient promis, ne joignirent que lentement et tardivement la gendarmerie au rendez-vous général d'Attigni-sur-Aisne. L'élite des vieilles bandes était en Italie avec Guise ou avec Brissac. Quant aux légions provinciales, cette excellente institution, peu appréciée, mal entretenue [2], avait presque avorté et on ne lui demanda qu'une faible assistance : la cour revenait toujours au vieux système des mercenaires étrangers. Elle n'y recourut néanmoins cette année qu'avec parcimonie. On ne manda en France que dix mille Allemands et point de Suisses. On se contenta de munir la frontière de Champagne; celle de Picardie demeura presque sans défense; le roi et le connétable agirent comme si l'on n'eût dû s'attendre qu'à une guerre d'escarmouches.

Telle n'était pas la conduite de Philippe II, qui « pourvoyoit à

---

1. Antoine de Bourbon, duc de Vendôme, étant devenu roi de Navarre, du chef de sa femme, par la mort de son beau-père Henri d'Albret, avait abandonné à Coligni le gouvernement de Picardie pour succéder, dans celui de Guyenne, à Henri d'Albret.

2. Ce qu'on entretenait le mieux, c'était l'impôt, dit « des cinquante mille hommes », créé pour l'entretien des légions. D'abord mis exclusivement sur les villes fermées, par une compensation équitable des dommages que le passage et les excès des troupes causaient au plat pays, il fut étendu, en 1555, à tous les roturiers.

dresser ses forces belles et grosses, pour exécuter haute entreprise », et que son père secondait avec ardeur du fond de la retraite de Yuste, en lui servant, pour ainsi dire, de chef de cabinet et de ministre de la guerre et des finances[1]. Il ne se contenta pas de lever des troupes dans ses états et dans cette belliqueuse Allemagne, toujours prête à fournir des bras mercenaires à toutes les causes ; il passa la mer au printemps de 1557, pour obliger sa femme, Marie Tudor, à prendre parti contre la France ; Philippe menaça, dit-on, de ne jamais revoir Marie, si elle lui refusait ses secours. Marie, qui aimait passionnément son époux, sans être payée de retour, céda malgré les vœux de ses sujets et les stipulations de son traité de mariage. Un coup de main, tenté sur les côtes d'Angleterre par quelques réfugiés protestants qui avaient trouvé un asile en France, servit de prétexte à la rupture. La reine d'Angleterre envoya un héraut déclarer la guerre à Henri II (7 juin) et fit passer une dizaine de mille hommes à Calais pour renforcer les Espagnols.

L'armée des Pays-Bas, sous les ordres du duc de Savoie,

---

1. Philippe eût voulu davantage. Au commencement de 1557, il avait fait prier instamment Charles-Quint de l'aider non-seulement de ses conseils, mais « de la présence de sa personne et de l'action de son autorité... en se portant dans le lieu qui conviendra le mieux à sa santé et aux affaires..... Au seul bruit que le monde aura de cette nouvelle... mes ennemis seront troublés, etc..... » (V. la pièce dans Mignet ; *Charles-Quint*, p. 254). Charles-Quint ne consentit pas à quitter Yuste ; mais il exerça, par correspondance, l'action la plus énergique sur l'Espagne durant toute cette année et aida puissamment Philippe II à se procurer des ressources extraordinaires par des levées d'argent et d'hommes et par des emprunts considérables. M. Mignet (p. 265) cite une vigoureuse lettre de Charles à l'archevêque de Séville, inquisiteur-général, qui ne s'exécutait pas assez vite relativement à sa quote-part de l'emprunt et dont on ne put tirer que 50,000 ducats sur 150,000 demandés. M. Mignet (p. 259-264) donne des détails encore plus intéressants sur la nature des ressources que le gouvernement espagnol réclamait des mines américaines et qui lui échappaient en majeure partie par l'excès même de ses exigences. Nous avons parlé ci-dessus (p. 257) de la contrebande qui se faisait à Séville contre la *quinta* (l'impôt sur le produit des mines). Il faut dire que la contrebande était rendue excusable par la tyrannie du gouvernement, un des pires qui aient existé sous le rapport économique. Il ne se contentait pas de prélever l'impôt ; en cas d'urgence, il s'emparait des valeurs métalliques appartenant aux particuliers, payait l'intérêt plus ou moins exactement et promettait un remboursement qui n'arrivait presque jamais. On comprend que personne ne se fit scrupule de se dérober à un arbitraire qui bouleversait toutes les opérations commerciales. Le gouvernement, pour vouloir tout envahir, perdait souvent ses droits légitimes. De sept à huit millions entrés en 1557 au grand entrepôt de Séville, la couronne ne put mettre la main que sur 500,000 ducats.

s'ébranla enfin au mois de juillet et, au lieu d'attaquer la Champagne, comme quelques indices l'avaient fait présumer, elle entra en Thiérrache, brûla Vervins et vint camper devant Guise ; toutes les forces de Philippe II s'y réunirent ; il y avait, sans les Anglais, au moins trente-cinq mille fantassins et douze mille cavaliers allemands, espagnols, wallons, franc-comtois et néerlandais. L'armée de France, forte à peine de dix-huit mille hommes de pied et de cinq mille chevaux, tant Français qu'Allemands, avait été conduite par le duc de Nevers, gouverneur de Champagne, d'Attigni à Pierrepont, sur les confins de la Thiérrache et du Laonnois : le connétable, l'amiral de Coligni, le duc de Montpensier, le maréchal de Saint-André, le duc d'Enghien, le prince de Condé, y accoururent le 28 juillet. Les généraux français apprirent à Pierrepont que l'ennemi ne s'arrêtait point devant Guise et commençait à investir Saint-Quentin. Il n'y avait dans ce chef-lieu du Vermandois qu'une poignée de gens d'armes et point d'infanterie : les bourgeois, arguant de leurs vieilles franchises communales, ne voulaient point souffrir de garnison. Ces priviléges, faits pour des temps où les communes suffisaient à leur propre défense contre les petits princes féodaux, furent plus d'une fois funestes aux villes frontières qui s'obstinèrent à les maintenir malgré les révolutions de l'art militaire. Les fortifications de Saint-Quentin étaient d'ailleurs en mauvais état et ne consistaient qu'en une simple enceinte non bastionnée et commandée du dehors sur plusieurs points. Il fallait pourtant à tout prix arrêter l'ennemi et gagner du temps. Coligni se dévoua pour réparer l'imprévoyance de son oncle. Jouant plus que sa vie, sa renommée, il se chargea d'une défense dont le succès était impossible. Parti de Pierrepont le 2 août au point du jour, il parvint à entrer la nuit dans Saint-Quentin, par la route de Ham, avec un petit nombre de soldats. La venue de Coligni rendit le courage aux habitants : l'amiral, très-bien secondé par le mayeur de Saint-Quentin, Varlet de Gibercourt, et par l'habile ingénieur Saint-Remi, qui s'était déjà illustré à Metz, prit rapidement les mesures les plus urgentes, réparant les vieux murs, « construisant remparts, accoutrant plates-formes », rasant les jardins qui s'étendaient jusqu'aux bords des fossés. Il fut forcé d'évacuer le faubourg d'Isle, sur la rive gauche de la Somme, et ne put empêcher les ennemis de faire leurs approches : il n'avait pas cinquante arquebusiers! Le connétable, qui s'était avancé de Pierrepont jusqu'à La Fère, chargea d'Andelot, frère de l'amiral et son successeur dans le commandement de l'infanterie française, de se jeter dans Saint-Quentin avec deux mille fantassins ; mais d'Andelot, mal guidé, fut surpris par les assiégeants et repoussé avec perte. Peu de jours après, les bataillons anglais expédiés par la reine Marie arrivèrent et fermèrent le blocus en se logeant à côté des Espagnols.

Il n'était plus possible de ravitailler Saint-Quentin que par les marais de la Somme, qui bordent cette ville vers le Levant. Coligni fit « appareiller » quelques passages dans les marais avec des planches et des claies et en prévint son oncle. Le connétable, ordinairement peu hasardeux à la guerre, tenta l'entreprise en plein jour, avec une témérité tout à fait inattendue, bien qu'il n'eût pas vingt-cinq mille combattants sous ses ordres et que Philibert-Emmanuel en déployât près de soixante mille autour de Saint-Quentin. Montmorenci, raillant fort l'inexpérience du jeune duc de Savoie, déclara qu'il allait « montrer à l'ennemi un tour de vieille guerre » et vint se mettre en bataille, le 10 août, à neuf heures du matin, sur les hauteurs qui dominent le faubourg d'Isle, occupé par une division espagnole : le gros de l'armée du duc de Savoie était campé sur l'autre rive de la Somme. Le plan de Montmorenci était de donner l'alarme aux ennemis par une fausse attaque, tandis qu'un fort détachement, sous les ordres de d'Andelot, pénétrerait dans la ville, en traversant la rivière avec des barques et les marais au moyen des passages pratiqués par Coligni : le ravitaillement ne réussit qu'à demi, les mesures ayant été mal combinées par le connétable, et d'Andelot ne put entrer dans Saint-Quentin qu'avec cinq cents soldats.

Pendant ce temps, l'artillerie du connétable avait battu si furieusement les pavillons du duc de Savoie, que ce prince et le corps d'armée qu'il commandait en personne avaient été obligés d'abandonner leurs tentes, assises autour du hameau de Rocourt, et de mettre la ville entre eux et les batteries françaises. Ce succès éphémère n'éblouit pas les capitaines français, qui connaissaient leur immense infériorité numérique, et Montmorenci, voyant toutes les divisions ennemies se masser au-dessus du faubourg d'Isle, ordonna la retraite, après que d'Andelot eut pénétré dans la cité. Il était déjà bien tard et le seul moyen d'assurer la retraite eût été de faire occuper et défendre opiniâtrément la chaussée qui traversait les marais près du village de Rouvroi, à une demi-lieue au-dessus du faubourg d'Isle. C'était le seul chemin par lequel les ennemis pussent se porter sur les derrières de l'armée française. Montmorenci avait négligé cette précaution indispensable, quoiqu'il n'ignorât point l'existence de ce dangereux passage; il voulut trop tard réparer sa faute en envoyant quelque cavalerie, tandis qu'il se retirait vers les hauteurs d'Essigni-le-Grand et tâchait de gagner le bois de Gibercourt.

Il n'en eut pas le temps : déjà des troupes nombreuses avaient passé la Somme; il fut atteint entre Essigni-le-Grand et Lizerolles; huit mille hommes d'armes et reîtres se précipitèrent sur la gendarmerie française et la rompirent par le poids de leurs épais escadrons. En peu d'instants, le désastre fut sans remède : Jean de Bourbon, duc d'Enghien, frère du roi Antoine de Navarre et du prince de Condé, fut tué, avec plusieurs autres chefs; le duc de Montpensier, chef de la branche cadette des Bourbons, le maréchal de Saint-André, le duc de Longueville (Orléans-Dunois), un frère du duc de Mantoue, le rhingrave (comte du Rhin), général des Allemands au service de France, enfin le connétable lui-même et le seigneur de Montberon, un de ses fils, presque enfant encore, furent faits prisonniers après une vaillante résistance. La gendarmerie étant détruite ou dispersée, les vainqueurs, dont le nombre s'accroissait sans cesse, se tournèrent contre l'infanterie. Les fantassins français et allemands se défendirent avec un courage inutile : ils furent enfoncés à coups de canon, dissipés, taillés en pièces « ou emmenés prisonniers à troupeaux comme moutons ». Le duc de Nevers et le prince de Condé réussirent à gagner La Fère avec quelques soldats : François de Montmorenci, fils aîné du connétable, se sauva d'un autre côté. Le nombre des morts ne dépassait pas deux mille cinq cents; mais celui des prisonniers était bien plus considérable : l'unique armée sur laquelle reposât la défense du royaume semblait anéantie! Durant plusieurs jours, le duc de Nevers n'eut autour de lui qu'une poignée d'hommes.

La nouvelle de la bataille de Saint-Laurent (ainsi fut-elle nommée parce qu'elle avait été donnée le jour de la fête de saint Laurent) porta partout la terreur et la désolation : on craignit que l'ennemi ne laissât Saint-Quentin derrière lui, « comme chose tout acquise » : il était assez fort pour entreprendre à la fois d'accabler dans La Fère les débris de l'armée française et de marcher droit à Paris; le roi, qui était à Compiègne, n'avait aucun moyen de repousser une attaque soudaine et la capitale n'aurait eu de ressources que dans l'énergie de ses habitants [1]. Quelques gens de cour parlaient déjà de se retirer à Orléans. Lorsque Charles-Quint apprit, à Yuste, la bataille et la situation respective des deux partis, il s'écria : « Mon fils est-il à Paris [2] » ?

Philippe II n'en prit point la route : revenu d'Angleterre en Flandre depuis près de trois semaines, il n'avait point encore paru à l'armée : il n'accourut de Cambrai au camp du duc de Savoie, que pour empêcher Philibert-Emmanuel d'exécuter le plan hardi que conseillaient les principaux capitaines. Heureusement pour la France, Philippe II n'était pas un Charles-Quint! Cet homme, que sa position à la tête d'un peuple de héros fanatiques et sa volonté opiniâtre devaient rendre, quarante ans durant, le chef de la contre-révolution en Europe, perd beaucoup, examiné de près, de la grandeur sinistre que lui a faite la tradition. Il n'avait de grand que l'obstination et l'inhumanité. Peu propre aux exercices chevaleresques où avait brillé la jeunesse de son père, sans courage militaire [3], sans talent pour la guerre, aussi dépourvu de hardiesse et d'élan dans l'esprit que dans le cœur, patient et appliqué, mais lent à concevoir, à se décider, à

---

1. Une ordonnance de janvier 1553 avait ordonné de refaire à neuf les fortifications de Paris et établi un impôt de 120,000 livres par an sur la ville à cette intention. — Isambert, XIII, 306.

2. « Sa Majesté se montre très-impatiente et fait le compte que le roi son fils devroit être déjà sous Paris. » Ce sont les propres termes d'une lettre du majordome de Charles-Quint, Quijada; ap. Mignet; *Charles-Quint*, p. 278. La lettre est du 19 septembre : Charles avait su la nouvelle vers le 4.

3. Charles-Quint ne put se consoler que son fils n'eût point été à la bataille. Mignet, p. 276.

agir, ce terrible « Démon du Midi » comme l'appelèrent les protestants, n'eût été à tous égards qu'un homme médiocre, sans son inflexible volonté. Cette volonté était une force, sans doute; mais, si elle le tint, toute sa vie, tendu vers le but, elle ne le rendit point capable de saisir les rapides hasards de la fortune : un revers ne l'ébranlait point; un succès soudain le déconcertait. Préoccupé du souvenir des malheureuses campagnes de son père en Provence et en Lorraine, il défendit à ses généraux de se hasarder au cœur du pays ennemi, avant d'avoir assuré leur retraite par la prise de Saint-Quentin et des places voisines.

Cette résolution du roi d'Espagne préserva la France de bien grands périls : le duc de Nevers eut le temps de rassembler à Laon tous les soldats échappés à la défaite et de jeter des garnisons dans les villes qui environnent Saint-Quentin; le roi Henri II, soutenu et guidé par le cardinal de Lorraine, se montra ferme et actif dans le danger; il courut rassurer Paris : déjà la reine Catherine, se transportant à l'hôtel de ville, « en pleine assemblée de peuple », avait obtenu des bourgeois, par une éloquente harangue, un don gratuit de 300,000 francs [1], exemple qui fut imité par les principales villes; le roi employa cet argent à lever force Suisses et Allemands, ordonna la formation de nouveaux corps de gendarmerie et d'infanterie française, et fit crier et publier par tout le royaume, « que tous soldats, gentilshommes ou autres, ayant suivi les armes ou pouvant les suivre, eussent à se retirer à Laon, auprès de monsieur de Nevers, lieutenant-général du roi, à peine de punitions tant corporelles qu'abolition de noblesse »; Henri, en même temps, dès le 15 août, écrivit au duc de Guise de revenir au plus vite d'Italie.

On n'aurait point eu le loisir d'attendre l'effet de ces mesures, si Saint-Quentin eût capitulé aussitôt après la défaite de l'armée française; car il n'y avait point, entre Saint-Quentin et Paris, de place capable d'arrêter l'ennemi. Coligni sentit combien importaient, « non-seulement les jours, mais les heures que l'on pourroit garder la ville »; malgré la faiblesse des remparts, malgré le découragement d'une partie des habitants et de la garnison, l'amiral tint encore dix-sept jours en échec la puissance de

---

1. *Mémoires-journaux du duc de Guise*, p. 325.

Philippe II; enfin, après vingt jours de tranchée et six jours de batterie, le 27 août, un assaut général fut donné aux murailles ouvertes par onze brèches; la résistance fut héroïque sur presque tous les points; un seul poste de gens d'armes, accablé par la multitude des assaillants, abandonna la brèche qui lui était confiée et s'enfuit vers l'intérieur de la ville. L'ennemi s'y précipita; l'amiral accourait à l'aide; il fut enveloppé et fait prisonnier; les soldats et les citoyens qui défendaient les autres brèches furent cernés et tous tués ou pris, sauf d'Andelot et quelques autres qui s'échappèrent à travers les marais. Beaucoup de bourgeois, et jusqu'à des moines, périrent bravement les armes à la main; « la belle et riche ville de Saint-Quentin » fut livrée à toutes les horreurs du sac et du pillage, et les habitants furent expulsés en masse : les ennemis y conquirent un magnifique butin; car Saint-Quentin était le principal entrepôt du commerce de la France avec les Pays-Bas[1].

Les dix-sept jours perdus par Philippe II devant Saint-Quentin après la bataille furent peut-être le salut de la France : tandis que les Français, revenus de leur premier étourdissement, armaient de toutes parts, inquiétaient les communications des ennemis, tâchaient de leur couper les vivres, le désordre se mettait dans le camp du roi d'Espagne; cette multitude, formée de soldats de toutes nations, n'aurait pu rester unie que dans une expédition rapide et brillante. Les Allemands, mal payés de leur solde, se mutinaient et menaçaient de déserter; beaucoup d'entre eux passèrent au service de France aussitôt après l'expiration de leurs engagements avec Philippe. Les Espagnols et les Anglais se querellaient sans cesse; les Anglais, que leur reine avait envoyés à la guerre malgré eux, et qui savaient que les Écossais attaquaient en ce moment le nord de l'Angleterre, demandèrent à s'en aller et Philippe fut forcé de leur donner congé, « pour éviter quelque accident plus fâcheux ». Philippe prit encore par capitulation les forteresses du Câtelet et de Ham (7-12 septembre),

---

1. Gaspard de Coligni, *Relation du siége de Saint-Quentin*, écrite en décembre 1557, durant sa captivité, dans le t. VIII de la collection Michaud. — François de Rabutin, *ibid.*, t. VII. — J. de Mergel, *ibid.*, t. IX. — De Thou, l. XIX. — Colliette, *Mémoires sur l'histoire de Vermandois*, t. II. — Ch. Gomart, *Siége de Saint-Quentin en* 1557.

et fit occuper Noyon et Chauni, places « mal défensables » ; mais il ne poussa pas plus loin : il s'occupa de munir et « remparer » Saint-Quentin et Ham ; puis, avant le milieu d'octobre, il repartit pour Bruxelles, d'où il expédia bientôt l'ordre de « séparer » son armée. Cette invasion formidable, qui avait paru menacer l'existence même de la France, n'aboutit qu'à la conquête du Vermandois.

Les Français allaient être en état de venger leurs revers : déjà le mauvais succès d'une expédition tentée par les ennemis dans l'est présageait un changement de fortune ; le baron de Bolweiler, Alsacien, à la tête de douze mille lansquenets et de deux mille reîtres levés pour le compte de Philippe II et du duc de Savoie, s'était jeté sur la Bresse, dans l'espoir de soulever cette province et la Savoie contre la domination française et de pénétrer jusqu'à Lyon : le pays ne remua pas ; Bolweiler fut vivement repoussé par la garnison de Bourg, et l'approche des troupes françaises qui revenaient d'Italie et des Suisses qui se rendaient à l'appel du roi l'obligea de se retirer précipitamment par la Franche-Comté.

Le duc de Guise, débarqué à Marseille, avait rejoint le roi à Saint-Germain dans les premiers jours d'octobre : tout profitait aux princes lorrains, les malheurs comme les succès de la France ; le désastre de Saint-Quentin porta leur grandeur au comble ; le connétable, leur rival, étant captif, leur autorité n'eut plus de contre-poids ; le duc François et le cardinal Charles régnèrent sous le nom de Henri II. Déjà le cardinal dirigeait les finances et l'administration intérieure ; le duc, par « lettres-royaux » du 5 octobre, se fit nommer lieutenant-général du roi, « représentant la personne de Sa Majesté par tout le royaume », avec les pouvoirs les plus illimités, jusqu'à recevoir et dépêcher des ambassades au nom du roi. On assure que Henri II s'excusa envers « son compère » (le connétable) d'avoir octroyé une telle commission à Guise et manda secrètement à Montmorenci qu'il avait été « contraint de ce faire. » Henri commençait d'avoir les Lorrains en crainte plus qu'en amour ; mais il croyait impossible de se passer d'eux.

Personne n'était, en effet, plus capable que Guise de réparer les maux qu'il avait attirés sur la France par sa fatale expédition de Naples; il le fit avec vigueur et avec un bonheur inouï. L'armée française se trouva enfin au complet près de Compiègne dans le cours de novembre : Guise résolut d'employer sur-le-champ l'ardeur des soldats. Il n'eut pas l'imprudence de reporter au milieu de l'hiver la guerre en Vermandois, pays ruiné; il s'apprêta, de l'aveu, d'autres disent, sur l'ordre exprès du roi, à une entreprise bien plus éclatante que n'eût été la recouvrance de Saint-Quentin et dont l'idée avait été suggérée depuis longtemps par Sénarpont, gouverneur de Boulogne, et méditée par Coligni. Le duc de Nevers fut envoyé, avec un grand corps d'armée, sur la Meuse, afin d'attirer l'attention de l'ennemi du côté du Luxembourg; puis, tout à coup, les troupes de Nevers tournèrent à l'ouest et se dirigèrent à grandes journées vers la Picardie maritime, où le duc de Guise avait conduit le reste des forces françaises, sous prétexte de ravitailler Doullens, Boulogne et Ardres.

Le 1er janvier 1558, l'armée française se présenta inopinément en vue de Calais; on avait profité des conférences de Marcq, en 1555, pour examiner attentivement les dehors de Calais, et toutes les mesures étaient parfaitement combinées[1]. La garnison de Calais était peu nombreuse : le gouvernement anglais, pour alléger les frais de la garde de cette ville, avait l'habitude de retirer une partie des troupes durant l'hiver, saison où les marais qui protégent Calais sont tout à fait inguéables; l'entretien des remparts, qui avaient été reconstruits suivant les progrès de la science militaire, était négligé; les Anglais semblaient croire Calais suffisamment gardé par sa réputation[2], et la reine Marie, absorbée par son œuvre de restauration catholique, qui rencontrait des obstacles croissants, oubliait qu'elle avait provoqué la France.

Deux forteresses défendaient les abords de Calais, l'une, vers

1. On raconte que le maréchal Strozzi, deux mois auparavant, s'était introduit, déguisé, dans la place avec un ingénieur italien; mais le fait est contesté.
2. Ils avaient placé sur une des portes l'inscription suivante :

Il sera vraisemblable que Calais on assiége,
Quand le fer ou le plomb nagera comme liége.

R. de Bouillé, *Hist. des ducs de Guise*, t. I, p. 123.

la terre, l'autre, vers la mer : la première, dite le fort de Nieullai (ou Newnam-Bridge), commandait la seule chaussée aboutissant à la ville à travers les marais qui environnent Calais de trois côtés; la seconde, le fort du Risbank, s'élevant à l'entrée des dunes, couvrait le quatrième côté de la place et dominait le port. L'avant-garde française enleva d'un coup de main le petit fort de Sainte-Agathe, espèce d'avant-poste de Nieullai : une partie de l'armée s'arrêta devant le fort de Nieullai; le reste, filant à main gauche, le long des dunes, alla se loger devant le Risbank.

Les approches furent poussées avec une telle célérité, que, dès le 3 janvier au point du jour, une double batterie foudroya les deux forteresses anglaises. Aux premières volées, les défenseurs de Nieullai évacuèrent leur poste et se retirèrent dans Calais, sur l'ordre du gouverneur; le Risbank, bien plus important, puisque de sa possession dépendaient les communications avec l'Angleterre, se rendit à d'Andelot une heure après : quelques-uns des navires qui étaient dans le port furent pris; les autres se sauvèrent à force de voiles. Dès lors, la chute de Calais fut assurée. Le corps de la place fut attaqué immédiatement avec une vigueur extrême : la ville et le château de Calais furent à la fois battus en brèche pendant trois jours; le 6 janvier au soir, les Français, le duc de Guise en tête, traversèrent le port à la marée basse, avec de l'eau jusqu'à la ceinture, marchèrent droit au château et l'emportèrent d'assaut. Guise y établit un corps d'élite : la nuit, à la faveur du retour de la marée, qui interrompit les communications entre ce détachement et le gros de l'armée, les Anglais essayèrent de reprendre le château : ils furent repoussés avec un grand carnage. Le gouverneur, lord Wentworth, reconnut l'impossibilité de résister plus longtemps et se rendit, le 8 janvier, à de dures conditions. Les portes étaient à peine livrées, qu'une escadre de secours parut en vue de la place! Lord Wentworth demeura prisonnier avec cinquante des principaux Anglais; le reste de la garnison et les habitants eurent la liberté de se retirer en Angleterre ou en Flandre, abandonnant argent, meubles, artillerie, armes, enseignes et munitions. L'argent, les meubles, une grande partie des marchandises furent livrés en récompense aux chefs et aux soldats victorieux. Guise, si avide à la cour, fut magnifique à l'armée : il ne se réserva rien. Il ne resta pas un Anglais dans la ville, qui fut bientôt repeuplée de Français. Calais était demeuré deux cent dix ans au pouvoir des Anglais. Une semaine avait suffi au duc de Guise pour reconquérir cette ville, qui avait résisté jadis près d'un an à Édouard III. Guines, que l'armée assiégea ensuite, se rendit le 21 janvier et les Anglais n'eurent plus un pouce de terre sur le continent : ainsi disparurent les derniers stigmates de la domination insulaire; ainsi fut consommée l'œuvre de Jeanne Darc[1].

Quand, parmi les populations françaises, à peine remises de l'effroi du désastre de Saint-Quentin, éclata tout à coup cette grande nouvelle : Calais est assiégé! — Calais est pris! — les Anglais sont chassés de France! il y eut dans tout le royaume une immense explosion de joie. Calais avait été, durant deux siècles, un frein qui bridait la France, une aire de vautour d'où l'Anglais s'élançait à volonté sur nos provinces du Nord, un formidable point d'appui et de diversion en faveur de quiconque attaquait notre frontière. L'arme la plus dangereuse de nos vieux ennemis leur était enfin arrachée. Un pareil triomphe, le lendemain d'une catastrophe qui avait failli amener les étrangers coalisés à Paris, semblait tenir du miracle : la popularité du vainqueur de Calais fut un moment universelle et resta désormais sans bornes dans les masses catholiques. La foule oublia que, tandis que l'heureux aventurier compromettait naguère la France au fond de l'Italie, un homme de devoir l'avait sauvée en se dévouant sciemment au rôle de vaincu. Guise était l'idole de Paris et de la France, tandis que l'Angleterre, morne, humiliée, ulcérée dans son orgueil, se prenait d'une implacable haine contre la reine qui avait laissé perdre Calais; Marie Tudor elle-même ne se consola pas de cette perte : en mourant, elle répétait encore que, si l'on ouvrait son cœur, on y trouverait gravé le nom de Calais.

Pendant que l'artillerie française battait en brèche les murs de

---

1. *Relations de la prise de Calais*, etc. — *Archives curieuses*, t. III. — *Commentaires de Rabutin*. — De Thou, l. xx. — Tavannes, p. 214. — On trouva, à Calais, à Guines et dans les forteresses qui en dépendaient, trois cents pièces de canon et des approvisionnements immenses. — Le Calaisis ou comté d'Oie reçut le nom de « Pays Reconquis ».

Calais, une assemblée, que les historiens qualifient d'États du royaume, se réunissait à Paris : le gouvernement royal, à bout de ressources et n'osant plus augmenter les tailles et les subsides excessifs qui pesaient sur les classes populaires, avait conçu le projet d'un énorme emprunt sur les classes riches et s'était décidé à réclamer l'appui, non point de véritables États Généraux, mais d'une assemblée de notables : le clergé y fut représenté par un certain nombre de « prélats et ministres de l'Église, députés pour toute la généralité »; le Tiers-État, par les magistrats municipaux des principales villes; la noblesse n'y figura guère que pour la forme : elle fut censée représentée par les baillis, les sénéchaux et quelques courtisans; contrairement aux usages reçus de tout temps, l'ordre judiciaire fut considéré comme un quatrième État; les présidents des parlements prirent place à part et au-dessus des députés de la bourgeoisie. Le roi ouvrit les États le 6 janvier, dans la salle Saint-Louis, au Palais de Justice, et exposa de sa propre bouche la situation des affaires et les besoins du trésor. Le cardinal de Lorraine, au nom du clergé, le duc de Nevers, au nom de la noblesse, un président au parlement de Paris, Jean de Saint-André, au nom de la magistrature, et André Guillart du Mortier, ancien agent de France à Rome, au nom du Tiers-État, offrirent au roi les corps et les biens des citoyens de tous les ordres. Le cardinal et le duc parlèrent debout; le président et l'orateur du Tiers parlèrent à genoux : le garde des sceaux Bertrandi, que la protection de Diane et des Guises avait fait cardinal et archevêque de Sens, termina la séance en invitant les représentants des villes à présenter par écrit leurs doléances au roi. Deux ou trois jours après, les représentants des villes furent appelés chez le garde des sceaux, et le cardinal de Lorraine leur déclara que le roi voulait emprunter « trois millions d'or (d'écus d'or) » aux plus riches d'entre ses sujets; que le clergé avait déjà offert une liste de mille ecclésiastiques qui prêteraient chacun mille écus d'or et qu'il fallait que les bonnes villes fournissent les deux autres millions, dont l'intérêt serait payé au denier douze. Sur ces entrefaites, arriva la nouvelle de la prise de Calais : l'enthousiasme qu'elle excita leva toutes les difficultés; le Tiers accorda l'emprunt de deux millions à répartir entre les citoyens les plus aisés de chaque ville ; le clergé donna son million sans intérêts, outre les décimes d'une année : le clergé montrait une extrême générosité envers la couronne, depuis l'apparition de la grande hérésie : il ne croyait pas pouvoir trop payer l'orthodoxie de la royauté [1].

Le Tiers-État obtint, en échange de l'emprunt, l'abolition d'impôts nuisibles au commerce et à l'industrie : un édit du mois de février supprima les « nouveaux droits et imposition foraine sur l'entrée et sortie des marchandises [2] ».

Le roi, après avoir congédié les États, alla « triomphamment » visiter sa ville de Calais ; puis il revint célébrer à Paris les noces de son fils aîné, le dauphin François, avec la jeune reine d'Écosse (24 avril), mariage hâté par l'impatience des Guises, malgré Diane, qui commençait à essuyer l'ingratitude de ses anciens protégés, assez forts, pensaient-ils, pour se passer d'elle, et qui s'était rapprochée de son ancien ami Montmorenci avant la catastrophe de Saint-Quentin. La reine alléguait l'extrême jeunesse et la mauvaise santé du dauphin pour retarder le mariage [3] : les Guises firent tomber son opposition en tournant le dos à Diane pour se rapprocher d'elle. Les fêtes splendides du « mariage d'Écosse » absorbèrent une bonne partie des trois millions d'or

---

1. *Commentaires* de Rabutin, collection Michaud, t. VIII, p. 587. — *Belcarius*, p. 908. — De Thou, l. xx. — Ribier, t. II, p. 743.

2. L'édit commence par une sorte de profession de foi en économie politique : il déclare que la liberté du commerce et des échanges « est le principal moyen de faire les peuples riches », chaque pays ayant ses denrées et ses marchandises particulières et l'échange profitant à tous. Seulement il faut que l'échange s'opère en marchandises contre marchandises et que l'argent ne sorte pas du royaume. Malgré cette restriction, ceci est remarquable. Les blés et les munitions de guerre sont seuls exceptés de la liberté d'échange. Isambert, XIII, 506.

Le commerce continuait à faire de grands progrès, à Lyon surtout. En 1554, une ordonnance royale avait donné force de loi aux statuts arrêtés entre les magistrats municipaux et les maîtres et compagnons ouvriers de la fabrique de draps d'or, argent et soie de Lyon. Le soin de veiller à l'observation des statuts de la fabrique lyonnaise fut confié à une commission de quatre maîtres-jurés, choisis parmi les maîtres-ouvriers, deux par les maîtres ouvriers eux-mêmes, deux par les échevins et le conseil de ville. Les statuts ordonnaient la confiscation des marchandises n'ayant pas l'aunage et la qualité requis. — Isambert, XIII, 374. — Ce fut sous Henri II que s'introduisit l'usage des bas de soie. — En 1551, un Bolonais avait apporté en France le procédé des verres et *mirouers* de Venise : il en fut récompensé par un privilége exclusif pour dix ans. — Isambert, XIII, 184.

3. Le dauphin François avait quatorze ans et sa fiancée quinze et demi.

destinés à soutenir la guerre. La cour de France, dès ce moment, qualifia le dauphin de roi d'Écosse et le parlement écossais lui confirma ce titre, malgré l'opposition d'un parti nombreux, qui craignait de voir l'Écosse traitée en province française. Les Guises entendaient en effet donner l'Écosse à la France, afin d'accroître leurs titres à dominer la France, et ils avaient fait signer à leur nièce Marie Stuart deux actes secrets : 1° une donation de son royaume à la couronne de France, 2° l'abandon de l'usufruit de l'Écosse à Henri II jusqu'à ce que la couronne de France se fût indemnisée d'un million d'écus dépensés pour secourir l'Écosse. Ceci se passait le 4 avril, quinze jours avant le traité de mariage dans lequel Marie et son jeune époux durent prêter serment de conserver les lois, l'indépendance et les libertés de l'Écosse ! actes insensés et coupables, qui engageaient, dès son jeune âge, l'infortunée Marie dans cette carrière de lutte tour à tour frauduleuse et violente contre son peuple où elle devait trouver une ruine si tragique [1].

L'armée, après la prise de Calais et de Guines, avait été « désassemblée » pour le reste de l'hiver, avec le dessein de continuer vigoureusement l'offensive au printemps. Au mois de mai, cependant, eut lieu un commencement de négociation provoqué, chose fort inattendue, par le cardinal de Lorraine. Les Guises voulaient tout avoir dans la main, les chances de la paix comme celles de la guerre, et le cardinal Charles commençait à juger utile de modifier la position d'hostilité absolue que son frère et lui avaient prise vis-à-vis de la maison d'Autriche. La duchesse douairière de Lorraine, fille d'une sœur de Charles-Quint, s'était retirée dans les Pays-Bas depuis que les Français lui avaient enlevé la régence du duché de Lorraine. Elle pria Henri II de lui permettre de revoir son fils, qu'on élevait à la cour de France. Le cardinal Charles saisit l'occasion et fit changer cette entrevue de famille en une conférence politique, tenue à Marcoing, près de Cambrai ; il accompagna son jeune cousin, le duc de Lorraine, et la duchesse fut accompagnée de l'évêque d'Arras, Granvelle, principal ministre de Philippe II comme auparavant de Charles-

---

1. Mignet, *Hist. de Marie Stuart*, t. I, p. 45-48.

Quint (16 mai). Le cardinal fit entendre que la France traiterait à des conditions modérées : les prétentions de l'Espagne étaient trop immodérées pour qu'on pût s'accommoder si vite; mais il fut question d'autre chose que de conquêtes et de restitutions territoriales. L'habile Granvelle jeta sur un terrain bien préparé des germes qui devaient fructifier. Il représenta au cardinal que l'intérêt des deux cours et des hommes qui exerçaient la principale influence n'était pas de s'épuiser dans une lutte sans fin; qu'il serait plus sage de transiger et de s'unir contre un ennemi commun, contre cette hérésie invétérée qui avait crû entre les bûchers, qui, précairement et à grand'peine comprimée en Angleterre, s'étendait de jour en jour en France et dans les Pays-Bas, qui s'apprêtait à y faire ce qu'elle avait fait en Allemagne, et, notamment en France, tendait à devenir un parti politique presque ouvertement patroné par les rivaux des Guises, par les Bourbons, irrités d'être tenus à l'écart, et par les neveux du connétable, fort éloignés de l'orthodoxie de leur oncle [1]. En preuve de son dire, pour ce qui regardait les Châtillons, il communiqua au cardinal une lettre interceptée, où d'Andelot parlait fort irrévérencieusement de la messe et annonçait à son frère l'amiral qu'il lui faisait passer dans sa prison des livres de Genève.

L'entrevue n'eut point immédiatement de conséquences décisives : il n'en sortit pas, comme l'ont cru les historiens, un pacte formel entre les Guises et Philippe II [2]; mais le cardinal fit son profit de la révélation de Granvelle et dénonça d'Andelot à Henri II, déjà prévenu que d'Andelot, durant un séjour dans l'Ouest, avait fait prêcher en divers lieux d'une façon très-hétérodoxe. Le duc de Guise, alors prêt à rentrer en campagne, déclara au roi qu'il « n'espéroit point prospérer en son voyage », si cet hérétique était maintenu dans le commandement de l'infanterie française. « L'hérétique » n'avait pourtant pas fait manquer « le voyage » de Calais! Le roi, fort perplexe, car le despotisme des Guises lui pesait, manda d'Andelot, mais le fit prévenir par son frère le cardinal de Châtillon, assez suspect lui-même, qu'il

---

1. Nous reviendrons tout à l'heure sur les progrès de la Réforme en France.
2. De Thou, Th. de Bèze, Frà-Paolo. *V.* une note des *Papiers d'État* de Granvelle, t. V, p. 168, qui montre bien le contraire.

répondît « honnêtement de la messe, et que, ce faisant, lui seroit chose très-agréable ». Il l'interrogea donc, « s'il tenoit que la messe fût une abomination ». Le fier soldat n'était pas homme à déguiser sa foi. « Il n'y a qu'un sacrifice fait une fois pour toutes, celui de notre Seigneur Jésus-Christ : faire de la messe un sacrifice pour les péchés des vivants et des morts est chose détestable et abominable ».

Le roi, furieux, lui lança à la tête une assiette qui alla frapper le dauphin et mit la main à son épée pour le tuer : il s'arrêta toutefois et l'envoya prisonnier au château de Melun sans faire entamer de procès; mais Guise avait atteint son but et la charge de colonel fut donnée à Montluc. Déjà, quelques semaines auparavant, Guise avait fait refuser le commandement des chevau-légers au prince de Condé en faveur du duc de Nemours, ami des Lorrains [1].

L'esprit d'accaparement universel qui possédait les Guises allait avoir, cependant, de fâcheuses conséquences militaires. Le gouverneur de Metz, Vieilleville, avait proposé au roi un projet d'attaque contre Thionville et se faisait fort d'enlever rapidement cette petite, mais importante place qui commande la Moselle entre Metz et Trèves. Un très-bon plan de campagne fut arrêté dans le conseil du roi. On prendrait d'abord Thionville avec les garnisons des Trois-Évêchés et quelques troupes levées en Allemagne; pendant ce temps, la principale armée française se rassemblerait sur l'Oise, puis, sous le duc de Guise, assaillerait à revers la Flandre, attaquée du côté de la mer par un autre corps sorti du Calaisis. Guise avait le principal rôle; ce ne fut point assez; il voulut tout faire. Avant la fin d'avril, Thionville était déjà investie par Vieilleville; en peu de jours, cet officier actif et intelligent eût été en mesure de battre la place; il n'y avait qu'à le laisser faire. Guise lui signifia qu'il eût à l'attendre et n'arriva que le 2 juin. On avait perdu plus de trois semaines. Après une vigoureuse résistance où l'on remarque que les assiégés employèrent des « artifices de feu » (fusées) et des « boulets creux » (bombes ou obus), la ville

---

1. Pierre de La Place; *De l'Estat de la Religion et Respublique;* édit. du *Panthéon littéraire*, p. 9. C'est un des meilleurs livres du temps. L'auteur, président à la cour des monnaies, périt à la Saint-Barthélemi. — De Thou, l. xx ; Th. de Bèze, p. 143-144.

capitula le 22 juin, conquête qui nous coûta un grand ingénieur militaire, le maréchal Pierre Strozzi. Ce célèbre émigré florentin, qui avait eu beaucoup de part à la prise de Calais, avait été abattu d'une arquebusade au moment où le duc de Guise s'appuyait sur son épaule [1].

Si Guise fût reparti sur-le-champ pour aller joindre l'armée de l'Oise et entrer en Flandre, ses premiers retards n'eussent pas causé de notables inconvénients; mais il prétendit achever en personne la conquête du duché de Luxembourg, se saisit d'Arlon (2 juillet) et se disposait à marcher sur Luxembourg : les désordres et les querelles qui éclatèrent entre les troupes françaises et allemandes entravèrent ses desseins. Sur ces entrefaites, un grave revers atteignit nos armes à l'autre bout des Pays-Bas. Paul de Termes, gouverneur de Calais, avait été chargé d'opérer contre la West-Flandre. Comptant que Guise reviendrait vers la Picardie aussitôt Thionville rendue, il commença trop tôt son mouvement, qui eût dû être concerté avec celui de la principale armée. Il passa la rivière d'Aa, le 1er juillet, au-dessus de Gravelines, avec dix ou douze mille combattants, prit Mardyck, brûla Bergues-Saint-Winox, assaillit Dunkerque et l'emporta d'assaut : le soldat fit dans ce riche port de commerce un splendide butin, représailles du sac de Saint-Quentin. Toute la côte fut cruellement saccagée jusqu'à Nieuport. Mais de Termes avait commis une imprudence irréparable en laissant derrière lui une forte place comme Gravelines : lorsque, ne recevant aucunes nouvelles du duc de Guise, il voulut se replier sur la frontière, il se trouva pris entre Gravelines et une armée de quinze mille hommes, levée à la hâte par le comte d'Egmont, gouverneur de Flandre, parmi les garnisons et les milices du pays. De Termes parvint cependant à repasser, non loin de l'embouchure, la rivière d'Aa, qui sépare la Flandre occidentale du Calaisis; mais l'ennemi avait franchi l'Aa sur un autre point et le comte d'Egmont attaqua les Français au milieu des dunes. Les Français faisaient face avec vaillance à des forces

---

1. Imbu de cette incrédulité qui avait été si fort à la mode en Italie, il mourut, dit-on, en reniant Dieu et l'autre vie. *Mém.* de Guise; *Mém.* de Vieilleville; *Mém.* de Rabutin, René de Bouillé; *Hist. des ducs de Guise*, t. I, ch. VI.

supérieures, lorsque dix vaisseaux anglais, attirés par le bruit du canon, entrèrent dans l'embouchure de l'Aa et les foudroyèrent en flanc. Les Français furent écrasés : de Termes tomba entre les mains des ennemis, avec Sénarpont, gouverneur de Boulogne, et presque tous les capitaines ; la plupart des soldats furent massacrés par les Flamands, furieux de la dévastation de leur pays (13 juillet)[1].

Cet échec, qui mettait la Picardie à découvert, enleva l'offensive aux Français : la grande armée de Philippe II s'était enfin réunie et menaçait les places de la Somme : le duc de Guise, repassant la frontière à la hâte, concentra toutes les forces françaises à La Fère, sur l'Oise, puis alla couvrir Corbie et Amiens, tandis que le duc de Savoie s'établissait sur l'Authie avec une armée égale à celle des Français. Les deux rois arrivèrent en personne dans les deux camps et les soldats s'attendirent à quelque grande journée. Cette attente fut trompée et les armées demeurèrent longtemps à quelques lieues l'une de l'autre, sans engager d'action sérieuse.

Des pourparlers furent entamés, sans caractère officiel, avec les ministres de Philippe II, par les prisonniers de la journée de Saint-Laurent, le connétable et le maréchal de Saint-André, et aboutirent, après quelques semaines, à la nomination de plénipotentiaires qui s'abouchèrent, le 15 octobre, à l'abbaye de Cercamp, dans le comté de Saint-Pol. C'étaient, du côté de la France, le cardinal de Lorraine, le connétable, le maréchal de Saint-André, l'évêque d'Orléans Morvilliers et le secrétaire d'état Claude de l'Aubespine ; du côté de l'Espagne, le duc d'Albe (Fer-

---

1. Pendant ce temps, une flotte anglaise d'au moins cent vingt bâtiments, renforcée de trente vaisseaux hollandais et portant six à sept mille hommes de débarquement, faisait voile pour la Bretagne, avec ordre de s'emparer de Brest en dédommagement de Calais. Les Anglais descendirent au Conquest pour se porter de là par terre sur Brest ; mais, tandis qu'ils pillaient la petite ville du Conquest et les villages voisins, des feux allumés de colline en colline appelaient aux armes tout le Léonnais et la Cornouaille. Un seigneur du pays, nommé Kersimon, fondit sur les envahisseurs à la tête de cinq ou six mille Bas-Bretons des paroisses environnantes, les mit en déroute et les força de regagner leurs vaisseaux avec perte de quelques centaines d'hommes. L'expédition anglaise n'eut pas d'autre résultat. De Thou, l. xx. — Rabutin, p. 601, dit qu'une partie des vaisseaux anglais étaient du port de mille à douze cents tonneaux.

nand-Alvarez de Tolède), le prince d'Orange (Guillaume de Nassau), le comte de Melito (Ruy Gomez de Silva)[1], l'évêque d'Arras Perrenot de Granvelle et le président Viglius. Les ambassadeurs de la reine d'Angleterre, épouse de Philippe II, et ceux du duc de Savoie étaient associés aux plénipotentiaires du roi d'Espagne. C'était un fort mauvais signe pour la France que de voir ses intérêts confiés à deux prisonniers de guerre non rançonnés encore et les envoyés du duc de Savoie admis aux conférences tandis que ceux du roi de Navarre[2] ne l'étaient pas. La position de ces deux alliés des deux couronnes rivales était exactement la même, les états de Savoie ayant été conquis par les armes françaises comme la Navarre par les armes espagnoles et les restitutions ou compensations, s'il y avait lieu, devant être réciproques. L'absence des représentants de la couronne de Navarre révélait que les deux influences qui se disputaient le roi de France s'étaient accordées pour sacrifier les intérêts de l'État sur ce point capital, les Guises, par hostilité contre les Bourbons, Montmorenci, parce qu'il voulait la paix quasi à tout prix[3].

Montmorenci reprenait le dessus auprès du roi, grâce au ressentiment de Diane contre les Guises : la maîtresse surannée de Henri II avait eu à endurer plus d'une infidélité, mais son crédit n'avait pas baissé : elle travaillait à se venger des protégés ingrats qui s'étaient trop vite affranchis d'elle, en excitant le roi à s'affranchir d'eux. Henri n'avait su aucun gré au duc de Guise de la prise de Thionville et lui imputait, non sans raison, d'avoir fait manquer la campagne de Flandre. Lorsque le connétable, avec un congé obtenu sur parole, vint rendre visite au roi dans son camp d'Amiens, Henri l'accueillit comme s'il eût gagné la

---

[1]. Depuis prince d'Eboli; mari de la fameuse princesse d'Eboli, maîtresse de Philippe II.

[2]. Ou plutôt de la reine, Antoine de Bourbon n'étant roi de Navarre que du chef de sa femme.

[3]. Un autre signe de l'odieux égoïsme des Guises fut leur conduite envers Brissac, le vaillant, le sage et loyal gouverneur du Piémont : ils ourdirent contre lui de misérables intrigues pour tâcher de lui enlever son gouvernement au profit de leur frère d'Aumale. Le cardinal de Lorraine, qui avait les finances et l'administration en main, laissa Brissac exposé sans argent, sans ressources, aux attaques du gouverneur de Milan. Il fallut tout le génie de Brissac pour n'y pas succomber. R. de Bouillé, *Hist. des Guises*, t. I, p. 498-501.

bataille de Saint-Quentin et le fit coucher avec lui en signe de la plus haute faveur. L'inepte monarque ne savait que changer de maître[1].

La négociation débuta par une trêve de quinze jours (17 octobre), qui fut prorogée à diverses reprises. On congédia de part et d'autres les masses de mercenaires étrangers levés par les Espagnols en Allemagne, par les Français en Allemagne et en Suisse; le reste des troupes fut mis en quartiers d'hiver.

Au moment où les pourparlers s'engageaient sous des auspices désavantageux à la France, les mauvaises nouvelles arrivaient cependant coup sur coup à Philippe II. La flotte turque avait opéré une descente dans l'île de Minorque et emporté Ciudadela; un corps d'armée de 10,000 Espagnols, parti d'Oran pour attaquer Mostaganem, avait été détruit à Mazagran par les Marocains; l'Espagne était menacée de perdre ses possessions africaines. Enfin, le grand empereur, dont le nom et les conseils étaient encore une force pour son héritier, Charles-Quint venait de mourir dans sa retraite de Yuste (21 septembre 1558). Ses dernières pensées avaient été celles du plus violent fanatisme : exaspéré d'une invasion de doctrines protestantes qui, malgré les terreurs de l'inquisition, éclatait dans les classes élevées et lettrées à Valladolid et à Séville, il était mort en préparant ces horribles *auto-da-fé* de 1559 et 1560 qui dévorèrent la naissante Réforme espagnole[2].

Tout faisait à Philippe II une nécessité de la paix : l'alliance de l'Angleterre était stérile : la reine, malade, haïe du peuple, menacée par l'irritation d'un grand parti, ne pouvait rien pour son époux. Les Pays-Bas étaient à bout de sacrifices et pleins de ferments de révolte; le peuple commençait à arracher les hérétiques des mains des bourreaux[3]; les finances de l'Espagne étaient absolument ruinées; la détresse de celles de France, fort grande pourtant, n'était pas comparable. La France, très-fatiguée, très-souffrante, sans doute, mais point hors de combat et nantie de conquêtes infiniment plus considérables que celles de l'Es-

---

1. *Mém.* de Vieilleville, l. VII; P. de La Place, p. 10.
2. Mignet, *Charles-Quint*, ch. VII.
3. Granvelle, t. V, p. 621.

pagne, surtout si la Navarre n'entrait point en ligne de compte, n'avait intérêt qu'à une trêve. Si l'Espagne voulait la paix, c'était à elle de l'acheter.

Mais l'Espagne avait un gouvernement, la France n'en avait pas. Philippe II et ses ministres suivaient une politique, celle de Charles-Quint; Henri II, comme son père et plus que son père, flottait entre des plans contradictoires, et ses favoris n'étaient d'accord que pour immoler la cause nationale à leurs intérêts et à leurs passions. Il fut évident, dès les premières conférences, que la paix, si elle se faisait, se ferait contre la France. La seule chance qui restât à la cause française, c'était l'exagération même des prétentions de ses adversaires. L'Espagne nous faisait la grâce de ne pas insister sur les droits de l'Empire quant à Metz, Toul et Verdun; mais elle demandait tout simplement, en échange de la restitution du Vermandois, la restitution des états de Savoie, du Montferrat, de plusieurs places du Milanais, de la Corse, de la Maremme siennoise, de Thionville et de Calais avec leurs dépendances. Le vieux Montmorenci semblait disposé à tout accorder! Le cardinal de Lorraine, bien qu'il se montrât « plus brave [1] », laissa entendre qu'on irait à d'immenses concessions et que le roi, quant à l'Italie, pourrait se contenter de garder quelques places du Piémont. Un seul point arrêta tout; Calais! L'Angleterre le redemandait à tout prix! L'Espagne déclarait ne pouvoir se séparer de l'Angleterre. Ici, les Guises n'eussent jamais cédé. Les plénipotentiaires de Philippe II lui conseillèrent de renvoyer le connétable en France pour qu'il pût y réaliser ses bonnes intentions et « s'opposer à l'ambition de ces jeunes gens [2] ».

C'était trop présumer de l'ineptie de Henri II : il n'eût certes pas été jusqu'à rendre Calais; mais, sur ces entrefaites, un grand événement vint modifier profondément la situation de l'Europe. La reine, sur la tête de laquelle reposait l'association de l'Angleterre à l'Espagne, Marie Tudor, mourut, le 17 novembre 1558, sans avoir donné d'enfants à Philippe II. Les conférences furent suspendues pour attendre les suites de cette mort qui remettait

---

1. Granvelle, t. V, p. 282.
2. Granvelle, t. V, p. 325-326.

tant de choses en question; Montmorenci, enfin libre[1], retourna prendre la direction des affaires à la cour de France. Le triomphe du connétable sur le duc de Guise fut attesté par la rentrée en grâce de d'Andelot, que sa femme et son frère le cardinal, à force d'obsessions, avaient amené à entendre une messe, « sans autre abjuration verbale ». D'Andelot, depuis, se reprocha cette concession « jusqu'à la mort », comme une idolâtrie[2].

Tous les yeux étaient tournés vers l'Angleterre. A la nouvelle de la mort de Marie Tudor, Henri II, continuant à suivre de ce côté la politique des Guises, avait fait prendre à sa bru Marie Stuart et à son fils, le roi-dauphin François, les armes d'Angleterre, provocation téméraire, qui fut le principe de cette lutte fatale où la tête de Marie Stuart finit par rouler aux pieds d'Élisabeth Tudor! Tandis que la petite-nièce de Henri VIII[3] annonçait des prétentions que la France n'était point en mesure d'appuyer par l'épée, la fille de Henri VIII et d'Anna Boleyn montait sur le trône, aux acclamations de l'Angleterre, sans que personne osât contester la légitimité de sa naissance.

Élisabeth, alors âgée de vingt-cinq ans, l'esprit mûri, le cœur affermi et endurci par les sévères épreuves d'une jeunesse ballottée entre les palais et les prisons, entre le trône et l'échafaud, Élisabeth, douée de l'âpre volonté de son père avec bien plus de jugement et de possession de soi-même, débuta en politique consommée : tout en arrêtant les persécutions religieuses, elle fit part de son avénement au pape et échangea la correspondance la plus amicale avec Philippe II, qui lui avait naguère sauvé la vie et qui, en apprenant la mort de sa femme, avait conçu le dessein d'épouser sa belle-sœur. Ce dessein était éminemment conforme à l'intérêt de l'église romaine; mais le pape Paul IV était plus habitué à consulter ses passions que l'intérêt de la catholicité : il enveloppa Élisabeth dans sa rancune contre Philippe II, répondit à la communication de l'ambassadeur anglais

---

1. Beaucaire assure que Philippe II lui fit remise de sa rançon taxée à 200,000 écus : suivant l'ambassadeur vénitien J. Michiel, la remise aurait été seulement de moitié. *Relations des amb. vén.*, t. I, p. 408.
2. Th. de Bèze, *Hist. eccl.*, t. I, p. 145.
3. Marie Stuart descendait de Marguerite Tudor, sœur de Henri VIII.

qu'Élisabeth devait avant tout soumettre au jugement du saint-siége ses prétendus droits et laissa voir un parti pris évident en faveur de Marie Stuart. La conduite du pape ne pouvait que confirmer et accélérer les résolutions déjà formées en secret par Élisabeth : le rétablissement préalable d'une partie du rituel anglican et l'annonce d'une consultation entre la reine et les trois ordres du royaume sur le culte révélèrent que la révolution religieuse allait reprendre son cours. Tous les évêques, sauf un seul, refusèrent d'assister au couronnement de la reine (15 janvier 1559). Le parlement se réunit dix jours après : la chambre des communes avait été élue sous la direction des conseillers protestants choisis par la reine et les opinions réformatrices avaient fait d'ailleurs d'immenses progrès sous le règne même de Marie : la décision qu'avait prise Paul IV de revenir sur l'usurpation des biens d'Église, ratifiée par Jules III, avait exaspéré l'aristocratie. Malgré la résistance des évêques et de plusieurs des lords, la plupart des statuts de Henri VIII et d'Édouard VI sur la religion furent renouvelés, avec des peines rigoureuses contre quiconque ne se conformerait pas au culte national : la suprématie ecclésiastique fut retirée au pape et rendue à la couronne; les attributions de chef de l'Église, la répression des hérésies, le règlement de la discipline et du droit canonique, le choix des évêques, furent déférés à la reine[1], et l'on imposa à tous les ecclésiastiques, à tous les magistrats et officiers royaux, à tous les feudataires de la couronne, l'obligation de prêter serment au souverain comme directeur suprême du spirituel aussi bien que du temporel : c'est là ce fameux serment du *test* ou de la *suprématie* qui fut pendant près de trois siècles le lien de l'Église et de l'État, et que nous avons vu tomber de nos jours devant le principe de la liberté religieuse (février-avril 1559). Le refus de serment

1. On ne lui accorda pas tout à fait cependant l'infaillibilité comme à son père. Les juges ecclésiastiques, délégués par la reine, devaient appuyer leurs sentences d'hérésie sur les paroles expresses de l'Écriture, sur les décisions des quatre premiers conciles généraux, etc., ou sur une déclaration du parlement et de la convocation (assemblée du clergé). Dans l'office de la communion, Élisabeth, qui inclinait à la présence réelle, au moins dans le sens luthérien, fit adopter des termes ambigus qui donnaient une certaine latitude aux consciences, à la place des formules sacramentaires introduites par Bucer sous Édouard VI. — Une grande partie des biens épiscopaux furent envahis par la couronne.

emportait l'incapacité de toute fonction publique et de tout fief.

Les premiers actes dictés au parlement par la reine avaient ôté à Philippe II tout espoir de réaliser ses projets de mariage avec Élisabeth; cependant les deux cours gardèrent, l'une vis-à-vis de l'autre, de grands ménagements. Le fanatisme de Philippe II était assez tempéré par sa politique, pour que ce chef du parti catholique sur le continent préférât de beaucoup voir l'Angleterre soumise à l'hérétique Élisabeth qu'à l'orthodoxe Marie-Stuart et à l'orthodoxe maison de France, et pour qu'il allât jusqu'à favoriser les hérétiques rebelles d'Écosse contre leur reine catholique. Il protesta à Élisabeth que l'Espagne ne séparerait pas ses intérêts de ceux de l'Angleterre, et, lorsque le congrès se rouvrit, au Câteau-Cambresis, au commencement de février 1559, rien n'était changé en apparence dans la situation respective des puissances belligérantes; seulement les Espagnols firent entendre aux Anglais qu'il faudrait six ou sept campagnes et des sacrifices immenses, de la part de l'Angleterre, pour que les alliés arrivassent à reprendre Calais. Élisabeth dut comprendre. Cet esprit juste et profond sentit que l'Espagne était à bout, et qu'il serait insensé d'épuiser l'Angleterre pour l'improbable recouvrance d'une position purement offensive qui, depuis longtemps, ne servait guère qu'à l'engager dans des guerres ruineuses sur le continent; la fille de Henri VIII avait autre chose à faire, un double but à poursuivre, qu'avait manqué son père, fonder la nouvelle Angleterre, l'Angleterre protestante, et unir directement ou indirectement l'Écosse à l'Angleterre. Restait une grave difficulté; ménager, dans la forme, l'orgueil anglais qu'exaspérait l'abandon de Calais. Les plénipotentiaires français furent accommodants, sur ce point, jusqu'à sacrifier la dignité de la France. Dans l'accord préliminaire conclu le 12 mars, entre les couronnes de France, d'Écosse et d'Angleterre, il fut convenu que le roi de France garderait Calais et ses dépendances durant huit ans; qu'au bout des huit ans, il les rendrait à la reine d'Angleterre; qu'en cas de délai ou de refus, la couronne de France serait tenue à un dédit de 500,000 écus soleil (1,250,000 livres), garanti par cautions suffisantes; lequel dédit payé ne l'exempterait pas de restituer Calais. La France ne serait déchargée de cette obligation qu'en cas « d'innovation ou attentat » de l'Angleterre contre le roi très-chrétien, le roi dauphin ou la reine dauphine. Les « autres droits, actions et querelles » prétendus de part et d'autres (les prétentions de Marie Stuart sur le trône d'Angleterre) demeuraient « saufs et réservés[1] ».

Il était peu honorable de promettre la restitution de Calais, soit qu'on voulût, soit, comme il était vrai, qu'on ne voulût pas tenir parole; seulement la cour de France comptait que le cas de résiliation prévu ne manquerait pas d'arriver par les inévitables démêlés qui renaîtraient entre la reine d'Angleterre et la régence française d'Écosse.

Philippe II n'en jugea pas moins ces conventions plus avantageuses pour son alliée qu'elle n'eût dû l'espérer[2].

Restait la transaction avec l'Espagne. Celle avec l'Empire, pour les Trois-Évêchés, était conclue en fait. Les princes allemands avaient pris leur parti de l'abandon de ce pays welche, et l'empereur Ferdinand, après avoir déclaré officiellement aux ambassadeurs expédiés par Henri II, à la diète d'Augsbourg (fin février 1559), que l'Empire ne rendrait pas son amitié à la France sans la restitution de Metz, Toul et Verdun, leur avait dit en particulier qu'il ne ferait pas la guerre pour reprendre ces trois cités. Il avait bien assez d'embarras avec le Turc et les protestants.

Veut-on savoir, d'après le témoignage de Philippe II lui-même, sa vraie situation à l'ouverture des conférences de Câteau-Cambresis? « Il m'est de toute impossibilité de soutenir la guerre, » écrivait-il, le 12 février, à Granvelle. « J'ai déjà dépensé un million deux cent mille ducats que j'ai retirés d'Espagne..... et j'ai besoin d'un autre million d'ici au mois de mars prochain... L'Espagne ne peut rien faire de plus pour moi. Il me semble être en tels termes que, sous peine de ruine, je me doive accommoder... Qu'à aucun prix on ne rompe[3]!... » On va voir quelles conditions le connétable et le cardinal de Lorraine firent à un ennemi réduit à une telle détresse! Le 2 avril, avait été signé le traité définitif entre la France et l'Angleterre. Le lendemain, 3,

---

1. *V.* les articles dans Granvelle, t. V, p. 538.
2. *Ibid.*, p. 541.
3. Granvelle, t. V, p. 453-454.

fut conclu le traité de la France avec l'Espagne et le duc de Savoie. Henri et Philippe se promirent amitié et alliance perpétuelle et s'engagèrent à procurer au plus tôt la réunion d'un concile universel, « tant nécessaire à la réformation et réduction de toute l'Église chrétienne en une vraie union et concorde ». Un double mariage était arrêté, 1° entre Philippe II et Élisabeth de France, fille aînée de Henri II, âgée de treize ans, qu'on avait d'abord destinée à don Carlos, fils de Philippe; 2° entre le duc de Savoie, Philibert-Emmanuel, et Marguerite de France, sœur de Henri II. Le roi de France rendait à Philippe Marienbourg, Thionville, Yvoi, Damvillers, Montmédi, en échange de Saint-Quentin, de Ham, du Câtelet et du territoire de Térouenne; cette dernière place ne serait pas relevée et son diocèse serait divisé entre deux nouveaux évêchés qu'on prierait le pape d'ériger, l'un en Picardie, l'autre en Artois (ce furent ceux de Boulogne et de Saint-Omer). Le roi de France rendait Bovignes et Bouillon à l'évêque de Liége. Philippe II conservait Hesdin et son bailliage. Les Français et les Espagnols évacuaient le Montferrat, qu'on restituait au duc de Mantoue : le sacrifice n'était pas égal, les Français tenant le chef-lieu, Casal, et les meilleures places. Henri II rendait sans compensation, à Philippe, Valenza en Milanais, aux Génois, Bonifacio et les autres forteresses occupées par les Français en Corse; les Français évacuaient sans compensation Montalcino et tout le territoire de Sienne; la couronne de France abandonnait la république de Sienne comme elle avait abandonné la république de Florence trente ans auparavant, et se contentait de stipuler une amnistie pour les Siennois et pour les Corses; malgré les supplications de Brissac, rien n'était stipulé pour les bannis de Naples et de Milan ni pour tous les autres Italiens qui s'étaient compromis en faveur de la France[1]. Henri II restituait immédiatement au duc de Savoie tous ses états, excepté Turin, Pignerol, Quiers (Chieri), Chivasso et Villanuova d'Asti, que les Français devaient occuper jusqu'à ce que les prétentions du roi, comme héritier

1. Philippe II, pour maintenir dans son alliance le duc de Florence, Côme de Médicis, lui avait cédé le Siennois, en se réservant quelques places maritimes que l'Espagne a conservées jusqu'à la Révolution française. La réunion de l'état de Sienne à celui de Florence forma le grand-duché de Florence.

de son aïeule Louise de Savoie, eussent été jugées par arbitres, le jugement devant être rendu sous trois ans. Philippe II était autorisé à conserver, durant le même délai, Verceil et Asti, en garantie de l'évacuation des cinq places susdites à l'époque fixée. La France gardait le marquisat de Saluces; mais elle cédait, d'un trait de plume, la Savoie, la Bresse, le Bugei et plus de la moitié du Piémont. La France renonçait, sans nécessité, sans contrainte aucune, à cette frontière naturelle du Mont-Blanc et du Mont-Cenis, qu'elle eût dû défendre au prix des derniers sacrifices. Triste contraste avec la politique de l'Espagne! Celle-ci ne renonçait pas à ses limites naturelles de la Navarre! Il n'y eut là encore aucune compensation! Henri II accorda tout à l'allié de son ennemi et ne tint pas même compte des remontrances adressées au congrès par ses alliés, par ses parents, les « roi et reine de Navarre [1]. »

Ainsi finit la lutte des Valois contre la maison d'Autriche. La France était vaincue, non par l'épée, mais par la diplomatie. La dynastie qui imposait à la France un pareil traité signait sa déchéance. Elle ne devait plus se relever dans l'esprit de la nation. Quel spectacle ce fut pour tout homme qui aimait sa patrie que de voir rentrer en France les garnisons invaincues de soixante places fortes, « pour la conquête desquelles une mer de sang françois avoit été répandue, les trésors du royaume épuisés, le domaine engagé, le roi endetté de toutes parts [2]! » La conster-

---

1. *V.* les négociations dans Granvelle, t. V, *passim.;* Ribier, t. II, p. 720-802; et le traité dans Dumont, t. V, p. 34. — De Thou, l. xx-xxii, est trop indulgent pour Montmorenci, par antipathie contre les Guises; *Belcarius* (l. xxviii), évêque de Metz par la grâce du cardinal de Lorraine, est, au contraire, tout dévoué aux Guises.
2. Tavannes; collection Michaud, VIII, 166. — Montluc, *ibid.*, VII, 205-205. — Boivin du Villars, *ibid.*, X, 316. — Vieilleville, IX, 281. — Montluc dit qu'on évacua cent quatre-vingt-dix-huit places, comprenant dans ce nombre tous les châteaux et petits forts. La dette publique, après le traité du Château, dépassait 42 millions, représentant en valeur relative peut-être 400 millions de francs. Sur les 42 millions, il y en avait près de 16 à gros intérêt, dus par emprunt sans hypothèque spéciale; 15 autres, avancés par les villes, corps et particuliers, avaient leur remboursement assigné sur les aides, domaine et gabelles. *V.* J. Bodin, *De la République,* l. vi, p. 681; Paris, 1577. Le revenu brut annuel était, depuis la guerre, d'environ 16 millions, sur lesquels 4, au moins, dit-on, étaient engagés; la dépense dépassait la recette, malgré l'accroissement continuel des impôts ordinaires et extraordinaires; mais le déficit était toutefois beaucoup moindre que chez Philippe II. Nous y reviendrons. Le chiffre de 16 millions nous est fourni par l'ambassadeur vénitien Jean Michiel (*Relat. des amb. vén.*, t. I, p.

nation était générale parmi les gens de guerre et les politiques : les regrets amers de Brissac, le brave gouverneur du Piémont, éclatent avec une singulière énergie dans les mémoires de son secrétaire Du Villars[1] : Montluc n'est pas moins indigné : le duc de Guise, lui-même, il faut le reconnaître, n'avait pas été, quant à l'Italie, le complice de son frère ni du connétable. Il avait combattu Montmorenci auprès du roi et secondé les efforts de Brissac. « Sire, s'était-il écrié, vous voulez donner en un jour ce que ne vous ôteroient pas trente ans de revers[2] ! » Ce cri de colère, échappé à la fierté d'un soldat, fut habilement exploité par le parti lorrain et toute la responsabilité du traité, qu'eût dû partager le cardinal de Lorraine, retomba sur le connétable et sur son compagnon de captivité, Saint-André ; la rançon des deux prisonniers coûtait, disait-on, plus cher à la France que celle de François Ier.

Deux sortes d'arguments avaient poussé Henri II à cette honteuse issue d'un règne jusque-là si belliqueux et d'une guerre entamée avec tant d'audace en 1552, reprise avec tant de passion et si peu de souci de la foi jurée en 1556 : la paix était nécessaire, suivant Montmorenci, pour mettre à l'écart le dangereux héros

---

403), qui nous apprend que la cour coûtait deux millions et demi. Les chiffres donnés par Garnier (*Hist. de Fr.*, t. VI, p. 69), et dont nous ignorons l'origine, sont beaucoup trop faibles : celui de seize millions pour les tailles seules en 1547, admis par M. Bailli (*Hist. financière de la France*, t. I, p. 238), est incomparablement trop élevé. La taille, avec la crue, ne dépassait guère cinq millions. Le chiffre total de l'impôt, d'après les ambassadeurs vénitiens, avait approché de 16 millions dès 1537, pendant les guerres de François Ier; mais il avait été diminué depuis : il était d'environ 12 millions et demi avant 1552. — Nous ferons remarquer ici, à propos de recette et de dépense, que la funeste habitude des « acquits de comptant », c'est-à-dire des sommes prises au trésor sur un simple bon signé du roi, sans que la chambre des comptes fût appelée à en connaître, remonte à François Ier. Cet abus devint le fléau des finances de la monarchie. Une autre innovation de François Ier fut de réunir dans les mains des seize receveurs-généraux la recette du domaine à celle des impôts. V. Bailli, t. I, p. 215-221.

1. « O misérable France ! à quelle perte et à quelle ruine t'es-tu laissé ainsi réduire, toi qui triomphois sur toutes les nations de l'Europe ! » *Mém.* de du Villars, p. 318. — Le judicieux Brissac prédit que la guerre civile ne tarderait pas à remplacer la guerre étrangère.

2. *Mém.* de du Villars, p. 316. La parole du secrétaire de Brissac, témoin auriculaire, est croyable, car Brissac et ses affidés n'avaient pas sujet d'aimer les Guises. Faudrait-il ne voir là qu'un jeu concerté entre les deux frères, voulant avoir à la fois le profit de la paix et l'honneur de la résistance à la paix ? Nous n'irons pas si loin et nous pouvons admettre ici la sincérité de François de Guise.

de Metz et de Calais, suivant le cardinal de Lorraine, pour arrêter les progrès effrayants de l'hérésie; les deux couronnes de France et d'Espagne avaient, disait le cardinal, à changer la guerre extérieure en guerre intérieure; elles avaient le même ennemi; on avait fait appel, d'une part, à la faiblesse et à la jalousie, de l'autre à la bigoterie de Henri II contre son ambition et son humeur soldatesque, et l'on avait réussi. Le roi de France, qui avait été, depuis les revers de Charles-Quint, la première puissance de l'Europe, achetait, au prix de plusieurs provinces, le rang de lieutenant du roi d'Espagne dans le parti catholique!

Les fanatiques et les politiques avaient cru anéantir l'hérésie par le nombre et l'atrocité des supplices : ils s'apercevaient avec effroi que l'hydre s'était multipliée sous leurs coups. Ils n'avaient réussi qu'à exalter à un degré inouï tout ce qu'il y a de puissances héroïques dans l'âme humaine. Pour un martyr disparu dans les flammes, il s'en présentait cent : hommes, femmes, enfants marchaient au supplice en chantant les psaumes de Marot ou le cantique de Siméon :

> Rappelez votre serviteur,
> Seigneur! j'ai vu votre Sauveur.

Beaucoup expiraient dans l'extase, insensibles aux raffinements de cannibales qu'inventaient les tourmenteurs pour prolonger leur agonie. Plus d'un juge mourut d'épouvante ou de remords. D'autres embrassèrent la foi de ceux qu'ils avaient envoyés à l'échafaud. Le bourreau de Dijon « se convertit » au pied du bûcher. On voyait se renouveler, dans les plus vastes proportions, tous les grands phénomènes des premiers jours du christianisme [1].

La plupart des victimes mouraient l'œil tourné vers cette nouvelle Jérusalem, cette ville sainte des Alpes où les unes avaient été chercher, d'où les autres avaient reçu la parole de Dieu. Pas un prédicant, pas un missionnaire condamné qui ne saluât

---

[1]. Nous n'insistons pas sur tous ces drames touchants et terribles. Que dire sur les martyrs protestants après M. Michelet (*Réforme*, passim.; et surtout *Guerres de Religion*, ch. v)! L'âme du grand livre de Crespin (*Actes des Martyrs*,) a passé dans les tableaux de l'historien, qui n'a jamais poussé plus loin le grand don de faire revivre les morts.

de loin Calvin en le remerciant de l'avoir préparé à une si belle fin [1]. Ils ne songeaient pas plus à reprocher à Calvin de ne pas les suivre en France qu'un soldat ne reproche à son général de ne pas se plonger dans la mêlée. La Jérusalem du Léman allait triomphant de martyre en martyre, menacée au dehors, déchirée au dedans, toujours près de sombrer comme un navire en détresse et toujours victorieuse. Grand et tragique spectacle ! Si ces nouveaux chrétiens ont la foi et l'austérité des primitifs, ils n'ont pas leur douceur ! Ceux du moins qui les conduisent rappellent bien plutôt le sombre et violent génie de l'antique Israël. La lutte de Calvin et des émigrés français contre le parti des *libertins* ou de l'ancienne bourgeoisie genevoise s'était renouvelée à diverses reprises : le parti des *libertins* ralliait à lui tout ce qui repoussait soit les mœurs, soit les dogmes imposés par le réformateur, les gens qui ne croyaient à rien et ceux qui croyaient autrement que Calvin. Les rigueurs excessives du parti des saints [2] amenèrent une seconde réaction qui n'alla pas jusqu'à expulser Calvin comme en 1538, mais qui ôta momentanément à lui et à ses amis le pouvoir politique et fit enlever au consistoire par les conseils le droit d'excommunication. La constitution de Calvin était compromise ; son dogme ébranlé. Bolsec et *Castalion* (Castillon), deux docteurs qui avaient rejeté le papisme [3], attaquaient avec vigueur la prédestination au nom du libre arbitre ; une croyance bien autrement fondamentale non pour Calvin, mais pour la Réforme et pour le catholicisme tout à la fois, le principe même de la théodicée chrétienne, la Trinité, était menacée à son tour. L'arianisme couvait parmi les réformés sortis de l'Espagne et de l'Italie, et, dès 1531, un jeune homme d'un esprit hardi,

---

1. « La présente est pour vous faire savoir que j'espère aller faire la Pentecôte au royaume des cieux et aller aux noces du Fils de Dieu..... » Lettre du condamné Richard Lefèvre à J. Calvin, du 3 mai 1554 ; ap. *Lettres de J. Calvin*, publiées par J. Bonnet, t. I, p. 316 ; note. On en pourrait citer bien d'autres de cette sorte.

2. Ils censuraient, excommuniaient hommes et femmes, parmi les plus notables de la ville, prétendaient soumettre à des règlements inflexibles les mœurs, les habitudes, le costume : ils punirent du dernier supplice un ancien chanoine, licencieux, turbulent et incrédule, pour blasphèmes et menaces de mort envers les ministres qui l'avaient censuré.

3. Bolsec gâta plus tard une bonne cause en calomniant la vie privée de son ennemi dans une prétendue biographie de Calvin qui n'est qu'un pamphlet mensonger.

puissant et inquiet, Michel Servet, Aragonais, qui avait erré dans sa première jeunesse à travers l'Italie et l'Allemagne, avait publié, à Haguenau, en Alsace, un livre latin intitulé : des *Erreurs de la Trinité :* il y esquissait l'étrange théorie non pas du nouvel arianisme que devait formuler Socin, mais de ce panthéisme chrétien qui avait déjà paru jadis avec Scott Érigène : il niait, non pas à vrai dire la divinité du Christ, mais sa personnalité distincte de celle du Père : il ne voyait dans le Verbe et dans l'Esprit Saint que des modes de Dieu et non des personnes, et niait les Trois Personnes Divines au point de vue non pas seulement de l'unité de Dieu, mais de l'unité de substance. L'homme-Christ, l'homme archétype, avant d'être en réalité, a été [1] de toute éternité en idée dans le Verbe, et, de même que l'idée du Christ était contenue en Dieu, les idées de toutes choses étaient contenues dans l'idée du Christ. La divinité est en toute chose, mais bien plus en Christ. Les anges et les âmes humaines sont émanés de la substance de l'esprit de Dieu. Les corps mêmes participent de la substance du créateur. La création est la manifestation, le déploiement de Dieu rendant visible son Verbe.

Par une heureuse inconséquence, à l'exemple de Jean Scott, Servet maintenait le libre arbitre et l'immortalité de l'âme au sein du panthéisme. Il niait que personne fût damné par le péché d'autrui, et affirmait que les musulmans peuvent être sauvés, puisqu'ils prient le Dieu unique.

Après de violentes discussions avec les théologiens de Bâle et de Strasbourg, Servet, sentant sa vie en péril, passa en France sous le pseudonyme de Villeneuve. Bucer avait dit qu'on devrait le mettre en pièces, tandis que Servet, protestant, vingt ans d'avance, contre ses meurtriers, écrivait à Œcolampade qu'il lui semblait dur « qu'on tuât des hommes pour ce qu'ils erroient en l'interprétation de l'Écriture ». Il se fit médecin à Paris. Il avait, comme Rabelais, l'amour de toutes sciences et publia des livres de médecine et une très-bonne édition de Ptolémée le Géographe (1535). Il s'était trouvé à l'université de Paris en même

---

1. Ou plutôt *est;* l'éternité étant pour Dieu tout entière comme un seul moment (*ad instar præsentis momenti*).

temps que Loyola et que Calvin et avait commencé d'engager avec celui-ci ces querelles qui devaient avoir, bien des années après, une issue si fatale! Après Paris, Servet, ou *Villeneuve*, habita Lyon, puis se fixa à Vienne. Son livre des *Erreurs de la Trinité* s'était suffisamment propagé en Italie, avant l'organisation de la grande inquisition romaine, pour que le bruit en revînt en Allemagne et que Mélanchthon dénonçât cette œuvre « impie » au Sénat de Venise (1539); mais la personne de l'auteur était en sûreté, lorsqu'il eut la malheureuse pensée de recommencer ses discussions par lettres avec Calvin. Servet demandait d'être reçu à Genève. « Je ne veux point lui engager ma foi[1] », écrivit Calvin; « car, s'il vient et que j'aie autorité, je ne le laisserai pas sortir en vie[2] »! Calvin n'allait pas si loin que le concile de Constance : il n'entendait pas, du moins, joindre le parjure à l'homicide et n'admettait pas qu'on pût manquer de foi à l'hérétique. Il ne révéla pas non plus alors le secret du faux *Villeneuve* (1546).

Servet eut encore sept ans de récit : il les employa à écrire la *Restitution du Christianisme* (*Christianismi Restitutio*); c'était l'antithèse de l'*Institution Chrestienne* de Calvin. Il y reprend ses théories avec des développements nouveaux, et c'est là qu'en étudiant la nature physique et morale de l'homme, le théologien physiologiste arrive, par une voie bien singulière, à une découverte immortelle. Cet esprit audacieux, qui bouleverse le dogme tout entier, prétend ne rien avancer que d'après le sens littéral de l'Écriture, méconnu, suivant lui, par les réformés comme par les papistes : loin de se croire un philosophe indépendant ou un interprète mystique, il applique la lettre de la Bible à toute chose, à l'explication de la nature humaine, de l'organisme extérieur de l'homme comme de la nature divine. Il lit dans l'Écriture la formule égyptienne et juive : « l'âme de la chair est dans le sang : le sang même est l'âme[3] ». Il cherche comment elle est dans le sang, ce qu'est le sang, comment le sang se forme et se meut, et

---

1. Lui faire donner un sauf-conduit.
2. *Lettres de Calvin*, t. I, p. 140, note (13 février 1546).
3. *Levitiq.* XVII, 11. — *Deuteronom.* XII, 23. — L'âme est ici pour le principe vital, le principe *animal*, et non l'esprit, *anima*, non *animus*.

il découvre la CIRCULATION DU SANG, ignorée des anciens et du moyen âge[1].

La *Restitution du christianisme* fut imprimée secrètement à Vienne. Les autorités catholiques l'ignoraient. Calvin en fut informé. Son exaspération fut au comble devant la propagation imminente du livre par lequel Servet prétendait renverser son *Institution chrestienne*. C'était en 1553, au moment où son œuvre était si sérieusement compromise dans Genève même. Papistes, incrédules, ariens étaient conjurés contre son Christ!... Il vit alors s'élever devant lui la grande tentation, celle où succombent les forts!... La cause est en péril : il faut la sauver *à tout prix!*...
Il succomba. Servet fut dénoncé aux catholiques par une lettre partie de Genève! La lettre arriva jusqu'à l'inquisiteur-général Orri, qui était à Lyon. Orri s'entendit avec le cardinal de Tournon, archevêque de Lyon, pour obliger les autorités ecclésiastiques et laïques de Vienne à entamer à contre-cœur des poursuites contre le médecin *Villeneuve*, fort aimé à Vienne. Le saint office manquait de preuves : il les fit demander à Genève! Les lettres de

[1]. Du moins la circulation pulmonaire, le grand phénomène par lequel le sang sort du lobe droit du cœur par l'artère pulmonaire et revient au lobe gauche par la veine pulmonaire. La circulation générale ne fut reconnue que par Harvey, qui compléta la découverte de Servet. M. Flourens, dans son excellente *Histoire de la découverte de la circulation du sang* (Paris, 1854), a montré fort clairement comment l'idée théologique a mené Servet à la découverte physiologique, et il a déterminé d'une manière décisive la part de l'illustre et malheureux Espagnol dans cette science de l'homme invoquée si éloquemment par Rabelais, qui eût tant admiré et pleuré Servet s'il eût pu lire ce passage immortel de son livre (Rabelais mourut probablement la même année que Servet, en 1553). — Il serait fort à désirer que l'histoire de toutes les grandes découvertes scientifiques fût ainsi popularisée par des monographies claires, intéressantes, accessibles aux lecteurs les moins familiarisés avec les études spéciales. On ne peut mieux servir l'éducation générale d'un peuple. M. Flourens donne tout à la fois les exemples du génie et de la bizarrerie de Servet, lorsqu'il cite, après ces lignes qui feront à jamais la gloire du découvreur, le passage où Servet nous signale, comme un de nos grands périls, la facilité qu'a le Malin Esprit, « dont la nature tient de celle de l'air », de s'introduire par les fosses nasales jusque dans les ventricules du cerveau, pour y asséger notre âme (*Ibid.*, p. 144-145). Son explication de l'Enfer est bien plus étrange encore. Il proteste contre Origène, qui a dit que les démons seraient finalement sauvés, en vertu des causes finales, parce que toute chose retourne à son principe, et il affirme que, Dieu étant l'essence de toutes choses, le feu éternel est Dieu même ; qu'on retourne ainsi à Dieu, en Enfer comme en Paradis ; qu'on est brûlé en Dieu tout comme béatifié en Dieu. Sur la vie et les doctrines de Servet, V. son article dans le *Dictionnaire* de Chauffepié. L'auteur du Dictionnaire ne comprend pas Servet, mais fournit, par de nombreuses citations, tous les éléments nécessaires pour le comprendre.

Servet à Calvin arrivèrent, par voie indirecte, à la commission inquisitoriale. Calvin, correspondant de l'inquisiteur-général de France et de l'exterminateur des Vaudois, du vieux Tournon, Calvin, pourvoyeur des bourreaux catholiques, c'est le plus terrible exemple du bouleversement de sens moral où peuvent entraîner les passions religieuses!

Ce n'étaient pas les catholiques qui devaient verser le sang de Servet! Les Viennois laissèrent échapper l'accusé (7 avril 1553). Il fut condamné à mort par contumace. On ignore ce qu'il devint durant quatre mois. Il s'était, sans doute, jeté dans les montagnes : son projet était, dit-on, de se retirer à Naples sous un nouveau pseudonyme. On ne sait quelle funeste inspiration le poussa à passer, déguisé, par Genève. Il fut reconnu. Calvin le fit arrêter (13 août). Le procès d'hérésie, manqué par les papistes, fut recommencé par les calvinistes. Le prisonnier protesta, disant que « c'est une nouvelle invention, ignorée des apôtres et disciples et de l'Église ancienne, de faire partie criminelle pour la doctrine de l'Écriture »; que, d'ailleurs, il n'avait rien fait sur terre de Genève et n'était point leur justiciable. On passa outre. On le mit en présence de son geôlier de Vienne, envoyé pour le réclamer, sur l'avis officiel de son arrestation expédié à Vienne par les autorités genevoises : on lui demanda s'il voulait qu'on le ramenât à Vienne, c'est-à-dire au bûcher, ou qu'on le jugeât à Genève. Le malheureux se livra aux Genevois. Il espérait en eux.

Les *libertins* avaient repris la prépondérance dans les conseils de la république : un de leurs chefs, Berthelier, excommunié lui-même par le consistoire et soutenu par les conseils, encouragea Servet. Celui-ci, naguère timide et s'enveloppant de voiles devant les juges catholiques, résista sans ménagement et avec violence à Calvin. Ses alliés avaient trop présumé de leur crédit : il n'obtint pas d'être renvoyé des juges criminels au conseil des deux cents, qui seul pouvait suspendre l'exécution des lois, de ces vieilles lois de persécution transmises par la Genève des évêques à la Genève de la Réforme : la témérité de sa doctrine, défendue à outrance, épouvanta; Calvin reprit le dessus. Genève envoya consulter les cantons protestants de la Suisse. Tous demandèrent la condamnation. L'arrêt fut prononcé le 26 octobre; le lendemain, Servet expira dans les flammes! On avait espéré anéantir avec lui le livre où sont contenus le système qui lui a coûté la vie et la découverte qui l'immortalise : l'édition surprise en France avait été brûlée à Vienne, mais l'exemplaire qui avait servi aux juges de Genève a été dérobé au bûcher qui dévorait l'auteur : la Bibliothèque Nationale de Paris est aujourd'hui dépositaire de cette lugubre relique encore roussie de l'atteinte des flammes [1]!

Les sacramentaires suisses avaient réclamé la mort de Servet : les luthériens d'Allemagne l'approuvèrent : « l'Église te rend et te rendra grâces dans la postérité », écrivait Mélanchthon à Calvin : « vos magistrats ont agi avec justice en mettant à mort ce blasphémateur [2] ».

La postérité n'a pas avoué la parole de Mélanchthon ni les fanatiques réponses de Calvin et de Théodore de Bèze à la voix chrétienne qui, de Bâle, éclata contre les juges de Genève. Le protestantisme repentant courbe la tête aujourd'hui, et répète, après Sébastien Castalion, qu'il n'est point permis de punir les hérétiques par le glaive [3] ». Aucune des tragiques exécutions religieuses dont ce siècle cruel est rempli n'a été plus approuvée par la majorité des contemporains et n'a laissé aux âges suivants une impression d'horreur aussi forte. Juste et instructive réaction! C'est que les furieuses vengeances exercées contre le violent communisme anabaptiste s'expliquent jusqu'à un certain point par l'acharnement de la lutte et par les passions politiques, tandis qu'ici la

---

1. Nous devons cette révélation à M. Flourens, qui a fait son travail sur ce tragique et peut-être unique exemplaire. V. *Hist. de la découverte, etc.*, p. 137-139; — sur le procès de Servet, art. SERVET, dans le *Dictionn.* de Chauffepié; et les pièces dans l'*Hist. de Calvin*, de M. Audin, t. II, p. 258-324. C'est un livre de parti, un long pamphlet déclamatoire; mais les pièces sont authentiques.
2. Mélanchth. *Oper.*, t. VIII, p. 362.
3. *De non puniendis gladio hæreticis* (sous le nom de *Martin Bellius*). Castalion fut soutenu par deux autres professeurs de Bâle. Le savant Castalion était Dauphinois, comme Farel. Théodore de Bèze répondit par un traité *De hæreticis gladio puniendis*, et Calvin fit de même, à la suite d'une *Exposition et Réfutation des erreurs de Michel Servet*. Un autre anti-trinitaire, Valentin *Gentilis* (Gentile) fut exécuté à Berne quelques années après, et Calvin dissipa par la terreur une petite église arienne, composée de réfugiés italiens, qui se formait à Genève même et qui alla se reformer en Pologne autour de Socin. Les *libertins* furent définitivement écrasés : Berthelier, dont nous avons parlé, fils du libérateur de Genève, périt sur l'échafaud, après une insurrection malheureuse.

persécution, frappant la spéculation pure, égorgeant l'idée inoffensive, apparaît dans tout ce qu'elle a de hideux ; c'est surtout que le glaive persécuteur, dans la main des protestants, n'est plus à nos yeux qu'une monstrueuse inconséquence ; la persécution, là où n'est pas l'infaillibilité !—L'Écriture est infaillible ! disaient les chefs de la Réforme.—Soit ! mais où est l'infaillible interprète ? C'est par là que le principe de persécution, indestructible dans l'église romaine, sera enfin ruiné dans le protestantisme revenu, sous ce rapport, au point de départ de Luther !

La voix de Castalion n'était pourtant pas, dans le XVIᵉ siècle, aussi isolée qu'on l'a dit. Le parti de l'humanité, le parti de la Renaissance et du vrai gallicanisme, de la liberté morale et intellectuelle, ce parti vraiment national, que la royauté, infidèle à sa mission, n'avait eu ni le cœur ni l'intelligence d'embrasser, n'était pas mort dans notre patrie : il avait grandi, au contraire, et, par haine de la persécution, il faisait cause commune avec ces réformés qui, bourreaux un jour à Genève, étaient victimes tous les jours en France[1]. On commettrait une grave erreur si l'on jugeait exclusivement l'ensemble du mouvement réformateur parmi nous sur ce sinistre épisode de Servet et sur ces sinistres maximes, ou encore sur la roideur abstraite et la sécheresse dialectique de Calvin. Les choses étaient bien plus complexes et bien des affluents divers contribuaient à grossir le torrent. Une foule d'âmes ardentes se précipitaient dans les nouveautés religieuses par sentiment plus que par raisonnement. Beaucoup de belles intelligences et de nobles cœurs favorisaient les réformés sans épouser la prédestination ni le dogmatisme calviniste. La pureté de mœurs des protestants, la candeur de leur foi, la constance sublime de leurs morts, comparées au paganisme bigot et corrompu, à la religion tout extérieure et sans moralité qui était celle du roi et des moines, touchaient profondément cette classe d'esprits chez laquelle s'unissaient les lumières de l'antiquité au sentiment chrétien dégagé du fanatisme sectaire. Un fait d'une immense

---

1. Tandis qu'on brûlait leurs frères, ils réprimandaient ceux d'entre eux qui avançaient, après Castalion, qu'il n'est « loisible aux magistrats de punir les hérétiques ». V. le récit de la délibération qui eut lieu entre les protestants d'Orléans, ap. Th. de Bèze, *Hist. ecclés.*, t. I, p. 165.

gravité se produisait depuis quelques années : jusque-là on n'avait guère compté sur la longue liste des martyrs protestants que des bourgeois, des artisans et des hommes de lettres [1]; maintenant la magistrature et la noblesse sont envahies à la fois, dans des proportions toujours croissantes, et par l'esprit de tolérance et par l'esprit calviniste, adversaires momentanément confondus dans une même cause.

Les Châtillons, l'amiral, le colonel et même leur frère aîné le cardinal, furent gagnés ou fortement influencés de bonne heure. Dès 1555, la sympathie de l'amiral pour les réformés lui avait inspiré une entreprise où il associait l'intérêt de sa patrie à celui de ses sentiments religieux; les deux seules passions qu'ait connues ce grand homme. Il voulut ouvrir au delà des mers un champ de refuge aux protestants français et conquérir une part à la France dans les splendides régions de l'Amérique du Sud. On ne parla au roi que du but politique et commercial; on lui cacha le but religieux; le commandeur de Villegagnon, premier instigateur de l'expédition, partit pour le Brésil avec deux vaisseaux, s'établit dans la baie appelée par les Portugais Rio-de-Janeiro (1555) (*Rivière de Janvier*), et bâtit, dans une petite île, une forteresse qu'il nomma le fort de Coligni. Trois autres vaisseaux amenèrent, au commencement de 1557, deux ministres demandés à Genève par Villegagnon et un certain nombre de réformés. La colonisation commençait sous d'heureux auspices. L'esprit versatile, bizarre et violent de Villegagnon fit tout avorter. Il voulut se faire le dictateur religieux et politique de la colonie et, s'étant ravisé sur le dogme de la présence réelle, il prétendit l'imposer à ses administrés. Ceux-ci résistèrent : il revint au catholicisme. Les ministres et leurs adhérents les plus zélés se rembarquèrent sur un vieux navire presque dégréé et sans vivres : le patron du navire était muni d'une dépêche de Villegagnon, qui les dénonçait aux magistrats pour les faire brûler en France. Heureusement pour eux, les magistrats du port breton de Blavet, où ils abordèrent mourants de faim, favorisaient la Réforme et

---

1. Ceci répond au paradoxe qui a voulu faire de la Réforme une secte féodale. Louis de Berquin était une illustre exception : on en trouverait trois ou quatre autres.

les sauvèrent (1558). Pendant ce temps, Villegagnon faisait jeter à la mer trois de leurs amis qui ne s'étaient pas décidés à les suivre. La nouvelle de la défection de Villegagnon arrêta les embarquements qui se préparaient de toutes parts et le Brésil fut perdu pour la France. Les Portugais, établis sur divers points de ces côtes, finirent par s'emparer du fort de Coligni et fondèrent dans cette magnifique baie la ville de Rio, qui devait être un jour la capitale d'un empire [1].

Cet échec lointain était compensé, non pour la France, mais pour la Réforme, par des progrès constants dans le royaume. Ici la sympathie ou la pitié, ailleurs la lassitude et l'impuissance arrêtaient le bras de la justice : l'argent manquait pour les frais immenses des poursuites contre tant d'accusés; pour un qu'on brûlait, vingt échappaient; le roi n'avait pas le moyen de soutenir à la fois les deux guerres au dehors et au dedans [2].

Les Guises, comme nous l'avons vu, l'essayèrent pourtant, durant plusieurs années, avec une opiniâtreté furieuse, jusqu'à ce que le cardinal de Lorraine eût été enfin converti à la paix avec l'Espagne. En 1555, le cardinal Charles dicta au roi, pour complaire au pape, un édit qui enjoignait à tous gouverneurs et officiers de justice de punir, sans retard, sans examen et sans appel, tout hérétique condamné par les juges d'église. C'était la suppression de la justice laïque et la pleine restauration de la vieille inquisition en attendant la nouvelle : le juge laïque n'était plus que l'exécuteur passif des jugements de l'église.

Le parlement de Paris protesta (16 octobre 1555). On devait s'attendre qu'il réclamerait les droits de la justice laïque en matière capitale et le droit d'appel; mais les termes des remontrances furent tout à fait inattendus et d'une immense portée. « Puisque les supplices de ces malheureux, qu'on punit tous les

1. *Hist. du voyage fait en la terre du Brésil*, etc.; par Jean de Léry. Genève, 1611; 5e édit. C'est le plus intéressant et le plus véridique de nos vieux voyageurs. Th. de Bèze, *Hist. ecclés.*, t. I, p. 158.

2. *V.* les détails très-intéressants que donne M. Floquet dans son *Hist. du parlement de Normandie*, t. II, p. 265-276. Il serait bien utile qu'on fît pour les autres parlements provinciaux ce qu'a fait M. Floquet pour la Normandie. Nous voyons, dans son livre, que les protestants, plus nombreux, devenaient moins patients; que les bris d'images, les placards violents, les rixes nocturnes se multipliaient; ce qui fit introduire les réverbères à Rouen dès 1552.

jours pour la religion, n'ont produit jusqu'à présent d'autre effet que la punition du crime, sans corriger les erreurs, il seroit juste d'imiter l'exemple de la primitive Église, qui ne s'est pas servie du fer et du feu pour établir et étendre la religion, mais de la pure doctrine et des bons exemples des pasteurs. Nous croyons donc que Votre Majesté doit conserver la foi par les mêmes voies qu'on a autrefois suivies, puisque... il n'y a que vous qui puissiez y réussir [1] ».

C'était un bien grand signe qu'un tel avertissement adressé à la royauté sous ces voûtes lugubres où l'humanité avait reçu tant d'outrages, où avaient retenti les arrêts de Berquin et de Dolet! Cette majorité du parlement, qui jadis frappait les victimes pour ainsi dire jusque dans les bras de François Ier, demande maintenant à Henri II d'éteindre les bûchers!

Le roi ferma son oreille et son cœur.

L'année suivante (1556), cinq conseillers au parlement de Rouen furent exclus de leur compagnie pour hérésie; cependant on ne poursuivit pas leurs personnes [2].

Jusque-là, le protestantisme n'avait point eu d'églises régulièrement organisées en France et n'avait guère connu, dit Théodore de Bèze, « autres prêcheurs que les martyrs [3] ». L'église réformée de Paris venait enfin de se constituer un mois avant les remontrances du parlement (septembre 1555). Un gentilhomme appelé La Ferrière, ne voulant pas laisser baptiser son enfant selon les rites de l'église romaine, réunit un groupe de ses coreligionnaires dans une maison isolée, au Pré-aux-Clercs, et, là, ils élurent pour ministre La Rivière, jeune homme de vingt-deux ans, et fondèrent un consistoire composé de quelques anciens et diacres. Meaux, le berceau de la Réforme en France, Angers, Poitiers, l'île d'Arvert, sur la côte de l'Aunis, Bourges, Blois, Tours, Pau, Orléans, Rouen, La Rochelle suivirent : les débris des Vaudois relevèrent leurs églises infortunées; en trois ans

---

1. De Thou, l. XVI; *Sleidan.* l. XXVI.
2. Floquet, *Hist. du parlement de Normandie*, t. II, p. 274.
3. Ce qui se passait parmi les réformés donne de grandes lumières sur l'histoire du christianisme primitif, où les choses durent se produire à peu près de la même manière.

(1556-1558), la France fut couverte de congrégations réformées qui comptaient déjà, dit-on, en 1558, 400,000 adhérents. Tout tendit à se mouler sur le type de Genève. L'esprit d'unité qui caractérise la France se conservait même dans le schisme [1].

Les persécuteurs étaient exaspérés : ils voyaient l'anarchie dans les tribunaux : l'édit de 1555 ne s'exécutait pas ; ici, les tribunaux continuaient d'appliquer des peines atroces ; là, c'étaient des peines modérées ; ailleurs, absence de poursuites pourvu que les assemblées protestantes se tinssent à portes closes. Parfois, quand les magistrats fermaient les yeux sur les assemblées, des bandes de fanatiques attaquaient les réformés et l'on se battait, le soir, au sortir des prêches. La terreur avait échoué : on invoqua une terreur plus grande. En février 1557, au moment où le duc de Guise s'avançait en Italie, le cardinal de Lorraine poussa le roi à demander au pape d'établir en France la nouvelle forme d'inquisition comme en Espagne et à Rome ! Henri II réclamait pour la France ce que Naples n'avait pu supporter ! Paul IV expédia, dans la joie de son âme, une bulle qui décrétait la nouvelle organisation inquisitoriale en France, sous la direction de trois grands inquisiteurs, les cardinaux de Lorraine, de Bourbon et de Châtillon (26 avril 1557). Le cardinal de Bourbon, archevêque de Rouen, était un bigot inintelligent que Charles de Lorraine pensait conduire à sa guise ; quant à Châtillon, déjà suspect au moins de tolérance, sa nomination était un piége. Un édit royal du 24 juillet ordonna l'enregistrement de la bulle, comme le seul moyen d'arrêter les progrès de l'hérésie qui « tourne en sédition ». L'édit reprochait aux juges de « se laisser émouvoir de pitié bien souvent » et leur défendait de modérer les peines portées par les ordonnances. Les inquisiteurs-généraux et les vicaires qu'ils se choisiraient parmi les évêques et parmi les docteurs en théologie auraient pleine puissance en matière de foi ; ils présideraient des tribunaux diocésains formés en majorité de conseillers clercs pris dans les cours souveraines et décidant sans appel ; le bras séculier n'aurait qu'à frapper d'après leurs ordres [2].

---

1. Th. de Bèze, t. I, p. 97 et suiv.
2. La cour, en tentant une chose si énorme, pliait, sous un autre rapport, devant l'opinion publique. L'édit ordonnait que les amendes et confiscations seraient appli-

Le parlement renouvela ses remontrances avec plus de force. Sur ces entrefaites éclata la catastrophe de Saint-Quentin. Paris en armes attendait chaque jour l'ennemi. Le peuple était surexcité de colère et d'effroi. Le 4 septembre au soir, trois ou quatre cents protestants des deux sexes faisaient la cène dans une maison de la rue Saint-Jacques, près le collége du Plessis : quelques prêtres boursiers de ce collége soulevèrent tout le quartier en criant qu'il y avait là une réunion de « brigands et conjurateurs contre le royaume ». On sut bientôt que ce n'étaient pas des brigands, mais des « luthériens », comme on les appelait encore. La foule déchaînée ne s'apaisa point. Les bruits les plus extravagants et les plus perfides avaient été propagés dans le menu peuple : on lui racontait que les hérétiques, dans leurs *sabbats,* se prostituaient pêle-mêle et tuaient des petits enfants. La maison fut cernée : les assiégés sortirent, ceux qui avaient des épées faisaient l'avant-garde : ils forcèrent le passage ; mais les femmes, les enfants, les vieillards ne purent suivre... Le peuple parisien n'avait pas encore l'habitude des massacres : le procureur du roi au Châtelet put sauver ces pauvres gens sinon des injures et des coups, au moins de la mort. Il les emmena tous en prison. Il y avait là beaucoup de « dames et damoiselles de grandes maisons [1] ».

L'agitation était extrême et fut entretenue par les *apologies* que répandirent les réformés et par les réponses furieuses que publièrent divers inquisiteurs et sorbonnistes ; ceux-ci maintenaient effrontément les absurdes accusations répandues contre les cénacles hérétiques. Le roi défèra les prisonniers à une commission choisie parmi ce qui restait de gens sûrs dans le parlement. Les premières victimes furent deux anciens de l'église de Paris et une charmante jeune veuve de vingt-trois ans, madame de Graveron, qui mourut héroïquement. On leur coupa la langue avant de les brûler ! Les commissaires poursuivaient leur hor-

quées à œuvres pies et que tous les dons faits au contraire seraient cassés. Isambert, XIII, 494.

1. On a conservé une très-belle lettre de Calvin aux « prisonnières de Paris ». Il leur rappelle, avec une grande hauteur de pensée et de parole, le rôle des femmes aux premiers jours du christianisme ; les femmes fidèles au Christ quand les apôtres mêmes l'abandonnaient, etc. *Lettres de Calvin*, t. II, p. 145.

rible mission : les exécutions des provinces répondaient à celles de Paris; à Joinville, un père dénonça son fils à la duchesse douairière de Guise, Antoinette de Bourbon, dame du lieu! Le jeune homme fut brûlé.

Les représentations énergiques des cantons suisses et des princes luthériens, sollicitées par Genève, arrêtèrent la machine d'extermination. On avait trop grand besoin d'eux pour mépriser leurs requêtes. La victoire de Calais et le million d'écus octroyé par le clergé ranimèrent cependant le zèle de Henri II, et, le 15 janvier 1558, avant de partir pour le « Pays Reconquis », le roi alla imposer au parlement, en lit de justice, l'enregistrement jusque-là repoussé de l'édit de l'inquisition. Le parlement, en fait, ne se soumit pas et continua de recevoir les appels contre les jugements des tribunaux ecclésiastiques : les princes luthériens renouvelèrent leurs réclamations par une ambassade solennelle (mars 1558) et des protecteurs commencèrent à se déclarer en faveur de la Réforme jusque sur les marches du trône de France. Le roi de Navarre, faible et versatile, mais remuant, exaspéré du mépris que faisait Henri II de ses intérêts et de ses droits, d'une part, négociait secrètement avec Charles-Quint et Philippe II et leur offrait d'introduire les Espagnols en Guyenne, si l'Espagne lui donnait le Milanais en compensation de la Navarre [1]; d'une autre part, il assistait au prêche des réformés et allait tirer de la prison du Châtelet un des ministres de l'église de Paris comme étant, disait-il, de sa maison. Son frère, le prince de Condé, témoignait les mêmes sentiments, auxquels il devait rester plus fidèle : les femmes de ces princes, la reine Jeanne d'Albret et Éléonore de Roie, bien supérieures à leurs maris par la force des convictions et la solidité des caractères, les poussèrent avec ardeur dans cette voie [2]. D'Andelot, pendant ce temps, propageait ouvertement la Réforme dans l'Ouest. Au printemps, la hardiesse croissant, de grandes troupes de réformés réunies en plein jour dans le Pré-aux-Clercs, la promenade des Parisiens, commencèrent à chanter les psaumes de Marot, sur les belles mélodies de Guillaume Franc,

---

1. *V.* Mignet; *Charles-Quint*, ch. III, v; et Granvelle. t. V, *passim*.
2. Jeanne d'Albret y était entrée plus tard que son mari; mais, une fois décidée, elle déploya une énergie incroyable.

mises en parties par Louis Bourgeois et par Goudimel, le maître illustre de Palestrina [1]. Le roi de Navarre y vint avec bon nombre de noblesse. La foule, étonnée, saisie, écoutait en silence ces harmonies inconnues. Il n'y eut aucune tentative de trouble.

Les persécuteurs prirent l'épouvante et se hâtèrent de faire venir une ordonnance du roi, qui était à la frontière, contre ces prétendues séditions. Les chants cessèrent. D'Andelot, comme nous l'avons dit, fut arrêté à son retour de Bretagne. Il y eut encore quelques victimes dans le courant de cette année; toutefois la persécution ne reprit pas un plein essor. La commission extraordinaire de septembre 1557 n'avait pas été maintenue et les procédures étaient rentrées dans leur cours accoutumé au parlement : la guerre était dans le sein du tribunal suprême : les procès des hérétiques, suivant les circonstances, revenaient tantôt à la grand'chambre, tantôt à la chambre dite de la *Tournelle*. La grand'chambre, qui avait hérité naguère du surnom de *chambre ardente*, parce qu'elle « vomissoit le feu tous les jours [2] » était composée des conseillers les plus âgés, endurcis par une longue habitude aux sacrifices humains : elle continuait d'envoyer au feu les condamnés pour hérésie. La Tournelle, au contraire, traînait les procès en longueur et ne rendait plus d'arrêts de mort. La rage montait au cœur des moines et des sorbonnistes. Durant tout le carême de 1559, les chaires des églises de Paris retentirent de déclamations forcenées contre les juges et contre les grands qui protégeaient l'hérésie. Les « prêcheurs » rugissaient le meurtre. Un jour (5 mars), au sortir d'un de ces sermons qui enivraient l'auditoire d'un vertige de sang, deux hommes ayant pris querelle, l'un appela l'autre luthérien : la foule se jeta sur ce dernier; un prêtre de province qui passait, un chanoine réfugié de Saint-Quentin, voulut défendre le malheureux; un autre prêtre cria au luthérien sur lui; on le mit en

---

1. Goudimel, Comtois, tenait école à Rome vers 1540 ; avant d'organiser la musique protestante, il avait formé les hommes qui réformèrent la musique catholique. Louis Bourgeois, établi à Genève de 1541 à 1557, commença d'y introduire l'harmonie, le chant à plusieurs parties. Goudimel perfectionna et publia son recueil des psaumes en 1565. La première publication des mélodies de Guillaume Franc avait eu lieu à Strasbourg dès 1545.

2. Théod. de Bèze.

pièces! La horde furieuse hurlait qu'on « n'épargneroit le roi même » s'il venait à l'aide.

Le Châtelet fit son devoir : il saisit et condamna à mort plusieurs des meurtriers. La grand'chambre les acquitta en appel! La Tournelle riposta en cassant trois condamnations à mort prononcées en première instance contre des réformés : n'osant acquitter tout à fait les condamnés, elle les bannit. L'effet fut très-grand à la cour. Séguier, un des présidents de la Tournelle, étant allé sur ces entrefaites « par devers le roi pour impétrer le paiement des gages de la cour de parlement », qu'on ne payait pas depuis deux ans, le cardinal de Lorraine lui adressa les plus amers reproches en présence de Henri II. Il n'y eut pas jusqu'à madame Diane qui ne s'ingérât de morigéner les députés du parlement [1]. Les présidents et gens du roi furent mandés en cour et sommés d'aviser à rétablir l'unité de jurisprudence entre les chambres du parlement ainsi que la stricte exécution des édits du roi.

La question fut posée par le procureur-général à la mercuriale [2] de la fin d'avril.

Là, tous les membres du parlement furent appelés à opiner chacun à leur tour. La délibération prit un caractère d'une solennité inconnue : jamais la cour suprême n'avait entendu de si hautes paroles. Plusieurs des principaux de l'assemblée, et parmi eux, le président du Ferrier, célèbre professeur en droit sorti de la Faculté de Toulouse, déclarèrent qu'il fallait requérir le roi de provoquer la réunion d'un concile général « et libre », suivant les décrets des conciles de Constance et de Bâle, et, provisoirement, de « faire cesser les peines capitales ordonnées pour le fait

1. *V.* l'intéressant article de M. Taillandier sur les *Regist. du parlement sous Henri II*, ap. *Mém. de la Société des antiquaires de France*, t. XVI.
2. Séances disciplinaires dans lesquelles s'assemblaient toutes les chambres du parlement, une fois par trimestre, et qui se tenaient le mercredi. Le parquet avait récemment témoigné son orthodoxie d'une façon assez burlesque et s'était montré plus catholique que le pape : le saint-père, à la sollicitation de quelques courtisans, ayant donné une bulle qui permettait aux Français de manger des œufs pendant le Carême, la Sorbonne et les gens du roi, tout émus, coururent remontrer à Henri II que, si ladite bulle était publiée, ce serait occasion de lâcher la bride aux hérétiques, lesquels voudraient, l'an d'après, manger de la chair en Carême. Défense fût faite de publier la bulle, et les œufs restèrent prohibés. — Extrait des registres du bureau de la ville; *Archives curieuses*, t. III, p. 432.

de la religion ». Ils ne tenaient point compte de cette réunion de prélats espagnols et italiens qu'on avait appelée le concile de Trente. Une foule de leurs collègues applaudirent : les uns proposant de suivre la jurisprudence de la Tournelle et du président Séguier, c'est-à-dire de bannir les hérétiques; d'autres reconnaissant que l'intention du roi était bien de punir de mort les hérétiques, mais revendiquant pour la cour du parlement le droit de décider si les condamnés des tribunaux ecclésiastiques étaient hérétiques ou non. Plusieurs, enfin, soutinrent ouvertement la cause de la Réformation et énoncèrent, en plein parlement, les mêmes maximes qui avaient fait envoyer par le parlement tant de malheureux au bûcher!

Il y eut un conseiller qui ne fit point de discours : il ouvrit un livre; c'était la vie de saint Martin de Tours, par son disciple Sulpice Sévère. Il lut le texte où l'apôtre des Gaules se sépare de la communion des évêques espagnols[1] qui ont demandé la mort des hérétiques, puis se reproche comme un sacrilége d'avoir consenti à communier avec les meurtriers, même pour obtenir de l'empereur la grâce de celles des victimes qui n'avaient pas péri encore. L'impression fut profonde : on crut entendre la voix même du grand apôtre des Gaulois demandant compte aux sanguinaires héritiers d'Ithacius de son église usurpée et de sa tradition violée[2].

La majorité se prononçait. Les enquêtes et requêtes, unies à la Tournelle, l'emportaient sur la grand'chambre. Un petit nombre seulement opinaient pour le maintien de « la sévérité accoutumée ». La question n'était plus entre la mort et l'adoucissement

---

1. Ithacius, Idacius et autres.
2. C'est Pierre Pithou qui nous a conservé le souvenir de cet incident d'un si puissant intérêt. Les Registres du parlement, pour l'année 1559, ont été détruits, sans doute par ordre, et les historiens catholiques et calvinistes semblent s'être concertés pour ne point parler de ce fait. Le sage et consciencieux La Place donne peu de détails sur la mercuriale, et, quant à Théodore de Bèze, apologiste du meurtre de Servet et auteur du traité *De puniendis gladio hæreticis*, ce n'est pas lui qui eût volontiers cité cette haute condamnation de sa doctrine. *V. Pithœana*, p. 3, à la suite des *Éloges des savants* de Teissier, t. I. Pithou attribue l'incident au savant jurisconsulte Ranconnet et dit qu'il fut emprisonné à cette occasion. Il y a quelque doute à ce sujet : nous ne pensons pas qu'il y ait eu d'arrestations dans le parlement avant le 10 juin, et Ranconnet paraît avoir été emprisonné pour d'autres causes.

des peines, mais entre les peines mitigées et la pleine absolution. Quelques jours encore et une déclaration de tolérance allait éclater à la face de la chrétienté.

Un arrêt d'impunité pour les hérétiques, émané du tribunal suprême, à la veille des noces du Roi Catholique et de la fille du Roi Très-Chrétien! de ces noces qui consacraient le pacte des deux couronnes pour l'extermination de l'hérésie [1]. Le parlement ripostant, par la proclamation de la tolérance, à la bulle du 15 février, où Paul IV renouvelait les décrets d'Innocent III et du quatrième concile de Latran [2], et à cette fête nouvelle de Saint-Dominique, par laquelle le saint-père invoquait une nouvelle croisade des Albigeois!

Au moment même où le parlement délibérait, les députés de toutes les églises réformées de France, pasteurs et anciens, se réunissaient en synode national dans Paris, avec une audace et un secret inouïs, et rédigeaient une Confession de foi et un règlement de Discipline ecclésiastique pour assurer cette unité dans le schisme que leur imposait l'esprit français [3]. C'était le code d'une grande république religieuse.

Une requête des églises protestantes au roi pour demander la liberté du culte eût suivi la déclaration du parlement.

La France était arrivée à l'une des crises les plus décisives de son histoire. Entre le papisme et le calvinisme, entre les deux factions que l'inintelligence de la royauté a laissé grandir, l'une en la favorisant, l'autre en l'exaltant par la persécution, la vraie France est, à cette heure, au parlement.

C'est là que va frapper la faction ultramontaine, brisant la France par la royauté, ou plutôt brisant la France et la royauté

---

1. Il paraît que les deux rois s'étaient promis assistance mutuelle en France et aux Pays-Bas. Henri avait auprès de lui, comme otages de l'exécution du traité de paix, quatre des grands de la cour de Philippe II. L'un d'eux était le prince d'Orange, Guillaume de Nassau. Henri lui parla comme s'il était dans la confidence. Le *Taciturne* le laissa dire et en fit son profit. Il pensait comme les Châtillons, bien qu'il fît encore profession extérieure de catholicisme. C'est lui-même qui a révélé ce fait dans son *Apologie*.

2. Ces décrets déclaraient déchus de leurs bénéfices et de leurs seigneuries tous prélats, princes, rois ou empereurs infidèles à la foi et livraient les biens des hérétiques, sujets ou rois, au premier occupant catholique.

3. *V.* ÉCLAIRCISSEMENTS, n° 1; Synode de 1559.

l'une par l'autre. Les Lorrains et Diane s'unirent. Le cardinal avait regagné la vieille favorite par l'appât des confiscations : l'édit de 1557, avec ses prescriptions d'appliquer les confiscations à œuvres pies, n'était pas pour arrêter Diane. Montmorenci demeura passif. Ce n'était pas lui, l'homme de l'alliance espagnole, l'implacable ennemi des novateurs, qui pouvait retenir le bras du roi, bien que le contre-coup dût porter sur ses neveux. Le premier président Le Maistre avait employé tous les moyens pour retarder l'achèvement de la mercuriale, et, de concert avec les présidents Minard et Saint-André, de la grand'chambre, il avait dénoncé au roi le secret des délibérations inachevées et remis à Henri II un mémoire où étaient consignés les noms des magistrats suspects, avec l'indication de leurs bénéfices et de leurs patrimoines[1]. Diane et le cardinal Charles firent prendre au roi un grand parti. Le cardinal aiguillonna le roi en l'exhortant de « faire paraître au roi d'Espagne sa fermeté en la foi ». Le 10 juin, Henri II se transporta en personne au parlement[2], accompagné des Guises, des Bourbons de la branche cadette[3], qui se séparaient de leurs aînés et suivaient servilement les favoris, du connétable, du garde des sceaux et autres membres du conseil : il ordonna d'achever la mercuriale en sa présence.

L'attitude de beaucoup de magistrats fut admirable. Les conseillers qui n'avaient point encore donné leur vote opinèrent devant le roi avec autant de liberté qu'avaient fait leurs devanciers dans le secret du parlement, secret si lâchement violé par les chefs de la compagnie. Anne du Bourg, conseiller-clerc, neveu du feu chancelier du Bourg, « homme éloquent et docte, » dit La Place, rendit grâces à Dieu de ce qu'il avait « amené là le roi, pour être présent à la décision d'une telle cause..... la cause de Notre Seigneur Jésus-Christ. — Ce n'est pas chose de petite importance que de condamner ceux qui, au milieu des flammes, invoquent le nom de Jésus-Christ.... Eh quoi ! des crimes dignes

---

1. De Thou, l. XXII; il tenait le fait de son père, le président Christophe de Thou.

2. Non point au Palais, alors embarrassé par les préparatifs des noces de la fille et de la sœur du roi, mais au couvent des Grands-Augustins, qui donnait asile au parlement dans ces occasions.

3. Montpensier et La Roche-sur-Yon.

de mort, blasphèmes, adultères, horribles débauches, parjures se commettent tous les jours impunément à la face du ciel, et l'on invente tous les jours nouveaux supplices contre des hommes, dont le seul crime est d'avoir découvert par les lumières de l'Écriture sainte la turpitude romaine et de demander une salutaire réformation ! » Le conseiller du Faur, après un discours très-vif contre les abus de l'église romaine : « Il faut bien », dit-il, « entendre qui sont ceux qui troublent l'Église, de peur qu'il n'advienne ce que Hélie dit au roi Achab : — C'est toi qui troubles Israël !... »

Le tour des présidents arrivé, les présidents de la Tournelle, Séguier et de Harlai, déclarèrent que la cour « avoit toujours fait devoir de bien juger et mettroit peine d'y continuer. » Le président de Thou blâma le procureur-général et ses avocats d'avoir voulu entreprendre de toucher aux arrêts de la cour (de la Tournelle). Le président Minard, un des dénonciateurs, et un autre président répondirent qu'il fallait garder l'édit du roi. Le premier président Le Maistre, vil intrigant qui jouait le fanatisme, déclama furieusement et eut l'audace de proposer pour exemples les saintes exterminations des anciens Albigeois et des modernes Vaudois.

Le roi avait eu grand'peine à contenir sa colère aux allusions hardies de du Bourg et de du Faur : quand la liste des opinants fut épuisée, il fit appeler les membres de son conseil qui l'avaient suivi et les présidents, prit conseil, puis ordonna au greffier de lire toutes les opinions et, au lieu de laisser compter les voix, se fit remettre le procès-verbal[1]. « Il nous déplaît grandement, » dit-il, « avoir reconnu présentement qu'il y ait en notre cour des gens dévoyés de la foi : nous maintiendrons les bons et ferons punir les autres, comme nous devons, pour servir d'exemple ! » Et il ordonna au connétable de saisir de sa propre main, sur leur banc, les conseillers du Bourg et du Faur. Montmorenci exécuta cette dégradante mission et remit les deux magistrats à un des capitaines des gardes qui les conduisit à la Bastille. Le garde des sceaux réclama ensuite, au nom du roi, qu'on lui livrât les arrêts

---

1. C'est pour cela que nous ne l'avons point

de la Tournelle, afin que le roi « en ordonnât comme il verroit être à faire. » Puis Henri enjoignit à deux capitaines des gardes d'aller encore arrêter cinq conseillers, Antoine Fumée, du Val, Viole, La Porte et Paul de Foix, et le président du Ferrier. C'était l'élite du parlement. Du Ferrier avait été le maître du grand Cujas et ce fut à Paul de Foix, comme à un des hommes les plus éminents du xvi° siècle, que ce même Cujas dédia ses *Paratitles*[1]. Du Ferrier, Viole et du Val parvinrent à s'échapper : les autres rejoignirent du Bourg et du Faur à la Bastille[2].

Quelques jours après (16 juin), le parlement, mutilé, courbé sous la terreur, donna un arrêt de prise de corps contre l'évêque de Nevers, Jacques Spifame, qui venait de quitter son évêché pour se retirer à Genève. Pendant ce temps, des lettres-patentes étaient expédiées à tous les juges des provinces pour la destruction des hérétiques. Le roi déclarait qu'il en avait été empêché jusque-là par la guerre, mais que, maintenant qu'il avait la paix avec le roi d'Espagne, c'était là sa grande affaire, et il terminait par des menaces terribles aux magistrats qui molliraient. Le connétable, sur ces entrefaites, conférait de la part du roi, avec le duc d'Albe, représentant de Philippe II, sur l'assistance que se prêteraient au besoin les deux couronnes, et ils agitaient des projets menaçants contre Genève, « la sentine de cette maladie d'où les sujets françois et espagnols étoient damnés [3] ».

Henri II, sans tenir compte du privilége qu'avaient les membres du parlement de n'être jugés que par toutes les chambres assemblées, institua, pour faire le procès aux conseillers arrêtés, une commission formée de l'évêque de Paris, de l'inquisiteur de Mouchi, qui prenait le nom grec de *Démocharès*, du président de Saint-André, d'un maître des requêtes et de deux conseillers. Il était tellement irrité contre du Bourg, qu'il dit qu'il « le verroit brûler de ses deux yeux ».

1. Du Ferrier se fit protestant sur ses vieux jours ; mais Paul de Foix ne l'était nullement et n'était poussé que par l'esprit de justice et d'humanité. C'était, avant tout, un juriste patriote.

2. *V.* P. de La Place ; *De l'Etat de la Religion*, etc., l. 1 ; Th. de Bèze, t. I, p. 192 ; de Thou, l. xxii ; *Mém.* de Condé, t. I, p. 217 et suiv. ; *Mém.* de Vieilleville, l. vii.

3. Lettre du duc d'Albe, du 26 juin 1559 ; ap. R. de Bouillé, *Hist. des Guises*, t. II, p. 16, d'après les archives de Simancas.

Il ne devait pas le voir! L'inepte monarque, qui venait de fouler aux pieds la justice dans son sanctuaire et de briser tout ordre légal en France, touchait au terme de sa funeste carrière.

Toute la France était en proie à une agitation fiévreuse, à une exaltation mêlée d'épouvante : la cour, par un scandaleux contraste, n'offrait que plaisirs et qu'allégresse; ce n'étaient que bals, que mascarades, que joutes et festins, à l'occasion du double mariage des princesses de France. Ces bruits joyeux allaient s'éteindre dans un silence de mort! Le 20 juin, madame Élisabeth de France avait été épousée à Notre-Dame par le duc d'Albe, procureur du roi d'Espagne; le 27, fut signé le contrat du duc de Savoie et de madame Marguerite. Une lice splendide avait été établie au bout de la rue Saint-Antoine, devant l'hôtel royal des Tournelles et presque au pied de la Bastille, où étaient enfermés les magistrats arrachés de leurs siéges : depuis trois jours les princes et les seigneurs y joutaient en présence des dames; le 29 juin, les tenants du tournoi furent les ducs de Guise et de Nemours, le fils du duc de Ferrare et le roi en personne, portant les couleurs de sa dame sexagénaire, la livrée noire et blanche des veuves, que Diane n'avait jamais quittée. Comme le pas d'armes finissait, le roi, qui avait fourni quelques courses « en roide et adroit cavalier », voulut rompre encore une lance avant de se retirer et, malgré les prières de la reine, il ordonna au comte de Montgommeri de courir contre lui. C'était le capitaine des gardes qui avait mené du Bourg et du Faur à la Bastille. Montgommeri voulut en vain s'excuser. Les deux jouteurs se heurtèrent violemment et rompirent leurs lances avec dextérité; mais Montgommeri oublia de jeter à l'instant, selon l'usage, le tronçon demeuré dans sa main; il en frappa involontairement le casque du roi, lui releva la visière et lui fit entrer un éclat du bois dans l'œil!... Le roi tomba sur le cou de son cheval, qui l'emporta jusqu'au bout de la carrière; ses écuyers le reçurent dans leurs bras; on le reporta aux Tournelles, au milieu d'une confusion et d'un effroi indicibles. Tous les secours de l'art furent inutiles; le bois avait pénétré dans la cervelle; l'illustre Vesale accourut en vain de Bruxelles, sur l'ordre de Philippe II. Henri languit onze jours et expira, le 10 juillet, après avoir, la veille de sa mort, fait célébrer dans sa chambre le mariage de sa sœur Marguerite avec le duc de Savoie. Il était âgé de quarante ans et quelques mois. Toute l'Europe protestante salua le bras du Seigneur dans ce coup de foudre qui venait de frapper le roi persécuteur parmi les fêtes des « impies ».

Les réformés ne se trompaient pas. La race des Valois était condamnée. Restaurée au xve siècle par le plus éclatant prodige de notre histoire, elle avait méconnu le signe de Dieu dans Jeanne Darc : au xvie siècle, elle outrageait l'humanité et méconnaissait le génie de la France. Ses jours étaient comptés. Elle allait maintenant, remplaçant le fanatisme de Henri II par une politique sans principe et sans foi, se débattre au hasard, trente années durant, à travers les tempêtes des Guerres de Religion et disparaître enfin dans une mer de sang.

FIN DU TOME HUITIÈME.

ÉCLAIRCISSEMENTS

I

SYNODE DE 1559.

Nous renvoyons à Théodore de Bèze, *Hist. ecclés.*, t. I, p. 173-190, et ne donnons pas le texte de la Confession de Foi ni du Règ'ement disciplinaire, malgré son importance, parce qu'il n'y a là, d'une part, que l'application des doctrines que nous avons montrées chez Luther et Calvin, de l'autre part, que l'imitation de la discipline établie par Calvin à Genève. Nous ferons seulement quelques citations.

CONFESSION DE FOI. Art. 4. — Après l'énumération des livres canoniques, d'entre lesquels sont rejetés Judith, Tobie, les Machabées, etc., il est dit :

« Nous connoissons ces livres être canoniques, non tant par le commun accord et consentement de l'Église, que par le témoignage et persuasion intérieure du Saint-Esprit. »

Ainsi, ils acceptent l'inspiration appliquée à l'Ecriture et ne la rejettent que lorsqu'elle se produit en dehors de l'Écriture, comme chez les anabaptistes.

Art. 6. — Sur la Trinité. « Trois personnes... Le Père, première Cause, principe et origine de toutes choses. Le Fils, sa Parole et Sapience éternelle. Le Saint-Esprit, sa Vertu, Puissance et efficace. » Le mot Amour n'est pas prononcé.

Art. 26 et 40. — Tous ensemble doivent garder l'unité de l'Église, se soumettant à l'instruction commune, en quelque lieu que ce soit où Dieu aura établi un vrai ordre d'Église, encore que les magistrats et leurs édits y soient contraires. Il faut obéir aux lois et statuts des magistrats... encore qu'ils fussent infidèles, moyennant que l'empire souverain de Dieu demeure en son entier. « Par ainsi, nous détestons ceux qui voudroient rejeter les *supériorités* (les princes et magistrats héréditaires et autres), mettre communauté et confusion de biens et renverser l'ordre de justice. »

Art. 28 et 35. — Nous tenons que tous ceux qui se mêlent ès-assemblées de la papauté se séparent et retranchent du corps de Jésus-Christ. Toutefois... nous confessons ceux qui y sont baptisés n'avoir besoin d'un second baptême. Cependant, à cause des corruptions qui y sont, on n'y peut présenter les enfants sans se polluer.
— Combien que le baptême soit un sacrement de foi et de pénitence, néanmoins pour ce que Dieu reçoit en son Église les petits enfants avec leurs pères, nous disons que, par l'autorité de Jésus-Christ, les petits enfants engendrés des fidèles doivent être baptisés.

Art. 30. Nous croyons tous vrais pasteurs, en quelque lieu qu'ils soient, avoir même autorité et égale puissance sous un seul chef et seul universel évêque Jésus-Christ et, pour cette cause, que nulle église ne doit prétendre aucune domination sur l'autre.

Art. 31. Ceux qui gouvernent l'Église doivent être élus, sauf lorsque « l'état de l'Église étant interrompu, Dieu suscite gens d'une façon extraordinaire pour dresser l'Église de nouveau. »

Art. 33. Après avoir établi l'utilité d'une discipline, « cependant nous excluons toutes inventions humaines et toutes lois qu'on voudroit introduire sous ombre du service de Dieu, par lesquelles on voudroit lier les consciences. »

Art. 36-37. — Le corps et le sang de Jésus-Christ servent de nourriture à l'âme comme le pain et le vin au corps. Ils rejettent ceux des sacramentaires qui nient cette nourriture spirituelle et qui ne veulent voir dans la cène aucun mystère.

DISCIPLINE. Art. 2-5. — Il y aura des synodes, conciles ou colloques provinciaux semestriels : on élira un président dont la charge finira avec le synode. Chaque ministre amènera au moins un ancien et un diacre.

Art. 6. — Les ministres seront élus au consistoire par les anciens et diacres, et seront présentés au peuple. S'il y a opposition, le consistoire jugera ; puis, en appel, le concile provincial, « non pour contraindre le peuple à recevoir le ministre élu, mais pour sa justification. »

Art. 8. — Les élus signeront la Confession de Foi arrêtée entre les églises. « Et sera l'élection confirmée par prières et par imposition des mains des ministres, sans toutefois aucune superstition. »

Art. 15. — Les pasteurs qui enseigneront mauvaise doctrine ou seront de vie scandaleuse seront déposés par le consistoire, sauf appel au synode provincial.

Art. 20. — Les anciens et diacres (élus par les fidèles) sont le sénat de l'Église, auquel doivent présider les ministres de la Parole.

Art. 26. — Les ministres ni autres de l'Église ne pourront faire imprimer livres touchant la religion sans les communiquer à deux ou trois ministres de la Parole non suspects.

Art. 32. — Dans les grandes occasions, on pourra « dénoncer prières publiques et extraordinaires, avec jeûnes, sans toutefois scrupule ni superstition. »

Art. 36. — Par la Parole de Dieu, le fidèle dont le conjoint est convaincu d'adultère recouvre sa liberté ; mais les églises ne dissoudront point les mariages, afin de n'entreprendre sur l'autorité du magistrat.

Art. 39. — Nulle église ne pourra rien faire de grande conséquence sans l'avis du synode provincial.

Comme organisation, il y avait là une grande démocratie presbytérienne opposée à la monarchie papale et à l'aristocratie épiscopale ; mais, comme doctrine, cette démocratie professait le dogme fatal de la prédestination dans les termes de l'*Institution chrestienne*. Les magistrats de Berne avaient donné en vain, sur ce point, une belle leçon de bon sens pratique et de vrai sentiment religieux à toute la Réforme. En 1555, à l'occasion des persécutions provoquées par Calvin contre les défenseurs du libre arbitre, Castalion, Bolsec et autres, ils refusèrent de prendre parti et invitèrent les ministres bernois à s'abstenir :

« Que vos ministres fassent le semblable, » écrivirent-ils aux magistrats genevois, « et que dorénavant se déportent de composer livres contenant si hautes choses pour perscruter les secrets de Dieu, à notre semblant non nécessaires... et qui plus détruisent qu'édifient. »

V. Lett. de Calvin, t. II, p. 39, note.

II

SÉBASTIEN FRANCK.

Nous plaçons ici quelques mots sur un homme dont nous eussions dû rappeler la mémoire en exposant les théories et les malheurs de Servet. Sébastien Franck fut, comme Servet, de ces esprits audacieux qui furent frappés par la Réforme pour l'avoir dépassée : il n'appartient point à la France par adoption comme Servet; mais il appartient, aussi bien que lui, à la philosophie générale, à l'humanité, à l'avenir, et sa place est marquée dans toute histoire où l'on voudra faire connaître la marche de l'esprit humain au xvı^e siècle. S'il n'a pas découvert la circulation du sang, il a jeté dans le monde de hautes pensées et de profondes formules religieuses que ne semblent pas entacher, ainsi que chez Servet, de bizarres erreurs et qui dépassent de beaucoup l'horizon du protestantisme. Cet homme, que l'Allemagne a méconnu et qu'elle réhabilite aujourd'hui, nous paraît être une de ses vraies gloires.

Sébastien Franck, né à Donawerth, tour à tour prêtre, artisan, imprimeur, écrivain populaire et prédicateur d'une Réforme tout autre que la Réforme de Luther, sans être celle des fanatiques anabaptistes, persécuté par les catholiques et par les protestants, chassé de ville en ville, de Strasbourg à Ulm, d'Ulm à Bâle, avec sa femme et ses enfants, vécut errant, misérable et constant, et mourut obscurément vers 1543. Luther, avec l'emportement habituel de son langage, l'appelait « la gueule même du diable », à cause de l'opposition de Franck à la doctrine de la grâce spéciale et de la prédestination.

Voici quelques-unes des formules de ce précurseur de la philosophie religieuse :

« Dieu est l'être des êtres; mais c'est dans l'homme, créé par lui à son image et pour être son temple, qu'il habite par privilége particulier comme dans son empire et son domaine propre.

« Je crois fermement que Dieu, son verbe, son esprit, sa grâce, *sont dans tous les hommes*. Le malheur, c'est que nous ne sommes pas en Dieu et en son royaume; que nous ne les comprenons pas comme ils nous comprennent.

« Dieu est et agit en tout, excepté dans le péché.

« Dieu est tout ce qu'il commande.

« Dieu ne maudit personne; c'est un chacun qui se maudit lui-même.

« Parmi les païens il y a eu de tout temps des chrétiens.

« Que personne ne veuille être le maître de ma foi et me forcer à être l'esclave de sa *tête* (de son cerveau, de sa pensée); à cette condition, il sera mon prochain et mon cher frère, qu'il soit juif ou samaritain.

« Tous les chrétiens sont le Christ.

« Comme il y en a beaucoup qui sont Adam sans le savoir (c'est-à-dire les auteurs de leur propre chute originelle), ainsi il y en a beaucoup qui sont le Christ et l'ignorent. L'Adam extérieur ou le Christ extérieur n'est que l'expression (la figure?) de l'Adam intérieur ou de l'éternel Christ. »

Pour ces deux derniers axiomes, que nous citons sauf réserve, il faudrait avoir le développement de sa pensée. M. le professeur Franz Weinkauff prépare en Allemagne un important travail qui nous révèlera tout entier ce penseur du xvı^e siècle, si peu connu de nous et si digne de l'être.

TABLE DES MATIÈRES

CONTENUES DANS LE TOME HUITIÈME

QUATRIÈME PARTIE.

LIVRE XLVII. — GUERRES D'ITALIE. (*Suite*).

FRANÇOIS Ier ET CHARLES-QUINT, suite. — Commencements de la grande guerre entre la France et la maison d'Autriche. — Les *comuneros*. — Les *conquistadores*. Les Espagnols au Mexique et au Pérou. — Bayart à Mézières. — Perte de Tournai. — Mort de Léon X. Adrien VI. — Vénalité des charges. Rentes sur l'État. — Perte de Milan et de Gênes. Perfidie de la mère du roi. Louise de Savoie, Lautrec et Semblançai. — L'Angleterre s'allie à l'empereur. — Prise de Rhodes par Soliman. — Progrès du luthéranisme en Allemagne. — Mécontentement public en France. — Conjuration du CONNÉTABLE DE BOURBON. Il passe à l'ennemi. Procès de ses complices. Saint-Vallier. — Attaque des Espagnols, des Anglais et des Allemands contre la France. Elle est repoussée. Les Français rentrent en Lombardie. — Clément VII. — Mort de Bayart. Bourbon chasse les Français de Lombardie. Bourbon envahit la Provence. Siége de Marseille. L'ennemi repoussé. François Ier rentre en Italie. Siége de Pavie. Bataille de Pavie. Captivité de François Ier. — Régence de Madame Louise. Conseil de régence. Ferme attitude de la France. — Appel au Turc. — Guerre des Paysans. — Paix avec l'Angleterre. — Négociations avec Charles-Quint. François Ier en Espagne. — Marguerite d'Angoulême. Traité de Madrid. François Ier promet de céder la Bourgogne et donne ses fils en otages. — Protestation de la Bourgogne. Le traité n'est pas ratifié. Rupture avec Charles-Quint. Ligue de la France avec les états italiens et l'Angleterre. — Négociations avec le sultan Soliman et avec les Hongrois. Les Turcs en Hongrie. — Fautes de François Ier et des Italiens. Charles-Quint regagne les luthériens. L'Allemagne secourt l'empereur. Bourbon tué devant Rome. Sac de Rome. Le pape prisonnier des Impériaux. — Assemblée des notables à Paris. — Défi réciproque de François Ier et de Charles-Quint. — Gênes et une partie du Milanais recouvrés. Invasion de Naples. François Ier s'aliène les Génois et André Doria. L'armée de Naples perdue. Revers dans le nord de l'Italie. Le pape traite avec l'empereur. — Les Turcs marchent sur Vienne. — Traité de Cambrai. François Ier sacrifie l'Italie et la suzeraineté sur la Flandre pour ravoir ses enfants. — Chute de Florence (1521-1530).. 1

LIVRE XLVIII. — Renaissance et Réforme.

François Ier et la France du XVIe siècle. — État de la France. — Commerce, industrie, navigation. Découverte du Canada. — Beaux-arts. Chambord. Fontainebleau. Les artistes italiens en France. Jean Goujon. — Sciences. Droit. Alciat. Dumoulin. — Médecine. — Sciences exactes. — Philologie. Le Collége de France. — La Réforme en France. Lefèvre d'Étaples et Farel. Marguerite d'Angoulême et Briçonnet. Cénacle de Meaux. Premiers martyrs. Persécution de 1525. Commission parlementaire remplaçant l'inquisition. — François Ier arrête la persécution. Ses variations. Sacrilége de la rue des Rosiers. Supplice de Berquin. — Confession d'Augsbourg. La transaction et les menaces échouent en Allemagne. Charles-Quint, inquiété par les Turcs et par François Ier, conclut un traité provisoire avec les luthériens. — Guerre de religion en Suisse. Mort de Zwingli. — Le grand schisme d'Angleterre. Henri VIII se sépare du pape. — Entrevue de François Ier et de Clément VII. — Marguerite et Beda. La Réforme gagne du terrain. La France mise en demeure. — Réforme, Ultramontanisme et Renaissance. Calvin. Loyola. Rabelais. — Que devait faire la France? (1521-1535). 124

LIVRE XLIX. — Renaissance et Réforme (Suite).

François Ier et Charles-Quint. Affaire de Maraviglia. Présages de rupture. Les *légions*. — Les *placards*. Persécution religieuse. — Charles-Quint prend Tunis. François Ier envahit les états de Savoie. Charles-Quint défie le roi et envahit la Provence. La Provence dévastée. Charles-Quint forcé à la retraite. — Traité de commerce et alliance offensive avec la Turquie. Fautes politiques et militaires du roi. Lutte à la cour entre le parti catholique et le parti politique. Conférences de Nice et d'Aigues-Mortes. Rapprochement du roi et de l'empereur. — Maladie du roi. Le connétable de Montmorenci gouverne. Troubles de Gand. Nouvelles fautes du roi. Charles-Quint en France. — Nouvelle rupture. Procès de Brion. Chute de Montmorenci. Madame d'Étampes et Diane de Poitiers. Procès de Poyet.—Législation. Édit de Villers-Cotterets. — Du Bellai-Langei. Assassinat de Rincon. — Charles-Quint échoue contre Alger. — François Ier échoue contre le Luxembourg et le Roussillon. — Troubles de La Rochelle. — Henri VIII s'allie à Charles-Quint. Charles-Quint s'empare de la Gueldre. — Barberousse sur la côte de Provence. Les Français et les Turcs assiégent Nice. — Guerre de Piémont. Victoire de Cérisolles. — Invasion de la France par Charles-Quint et Henri VIII. Siége de Saint-Dizier. Charles-Quint à Château-Thierri. Il se replie sur le Laonnois. Prise de Boulogne par Henri VIII. —Traité de Crépi entre la France et l'empereur. Restitutions réciproques. L'empereur cède Hesdin. Convention de mariage entre le second fils du roi et la fille ou la nièce de l'empereur. — Progrès de la Réforme en Allemagne. Situation intérieure du catholicisme. Le pape Paul III. Derniers efforts de réconciliation avec les protestants. La transaction échoue. Inquisition de Rome. Nouveaux ordres religieux. Loyola a Rome. Société de Jésus. — Calvin a Genève. Constitution religieuse et politique de Genève. — Massacre des Vaudois. — Grand armement maritime contre l'Angleterre. — Ambroise Paré. — Mort du second fils du roi. Le traité de Crépi annulé.

— Suite des persécutions. Supplice d'Étienne Dolet. — Paix avec l'Angleterre. Henri VIII revend Boulogne à la France. — CONCILE DE TRENTE. — Mort de Luther. — Guerre de religion en Allemagne. Le pape abandonne Charles-Quint. — Mort de Henri VIII. — Mort de François Ier. (1533-1547). 218

LIVRE L. — RENAISSANCE ET RÉFORME (Suite).

HENRI II. DIANE, MONTMORENCI ET LES GUISES. — Combat de Jarnac et de La Châtaigneraie. — Charles-Quint vainqueur en Allemagne. L'*Interim*. — Révolte dans l'Ouest contre la gabelle. Cruel châtiment de Bordeaux. — Le *Contr'un* de La Boëtie. — L'Angleterre se fait protestante. L'Écosse aux mains des Français. Boulogne recouvrée. — La persécution redouble. — Politique des Guises. — Politique de Charles-Quint. Le plan d'unité de la grande monarchie autrichienne échoue. La France attaque Charles-Quint et se ligue avec les luthériens. Révolte des luthériens. Charles-Quint chassé d'Allemagne. — Henri II s'empare des Trois Évêchés. — Paix de Passau. — Charles-Quint se relève et assiége Metz. François de Guise à Metz. Charles-Quint repoussé. — Guerre de Sienne et de Corse. — Destruction de Térouenne. Perte de Hesdin. — MARIE TUDOR. Le catholicisme rétabli en Angleterre. Mariage de Marie Tudor et de Philippe d'Espagne. Persécution en Angleterre. — Guerre aux Pays-Bas. — RECÈS D'AUGSBOURG. Transaction définitive entre les luthériens et l'Empire. — ABDICATION DE CHARLES-QUINT. Avénement de PHILIPPE II. — Trève de Vaucelles. Ligue entre la France et le pape Paul IV. La trêve est rompue. Guise en Italie. — Guise rappelé. Paix du pape avec Philippe II. — L'Angleterre se ligue avec l'Espagne. Bataille de Saint-Quentin. Danger de la France. Héroïsme de COLIGNI. Perte de Saint-Quentin. — Guise lieutenant-général du royaume. — Prise de Calais. Enthousiasme de la France. — Assemblée des notables. — Prise de Thionville. Échec de Gravelines. — Négociations. Granvelle et le cardinal de Lorraine. Montmorenci et la paix à tout prix. — Mort de Marie Tudor. Avénement d'ÉLISABETH. Le protestantisme rétabli en Angleterre. — Double traité du Câteau-Cambresis avec l'Angleterre et l'Espagne. La France recouvre Saint-Quentin, garde *provisoirement* Calais et cinq places du Piémont, rend la Savoie, la Bresse, le reste du Piémont, le Montferrat, Thionville, abandonne le Siennois et la Corse. L'Espagne ne rend pas la Navarre. Honte de cette paix. — La royauté sacrifie les intérêts extérieurs à la persécution intérieure. — Progrès de la Réforme en France. — Affaires de Genève. Michel Servet. — La noblesse et la magistrature entamées par la Réforme. — Tentative de colonisation protestante au Brésil. — Fondation des églises réformées en France. Les chants du Pré-aux-Clercs. Le parlement de Paris résiste à l'établissement de la nouvelle inquisition. La persécution en partie arrêtée par le parlement. Synode réformé de Paris. La *Mercuriale*. Violences du roi contre le parlement. Le roi est tué dans un tournoi (1547-1559). 359

FIN DE LA TABLE DES MATIÈRES DU TOME HUITIÈME.

PARIS. — IMPRIMERIE DE J. CLAYE, RUE SAINT-BENOIT, 7.

www.ingramcontent.com/pod-product-compliance
Lightning Source LLC
Chambersburg PA
CBHW051139230426
43670CB00007B/872